TRATADO DE DIREITO PENAL

TRATADO DE DIREITO PENAL

Cezar Roberto Bitencourt

Volume 5

PARTE ESPECIAL
(Arts. 312 a 337-D e arts. 338 a 359)

Crimes contra a Administração Pública,

Crimes praticados por particular contra a Administração em geral,

Crimes praticados por particular contra a Administração Pública estrangeira e

Crimes contra a Administração da Justiça

18ª edição
revista e atualizada
2024

saraiva jur

ISBN 978-85-536-0767-9 OBRA COMPLETA
DADOS INTERNACIONAIS DE CATALOGAÇÃO NA PUBLICAÇÃO (CIP)
VAGNER RODOLFO DA SILVA – CRB-8/9410

B624t Bitencourt, Cezar Roberto

Tratado de direito penal – volume 5 – parte geral / Cezar Roberto Bitencourt. – 18. ed. – São Paulo : Saraiva Jur, 2024.

500 p.

ISBN: 978-65-5362-930-1

1. Direito. 2. Direito penal. I. Título.

2023-3163 CDD 345
CDU 343

Índices para catálogo sistemático:

1. Direito penal 345
2. Direito penal 343

saraiva EDUCAÇÃO | saraiva jur

Av. Paulista, 901, Edifício CYK, 4º andar
Bela Vista – São Paulo – SP – CEP 01310-100

SAC | sac.sets@saraivaeducacao.com.br

Diretoria executiva Flávia Alves Bravin
Diretoria editorial Ana Paula Santos Matos
Gerência de produção e projetos Fernando Penteado
Gerência de conteúdo e aquisições Thais Cassoli Reato Cézar
Gerência editorial Livia Céspedes

Novos projetos Aline Darcy Flôr de Souza
Dalila Costa de Oliveira

Edição Iris Ferrão

Design e produção Jeferson Costa da Silva (coord.)
Karina Lourenço Kempter
Guilherme Salvador
Lais Soriano
Rosana Peroni Fazolari
Tiago Dela Rosa
Verônica Pivisan

Planejamento e projetos Cintia Aparecida dos Santos
Daniela Maria Chaves Carvalho
Emily Larissa Ferreira da Silva
Kelli Priscila Pinto

Diagramação Fabricando ideias Design Editorial
Revisão Amélia Kassis Ward
Capa Tiago Dela Rosa
Produção gráfica Marli Rampim
Sergio Luiz Pereira Lopes
Impressão e acabamento A.R.Fernandez

Data de fechamento da edição: 1.º-11-2023

Dúvidas? Acesse www.saraivaeducacao.com.br

CÓD. OBRA 15881 CL 608591 CAE 847785

PUBLICAÇÕES DO AUTOR

Tratado de direito penal — parte geral, 30. ed., São Paulo, Saraiva, 2024, v. 1.

Tratado de direito penal — parte especial, 24. ed., São Paulo, Saraiva, 2024, v. 2.

Tratado de direito penal — parte especial, 20. ed., São Paulo, Saraiva, 2024, v. 3.

Tratado de direito penal — parte especial, 18. ed., São Paulo, Saraiva, 2024, v. 4.

Tratado de direito penal — parte especial, 18. ed., São Paulo, Saraiva, 2024, v. 5.

Tratado de direito penal — parte especial, 2. ed., São Paulo, Saraiva, 2024, v. 6.

Crimes falimentares, São Paulo, Saraiva, 2023 (no prelo).

Direito penal das licitações, 2. ed., São Paulo, Saraiva, 2021.

Reforma Penal da Lei Anticrime, São Paulo, Saraiva, 2021.

Código Penal comentado, 10. ed., São Paulo, Saraiva, 2019.

Falência da pena de prisão — causas e alternativas, 5. ed., São Paulo, Saraiva, 2017.

Tratado de direito penal econômico, São Paulo, Saraiva, 2016, v. 1.

Tratado de direito penal econômico, São Paulo, Saraiva, 2016, v. 2.

Comentários à Lei de Organização Criminosa: Lei n. 12.850/2013 (em coautoria com Paulo César Busato), São Paulo, Saraiva, 2014.

Crimes contra o sistema financeiro nacional e contra o mercado de capitais, 4. ed., São Paulo, Saraiva, 2023.

Crimes contra a ordem tributária (em coautoria com Luciana de Oliveira Monteiro), 2. ed., São Paulo, Saraiva, 2023.

Erro de tipo e erro de proibição, 6. ed., São Paulo, Saraiva, 2013.

Penas alternativas, 4. ed., São Paulo, Saraiva, 2013.

Crimes contra as finanças públicas e crimes de responsabilidade de prefeitos, 2. ed., São Paulo, Saraiva, 2010.

Reforma penal material de 2009 — crimes sexuais, sequestro relâmpago, Rio de Janeiro, Lumen Juris, 2010.

Direito Penal no terceiro milênio — estudos em homenagem ao Prof. Francisco Muñoz Conde (Organizador), Rio de Janeiro, Lumen Juris, 2008.

Teoria geral do delito — uma visão panorâmica da dogmática penal brasileira, Coimbra, Almedina, 2007.

Juizados Especiais Criminais Federais — análise comparativa das Leis 9.099/95 e 10.259/2001, 2. ed., São Paulo, Saraiva, 2005.

Direito penal econômico aplicado (em coautoria com Andrei Z. Schmidt), Rio de Janeiro, Lumen Juris, 2004.

Teoria geral do delito (bilíngue) (em coautoria com Francisco Muñoz Conde), 2. ed., São Paulo, Saraiva, 2004.

Código Penal anotado (em coautoria com Luiz R. Prado), São Paulo, Revista dos Tribunais.*

Elementos de direito penal — parte especial (em coautoria com Luiz R. Prado), São Paulo, Revista dos Tribunais.*

Elementos de direito penal — parte geral (em coautoria com Luiz R. Prado), São Paulo, Revista dos Tribunais.*

Juizados Especiais Criminais e alternativas à pena de prisão, Porto Alegre, Livraria do Advogado Ed.*

Lições de direito penal, Porto Alegre, Livraria do Advogado Ed.*

Teoria geral do delito, São Paulo, Revista dos Tribunais.*

---

* Títulos esgotados.

ABREVIATURAS

ADPCP — *Anuario de Derecho Penal y Ciencias Penales* (Espanha)

AICPC — *Anuario del Instituto de Ciencias Penales y Criminológicas* (Venezuela)

CCI — Código Criminal do Império

CF — Constituição Federal do Brasil

CLT — Consolidação das Leis do Trabalho

CP — Código Penal brasileiro

CPC — *Cuadernos de Política Criminal* (Espanha)

CPP — Código de Processo Penal brasileiro

CTB — Código de Trânsito Brasileiro, antigo Código Nacional de Trânsito (CNT)

CTN — Código Tributário Nacional

DP — *Doctrina Penal Argentina*

EE — Estatuto do Estrangeiro

IBCCrim — Instituto Brasileiro de Ciências Criminais

ILANUD — *Instituto Latinoamericano para la Prevención del Delito y Tratamiento del Delincuente* (ONU, Costa Rica)

LCP — Lei das Contravenções Penais

LEP — Lei de Execução Penal

LINDB — Lei de Introdução às Normas do Direito Brasileiro

NPP — *Nuevo Pensamiento Penal* (Argentina)

PPU — *Promociones y Publicaciones Universitarias*

REEP — *Revista de la Escuela de Estudios Penitenciarios* (Espanha)

REP — *Revista de Estudios Penitenciarios* (Espanha)

RIDP — *Revue Internationale de Droit Pénal* (Paris)

RIPC — *Revista Internacional de Política Criminal* (ONU)

ÍNDICE

CAPÍTULO VIII | CORRUPÇÃO PASSIVA

CAPÍTULO IX | FACILITAÇÃO DE CONTRABANDO OU DESCAMINHO

CAPÍTULO XIII | ADVOCACIA ADMINISTRATIVA

CAPÍTULO XIV | VIOLÊNCIA ARBITRÁRIA

CAPÍTULO XV | ABANDONO DE FUNÇÃO

SEGUNDA PARTE
CRIMES PRATICADOS POR PARTICULAR CONTRA A ADMINISTRAÇÃO EM GERAL

CAPÍTULO XX | USURPAÇÃO DE FUNÇÃO PÚBLICA

CAPÍTULO XXI | RESISTÊNCIA

CAPÍTULO XXII | DESOBEDIÊNCIA

CAPÍTULO XXIII | DESACATO

CAPÍTULO XXIV | TRÁFICO DE INFLUÊNCIA

CAPÍTULO XXV | CORRUPÇÃO ATIVA

CAPÍTULO XXVI | CONTRABANDO OU DESCAMINHO

TERCEIRA PARTE

CRIMES PRATICADOS POR PARTICULAR CONTRA A ADMINISTRAÇÃO PÚBLICA ESTRANGEIRA

QUARTA PARTE

CRIMES CONTRA A ADMINISTRAÇÃO DA JUSTIÇA

CAPÍTULO XXXIV | DENUNCIAÇÃO CALUNIOSA

CAPÍTULO XXXV | COMUNICAÇÃO FALSA DE CRIME OU DE CONTRAVENÇÃO

CAPÍTULO XXXVI | AUTOACUSAÇÃO FALSA

CAPÍTULO XXXVII | FALSO TESTEMUNHO OU FALSA PERÍCIA

CAPÍTULO XXXVIII | CORRUPÇÃO ATIVA DE TESTEMUNHA OU SERVIDORES JUDICIAIS

CAPÍTULO XXXIX | COAÇÃO NO CURSO DO PROCESSO

CAPÍTULO XL | EXERCÍCIO ARBITRÁRIO DAS PRÓPRIAS RAZÕES

CAPÍTULO XLI | MODALIDADE ESPECIAL DE EXERCÍCIO ARBITRÁRIO DAS PRÓPRIAS RAZÕES

CAPÍTULO XLII | FRAUDE PROCESSUAL

CAPÍTULO XLIII | FAVORECIMENTO PESSOAL

CAPÍTULO XLIV | FAVORECIMENTO REAL

NOTA DO AUTOR À 17ª EDIÇÃO

O legislador contemporâneo tem incluído, abusiva e irresponsavelmente, enorme quantidade de novas figuras penais no Código Penal absolutamente inadequadas, quando não desnecessárias ou contraditórias, destruindo a rigorosa harmonia metodológica, caracterísitca desse respeitável estatuto penal, tido e reconhecido mundialmente como um dos melhores códigos penais de seu tempo. A inclusão desordenada de grande quantidade de novos tipos penais, sem observar a metodologia adotada pelo legislador de 1940, acabou transformando aquele Código Penal em um amontoado de novos crimes, transformando-o em uma espécie *sui generis* de "colcha de retalhos". Essa promiscuidade legislativa dificulta inclusive a sua própria interpretação nos meios jurídicos, além de, descriteriosamente, exasperar as respectivas sanções penais de grande quantidade de tipos penais originários do vetusto Código Penal, especialmente nos últimos dez ou doze anos, sem uma avaliação criminológica adequada dessa necessidade ou correção no âmbito político-criminal.

Além desses problemas metodológicos, dogmáticos e jurídicos, ocasionou-nos, enquanto doutrinador, a impossibilidade de mantermos neste quinto volume de nosso *Tratado de Direito Penal* nossas considerações doutrinárias sobre todos os *crimes contra a Administração Pública*. Por isso, em comum acordo com a prestigiosa Editora Saraiva Jur, fomos levados a dividir nossos comentários em dois volumes, acrescentando, consequentemente, o sexto volume com comentários sobre o que denominamos "crimes especiais contra a Administração Pública".

Assim, por razões didáticas, pragmáticas e metodológicas, decidimos excluir deste quinto volume (formando agora um sexto) os crimes contidos em outros diplomas legais, os quais denominamos "crimes especiais contra a Administração Pública", quais sejam: os *crimes licitatórios; crimes contra as finanças públicas; crimes praticados por prefeitos municipais* e *crimes contra o Estado democrático de direito*. Ademais, acredita-se que esses ficarão melhor estruturados em outro volume, a partir de agora.

Esperamos que seja do agrado, senão de todos, pelos menos da grande maioria que segue nosso trabalho ao longo de 29 anos.

Brasília, 3 de novembro de 2022.

NOTA DO AUTOR À 16ª EDIÇÃO

Esta 16ª edição foi completamente revista e atualizada com todas as leis que foram publicadas no ano de 2021, especialmente as Leis n. 14.133, de 1º de abril de 2021, e 14.197, de 1º de setembro de 2021, relativas aos crimes licitatórios e aos crimes contra o *Estado Democrático de Direito*, respectivamente. Aqueles, antes disciplinados pela Lei n. 8.666/93, com novas abordagens, redefinidas as respectivas condutas criminosas, teve absurda elevação de suas sanções penais, inclusive, desproporcionalmente. E, por fim, acabaram sendo incluídos no Código Penal, com grandes disparidades sancionatórias, inflando sobremodo esse vetusto diploma legal.

Por outro lado, a tipificação dos *Crimes contra o Estado Democrático de Direito* acrescentam ao *XII Título a Parte Especial* com oito novos crimes. A nosso juízo, a metodologia utilizada e, particularmente, a inclusão desses crimes no Código Penal retiram-lhes a natureza de crimes políticos, quando mais não seja, porque ao longo de sua história, isto é, desde o Código Penal do Império o Código Penal nunca albergou crimes de natureza política, certamente, não seria agora que o faria. Tratamos desse aspecto em uma pequena introdução que fizemos ao abordarmos referidos crimes neste volume do Tratado de Direito Penal.

Pela natureza do *Tratado de Direito Penal*, e pela grande quantidade de novos crimes, tivemos que nos limitar a uma abordagem sucinta dessas novas infrações penais, as quais, por sua importância e ineditismo, mereceriam uma bela monografia a respeito. Certamente, outros autores se ocuparão dessa árdua tarefa com o brilho que os caracteriza.

Brasília, 18 de janeiro de 2022.

NOTA DO AUTOR À 14ª EDIÇÃO

Agradecemos a compreensão e a agilidade da prestigiosa Editora Saraiva que, prontamente, suspendeu a impressão em curso para 2020 de nosso *Tratado de Direito Penal*, e nos concedeu o período natalino para que pudéssemos atualizar os cinco volumes, principalmente os três primeiros, que sofreram alterações significativas das Leis n. 13.964 e 13.968, ambas publicadas nos dias 24 e 26 de dezembro, respectivamente.

No primeiro volume trabalhamos o insignificante acréscimo relativo à legítima defesa de terceiros, que já existia no *caput* do art. 25; a definição do juiz de execução para executar a pena de multa considerada dívida de valor, como defendemos há décadas; o pequeno acréscimo nas condições do livramento condicional e o inconstitucional acréscimo do art. 91-A, que cria, sub-repticiamente, a inconstitucional "pena de confisco" travestida de "efeito da condenação". Examinamos, ainda, com mais profundidade as novas *causas suspensivas da prescrição* acrescidas no art. 116, que abordamos no capítulo da prescrição. No entanto, aprofundamos o exame das alterações acrescidas no art. 112 da LEP, sobre as quais sustentamos sua inconstitucionalidade porque, na nossa concepção, suprimem a possibilidade de "progressão nos crimes hediondos". Tecemos fundadas considerações sobre essa inconstitucionalidade, no capítulo da pena de prisão, que, certamente, acabará sendo declarada pelo STF, como já ocorreu relativamente à Lei n. 8.072 (que criou os crimes hediondos), no julgamento do HC 82.959.

No segundo volume, os acréscimos sugeridos pelo projeto de Lei n. 13.964 nos arts. 121 e 141 foram vetados. No entanto, a Lei n. 13.968 alterou, profundamente, o art. 122 acrescentando ao estímulo ao suicídio a *automutilação*, redefinindo, inclusive, o crime anterior, com o acréscimo de vários parágrafos e incisos. Esse capítulo do volume segundo tivemos que reescrevê-lo por completo, com sérias críticas à elaboração do novo texto legal, principalmente por não ter sido criado um tipo penal autônomo dedicado exclusivamente à automutilação, que é, por certo, uma conduta extremamente grave e necessita de uma disciplina adequada para combater e reprimir um *modismo* que está se espalhando perigosamente entre a juventude, não apenas no Brasil, mas também no exterior.

No terceiro volume com pequenas alterações, além da mudança da natureza da ação penal no crime de estelionato, houve, basicamente, o acréscimo de uma *causa especial de aumento* no crime de roubo, qual seja o *emprego de arma de uso restrito ou proibido*. No quarto volume, por sua vez, não houve alterações legais, mas fizemos as correções e ajustes de entendimentos, e, finalmente, no quinto volume, houve somente uma correção na pena do crime de concussão (art. 316), elevando a pena máxima para 12 anos, com o objetivo de adequá-la às penas aplicadas ao peculato e aos crimes de corrupção (ativa e passiva), considerados de mesma gravidade.

Assim, desejando um feliz Ano Novo a todos, encerramos nossas atualizações na noite de sábado, dia 4 de janeiro de 2020. Em breve os volumes atualizados do nosso *Tratado* estarão disponíveis nas principais livrarias e *e-commerces*.

Que Deus abençoe a todos nós!

Rio de Janeiro, 4 de janeiro de 2020.

NOTA DO AUTOR À 1ª EDIÇÃO

Ao lançarmos o 5º volume de nosso *Tratado de Direito Penal* estamos completando o estudo sobre o Direito Penal abrangido pelo Código Penal brasileiro, resgatando um compromisso pessoal e concluindo uma fase significativa de nossa produção científica. Não se trata, contudo, de uma obra completa e acabada, com ideias e pontos de vista definitivos, pois, afora os eventuais equívocos que podemos ter cometido, erros involuntários que podem ter ocorrido, não se pode ignorar a evolução da ciência dogmática e o dinamismo da conflitividade social, que exigem constante reflexão dos estudiosos, na busca de soluções mais justas e mais humanas.

Esta obra foi composta de cinco volumes, destinando ao primeiro a *Parte Geral* e aos demais toda a *Parte Especial*, abrangendo, assim, todo o programa básico de Direito Penal ensinado nos Cursos de Graduação de nosso país. No segundo volume tratamos dos *crimes contra a pessoa* (arts. 121 a 154); no terceiro volume nos ocupamos dos *crimes contra o patrimônio, contra a propriedade imaterial, contra a organização do trabalho, contra o sentimento religioso* e *contra o respeito aos mortos* (arts. 155 a 212); no quarto volume abordamos os *crimes contra os costumes, contra a família, contra a incolumidade pública, contra a paz pública* e *contra a fé pública* (arts. 213 a 311); reservamos o quinto volume aos *crimes contra a administração pública* (arts. 312 a 359-H do Código Penal) e aos novos *crimes praticados por prefeitos* (Lei n. 10.028/2000).

Procuramos, ao longo desta obra, manter a linha crítica que sempre caracterizou nosso trabalho, fazendo uma releitura da velha Parte Geral do Código Penal de 1940 para adequá-la à "Nova Parte Geral" (Lei n. 7.209/84), aprimorando velhos conceitos, interpretando-os à luz de modernos princípios, que fundamentam um renovado Estado Democrático de Direito.

A obra está completa, mas os estudos e a pesquisa continuam em permanente revisão, na tentativa de aprimorar a missão de transmitir aos estudantes e profissionais o conhecimento de um Direito Penal em constante transformação.

Nosso respeitoso agradecimento a todos.

Porto Alegre, verão de 2007.

CRIMES CONTRA A ADMINISTRAÇÃO PÚBLICA

CRIMES PRATICADOS POR FUNCIONÁRIO PÚBLICO CONTRA A ADMINISTRAÇÃO EM GERAL

PRIMEIRA PARTE

PECULATO

I

Sumário: 1. Considerações preliminares. 2. Bem jurídico tutelado 3. Sujeitos do crime. 3.1. Sujeito ativo. 3.2. Sujeito passivo. 4. Pressuposto do crime de peculato. 5. Tipo objetivo: adequação típica. 5.1. Peculato-apropriação: objeto material (1ª parte). 5.2. Peculato-desvio (2ª parte). 5.3. Peculato-furto. 5.4. Peculato culposo. 6. Tipo subjetivo: adequação típica. 7. Consumação e tentativa. 8. Classificação doutrinária. 9. Comunicabilidade da condição de funcionário público. 10. Questões especiais. 11. Sonegação de tributo incidente sobre produto de crime: impossibilidade moral e jurídica. 11.1. Delimitação do tema. 11.2. Disponibilidade econômica ou jurídica *versus* confisco. 11.3. Ofensa ao princípio da capacidade contributiva. 11.4. Ofensa ao princípio da moralidade administrativa. 12. Pena e ação penal.

TÍTULO XI | DOS CRIMES CONTRA A ADMINISTRAÇÃO PÚBLICA

CAPÍTULO I

DOS CRIMES PRATICADOS POR FUNCIONÁRIO PÚBLICO CONTRA A ADMINISTRAÇÃO EM GERAL

Peculato

Art. 312. Apropriar-se o funcionário público de dinheiro, valor ou qualquer outro bem móvel, público ou particular, de que tem a posse em razão do cargo, ou desviá-lo, em proveito próprio ou alheio:

Pena — reclusão, de 2 (dois) a 12 (doze) anos, e multa.

§ 1º Aplica-se a mesma pena, se o funcionário público, embora não tendo a posse do dinheiro, valor ou bem, o subtrai, ou concorre para que seja subtraído, em proveito próprio ou alheio, valendo-se de facilidade que lhe proporciona a qualidade de funcionário.

Peculato culposo

§ 2º Se o funcionário concorre culposamente para o crime de outrem:

Pena — detenção, de 3 (três) meses a 1 (um) ano.

§ 3º No caso do parágrafo anterior, a reparação do dano, se precede à sentença irrecorrível, extingue a punibilidade; se lhe é posterior, reduz de metade a pena imposta.

---

1. Considerações preliminares

Segundo Costa e Silva, administração pública é "o conjunto das funções exercidas pelos vários órgãos do Estado, em benefício do bem-estar e do desenvolvimento da sociedade". Em outros termos, é a atividade do Estado na busca do bem comum através dos seus três Poderes: Executivo, Legislativo e Judiciário[1], os quais devem funcionar conjunta e harmonicamente. Essa "atividade estatal" assumiu dimensão multiforme na razão direta do crescimento e aperfeiçoamento dos grupamentos sociais, que se tornaram cada vez mais exigentes. As necessidades coletivas surgem cada vez mais com maior intensidade na sociedade moderna, sendo que algumas delas são de vital importância, tais como a segurança pública, os meios de comunicação, que são tidos como necessidades essenciais; outras, igualmente importantes, como o fornecimento de energia elétrica, de água etc., são conhecidas como necessidades coletivas instrumentais[2]. É, pois, função do Estado-Administração satisfazer, exemplificativamente, tais necessidades, direta ou indiretamente.

Administração Pública, no âmbito do direito penal, não tem a abrangência restrita tal como é recepcionada nos ramos do direito constitucional e administrativo que, normalmente, a concebem como o exercício de uma das funções vitais no âmbito da divisão dos Poderes. Sebastian Soler, fazendo uma crítica à concepção abrangente do Código Penal argentino, sustentava: "do exame do material agrupado sob este título deduz-se que a expressão administração pública não é empregada aqui no sentido técnico corrente próprio do direito administrativo, mas com muito mais amplitude. Essa observação — prossegue Soler — feita por alguns autores italianos em relação a seu sistema legislativo aplica-se integralmente a nós, com muito mais razão, considerando-se que nosso código incluiu dentro deste mesmo título as infrações que o C. italiano (*sic*) separa como infrações contra a administração da Justiça"[3] (a exemplo, diga-se de passagem, do Código Penal brasileiro, que seguiu, nesse particular, exatamente a mesma orientação do italiano).

A objetividade jurídica dos crimes contra a Administração Pública é a sua normalidade funcional, probidade, moralidade, eficácia e incolumidade. Destacava Hungria que "os crimes funcionais" (ou de responsabilidade) dividem-se em próprios e impróprios ou mistos: naqueles, o exercício da função pública, por parte do sujeito ativo, é elemento tão relevante que sem ele o fato seria, de regra, penalmente atípico ou irrelevante (ex.: concussão, prevaricação, corrupção passiva); nestes, além da violação do dever funcional em si mesmo, há um crime comum (ex.: o peculato,

---

1. Embora a função administrativa seja inerente ao Poder Executivo, ela também é exercida pelos Poderes Legislativo e Judiciário, especialmente em relação a sua estrutura e funcionamento (Celso Ribeiro Bastos, *Dicionário de Direito Constitucional*, São Paulo, Saraiva, 1994, p. 2-3).
2. Marcelo Caetano, *Manual de Direito Administrativo*, 10. ed., Coimbra, Almedina, 1997, p. 2-3.
3. Sebastian Soler, *Derecho Penal argentino*, 3. ed., Buenos Aires, TEA, 1970, p. 87-88.

que encerra uma apropriação indébita, ou a violência arbitrária, acompanhada de crime contra a pessoa)"[4].

Os crimes contra a Administração Pública propriamente foram divididos pelo Código Penal de 1940 em três capítulos: "crimes praticados pelos seus próprios integrantes" (funcionários), "crimes praticados por particular contra a Administração Pública" e "crimes contra a Administração da Justiça". Os primeiros seriam *delicta in officio*, ou seja, *delicta propria*, ou seja, daqueles que integram a função administrativa estatal; os segundos seriam os crimes praticados pelo particular contra a Administração Pública, os quais recebem a denominação de *delicta communia*; finalmente, no terceiro capítulo, com os "crimes contra a Administração da Justiça", revela que nosso Código Penal não consagrou um título específico e autônomo para esses crimes, ao contrário de algumas legislações de direito comparado, tratando-os apenas como espécie do gênero, o que revela a amplitude que atribui ao vocábulo "administração pública". Na verdade, para o direito penal, com a expressão "administração pública" pretende-se definir o desenvolvimento normal, ordenado e legal dos órgãos do Estado, no âmbito dos três Poderes — Executivo, Legislativo e Judiciário.

Os crimes funcionais não encontram sua proibição só no direito penal, como também no campo do direito administrativo. Todo o ilícito penal praticado por funcionário público é igualmente ilícito administrativo. O ilícito administrativo é um *minus* em relação ao ilícito penal, resultando que a única diferença entre ambos reside na sua gravidade. Em síntese, a ilicitude ou antijuridicidade é única[5]. Hungria, a seu tempo, reconhecia essa obviedade e sentenciava: "A ilicitude jurídica é uma só, do mesmo modo que um só, na sua essência, é o dever jurídico. Dizia Bentham que as leis são divididas apenas por comodidade de distribuição: tôdas (*sic*) podiam ser, por sua identidade substancial, dispostas 'sôbre um mesmo plano, sôbre um só mapa-múndi'. Assim, não há falar-se de um ilícito administrativo ontològicamente (*sic*) distinto de um ilícito penal. A separação entre um e outro atende apenas a critérios de conveniência ou de oportunidade, afeiçoados à medida do interesse da sociedade e do Estado, variável no tempo e no espaço"[6].

O crime de peculato tem suas raízes remotas no direito romano e caracterizava-se pela subtração de coisas pertencentes ao Estado. Essa infração penal recebia o nome de *peculatus* ou *depeculatus*, oriundo de período anterior à introdução da moeda, quando os animais (bois e carneiros) destinados ao sacrifício em homenagem às divindades consistiam na riqueza pública por excelência. Na verdade, o gado represen-

---

4. Nélson Hungria, *Comentários ao Código Penal*, 2. ed., Rio de Janeiro, Forense, 1959, v. 9, p. 316.

5. Veja, nesse sentido, o que sustentamos quando abordamos, no capítulo específico, a "antijuridicidade penal e antijuridicidade extrapenal", in Cezar Roberto Bitencourt, *Tratado de Direito Penal*, 29. ed., São Paulo, Saraiva, 2023, v. 1, p. 383-385.

6. Nélson Hungria, *Comentários ao Código Penal*, p. 317.

tava o patrimônio mais importante da sociedade da época, que o utilizava como moeda primitiva. As moedas, na sua origem, eram confeccionadas com pele de animais e só posteriormente passaram a ser cunhadas em metal, com a imagem de um boi.

O direito romano, para definir o crime de peculato, não levou em consideração a qualidade do sujeito ativo, que podia ser funcionário público ou particular, mas sim a titularidade da *res*, isto é, o fato de o produto da subtração pertencer ao Estado (*res publicae*) ou ser sagrado (*res sacrae*), considerando que bois e carneiros eram destinados ao sacrifício em homenagem aos deuses pagãos[7]. Chegou-se a considerar peculato qualquer fraude contra o erário, mesmo que não constituísse subtração ou desvio de recursos públicos[8].

As sanções penais aplicadas aos autores de peculato eram extremamente severas: trabalhos nas minas, podendo chegar, inclusive, ao extremo da pena de morte, fato ocorrido no período dos imperadores. Durante a Idade Média foi mantido para o crime de peculato a aplicação de penas cruéis e degradantes. O Estatuto de Florença determinava que quem fugisse com o dinheiro público fosse amarrado à cauda de um burro e arrastado pelas ruas da cidade, como exemplo. As Ordenações Filipinas trataram do peculato no seu Livro V, no Título LXXIV, sob a rubrica "dos officiaes del-Rey". O Código Criminal de 1830, em seu art. 170, definiu o crime de peculato. O Código de 1890, por sua vez, o incluiu entre os crimes contra a boa ordem e administração pública, omitindo os bens particulares. Nosso Código Penal de 1940, finalmente, na definição do peculato, não distinguiu bens públicos e particulares. Com efeito, "afastou-se nesse ponto de seu modelo dominante, o estatuto peninsular, que reservou o *nomen juris* de peculato (art. 314) quando o bem pertencesse à administração pública, chamando de malversação em prejuízo de particulares (art. 315), quando se tratasse de bem particular"[9].

2. Bem jurídico tutelado

Trata-se de crime funcional (equivocadamente chamado de crime de responsabilidade), que, na definição de Von Hippel, é aquele "em que a qualidade de funcionário público intervém tanto como condicionante da pena, quanto como majorante"[10]. A eficiência do Estado está diretamente relacionada com a credibilidade, honestidade e probidade de seus agentes, pois a atuação do corpo funcional reflete-se na coletividade, influenciando decididamente na formação ético-moral e política dos cidadãos, especialmente no conceito que fazem da organização estatal.

Bem jurídico penalmente protegido, segundo a doutrina tradicional, é a Administração Pública, particularmente em relação a seu próprio interesse patrimonial e

7. Paulo José da Costa Jr., *Comentários ao Código Penal*, 6. ed., São Paulo, Saraiva, 2000, p. 983.
8. Vincenzo Manzini, *Tratado de Derecho Penal*, Buenos Aires, Ediar, 1961, v. 3, t. 8, p. 132.
9. Paulo José da Costa Jr., *Comentários ao Código Penal*, p. 984.
10. Apud Nélson Hungria, *Comentários ao Código Penal*, p. 317.

moral. Nesse sentido, Heleno Fragoso[11] destacava que o "objeto material da tutela jurídica é a administração pública, no que concerne à preservação do patrimônio público e do interesse patrimonial do Estado, e, ainda, à fidelidade e probidade dos agentes do poder público". A tutela penal pretende, na realidade, abranger dois aspectos distintos: em primeiro lugar, objetiva garantir o bom funcionamento da Administração Pública, bem como o dever do funcionário público de conduzir-se com lealdade e probidade; em segundo, visa proteger o patrimônio mobiliário do Poder Público. Nessa linha, manifesta-se Damásio de Jesus, afirmando: "Protege-se a Administração Pública no que diz respeito ao interesse patrimonial — preservação do erário público — e moral — fidelidade e probidade dos agentes do poder"[12]. Ganha destaque, enquanto objeto de proteção penal, a probidade administrativa, embora, em se tratando de crime material, não possa dispensar a produção de um dano patrimonial.

Maggiore, no final da primeira metade do século XX, sustentava que o "objeto jurídico da incriminação não é tanto a defesa dos bens patrimoniais da administração pública, quanto o interesse do Estado à probidade e à fidelidade do funcionário público, razão pela qual Carrara não hesitava em classificar o peculato entre os crimes contra a fé pública"[13]. Na mesma linha, reforçava Manzini[14], sustentando que, além do interesse meramente patrimonial, há outro, de elevado conteúdo ético-político: a probidade na Administração Pública, resultado do progresso moral e da educação política dos povos. Com efeito, princípio elementar de um Estado Democrático de Direito é a moralidade sobre a qual deve pautar-se a administração do Estado. Na verdade, a previsão constitucional faz recair sobre o administrador o dever de demonstrar que sua atuação não ofende a moralidade administrativa, ou seja, trata-se de um princípio constitucional negativo, responsável não pela demonstração daquilo que se possa considerar moral, mas sim das situações verificadas, que, *in concreto*, devem ser reputadas imorais.

A existência abstrata ou concreta de um crime — contra a Administração Pública — pressupõe a realização de uma conduta imoral, ainda que nem toda imoralidade possa, por si só, caracterizar um delito. Pode-se afirmar, com base nisso, que a prática de peculato caracteriza crime, em primeiro lugar, por uma lei específica prever a possibilidade de punição (art. 312 do CP), mas essa lei só resta legitimada porque o peculato ofende princípios fundamentais do pacto social democrático. Um servidor, por exemplo, que desvia verbas, em proveito próprio ou alheio, pratica ato de improbidade administrativa, pois, além de lesar o patrimônio do erário público, ofende os princípios gerais da Administração Pública.

---

11. Heleno Cláudio Fragoso, *Lições de Direito Penal*, p. 390.
12. Damásio de Jesus, *Direito Penal*, 12. ed., São Paulo, Saraiva, 2002, v. 4, p. 125.
13. Giuseppe Maggiore, *Derecho Penal*, 2. reimpr. da 2. ed. da trad. da 4. ed. de José J. Ortega Torres, Santa Fé de Bogotá, Colômbia, Temis, 2000, v. 3, p. 161-162.
14. Manzini, *Trattato di Diritto Penale italiano*, Torino, 1951, v. 5, p. 102.

Sintetizando, para a maioria da doutrina, há duas objetividades jurídicas: 1ª) a "genérica", representada pelo normal funcionamento da Administração Pública; e 2ª) a "específica", que é a segurança patrimonial dos bens móveis pertencentes ao erário público e o dever de fidelidade do funcionário ao patrimônio público[15]. Essa foi a orientação seguida pela doutrina clássica brasileira, que pode ser exemplificada pela manifestação de Nélson Hungria: "é punido o peculato menos porque seja patrimonialmente lesivo do que pela quebra de fidelidade ou pela inexação no desempenho do cargo público; mas é absolutamente indispensável à sua configuração o advento de concreto dano patrimonial. O dano material, indeclinável do peculato, não é outra coisa que um desfalque patrimonial sofrido pela administração pública..."[16]. No mesmo sentido, Heleno Fragoso[17] repetia que "não há dúvida de que o dano que deste crime resulta é menos patrimonial que moral e político".

No entanto, não nos parece que essa seja a melhor orientação ante a pluralidade de condutas tipificadas e a pluriofensividade do crime de peculato. Preferimos adotar o entendimento sustentado por Paulo José da Costa Jr.[18], segundo o qual o peculato "ofende tanto o interesse em que não seja mudado o destino da *res mobile*, como o interesse em que o funcionário público não abuse de sua função, para beneficiar a si mesmo ou a terceiros". Na verdade, nem sempre o sujeito ativo está vinculado ao órgão público a cujo patrimônio a coisa móvel apropriada pertence. Pode ocorrer, por outro lado, que o agente não se encontre vinculado a nenhuma entidade pública, embora tenha a posse da coisa móvel em razão de sua função, especialmente com a amplitude do conceito penal de funcionário público atribuída pela atual legislação brasileira. Por isso, nem sempre se poderá afirmar que o peculato constitui necessariamente a violação de um dever de fidelidade, que subsiste somente entre o funcionário e o órgão ao qual está vinculado. Poderia restar, por vezes, o dever em sentido amplo entre o funcionário e o Estado; aliás, não haveria dever algum de fidelidade quando a coisa apropriada ou desviada pertencesse a particular.

3. Sujeitos do crime

3.1 *Sujeito ativo*

Sujeito ativo somente pode ser o funcionário público ou aquele expressamente equiparado a este para fins penais, tratando-se de crime próprio[19]. A condição especial funcionário público, no entanto, como elementar do crime de peculato, co-

15. Stefano Riccio, Peculato e *malversazione*, in *Novíssimo Digesto italiano*, v. 11, p. 737.
16. Nélson Hungria, *Comentários ao Código Penal*, p. 345-346.
17. Heleno Cláudio Fragoso, *Lições de Direito Penal*, p. 390. Essa é a orientação seguida também por Damásio de Jesus, *Direito Penal*, v. 4, p. 125.
18. Paulo José da Costa Jr., *Comentários ao Código Penal*, p. 985.
19. Para aprofundar, ver Severino Di Benedetto, *I delitti dei pubblici ufficiali contro la pubblica amministrazioni. Le qualifiche soggetive*, Milano, 1983.

munica-se ao particular que eventualmente concorra, na condição de coautor ou partícipe, para a prática do crime, nos termos da previsão do art. 30 do CP. Dessa forma, é necessário que pelo menos um dos autores reúna a condição especial de funcionário público, podendo os demais não possuir tal qualidade.

É indispensável, contudo, que o particular (*extraneus*) tenha consciência da qualidade especial do funcionário público, sob pena de não responder pelo crime de peculato. Desconhecendo essa condição, o dolo do particular não abrange todos os elementos constitutivos do tipo, configurando-se o conhecido erro de tipo, que afasta a tipicidade da conduta. Responderá, no entanto, por outro crime, consoante o permissivo contido no art. 29, § 2º, do Código Penal, que abriga a chamada cooperação dolosamente distinta[20], autorizando-o a responder, em princípio, pelo crime de apropriação indébita, exatamente o crime que pretendia praticar, cuja pena cominada (1 a 4 anos de reclusão) é consideravelmente inferior à de peculato (2 a 12 anos de reclusão).

3.2 *Sujeito passivo*

Sujeito passivo, como nos demais crimes, é o titular do bem jurídico ou do interesse penalmente protegido. Sujeitos passivos são o Estado e as demais entidades de direito público relacionadas no art. 327, § 1º, do CP. Se o bem móvel for particular, na hipótese de peculato-malversação, o proprietário ou possuidor desse bem também será sujeito passivo.

Discordamos do entendimento tradicional da doutrina que define, nessa hipótese especial, o particular como sujeito passivo secundário. Na verdade, não vemos nenhuma razão lógica ou jurídica para colocá-lo em segundo plano, mesmo que se trate de infração penal localizada no Título (XI) que, por razões metodológicas, cuida dos crimes contra a Administração Pública, pois, especificamente, lesa tanto bem jurídico pertencente ao erário público quanto bem jurídico pertencente ao particular (patrimônio). Na realidade, o Estado é sempre sujeito passivo primário de todos os crimes, desde que avocou a si o monopólio do *ius puniendi*, daí o caráter público do direito penal que somente tutela interesses particulares pelos reflexos que sua violação acarreta na coletividade. Com efeito, a lei penal protege, em primeiro plano, o interesse da ordem jurídica geral, cujo titular é o Estado e, secundariamente, o interesse do particular. Como lecionava Heleno Fragoso, "o que na doutrina se considera sujeito passivo é o titular do interesse imediatamente ofendido pela ação delituosa ou do bem jurídico particularmente protegido pela norma penal, ou seja, o sujeito passivo particular ou secundário". Por isso, a nosso juízo, nessa maioria de crimes, chega a ser desnecessário mencionar o Estado como sujeito passivo, pois seria uma afirmação pleonástica. No entanto, em determinados crimes, não há sujeito passivo particular, como ocorre nos chamados crimes contra

---

20. Cezar Roberto Bitencourt, *Tratado de Direito Penal*, 29. ed., São Paulo, Saraiva, 2023, v. 1, p. 566.

a paz pública (arts. 286 a 288). Contudo, o Estado continua, como sempre, sendo o titular do bem jurídico lesado.

Em outros crimes, porém, como estes capitulados nos crimes contra a Administração Pública praticados por seus próprios funcionários, é o Estado que aparece como sujeito passivo particular, pois é titular do bem jurídico diretamente ofendido pela ação incriminada. Quando, nessa espécie de crime, atinge-se também o patrimônio ou qualquer outro interesse penalmente tutelado do particular, este também se apresenta como sujeito passivo, e se alguém deve ser denominado como sujeito secundário, acreditamos que, ainda assim, deveria ser o Estado, que é sempre ofendido, e não o particular eventualmente lesado.

Em síntese, o Estado, que é o sujeito passivo permanente de todos os crimes praticados contra a Administração Pública, deve ser, contudo, considerado como sujeito passivo secundário, sempre que houver lesado ou ofendido diretamente bem jurídico pertencente a algum particular. Finalmente, para não sermos repetitivos, tudo o que afirmamos a respeito do sujeito passivo secundário, neste capítulo, estende-se aos demais crimes quando haja dupla ofensa de bens jurídicos, pertencentes ao Estado e ao particular.

4. Pressuposto do crime de peculato

O pressuposto do crime de peculato, em relação às duas figuras do *caput* do art. 312, é a anterior posse lícita, isto é, legítima da coisa móvel pública (dinheiro, valor ou qualquer outro bem móvel), da qual o funcionário público apropria-se indevidamente. A posse, que deve preexistir ao crime, deve ser exercida pelo agente em nome alheio, ou seja, em nome do Poder Público, já que a ausência da posse altera a tipicidade da conduta, podendo caracterizar o peculato-furto (art. 312, § 1º) ou, residualmente, o crime de furto (art. 155)[21].

---

21. Examinando a mesma matéria, quando abordamos o crime de apropriação indébita, fizemos as seguintes considerações: "Pressuposto do crime de apropriação indébita, reiterando, é a anterior posse lícita da coisa alheia, da qual o agente se apropria indevidamente. Como afirmava Heleno Fragoso, 'a posse que deve preexistir ao crime deve ser exercida pelo agente em nome alheio (*nomine alieno*), isto é, em nome de outrem, seja ou não em benefício próprio'. Quer dizer, nesse crime, o dolo é subsequente pois a apropriação segue-se à posse da coisa. Na verdade, no crime de apropriação indébita há uma alteração do título da posse, uma vez que o agente passa a agir como se dono fosse da coisa alheia de que tem a posse legítima. É fundamental a presença do elemento subjetivo transformador da natureza da posse, de alheia para própria. Ao contrário do crime de furto, o agente tem a posse lícita da coisa. Recebe-a legitimamente. Muda somente o *animus* que o liga à coisa.

Este primeiro elemento — posse legítima de coisa alheia móvel —, sobre o qual se deve inverter o *animus rem sibi habendi*, é indispensável ao exame da caracterização do crime de apropriação indébita. Em não havendo a anterior posse legítima de coisa alheia móvel, não se pode falar em apropriação indébita, onde a inversão do título da posse é fundamental.

No entanto, se o sujeito ativo age de má-fé, mantendo em erro a vítima, que entrega a coisa, ludibriada, pratica o crime de estelionato, e não o de apropriação indébita. Ao contrário, se

A posse mencionada no dispositivo em exame deve ser entendida em sentido amplo, abrangendo, inclusive, a simples detenção[22] e até o poder de disposição direta sobre a coisa. Paulo José da Costa Jr.[23] sustenta que essa disponibilidade abrange inclusive "a disponibilidade jurídica, que consiste na disponibilidade facultada legalmente ao agente pelo cargo que desempenha, sem detenção material". Realmente, a exemplo da apropriação indébita (art. 168), é necessário que o agente possa ter disponibilidade física direta ou imediata da coisa móvel pública alheia. Concordamos que essa disponibilidade material possa corresponder inclusive à disponibilidade jurídica, para satisfazer o pressuposto da anterior posse prévia, desde que seja entendida essa disponibilidade como, mesmo não dispondo fisicamente da detenção material da coisa, o poder de exercê-la por meio de ordens, requisições ou mandados.

A existência da posse prévia é insuficiente, por si só, sendo necessário que esta advenha de cargo exercido pelo funcionário público. O texto legal refere-se à "posse em razão de cargo" e não "em razão do exercício de função", como destacava, com muita propriedade, Nélson Hungria[24]: "conceitualmente, a preexistente posse deve ter-se operado em razão do cargo, isto é, faz-se mister uma íntima relação de causa e efeito entre o cargo e a posse. Não basta que a *res* tenha sido confiada *contemplatione officii*: é preciso que a sua entrega ao funcionário resulte de mandamento legal (*ex vi legis*) ou, pelo menos, de inveterada praxe, não proibida por lei". É necessário que o funcionário público seja nomeado e empossado em cargo público, oficialmente.

A confiança depositada no funcionário público que recebe a coisa, objeto material do crime de peculato, é proveniente de imposição legal, em razão do cargo público exercido pelo agente. É mister que receba o bem em razão do cargo que exerce, significando que a entrega da coisa ao agente deve ser feita em decorrência de sua competência ou atribuição funcional, circunscrevendo-se o ato às atribuições inerentes ao cargo que ocupa. Assim, sustenta a doutrina nacional[25] que, se alguém confiar a um amigo, por exemplo, que é fiscal da receita, determinada quantia para

---

a vontade de possuir a coisa, isto é, o *animus*, antecede a posse, que já é adquirida em nome próprio e não no de terceiro, não se configura apropriação indébita". *Mutatis mutandis*, observadas as peculiaridades que os distinguem, as mesmas considerações podem ser aplicadas ao peculato (in Cezar Roberto Bitencourt, *Tratado de Direito Penal*, 15. ed., São Paulo, Saraiva, 2019, v. 3, p. 264).

22. A detenção, ao contrário do que ocorre com a apropriação indébita, não está incluída expressamente no tipo penal do peculato. No entanto, sustentamos que a amplitude que se deve dar à expressão posse deve abranger também a detenção e a própria posse indireta.

23. Paulo José da Costa Jr., *Comentários ao Código Penal*, p. 986.

24. Nélson Hungria, *Comentários ao Código Penal*, p. 340.

25. Nélson Hungria, *Comentários ao Código Penal*, p. 340; Paulo José da Costa Jr., *Comentários ao Código Penal*, p. 986-987; Luiz Regis Prado, *Curso de Direito Penal brasileiro*, p. 351.

saldar um débito, apropriando-se o agente desse valor, não pratica peculato, mas apropriação indébita. Com efeito, se o recebimento da coisa não decorrer do cargo em que está investido, não existe aquela especial violação de dever de ofício incriminada no peculato e na malversação, apregoava Maggiore. "Porque — sustentava o mestre italiano — somente quando a posse está incluída na competência própria do cargo, existe essa especial violação do dever do cargo que a lei incrimina no peculato ou na malversação. Em qualquer outro caso, podemos falar, não dos delitos que ultrajam diretamente a administração pública, mas de apropriação indébita, agravada segundo previsão legal"[26] (art. 61, n. 9). E, ainda, Maggiore acrescentava o seguinte exemplo, extremamente elucidativo: assim, comete peculato o secretário que se apropria dos corpos de delito que lhe são confiados, porque a posse respectiva está inclusa no círculo de suas atribuições e porque trai a confiança que a Administração Pública lhe confiou; não comete peculato (nem malversação), no entanto, o secretário que se apropria do importe de uma indenização judicial, cuja cobrança lhe foi atribuída por uma das partes.

Na verdade, convém destacar, "em razão do cargo" deve ser uma relação objetiva, existente entre a posse e o cargo, uma relação, diríamos, de causa e efeito, entre este e aquela, e não apenas uma relação de confiança subjetiva. Por isso, não é suficiente que o agente seja funcionário público; é necessário que receba o objeto material, repetindo, em razão do cargo que lhe atribua esse mister funcional.

Por fim, o objeto material do peculato — dinheiro, valor ou qualquer outro bem móvel — pode pertencer à Administração Pública ou a particular, desde que se encontre na posse ou tenha sido entregue ao agente "em razão do seu cargo". Essa orientação já era adotada pelo nosso Código Penal anterior, ao contrário do Código Penal Rocco, que fazia distinção, tipificando em figura autônoma, como *malversazione* (art. 315). A preferência da legislação brasileira, equiparando a incriminação do peculato tanto de bens públicos quanto de bens particulares, fundamenta-se na identidade de razões de punir: o Estado também responde pelos danos causados por seus funcionários ao patrimônio de terceiros que se encontrem sob sua responsabilidade.

5. Tipo objetivo: adequação típica

O crime de peculato, recepcionado pelo Código Penal brasileiro, apresenta as seguintes figuras típicas: a) peculato-apropriação (1ª parte do *caput*); b) peculato-desvio (2ª parte); c) peculato-furto (§ 1º); d) peculato culposo (§ 2º).

O crime de peculato, na precisa descrição do *caput* do art. 312 — peculato próprio —, consiste no apossamento ou desvio (destinação diversa), por parte de funcionário público, de coisa móvel (dinheiro, valor ou qualquer outro bem móvel), pública ou particular, de que tem a posse em razão do cargo, em proveito próprio ou alheio. O peculato é assim definido por Hungria: "É o fato do funcionário público que, tendo, em razão do cargo, a posse de coisa móvel pertencente à adminis-

26. Giuseppe Maggiore, *Derecho Penal*, v. 3, p. 171.

tração pública ou sob a guarda desta (a qualquer título), dela se apropria, ou a distrai em seu destino, em proveito próprio ou de outrem"[27]. Segundo o magistério de Damásio de Jesus, "trata-se de uma modalidade especial de apropriação indébita cometida por funcionário público *ratione officii*"[28]. No entanto, diríamos que essa semelhança do crime de peculato com a apropriação indébita, que tem natureza patrimonial, é pouco mais do que aparente, pois ambos apresentam uma diferença estrutural. O peculato, aparentemente uma figura imprópria de crime contra a Administração Pública, é mais do que uma apropriação indébita qualificada pela condição de funcionário público do seu agente ativo. Na verdade, essa diversidade estrutural, como destaca Paulo José da Costa Jr.[29], decorre: a) da qualidade do sujeito ativo — funcionário público, no crime de peculato; b) do título da posse, que no peculato deverá estar relacionado com o cargo ou serviço, enquanto na apropriação indébita pode ser de qualquer natureza; c) da pluralidade de condutas previstas para as modalidades do peculato.

O *caput* do art. 312, como visto, abriga duas modalidades de peculato: a) peculato-apropriação (1ª parte); b) peculato-desvio (2ª parte). Analisaremos, individualmente, cada uma dessas modalidades.

5.1 *Peculato-apropriação: objeto material* (1ª parte)

O verbo apropriar-se tem o significado de assenhorear-se, tomar como sua, apossar-se; apropriar-se é tomar para si, isto é, inverter a natureza da posse, passando a agir como se dono fosse da coisa móvel pública, de que tem posse ou detenção. Acomoda-a ao fim que tem em vista — numa linguagem de Magalhães Noronha — numa situação aparente de proprietário, quer retendo-o, quer consumindo-o, quer alienando-o etc. No peculato, a exemplo da apropriação indébita, e ao contrário do furto e do estelionato, o sujeito passivo tem, anteriormente, a posse lícita da coisa, como destacamos no tópico anterior. O agente recebe-a legitimamente.

O objeto material da ação penal tipificada deve ser dinheiro, valor ou qualquer outro bem móvel, público ou particular, de que o agente tem a posse (abrangendo a detenção e a posse indireta, desde que lícita) em razão do cargo (*ratione officii*). A exemplo do que ocorre com a apropriação indébita, o funcionário público apodera-se do objeto material que se encontra em sua posse, agindo como se proprietário fosse, praticando atos de *animus domini*[30]. Dinheiro é elemento material descritivo do tipo; valor e outro bem móvel são elementos normativos, sendo este de valoração jurídica e aquele de valoração extrajurídica. Dinheiro pode ser representado por moeda metálica ou papel-moeda de curso legal no país; valor é qualquer título, papel de crédito ou documento negociável ou conversível em dinheiro ou

27. Nélson Hungria, *Comentários ao Código Penal*, p. 334.
28. Damásio de Jesus, *Direito penal*, p. 125.
29. Paulo José da Costa Jr., *Comentários ao Código Penal*, p. 984.
30. Luiz Regis Prado, *Curso de Direito Penal brasileiro*, p. 349.

mercadoria, como ações, apólices, títulos da dívida pública, vale postal, letras de câmbio, nota promissória etc.[31]. Bem móvel, finalmente, é toda e qualquer coisa passível de ser apreendida e deslocada de um lugar para outro (*de loco ad locum*). Evidentemente, a exemplo do crime de furto, a energia elétrica, ou qualquer outra forma de energia de valor econômico[32], também é equiparada à coisa móvel, podendo ser igualmente objeto material do crime de peculato.

A despeito de o legislador ter incluído "qualquer bem móvel" e valor, elementos normativos de valoração jurídica, como objetos materiais do crime de peculato, preferiu destacar que "dinheiro" também pode representar esse objeto. O objetivo do legislador, nesse particular, foi afastar o entendimento da antiga doutrina, que não admitia peculato de coisa fungível, limitando a incidência dessa infração penal às coisas infungíveis. Afirmava-se que, na hipótese de coisa fungível, o funcionário era devedor de quantidade e não de espécie, estando obrigado somente a devolver o *tantumdem*, que poderia fundamentar ação cível, administrativa ou ainda algum outro crime diverso do peculato, chamado de residual, como já defendia, a seu tempo, Carrara[33].

Essa finalidade pretendida pelo legislador justifica a enumeração do objeto material do crime de peculato, afastando definitivamente qualquer desinteligência sobre a possibilidade de dinheiro poder ser objeto de peculato: a fungibilidade, *in natura*, não afasta o crime de peculato do funcionário que se apropria de dinheiro público de que tem a posse, mesmo que pretenda devolvê-lo oportunamente[34]. Ainda que possa caracterizar-se, em tese, um simples uso, sem o *animus rem sibi habendi*, não há como afastar a punibilidade, pois se trata inegavelmente de um desvio. Dinheiro, enfim, por ficção legal, quando recebido ou guardado por funcionário público, perde sua condição de fungível. O funcionário público, quando recebe numerário em razão do cargo, passa a ser uma *longa manus* da Administração Pública. Por isso, o recebimento de dinheiro, por funcionário público, em razão do cargo significa seu ingresso imediato no erário público. Na verdade, o funcionário público não é considerado mero depositário, não lhe sendo permitido nem mesmo a compensação de créditos, salvo se for expressamente autorizado por legislação administrativa. Não afasta o crime o suposto crédito ou mesmo a prestação de fiança ou caução para evitar eventual dano. Na verdade, a devolução posterior do dinheiro não descaracteriza o crime, pois há sempre um desvio de finalidade. Contudo, o desvio de verbas ou rendas públicas, sem a finalidade de obter vantagem pessoal, mas em proveito da própria Administração Pública, constitui crime capitulado no art. 315 do CP, onde será devidamente examinado.

---

31. Heleno Cláudio Fragoso, *Lições de Direito Penal*, p. 392-393; Paulo José da Costa Jr., *Comentários ao Código Penal*, p. 987; Luiz Regis Prado, *Curso de Direito Penal*, p. 350.

32. Ver o que escrevemos sobre energia elétrica e assemelhada, in Cezar Roberto Bitencourt, *Tratado de Direito Penal*, 15. ed., São Paulo, Saraiva, 2019, v. 3, p. 102.

33. Francesco Carrara, *Programa de Derecho Criminal*, § 3.32.

34. Heleno Cláudio Fragoso, *Lições de Direito Penal*, p. 393; Paulo José da Costa Jr., *Comentários ao Código Penal*, p. 987.

Eventual "mistura" do próprio dinheiro do funcionário público com o da Administração, para facilitar o troco, por exemplo, não configura, por si só, crime algum. No mesmo sentido, destaca Paulo José da Costa Jr.[35] que tampouco configura conduta punível "quando o funcionário tiver necessidade de valer-se de pequenas quantias do dinheiro público recebido para enfrentar despesas de manutenção ou de condução, quando a serviço do Estado, das quais posteriormente deverá ser reembolsado. Ou por haver esquecido em casa o próprio dinheiro".

Não se equipara à coisa móvel, por outro lado, a prestação de serviço de um funcionário a outro; fruir o funcionário do serviço de outro não constitui esse crime. Não é coisa a prestação de serviço, como exemplificava Magalhães Noronha: "Portanto, se o chefe de uma repartição emprega funcionário em serviço seu, desviando-o de suas ocupações funcionais, não pratica peculato, incorrendo em outro delito, ou, de qualquer maneira, praticando falta contra a probidade administrativa"[36]. Com acerto, conclui ainda Magalhães Noronha, afirmando que essa conduta é atípica, porque se apropriar de dinheiro, valor ou bem móvel não é fruir de serviço do funcionário público, pois ele não é coisa[37].

5.2 *Peculato-desvio* (2ª parte)

O verbo núcleo *desviar* tem o significado, neste dispositivo legal, de alterar o destino natural do objeto material ou dar-lhe outro encaminhamento, ou, em outros termos, no peculato-desvio o funcionário público dá ao objeto material aplicação diversa da que lhe foi determinada, em benefício próprio ou de outrem.

Nesta figura — peculato-desvio — não há o propósito de apropriar-se, que é identificado como o *animus rem sibi habendi*, podendo ser caracterizado o desvio proibido pelo tipo, com simples uso irregular da coisa pública, objeto material do peculato. "Ao invés do destino certo e determinado do bem de que tem a posse, o agente lhe dá outro, no interesse próprio ou de terceiro. O desvio poderá consistir no uso irregular da coisa pública. No entanto, para que se complete essa conduta típica, é indispensável a presença do elemento subjetivo especial do tipo, ou seja, que se faça o desvio em proveito próprio ou alheio. Esse elemento subjetivo está implícito na figura anterior, peculato-apropriação, pois seria incompreensível apropriar-se em benefício de terceiro. Com efeito, se o desvio operar-se em benefício da própria Administração, não haverá peculato, mas desvio de verba.

Poder-se-á discutir a natureza do proveito exigido para configurar esse crime, como fizemos em alguns crimes patrimoniais, examinados no volume 3º desta obra. Contrariamente, contudo, ao que se poderia exigir nos crimes patrimoniais, aqui, mesmo que implique, nesta figura, valor patrimonial, o proveito pode ser de qualquer

35. Paulo José da Costa Jr., *Comentários ao Código Penal*, p. 988.
36. Magalhães Noronha, *Direito Penal*, 10. ed., São Paulo, Saraiva, 1978, v. 4, p. 222.
37. A doutrina mais autorizada acompanha esse entendimento: Nélson Hungria, *Comentários ao Código Penal*, p. 336; Heleno Cláudio Fragoso, *Lições de Direito Penal*, p. 393.

natureza: patrimonial, moral, funcional etc. Nessa modalidade, o crime consuma-se com a efetivação do desvio, independentemente da real obtenção de proveito para si ou para outrem.

A posse não pode estar viciada de violência, fraude ou erro: se ela decorre de violência, haverá concussão; se foi obtida mediante fraude ou engano, pode caracterizar, em tese, concussão ou estelionato, dependendo das demais circunstâncias; se, no entanto, a posse provier de erro de outrem, o crime será aquele previsto no próximo dispositivo (art. 313) e objeto de análise no capítulo seguinte.

5.3 *Peculato-furto*

O § 1º prevê o chamado peculato-furto, no qual o funcionário público não tem a posse do objeto material e o subtrai, ou concorre para que outro o subtraia, em proveito próprio ou alheio, valendo-se da facilidade que lhe proporciona a qualidade de funcionário. Essa facilidade "é qualquer circunstância de fato propícia à prática do crime, notadamente o fácil ingresso à repartição ou local onde se achava a coisa subtraída"[38]. Segundo o magistério de Antonio Pagliaro e Paulo José da Costa Jr.[39], "nesta hipótese, para que se possa falar de apropriação indébita ou de desvio, é necessário que o uso, por sua natureza e por sua duração, seja tal que comprometa a utilidade da coisa para a administração pública ou para outro sujeito ao qual pertença. Naturalmente, para que se aperfeiçoe o crime, é preciso que haja um compromisso sério na utilização da coisa. Por isso, não haverá ilícito penal, mas somente um ato moralmente reprovável e suscetível de sanções disciplinares, se um funcionário público, por ocasião de uma festa, enfeitar sua casa com quadros de sua repartição, ou, então, usar vez ou outra máquinas de escrever, automóveis, que pertençam a terceiros e estejam em sua posse em razão do cargo. Se se verificar consumo de gasolina ou de outro material, poder-se-á configurar o peculato em relação a tais materiais".

O peculato de uso, que se tipificaria pelo uso momentâneo do objeto material do peculato, o qual se encontra na posse do funcionário em razão do cargo, sem *animus domini*, e a devolve intacta após sua utilização, não configura crime. Em se tratando de Prefeito Municipal, contudo, conduta semelhante adequa-se à descrição típica constante do art. 1º, II, do Decreto-lei n. 201/67, que disciplina os crimes de responsabilidade dos prefeitos municipais. O natimorto Código Penal de 1969 acrescentava às atuais figuras a incriminação do peculato de uso, nos seguintes termos: "Usar, para fins alheios ao serviço, ou permitir que outrem, indevidamente, faça uso de veículos ou qualquer outra coisa infungível de não pequeno valor, que, pertencente à administração pública ou sob sua guarda, lhe tenha sido entregue em razão do cargo" (art. 346). Desafortunadamente, como todos sabem, esse Código,

---

38. Nélson Hungria, *Comentários ao Código Penal*, p. 350.

39. Antonio Pagliaro & Paulo José da Costa Jr., *Dos crimes contra a administração pública*, p. 46.

depois da mais longa *vacatio legis* que se tem notícia, foi revogado, sem nunca ter entrado em vigor. Concordamos com Heleno Fragoso e Paulo José da Costa Jr.[40], que festejavam essa previsão legal, considerando "muito oportuna, em face dos conhecidos abusos praticados por funcionários", especialmente, acrescentamos, as autoridades responsáveis por apreensões de veículos e material de informação vinculados a processos criminais.

O simples desvio de verbas públicas, que não tenha como finalidade a obtenção de proveito pessoal, mas caso seja feito em benefício da própria Administração Pública, constitui crime previsto no art. 315, onde será devidamente desenvolvido.

5.4 *Peculato culposo*

A punibilidade de crimes patrimoniais, a título de culpa, é excepcionalíssima, aliás, seguindo o princípio da excepcionalidade do crime culposo, assegurada no próprio Código Penal (art. 18, parágrafo único). O clássico Carrara[41] já apregoava que a "imprudência humana deve ser freada e reprimida pela lei somente quando seja causa de um dano não reintegrável", pois evidentemente a reparação completa da imprudência elimina o dano mediato, ou seja, o caráter político do fato.

Ocorre o peculato culposo quando o funcionário público concorre para que outrem se aproprie, desvie ou subtraia o objeto material da proteção penal, em razão de sua inobservância ao dever objetivo de cuidado necessário (§ 2º). No caso, o funcionário negligente não concorre diretamente no fato (e para o fato) praticado por outrem, mas, com sua desatenção ou descuido, propicia ou oportuniza, involuntariamente, a que outrem pratique um crime doloso, que pode ser de outra natureza. Nesse sentido, procuramos deixar claro que, como se tem reiteradamente afirmado, não há participação dolosa em crime culposo e vice-versa. Com efeito, o funcionário público responde, na modalidade culposa, pela inobservância do dever objetivo de cuidado, isto é, por sua negligência, deixando o objeto material desprotegido, ao facilitar, ainda que inadvertidamente, que terceiro pratique outro crime contra o patrimônio público que, em razão de seu cargo, deveria proteger. Não há, convém destacar, participação da ação culposa do funcionário na conduta dolosa do terceiro, que pode ou não ser outro funcionário público, inexistindo, por conseguinte, qualquer vínculo ou liame subjetivo entre ambos. Há, em verdade, uma espécie de autorias colaterais. Contudo, para que se caracterize o peculato culposo não basta a ação (ou omissão) descuidada do funcionário faltoso, sendo indispensável que, aliada à sua desatenção, ocorra a prática de outro fato, agora doloso, por parte de terceiro, sem o qual não se configurará o peculato culposo, mesmo que sobrevenha um dano ao patrimônio da Administração Pública[42].

---

40. Heleno Fragoso, *Lições de Direito Penal*, p. 395; Paulo José da Costa Jr., *Comentários ao Código Penal*, p. 989.

41. Francesco Carrara, *Programa de Derecho Criminal*, § 2.023.

42. Heleno Cláudio Fragoso, *Lições de Direito Penal*, p. 397.

Dispõe o § 3º que, na hipótese de reparação do dano, se precedente à sentença criminal irrecorrível, extingue-se a punibilidade; se lhe é posterior, reduz de metade a pena imposta. No peculato doloso, a compensação, a reparação do dano ou a restituição do objeto material não excluem o crime, constituindo apenas circunstância atenuante (art. 65, III, *b*). Constata-se que, nessa hipótese, o legislador atribui relevância excepcional à reparação do dano, na hipótese de peculato culposo. O ressarcimento pode ser promovido tanto pelo acusado quanto por terceiro, atingindo o mesmo objetivo e produzindo a mesma consequência. Por fim, o ressarcimento ou mesmo a extinção da punibilidade não impedem a aplicação de eventual sanção administrativa, ante eventual infração administrativa.

6. Tipo subjetivo: adequação típica

Elemento subjetivo do crime de peculato é o dolo, constituído pela vontade de transformar a posse em domínio, a exemplo do que ocorre no crime de apropriação indébita, ou seja, é a vontade livre e consciente de apropriar-se de coisa móvel pertencente ao Estado, de que tem a posse em nome do próprio Estado. Em outros termos, é a vontade definitiva de não restituir a coisa (dinheiro, valor ou qualquer outra coisa móvel) pertencente ao Poder Público ou desviá-la de sua finalidade.

O dolo deve abranger todos os elementos configuradores da descrição típica, sejam eles fáticos, jurídicos ou culturais. O autor, como afirma Claus Roxin, somente poderá ser punido pela prática de um fato doloso quando conhecer as circunstâncias fáticas que o constituem[43]. Eventual desconhecimento de um ou outro elemento constitutivo do tipo configura erro de tipo, excludente do dolo. O dolo é, na espécie, a vontade de assenhorear-se de bem móvel (*animus rem sibi habendi*), com consciência de que pertence ao Estado, invertendo o título da posse. Em outros termos, o agente deve ter vontade e consciência de apropriar-se de coisa móvel do Estado, isto é, de tomar para si coisa que não lhe pertence. No crime de peculato, a exemplo do que ocorre na apropriação indébita, há uma inversão no título da posse, já que o agente passa a agir como se dono fosse da coisa pertencente ao Estado de que tem a posse legítima. É fundamental a presença do elemento subjetivo transformador da natureza da posse, de alheia para própria, como elemento subjetivo especial do injusto, sob pena de não se configurar o peculato. Essa é a representação subjetiva que deve abranger e orientar a ação do sujeito ativo.

O dolo, necessariamente e sempre, tem de ser atual, isto é, contemporâneo à ação proibida. Se fosse anterior, estar-se-ia diante de um crime premeditado; se fosse posterior, de crime não se trataria, pois a conduta praticada não teria sido orientada pelo dolo. Com efeito, quando se fala em dolo subsequente não se está pretendendo afirmar que o dolo é posterior à ação de apropriar-se; logicamente, busca-se apenas deixar claro que é necessário o *animus apropriandi* ocorrer após a posse *alieno nomine*.

---

43. Claus Roxin, *Teoría del tipo penal*, p. 171.

É indispensável a presença do elemento subjetivo especial do tipo, representado pelo especial fim de agir (em proveito próprio ou alheio), presente em todas as modalidades.

7. Consumação e tentativa

O momento consumativo do crime de peculato é de difícil precisão, pois depende, em última análise, de uma atitude subjetiva. A consumação do crime e, por extensão, o aperfeiçoamento do tipo coincidem com aquele em que o agente, por ato voluntário e consciente, inverte o título da posse, passando a reter o objeto material do crime (dinheiro, valor ou qualquer outro bem móvel) como se dono fosse (*uti dominus*). Consuma-se o crime com a efetiva apropriação, desvio ou subtração do objeto material, ou seja, quando o funcionário público torna seu o patrimônio do qual detém a posse, ou desvia em proveito próprio ou de terceiro, sendo irrelevante o prejuízo efetivo para a Administração Pública. A apropriação do bem público, no entanto, destacava Heleno Fragoso[44], com acerto, "não se materializa apenas num momento subjetivo, necessitando de um fato exterior que constitua um ato de domínio e revele o propósito de apropriar-se". Essa exteriorização da alteração do título da posse, consumadora do crime de peculato, revela-se com a retenção além do tempo necessário, uso pessoal ou consumo, alienação, que são atos característicos de quem é dono ou age como *animus domini*.

Consuma-se, enfim, com a inversão da natureza da posse, caracterizada por ato demonstrativo de disposição da coisa alheia. Contudo, a certeza da intenção somente se caracteriza por algum ato externo, típico de domínio, com o ânimo de apropriar-se dela. O *animus rem sibi habendi*, também característico do crime de peculato, precisa ficar demonstrado. Se o agente não manifesta a intenção de ficar com a *res*, e, ao contrário, a restitui à repartição, de pronto, o dolo do peculato-apropriação não se aperfeiçoa.

Como crime material, a tentativa do crime de peculato é possível, embora de difícil configuração. A despeito da dificuldade de sua comprovação, a identificação da tentativa fica na dependência da possibilidade concreta de se constatar a exteriorização do ato de vontade do sujeito ativo, capaz de demonstrar a alteração da intenção do agente de apropriar-se da coisa pertencente ao Poder Público de que detém a posse. Não se pode negar a configuração da tentativa quando, por exemplo, o funcionário é surpreendido efetuando a venda de coisa pertencente ao Estado, e somente a intervenção de terceiro — circunstância alheia à vontade do agente — impede a tradição da coisa ao comprador.

8. Classificação doutrinária

Trata-se de crime próprio (que exige qualidade ou condição especial do sujeito, no caso, que seja funcionário público); crime material (que exige resultado naturalístico para sua consumação, representado pela diminuição do patrimônio do Poder

44. Heleno Cláudio Fragoso, *Lições de Direito Penal*, 4. ed., São Paulo, Forense, 1984, v. 2, p. 394.

Público); comissivo (na medida em que todas as condutas típicas representadas pelos verbos nucleares exigem ação) e, excepcionalmente, omissivo impróprio (pode ser praticado por omissão, quando o agente se encontra na condição de garantidor, nos termos do art. 13, § 2º, do CP); doloso (como regra geral, as condutas do *caput* só podem ser praticadas dolosamente, ante o princípio da excepcionalidade do crime culposo); excepcionalmente, para confirmar a regra, o § 2º prevê a hipótese da modalidade culposa; de forma livre (que pode ser praticado por qualquer meio ou forma pelo agente); instantâneo (o resultado opera-se de forma imediata, sem se prolongar no tempo); unissubjetivo (que pode ser praticado por um agente apenas); plurissubsistente (crime que, em regra, pode ser constituído por mais de um ato, admitindo, em consequência, fracionamento em sua execução).

9. Comunicabilidade da condição de funcionário público

A qualidade de funcionário público do agente se estende também aos coautores ou partícipes do delito (art. 30 do CP). Contudo, se o particular desconhece ser o sujeito ativo funcionário público, responde por outro crime, excluindo-se o peculato, pois, nesse aspecto, o terceiro participante incorre em erro de tipo, na medida em que essa condição especial do autor não entrou na esfera de conhecimento do terceiro que, por isso mesmo, não pode por ela responder. Entendimento diverso levaria à autêntica responsabilidade objetiva, proscrita no Direito Penal de um Estado Democrático de Direito.

10. Questões especiais

O peculato é crime funcional próprio em sua modalidade fundamental e impróprio no § 1º (peculato-furto). O peculato de uso não é crime (*RT*, 506:326, 505:305 e 541:342), salvo se o agente é prefeito municipal (Dec.-Lei n. 201/67, art. 1º, II). O peculato culposo admite a suspensão condicional do processo em razão da pena mínima abstratamente cominada — inferior a um ano. *Vide* o art. 346 da Lei n. 4.737/65 (Código Eleitoral); art. 1º, I, do Decreto-Lei n. 201/67 (responsabilidade de prefeitos e vereadores); art. 5º da Lei n. 7.492/86 (crimes contra o Sistema Financeiro Nacional); art. 89 da Lei n. 9.099/95 (Juizados Especiais).

11. Sonegação de tributo incidente sobre produto de crime: impossibilidade moral e jurídica

11.1 *Delimitação do tema*

O Supremo Tribunal Federal, no julgamento do *Habeas Corpus* n. 77.530/RS, relatado pelo Min. Sepúlveda Pertence[45], manifestou entendimento já sufragado

---

45. STF, HC 77.530/RS, Rel. Min. Sepúlveda Pertence, 1ª Turma, j. em 26-8-1998, *DJ*, 18 set. 1998, p. 7.

pelo TRF da 4ª Região[46] e pelo STJ[47] no sentido da possibilidade de condenação pelo crime de sonegação fiscal quando houver supressão ou redução de tributo incidente sobre valores de origem criminosa. Isso porque, dentre outros fundamentos, o art. 43 do CTN destaca que o IRPF tem como fato gerador "a aquisição da disponibilidade econômica ou jurídica", ao mesmo tempo que o art. 118 do mesmo diploma legal prescreve que "a definição legal do fato gerador é interpretada abstraindo-se: I — da validade jurídica dos atos efetivamente praticados pelos contribuintes, responsáveis, ou terceiros, bem como da natureza do seu objeto ou dos seus efeitos (...)".

Com base na interpretação desses dois dispositivos legais é que algumas decisões proferidas por tribunais brasileiros destacam a possibilidade de incidência de IRPF mesmo sobre valores de procedência ilícita[48], ou seja, a definição do fato gerador, por força do inciso II do art. 118, *supra*, seria interpretada independentemente da validade jurídica dos atos efetivamente praticados. É claro que, por questões de fidelidade processual, vemo-nos obrigados a reconhecer que essa é a posição majoritária em nossa jurisprudência (frise-se que os acórdãos mencionados dizem respeito à mesma ação penal), inclusive no Supremo Tribunal Federal, conforme demonstrado em "o simples fato de auferir rendimentos, independentemente de ser a origem lícita ou ilícita, obriga o contribuinte a declará-los" (STF, HC 158976 AgR, Relator Ministro Gilmar Mendes, Segunda Turma, julgado em 22-2-2019, publicado em 28-2-2019).

Não obstante, cremos possível contraditar tal solução com base num fundamento que, salvo melhor juízo, ainda não fora apreciado pelos nossos tribunais. Primeiramente, convém ressaltar que as normas do CTN devem ser interpretadas de acordo com os princípios constitucionais em matéria tributária, e, nesse rumo, de nada vale sustentar qualquer posicionamento com base na exclusiva interpretação autopoiética do art. 118 do CTN, dada a ausência do método hermenêutico-constitucional requerido por um Estado Democrático de Direito.

11.2 *Disponibilidade econômica ou jurídica* versus *confisco*

A Constituição da República Federativa do Brasil, em seu art. 145, § 1º, estipula o princípio da capacidade contributiva[49]. Por outro lado, também assegura a nossa Carta Magna que a Administração Pública direta e indireta obedecerá, dentre

46. HC 0401017017-0/RS, 1ª Turma, Rel. Antonio Albino Ramos de Oliveira, j. em 19-5-1998, *DJ*, 24 jun. 1998, p. 493.

47. REsp 182563/RJ, 5ª Turma, Rel. Min. José Arnaldo da Fonseca, j. 27-10-1998, *DJ*, 23 nov. 1998, p. 198.

48. Nesse sentido: TRF da 4ª Região, HC 0401017017-0/RS, e STJ, REsp 182563/RJ, 5ª Turma, já citados.

49. "Sempre que possível, os impostos terão caráter pessoal e serão graduados segundo a capacidade econômica do contribuinte, facultado à administração tributária, especialmente para conferir efetividade a esses objetivos, identificar, respeitados os direitos individuais e nos termos da lei, o patrimônio, os rendimentos e as atividades econômicas do contribuinte".

outros, ao princípio da moralidade (art. 37, *caput*, da CF/88). Quer-nos parecer que essas duas garantias constitucionais devem nortear a interpretação do fato gerador no que tange à incidência do Imposto de Renda de Pessoa Física, e, nesse sentido, não parece subsistir constitucionalmente válida a interpretação no sentido da incidência da exação em relação a valores de procedência criminosa. Isso com base nos argumentos a seguir expostos:

A aquisição da "disponibilidade econômica ou jurídica" a que se refere o art. 43 do CTN deve levar em consideração a licitude da renda, já que somente assim poderemos falar em disponibilidade efetiva e válida. Com efeito, o autor de um delito de peculato possui a detenção dos valores apropriados ou subtraídos, mas não possui a propriedade ou posse legítima desses valores (disponibilidade). Até poderá movimentar os valores produto do delito, mas não se pode afirmar jurídica essa movimentação, quando o direito determina a obrigação de devolver os valores indevidos. Especificamente quanto aos crimes funcionais, a Lei n. 8.429/92 considera ato de improbidade administrativa o enriquecimento ilícito quando o agente aufere "mediante a prática de ato doloso, qualquer tipo de vantagem patrimonial indevida em razão do exercício de cargo, de mandato, de função, de emprego ou de atividade nas entidades referidas no art. 1º" (art. 9º, *caput*, da Lei n. 8.429/92), prescrevendo como sanção a "perda dos bens ou valores acrescidos ilicitamente ao patrimônio (...)", dentre outras (art. 12, I, da Lei n. 8.429/92). E mais: também o art. 91, II, *b*, do CP estabelece, como efeito da condenação penal, a devolução do produto do crime.

Nesse caso, não se pode falar em "disponibilidade" de valores de origem criminosa quando o próprio direito obriga o autor — como efeito da condenação penal ou como sanção civil decorrente da improbidade administrativa — à perda e restituição desses valores. Como afirmar que os valores de origem criminosa estão na esfera de disponibilidade do agente, se o próprio direito determina a perda desses valores? De duas, uma: ou se obriga o apelante a restituir os valores indevidamente desviados, e não se o condena por sonegação fiscal, ou se o condena por sonegação fiscal sem que lhe seja imposta a devolução dos valores. Como afirmar "disponível" um bem cuja restituição seja cogente?

É claro que não se está a discutir, aqui, a possibilidade de tributação incidente sobre as atividades lícitas desempenhadas por alguém que, por meio de dinheiro ilícito, consegue obter renda legítima. Assim, se um traficante, com o dinheiro obtido no tráfico, vier a constituir, por exemplo, uma revenda de automóveis, é lógico que a venda dos produtos ao consumidor, por ser, em tese, legítima, está sujeita à tributação. Aqui, o fato gerador do IRPJ (renda obtida com a venda de automóveis) é lícito, embora decorrente de valores ilícitos. Até se poderia afirmar a incidência de IRPF em valores obtidos de forma ilícita ou imoral, mas isso não pode ser confundido com valores obtidos de forma criminosa, para os quais o direito estabelece, como efeito da condenação, a perda e devolução do produto do crime.

"Origem ilícita" *lato sensu* não pode, *venia concessa*, ser confundida com origem criminosa (injusto penal culpável), isto é, a prática de crime não pode ser erigida em fato gerador de tributo.

11.3 *Ofensa ao princípio da capacidade contributiva*

O art. 43 do CTN adotou a doutrina alemã da propriedade econômica ("*substance over form*", na doutrina americana), ou seja, para a configuração do fato gerador do imposto de renda, reconhece-se como contribuinte a pessoa a quem se imputa a riqueza tributável, pouco importando se a imputação é fundada no direito de propriedade ou na posse.

Não obstante, o princípio da capacidade contributiva obriga-nos a uma reinterpretação dessa regra na medida do patrimônio jurídico do contribuinte. Só se pode reconhecer "capaz de contribuir" aquele que possui a obrigação legal de recolher a exação como uma espécie de ônus político-fiscal imposta pelo Estado para o aumento e manutenção de seu patrimônio. Vejamos um exemplo para corroborar o afirmado: o autor de um furto de R$ 200.000,00, perpetrado perante um estabelecimento bancário, possui a obrigação legal de restituir não só os valores decorrentes deste furto como também todos os demais bens obtidos com o proveito do ilícito. Essa regra é, inclusive, efeito direto da condenação (art. 91, II, *b*, do CP). Ora, não parece possível sustentar-se a existência de capacidade contributiva do meliante no que se refere ao pagamento não só do IRPF incidente sobre os R$ 200.000,00, mas também a multa incidente como acessório da exação. Se é efeito direto da condenação a obrigação de restituir os bens e valores produto do crime, bem como todo o proveito daí decorrente, não parece constitucionalmente válido afirmarmos que o condenado que há de suportar esses efeitos também tenha de recolher o tributo sobre seu delito e os acessórios oriundos da obrigação fiscal.

Mutatis mutandis, ocorre o mesmo na hipótese de peculato.

A prosperar tal tese, chegaremos à conclusão absurda de que um ladrão de veículos, por exemplo, deve declarar, perante a Receita Federal, todos os automóveis furtados durante o respectivo exercício fiscal. E o que é pior: a sonegação fiscal aqui refutada acarretaria verdadeiro *bis in idem*. Todos os condenados por crimes contra o patrimônio (ou de conotação patrimonial) deveriam, também, sê-lo por crime de sonegação fiscal (caso os valores ultrapassassem o limite de isenção), o que, convenhamos, é uma grande heresia. Se a lei estabelece, como efeito da condenação, a restituição do produto e do proveito do crime, essa mesma lei não pode obrigar o condenado a suportar uma exação incidente sobre aqueles efeitos. Portanto, não há capacidade contributiva nessa situação, porque o art. 145, § 1º, da CF/88 autoriza a administração tributária a constituir os respectivos créditos só nos casos em que o patrimônio seja "pessoal", ou seja, de propriedade lícita do contribuinte. Entendimento diverso irá ofender a garantia à propriedade, enunciada no art. 5º, XXII, da Constituição Federal.

Por outro lado, essa solução não ofende o princípio da isonomia tributária. A Constituição Federal, em seu art. 150, II, veda à Federação "instituir tratamento desigual entre contribuintes que se encontrem em situação equivalente, proibida qualquer distinção em razão de ocupação profissional ou função por eles exercida, independentemente da denominação jurídica dos rendimentos, títulos ou direitos".

A garantia constitucional assegura tratamento paritário e equânime para as pessoas que se encontrem na mesma situação jurídica, ou seja, em se tratando de situações jurídicas diversas, impossível falar em tratamento isonômico. Ora, o autor de um crime não está sujeito ao recolhimento de IRPF da mesma forma que todos os demais contribuintes, pela simples razão de que não possui patrimônio disponível para a incidência do tributo. Não se pode vislumbrar identidade de situações entre um indivíduo que possui rendimentos mensais lícitos e outro que auferiu ganhos de forma criminosa, em determinado evento delituoso, já que o primeiro estará sujeito ao pagamento da exação, sem prejuízo em seu patrimônio econômico sobre o qual recaiu o tributo, enquanto o segundo teria de recolher o imposto e, ao mesmo tempo, a obrigação legal de restituir os valores criminosamente obtidos. Em outras palavras: serão idênticas as situações verificadas entre uma pessoa que possua patrimônio pessoal legítimo e outra que não o tenha de forma válida? Uma pessoa que ganha R$ 2.000,00 no mês, sujeitando-se ao pagamento de R$ 150,00 a título de IRPF, não está na mesma situação jurídica de outra pessoa que auferiu os mesmos R$ 2.000,00, mas teve de restituí-los em razão da apropriação indevida: um recolhe o tributo como custo político para a manutenção legítima de R$ 1.850,00; o outro teria de recolher o mesmo tributo (R$ 150,00), mas não teria a sua disposição os mesmos R$ 1.850,00, além de sofrer as sanções penais pela mesma conduta (*bis in idem*). É notório que ambos não estão em "situações equivalentes".

11.4 *Ofensa ao princípio da moralidade administrativa*

Outro princípio elementar de um Estado Democrático de Direito é a moralidade sobre a qual deve pautar-se a administração do Estado. Em que pese a polissemia desse termo, a verdade é que sua previsão constitucional faz recair sobre o administrador o dever de demonstrar que sua atuação não ofende a moralidade administrativa, ou seja, trata-se de um princípio constitucional negativo, responsável não pela demonstração daquilo que se possa considerar moral, mas sim das situações verificadas que, *in concreto*, devem ser reputadas imorais.

A existência abstrata ou concreta de um crime pressupõe a realização de uma conduta imoral, ainda que nem toda imoralidade possa, por si só, caracterizar um delito. A secularização do direito impõe à ciência penal a obrigação de instituir crimes somente diante de atos ofensivos aos valores fundamentais do indivíduo e da sociedade. Podemos afirmar, com base nisso, que a prática de peculato caracteriza crime, em primeiro lugar, porque uma lei específica prevê a possibilidade de punição (art. 312 do CP), mas essa lei só resta legitimada porque o peculato ofende princípios fundamentais do pacto social democrático.

Um servidor público que desvia verbas públicas, em proveito próprio ou alheio, pratica ato de improbidade administrativa, porque, além de lesar o patrimônio da Administração Pública, está a ofender os princípios gerais desta. Prova disso é que a Lei n. 8.429/92, em seu art. 11, define o que é um "ato de improbidade administrativa que atenta contra os princípios da administração pública a ação ou omissão dolosa que viole os deveres de honestidade, de imparcialidade e de legalidade". Tais considerações são suficientes para que cheguemos à notória conclusão de que o apelante praticou uma imoralidade ao desviar as verbas públicas.

Sendo isso correto, como admitir que o Estado, agora, pretenda cobrar tributos incidentes sobre valores ilicitamente obtidos? Seria moral considerar que o Estado, ao cobrar tributo incidente sobre "dinheiro sujo", estaria lucrando com a prática do delito? A CF/88 determina, como vimos, a obrigação de moralidade administrativa, e isso faz com que o Estado, ao considerar como fato gerador do IRPF os valores ilicitamente (e imoralmente) obtidos pelo servidor, acabe por beneficiar-se com a torpeza alheia. Ou será que se pretende afirmar moral a obtenção de lucro com a prática do delito?! Cobrar imposto sobre os valores oriundos de peculato é uma prática administrativa que coloca o Estado ao lado do criminoso, na medida em que o aumento da arrecadação seria diretamente proporcional ao aumento da criminalidade. Daí que não se pode admitir, conclusão inevitável, que haja um crime de sonegação fiscal quando o tributo supostamente sonegado incida sobre valores que são obtidos com a prática de um crime[50].

Por todas essas razões, resta evidente a atipicidade material de sonegação fiscal quando o tributo supostamente sonegado incidir sobre valores obtidos de forma criminosa.

12. Pena e ação penal

As penas cominadas, cumulativamente, são de reclusão, de dois a doze anos, e multa, para o crime de peculato em sua modalidade dolosa; se culposo o peculato, a pena de detenção, isoladamente cominada, é de três meses a um ano. Nesta última hipótese, peculato culposo, configura-se infração penal de menor potencial ofensivo, da competência do Juizado Especial, sendo admitida transação penal.

A ação penal é pública incondicionada, sendo irrelevante sua natureza dolosa ou culposa.

---

50. Este é o posicionamento também de Ives Gandra Martins, *RT*, 712:118.

PECULATO MEDIANTE ERRO DE OUTREM II

Sumário: 1. Considerações preliminares. 2. Bem jurídico tutelado. 3. Sujeitos do crime. 4. Ausência do pressuposto do crime de peculato: posse prévia da *res*. 4.1. Tipo objetivo: adequação típica. 4.2. O erro como elementar típica. 5. Tipo subjetivo: adequação típica. 6. Consumação e tentativa. 7. Classificação doutrinária. 8. Pena e ação penal.

Peculato mediante erro de outrem

Art. 313. Apropriar-se de dinheiro ou qualquer utilidade que, no exercício do cargo, recebeu por erro de outrem:

Pena — reclusão, de 1 (um) a 4 (quatro) anos, e multa.

1. Considerações preliminares

O legislador brasileiro de 1940 teve como paradigma o disposto no art. 316 do Código Penal italiano de 1930 para incluir previsão semelhante no nosso Código Penal de 1940, cuja Parte Especial, repetindo, continua em vigor. O Código Zanardelli de 1889 o previa como uma espécie de concussão, apresentando grande impropriedade técnica, que acabou sendo sanada pelo seu sucessor, o Código Penal Rocco, ambos italianos.

Essa figura típica tem sido denominada pela doutrina peculato impróprio. Sua impropriedade reside no fato de que, ao contrário do peculato próprio, o sujeito ativo, nessa figura, não tem previamente a posse da *res* objeto material da infração penal. Na realidade, no peculato impróprio o funcionário público, aproveitando-se do erro de outrem, apropria-se de dinheiro ou de qualquer outra utilidade recebidos no exercício do cargo. No mesmo sentido posiciona-se Paulo José da Costa Jr., que afirma: "distingue-se o peculato impróprio do próprio, por faltar naquele a prévia posse da coisa móvel em razão da função pública e por recair a conduta sobre dinheiro ou qualquer utilidade"[1].

1. Paulo José da Costa Jr., *Comentários ao Código Penal*; Parte Especial, São Paulo, Saraiva, 1989, v. 3, p. 452.

2. Bem jurídico tutelado

Bem jurídico protegido é a Administração Pública, particularmente em relação a seu próprio interesse patrimonial e moral. A eficiência do Estado, como já destacamos, está diretamente vinculada à credibilidade, honestidade e probidade de seus agentes, pois a atuação do corpo funcional reflete-se na coletividade influenciando decididamente na formação ético-moral e política dos cidadãos, especialmente no conceito que fazem da organização estatal. Em síntese, protege-se o interesse da Administração Pública relativamente à fidelidade e probidade dos agentes do Poder Público; mais do que nunca, agora sob a égide da Constituição Federal de 1988, reforça-se como objeto de proteção penal a probidade administrativa (art. 37 e incisos).

Secundariamente, são igualmente protegidos os interesses patrimoniais de quem, por erro, acaba entregando dinheiro ou qualquer outra utilidade ao funcionário público no exercício do cargo.

Por fim, o objeto material do peculato decorrente de erro de outrem — dinheiro ou qualquer utilidade — pode pertencer tanto à administração pública quanto à particular, desde que seja entregue ao sujeito ativo (funcionário público) no exercício do cargo. O que caracteriza esse tipo de peculato não é a natureza da titularidade do objeto material — pública ou privada —, mas a condição especial do sujeito ativo — funcionário público — que o recebe, por erro, no exercício de cargo público.

3. Sujeitos do crime

Sujeito ativo somente pode ser o funcionário público, ou aquele expressamente equiparado para fins penais, tratando-se, por conseguinte, de crime próprio. A condição especial funcionário público, como elementar do crime de peculato, comunica-se ao particular que eventualmente concorra, na condição de coautor ou partícipe, para a prática do crime, nos termos da previsão dos arts. 29 e 30, ambos do CP. É indispensável, contudo, que o particular (*extraneus*) tenha consciência da qualidade especial do funcionário público, sob pena de não responder pelo crime de peculato. Se o particular desconhecer essa condição, o seu dolo não estará abrangendo todos os elementos constitutivos do tipo, configurando-se o conhecido erro de tipo, que afasta a tipicidade da conduta. Nessa hipótese, o particular responderá por outro crime, consoante o permissivo contido no art. 29, § 2º, do Código Penal, que abriga a chamada cooperação dolosamente distinta.

Sujeitos passivos são o Estado e as entidades de direito público. Se o bem móvel — dinheiro ou outra utilidade — for particular, o proprietário ou possuidor desse bem também será sujeito passivo. Como afirmamos no capítulo anterior, discordamos do entendimento tradicional da doutrina, que define, nessa hipótese especial, o particular como sujeito passivo secundário, pois não há razão lógica ou jurídica para colocá-lo em segundo plano, mesmo que se trate de infração penal localizada no Título (XI), que, por razões lógicas e metodológicas, cuida dos crimes contra a administração pública; com efeito, com essa infração o sujeito ativo lesa tanto bem jurídico pertencente ao erário público (dever funcional) quanto bem jurídico pertencente ao particular (patrimônio). Na verdade, o Estado é sempre sujeito passivo primário de todos os crimes, desde que o Estado evocou a si o monopólio do *ius puniendi*, daí o caráter público do direito penal que somente tutela interesses particulares pelos reflexos que sua violação acarreta na coletividade. Com efeito, a lei penal protege, em primeiro plano, o interesse da ordem jurídica geral, cujo titular é o Estado e, secundariamente, o interesse do particular.

4. Ausência do pressuposto do crime de peculato: posse prévia da *res*

O pressuposto do crime de peculato, em relação às duas figuras do *caput* do art. 312, é a anterior posse lícita, isto é, legítima da coisa móvel pública (dinheiro, valor ou qualquer outro bem móvel), da qual o funcionário público apropria-se indevidamente. Em outros termos, na hipótese do crime de peculato nas diversas modalidades descritas nesse dispositivo, a posse deve preexistir ao crime e ser exercida pelo agente em nome alheio, isto é, em nome do Poder Público, já que a ausência da posse altera a tipicidade da conduta, como afirmamos no capítulo anterior.

No entanto, na hipótese do presente art. 313 — peculato por erro de outrem —, a situação é diferente, pois o sujeito ativo não dispõe previamente da posse do dinheiro ou da utilidade de que se apropria, ao contrário, estes lhe vêm às mãos por erro de terceiro: assim, o funcionário público, que não dispunha da posse previamente, aproveita-se do erro de outrem que, indevidamente (erro ou equívoco), lhe entrega a *res*. Destaque-se, ademais, que tal erro não pode ter sido provocado pelo sujeito ativo, sob pena de alterar-se a figura típica, que já não será essa modalidade de peculato. Também nessa espécie de "apropriação", decorrente de erro de outrem, é necessário que o agente possa ter disponibilidade física direta e imediata da coisa alheia — dinheiro ou utilidade.

O recebimento do dinheiro ou utilidade é insuficiente, por si só, para que essa infração se adeque ao tipo penal em exame, sendo necessário que esse recebimento, por erro, ocorra no exercício de cargo público, e não em razão do cargo, como é o caso do art. 312 antes examinado. Guilherme Nucci, analisando essa elementar, considera que não há distinção entre a locução "no exercício do cargo" e aquela do dispositivo anterior "em razão do cargo", com a seguinte argumentação: "seria puro preciosismo distinguir a expressão 'no exercício do cargo' da anterior, utilizada no art. 312, 'em razão do cargo'. Em ambas as hipóteses, o que se tem em conta é que o funcionário, prevalecendo-se das suas funções, consegue obter valor que não lhe chegaria às mãos não fosse o cargo exercido"[2].

Temos dificuldade em adotar esse entendimento, em respeito ao princípio da taxatividade, que o próprio Nucci defende, especialmente em se tratando de leis penais incriminadoras, pois nessas espécies de normas penais, potencializa-se a velha

2. Guilherme de Souza Nucci, *Código Penal comentado*, 5. ed., São Paulo, Revista dos Tribunais, 2005, p. 980.

máxima de que "o legislador não emprega palavras inúteis". Segundo o magistério de Luiz Luisi, referindo-se ao princípio da taxatividade, "o postulado em causa expressa a exigência de que as leis penais, especialmente as de natureza incriminadora, sejam claras e o mais possível certas e precisas. Trata-se de um postulado dirigido ao legislador vetando a este a elaboração de tipos penais com a utilização de expressões ambíguas, equívocas e vagas de modo a ensejar diferentes e mesmo contrastantes entendimentos. O princípio da determinação taxativa preside, portanto, a formulação da lei penal, a exigir qualificação e competência do legislador, e o uso por este de técnica correta e de uma linguagem rigorosa e uniforme"[3]. Nesse sentido, as duas locuções "no exercício do cargo" e "em razão do cargo" não têm o mesmo significado jurídico-penal, embora, por vezes, até possam confundir-se. No entanto, o funcionário público, por exemplo, que estiver afastado do efetivo exercício do cargo — por licença, enfermidade, férias, ou, por qualquer razão, em disponibilidade —, que receber dinheiro ou utilidade decorrente de erro de outrem, praticará crime mais grave, como o estelionato, exemplificativamente — mantendo alguém em erro —, com a possível majorante do § 3º (art. 171). Certamente, em hipótese semelhante, o recebimento da *res* ocorre "em razão do cargo", embora não se encontre no seu exercício, que fática e juridicamente são coisas distintas, e é exatamente essa especificação de linguagem, com a preciosidade de nosso vernáculo, que permite a perfeita adequação típica de condutas aparentemente semelhantes. Inegavelmente, o desvalor da ação da segunda hipótese — quando o funcionário recebe a "vantagem" encontrando-se afastado do cargo — é muito superior ao desvalor de quem a recebe estando no exercício do cargo, pois revela uma intensidade de dolo muito maior, além do propósito, desde o início, de aproveitar-se da situação equivocada de outrem. A maior desvalia da ação, nessa hipótese, decorre de que se encontrando o agente afastado do cargo, de plano, sabe que não é sua atribuição receber o dinheiro ou utilidade que se lhe pretende entregar, ou seja, ao contrário da hipótese prevista no art. 313, o sujeito ativo desde o primeiro instante já tem consciência de que a vítima está incidindo em erro e que ele não tem a atribuição legal para receber o dinheiro ou qualquer utilidade.

Por fim, é necessário, ademais, que o funcionário público seja regularmente nomeado e empossado em cargo público, oficialmente, e, ainda, que se encontre no seu exercício.

4.1 *Tipo objetivo: adequação típica*

O núcleo da ação tipificada aqui no art. 313 é igual ao do art. 312, e tudo o que lá dissemos sobre o verbo nuclear aqui se aplica. A forma, contudo, como o sujeito ativo entra na posse da coisa ou objeto alheio (dinheiro ou utilidade) é diversa. Este não lhe é previamente confiado ou entregue licitamente, mas lhe vem às mãos por erro de outrem. A conduta, enfim, consiste em apropriar-se (apossar-se)

3. Luiz Luisi, *Os princípios constitucionais penais*, p. 18.

de dinheiro ou qualquer outra utilidade que, no exercício do cargo, recebeu por erro de outrem, a exemplo do que ocorre no peculato-apropriação. A entrega pode ser efetuada por um *extraneus* ou mesmo por outro funcionário público (também no exercício de seu cargo). A entrega e o recebimento têm origem no erro ou na ignorância, que, nessa hipótese, equivalem-se, embora Paulo José da Costa Jr. faça a seguinte distinção: "De forma mais lógica, porém, errar é saber mal, ignorar é não saber. Assim, enquanto o erro implica algo de positivo (conhecimento falso do objeto), a ignorância tem em si um *quid* de negativo (desconhecimento do objeto). Ambos, erro e ignorância, opõem-se à verdade, que é a conformidade com aquilo que é (erro é o descordo com o que é). Quem ignora, não sabe. Quem erra, pensa saber. Por tal motivo, costuma-se dizer ser o erro a ignorância que se ignora"[4].

Na infração tipificada nesse dispositivo penal, o agente, no momento em que recebe o numerário ou qualquer utilidade, não está agindo de má-fé, exatamente por desconhecer as circunstâncias, ao contrário do que ocorreria se os recebesse em razão do cargo, estando dele afastado; contudo, posteriormente, constatando o engano ou erro de quem lhe fez a entrega ou pagamento e não procede à devolução do que, por ignorância ou erro, lhe foi entregue ou pago, apropria-se indevidamente, comprometendo o prestígio e a probidade da administração pública.

Erro pode ser a entrega de uma coisa por outra, entregar ao funcionário errado, supor obrigação de entregar etc. Ao erro de quem paga ou entrega deve corresponder, em princípio, a boa-fé de quem recebe. Essa boa-fé não existiria, desde o primeiro momento, se o funcionário recebesse, em razão de cargo, mas do qual não se encontrasse no exercício: sabe, de imediato, que a vítima está incidindo em erro. Em outros termos, o erro pode incidir sobre a coisa entregue (dinheiro ou qualquer utilidade), sobre o funcionário a quem se entrega ou sobre o local ou a razão da entrega. É indispensável, no entanto, que tal erro seja espontâneo, e não provocado pelo sujeito ativo, e que ocorra em função do cargo ocupado por este. Em outros termos, se o agente induz a vítima a erro, o crime poderá ser o de estelionato; caso a vítima faça a entrega do objeto material mediante exigência do funcionário público, responderá este pelo delito descrito no art. 316 do CP. São pequenos detalhes que podem alterar profundamente a figura típica.

Dinheiro é a moeda corrente nacional que tem a finalidade de propiciar a aquisição ou pagamento de bens, serviços ou qualquer outra utilidade. Utilidade é tudo aquilo que sirva para consumo, uso, proveito econômico ou possa ser avaliado e apreciado economicamente. Tal utilidade requerida para essa infração penal — peculato em qualquer de suas modalidades — terá sempre e necessariamente natureza econômica.

A velha doutrina falava, na hipótese dessa infração penal, em peculato-estelionato, isto é, o peculato consistia na apropriação de dinheiro ou qualquer outra utilidade em decorrência do erro de outrem: o sujeito apropria-se dessa vantagem

---

4. Paulo José da Costa Jr., *Comentários ao Código Penal*, p. 454.

indevida mantendo ou aproveitando-se do erro do sujeito passivo; estão presentes, em tese, as principais elementares do estelionato: a vantagem indevida, o potencial prejuízo de alguém, o erro e o ardil. No entanto, a despeito das semelhanças entre as duas figuras típicas, esta não se confunde com o estelionato porque, neste, a indução a erro é consequência da conduta do próprio agente, ao passo que no peculato decorrente de erro de outrem o sujeito ativo não concorre para ele: o dinheiro ou a utilidade vem-lhe às mãos por erro ou equívoco, sem a sua cooperação. O erro nessa modalidade de peculato não se confunde com o erro do crime de estelionato. Neste, o erro em que incorre a vítima é decorrência da atividade ardilosa do sujeito ativo, engendrado com artifícios ou ardis; ao passo que no peculato mediante erro de outrem, o erro nasce e aperfeiçoa-se na vítima, sem qualquer influência ou interferência do sujeito ativo. Por razões como essas é que não admitimos que a modalidade do peculato possa ser entendida como forma especial de estelionato, como entende Guilherme Nucci[5], a despeito de sua bem elaborada concepção.

Em síntese, nessa modalidade de peculato, a vítima não é constrangida como na concussão, nem enganada como no estelionato. Em decorrência do erro da vítima, a vantagem (dinheiro ou outra utilidade) lhe vem às mãos generosamente.

Caracteriza-se o crime, porém, quando o funcionário que recebeu a coisa (dinheiro ou qualquer utilidade) recusa-se a devolvê-la, depois de notificado (notificado no sentido de cientificado do erro, tomado ciência do equívoco). Ademais, é necessário que, repetindo, o funcionário tenha recebido a coisa no exercício de cargo público, e não em razão dele, pois, nesta hipótese, o crime poderia ser de corrupção passiva. Contudo, se o funcionário (sujeito ativo) incide em erro ao receber o objeto, também entregue em razão de erro (ou não), não se caracteriza o crime, por ausência de dolo, que é o elemento subjetivo informador dessa infração penal.

4.2 *O erro como elementar típica*

Erro é a falsa representação ou avaliação equivocada da realidade. O indivíduo supõe, por erro, tratar-se de uma realidade, quando na verdade está diante de outra; faz, em razão do erro, um juízo equivocado da situação fática que se lhe apresenta[6].

O recebimento do objeto material (dinheiro ou outra utilidade) dessa modalidade de peculato decorre de erro de outrem, isto é, de quem faz a entrega. O erro pode recair sobre a coisa, sobre a obrigação ou sobre a quantidade da coisa devida (dinheiro ou qualquer utilidade) e, particularmente, sobre quem deva recebê-la. Nesse sentido, Hungria[7] já destacava que o erro pode incidir: a) sobre a competência do funcionário para receber; b) sobre a obrigação de entregar ou prestar; c) sobre o *quantum* da coisa a entregar (a entrega é excessiva, apropriando-se o agente do

---

5. Guilherme Nucci, *Comentários ao Código Penal*, p. 980-981.
6. Cezar Roberto Bitencourt, *Tratado de Direito Penal*, 15. ed., São Paulo, Saraiva, 2019, v. 3, p. 300.
7. Nélson Hungria, *Comentários ao Código Penal*, p. 354.

excesso). Enfim, é indiferente a natureza ou espécie do erro que leva o sujeito passivo a entregar equivocadamente o valor ou utilidade a funcionário que não devia recebê-lo. A despeito dessa tipificação específica, Magalhães Noronha figurava a hipótese de alguém que entrega determinada importância a funcionário no exercício de seu cargo, supondo que estava entregando-lhe a metade. Sustentava Magalhães Noronha que, nesse caso, o crime não era de peculato mediante erro de outrem, como prevê o artigo *sub examine*, mas seria o crime de apropriação indébita. *Venia concessa*, essa é uma interpretação que a lei não autoriza, pois faz uma distinção que ela não distingue.

É absolutamente irrelevante a causa do erro: ignorância, desconhecimento, confusão, desatenção etc., desde que, repetindo, tenha-se originado espontaneamente, sem qualquer intervenção provocativa do sujeito ativo, isto é, do funcionário público. É indispensável, no entanto, que esse erro do sujeito passivo seja não só voluntário como também espontâneo, pois se decorrer de provocação do funcionário que recebe o objeto do equívoco — valor ou qualquer outra utilidade — poderá tipificar o crime de estelionato, em uma de suas figuras, dependendo das circunstâncias fáticas. Na verdade, o funcionário público, nessa hipótese, cria a situação que induz a vítima a erro, e aproveita-se dessa situação para obter vantagem indevida em prejuízo daquela. Em assim agindo, na nossa concepção, pode responder, em tese, pelo crime de estelionato.

5. Tipo subjetivo: adequação típica

Elemento subjetivo é o dolo, constituído pela vontade de apropriar-se daquilo que recebeu por erro de outrem. O dolo, no entanto, deve apresentar-se em momento posterior ao recebimento, quando, normalmente, o sujeito ativo encontra-se de boa-fé. Dizer, contudo, que o dolo deve apresentar-se em momento posterior, não significa que seja *dolus subsequens*, o qual não admitimos como possível, pois na verdade o dolo é concomitante ao momento da apropriação da *res*, que é, evidentemente, posterior ao recebimento. Deu para entender, acreditamos. O dolo, afinal, é atual, isto é, coincidente com o momento da "apropriação".

Não há exigência de elemento subjetivo especial do injusto. Não há, tampouco, previsão de modalidade culposa.

6. Consumação e tentativa

O momento consumativo dessa modalidade de peculato, a exemplo do previsto no artigo anterior, é de difícil precisão, pois depende, em última análise, de uma atitude subjetiva do sujeito ativo. Consuma-se o crime com a efetiva apropriação do objeto material (dinheiro ou qualquer utilidade), ou seja, quando o funcionário público torna seu o patrimônio que recebeu, no exercício do cargo público, por erro de outrem, sendo irrelevante o prejuízo efetivo para a Administração Pública. A apropriação do bem público, no entanto, não se materializa apenas num momento subjetivo, necessitando de um fato exterior que constitua um ato de domínio e revele o propósito de apropriar-se. A exteriorização da vontade do agente, consumadora desse tipo de peculato, revela-se com a retenção, ignorando a notificação ou pedido de sua devolução por quem de direito.

Solicitada a devolução, e desatendida pelo funcionário público, consuma-se o crime, ficando caracterizado o ato demonstrativo de disposição de coisa alheia como própria. Se, no entanto, o agente não manifesta a intenção de ficar com a *res*, e, ao contrário, constatado o erro a restitui à repartição ou a quem lhe entregou por erro, de pronto, o dolo não se aperfeiçoa.

Tratando-se de crime material, a tentativa é possível, embora de difícil configuração. A despeito da dificuldade de sua comprovação, a identificação da tentativa fica na dependência da possibilidade concreta de se constatar a exteriorização do ato de vontade do sujeito ativo.

7. Classificação doutrinária

Trata-se de crime próprio (que só pode ser praticado por quem reúna qualidade ou condição especial de funcionário público); crime material (que exige resultado naturalístico para sua consumação); de forma livre (que pode ser praticado por qualquer meio ou forma pelo agente); instantâneo (não há demora entre a ação e o resultado); unissubjetivo (que pode ser praticado por um agente apenas); plurissubsistente (crime que, em regra, pode ser constituído por mais de um ato, admitindo, em consequência, fracionamento em sua execução).

8. Pena e ação penal

As penas cominadas, cumulativamente, são de reclusão, de um a quatro anos, e multa. A ação penal é de natureza pública incondicionada, não sendo exigida qualquer manifestação do ofendido ou representante legal.

Admite-se a suspensão condicional do processo em razão de a pena mínima abstratamente cominada não ser superior a um ano (art. 89 da Lei n. 9.099/95).

INSERÇÃO DE DADOS FALSOS EM SISTEMA DE INFORMAÇÕES

III

Sumário: 1. Considerações preliminares. 2. Bem jurídico tutelado. 3. Sujeitos do crime. 4. Tipo objetivo: adequação típica. 4.1. Obtenção de vantagem indevida: elemento normativo. 4.2. Inserção de dados falsos em sistemas de informações e estelionato: dessemelhanças. 5. Tipo subjetivo: adequação típica. 6. Classificação doutrinária. 7. Consumação e tentativa. 8. Pena e ação penal.

Inserção de dados falsos em sistema de informações

Art. 313-A. Inserir ou facilitar, o funcionário autorizado, a inserção de dados falsos, alterar ou excluir indevidamente dados corretos nos sistemas informatizados ou bancos de dados da Administração Pública com o fim de obter vantagem indevida para si ou para outrem ou para causar dano:

Pena — reclusão, de 2 (dois) a 12 (doze) anos, e multa.

- Artigo acrescentado pela Lei n. 9.983, de 14 de julho de 2000.

1. Considerações preliminares

A Lei n. 9.983, de 14 de julho de 2000, introduziu, dentre outras figuras penais, a presente infração, com o objetivo de criminalizar a conduta de funcionário público consistente na inserção de dados falsos, alteração ou exclusão indevidas de dados corretos nos sistemas informatizados ou bancos de dados da Administração Pública, com o fim de obter vantagem indevida para si ou para outrem ou para causar dano. O projeto da referida lei previa, originalmente, a mesma infração penal, limitada, porém, à previdência social, consoante se depreende do seguinte texto: inserir o funcionário autorizado ou facilitar a inserção de dados falsos, alterar ou excluir indevidamente dados corretos nos sistemas informatizados ou bancos de dados da previdência social com o fim de obter vantagem indevida para si ou para outrem ou para causar dano a essa instituição.

Com o estrondoso progresso da tecnologia e, por consequência, a invasão e consagração da informática, as organizações públicas e privadas passaram a adotar universalmente os microprocessadores e microcomputadores, que passaram a ser a base de qualquer corporação, independentemente de suas importâncias e dimensões política, social ou econômica. No entanto, a popularização da informática facilitou seu uso também pelos particulares e, com a mesma eficiência que possibilita a estruturação dos serviços das grandes instituições, especialmente nas administrações públicas, torna-as também vulneráveis a todo tipo de pirataria, com riscos de produção de danos incalculáveis. Essas facilidades tanto para administrar quanto para fraudar, propiciadas pela informatização em massa, serve de justificativa para criminalizar condutas como a descrita no artigo ora em exame.

2. Bem jurídico tutelado

Bem jurídico protegido é a Administração Pública, especialmente a probidade administrativa, não diferindo muito da proteção objetivada pela criminalização do peculato tipificado no art. 312, enfatizando-se principalmente a sua organização e eficiência, indispensáveis para atingir os desideratos a que se propõe.

Em sentido estrito, o bem jurídico tutelado é a segurança do conjunto de informações da Administração Pública, especialmente seu sistema informatizado que somente pode ser manuseado, modificado ou alimentado por funcionários devidamente autorizados e nos limites expressamente permitidos. Exatamente por isso pune-se o funcionário que, autorizado a manusear esses dados informatizados, adultera-os, seja incluindo dados falsos, seja excluindo ou alterando indevidamente dados corretos.

Do exposto, resulta absolutamente claro que o objeto material dessa infração penal são os dados verdadeiros dos sistemas informatizados ou bancos de dados da administração pública em geral. Os dados falsos, a nosso juízo, não podem ser considerados como objeto material porque não recebem a proteção penal, sendo apenas consequências da conduta proibida que se pretende evitar.

3. Sujeitos do crime

Sujeito ativo somente pode ser o funcionário público, e especialmente aquele devidamente autorizado a trabalhar com a informatização ou sistema de dados da Administração Pública. O tipo penal, que tipifica crime próprio, tem o especial cuidado de destacar que o sujeito ativo dessa infração penal é o funcionário autorizado, afastando, dessa forma, qualquer outro funcionário que, eventualmente, imiscuir-se indevidamente nos sistemas informatizados ou bancos de dados da Administração Pública.

Assim, o funcionário público não autorizado somente poderá concorrer para esse crime na forma do art. 29; caso contrário, deverá responder por outra infração penal.

Sujeito passivo é o Estado (União, Estados, Distrito Federal e Municípios), além das demais pessoas jurídicas descritas no art. 327, § 1º, do CP, e, eventualmente, qualquer cidadão que possa resultar lesado por essa conduta delituosa.

4. Tipo objetivo: adequação típica

As condutas tipificadas são: a) inserir (introduzir, incluir, alimentar o sistema) ou facilitar a inserção (tornar possível, fácil, permitir), ou seja, que outrem insira dados falsos; b) alterar (mudar, modificar) ou excluir (retirar, eliminar, remover), indevidamente, dados corretos dos sistemas informatizados ou bancos de dados da Administração Pública. Qualquer das condutas tem de demonstrar a finalidade específica de obter vantagem indevida para si ou para outrem ou, simplesmente, causar dano.

Inegavelmente, o projeto em sua redação original, como destacamos, limitava-se a criminalizar as mesmas condutas relativamente ao sistema previdenciário. A redação final, que resultou no atual texto legal, ampliou seu espectro para abranger toda a administração pública, direta e indireta. As duas primeiras condutas — inserir ou facilitar a inserção — têm por objeto o dado falso, isto é, desconforme com a realidade, numa espécie de falsidade ideológica, como a descrita no art. 299. Com efeito, a falsidade versa sobre o conteúdo do dado e, a exemplo da falsidade ideológica, basta a potencialidade de dano para caracterizar o crime. O dano, se efetivamente sobrevier, representará somente o exaurimento do crime. O dado falso inserido no sistema informatizado da Administração Pública sob seu aspecto formal é verdadeiro, isto é, existente, real e efetivo, mas seu conteúdo é falso, ou seja, a ideia ou declaração que o dado contém não corresponde à verdade.

Na modalidade de "facilitar sua inserção" o sujeito ativo da infração penal, isto é, o funcionário público autorizado, não realiza pessoalmente a infração legal, mas utiliza-se de interposta pessoa, que pode ou não ser funcionário público, no caso, não autorizado a operar os dados informatizados da Administração Pública. Esse terceiro pode ou não ter consciência de que contribui para a prática de um ato ilegal; se o tiver, responderá pelo mesmo crime em razão da ampliação da adequação típica determinada pelo art. 29 do Código Penal (concurso eventual de pessoas). Se ignorar, contudo, que concorre para a prática de infração legal, será mero instrumento utilizado pelo verdadeiro autor (autoria mediata) para a prática do crime, não passando ele de mero executor, que não responde pelo fato por faltar-lhe o dolo, que é o elemento subjetivo do crime.

As duas últimas condutas — alterar ou excluir — têm por objeto dados corretos dos sistemas informatizados ou bancos de dados da administração pública. Nessas duas hipóteses, as informações verdadeiras é que são substituídas ou excluídas dos sistemas informatizados. Substancialmente não há muita diferença entre inserir dados falsos ou alterar ou excluir dados verdadeiros, afora a preocupação com o princípio da taxatividade "fechando" todas as alternativas possíveis, de forma a evitar qualquer alteração nos referidos dados — seja com inserção de conteúdos falsos ou alteração/supressão de dados verdadeiros; tanto uma forma quanto outra tipificará igualmente a infração descrita no dispositivo em exame.

No entanto, nestas duas últimas figuras — alterar ou excluir — há uma outra peculiaridade: somente se está proibindo a alteração ou a exclusão indevidas. Indevida será toda e qualquer alteração ou exclusão não permitida em lei, não autorizada, ou seja, contrárias à ordem jurídica. Significa dizer que pode haver alteração ou exclusão autorizada, permitida, isto é, devida. Nessas hipóteses, não configurará a elementar exigida pelo tipo penal, quando tais condutas forem executadas de acordo com permissivo legal, estatutário ou regulamentar.

4.1 *Obtenção de vantagem indevida: elemento normativo*

Afinal, qual é a natureza da vantagem? Será somente a econômica ou poderá ser vantagem de qualquer natureza? Como o tipo penal não define essa questão, é indispensável que se encontre dentro do próprio sistema do Código Penal qual pode ser a natureza dessa vantagem. Preliminarmente, não podendo esquecer que o Código Penal ora usa indevida vantagem, ora indevida vantagem econômica e, por vezes, simplesmente qualquer vantagem indevida. Certamente essa variedade terminológica não se apresenta desacompanhada de fundamento político-jurídico, ou seja, de um modo geral, o grande cuidado metodológico e o esmerado tecnicismo do legislador de 1940 indicam que a opção por uma ou outra locução sempre foi fundamentada e encerra o verdadeiro sentido que o então legislador lhes quis atribuir.

Os tipos penais, desde a contribuição de Mayer, não raro trazem em seu bojo determinados elementos normativos, que encerram um juízo de valor. Convém destacar, no entanto, como tivemos oportunidade de afirmar, que "os elementos normativos do tipo não se confundem com os elementos jurídicos normativos da ilicitude. Enquanto aqueles são elementos constitutivos do tipo penal, estes, embora integrem a descrição do crime, referem-se à ilicitude e, assim sendo, constituem elementos *sui generis* do fato típico, na medida em que são, ao mesmo tempo, caracterizadores da ilicitude. Esses elementos especiais da ilicitude, normalmente, são representados por expressões como 'indevidamente', 'injustamente', 'sem justa causa', 'sem licença da autoridade' etc."[1].

Quando o legislador quer limitar a espécie de vantagem usa o elemento normativo indevida, injusta, sem justa causa, que normalmente são locuções empregadas como sinônimas. A vantagem exigida pelo tipo penal tem de ser injusta, ilegal, isto é, indevida. Se for justa a vantagem pretendida pelo funcionário falsário, estará afastada a figura de inserção de dados falsos em sistema de informações, podendo configurar outro crime, como, por exemplo, exercício arbitrário das próprias razões (art. 345), residualmente, se não houver outra figura mais grave. Quando a lei quer limitar a espécie de vantagem, usa o elemento normativo indevida, injusta, sem justa causa, ilegal, como destacamos em inúmeras passagens no volume 3º desta obra, ao examinarmos os crimes contra o patrimônio.

Finalmente, questão interessante a analisar ainda neste tópico refere-se à natureza da vantagem indevida. Contrariamente ao que fez o legislador em alguns dispositivos deste Código, como, por exemplo, ao definir o crime de extorsão (art. 158), estabeleceu que a finalidade era obter indevida vantagem econômica. Poderia tê-lo feito, não o fez, e, certamente, não terá sido por esquecimento. Preferiu, no entanto, adotar a locução vantagem indevida, sem definir sua espécie, provavelmente para não restringir seu alcance.

---

1. Cezar Roberto Bitencourt, *Tratado de Direito Penal*; Parte Geral, 29. ed., São Paulo, Saraiva, 2023, v. 1, p. 337 e seguintes.

Coerente com o entendimento que adotamos ao longo de toda esta obra, sempre comprometidos com a segurança dogmática da tipicidade estrita, naquela linha que Magalhães Noronha gostava de repetir, de que "a lei não tem palavras inúteis", mas também não admite — acrescentamos nós — a inclusão de outras não contidas no texto legal. Por isso, mesmo contrariando a maioria da doutrina, de que a vantagem indevida pode consistir em qualquer utilidade, econômica ou não, pouco importando a forma de exigência[2].

4.2 *Inserção de dados falsos em sistemas de informações e estelionato: dessemelhanças*

Falava-se, na hipótese do peculato impróprio (art. 313), também em peculato-estelionato, isto é, o peculato consistia na apropriação de dinheiro ou qualquer outra utilidade em decorrência do erro de outrem: o sujeito apropria-se dessa vantagem indevida, mantendo ou aproveitando-se do erro do sujeito passivo; estariam presentes, em tese, as elementares do estelionato. No entanto, a despeito das semelhanças entre as duas figuras típicas, esta não se confunde com o estelionato, porque, neste, a indução a erro é consequência da conduta do próprio agente, ao passo que no peculato decorrente de erro de outrem o sujeito ativo não concorre para ele: o dinheiro ou a utilidade vem-lhe às mãos por erro ou equívoco, sem a sua cooperação. O erro nessa modalidade de peculato não se confunde com o erro do crime de estelionato, conforme destacamos no capítulo anterior.

Parte da doutrina tem insistido em comparar a infração penal descrita neste art. 313-A não só com o denominado peculato impróprio (art. 313), como também novamente com o crime de estelionato. Nesse sentido, sustenta Guilherme Nucci: "A criação desse novo tipo penal, incluindo-o a Lei n. 9.983/2000 no contexto do peculato, equivale a compará-lo com o peculato impróprio ou o peculato-estelionato. Neste (figura do art. 313), o sujeito apropria-se de dinheiro ou outra utilidade que, exercendo um cargo, recebeu por engano de outrem. Naturalmente, é de se considerar que o dinheiro deveria ter ido parar nos cofres da Administração Pública, mas termina com o funcionário (sujeito ativo específico). Assim, ao inserir dados falsos em banco de dados da Administração Pública, pretendendo obter vantagem indevida, está, do mesmo modo, visando apossar-se do que não lhe pertence ou simplesmente desejando causar algum dano. Pelo ardil utilizado (alteração de banco de dados ou sistema informatizado), verifica-se a semelhança com o estelionato"[3].

No capítulo anterior, com efeito, onde admitimos o crime de peculato mediante erro de outrem como peculato impróprio, afastamos toda e qualquer possibilidade

---

2. Para quem desejar comparar e aprofundar o exame dos argumentos relativos à elementar "indevida vantagem" e especialmente sua natureza econômica ou não, recomendamos que consulte nosso *Tratado de Direito Penal*, v. 2, da Editora Saraiva, especialmente onde analisamos os crimes tipificados nos arts. 158, 159 e 171.

3. Guilherme de Souza Nucci, *Código Penal Comentado*, p. 981-982.

de ser confundido com o crime de estelionato, que exige outras elementares típicas que não se fazem presentes no peculato impróprio (art. 313) e, muito menos, no crime de inserção de dados falsos em sistema de informações (art. 313-A). No peculato impróprio, o texto legal nem sequer menciona a exigência de vantagem indevida (ilícita) e muito menos prejuízo alheio. Aliás, não há que se falar em crime de estelionato sem a produção de prejuízo efetivo a alguém, e o crime de inserção de dados falsos em sistema de informações pode configurar-se sem a produção de prejuízo, tratando-se, pois, de crime formal, enquanto o estelionato é crime material no qual o resultado integra o próprio tipo penal.

O fim especial de "obter vantagem indevida" constante do art. 313-A, ora em exame, constitui somente o elemento subjetivo especial do injusto que nem sequer precisa concretizar-se, bastando que exista como fundamento da motivação subjetiva do agente para a prática do crime, ao passo que no crime de estelionato — a exigência de "vantagem ilícita" — é da essência do crime. Com efeito, "a conduta nuclear, por excelência, está representada pelo verbo 'obter', isto é, conseguir proveito ou vantagem ilícita em razão de engano provocado no ofendido. Para a configuração do estelionato é indispensável que o agente obtenha proveito indevido em prejuízo alheio. Exige o tipo penal a produção de duplo resultado (vantagem ilícita e prejuízo alheio)"[4].

As diferenças do crime em exame com o estelionato não param por aí. Com efeito, a configuração do crime de estelionato exige a presença dos seguintes requisitos fundamentais: 1) emprego de artifício, ardil ou qualquer outro meio fraudulento; 2) induzimento ou manutenção da vítima em erro; 3) obtenção de vantagem patrimonial ilícita em prejuízo alheio (do enganado ou de terceiro). Examinando o crime de estelionato, tivemos oportunidade de fazer a seguinte síntese: "No estelionato, há dupla relação causal: primeiro, a vítima é enganada mediante fraude, sendo esta a causa e o engano o efeito; segundo, nova relação causal entre o erro, como causa, e a obtenção de vantagem ilícita e o respectivo prejuízo, como efeito. Na verdade, é indispensável que a vantagem obtida, além de ilícita, decorra do erro produzido pelo agente, isto é, que aquela seja consequência desta. Não basta a existência do erro decorrente da fraude, sendo necessário que da ação resulte vantagem ilícita e prejuízo patrimonial. Ademais, à vantagem ilícita deve corresponder um prejuízo alheio"[5].

Como se constata, enfim, essas elementares do estelionato não integram o tipo penal de inserção de dados falsos em sistemas de informações, que está mais para o crime de *falsum* do que para estelionato.

---

4. Cezar Roberto Bitencourt, *Tratado de Direito Penal*, 15. ed., São Paulo, Saraiva, 2019, v. 3, p. 301.
5. Cezar Roberto Bitencourt, *Tratado de Direito Penal*, 15. ed., São Paulo, Saraiva, 2019, v. 3, p. 298-299.

5. Tipo subjetivo: adequação típica

Elemento subjetivo é o dolo, representado pela vontade consciente de praticar qualquer das condutas tipificadas de inserir ou facilitar a inclusão de dados falsos, ou, ainda, alterar ou excluir indevidamente dados corretos dos sistemas informatizados da Administração Pública.

Exige-se a presença do elemento subjetivo especial do injusto, qual seja o especial fim de obter vantagem indevida para si ou para outrem ou simplesmente de causar dano. É desnecessário que a vantagem seja obtida, basta que exista subjetivamente como condutora do comportamento do sujeito ativo.

6. Classificação doutrinária

Trata-se de crime próprio (que exige qualidade ou condição especial do sujeito, no caso, que seja funcionário público autorizado, não apenas qualquer funcionário público); formal (crime que não exige resultado naturalístico para sua consumação); comissivo (na medida em que todas as condutas típicas representadas pelos verbos nucleares exigem ação) e, excepcionalmente, omissivo impróprio (pode ser praticado por omissão, quando o agente se encontra na condição de garantidor, nos termos do art. 13, § 2º, do CP); doloso (não há previsão legal para a figura culposa); de forma livre (que pode ser praticado por qualquer meio ou forma pelo agente); instantâneo (o resultado opera-se de forma imediata, sem prolongar-se no tempo); unissubjetivo (que pode ser praticado por um agente apenas); plurissubsistente (crime que, em regra, pode ser constituído por mais de um ato, admitindo, em consequência, fracionamento em sua execução).

7. Consumação e tentativa

Consuma-se o crime de alteração de dados informáticos, em quaisquer de suas modalidades, com a simples prática de qualquer das condutas descritas no dispositivo, independentemente de o sujeito ativo obter eventual vantagem indevida ou resultar dano de qualquer natureza. Enfim, finalidade específica, como especial fim de agir, não precisa concretizar-se.

A tentativa, a despeito de tratar-se de crime formal, é, teoricamente, possível em todas as figuras tipificadas, por tratar-se de infração penal cuja fase executória admite fracionamento.

8. Pena e ação penal

As penas cominadas, cumulativamente, são de reclusão, de dois a doze anos, e multa.

A ação penal é pública incondicionada.

MODIFICAÇÃO OU ALTERAÇÃO NÃO AUTORIZADA DE SISTEMA DE INFORMAÇÕES

IV

Modificação ou alteração não autorizada de sistema de informações

Art. 313-B. Modificar ou alterar, o funcionário, sistema de informações ou programa de informática sem autorização ou solicitação de autoridade competente:

Pena — detenção, de 3 (três) meses a 2 (dois) anos, e multa.

Parágrafo único. As penas são aumentadas de um terço até a metade se da modificação ou alteração resulta dano para a Administração Pública ou para o administrado.

• Artigo acrescentado pela Lei n. 9.983, de 14 de julho de 2000.

1. Considerações preliminares

Este dispositivo também foi inserido no atual Código Penal pela Lei n. 9.983, de 14 de julho de 2000, que no projeto original (n. 933-A) era tipificado como uma espécie *sui generis* de prevaricação (art. 319-A), embora o *nomen juris* fosse basicamente o mesmo deste art. 313-B.

Nos tempos atuais, a utilização da informática passou a ser indispensável em qualquer atividade pública ou privada, sendo necessário, por evidente, que o próprio direito penal fosse chamado a coibir a prática de determinadas condutas, ante os graves danos e irreparáveis prejuízos que o seu mau uso pode produzir na sociedade, agigantando-se na mesma proporção da grandeza das instituições, públicas ou privadas, nacionais ou internacionais. Por outro lado, a facilidade do uso lícito dessas máquinas está diretamente ligada à facilidade também de sua adulteração, modificação ou simples alteração, que precisa ser eficazmente combatida.

2. Bem jurídico tutelado

Bem jurídico protegido é a Administração Pública, particularmente a probidade administrativa; mais precisamente é o interesse em assegurar o regular funcionamento do Estado-Administração, principalmente seu patrimônio, bem como o do administrado, além de garantir o prestígio que os seus atos devem desfrutar perante a coletividade.

O objeto material da proteção penal é o sistema público de informações e seu programa de informatização, o qual, na era da informática, passa a desfrutar de extraordinária importância, tornando-se, por isso mesmo, merecedor dessa proteção.

3. Sujeitos do crime

Sujeito ativo somente pode ser qualquer funcionário público; nesse caso, ao contrário do dispositivo anterior, não precisa ser aquele devidamente autorizado a trabalhar com a informatização ou sistema de dados da Administração Pública. Em outras palavras, qualquer funcionário público que faça uso de computador no exercício de sua atividade funcional, mesmo não autorizado, pode, em princípio, praticar a infração do dispositivo em exame. É perfeitamente possível a participação do *extraneus*, via concurso eventual de pessoas (art. 29).

Sujeito passivo é o Estado-Administração, Estados-membros, Distrito Federal e Municípios, especialmente em seus sistemas informatizados, e, eventualmente, qualquer cidadão que possa resultar lesado em decorrência da violação do sistema penalmente protegido.

4. Tipo objetivo: adequação típica

As condutas descritas no núcleo do tipo estão representadas pelos verbos modificar e alterar: a) modificar (transformar, dar novo conteúdo, "produzir" de forma distinta etc.); b) alterar (mudar, dar nova configuração, modificar o acesso etc.) o sistema de informações ou programa de informática da Administração Pública. Em outros termos, modificar significa uma radical transformação no programa ou sistema de informações da Administração Pública, ao passo que alterar, embora também represente "modificação" em dito programa, não atinge a mesma profundidade, ou seja, não chega a alterar a sua essência, mantendo suas propriedades fundamentais. No mesmo sentido é o entendimento externado por Regis Prado, que sustenta: "a ação de modificar expressa uma transformação radical no programa ou no sistema de transformações, enquanto na alteração, embora também se concretize uma mudança no programa, ela não chega a desnaturá-lo totalmente"[1]. A primeira conduta, com efeito, dá nova forma ao sistema ou programa, ao passo que a segunda tem o sentido de manter o sistema ou programa anterior, embora alterado em sua forma original.

O tipo penal estabelece como objeto material o sistema de informações e o programa de informática utilizado pela administração pública. O sistema de informações, define Regis Prado, "é um conjunto de programas integrado regularmente para permitir com o máximo de rapidez e eficiência um processo de captura, arma-

1. Regis Prado, *Curso de Direito Penal*, p. 479.

zenamento, resumo e relato de informações úteis ao exercício funcional do usuário, que, no caso, é a Administração Pública"[2]. E programa de informática é o *software* que possibilita ao computador transformar-se em "depositário e repositório de dados", informações, elementos, constituindo um sistema de armazenagem de dados, facilitando a realidade complexa da vida moderna em qualquer atividade.

4.1 *Elemento normativo especial: sem autorização ou solicitação de autoridade competente*

"Sem autorização ou solicitação de autoridade competente" constitui elemento normativo especial da ilicitude, que, por sua sede, antecipa o exame da própria ilicitude da conduta, que passa a ser examinada já no âmbito da tipicidade penal. A falta de autorização ou solicitação não representa mera irregularidade administrativa, mas constitui a própria ilicitude da conduta, representando um elemento normativo constitutivo negativo do tipo penal. Deve-se destacar que os elementos normativos do tipo (alheia, honesto, obsceno etc.) não se confundem com os elementos jurídico-normativos da ilicitude. Enquanto aqueles são elementos constitutivos do tipo penal, estes, embora também integrem a descrição do crime, referem-se à ilicitude, e, assim sendo, constituem elementos *sui generis* do fato típico, na medida em que são, ao mesmo tempo, caracterizadores da ilicitude. Esses elementos normativos especiais da ilicitude são, normalmente, representados por expressões como "indevidamente", "injustamente", "sem justa causa", "sem licença da autoridade", "sem autorização legal" ou mesmo "não autorizado por lei" etc.

Enfim, qualquer das condutas — modificar ou alterar — deve ser realizada sem autorização ou solicitação de autoridade competente. Significa dizer que a existência de autorização ou solicitação de autoridade competente não só afasta eventual ilicitude da conduta, como também afasta a própria tipicidade. Sintetizando, como o dolo deve abranger todos os elementos que compõem a figura típica, e se as características especiais do dever jurídico forem elemento determinante da tipicidade concreta, como é o caso, a nosso juízo, o erro sobre elas deve ser tratado como erro de tipo, excluindo, logicamente, a tipicidade.

5. Tipo subjetivo: adequação típica

Elemento subjetivo é o dolo, representado pela vontade de praticar qualquer das condutas tipificadas, quais sejam modificar ou alterar programas de informações ou de informática da Administração Pública. Nessa infração não se exige a presença de elemento subjetivo especial do injusto, sendo, portanto, irrelevante a motivação da conduta do sujeito ativo.

Nesta infração penal não há a exigência da presença de elemento subjetivo especial do injusto, representado por um fim especial, como no dispositivo anterior, que exige o fim específico de obter vantagem indevida ou, simplesmente, causar dano.

---

2. Regis Prado, *Curso de Direito Penal*, p. 480.

6. Classificação doutrinária

Trata-se de crime próprio (que exige qualidade ou condição especial do sujeito ativo, no caso, somente funcionário público); formal (crime que se consuma com a simples prática da conduta descrita no tipo, não exigível a superveniência de qualquer resultado concreto); instantâneo (a execução não se alonga no tempo, ocorrendo em momento determinado); comissivo (os dois verbos nucleares implicam ação, não sendo possível a execução sob a forma de omissão); unissubjetivo (o crime pode ser praticado por uma pessoa, embora admita o concurso eventual de pessoa); plurissubsistente (crime que em sua fase executória admite fracionamento).

7. Consumação e tentativa

Consuma-se a modificação ou alteração do sistema de informações com a simples prática de qualquer das condutas descritas no dispositivo, desde que sem autorização ou solicitação de autoridade competente, não sendo necessária a produção de dano algum à Administração Pública.

A tentativa é, teoricamente, possível, desde que haja interrupção da fase executória, por circunstâncias alheias à vontade do agente.

8. Causa de aumento: produção de dano

Se da ação praticada, qualquer delas, resultar dano para a Administração Pública ou para terceiro, as penas serão aumentadas de um terço até metade. Pune-se de forma especial o resultado concreto da infração penal, que, na hipótese, configura o exaurimento "qualificado" da conduta delituosa.

Se o crime for praticado por ocupante de cargo em comissão ou de função de direção ou assessoramento de órgão da administração direta, sociedade de economia mista, empresa pública ou fundação instituída pelo Poder Público, a pena será aumentada de um terço, conforme determina o § 2º do art. 327 do Código Penal.

9. Pena e ação penal

As penas cominadas, cumulativamente, são de detenção, de três meses a dois anos, e multa. Trata-se de infração de menor potencial ofensivo, sendo, portanto, da competência do Juizado Especial Criminal, admitindo-se, por conseguinte, a transação penal.

A ação penal é pública incondicionada, não sendo exigível qualquer manifestação da parte ofendida.

EXTRAVIO, SONEGAÇÃO OU INUTILIZAÇÃO DE LIVRO OU DOCUMENTO

V

Sumário: 1. Considerações preliminares. 2. Bem jurídico tutelado. 3. Sujeitos do crime. 4. Tipo objetivo: adequação típica. 4.1. Subsidiariedade expressa: se não constituir crime mais grave. 5. Tipo subjetivo: adequação típica. 6. Consumação e tentativa. 7. Classificação doutrinária. 8. Questões especiais. 9. Pena e ação penal.

Extravio, sonegação ou inutilização de livro ou documento

Art. 314. Extraviar livro oficial ou qualquer documento, de que tem a guarda em razão do cargo; sonegá-lo, ou inutilizá-lo, total ou parcialmente:

Pena — reclusão, de 1 (um) a 4 (quatro) anos, se o fato não constitui crime mais grave.

1. Considerações preliminares

A legislação penal brasileira anterior (Código Criminal do Império de 1830 e Código Penal de 1890, além da Consolidação Piragibe) não disciplinava essa infração penal, mas apenas, com expressões similares, a contemplava como modalidade de prevaricação (art. 129, § 8º, do Código Penal de 1830 e art. 208, item 2, do Código Penal de 1890). O nosso Código Penal de 1940 seguiu a influência do Código Penal holandês (art. 200), que tipificava conduta semelhante.

Embora a doutrina, de um modo geral, cite a previsão do art. 255 do Código Penal argentino, quer-nos parecer que esse dispositivo deve ser analisado com grande cuidado, pois também guarda muita semelhança com o disposto no art. 356 do nosso Código Penal, especialmente se observarmos a finalidade probatória exigida pelo Código argentino, como os possíveis sujeitos ativos (dessa infração penal), destoando da previsão do nosso dispositivo a seguir examinado, afora o fato de referido dispositivo argentino prever também a modalidade culposa, ao contrário da previsão brasileira. Os verbos nucleares também são diferentes. Parece, no entanto, que os tratadistas brasileiros não perceberam essas diferenças; pelo menos, a elas não se referiram. Parece-nos que deve trabalhar melhor a prescrição do art. 255 do Código Penal argentino quando aborda o art. 356 do diploma legal brasileiro.

2. Bem jurídico tutelado

Bem jurídico protegido é a Administração Pública, especialmente a probidade administrativa. A finalidade da tutela penal é a preservação do regular funcionamento da Administração Pública, particularmente garantir a integridade e idoneidade de livros oficiais e documentos confiados a funcionário público em razão de seu cargo. Nesse sentido também é o magistério de Damásio de Jesus, para quem o dispositivo "visa a incriminação a proteger a Administração Pública, no que diz respeito à ordem, regularidade e segurança de livros oficiais e documentação de natureza pública, ou privada, que devem manter-se íntegros. Por isso, pune-se o funcionário que, tendo a sua guarda em razão do cargo, vem a desviá-los, escondê-los ou inutilizá-los"[1].

O objeto material é livro oficial ou qualquer documento público ou privado. Essa documentação pode ser de qualquer natureza, tais como de valor histórico, contábil, patrimonial, registral, protocolar etc. O objeto material da ação caracteriza-se, segundo profetizava Sebastian Soler[2], por constituir-se de "meios substancialmente necessários para o exercício de um ato de autoridade, administrativo, legislativo ou judicial, com o que se excluem os objetos que o Estado tem como patrimônio". Isso não impede, porém, que o objeto material da ação possa ter valor patrimonial. Livro ou documento, aqui exigido, distingue-se, convém destacar, de documentos de valor probatório, recebido por alguém na condição de advogado ou procurador, que configurará o crime previsto no art. 356 do Código Penal (sonegação de documento ou objeto de valor probatório).

3. Sujeitos do crime

Sujeito ativo somente pode ser o funcionário público, ou aquele expressamente a este equiparado para fins penais, que tenha a guarda de livro oficial ou de documento em razão do cargo. Somente esse pode ser sujeito ativo deste crime. É admissível a participação de terceiro, via concurso eventual de pessoas.

Se o sujeito for um particular, estranho à Administração Pública, o crime cometido será aquele do art. 337 (subtração ou inutilização de livro ou documento) e não este descrito no art. 314, a menos que tenha concorrido com o funcionário público responsável, sendo alcançado pelo disposto no art. 29 do CP.

A falta da condição especial de funcionário público poderá — observada a presença das demais elementares típicas — configurar o crime previsto no art. 337 do CP (crime praticado por particular contra a Administração Pública).

Sujeitos passivos são o Estado e as entidades de direito público, como regra geral. Se o particular, de alguma forma, também for lesado com o extravio, a inutilização ou a sonegação de livro oficial ou de qualquer documento, será incluído

1. Damásio de Jesus, *Direito Penal*, 12. ed., São Paulo, Saraiva, 2002, v. 4, p. 145.
2. Sebastian Soler, *Derecho Penal argentino*, 3. ed., Buenos Aires, TEA, 1970, p. 154.

como sujeito passivo direto, o que pode ocorrer, por exemplo, quando o objeto material lhe pertença.

4. Tipo objetivo: adequação típica

As condutas típicas alternativamente descritas são: a) extraviar (perder) livro oficial ou qualquer outro documento (protocolos, pareceres, plantas, relatórios etc.), de que tem a guarda em razão de cargo; b) sonegá-lo (deixar de apresentar); c) inutilizá-lo (torná-lo imprestável), total ou parcialmente.

A antiga doutrina ao examinar a conduta de extraviar, a começar por Hungria, adotava a seguinte orientação[3]: Hungria: "extraviar é desencaminhar, desviar do destino"; Magalhães Noronha: "extravio é desvio, descaminho e mudança de destino ou fim"; Heleno Fragoso: "extraviar (desencaminhar, fazer desaparecer)"; Paulo José da Costa Jr.: "extraviar é desviar do destino, é desencaminhar"; Damásio de Jesus: "extraviar quer dizer desencaminhar, desviar, alterar a sua destinação". Mais recentemente, pode-se dizer que parte da nova geração de penalistas[4], pelo menos, continua trilhando o mesmo caminho: Regis Prado: "extraviar expressa a ideia de desencaminhar, de desviar destino, de desaparecimento"; Guilherme Souza Nucci: "extraviar é fazer com que algo não chegue ao seu destino", que, em outras palavras, quer dizer a mesma coisa, desencaminhar, desviar do destino.

Constata-se que se passaram décadas daquela primeira e sintética afirmação de Hungria — extraviar é desencaminhar, desviar do destino —, correta ou incorreta, não interessa aqui fazer juízo de valor, importando apenas constatar que se continua a adotar exatamente a mesma definição, com o mesmo sentido, sem aquela reflexão mínima, recomendável, ao menos, pelo passar dos anos. Recusamo-nos a seguir nesse caminho; precisamos reinterpretar o velho Código Penal, em respeito à nova ordem democrática e, especialmente, ao princípio da tipicidade estrita de novos tempos de Estado Democrático de Direito.

Assim, *extraviar*, a nosso juízo, é perder, é não saber onde se guardou, arquivou ou protocolou; extravio é produto de descuido, de desatenção, de desleixo no trato da coisa pública, *in casu*, de livro oficial ou qualquer documento de que o funcionário tem a guarda em razão do cargo. Em outros termos, *extraviar* é negligenciar no dever de cuidado que incumbe ao funcionário público no exercício do cargo. Logo, a definição que sempre se deu à conduta de "extraviar" é equivocada e fere o princípio da reserva legal (além de configurar autêntica responsabilidade penal objetiva, como veremos). Com efeito, "desencaminhar" ou "desviar do destino" — definição da velha doutrina — é dar destinação diferente daquela que na realidade

---

3. Nélson Hungria, *Comentários ao Código Penal*, p. 336; Magalhães Noronha, *Direito Penal*, p. 239; Heleno Cláudio Fragoso, *Lições de Direito Penal*, p. 403; Paulo José da Costa Jr., *Comentários ao Código Penal*, p. 457; Damásio de Jesus, *Direito Penal*, p. 146.

4. Luiz Regis Prado, *Curso de Direito Penal*, p. 383; Guilherme de Souza Nucci, *Comentários ao Código Penal*, 5. ed., São Paulo, Revista dos Tribunais, 2005, p. 984.

deveria ter; é utilizar mal, é dar uma finalidade inadequada ou imprópria, e jamais poderá confundir-se com o simples extravio, que implica conduta omissiva.

Extraviar — na nossa concepção — significa desconhecer seu paradeiro, ignorar a sua localização, não saber onde se encontra o objeto material, perdê-lo, enfim, é não ter como localizá-lo. A afirmação de Regis Prado de que perdura o extravio "enquanto o agente entender que o livro ou documento deva permanecer extraviado" encerra, a nosso juízo, uma espécie de dolo subsequente, inadmissível em direito penal, pois o dolo deve ser contemporâneo à ação típica, e nunca posterior. Ademais, manter-se extraviado enquanto o agente o desejar desnatura a ação de extraviar, que se caracteriza no momento em que o objeto é procurado e não é encontrado, em que sua busca resulta inexitosa, mas isso ocorre exatamente por desconhecer seu paradeiro e não por não querer encontrá-lo ou desejar que continue "extraviado", como sustentam alguns.

Para concluir essas considerações críticas, cabe uma última interrogação: afinal, qual seria a verdadeira razão que teria levado a velha doutrina a adotar uma interpretação tão distante do real significado da conduta "extraviar"? Considerando o elevadíssimo nível de nossos mais respeitados penalistas, socorre-nos somente um fundamento: tem cunho dogmático e foi intencional: extraviar tem natureza intrinsecamente omissiva e encerra um ato negligente! Em outros termos, como ninguém (os penalistas) ignora o princípio da excepcionalidade do crime culposo, tampouco desconhece o sentido culposo que decorre desse verbo nuclear — ao contrário do mencionado similar argentino — e a clara equiparação das condutas — extraviar, sonegar e inutilizar — contidas no tipo penal, que descreve crime de conteúdo variado, o velho e matreiro Hungria (seguido por todos) procurou "salvar" o texto legal emprestando-lhe o significado já referido, como se fora o pretendido pela *mens legis*.

Na realidade, estamos diante de um verbo nuclear — *extraviar* — que encerra uma conduta omissiva, descuidada, e, por que não dizer, que só pode resultar da desatenção do sujeito ativo, representadora de uma conduta negligente, que caracteriza, em regra, culpa *stricto sensu*. Mas o legislador equiparou-a às outras duas — sonegar e inutilizar — atribuindo-lhes a mesma danosidade social. Contudo, não se pode ignorar a realidade dos fatos: indiscutivelmente o desvalor da ação de "extraviar" é consideravelmente inferior ao desvalor da ação de "sonegar ou inutilizar" livro oficial e qualquer documento de que o funcionário tenha a guarda em razão do cargo. Ademais, essas condutas são comissivas; aquela — extraviar —, além de omissiva, só pode resultar de negligência (culpa), demonstradora da inferioridade do grau de responsabilidade penal no nosso sistema jurídico, que propugna pela excepcionalidade do crime culposo com atribuição díspar da responsabilidade penal. Com efeito, nosso ordenamento jurídico não equipara crimes dolosos e culposos; ao contrário, distingue-os, atribuindo-lhes responsabilidades e consequências igualmente distintas. Por isso, essa equiparação — que evidentemente é atribuída a título de dolo —, nesse dispositivo, afrontaria todo o sistema e a filosofia de nosso direito punitivo, que consagraria uma autêntica responsabilidade penal objetiva, proibida pela atual Constituição Federal. Extraviar, com efeito, denota negligência, desatenção, mas é atribuído ao agente a título de dolo. Apresentava, sem dúvida, grande dificuldade na redação original do Código Penal de 1940; talvez esse aspecto tenha levado o velho Hungria a adotar a alternativa mencionada que passou a defender, sendo seguido por seus contemporâneos e sucessores.

No entanto, a Reforma Penal de 1984, sob o comando do saudoso Ministro Francisco de Assis Toledo, oferece-nos possibilidade de solução jurídico-dogmática, sem a necessidade de buscarmos subterfúgios linguísticos-doutrinários, para justificar o, por vezes, injustificável. Referimo-nos à receptação no texto legal da figura do agente provocador. No Código de 1940, em sua versão original, o garantidor era simples produto de elaboração doutrinária, não havendo nenhuma norma legal que permitisse identificá-lo. A Reforma Penal de 1984 regulou expressamente — quando tratou da relação de causalidade — as hipóteses em que o agente assume a condição de garantidor, e, não impedindo o resultado, responde pelo crime comissivo por omissivo impróprio. Nesses crimes, o agente não tem simplesmente a obrigação de agir, mas a obrigação de agir para evitar um resultado, isto é, deve agir com a finalidade de impedir a ocorrência de determinado evento. Nos crimes comissivos por omissão há, na verdade, um crime material, isto é, um crime de resultado[5]. Nesse sentido, a Reforma Penal de 1984 (Parte Geral), cedendo à antiga elaboração doutrinária, ao regular a figura do garantidor, determina que o dever de agir, para evitar o resultado, incumbe a quem: a) tenha por lei obrigação de cuidado, proteção ou vigilância; b) de outra forma, assumiu a responsabilidade de impedir o resultado; c) com seu comportamento anterior, criou o risco da ocorrência do resultado (art. 13, § 2º).

Esses sujeitos relacionados assim de maneira especial, com determinados interesses jurídicos, são chamados de garantidores, que, segundo Sauer, devem prevenir, ajudar, instruir, defender e proteger o bem tutelado ameaçado[6]. São a garantia de que um resultado lesivo não ocorrerá, pondo em risco ou lesando um interesse tutelado pelo Direito.

A primeira fonte do dever de evitar o resultado é a obrigação de cuidado, proteção ou vigilância imposta por lei (art. 13, § 2º, *a*). Dever este que aparece numa série de situações, como, por exemplo, o dever de assistência que se devem mutuamente os cônjuges, que devem os pais aos filhos, e assim por diante. Há também um dever legal daquelas pessoas que exercem determinadas atividades, as quais têm implícita a obrigação de cuidado, proteção ou vigilância ao bem alheio, como, por exemplo, policial, médico, bombeiro etc., ou, como é o caso do funcionário público, que tem o dever de guarda de livros ou documentos em razão do cargo. Nessas hipóteses, portanto, se o sujeito, em virtude de sua abstenção ou negligência, descum-

5. Cezar Roberto Bitencourt. *Tratado de Direito Penal*; Parte Geral, 29. ed., São Paulo, Saraiva, 2023, v. 1, p. 297-298.
6. Guillermo Sauer, *Derecho Penal*, Barcelona, Bosch, 1956, p. 156.

prindo o dever de agir, no caso, de "guarda" de livros e documentos em razão do cargo, isto é, não evita o extravio ou perda de tais objetos que lhe compete guardar, cuidar e proteger, ou, em outros termos, não obstrui o processo causal que se desenrola diante dele, digamos assim, é considerado, pelo Direito Penal, como tendo-o causado. Na hipótese concreta, o funcionário tem a especial função de garantir a não superveniência de um resultado lesivo — o extravio do objeto material sob sua guarda —, e esse dever lhe é imposto por lei, isto é, decorre do seu dever funcional, em razão do cargo que exerce.

Deve-se observar, assim, a presença dos pressupostos fundamentais do crime omissivo impróprio, tais como poder de agir, evitabilidade do resultado e, evidentemente, dever de impedi-lo. Por fim, como os pressupostos fáticos que configuram a condição de garantidor — dever de guarda em razão do cargo que exerce — são elementos constitutivos do tipo, devem ser abrangidos pelo dolo. Por isso, o agente — funcionário público — deve ter consciência da sua condição de garantidor da não ocorrência do resultado, qual seja do não extravio do objeto material mencionado no tipo penal. O erro sobre os pressupostos fáticos dessa condição constitui erro de tipo.

Para arrematar, o art. 255 do Código Penal argentino, invocado por Fragoso e Magalhães Noronha, consagra, coerentemente, a modalidade culposa da respectiva infração penal. Dentre os verbos nucleares, ademais, convém ressaltar, não se inclui o de "extraviar", que apresenta a dificuldade interpretativa que procuramos demonstrar. Os verbos utilizados pelo Código Penal argentino são: subtrair, ocultar, destruir ou inutilizar. E, por fim, ressaltamos novamente que, para a previsão do tipo penal argentino — como destacava Soler[7] —, "deve tratar-se de objetos custodiados com a finalidade de serem utilizados como meios de prova, de registros ou de documentos", similar ao previsto no art. 356 do Código Penal brasileiro.

À míngua de previsão da modalidade culposa, em nosso diploma legal resta, evidentemente, a responsabilidade administrativa por eventual extravio do objeto material da conduta penal em exame, a ser apurada através do devido processo legal (administrativo), não deixando, dessa forma, o funcionário negligente impune.

Sonegar é omitir, deixar de mencionar ou de apresentar quando lhe é exigido por quem de direito, e desde que o funcionário esteja obrigado a fazê-lo. "Sonegação — na dicção de Magalhães Noronha — é não apresentar, relacionar ou mencionar quando isso é devido".

Inutilizar é retirar a aptidão, é tornar inidônea, desnaturar a coisa — total ou parcialmente — suprimindo suas propriedades essenciais, tornando-a inapta para atingir suas finalidades. "Inutilizar é tornar uma coisa imprestável para o fim a que

---

7. Sebastian Soler, *Derecho Penal argentino*, p. 154.

se destina"[8]. A inutilização, mesmo total, não chega ao ponto de destruí-la[9], pois mantém seus caracteres identificadores, embora não sirva mais à sua destinação legal. Em outros termos, pode subsistir no plano material, mas torna-se ineficaz ou inútil no plano funcional, ou seja, perde a razão de ser.

É necessário que o livro oficial ou documento tenha sido confiado ao funcionário público para a guarda *ratione officii*, ou seja, em razão do cargo público que ocupa. A confiança ao funcionário público não se refere somente à guarda ou detenção material do livro ou documento, mas também à faculdade de dele dispor, visto que administrar não se resume apenas em tê-lo sob sua guarda física. Sem esse pressuposto, o crime poderá ser aquele capitulado no art. 337 do Código Penal, ainda que o sujeito ativo seja funcionário público, pois lhe falta o dever funcional próprio e inerente ao cargo.

Essas condutas — sonegar ou inutilizar — devem ser cometidas pelo funcionário público que tem a incumbência — em razão do cargo — da guarda de livro oficial ou qualquer documento (público ou particular). Quaisquer das ações — repetindo mais uma vez — devem ser cometidas pelo funcionário público, no exercício do cargo, qual seja o de guarda do livro oficial ou documento. "Não está isso, naturalmente, jungido à noção de lugar, noutras palavras, tanto a guarda existe quando a coisa se encontra em seu lugar normal (na repartição etc.), como quando acidentalmente aí não se encontra, incumbindo do mesmo modo — ou mais ainda — a guarda ao funcionário público"[10]. No mesmo sentido, Damásio de Jesus[11]: "Existe guarda quer na repartição pública quer em outro local destinado a tal fim pela Administração Pública". A guarda pode existir tanto na repartição pública como em qualquer outro lugar destinado a esse fim segundo determinação da própria Administração Pública. Como destacava Manzini, referindo-se a dispositivo similar do Código Penal Rocco: "a expressão ofício público é tomada no art. 351, não em sentido subjetivo, mas objetivo e compreensivo, seja dos lugares em que se exercita uma função pública, seja daqueles em que se dirige ou se presta um serviço público"[12].

Livro oficial ou qualquer documento (público ou particular) para terem idoneidade de constituírem objetos materiais deste crime devem ser de interesse da administração pública ou do serviço público, mesmo que representem somente, como destacava Hungria, "simples valor histórico ou sirva apenas a expediente burocrático. Estão em jôgo (*sic*), *in exemplis*, os livros de escrituração das repartições públicas ou de registros, os 'protocolos', os papéis de arquivos ou de museus, relatórios, plantas, projetos, representações, queixas formalizadas, pareceres,

---

8. Nélson Hungria, *Comentários ao Código Penal*, p. 356.
9. Em sentido contrário, Damásio de Jesus, *Direito Penal*, p. 146: "a inutilização pode ser total (destruição) ou parcial (inutilização propriamente dita)".
10. Magalhães Noronha, *Direito Penal*, p. 239.
11. Damásio de Jesus, *Direito Penal*, p. 147.
12. Vincenzo Manzini, *Trattato di Diritto Penale italiano*, p. 156.

provas escritas de concurso, propostas em concorrência pública, autos de processos administrativos etc."[13].

O marcante nessa infração penal não é a qualidade de funcionário público — isso é básico, pois sendo crime funcional é condição indispensável, é seu pressuposto —, mas é a violação do dever funcional, é a infidelidade do sujeito ativo, que desonra a confiança que a Administração Pública lhe depositara. Nesse sentido, vale a pena invocar, mais uma vez, o magistério de Soler, justificando a agravação da pena (que existe naquele Código Penal): "esta se funda exclusivamente no descumprimento de deveres de custódia... O decisivo aqui não é a qualidade pessoal do depositário, mas a natureza pública ou oficial da custódia e o motivo desta ser ou não objeto de propriedade do Estado"[14].

O natimorto Código Penal de 1969 (art. 348) suprimiu a exigência de que o objeto material da ação seja "livro oficial", satisfazendo-se com o fato de o sujeito ativo (funcionário público) ter a guarda de livro — oficial ou não — em razão do cargo público.

4.1 *Subsidiariedade expressa: se não constituir crime mais grave*

O próprio tipo penal deixa expresso o caráter subsidiário dessa infração penal; isso quer dizer que, em tese, esta infração penal fica subsumida por crime mais grave, especialmente quando concretizar algum crime de dano contra a Administração Pública. É necessário, nessa interpretação, ter presente que o dolo do agente não é de dano, e sempre que a conduta dolosamente orientada encontrar adequação típica, com sanção maior, deverá prevalecer ante este crime, que por disposição legal, repetindo, tem natureza subsidiária.

A configuração de qualquer infração penal mais grave afasta a incidência do dispositivo, que, cominando a pena de reclusão de um a quatro anos, declara-se a seguir: "... se o fato não constitui crime mais grave", tratando-se, por conseguinte, de crime subsidiário ou suplementar. Se, por exemplo, o sujeito inutilizar livro oficial ou documento de que tem a guarda em razão do cargo, com o fim especial de obter alguma vantagem, a capitulação incidirá no art. 305 do CP, que comina pena mais grave.

Não se trata, como se vê, apenas daquela espécie de crime residual, que apenas tem incidência quando não haja qualquer outra tipificação mais adequada, pois, como destaca expressamente o texto legal, essa tipificação é afastada somente se o fato não constituir "crime mais grave". É possível, por exemplo, que o fato constitua supressão de documento (art. 305), subtração ou inutilização de documento (art. 337), ficando afastada a aplicação das sanções do art. 314 em exame. Contudo, se o fato constituir crime menos grave, como, por exemplo, sonegação ou destruição de correspondência (art. 151, § 1º, I, do CP), prevalecerá a tipificação deste art. 314.

---

13. Hungria, *Comentários*, p. 355-356.

14. Sebastian Soler, *Derecho Penal*, p. 154.

5. Tipo subjetivo: adequação típica

O elemento subjetivo é o dolo, constituído pela vontade livre e consciente de praticar qualquer das condutas elencadas na descrição típica, qual seja, de sonegar ou destruir livro oficial ou qualquer documento de que tem a guarda em razão do cargo.

O dolo — que se encontra na ação — deve abranger todos os elementos configuradores do tipo penal, sejam eles fáticos, jurídicos ou culturais. O autor, como afirma Claus Roxin, somente poderá ser punido pela prática de um fato doloso quando conhecer as circunstâncias fáticas que o constituem[15]. Eventual desconhecimento de um ou outro elemento constitutivo do tipo caracteriza erro de tipo, excluindo o dolo. Dolo é a vontade de sonegar ou destruir livro oficial ou qualquer documento, com consciência de que exerce a guarda em razão do cargo (e não da função)[16] que desempenha. Em outros termos, o sujeito ativo deve ter vontade e consciência de sonegar ou inutilizar livro oficial ou qualquer documento de que tem a guarda em razão do cargo. Essa é a representação subjetiva que deve abranger e orientar a sua ação. O dolo deve necessariamente dominar a ação.

O dolo deve ser, necessariamente e sempre, atual, isto é, contemporâneo à ação proibida, contrariamente ao que podem pensar alguns autores. Se for anterior, estar-se-á diante de um crime premeditado; se for posterior, deste crime não tratará, pois a conduta praticada não terá sido orientada pelo dolo. Nesse sentido, referindo-se ao crime de apropriação indébita, e refutando o chamado dolo subsequente, Heleno Fragoso pontificava: "não existe dolo subsequente... O dolo deve necessariamente dominar a ação (ressalvada a hipótese da *actio libera in causa*)..."[17].

6. Consumação e tentativa

Consuma-se o crime com o extravio, sonegação ou inutilização de livro ou documento confiado a funcionário em razão de seu cargo. Na modalidade de extraviar, segundo Magalhães Noronha, José Paulo da Costa Jr. e Damásio de Jesus, o crime é permanente, protraindo-se a consumação enquanto o documento ou livro permanecer extraviado. Não nos parece, contudo, pois a permanência constatável, *in concreto*, não é da ação em si de extraviar, mas da sua consequência, ou seja, trata-se de crime instantâneo de efeitos permanentes, afora o fato de não admitirmos essa modalidade em razão do caráter negligente, a não ser admitido como forma de omissão imprópria (garantidor). Nessa mesma linha, da velha doutrina (Hungria e Fragoso eram omissos, nesse particular), Regis Prado chega a afirmar que "na modalidade de extraviar, o crime é permanente, já que a consumação se protrai no tempo, enquanto o agente entender que o livro ou documento deva permanecer

15. Claus Roxin, *Teoria del delito penal*, p. 171.

16. Regis Prado, *Curso de Direito Penal brasileiro*, São Paulo, Revista dos Tribunais, 2001, v. 4, p. 384.

17. Heleno Cláudio Fragoso, *Lições de Direito Penal*, v. 1, p. 423.

extraviado"[18]. Temos dificuldade, *venia concessa*, em adotar esse entendimento de Regis Prado, na medida em que extraviar significa desconhecer seu paradeiro, ignorar a sua localização, não saber onde se encontra o objeto material, perdê-lo, enfim, é não ter como localizá-lo. A afirmação de Regis Prado de que perdura o extravio "enquanto o agente entender que o livro ou documento deva permanecer extraviado" encerra, a nosso juízo, uma espécie de dolo subsequente inadmissível em direito penal, pois o dolo deve ser contemporâneo à ação típica, nunca posterior. Ademais, manter-se extraviado enquanto o agente o desejar desnatura a ação de extraviar, que se caracteriza no momento em que o objeto é procurado e não é encontrado, em que sua busca resulta inexitosa, mas isso ocorre exatamente por desconhecer seu paradeiro e não por não querer encontrá-lo ou desejar que continue "extraviado".

Na modalidade de sonegar, consuma-se o crime quando surge a exigência legal de apresentar qualquer dos objetos materiais e o agente não o faz; em outros termos, para que se configure a modalidade de sonegar livro oficial ou qualquer documento é indispensável que o funcionário tenha o dever jurídico de apresentá-los e, injustificadamente, negue-se a fazê-lo, não o apresente ou o oculte intencionalmente. Nessa modalidade, dificilmente se poderá caracterizar a figura tentada, pois, na prática, não há como interromper o *iter criminis*. A doutrina anterior, acertadamente, não admitia a tentativa[19]. A modalidade de inutilizar consuma-se com o início da ação, pois o tipo penal se satisfaz com a inutilização parcial. Nessa hipótese, a tentativa, embora, casuisticamente, até possa ocorrer, é de difícil e quase improvável configuração.

Por fim, para a consumação desse crime, que é de conteúdo variado, não se exige, em qualquer de suas modalidades, a superveniência de dano efetivo quer à Administração Pública, quer ao particular que possa eventualmente ser atingido pela ação do sujeito ativo.

7. Classificação doutrinária

Trata-se de crime próprio (exige a presença de um sujeito ativo qualificado, no caso, funcionário público); formal (não exige, para consumar-se, a produção de um resultado naturalístico); de forma livre (pode ser cometido por qualquer forma ou meio escolhido pelo sujeito); instantâneo (a consumação se produz de imediato, nas três modalidades, não se alongando no tempo); omissivo impróprio (a conduta de extraviar, que, de regra, é produto de negligência, somente pode ser admitida na modalidade dolosa sob a forma omissiva imprópria, ou seja, o funcionário público, na condição de garantidor, em decorrência do dever funcional, que tem de zelar e manter a guarda de livro ou documento, extraviando-o responde na forma determinada pelo art. 13, § 2º, *a*, do CP); comissivo (as formas verbais — sonegar e inuti-

18. Regis Prado, *Curso de Direito Penal brasileiro*, São Paulo, Revista dos Tribunais, 2001, p. 284.

19. Por todos, Magalhães Noronha, *Direito Penal*, p. 240.

lizar — implicam ações ativas, via de regra; excepcionalmente, pode a modalidade de sonegar ganhar também forma omissiva); unissubjetivo (pode ser cometido por um sujeito individualmente); e plurissubsistente (a ação é composta por vários atos, ou melhor dito, a ação, em tese, admite fracionamento); unissubsistente (quando a ação é composta por um único ato: sonegar, como regra, tem essa composição).

8. Questões especiais

Reiterando, o art. 314 é expressamente subsidiário. Portanto, se há ofensa à fé pública, prevalece o art. 305. Não sendo o agente funcionário público, responde pelo crime do art. 337 do CP. Se a sonegação ou inutilização é feita por advogado ou procurador que recebeu o documento ou objeto de valor probatório, tem-se como crime previsto no art. 356 do CP. Admite-se a suspensão condicional do processo em razão da pena mínima abstratamente cominada — igual a um ano.

9. Pena e ação penal

A pena cominada, isoladamente, é de reclusão, de um a quatro anos, se o fato não constituir crime mais grave.

A ação penal é pública incondicionada, sendo irrelevante qualquer manifestação da ofendida, no caso, da Administração Pública.

EMPREGO IRREGULAR DE VERBAS OU RENDAS PÚBLICAS — VI

Sumário: 1. Considerações preliminares. 2. Bem jurídico tutelado. 3. Sujeitos do crime. 4. Tipo objetivo: adequação típica. 4.1. Aplicação diversa da estabelecida em lei e despesa não autorizada por lei. 4.2. Despesa "justificada" (embora não autorizada por lei). 5. Tipo subjetivo: adequação típica. 6. Consumação e tentativa. 7. Classificação doutrinária. 8. Questões especiais. 9. Pena e ação penal.

Emprego irregular de verbas ou rendas públicas

Art. 315. Dar às verbas ou rendas públicas aplicação diversa da estabelecida em lei:

Pena — detenção, de 1 (um) a 3 (três) meses, ou multa.

1. Considerações preliminares

A legislação penal brasileira anterior (Código Criminal do Império de 1830 e Código Penal de 1890) não disciplinava esta infração penal. Seguindo a influência espanhola, a exemplo de vários países latino-americanos, como Código Penal argentino (art. 260), o nosso Código Penal de 1940 passou a criminalizar a conduta agora descrita no art. 315, que passamos a examinar. O Código Penal de 1969 mantinha a mesma criminalização (art. 349), a despeito de muitos autores contemporâneos que já se insurgiam contra a incriminação desse fato, que, diga-se de passagem, não é nada incomum na Administração Pública. Basileu Garcia, por exemplo, incrédulo, sentenciava: "não acreditem muito na punição desse crime..."[1].

Silvio Martins Teixeira destacava que antes do atual Código Penal, ante a ausência de previsão legal proibindo o desvio de verbas públicas, "alguns chefes de repartição, no fim do ano, faziam as despesas necessárias com a verba da repartição destinada a outros misteres"[2]. Na verdade, também depois da entrada em vigor do Código Penal de 1940, a malversação de verbas e rendas públicas ocorria, normalmente, "no interesse

1. Basileu Garcia, *Dos crimes contra a administração pública*, Rio de Janeiro, Forense, 1944, p. 225.
2. Silvio Martins Teixeira, *Crimes contra a administração pública, da justiça e disposições finais*, Rio de Janeiro, 1951, p. 58.

da própria administração", mesmo porque se o desvio ocorrer em benefício de fins particulares, próprios ou de terceiros, o crime configurado será o de peculato.

No entanto, aquele justo e profético receio externado por Basileu Garcia só veio a ser sanado com a renovação do nosso ordenamento jurídico, no tocante à moralidade e probidade da Administração Pública, assegurada pela Lei Complementar n. 101, de 4 de maio de 2000, e regulamentada pela Lei n. 10.028, de 19 de outubro do mesmo ano, das quais faremos uma análise preliminar a título de introdução a este capítulo, que cuida do emprego irregular de verbas ou rendas públicas.

Com esta rubrica — dos crimes contra as finanças públicas — a Lei n. 10.028, de 19 de outubro de 2000, acrescentou o Capítulo IV no Título XI da Parte Especial do Código Penal. A partir da Lei de Improbidade Administrativa (Lei n. 8.429/92), com a edição da Lei de Responsabilidade Fiscal (LC n. 101/2000), complementada pela Lei n. 10.028/2000, que criou novos tipos penais — crimes contra as finanças públicas —, tornam-se efetivos os princípios constitucionais da Administração Pública (art. 37 da CF), afastando, finalmente, as razões que justificaram, no passado, aquele descrédito manifestado por Basileu Garcia.

2. Bem jurídico tutelado

O bem jurídico constitui a base da estrutura e interpretação dos tipos penais; no entanto, não pode identificar-se simplesmente com a *ratio legis*, mas deve possuir um sentido social próprio, anterior à norma penal e em si mesmo decidido, caso contrário não seria capaz de servir à sua função sistemática, de parâmetro e limite do preceito penal e de contrapartida das causas de justificação na hipótese de conflito de valorações.

Bem jurídico protegido é o patrimônio da Administração Pública, assim como a probidade administrativa, especialmente o desenvolvimento regular da atividade administrativa, a moralidade necessária e indispensável à causa pública, embora também seja tutelado o patrimônio particular, ainda que este permaneça num plano secundário. A especificidade do bem jurídico tutelado reside no interesse específico da Administração Pública, na observância dos deveres de probidade e idoneidade dos funcionários, no uso legítimo da qualidade e da função pública e, principalmente, em que evitem o abuso dessa condição ou da função que ostentam e exercem.

Bem jurídico tutelado, por fim — no art. 359-D, acrescentado pela Lei n. 10.028/2000 —, especificamente, é o orçamento público sob a ótica do princípio da legalidade dos encargos e despesas públicas, que o moderno direito administrativo-constitucional tem procurado vincular, e cuja sanção cominada, bem mais elevada, é de um a quatro anos de reclusão.

3. Sujeitos do crime

Sujeito ativo do crime de emprego irregular de verbas ou rendas públicas é somente o funcionário público que pode dispor das rendas e verbas públicas, pois somente dispondo dessa faculdade o funcionário poderá cometer o crime em exame.

Certamente, só pode efetuar a operação de destinar verbas ou rendas públicas diversamente do que prevê a disposição legal o funcionário que pode dispor legitimamente de tais valores, ou seja, quem os administra. Com efeito, somente poderá cometer este crime quem possui atribuição legal para "ordenar despesa", o denominado "ordenador de despesas". Não abrange, por certo, quem apenas realiza, isto é, quem cumpre ou executa a ordem expedida pelo sujeito ativo próprio, o "ordenador de despesas". Nesse caso, à evidência, o funcionário que executa a ordem deverá ter sua conduta examinada à luz do art. 22, segunda parte, do CP, ou seja, à luz do princípio da obediência hierárquica.

Seguindo esse entendimento, Hungria apontava como sujeitos ativos dessa infração penal "presidente da República, governadores, ministros ou secretários de Estados, presidentes ou diretores de autarquias (com patrimônio desdobrado da superior entidade de direito público em cuja órbita gravitam), administradores públicos em geral"[3]. Contudo, esse moderno "ordenador de despesas" que, via de regra, não se confunde com o titular das Pastas Executivas, não deixa de ser uma forma encontrada para afastar, pelo menos em parte, as responsabilidades civis, administrativas e penais das autoridades públicas, os verdadeiros mandatários do Poder Público. Em tese, o ordenador de despesas responderia diretamente por eventual responsabilidade criminal e, só casuisticamente, se poderá aprofundar o exame da responsabilidade ou não do verdadeiro administrador do Poder Público. Tratando-se de Prefeito Municipal convém que se observe o art. 1º, II e III, do Decreto-lei n. 201/67 (Crimes de Responsabilidade de Prefeitos).

Sujeito passivo é o Estado (União, Estados, Distrito Federal e Municípios), bem como as entidades de direito público relacionadas no art. 327, § 1º, do Código.

4. Tipo objetivo: adequação típica

Consiste a conduta incriminada em empregar irregularmente as verbas (dinheiro especificamente destinado pela lei orçamentária — dotações a este ou àquele serviço público ou fim de utilidade pública) ou rendas públicas (todo e qualquer dinheiro recebido da Fazenda Pública), em desacordo com a lei orçamentária especial (elemento normativo do tipo).

Para atender à elementar exigida pelo tipo penal, é indispensável que exista lei regulamentando a aplicação dos recursos orçamentário-financeiros: não pode ser qualquer lei, por certo, mas somente a lei orçamentária, referida no art. 165, § 5º, da Constituição Federal. Logicamente, não se pode desconhecer que além dessa lei orçamentária existem leis especiais que vinculam a aplicação de determinados recursos, como ocorrem com algumas taxas, tarifas, contribuição social, enfim, tributos diversos com determinações específicas. A lei a que se refere o texto legal deve ser considerada no sentido substancial, afastando, dessa forma, eventuais prescrições em decretos que regulamentem outros atos administrativos.

---

3. Nélson Hungria, *Comentários ao Código Penal*, p. 358.

Para a configuração do crime, no entanto, é necessária a existência de lei disciplinando a gestão financeira e, principalmente, estabelecendo as vedações. Evidentemente, as leis orçamentárias próprias (lei orçamentária anual, plano plurianual e lei de diretrizes orçamentárias) estabelecem determinações e proibições específicas. A Lei Complementar n. 101/2000, quando disciplina a geração de despesa, estabelece que a "ação governamental que resulte no aumento de despesa deve ser acompanhada de declaração de que o aumento tem adequação orçamentária e financeira com a lei orçamentária anual e compatibilidade com o plano plurianual e com a lei de diretrizes orçamentárias".

Não há para o Estado, em princípio, qualquer dano patrimonial. As verbas ou rendas públicas são aplicadas no interesse da própria Administração Pública, embora com destinação diferente daquela prevista em lei. Não há, por conseguinte, subtração ou apropriação das receitas públicas, pois se for destinada a fins particulares — em proveito próprio ou de terceiro — o crime seria o de peculato. "Trata-se fundamentalmente — como destacava Heleno Fragoso — de perturbação do regular funcionamento da administração pública, que exige a aplicação dos fundos públicos em sua destinação legal. Salvo o caso de estado de necessidade, não exclui o crime a aplicação de verbas ou rendas em fins que sejam real ou supostamente de maior interesse e proveito para os serviços públicos, o que todavia deverá ser considerado na fixação e na medida da pena"[4].

4.1 *Aplicação diversa da estabelecida em lei e despesa não autorizada por lei*

Como destacamos no tópico anterior, dar destinação diversa da prevista em lei exige a previsão em lei orçamentária. Destacava Heleno Cláudio Fragoso que "é, assim, pressuposto do fato que exista lei regulamentando a aplicação dos dinheiros. A palavra *lei* não permite interpretação extensiva, excluindo-se, portanto, os decretos e quaisquer atos administrativos (ao contrário do que ocorre no direito espanhol argentino). Será, pois, geralmente, a lei orçamentária ou lei especial".

Dar destinação diversa da prevista em lei não se confunde com "ordenação de despesa não autorizada por lei"; são coisas diversas: naquela, existe lei prevendo a destinação da aplicação que, no entanto, é desviada para outra finalidade; nesta, determina-se a realização de despesa sem a autorização legal, violando-se a proibição penal constante do art. 359-D do Código Penal, acrescido pela Lei n. 10.028/2000.

A falta de autorização legal para a destinação das rendas públicas não constitui mera irregularidade administrativa, como sustentam alguns, mas representa um elemento constitutivo do tipo cuja ausência, ou seja, a exigência de autorização legal, afasta a tipicidade da conduta. Em síntese, com o vocábulo "despesa não autoriza-

4. Heleno Cláudio Fragoso, *Lições de Direito Penal*, p. 405.

da por lei"[5] deve-se entender "despesa legalmente proibida", sob pena de inverter-se o princípio elementar de qualquer Estado Democrático de Direito, segundo o qual tudo o que não está proibido é permitido.

4.2 *Despesa "justificada" (embora não autorizada por lei)*

Não se pode perder de vista que a probidade e a moralidade administrativa exigem, presentemente, respeito absoluto à legalidade administrativa; aliás, é esse o fundamento desse emaranhado de leis (LC n. 101 e Lei n. 10.028) "embretadoras" dos administradores públicos. No entanto, esta, como qualquer outra conduta criminosa, pode beneficiar-se de uma excludente de criminalidade, particularmente do estado de necessidade, desde que seus requisitos estejam presentes.

Discordamos, nesse particular, da orientação adotada por Luiz Flávio Gomes e Alice Bianchini, quando afirmam que "a inexistência de autorização constitui, tão somente, indício de irregularidade, havendo necessidade, para se criminalizar a conduta, que se verifique, diretamente, a existência de uma lesão não justificada ao bem jurídico"[6]. Com efeito, uma "lesão justificada" a qualquer bem jurídico penalmente tutelado constitui excludente de criminalidade, deslegitimando-se, como afirmam, a possibilidade de punir criminalmente referida conduta. Na realidade, ante o atual ordenamento jurídico, com o advento da Constituição Federal de 1988, das Leis n. 8.666/93 e 10.028/2000 e da Lei Complementar n. 101/2000, "a inexistência de autorização legal" constitui "indício de antijuridicidade", que pode, à evidência, ser afastado por uma causa de justificação (art. 23 do CP).

Por outro lado, eventuais dificuldades administrativo-orçamentárias podem socorrer ao administrador probo e honesto, mesmo que não se revistam da condição de causas de justificação, penalmente falando, mas, circunstancialmente, tornando inexigível comportamento diverso, eliminando, nesse caso, a reprovabilidade da ação, configurando causa de exclusão da culpabilidade.

5. Tipo subjetivo: adequação típica

O elemento subjetivo é o dolo, constituído pela vontade livre e consciente de empregar verbas públicas diversamente do previsto em lei. Como não existe dolo restrito, abrangendo este correta e completamente todos os elementos constitutivos do tipo, deve-se, especialmente, ter consciência (atual) de que se está destinando verbas e rendas públicas a fins diversos do estabelecido em lei.

O eventual desconhecimento da inexistência de autorização legal caracteriza erro de tipo, que exclui o dolo e, por extensão, a própria tipicidade (art. 20, *caput*). No entanto, como já afirmamos, para esses crimes contra as finanças públicas, tratar-se de erro evitável ou inevitável é irrelevante, na medida em que não há previsão da modalidade culposa. Assim, independentemente da natureza do erro

5. Por ora, as despesas proibidas estão elencadas na Lei de Responsabilidade Fiscal.
6. Luiz Flávio Gomes e Alice Bianchini, *Crimes de responsabilidade fiscal*.

de tipo, sempre haverá exclusão da tipicidade, salvo se se tratar de um simulacro de erro.

Não há necessidade de qualquer elemento subjetivo especial do injusto, satisfazendo-se a descrição típica simplesmente com a presença do dolo pura e simples. Nesse sentido, apresenta-se completamente equivocado o acórdão que traz a seguinte ementa: "Tratando-se de crime de emprego irregular de verbas ou rendas públicas, necessária é, para a sua configuração, a existência de dolo específico. Ausente este, a irregularidade somente interessa sob o aspecto administrativo"[7].

6. Consumação e tentativa

Consuma-se o crime, que para nós é formal, quando a ordem é efetivamente executada, ou seja, quando as verbas e rendas públicas forem efetivamente destinadas a fins diversos do estabelecido em lei. Não basta, portanto, o simples lançamento escritural, a mera programação etc., para sua aplicação pelo Poder Público, contrariando previsão legal. Enquanto não for cumprida a determinação do "ordenador de despesas" não se produzirá qualquer efeito, isto é, não haverá qualquer lesividade ao patrimônio público, e sem essa lesividade não se pode falar em crime; a ausência de lesão ao patrimônio que se pretende proteger impede a caracterização da tipicidade estrita de qualquer conduta descrita como crime de dano.

Na nossa concepção, trata-se de crime formal. Assim, coerente com nossa definição de consumação, admitimos a possibilidade de tentativa, embora de difícil comprovação. Parece-nos perfeitamente possível o fracionamento da ação tipificada, tratando-se de crime plurissubsistente. Por exemplo, o agente público determina a aplicação da receita pública em fins diversos do estabelecido em lei, e, por circunstâncias alheias a sua vontade, a ordem não é cumprida, sendo impedido por algum obstáculo fora do seu alcance; responde, nesse caso, pelo crime na forma tentada.

7. Classificação doutrinária

Trata-se de crime formal (que não exige resultado naturalístico para sua consumação); próprio (que exige qualidade ou condição especial do sujeito); de forma livre (que pode ser praticado por qualquer meio ou forma pelo agente); instantâneo (não há demora entre a ação e o resultado); unissubjetivo (que pode ser praticado por um agente apenas); plurissubsistente (crime que, em regra, pode ser praticado com mais de um ato, admitindo, em consequência, fracionamento em sua execução).

8. Questões especiais

Distingue-se esse crime do constante do art. 312 pelo fato de o agente não visar proveito próprio ou alheio, em prejuízo da Administração Pública. Admite-se a transação penal e a suspensão condicional do processo em razão da pena abstratamente cominada. *Vide* a Lei n. 1.079/50, art. 11, se o sujeito ativo do delito for

7. TJMG, AC, Rel. Agostinho de Oliveira, *RT*, 491:362.

presidente da República, e o art. 1º, II, do Decreto-Lei n. 201/67 (responsabilidade de prefeitos e vereadores), caso o agente seja o prefeito municipal; o art. 346 da Lei n. 4.737/65 (Código Eleitoral); e o art. 23 da Lei n. 7.492/86 (crimes contra o Sistema Financeiro Nacional).

9. Pena e ação penal

São cominadas, alternativamente, as penas de reclusão, de um a três meses, ou multa. Ao passo que a pena cominada para o crime do art. 359-D (ordenação de despesa não autorizada) é de um a quatro anos de reclusão.

A ação penal é pública incondicionada, sendo desnecessária, consequentemente, a satisfação de qualquer condição para o seu exercício.

CONCUSSÃO VII

Sumário: 1. Considerações preliminares. 2. Bem jurídico tutelado. 3. Sujeitos do crime. 4. Tipo objetivo: adequação típica. 4.1. Necessidade da elementar normativa: vantagem indevida. 4.2. Exigência de vantagem indevida "para o órgão público": excesso de exação. 4.2.1. Destinatário do produto da concussão: particular ou ente público. 5. Tipo subjetivo: adequação típica. 6. Consumação e tentativa. 7. Excesso de exação. 7.1. Tipo objetivo: adequação típica. 7.2. Sujeitos do crime de excesso de exação. 7.3. Tipo subjetivo: adequação típica. 8. Desvio de produto recebido indevidamente. 9. Consumação e tentativa. 10. Classificação doutrinária. 11. Questões especiais. 12. Pena e ação penal.

Concussão

Art. 316. Exigir, para si ou para outrem, direta ou indiretamente, ainda que fora da função ou antes de assumi-la, mas em razão dela, vantagem indevida:

Pena — reclusão, de 2 (dois) a 12 (doze) anos, e multa.

• Pena alterada pela Lei n. 13.694, de 24 de dezembro de 2019.

Excesso de exação

§ 1º Se o funcionário exige tributo ou contribuição social que sabe ou deveria saber indevido, ou, quando devido, emprega na cobrança meio vexatório ou gravoso, que a lei não autoriza:

Pena — reclusão, de 3 (três) a 8 (oito) anos, e multa.

• § 1º com redação determinada pela Lei n. 8.137, de 27 de dezembro de 1990.

§ 2º Se o funcionário desvia, em proveito próprio ou de outrem, o que recebeu indevidamente para recolher aos cofres públicos:

Pena — reclusão, de 2 (dois) a 12 (doze) anos, e multa.

---

1. Considerações preliminares

As origens mais remotas da concussão têm origem no Direito Romano, que, refletindo o costume contemporâneo, não concebia que altos funcionários do Estado pudessem receber alguma recompensa por cumprirem seus deveres funcionais. Nesse sentido, passou-se a coibir que funcionários públicos romanos recebessem valores, sendo autorizado, em caso de desobediência, isto é, do indevido recebimento, a interposição de ação de repetição (*pecunias repetere*).

Os costumes de Roma impediam que magistrados, advogados, oficiais do exército e outros altos funcionários recebessem qualquer pagamento ou recompensa pelos serviços que prestassem. Essas funções tinham natureza de dever cívico e, por essa razão, deviam ser prestadas gratuitamente. O desrespeito a esses princípios inicialmente foi transformado em ilícito civil e, posteriormente, em ilícito penal. A expansão do Império Romano aumentou a voracidade dos seus funcionários públicos, obrigando o governo a transformar em crime o recebimento indevido de vantagens pelos seus funcionários, aplicando-se-lhes a multa equivalente ao dobro da indenização devida à vítima, que era a sanção aplicada aos crimes de furto[1].

Na Idade Média a concussão foi confundida com a corrupção, embora alguns praxistas estabelecessem as devidas diferenças. A corrupção resultaria da espontaneidade do interessado, enquanto a concussão seria uma espécie de extorsão, obrigando a vítima a agir por medo, temor.

O Código Penal francês de 1791 criminalizou a concussão, embora não lhe tenha dado nenhuma definição. O Código de Napoleão de 1810 também cuidou da concussão, atribuindo-lhe melhor definição, encaminhando, pode-se afirmar, os contornos que assumiria nas codificações posteriores[2]. Foi exatamente esse Código que influenciou nosso Código Criminal de 1830, o qual disciplinou várias modalidades de concussão, incluindo a cobrança abusiva de tributos[3]. O Código Penal de 1890, por sua vez, tipificou o crime de concussão no art. 219, preferindo uma descrição mais específica, embora tenha incluído em seu texto uma modalidade de corrupção (§ 3º).

O Código Penal de 1940, finalmente, disciplinou a concussão em seu art. 316, trazendo consigo o "excesso de exação", que tem como beneficiário o próprio Poder Público.

2. Bem jurídico tutelado

Bem jurídico protegido é a Administração Pública, mais especificamente a moralidade e a probidade da Administração Pública. A posição geográfica dessa figura delitiva, localizada no Título XI da Parte Especial, com o título "Crimes contra a Administração Pública", não deixa qualquer sombra de dúvida, aliás, reiterado no subtítulo do primeiro capítulo.

Também integram os bens jurídicos protegidos pelo tipo penal em exame o patrimônio particular e a própria liberdade individual, embora se encontrem num plano secundário, pois as infrações que os violam diretamente são objeto de punição nos dois primeiros títulos da Parte Especial do Código (crimes contra a pessoa e crimes contra o patrimônio).

1. Vincenzo Manzini, *Tratado de Derecho Penal*, Buenos Aires, Ediar, 1961, v. 3, t. 8, p. 207.
2. Heleno Cláudio Fragoso, *Lições de Direito Penal*, p. 407.
3. Art. 135 do CCI.

3. Sujeitos do crime

Sujeito ativo somente pode ser o funcionário público, tratando-se, por conseguinte, de crime próprio. Considerando-se que a essência do crime reside no abuso da função ou da autoridade ou poder dela decorrentes, resulta que somente o funcionário público pode praticá-lo. Não é indispensável que seja no exercício da função, podendo ocorrer nas férias, no período de licença ou mesmo antes de assumi-la, desde que o faça em razão dela.

Sujeitos passivos são o Estado, representando todo e qualquer órgão ou entidade de direito público e, secundariamente, também o particular lesado. No mesmo sentido sustenta Damásio de Jesus, afirmando que "sujeito passivo é o Estado, titular do interesse protegido e violado pela lesão do dever de integridade que deve nortear a atividade funcional. No plano secundário aparece também como sujeito passivo o particular vítima da exigência ou outro funcionário"[4].

Sendo o Estado sujeito passivo imediato, em crimes que ofendem a moralidade pública, como é o caso da concussão, por uma questão lógica, não pode ser, ao mesmo tempo, o beneficiário do produto do crime. Nesse sentido, a inteligência sempre acurada de Rui Stoco, referindo-se a vantagem indevida, afirma com absoluta precisão: "Deve ela beneficiar o próprio agente ou terceiro: não a Administração Pública (hipótese que constituiria o crime previsto no art. 316, § 1º)"[5]. Portanto, a locução "ou para outrem" não pode, em hipótese alguma, abranger o Estado como o terceiro favorecido pela ação criminosa do agente. Assim, quando a conduta abusiva do agente (funcionário público) visar beneficiar a própria Administração Pública *lato sensu*, isto é, o próprio Estado, não se adequará à descrição típica do art. 316 ora em exame.

4. Tipo objetivo: adequação típica

O elemento material do crime de concussão consiste: a) na exigência da vantagem indevida; b) para o próprio funcionário ou para terceiro; c) mediante um ato de imposição (exigir).

A conduta típica consiste em exigir "para si ou para outrem", direta ou indiretamente, ainda que fora da função, ou antes de assumi-la, mas em razão dela, vantagem indevida. O verbo nuclear *exigir* tem o sentido de obrigar, ordenar, impor ao sujeito passivo a concessão da pretendida vantagem indevida. Convém destacar que exigir não se confunde com o simples solicitar (verbo núcleo da corrupção passiva), pois naquele há uma imposição do funcionário, que, valendo-se do cargo ou da função que exerce, "constrange" o sujeito passivo com sua "exigência". Nessa linha, era impecável o magistério de Bento de Faria, que pontificava: "O delito, em questão, caracterizando-se, porém, pela — exigência da vantagem indevida — há de expressar — uma forma da violência"[6].

---

4. Damásio de Jesus, *Direito Penal*, p. 154.
5. Rui Stoco et al., *Código Penal e sua interpretação jurisprudencial*, v. 2, p. 3854.
6. Bento de Faria, *Código Penal brasileiro*, p. 509.

É indispensável que a exigência, implícita ou explícita, seja motivada pela função que o agente exerce ou exercerá. Característica fundamental do crime de concussão é o abuso de autoridade, que pode repousar na "qualidade de funcionário" ou na "função pública" exercida. Nesse sentido, destacava Bento de Faria[7], "se não se verificar o abuso, quer da referida qualidade, quer da função, o ato estranho a ela configurará a extorsão prevista no art. 158". Não existindo função ou não havendo relação de causalidade entre ela e o fato imputado, não se pode falar em crime de concussão, podendo existir, residualmente, qualquer outro crime, tais como extorsão, constrangimento ilegal, estelionato etc.

A exigência da vantagem indevida pode ser direta ou indireta. É direta quando o sujeito ativo a formula diretamente à vítima ou de forma explícita, deixando clara a sua pretensão; é indireta quando o sujeito vale-se de interposta pessoa ou quando a formula tácita, implícita ou sub-repticiamente. Embora a concussão expresse uma exigência, uma imposição sobre a vítima, em sua modalidade direta, nem sempre ela é mais comum ou convencional. A forma mais usual da concussão, na realidade, é a indireta, a dissimulada, isto é, a implícita. Nesse sentido, já se manifestava o clássico Carrara: "nem sempre o oficial dirige-se à face descoberta contra o particular, dizendo-lhe: dá-me cem ou te coloco no cárcere, ou: dá-me cem ou te dito uma sentença condenatória. Essas fórmulas são demasiadamente grosseiras e, por isso mesmo, são precisamente as mais raras. O empregado venal não pede, mas faz compreender que receberia; não ameaça, mas faz nascer o temor de seu poder"[8].

Portanto, o fato de o sujeito ativo não efetuar pessoalmente a exigência da vantagem indevida não desnatura a concussão, apenas confirma a regra.

4.1 *Necessidade da elementar normativa: vantagem indevida*

A vantagem, como se constata, deve ser indevida. Vantagem "indevida" é aquela que é ilícita, ilegal, injusta, *contra lege*, enfim, que não é amparada pelo ordenamento jurídico. Normalmente, a ilegalidade da vantagem é determinada por norma extrapenal. Ademais, a vantagem pode ser presente ou futura.

O crime de concussão é formal, ou seja, sua consumação não depende da ocorrência do resultado naturalístico, verificando-se com a simples exigência da vantagem indevida. Por isso, é fundamental que a exigência preceda à obtenção da "indevida vantagem", isto é, a exigência não pode ser posterior a ela. Por sua pertinência, merece destaque a exemplar sentença do Juiz Federal Luiz Carlos Cervi[9], que, reconhecendo a atipicidade do crime de concussão, destacou: "Ficou plenamente caracterizado que a solicitação de complementação de pagamento foi feita posteriormente, quando da alta hospitalar. Assim não há concussão ou corrupção passiva no caso

7. Bento de Faria, *Código Penal brasileiro*, p. 509.
8. Francesco Carrara, *Programa de Derecho Criminal*, § 2.575.
9. Luiz Carlos Cervi, Sentença prolatada nos autos do processo-crime n. 89.1200508-1.

de a vantagem ser exigida depois da conduta funcional, ou seja, após realizado o atendimento. O comportamento criminal visado, pela exigência ou solicitação, deve ser realizado no futuro. Se o comportamento já foi realizado, não há crime, pois exige-se ou solicita-se a vantagem para que se faça, não porque se fez ou não alguma coisa". Enfim, não se pode falar em crime de concussão quando a exigência de "vantagem" por parte do sujeito ativo ocorre após a ação ou benefício da suposta vítima.

Doutrina e jurisprudência, de um modo geral, têm sustentado a necessidade de a vantagem ser de natureza econômico-patrimonial[10]. Nesse sentido, afirma-se que a vantagem pode relacionar-se a qualquer ganho, lucro ou benefício de natureza patrimonial, mesmo que possa ser obtido indiretamente. Adotando, isoladamente, entendimento contrário, Bento de Faria afirmava: "A — vantagem — póde (*sic*) ser expressa por — dinheiro ou qualquer outra utilidade, seja ou não de ordem patrimonial, proporcionando um lucro ou proveito".

No entanto, conforme destacamos ao examinarmos os crimes de extorsão (art. 158) e extorsão mediante sequestro (art. 159), quando a lei quer restringir a vantagem à natureza econômica, o faz expressamente, posicionamento normalmente adotado na disciplina dos crimes patrimoniais (arts. 155 a 183). Por isso, sustentamos que, no crime de concussão, a vantagem indevida pode ser de qualquer natureza: patrimonial, quando a vantagem exigida referir-se a bens ou valores materiais; não patrimonial, de valor imaterial, simplesmente para satisfazer sentimento pessoal, buscar uma forma de reconhecimento, por pura vaidade, como, por exemplo, a concessão de um título honorífico, a conferência de um título de graduação, enfim, a vantagem indevida pode não ter necessariamente valor econômico.

Ademais, a exigência da vantagem não precisa ser nem anterior ao fato nem contemporâneo a ele, podendo concretizar-se no futuro e, ainda, ter como destinatário tanto o próprio sujeito ativo quanto terceira pessoa (outrem). Resumindo, a vantagem indevida (ilícita, ilegal) pode ser atual ou futura; pode ser patrimonial ou não patrimonial, para si ou para terceiro, direta ou indireta, e a exigência indevida deve ser feita em razão da função, ainda que fora dela.

E se não houver exigência, mas simples solicitação do funcionário? Nesse caso, não se poderá falar em concussão, mas apenas em corrupção passiva (art. 317 do CP). E se a vantagem indevida for oferecida ao funcionário público para omitir ou retardar ato de ofício? Não sendo aceita, o crime será de corrupção ativa (art. 333 do CP) do autor da oferta.

Na práxis, a demonstração de que se trata de solicitação (corrupção passiva) do funcionário corrupto e não exigência (concussão) enfrenta grande dificuldade probatória, assim como a comprovação de que se trata de concussão (exigência do funcionário) e não de corrupção ativa (oferta ou promessa). Aliás, na comparação

10. Sobre esse tema remetemos o leitor para o entendimento que sustentamos ao examinarmos os arts. 158 (extorsão) e 159 (extorsão mediante sequestro), no volume 3º desta obra.

do crime de concussão (art. 316) — em que há exigência do funcionário corrupto, portanto, conduta ontologicamente mais grave — com o crime de corrupção passiva (art. 317) — no qual o funcionário corrupto "apenas" solicita a vantagem indevida — constatava-se uma absurda inversão na graduação legislativa da sanção cominada: a concussão — crime mais grave — recebia punição mais branda, qual seja reclusão de dois a oito anos e multa; a corrupção passiva — crime menos grave, comparativamente — recebia punição consideravelmente mais grave, qual seja reclusão de dois a doze anos e multa. Podia-se afirmar — sem qualquer menosprezo institucional ao Poder Legislativo —, como efetivamente afirmamos, que aqui se concentrava o lixo da produção legislativa *ad hoc* que tomou conta do Parlamento nos últimos trinta anos, que conseguiu destruir a harmonia que o sistema jurídico nacional até então apresentava e "desorganizar" definitivamente a rica sistematização que o bem elaborado Código Penal de 1940 ostentava, aliás, reconhecida e elogiada pelo continente europeu. O princípio da proporcionalidade, para ficar somente neste, assegurado pela atual Constituição da República, repousa sonolentamente no leito constitucional, seu "berço esplêndido", à espera, quem sabe, de uma revisão infraconstitucional (em vez de constitucional), numa operação humilde, despretensiosa, que aceite a modesta colaboração dos especialistas das diversas searas, cada qual na sua especialidade.

Lamentável, para ficarmos só nisso, o que essa extravagância de "leis *ad hoc*" está fazendo com o ordenamento jurídico brasileiro, impunemente, por enquanto. Na verdade, as consequências catastróficas já começaram a ser notadas, pelo menos, por aqueles que se preocupam com o Estado em seu sentido ontológico, com a Nação politicamente organizada. Enfim, com o legado que a atual geração está construindo com o advento do terceiro milênio.

4.2 *Exigência de vantagem indevida "para o órgão público": excesso de exação*

No exame deste tópico, destacamos, preliminarmente, que não ignoramos a orientação jurisprudencial brasileira, que tem sido pródiga na admissão do crime de concussão, limitando-se a uma análise global, superficial e genérica da conduta de funcionário que "exige", melhor dito, recebe (interpreta qualquer recebimento como exigência) vantagem indevida, despreocupando-se com o confronto desta e a descrição contida no *caput* do art. 316. Deixa de examinar, particularmente, os elementos estruturais e elementares exigidos pelo tipo penal. Mas um dia essa "conta", ou seja, esse confronto tem de ser feito, em respeito ao princípio da taxatividade, isto é, da tipicidade estrita exigida por um Estado que se quer Democrático de Direito.

Propomo-nos a fazer uma reflexão nesse sentido, tentando pelo menos despertar a atenção para a real abrangência desse tipo penal, que, nos tempos atuais, tem sido aplicado, quiçá, exageradamente, em razão do crescimento do Estado, a despeito das tentativas do neoliberalismo de diminuí-lo. Começamos recordando que, genericamente, o Código Penal de 1940 define a concussão em três modalidades:

a) concussão propriamente dita — funcionário, abusando da função, obtém vantagem ilícita; b) excesso de exação — cobrança de direitos indevidos ou vexatórios; c) desvio em proveito próprio do indevidamente havido. Acrescentando, ainda, que são elementos da concussão: a) a exigência de vantagem indevida; b) que essa vantagem seja para o próprio concussionário ou para outrem; c) que haja abuso de função ou do poder a ela inerente.

Deve-se, necessariamente, distinguir a figura da concussão do excesso de exação, pois nesta a "vantagem indevida" não é para o funcionário, mas para a própria Administração Pública a que serve. No exame sério, específico e técnico da concussão, como de qualquer outro crime, não se pode prescindir da análise das elementares típicas, além do bem jurídico tutelado e dos sujeitos, ativo e passivo, dessa infração penal; aliás, tal análise deve começar por estes últimos.

a) *Bem jurídico tutelado*

Quanto ao bem jurídico protegido, não há dificuldade alguma em sua identificação, quer na doutrina, quer na jurisprudência, que, à unanimidade, reconhecem-no como a moralidade e a probidade da Administração Pública. A posição geográfica dessa economia delitual (figura delitiva), situada no Capítulo XI da Parte Especial do Código Penal, com o título "Crimes contra a Administração Pública", não deixa qualquer sombra de dúvida, aliás, reiterada no subtítulo do primeiro capítulo.

Não se olvida, é verdade, que são igualmente tutelados o patrimônio particular e a própria liberdade individual, mas essas duas objetividades jurídicas já são protegidas num plano secundário, e as infrações que as violam diretamente são objeto de punição nos primeiros títulos da Parte Especial do Código, como todos sabem.

b) *Sujeitos ativo e passivo*

Sujeito ativo, tratando-se de crime próprio, somente pode ser funcionário público, considerando-se que a essência do crime reside no abuso da função. Nesse particular, tampouco existe divergência. Convém destacar, porém, que sujeito ativo não se confunde com beneficiário ou destinatário do resultado do crime, visto que o especial fim da ação é exigir para si ou "para outrem". Como esse "outrem" pode desconhecer completamente a ação criminosa, certamente não pode ser considerado sujeito ativo do crime, mesmo que possa ser seu beneficiário. Contudo, se tiver consciência dos fatos e a eles anuir, será também, certamente, sujeito ativo do crime, mesmo que não reúna a qualidade especial de "funcionário público" exigida pelo tipo penal, pois será alcançado pela previsão do art. 29 do Código Penal.

Sujeito passivo, por sua vez, recebe a mesma unanimidade, pelo menos na doutrina brasileira: é o Estado ou a Administração Pública. Qual é o critério mais adequado para identificar o sujeito passivo de uma infração penal: apurar quem é o titular do bem jurídico lesado por determinada infração penal! Ora, assim, essa equação fica fácil: partindo da constatação de que o bem jurídico tutelado é a Administração Pública, sujeito passivo somente pode ser seu titular, isto é, o Estado-Administração.

Desnecessário repetir que o patrimônio e a liberdade individuais também podem ser lesados, mas, como já dissemos, estão num plano secundário. Neste ponto — sujeito passivo — faz-se necessário ampliar um pouco a reflexão para examinar o aproveitamento do resultado da conduta incriminada, seja ou não concussão, isto é, torna-se indispensável examinar e confrontar o destinatário da vantagem indevida com o sujeito passivo dessa infração penal. Quem são? Afinal, o sujeito passivo de uma infração penal pode ser, ao mesmo tempo, o beneficiário do resultado econômico ou patrimonial que essa produz?

Na solução dessa *vexata quaestio* deve-se distinguir "sujeito ativo", "sujeito passivo" e "destinatário" do produto do crime, lembrando, desde logo, que o elemento subjetivo do injusto, contido expressamente na descrição típica, exige que o especial fim da conduta incriminada seja buscar a vantagem indevida "para si ou para outrem". Parece-nos que essa solução passa pela precisão dos limites do sentido e do alcance da locução "ou para outrem".

Em síntese: o bem jurídico protegido é a moralidade da Administração Pública; o Estado é o sujeito passivo imediato. Falta esclarecer quem pode ser o terceiro, representado pela expressão "outrem", e se o sujeito passivo pode confundir-se com o beneficiário dessa infração penal, o que passamos a fazer no tópico seguinte.

4.2.1 *Destinatário do produto da concussão: particular ou ente público*

A locução "ou para outrem" indica a possibilidade de a ação objetivar um "resultado" para terceira pessoa, que pode ser física ou jurídica. Questão que merece ser destacada, sob esse aspecto, é a possibilidade de a terceira pessoa ser de direito público ou não. Em caso positivo, interessa a este estudo a hipótese em que o funcionário infrator estaria exigindo a vantagem indevida para o próprio órgão público a que serve, e não para si. Será, afinal, isso possível, isto é, pode o Estado ser o destinatário do produto (importante não confundir aqui sujeito ativo com destinatário, pois, como afirmava Levi, "não parece lícito dizer que neste caso, ou em outros análogos, o réu tenha constrangido o Estado, abusando de seu ofício"[11]) da ação criminosa de seu funcionário, locupletando-se com o crime que deveria combater?

A resposta a essa questão exige honestidade de propósitos, além de coerência político-criminal. Nessa linha, é inadmissível uma resposta negativa simplista, para não dizer simplória, quer por questões políticas, quer por questões filosóficas, especialmente sabendo que o resultado, *in concreto*, da ação beneficia diretamente o próprio órgão público e não o funcionário tido como infrator. Em outros termos, o órgão público não é, evidentemente, sujeito ativo do crime, mas, concretamente, pode ser o beneficiário do produto do crime, ou seja, beneficia-se da consequência da ação ilícita "sem sujar as mãos". Por exemplo, em um dos tantos hospitais

11. Nino Levi, Delitti contro la publica amministrazione, apud Magalhães Noronha, *Direito Penal*, p. 247.

públicos deste país, interna-se um paciente pelo Sistema Único de Saúde (SUS) e cobra-se a complementação pela diferença de internação, de diária, de medicação, de instalações etc. Essa cobrança ingressa no caixa oficial do hospital (muitos deles conveniados) e não nos bolsos do funcionário dito infrator. Afinal, quem é o beneficiário direto da ação que se quer criminosa: o funcionário ou o hospital, pessoa jurídica de direito público interno?

Em nossa concepção, não se podem mascarar os fatos ou argumentar com subterfúgios, adotando posições paradoxais e frontalmente contraditórias. Se, no exemplo do hospital público (ou equiparado, como pretendem alguns), o "funcionário" cobrar "duplamente" ou complementarmente pela internação de um paciente segurado pelo SUS, em nome do hospital e para benefício deste, é indispensável que se examinem todos os aspectos da questão: a) quem é o beneficiário da dita cobrança indevida?; b) os hospitais públicos integram a Administração Pública?; c) os hospitais conveniados com o SUS assumem a natureza de órgão público?; d) os funcionários de hospitais conveniados são equiparados a funcionários públicos, para efeitos penais?

Desnecessário enfatizar que, em tese, a exigência do médico, cobrando diferenças do paciente segurado pelo SUS, para si próprio, pode tipificar o crime de concussão. De modo geral, no entanto, a doutrina tem negado a possibilidade de órgãos da Administração Pública ou empresas públicas serem sujeito ativo de crime (mesmo, contraditoriamente, aqueles que defendem a responsabilidade penal da pessoa jurídica). No mesmo sentido, grande parte da doutrina nega também a possibilidade de órgãos públicos poderem ser apontados como destinatários do produto de crime, embora defendam a tributação do proveito do crime etc.

Bento de Faria não admitia que o Estado pudesse ser destinatário do produto do crime de concussão, nos seguintes termos: "Não póde (*sic*), porém, ser o Estado, ou outro ente público, ao qual sirva, desde que o funcionário, nas suas relações externas com outros, se apresenta como seu representante". No entanto, Bento de Faria, nessa hipótese, sustentava sua desclassificação para o excesso de exação, *in verbis*: "Por conseguinte, se o funcionário exige indevidamente para o mesmo Estado ou o ente público, do qual dependa, não haverá concussão, mas responderá pelo excesso que assim pratica"[12].

Esse entendimento de Bento de Faria deve ser interpretado corretamente, para não fazermos coro com doutrina que o contraria. Na verdade, essa afirmação de Bento de Faria tem sentido dogmático e repousa no elemento subjetivo do injusto, que exige que o produto do crime de concussão seja "para si ou para outrem". Nesse sentido, fazemos coro com Bento de Faria, pois os elementos estruturais do crime de concussão não admitem que o Estado-Administração seja o beneficiário dessa infração penal, e a locução "ou outrem", elementar subjetiva especial do tipo, não abrange o próprio Estado como seu destinatário, pois, como dizia Nino Levi,

12. Bento de Faria, *Código Penal*, p. 510.

antes citado, "não parece lícito dizer que neste caso, ou em outros análogos, o réu tenha constrangido o Estado, abusando de seu ofício". Adotando a mesma orientação, Damásio de Jesus[13], com acerto, desde a primeira edição do 4º volume de seu *Direito penal*, destacou que, se a vantagem indevida beneficiar a própria Administração Pública, não há crime de concussão. Contudo, no mundo dos fatos, não se pode deixar de reconhecer, na cobrança indevida de complementação das despesas hospitalares, que o Estado é seu destinatário. Assim, precisa-se contrapor: o crime de concussão não admite que a Administração Pública se beneficie do produto da ação do concussionário, e, quando isso ocorre, tal conduta não se conforma à descrição típica dessa infração penal; faticamente, porém, no exemplo examinado, quando a cobrança é feita em nome do hospital e para seu benefício, quem se beneficia é a Administração Pública (direta ou equiparada) e não o "funcionário infrator". Consequentemente, estamos diante de uma inadequação típica, pela ausência do elemento subjetivo especial do injusto, que, concretamente, não existe na ação do sujeito ativo: para si ou para outrem. Logo, se crime houver, será outro, por certo, mas não o de concussão. Nesse sentido, destacamos raro acórdão do Tribunal de Justiça de São Paulo, com a seguinte ementa: "A vantagem indevida a que se refere o art. 316 do CP, que define o delito de concussão, é o abuso cometido pelo funcionário, em seu benefício, contra a lei..."[14].

Quanto aos hospitais públicos, não há dúvida alguma, integram a Administração Pública; àqueles se equiparam, por força de lei, os hospitais conveniados. Seria irracional e falacioso admitir a equiparação dos funcionários e negar a da entidade ou instituição a que servem. A conclusão desse raciocínio é inevitável: tanto o hospital público, como integrante da Administração Pública *lato sensu*, não pode ser beneficiário do crime de concussão como também, pelas mesmas razões, não o pode ser o hospital conveniado. Conclusão noutro sentido seria paradoxal: na hipótese de hospital público ser o destinatário da "vantagem indevida", considerar afastada a concussão; ao passo que, sendo "hospital conveniado", admiti-la tipificada, por satisfazer a elementar "ou outrem" como beneficiário da ação criminosa. Essa conclusão, enfim, não tem amparo jurídico!

Por fim, a partir da Lei n. 9.983/2000, que ampliou a equiparação, hoje contida no § 1º, os servidores dos hospitais conveniados são equiparados a funcionários públicos para efeitos penais, embora essa ampliação, como norma penal mais grave, não possa retroagir. Ademais, se esse diploma legal houve por bem ampliar a abrangência da equiparação a funcionários públicos para efeitos penais, lícito é sustentar que anteriormente a norma penal não tinha essa dimensão, a despeito da remansosa interpretação jurisprudencial que lhe dava interpretação extensiva.

Concluindo, quando a vantagem exigida pelo funcionário público, genuíno ou equiparado, destinar-se ao próprio órgão para o qual trabalha, seja público ou equiparado, não se tipifica o crime de concussão, por faltar-lhe o elemento subjetivo

13. Damásio de Jesus, *Direito Penal*, p. 154.
14. TJSP, HC, Rel. Cunha Bueno, *RJTJSP*, 60:309.

"para si ou para outrem". Poderá, residualmente, tipificar outra infração penal, desde que satisfaça, *in concreto*, todas as suas elementares típicas.

5. Tipo subjetivo: adequação típica

O tipo subjetivo é composto pelo dolo, como elemento subjetivo geral, e pelo elemento subjetivo especial do injusto. O dolo é constituído pela vontade consciente de exigir vantagem indevida do sujeito passivo, direta ou indiretamente. É necessário que o agente saiba que se trata de exigência de vantagem indevida e que o faz em razão da função que exerce ou assumirá, isto é, que tenha conhecimento ou consciência dessa circunstância. É indispensável, enfim, que o dolo abranja todos os elementos constitutivos do tipo penal, sob pena de configurar-se o erro de tipo, o qual, por ausência de dolo (ou dolo defeituoso), afasta a tipicidade, salvo se se tratar de simulacro de erro.

O elemento subjetivo especial do tipo é representado pela finalidade da ação que visa a vantagem indevida para si ou para outrem. Como elemento subjetivo especial, não é necessário que se concretize, isto é, que a vantagem seja efetivamente alcançada pelo destinatário — para si ou para outrem —, sendo suficiente que esta seja a finalidade orientadora da conduta do agente.

A ausência desse *animus* — para si ou para outrem — desnatura a figura do crime de concussão. Logicamente, quando essa circunstância se fizer presente, haverá uma espécie de inversão do ônus da prova, devendo o agente demonstrar, *in concreto*, que a finalidade da exigência era outra e não a de obter vantagem indevida, para si ou para outrem.

6. Consumação e tentativa

Consuma-se o crime de concussão com a simples exigência do sujeito ativo, ou seja, no momento em que o sujeito passivo toma conhecimento de seu conteúdo. O crime capitulado no art. 316, *caput*, do Código Penal é formal e consuma-se com a mera imposição do pagamento indevido, não se exigindo o consentimento da pessoa que a sofre nem sequer a consecução do fim visado pelo agente. Com efeito, não é necessário que se efetive o recebimento da vantagem exigida; se ocorrer, este representará somente o exaurimento do crime, que se encontrava perfeito e acabado com a imposição do sujeito ativo.

Dogmaticamente, a tentativa é inadmissível, pois se trata de crime unissubsistente, isto é, de ato único, não admitindo fracionamento. Contudo, concretamente, pode ser que a exigência se revista de diversos atos, como, por exemplo, a exigência da vantagem indevida é feita por meio de correspondência, que se extravia, sendo interceptada pela autoridade policial antes de a vítima conhecer seu conteúdo. Nessa hipótese, pode, teoricamente, dependendo da idoneidade de exigência, caracterizar-se tentativa de concussão.

7. Excesso de exação

O excesso de exação constitui uma modalidade especial de concussão, em razão do destinatário/beneficiário especial do seu produto: o próprio Estado. Exação é a cobrança correta de tributos. O dispositivo que passamos a examinar objetiva coibir não a exação, que é em si mesma uma atividade legítima do Estado, mas seu excesso, por configurar, na hipótese, mais que um ilícito, um crime (ilícito tipificado).

7.1 *Tipo objetivo: adequação típica*

O excesso de exação configura-se quando o funcionário exige tributo ou contribuição social que sabe ou deveria saber serem indevidos, ou, quando devidos, emprega na cobrança meio vexatório (vergonhoso, humilhante) ou gravoso (que implica maiores despesas para o contribuinte), que a lei não autoriza (elemento normativo do tipo) (§ 1º).

O excesso de exação constitui modalidade especial de concussão, uma espécie de tipo derivado, contido no § 1º do art. 316 do diploma legal em exame. Na versão original do Código Penal de 1940, o excesso de exação tinha a seguinte descrição típica: se o funcionário exige imposto, taxa ou emolumento que sabe indevido, ou, quando devido, emprega na cobrança meio vexatório ou gravoso, que a lei não autoriza. A Lei n. 8.137, de 27 de dezembro de 1990, deu-lhe, no entanto, a seguinte definição: se o funcionário exige tributo ou contribuição social que sabe ou deveria saber indevido, ou, quando devido, emprega na cobrança meio vexatório ou gravoso, que a lei não autoriza (art. 20).

Nesta nova versão, o legislador substituiu a locução "imposto, taxa ou emolumento" por "tributo ou contribuição social". Dessa forma, mesmo que não tenha pretendido, restringiu o objeto material da conduta delituosa. Com efeito, no conceito de tributo e de contribuição social não se inclui emolumento. Tributo é "toda prestação pecuniária compulsória, em moeda ou cujo valor nela se possa exprimir, que não constitua sanção de ato ilícito, instituída em lei e cobrada mediante atividade administrativa plenamente vinculada" (art. 3º do CTN). Podem-se citar, como espécies de tributos, impostos, taxas e contribuições de melhoria. As contribuições sociais, por sua vez, foram criadas pela Constituição Federal de 1988 (arts. 149 e 195), que as inseriu na moderna "parafiscalidade".

Essa mudança na definição do excesso de exação não se limitou, contudo, à restrição de seu objeto material, mas "excedeu-se" absurdamente na majoração da sanção penal, elevando-a de seis meses a dois anos de detenção ou multa para três a oito anos de reclusão e multa. De plano, deve-se destacar que o "abuso na cobrança" de tarifas (preço público), emolumentos (devidas a notários e registradores) ou custas (devidas a escrivães e oficiais de justiça) não configura excesso de exação, pois não constituem nem tributo nem contribuição social. Trata-se de conduta atípica, nos termos do § 1º do art. 316 do Código Penal, com a redação determinada pela Lei n. 8.137/90.

Por essas mesmas razões, afirmamos que, quando o funcionário de hospital cobra, indevidamente, a complementação de diárias ou custas hospitalares, para o próprio hospital (e não para si ou para outrem), sua conduta não tipifica concussão, pelos fundamentos que já expusemos, e tampouco pode ser "desclassificada" para excesso de exação, porque não constitui tributo ou contribuição social.

7.2 *Sujeitos do crime de excesso de exação*

Sujeito ativo somente pode ser funcionário público, tratando-se de crime próprio. O particular pode, evidentemente, concorrer para o crime, por meio da figura do concurso de pessoas.

Sujeito passivo é o contribuinte lesado pelo órgão arrecadador do Estado, que, não raro, espolia o cidadão indefeso perante a fúria arrecadadora do Tesouro.

É rematado equívoco afirmar que sujeito ativo "é o ente detentor da competência tributária ou de contribuição social", como afirma Luiz Regis Prado[15]; na verdade, o órgão público é o grande beneficiário da conduta de seu mau servidor, fraudador do patrimônio de contribuinte espoliado. Não se pode esquecer, inclusive, que a responsabilidade do Estado pelos danos causados por seus servidores a terceiros é objetiva. Para aqueles que defendem a responsabilidade penal da pessoa jurídica, poderia, inclusive, ser a hipótese de entidades públicas responderem criminalmente.

7.3 *Tipo subjetivo: adequação típica*

O tipo subjetivo é composto pelo dolo, como elemento subjetivo geral, e pelo elemento subjetivo especial do injusto. O dolo é constituído pela vontade consciente de exigir tributo ou contribuição social que sabe ou deveria saber[16] indevido, ou, quando devido, emprega na cobrança meio vexatório ou gravoso, que a lei não autoriza.

Não há previsão de modalidade culposa do crime de excesso de exação; assim, na eventual negligência, imprudência ou mesmo "imperícia" na avaliação do *quantum* do tributo ou contribuição social devida, pratica conduta atípica, cabendo ao contribuinte lesado tão somente a repetição do indébito. Mais uma vez constata-se que o Estado-Administração é sempre generoso com seus próprios "erros" e excessos, ao contrário do que ocorreria se a situação fosse inversa, que, normalmente, por exemplo, erro de lançamento contábil pode tipificar crime de sonegação fiscal.

8. Desvio de produto recebido indevidamente

O § 2º do art. 316 do CP prevê modalidade especial do excesso de exação (§ 1º), que se configura quando o funcionário público desvia, total ou parcialmente, em benefício próprio ou alheio, o que recebeu indevidamente para recolher aos cofres públicos.

Trata-se de um tipo derivado, que é a forma qualificada do crime de excesso de exação, com o acréscimo de, nessa hipótese, o sujeito ativo "desviar", em proveito próprio ou de outrem, o produto indevidamente recebido em nome do Estado.

O bem jurídico tutelado e os sujeitos ativo e passivo são exatamente os mesmos da figura simples do excesso de exação; apenas, nessa figura, há necessidade do

---

15. Luiz Regis Prado, *Curso de Direito Penal*, p. 400.

16. Sobre o significado das elementares "sabe" e "deve saber", sugerimos ao leitor que consulte as considerações que fizemos nos volumes 2º e 3º desta obra ao examinarmos os crimes de perigo de contágio venéreo (art. 130) e de receptação (art. 180), respectivamente.

elemento subjetivo do injusto, representado pela elementar "em proveito próprio ou de outrem" (art. 316, § 2º, do CP).

9. Consumação e tentativa

Consuma-se o crime de exação com a simples exigência ou com o emprego do meio vexatório ou gravoso, que a lei não autoriza (§ 1º, 2ª parte). Como a lei fala em exigir vantagem indevida e não em recebê-la, consuma-se o crime com a simples ação, independentemente de qualquer resultado, tratando-se, pois, de crime de simples atividade ou mera conduta.

A figura tentada apresenta as dificuldades próprias do crime de ato único, não admitindo, teoricamente, fracionamento, ficando afastada, por conseguinte, a tentativa. O eventual recebimento da vantagem exigida apenas exaure o crime, que se consumara com a simples exigência.

10. Classificação doutrinária

Trata-se de crime formal (que não exige resultado naturalístico para sua consumação), próprio (que exige qualidade ou condição especial do sujeito), de forma livre (que pode ser praticado por qualquer meio ou forma pelo agente), instantâneo (não há demora entre a ação e o resultado), unissubjetivo (que pode ser praticado por um agente apenas), plurissubsistente (crime que, em regra, pode ser praticado com mais de um ato, admitindo, em consequência, fracionamento em sua execução).

11. Questões especiais

Distingue-se a concussão (art. 316) da corrupção passiva (art. 317), segundo lição de Nélson Hungria, porque nesta "o funcionário solicita ou aceita: na concussão, exige"[17]. A concussão se consuma com a mera exigência da vantagem indevida. Na hipótese de efetivo recebimento desta, exaure-se o delito. Se o desvio de tributo ou contribuição ocorre após o seu recolhimento aos cofres públicos, há o peculato (art. 312 do CP). *Vide* o art. 438 do CPP; art. 71 da Lei n. 8.078/90 (Código de Defesa do Consumidor); arts. 3º, II, e 20 da Lei n. 8.137/90 (crimes contra a ordem tributária, econômica e contra as relações de consumo).

12. Pena e ação penal

As penas cominadas para o "crime de concussão" (*caput*) são, cumulativamente, reclusão, de dois a doze anos, e multa, de acordo com redação determinada pela Lei n. 13.964, de 24 de dezembro de 2019. Para o crime de "excesso de exação" são cominadas, por sua vez, as penas de reclusão, de três a oito anos, e multa, de acordo com a redação determinada pela Lei n. 8.137/90. Para a figura de "desvio de tributo recebido indevidamente", finalmente, as sanções cominadas são reclusão, de dois a doze anos, e multa. A ação penal é pública incondicionada.

---

17. Hungria, *Comentários ao Código Penal*, p. 360.

CORRUPÇÃO PASSIVA — VIII

Sumário: 1. Considerações preliminares. 2. Bem jurídico tutelado. 3. Sujeitos do crime. 4. Tipo objetivo: adequação típica. 4.1. Elemento normativo especial da ilicitude: vantagem indevida. 4.2. Vantagem indevida e os princípios da adequação social e da insignificância. 4.3. Natureza da vantagem indevida: patrimonial e extrapatrimonial. 4.4. A indispensável bilateralidade residual no crime de corrupção. 5. Tipo subjetivo: adequação típica. 6. Consumação e tentativa. 7. Classificação doutrinária. 8. Figura majorada (parágrafo único). 9. Figura privilegiada da corrupção passiva: infração de dever funcional. 9.1. Infração de dever funcional. 10. Pena e ação penal.

Corrupção passiva

Art. 317. Solicitar ou receber, para si ou para outrem, direta ou indiretamente, ainda que fora da função ou antes de assumi-la, mas em razão dela, vantagem indevida, ou aceitar promessa de tal vantagem:

Pena — reclusão, de 2 (dois) a 12 (doze) anos, e multa.

• Pena cominada pela Lei n. 10.763, de 12 de novembro de 2003.

§ 1º A pena é aumentada de um terço, se, em consequência da vantagem ou promessa, o funcionário retarda ou deixa de praticar qualquer ato de ofício ou o pratica infringindo dever funcional.

§ 2º Se o funcionário pratica, deixa de praticar ou retarda ato de ofício, com infração de dever funcional, cedendo a pedido ou influência de outrem:

Pena — detenção, de 3 (três) meses a 1 (um) ano, ou multa.

---

1. Considerações preliminares

Sérgio Habib, em sua obra *Brasil: quinhentos anos de corrupção*, aprofundando-se em elogiável pesquisa sobre a corrupção, destaca com incensurável erudição que "não é sinal característico de nenhum regime, de nenhuma forma de governo, mas decorrência natural do afrouxamento moral, da desordem e da degradação dos costumes, do sentimento de impunidade e da desenfreada cobiça por bens materiais, da preterição da ética e do exercício reiterado e persistente da virtude, substituindo-se pelas práticas consumistas e imediatistas tão caras ao hedonismo. Esta constatação é possível pelo cotejo da história, pelo estudo da trajetória do homem através dos tempos, donde se infere que a corrupção esteve presente por todo o tempo, contida e limitada, em alguns períodos, crescente e fortalecida em outros, incomensurável e avassaladora em outros tantos"[1]. Constata-se, desde logo, que a corrupção não é apenas o mal do século, mas da História da humanidade, pois é tão antiga quanto a aventura humana na Terra.

A Lei das XII Tábuas já reprimia com extraordinária severidade a venalidade dos juízes, que era criminalizada como corrupção[2], aplicando a pena de morte ao magistrado que recebesse pecúnia, como descrevia Heleno Fragoso: "Cogitava-se da corrupção desde a Lei das XII Tábuas, com referência à venalidade de magistrados, não faltando disposições penais severíssimas sobre a matéria, em outros povos da Antiguidade. As XII Tábuas impunham a pena capital ao juiz que recebesse dinheiro ou valores (*qui pecuniam acceperit*)"[3]. Na Antiguidade, a severidade punitiva da venalidade dos magistrados não era inferior, sendo destacado pelos doutrinadores que a lei mosaica punia o juiz corrupto com o flagelo, e a grega, com a morte. "Heródoto recorda o fato de que Cambises mandou esfolar vivo um juiz corrupto, utilizando sua própria pele para recobrir a cadeira que iria ser ocupada por seu sucessor"[4]. No antigo direito romano também era aplicada a pena capital aos magistrados que faziam mercancia com a função de julgar[5].

Na Idade Média, a pena de um modo geral continuava arbitrária, distinguiam-se as espécies de corrupção, "punindo-se não só a corrupção de juízes, como a de outros funcionários. A primeira, os praxistas italianos chamavam *baractaria*, para expressar, como dizia Carrara, o barato que se faz do dinheiro com a justiça"[6]. Como nesse período da história a avidez mostrava-se invencível, chegou-se a fazer incompreensíveis concessões, como, por exemplo, especificando o que podia ser recebido além dos proventos do cargo, sem incorrer em alguma sanção penal[7]. Na Idade Média, pode-se acrescentar, a corrupção foi confundida com a concussão, embora alguns praxistas estabelecessem as devidas diferenças. A corrupção resultaria da espontaneidade do interessado, enquanto a concussão seria uma espécie de extorsão, obrigando a vítima a agir por medo, temor.

As Ordenações Filipinas puniam os oficiais do Rei que recebessem "serviços ou peitas", assim como as partes que lhes dessem ou prometessem. Excluíam, contudo, da criminalização o "recebimento de pão, vinho, carnes, frutas e outras cousas de comer, que, entre os parentes e amigos se costumam dar e receber". O Código Criminal do Império (1830) distinguia a peita (art. 130), na qual a corrupção corporifi-

---

1. Sérgio Habib, *Brasil: quinhentos anos de corrupção*, Porto Alegre, Sergio A. Fabris Editora, 1994, p. 26.
2. Paulo José da Costa Jr., *Comentários ao Código Penal*, p. 468.
3. Heleno Cláudio Fragoso, *Lições de Direito Penal*; Parte Especial, 4. ed., Rio de Janeiro, Forense, 1984, v. 2, p. 414.
4. Paulo José da Costa Jr., *Comentários ao Código Penal*, p. 468.
5. Nélson Hungria, *Comentários ao Código Penal*, p. 365.
6. Heleno Fragoso, *Lições de Direito Penal*, p. 414.
7. Hungria, *Comentários*, p. 366.

cava-se por meio do dinheiro ou qualquer outro donativo, e o suborno (art. 133), que era a corrupção por meio da influência ou do peditório. O art. 131 tipificava especificamente a peita relativa aos magistrados. O Código Penal de 1890, por sua vez, que empregava a mesma terminologia, reunia numa única "seção", sob o *nomen iuris* de "peita ou suborno", as mesmas modalidades de corrupção, que eram contempladas separadamente pelo diploma legal anterior, ou seja, disciplinando, separadamente, a corrupção ativa e passiva.

O Código Penal de 1940, finalmente, inspirado no Código suíço, disciplinou não apenas em dispositivos separados, mas também em capítulos distintos, a corrupção passiva e a corrupção ativa, rompendo, em tese, a bilateralidade obrigatória dessa infração penal que, via de regra, pode consumar-se a passiva, independentemente da correspondente prática da ativa, e vice-versa. Essa opção do legislador, tratando as espécies de corrupção, ativa e passiva, como crimes autônomos, facilita sua punibilidade, os quais, nas modalidades de solicitar (passiva) e oferecer (ativa), por exemplo, independem da anuência do particular ou do funcionário público, respectivamente, para consumarem-se, não significando, contudo, que tenha abandonado a teoria monística da ação, ou que tenha afastado, de forma absoluta, a bilateralidade ou o caráter plurissubjetivo do crime de corrupção que, em tese, continua possível (receber ou aceitar), como demonstraremos adiante.

2. Bem jurídico tutelado

A tipificação penal exige a ofensa de alguma gravidade aos bens jurídicos protegidos, pois nem sempre qualquer ofensa a esses bens ou interesses é suficiente para configurar o injusto típico. Enfim, o direito penal, e com ele a sanção, somente se justificam em função da proteção de bens jurídicos, que devem ser devidamente identificados e individualizados, sob pena de incorrer em puras abstrações, justificadoras de sistemas do tipo "lei e ordem". Bem jurídico protegido, no dispositivo em exame, é a Administração Pública, especialmente sua moralidade e probidade administrativa. Protege-se, na verdade, a probidade de função pública, sua respeitabilidade, bem como a integridade de seus funcionários, constituindo a corrupção passiva a venalidade de atos de ofício, num verdadeiro tráfico da função pública.

O Código Penal brasileiro não distingue a corrupção praticada por juízes, que historicamente sempre foi punida com mais severidade, e que os doutrinadores antigos consideravam infração de maior gravidade. Heleno Fragoso recordava que, segundo Noialle, "a corrupção dos juízes é o mais vil e perigoso dos crimes, pois é possível nos defendermos dos assassinos e dos ladrões, mas não dos juízes corrompidos que nos ferem com a espada da lei e nos degolam em seus gabinetes, tornando-se cúmplices infames da injustiça que lhes cumpre proscrever"[8].

A corrupção, como já destacamos, não representa um problema novo, e tampouco é característica de determinado regime ou forma de governo, mas acompanha

8. Heleno Cláudio Fragoso, *Lições de Direito Penal*, p. 416.

a civilização humana ao longo dos tempos, recebendo, contemporaneamente, a preocupação de organismos internacionais, como ocorre, por exemplo, com a Convenção Interamericana contra a Corrupção, primeiro tratado internacional sobre o tema[9], ao determinar que "cada Estado-parte proibirá e sancionará o ato de oferecer ou prometer a um funcionário público de outro Estado, direta ou indiretamente, através de seus nacionais, pessoas que têm residência habitual em seu território e empresas nele domiciliadas, qualquer objeto de valor pecuniário ou outros benefícios como presentes, favores, promessas ou vantagens, para que, em troca, o dito funcionário realize ou omita qualquer ato, no exercício de suas funções públicas, relacionado com uma transação de natureza econômica ou comercial. Entre aqueles Estados-partes que hajam tipificado o delito de suborno transnacional, este será considerado um ato de corrupção para os propósitos da presente convenção" (art. 8º). Em sentido semelhante, como destaca Regis Prado, "a Convenção Penal sobre a Corrupção do Conselho da Europa, de 27 de janeiro de 1999, adota uma definição mais ampla de corrupção, abrangendo nesse conceito, entre outros delitos, a malversação de dinheiro público, a prevaricação, a lavagem de dinheiro e o tráfico de influência"[10].

3. Sujeitos do crime

Sujeito ativo somente pode ser o funcionário público, ao contrário da corrupção ativa, que pode ser praticada por qualquer pessoa, independentemente de condição ou qualidade especial. Pode figurar como sujeito ativo aquele que, mesmo não se encontrando no exercício da função pública, utiliza-se dela para praticar o crime, ou se encontre temporariamente afastado, como, por exemplo, férias, licença etc. Ademais, admitindo a descrição típica a prática de condutas descritas, direta ou indiretamente, significa que o sujeito ativo pode utilizar-se, para sua execução, de interposta pessoa[11].

Nada impede que o sujeito ativo, qualificado pela condição de funcionário público, consorcie-se com um *extraneus*, para a prática do crime, com a abrangência autorizada pelo art. 29 do Código Penal; pode, inclusive, um funcionário público, agindo como particular, participar de corrupção passiva, nas mesmas condições de um *extraneus*.

Sujeito passivo é o Estado-Administração (União, Estado, Distrito Federal e Município), bem como a entidade de direito público, além do particular eventualmente lesado, quando, por exemplo, o funcionário público solicita a vantagem in-

---

9. Eduardo A. Fabián Caparrós, *La corrupción de agente público extranjero e internacional*, Valencia, Tirant lo Blanch, 2003, p. 54.

10. Luiz Regis Prado, *Curso de Direito Penal brasileiro*, 4. ed., São Paulo, Revista dos Tribunais, 2006, v. 4, p. 378, nota de rodapé n. 20.

11. Ver análise crítica da intervenção de interposta pessoa no crime de corrupção, na excelente monografia de Fernardo Vázquez-Portomeñe Seijas, *Los delitos contra la Administración Pública*, INAP, Universidade de Santiago de Compostela, 2003, p. 412-420.

devida, não ofertada nem prometida por aquele, não configurando, portanto, a corrupção ativa.

4. Tipo objetivo: adequação típica

A corrupção passiva consiste em solicitar, receber ou aceitar promessa de vantagem indevida, para si ou para outrem, em razão da função pública exercida pelo agente, mesmo que fora dela, ou antes de assumi-la, mas, de qualquer sorte, em razão desta. É necessário que qualquer das condutas solicitar, receber ou aceitar, implícita ou explícita, seja motivada pela função pública que o agente exerce ou exercerá. Não existindo função ou não havendo relação de causalidade entre ela e o fato imputado, não se pode falar em crime de corrupção passiva, podendo existir, residualmente, qualquer outro crime, tais como apropriação indébita, estelionato etc.

a) Solicitar, no sentido do texto legal, quer dizer pedir, postular, demandar, direta ou indiretamente, para si ou para outrem. Nessa modalidade é desnecessária a prática de qualquer ato pelo *extraneus* ou mesmo de sua simples anuência à solicitação do funcionário para que o crime se configure. A despeito de denominar-se corrupção passiva, ela implica conduta ativa, um agir, um fazer, na modalidade de "solicitar", por exemplo. Trata-se de crime formal, de simples atividade, que se consuma com a mera solicitação; b) receber significa obter, direta ou indiretamente, para si ou para outrem, a vantagem indevida. Nessa modalidade, a iniciativa parte do *extraneus* a quem o funcionário público adere, isto é, não apenas aceita como recebe a oferta ou promessa daquele[12]. À ação de receber corresponde o oferecimento ou a promessa de vantagem indevida, caracterizadora da corrupção ativa; c) aceitar representa a anuência do funcionário público à promessa indevida de vantagem futura ofertada pelo *extraneus*. Nessa modalidade, ao contrário da anterior, não há o recebimento da vantagem indevida, sendo suficiente que o funcionário mostre-se de acordo com a oferta, isto é, concorde com o recebimento futuro da promessa feita. É necessário que haja uma promessa formulada por um *extraneus*, que é aderida pelo funcionário público, aceitando recebê-la futuramente. Pressuposto dessa figura é a existência de promessa de vantagem indevida formulada pelo agente corruptor, configuradora do crime de corrupção ativa. Em outros termos, como demonstraremos no tópico seguinte, nas duas modalidades — receber e aceitar —, estamos diante de crime de concurso necessário, no qual a bilateralidade está caracterizada.

O objeto é a vantagem, de cunho patrimonial ou não, desde que ilícita ou indevida (elemento normativo do tipo) e solicitada, recebida ou aceita em razão da função pública do agente. Esse objeto material representa o conteúdo da vantagem indevida, solicitada ou recebida, ou então da promessa aceita, que é o preço pelo qual o funcionário corrupto se vende. Como a lei preferiu não defini-la como vantagem patrimonial, basta que seja suficiente para corromper o funcionário venal,

---

12. Fernando Capez, *Curso de Direito Penal*, 3. ed., São Paulo, Saraiva, 2005, v. 3, p. 432.

que pode não ser econômica, e que, nem por isso, deixe de ser vantagem indevida, isto é, ilícita. Enfim, para caracterizar vantagem indevida é necessário que a ação traduza "comércio" da função, isto é, deve existir mercancia da função pública.

É necessário que a ação do funcionário corrupto seja inequívoca, demonstrando o propósito do agente de traficar com a função que exerce. É indispensável que a ação do sujeito ativo tenha o propósito de "vender", isto é, de "comercializar" a função pública. Cumpre destacar, porém, que nem toda dádiva ou presente importa em corrupção, como demonstraremos no tópico 4.2 deste mesmo capítulo, logo abaixo.

A Suprema Corte americana decidiu, por unanimidade, que o fato de autoridades públicas receberem presentes de empresários, e, em contrapartida, fazerem-lhes "favores" não pode ser interpretado como suborno se a ajuda não se der através de um "ato oficial". Não configura, portanto, o crime de corrupção.

Nessa decisão, de 4 de julho de 2016, os atuais ministros da Corte americana, em número de oito, anularam a condenação por corrupção passiva do ex-governador da Virgínia, Bob McDonnell. O ex-governador foi condenado por um Tribunal do Júri em setembro de 2014, sentenciado a dois anos de prisão em janeiro de 2015. Essa condenação foi mantida por um tribunal federal e, finalmente, anulada pela Suprema Corte, pelo fundamento supramencionado.

Segundo os ministros que compõem a Corte Suprema, as instruções dadas ao Júri pelo juiz de primeiro grau foram muito vagas. Deveria ter sido esclarecido aos jurados, como pedia a defesa, que não configura "ato oficial"[13] o fato de o ex-governador ter pedido a uma universidade pública e a órgãos públicos que ajudassem a empresa Star Scientific, de seu amigo Jonnie Williams, a promover seu suplemento dietético, chamado Anatabloc — depois de ter recebido presentes luxuosos e dinheiro vivo do empresário.

Embora a legislação federal americana anticorrupção proíba autoridades públicas de praticar — ou prometer — atos oficiais em troca de alguma coisa de valor, algo parecido com a nossa definição de corrupção passiva, guardadas as peculiaridades de cada legislação, ante essa decisão da Suprema Corte, o tribunal de origem deverá proceder a novo julgamento, esclarecendo melhor os jurados, como recomendado por aquela Corte.

Importante destacar que referida decisão recebeu profundas críticas de todos os segmentos da comunidade americana, pois no mínimo poderia representar a prática — transportando, para o direito pátrio —, a conduta de receber vantagem indevida, em razão da função, mesmo que indiretamente. A mais significativa dessas críticas, e, a nosso juízo, absolutamente procedente, destacou: "Eles ganham passagens aé-

13. A legislação americana define "ato oficial" da seguinte forma: "qualquer decisão ou ação sobre qualquer questão, matéria, causa, processo, procedimento ou controvérsia, que possa, a qualquer tempo, estar pendente ou que possa, por lei, ser trazida perante uma autoridade pública, em tal capacidade de autoridade oficial ou em tal lugar oficial de confiança ou lucro".

reas de primeira classe, domésticas e internacionais, hospedagem em hotéis de luxo, jantares em restaurantes sofisticados, objetos de colecionadores caros, filiações em clubes de golfe, 'prêmios' em dinheiro e outros presentes. Assim, condenar autoridades públicas por receber presentes seria uma espécie de 'autocondenação'"[14].

Não estamos falando das cortes superiores do Brasil, mas é sempre bom "colocar as barbas de molho", porque julgamentos como esse chamam muito a atenção da mídia e da população, e, no mínimo, desacreditam as instituições públicas. A rigor, os "mimos" recebidos pelo ex-governador da Virgínia não podem ser tidos como simples "gorjetas" ou "presentinhos natalinos", porque avultam em grandes valores, que desnaturam essas dádivas excepcionais de datas especiais, recebidas por alguns ou muitos funcionários públicos em vários países, inclusive no Brasil.

O Código Penal argentino comina a pena máxima de seis anos ao crime de "corrupção" (art. 256), ao passo que ao crime de "aceitação de dádiva", de muito menor gravidade, a pena máxima cominada é de dois anos (art. 259). Nesse crime desaparece a ideia de "compra de ato de ofício" da corrupção clássica, tratando-se somente de uma liberalidade que não requer a direta referência à prática de um "ato" ou sua omissão. Por isso, a doutrina argentina, aprofundando a análise do tema, concluiu que o bem jurídico do crime de aceitação de dádiva não é o mesmo da corrupção. O tipo delituoso de "aceitação de dádiva" tutela a *irreprochabilidad* e a *insospechabilidad* dos funcionários públicos, que seriam atingidas pela simples aceitação de presentes oferecidos em razão da condição de funcionários públicos[15]. Com efeito, esse tipo penal pretende tutelar a imagem pública da Administração, sua confiabilidade, e não seu funcionamento, que seguiria inalterado.

Nesse sentido, referindo-se ao bem jurídico tutelado pelo delito de "aceitação de dádiva", Eugenio Raúl Zaffaroni[16] afirma: "Parece claro que éste no es el bien jurídico tutelado en el cohecho o corrupción, donde la 'compra del acto', aún lícito, afecta el funcionamiento normal de la administración. Más allá de la conveniencia o inconveniencia de *lege ferenda* respecto de este tipo, parece manifiesto que es diferente del cohecho o corrupción clásicos y, por lo menos, debe considerarse como una variable muy particular del mismo".

Destacamos, ademais, que o crime aceitação de dádiva não encontra figura típica correspondente no direito brasileiro, de sorte que a conduta a ele correspondente é absolutamente atípica. Com efeito, o bem jurídico tutelado pela proibição da corrupção, diferentemente da aceitação de dádiva, é o regular funcionamento da Administração Pública. É indispensável uma relação entre a conduta proibida e o

---

14. Apud João Ozorio de Melo, Suprema Corte dos EUA decide que receber presentes não é suborno, disponível em: http://www.conjur.com.br/2016-jul-07/suprema-corte-eua-decide--receber-presentes-nao-suborno, acesso em: 30-8-2016.
15. Sebastian Soler, *Derecho Penal argentino*, p. 167.
16. Zaffaroni, Parecer emitido no Processo Collor de Mello, a pedido da defesa em processo que tramitou perante o STF, p. 11.

bem jurídico penalmente protegido. O julgamento a respeito torna imprescindível, portanto, uma referência ao conteúdo ofensivo do fato concreto, sob pena de se proceder a uma inversão tipológica, desviando a atenção de uma lesão representada pela "compra de um ato", ato de ofício, para uma simples "dádiva liberal" do cidadão, sem qualquer contrapartida, que, como dissemos, constitui conduta atípica no ordenamento jurídico-brasileiro.

O conceito clássico de corrupção, segundo a definição de Zaffaroni[17], "parte del derecho romano y es modernamente caracterizado como 'compra de un acto u omisión' (sea que se pague por un ilícito o que sólo el pago sea ilícito y el acto lícito)". A vantagem deve objetivar a prática de um ato futuro e certo[18]. E isso deve, necessariamente, ser demonstrado com precisão, destacando tempo, local e condições, natureza e espécie do ato de ofício visado. Nesse sentido tem decidido reiteradamente a jurisprudência de nossos pretórios, merecendo destaque, pelo menos, duas decisões, somente para ilustrar: "O crime do art. 333 do CP consiste em oferecer ou prometer vantagem indevida a funcionário público, para determiná-lo a praticar, omitir ou retardar ato de ofício. Se, entretanto, a omissão voluntária do ato já se tinha consumado antes da oferta da vantagem, não se pode configurar tal crime"[19].

Nessa linha, pode-se afirmar, sem sombra de dúvida, que, pelo direito brasileiro, fica descaracterizado o crime de corrupção ativa se o pagamento efetuado ao funcionário público for posterior à prática do ato de ofício. Consequentemente, tampouco caracterizará a corrupção passiva do funcionário que o receber, nas mesmas circunstâncias. Representará, no máximo, verdadeira "concessão de dádiva", que não é tipificada como crime no direito brasileiro, como bem demonstrou o insigne Zaffaroni em brilhante parecer apresentado no Supremo Tribunal Federal no processo e julgamento de Fernando Collor de Mello. A ausência de lesão do bem jurídico tutelado, além de a concessão de dádiva constituir um *posterius*, torna atípica tal conduta.

4.1 *Elemento normativo especial da ilicitude: vantagem indevida*

A vantagem, como se constata, deve ser indevida. Vantagem "indevida" é aquela que é ilícita, ilegal, injusta ou *contra lege*, isto é, não amparada pelo ordenamento jurídico. Normalmente, a ilegalidade da vantagem é determinada por norma extrapenal. Ademais, a vantagem pode ser presente ou futura.

A solicitação, recebimento ou aceitação da vantagem indevida pode ser direta ou indireta. É direta quando o sujeito ativo a formula diretamente à vítima ou de forma explícita, deixando clara a sua pretensão; é indireta quando o sujeito vale-se de interposta pessoa ou a formula tácita, implícita ou sub-repticiamente. O fato de

17. Zaffaroni, Parecer, p. 17.
18. Sebastian Soler, *Derecho Penal argentino*, p. 166.
19. STF, RHC, Rel. Xavier de Albuquerque, *RT*, 508:439.

o sujeito ativo não efetuar pessoalmente a solicitação, recebimento ou aceitação da vantagem indevida não desnatura a corrupção, apenas confirma a regra, valendo-se de interposta pessoa, na tentativa de expor-se o menos possível. Por outro lado, é indiferente que o ato funcional objeto da venalidade seja lícito ou ilícito, ou seja, que contrarie os deveres do cargo ou da função. A indiferença sobre a licitude ou ilicitude do ato objeto da conduta ativa ou omissiva do funcionário venal (a primeira hipótese seria de corrupção imprópria, a segunda, seria própria) reside na gravidade do tráfico ou comércio da função, que acarreta o descrédito e a degradação da administração pública perante a coletividade.

Por fim, a distinção entre corrupção antecedente e subsequente não apresenta maior relevância quanto a sua punibilidade. A primeira corresponde à propina dada ou prometida em face de uma conduta futura, e a segunda refere-se a uma pretérita. No particular, é irretocável o magistério de Magalhães Noronha quando afirma: "A conduta criminosa pode manifestar-se antes ou depois do ato, ou, noutras palavras, a corrupção pode ser antecedente ou subsequente, dando-se a primeira quando o funcionário ainda praticará o ato, para o qual foi peitado, e a segunda, quando já o havendo executado, recebe agora, sem anterior acordo ou promessa, a vantagem indevida ou ilícita"[20]. É incorreto afirmar, diante do texto do art. 317, que não está contemplada a *corruptio subsequens*. Em primeiro lugar, não integra o tipo delitivo, implícita ou explicitamente, a necessidade do *pactum sceleris* entre corrupto e corruptor; em segundo lugar, o agente venal, mesmo sem o prévio ajuste, ao praticar o ato em favor de determinado "beneficiário", pode fazê-lo contando com a "recompensa", conhecendo-o, por exemplo, e sabendo de seu poder econômico e seu *curriculum* que o credencia como "gratificador" de quem o serve, fato que se concretiza como supunha o corrupto. Hungria já fazia essa leitura nos seguintes termos: "o legislador pátrio não rejeitou o critério que remonta ao direito romano: mesmo a recompensa não ajustada antes do ato ou omissão do *intraneus* pode ter sido esperada por este, sabendo ele que o *extraneus* é homem rico e liberal, ou acostumado a gratificar a quem o serve"[21].

Resumindo, nada impede que o funcionário pratique o ato funcional com a expectativa de ser "agraciado" com recompensa imoral, vindo, de acordo com sua previsão, a recebê-la posteriormente, o que caracteriza, igualmente, a mercancia da função pública, a despeito da inexistência de ajuste ou acordo prévio[22], incapaz de afastar o caráter criminoso da conduta do funcionário corrupto[23]. No entanto, é oportuno salientar que essa conclusão, incensurável quanto à corrupção passiva, é inaplicável à corrupção ativa, ante os termos da descrição contida no art. 333: é

20. Magalhães Noronha, *Direito Penal*, p. 259.

21. Nélson Hungria, *Comentários ao Código Penal*, p. 369.

22. Magalhães Noronha, *Direito Penal*, p. 260.

23. O direito espanhol tem previsão expressa nesse sentido (art. 425,1, do CP de 1995), ao contrário do nosso *Código Penal*, em que a interpretação do texto legal nos leva a essa mesma conclusão.

atípica a conduta de quem dá a funcionário qualquer vantagem após aquele ter praticado ato funcional e não tendo antes concorrido de qualquer modo para que o fizesse. A proibição contida no art. 333 incrimina a conduta de "oferecer ou prometer vantagem indevida para que faça ou deixe de fazer", e não "porque fez ou deixou de fazer", que são coisas completamente diferentes; nos termos da previsão legal, constitui corrupção ativa "oferecer ou prometer vantagem indevida a funcionário público, para determiná-lo a praticar, omitir ou retardar ato de ofício". Pode-se até discordar da desarmonia do texto legal e do paralelismo que, teoricamente, deveria existir entre as figuras ativa e passiva, mas isso não nos autoriza a ignorar os princípios da reserva legal e da tipicidade estrita, e insistir na equivalência de figuras distintas significa adotar analogia de normas incriminadoras, inadmissível em direito penal. A doutrina italiana, por fim, é inaplicável no caso, visto que o Código Rocco continha previsão expressa em sentido contrário (art. 321).

4.2 *Vantagem indevida e os princípios da adequação social e da insignificância*

Aspecto igualmente importante e que também deve ser examinado, relativamente à elementar normativa "vantagem indevida", refere-se a sua abrangência, isto é, aos limites daquilo que pode ser considerado como "indevida vantagem", ou, em outros termos, o que constitui ou não objeto material do crime de corrupção. Nesse sentido, cumpre destacar, desde logo, que nem toda dádiva ou presente importa em corrupção. Assim, como não é aceitável que alguém presenteie, por exemplo, um magistrado com um apartamento ou um automóvel de luxo, não se pode pensar em corrupção com uma garrafa de vinho ou uma cesta de Natal, tão comum na comunidade cristã no mundo inteiro.

O tipo penal implica uma seleção de comportamentos e, ao mesmo tempo, uma valoração de dito comportamento (o típico já é penalmente relevante). Contudo, também é verdade que determinados comportamentos em si mesmos típicos carecem de relevância por serem correntes no meio social, pois muitas vezes há um descompasso entre as normas penais incriminadoras e o socialmente permitido ou mesmo tolerado. A tipicidade de um comportamento proibido é enriquecida pelo desvalor da ação e pelo desvalor do resultado, lesando efetivamente o bem juridicamente protegido, constituindo o que se chama de tipicidade material, donde se conclui que o comportamento que se amolda a determinada descrição típica formal, porém substancialmente irrelevante, adequando-se ao socialmente permitido ou tolerado, não realiza materialmente a descrição típica. Nesse sentido, não é qualquer oferta, qualquer regalo ou qualquer mimo que terá idoneidade material ou, se preferirem, relevância social de forma a lesar o bem jurídico tutelado materializando a tipicidade do crime de corrupção. A doutrina nacional, em meados do século passado, já se preocupava com algo semelhante, embora com linguagem e fundamento um tanto diferentes; destacava, com efeito, a irrelevância de determinados donativos para configurar o crime de corrupção, como deixam claro algumas passagens, que passamos a examinar. O próprio Hungria preconizava: "Deve notar-se, porém, que as gratificações usuais, de pequena monta, por serviços extraordinários (não se tratando, é bem de ver, de ato contrário à lei), não podem ser consideradas material de corrupção. Também não se entendem como tal as tradicionais 'boas festas', de Natal ou Ano Novo, aos carteiros ou lixeiros. Não incorrem igualmente na censura penal as dádivas em galardão de um mérito excepcional, as quais, como diz Manzini, 'são símbolos morais, expressos materialmente, e não equivalentes econômicos'"[24]. Pode-se acrescentar, *v. g.*, que eventual "mistura" do próprio dinheiro do funcionário público com o da administração, para facilitar o troco, por exemplo, não configura, por si só, crime algum. No mesmo sentido, destaca Paulo José da Costa Jr.[25], discorrendo sobre o crime de peculato, que tampouco configura conduta punível "quando o funcionário tiver necessidade de valer-se de pequenas quantias do dinheiro público recebido, para enfrentar despesas de manutenção ou de condução, quando a serviço do Estado, das quais posteriormente deverá ser reembolsado. Ou por haver esquecido em casa o próprio dinheiro".

Algo semelhante ocorre, por exemplo, com as despesas indenizatórias que devem ser repassadas aos oficiais de justiça, de todo o Brasil, alguns estatizados, outros não, que despendem de recursos pessoais para realizar suas diligências, ao quais, necessariamente, devem ser repostos pelas partes. Nesse sentido, destaca Fernando Capez: "Tratando-se de mero pedido de reembolso de quantia que não exceda o que foi despendido pelo servidor para a realização da diligência, como, por exemplo, reposição de verba gasta com combustível, não se caracteriza o crime de corrupção passiva. É certo que tal pagamento é indevido, na medida em que tais despesas não podem ser pagas diretamente ao funcionário público, mas sempre por meio de guias, cujo recolhimento é feito em bancos oficiais. Entretanto, não se pode falar em 'vantagem', pois houve mero reembolso, sem qualquer lucro para o agente público. Não se caracteriza, portanto, a elementar vantagem indevida, mas apenas ressarcimento irregular"[26]. Realmente, nessa hipótese, nem se pode falar em "vantagem", muito menos em "vantagem indevida", pois se vantagem fosse não seria "indevida", na medida em que reembolsar despesas realizadas jamais representará vantagem, e sem a presença dessa elementar normativa não se pode falar em corrupção, ativa ou passiva; ademais, o reembolso, além de não configurar vantagem, é devido, mesmo que o procedimento adotado possa, eventualmente, ser equivocado, podendo, no máximo, caracterizar simples irregularidade administrativa, sem qualquer conotação penal. Nessa linha, Salo de Carvalho e Alexandre Wunderlich, em memorável arrazoado forense, demonstram que "A jurisprudência é ciente de que a estrutura de organização judiciária no Brasil padece do sério problema da falta de verba oficial para que se cumpram os mandados judiciais. De igual forma, é nítido, na esfera civil, que as despesas devem ser pagas pelo interessado, quer adiantando as quantias presumivelmente necessárias, quer, como ocorreu, reembolsando os serventuários

24. Nélson Hungria, *Comentários ao Código Penal*, p. 370-371.
25. Paulo José da Costa Jr., *Comentários ao Código Penal*, p. 447.
26. Fernando Capez, *Curso de Direito Penal*, p. 434.

pelas despesas. Assim, a norma processual civil descaracteriza hipótese de crime quando a parte arca com as despesas para o cumprimento dos mandados judiciais".

Para concluir, a tipicidade penal exige uma ofensa de alguma gravidade aos bens jurídicos protegidos, pois nem sempre qualquer ofensa a esses bens ou interesses é suficiente para configurar o injusto típico. Segundo o princípio da insignificância, é imperativa uma efetiva proporcionalidade entre a gravidade da conduta que se pretende punir e a drasticidade da intervenção estatal. Amiúde, condutas que se amoldam a determinado tipo penal, sob o ponto de vista formal, não apresentam nenhuma relevância material. Nessas circunstâncias, pode-se afastar liminarmente a tipicidade penal porque em verdade o bem jurídico não chegou a ser lesado, como ocorre nas hipóteses que examinamos neste tópico.

4.3 *Natureza da vantagem indevida: patrimonial e extrapatrimonial*

A doutrina, de um modo geral, tem-se dividido sobre a necessidade de a vantagem ser de natureza econômico-patrimonial. Para Hungria, por exemplo, "a indébita vantagem solicitada, recebida ou prometida há de ter caráter patrimonial (há de representar um *pretium* no mercado ou compra e venda do ato funcional): dinheiro ou qualquer utilidade material (*utila reperiebantur ea quibuscunquesciret aliquis uto*)"[27]. Magalhães Noronha, por sua vez, perfilava em sentido contrário, afirmando: "somos dos que optam pelo sentido amplo. Ao contrário do que se passa na concussão — onde a expressão pode ser tomada em sentido restrito —, aqui se trata do fato de o funcionário corromper-se, isto é, praticar ou não um ato visando a uma retribuição, que pode não ser econômica, sem que nem por isso deixe de traficar com a função pública"[28]. Essa é a corrente majoritária, admitindo que a vantagem pode ser de qualquer natureza: moral, material ou patrimonial, mesmo que possa ser obtida indiretamente.

Ao examinarmos os crimes contra o patrimônio, particularmente os de extorsão (art. 158) e extorsão mediante sequestro (art. 159), destacamos que, quando a lei quer restringir a vantagem à natureza econômica, o faz expressamente, orientação normalmente adotada na disciplina dos crimes patrimoniais (arts. 155 a 183). Por isso, a exemplo do que sustentamos quando examinamos o crime de concussão, a vantagem indevida pode ser de qualquer natureza: patrimonial, quando a vantagem exigida referir-se a bens ou valores materiais; não patrimonial, de valor imaterial, simplesmente para satisfazer sentimento pessoal, buscar uma forma de reconhecimento, por pura vaidade, como, por exemplo, a concessão de um título honorífico, a conferência de um título de graduação, enfim, a vantagem indevida pode não ter necessariamente valor econômico. Assim, por exemplo, destaca Regis Prado, "embora para alguns a vantagem deva ser de natureza patrimonial, acolhe-se aqui o

---

27. Nélson Hungria, *Comentários ao Código Penal*, p. 370.

28. Magalhães Noronha, *Direito Penal*, p. 260.

entendimento de que sua acepção deve ser entendida em sentido amplo, já que o funcionário pode se corromper traficando com a função, sem que a retribuição almejada tenha necessariamente valor econômico. Assim, o agente pode agir por amizade, para obter os favores sexuais de uma mulher, visando alcançar um posto funcional de destaque ou mesmo para satisfazer um desejo de vingança"[29].

4.4 *A indispensável bilateralidade residual no crime de corrupção*

No direito anterior ao Código Penal de 1940, para que se pudessem considerar consumadas a corrupção passiva e ativa era indispensável a correspondência entre uma e outra, constituindo autêntico concurso necessário: se uma das duas não existisse, a outra somente poderia ser admitida em sua forma tentada. Paulo José da Costa Jr. sintetiza nos seguintes termos: "Alguns Códigos, como nosso estatuto precedente, enfeixavam corrupção ativa e passiva em crime de concurso necessário, bilateral, dependendo um do outro, onde para o *summatum opus* se exige uma convergência de vontades entre o corrompido (*intraneus*) e o corruptor (*extraneus*)"[30].

A partir da vigência do mencionado diploma legal, que passou a considerá-las, em regra, como crime formal, para que se consumem, tanto a corrupção passiva quanto a ativa, é suficiente que o *intraneus* "solicite" ou o *extraneus* "ofereça" a "vantagem indevida", mesmo que a solicitação, na hipótese da passiva, ou a oferta, na da ativa, seja recusada. Nesse sentido, destacava Hungria, "Modernamente, na disciplina jurídico-penal de tal crime, apresentam-se dois sistemas: ou se enfeixam a corrupção passiva e a ativa numa unidade complexa (crime bilateral ou de concurso necessário), condicionando-se o respectivo *summatum opus* à convergência ou acordo de vontades entre o *intraneus* (corrompido) e o *extraneus* (corruptor); ou se incriminam separadamente as duas espécies, de tal modo que a consumação de qualquer delas não fica, irrestritamente, na dependência de consumação da outra (ou seja, do encontro de vontades)"[31]. Magalhães Noronha também fazia coro com o entendimento de Hungria, afirmando: "pela estrutura do tipo, verifica-se que a corrupção ativa não é pressuposto da passiva, ou, se quiserem, não estão elas estreitamente jungidas, porque, como já se viu no estudo desta e como se verá no decorrer da presente análise, pode haver corrupção passiva sem ativa, como existir esta sem aquela"[32]. Segue-lhes Costa Jr. na mesma balada: "O Código vigente, entretanto, fez de ambas as entidades crimes independentes e autônomos. A corrupção ativa, catalogada entre os crimes praticados por particulares contra a administração pública em geral (art. 333). A passiva, entre os crimes praticados por funcionário público contra a administração (art. 317). Ambas

---

29. Luiz Regis Prado, *Curso de Direito Penal*, 4. ed., São Paulo, Revista dos Tribunais, 2006, v. 4, p. 379-380.
30. Paulo José da Costa Jr., *Comentários ao Código Penal*, p. 469.
31. Nélson Hungria, *Comentários do Código Penal*, 2. ed., Rio de Janeiro, Forense, 1959, v. 9, p. 367.
32. Magalhães Noronha, *Direito Penal*, 10. ed., São Paulo, Saraiva, 1978, v. 4, p. 331.

as espécies delitivas se consumam independentemente uma da outra; não se faz mister o concurso ou acordo de vontades".

Sustentava a doutrina tradicional, como vimos, não serem os crimes dependentes pelo fato de que, sendo ambos formais, poderia o corruptor oferecer ou prometer — e a tipicidade já estaria configurada — sem o aceite do funcionário (corrupção ativa sem a correspondente modalidade passiva), ou o funcionário solicitar a vantagem, sendo recusada pelo "interessado", consumando-se igualmente esta (corrupção passiva sem modalidade ativa). Esse entendimento é reforçado pela sempre segura lição de nosso "maestro" Muñoz Conde, que ratifica: "Não se trata, portanto, de um crime bilateral, no sentido de que o delito surge como o aperfeiçoamento de um acordo de vontades entre o particular e o funcionário, mas de dois crimes distintos e autonomamente punidos"[33]. No entanto, em que pese grande parte da doutrina entender ser possível a corrupção ativa sem a passiva, e vice-versa, com o que estamos de acordo, em dois casos específicos, contudo, é indispensável a bilateralidade, isto é, não há a modalidade passiva sem a ativa (embora o inverso não seja verdadeiro), quais sejam nas hipóteses de receber e aceitar, que, necessariamente, pressupõem a oferta ou a promessa de alguém.

A decantada perspicácia de Hungria levou-o a essa inevitável constatação ao afirmar: "Perante nosso Código atual, a corrupção nem sempre é crime bilateral, isto é, nem sempre pressupõe (em qualquer de suas modalidades) um *pactum sceleris* (...). O *pactum sceleris* ou bilateralidade só se apresenta nas modalidades de recebimento da vantagem indevida ou da aceitação da promessa de tal vantagem por parte do *intraneus* (corrompido), ou da adesão do *extraneus* (corruptor) à solicitação do *intraneus*, ou nas formas qualificadas previstas nos § 1º e parág. único, respectivamente, dos arts. 317 e 333"[34]. Esse entendimento de Hungria foi acompanhado por Paulo José da Costa Jr., nos termos seguintes: "das modalidades de corrupção passiva previstas em lei, ao menos duas, receber e aceitar, importam na bilateralidade da conduta"[35]. Não era outro o entendimento de Heleno Fragoso, que, enfaticamente, pontificava: "na forma de receber, o crime é bilateral, sendo inconcebível a condenação do agente sem a do correspondente autor da corrupção ativa"[36]. À corrupção do funcionário (passiva) corresponde a ação do particular, que, de alguma forma, a promove (ativa), especialmente nas modalidades de receber e aceitar promessa de vantagem, sendo, por conseguinte, impossível a ocorrência de um crime sem a do outro. Interessante destacar, na mesma linha de raciocínio, a acertada conclusão de Regis Prado, que, mesmo não declinando expressamente a obrigatoriedade da bilateralidade nesses tipos de corrupção

33. Francisco Muñoz Conde, *Derecho Penal*; Parte Especial, 15. ed., Valencia, Tirant lo Blanch, 2004, p. 1004.

34. Nélson Hungria, *Comentários ao Código Penal*, 2. ed., Rio de Janeiro, Forense, 1959, v. 9, p. 429-430.

35. Paulo José da Costa Jr., *Comentários ao Código Penal*, p. 470.

36. Heleno Cláudio Fragoso, *Lições de Direito Penal*, p. 416.

passiva, afirma: "Tanto no recebimento como na aceitação da promessa perfaz-se também o correspondente delito de corrupção ativa (art. 333). Em tal caso, não há que falar em tentativa, porque ou o delito se consuma com o recebimento ou com a aceitação da vantagem indevida ou o funcionário a repele, caracterizando-se apenas o delito de corrupção ativa"[37].

De um modo geral, a doutrina tem sustentado que o crime de corrupção (ativa ou passiva) constitui um dos exemplos de exceção à teoria monística da ação, adotada pelo Código Penal de 1940, sendo que, para alguns, nessa infração penal, o legislador teria optado pela teoria pluralística, enquanto, para outros, a opção teria sido pela teoria dualística. Ante essa constatação resulta indispensável que se revisite, ainda que superficialmente, essas teorias, para se chegar a uma conclusão defensável sobre a questionada bilateralidade do crime de corrupção.

Segundo a teoria pluralística da ação, "a cada 'participante' corresponde uma conduta própria, um elemento psicológico próprio e um resultado igualmente particular. À pluralidade de agentes corresponde a pluralidade de crimes. Existem tantos crimes quantos forem os 'participantes' do fato delituoso (...). Na verdade, a participação de cada concorrente não constitui atividade autônoma, mas converge para uma ação única, com objetivo e resultado comuns. Essa é uma teoria subjetiva, ao contrário da monística, que é objetiva"[38]. Na corrupção, passiva ou ativa, concebidas desvinculadamente, não há necessidade de "participação" de corrompido e corruptor, configurando-se tanto uma quanto a outra sem a intervenção deste, na modalidade de "solicitar" (passiva), ou daquele, na modalidade de oferecer (ativa). "Participação" *lato sensu* é a forma genérica do concurso eventual de pessoas, que se especifica em coautoria (com a figura do coautor) e participação em sentido estrito (com a figura do partícipe), ambas inexistentes na configuração da corrupção, ativa ou passiva, embora não haja impedimento que terceiro possa contribuir para a ocorrência de qualquer delas, sendo alcançado, nesse caso, pela previsão do art. 29 do Código Penal (concurso eventual de pessoas).

Para a teoria dualística, por sua vez, "há dois crimes: um para os autores, aqueles que realizam a atividade principal, a conduta típica emoldurada no ordenamento jurídico, e outro para os partícipes, aqueles que desenvolvem uma atividade secundária, que não realizam a conduta nuclear descrita no tipo penal. Assim, os partícipes se integram ao plano criminoso, porém não desenvolvem um comportamento central, executivamente típico"[39]. Na corrupção não há, necessariamente, as figuras de coautor e partícipe, que, no entanto, poderão surgir como em qualquer espécie de crime unissubjetivo.

---

37. Luiz Regis Prado, *Curso de Direito Penal brasileiro*, 4. ed., São Paulo, Revista dos Tribunais, 2006, v. 4, p. 382.
38. Cezar Roberto Bitencourt, *Tratado de Direito Penal*, 29. ed., São Paulo, Saraiva, 2023, v. 1, p. 541.
39. Cezar Roberto Bitencourt, *Tratado de Direito Penal*, cit., v. 1, p. 541.

Constata-se, facilmente, que na definição do crime de corrupção o legislador não se preocupou com a estrita obediência à teoria monística, seja por política criminal, seja por razões dogmáticas, mas, certamente, não optou pelas teorias pluralística ou dualística, como acabamos de demonstrar, considerando-se a concepção que cada uma encerra: aquela (pluralística) exige a presença de "participantes" no mesmo fato delituoso, convergindo a participação de cada concorrente — que não constitui atividade autônoma, mas uma ação única — para um objetivo e resultado comuns; esta (dualística) classifica dois crimes, um para os coautores, outro para os partícipes, considerados com o fatos principais e secundários, respectivamente.

Esses aspectos — "participantes" do mesmo fato e "convergência" para um objetivo e resultado comuns, exigidos pela teoria pluralística — não existem no crime de corrupção e não são suas elementares nas modalidades de solicitar (passiva) e oferecer (ativa), que se consumam com a simples "atividade", independentemente de qualquer vínculo subjetivo entre os "atores" da infração delitiva. Aliás, o afastamento da necessidade da bilateralidade no crime de corrupção, nas modalidades referidas, deve-se exatamente à inexistência de "participação", do corruptor na solicitação do corrupto, ou do corrupto na oferta do corruptor, para a consumação do crime nessas modalidades, prescindindo exatamente do vínculo subjetivo entre corruptor e corrompido, que é indispensável nas teorias pluralística e dualística, afora o fato de que tais teorias orientam-se ao concurso eventual de pessoas e não ao concurso necessário ou plurissubjetivo.

Por outro lado, para a teoria dualística há dois crimes: um para os autores, e outro para os partícipes, todos integrando o plano criminoso, que não dispensa, por óbvio, o vínculo subjetivo entre todos[40]. Em síntese, indiferentemente da teoria que se adote — pluralística, dualística ou monística —, é indispensável um liame psicológico entre os vários participantes de uma infração penal, ou seja, a consciência de que participam de uma obra comum. A ausência desse elemento psicológico desnatura o concurso de pessoas, surgindo aí condutas isoladas e autônomas.

É fácil concluir, portanto, que o tratamento dado à corrupção, ativa e passiva, como crimes autônomos, não tem seu fundamento nas denominadas teorias dualística ou pluralística, pois, basicamente, lhe é irrelevante o vínculo subjetivo entre corruptor e corrompido. Aliás, pelo contrário, distingue modalidades de corrupção quando praticadas com ou sem adesão de vontades entre corrompido e corruptor: a) "sem adesão de vontades" entre ambos, o infrator responde, individualmente, pelo crime que cometer (solicitar ou oferecer), como um autêntico crime unissubjetivo, corretamente, diga-se de passagem, pois constituiria responsabilidade objetiva criminalizar a quem não quis concorrer para o crime; b) com "adesão de vontades" (receber ou aceitar), ao contrário, configura crime de concurso necessário, mas cada um responde pela violação que praticou, surgindo aqui, nessa modalidade, uma espécie de exceção à teoria monística, mas de uma forma *sui generis*, ou seja, a

40. Cezar Roberto Bitencourt, *Tratado de Direito Penal*, cit., v. 1, p. 541.

responsabilidade individual de corrompido e corruptor não se fundamenta na distinção do bem jurídico lesado ou mesmo da conduta praticada por um e outro, mas exclusivamente na distinção dos seguintes aspectos: a) de objetivos — um quer dar e outro quer receber; b) na natureza da infração praticada: crime próprio do corrompido (funcionário público, contra a administração em geral), e crime comum do corruptor (particular, contra a administração em geral); c) nas espécies de crimes: formal (crimes de mera atividade), nas modalidades de "solicitar" e "oferecer" (crimes unissubjetivos); material, nas modalidades de "receber" e "aceitar": implicam a convergência de vontades entre corrupto e corruptor, consumando-se somente com a intervenção de ambos (crimes bilaterais).

Essas conclusões levam-nos a buscar outros fundamentos que satisfaçam nossas inquietações, sem destruir a harmonia dogmático-conceitual priorizada pelo legislador de 1940, especialmente porque os verbos nucleares contidos nas duas espécies de corrupção — ativa e passiva — remetem-nos à necessidade de admitir a dispensa da bilateralidade em algumas das modalidades — solicitar ou oferecer, por exemplo — e sua obrigatoriedade em outras, *v. g.*, receber ou aceitar a vantagem ou promessa indevidas. Rogério Sanches da Cunha, referindo-se às modalidades de "receber" e "aceitar", faz a seguinte afirmação: "Já na segunda hipótese, supõe-se uma dação voluntária. A iniciativa é do corruptor, podendo este transferir a vantagem até de modo simbólico. Receber e dar são ideias correlatas: a primeira depende da segunda. A última hipótese refere-se à aceitação de promessa de uma vantagem indevida. A palavra 'promessa' deve ser entendida na sua acepção vulgar (consentir, anuir). Aqui também a corrupção parte do corruptor"[41]. Em outros termos, embora não o tenha dito graficamente, essa afirmativa implica reconhecer que, nessas duas modalidades, a bilateralidade do crime de corrupção lhe é inerente.

Com efeito, a ausência de vínculo subjetivo entre corruptor e corrupto, nas modalidades de solicitar ou oferecer, descaracteriza a hipótese de concurso eventual de pessoas e, ao mesmo tempo, afasta o caráter bilateral próprio do concurso necessário, apontando para uma espécie de autoria colateral, que se caracteriza pela inexistência de liame subjetivo entre os autores da infração penal. Sem vínculo psicológico entre autores de determinadas condutas ilícitas é impossível atribuir-lhes a responsabilidade penal concorrente, própria do *concursus delinquentium*, que depende de causalidade física e psíquica, como tivemos oportunidade de afirmar: "A causalidade física é apenas um fragmento do complexo problema do concurso de pessoas, que exige também o liame subjetivo para completar-se. É necessária, na expressão de Soler, a integração de um 'processo físico de causação e um processo humano de produção de um resultado'[42]. Assim, inexistindo o nexo causal ou o liame subjetivo, qualquer dos dois, não se poderá falar em concurso de pessoas. Por

41. Rogério Sanches da Cunha, *Direito Penal*; Parte Geral — Crimes funcionais, 2. ed., Salvador, Podivm, 2005, p. 55.
42. Sebastian Soler, *Derecho Penal argentino*, p. 240.

exemplo, alguém querendo contribuir com a prática de um homicídio empresta a arma que, afinal, não é utilizada na execução do crime e não influi de forma alguma no ânimo do autor; ou, então, o criado que, por imprudência ou negligência, deixa aberta a porta da casa durante a noite, favorecendo, inadvertidamente, a prática de um furto. No primeiro caso, não houve eficácia causal da participação, e, no segundo, faltou o elemento subjetivo, não sendo, consequentemente, em qualquer das hipóteses, puníveis as condutas dos pseudopartícipes"[43].

Há autoria colateral quando duas ou mais pessoas, ignorando uma a contribuição da outra, realizam condutas convergentes para a realização da mesma infração penal. É o agir conjunto de mais de um agente, sem reciprocidade consensual, no empreendimento criminoso que identifica a autoria colateral. A ausência do vínculo subjetivo entre os intervenientes é o elemento caracterizador dessa espécie de autoria. Na autoria colateral, não é a adesão à resolução criminosa comum que não existe, mas o dolo dos intervenientes (que não se confunde com partícipe ou participante), individualmente considerado, que estabelece os limites da responsabilidade jurídico-penal destes[44]. Assim, quando, "por exemplo, dois indivíduos, sem saber um do outro, colocam-se de tocaia e quando a vítima passa desferem tiros, ao mesmo tempo, matando-a, cada um responderá, individualmente, pelo crime cometido. Se houvesse liame subjetivo, ambos responderiam como coautores de homicídio qualificado"[45].

Enfim, o crime de corrupção, nas modalidades de solicitar ou oferecer, nas quais, digamos, a despeito de consumado (crime formal), não ocorre o exaurimento em razão da não adesão de corrupto e corruptor, um na ação do outro, caracteriza-se uma espécie *sui generis* de "autoria colateral" ante a ausência desse liame subjetivo entre ambos. Concluindo, a tipificação da corrupção, nas modalidades de solicitar (passiva, art. 317) e oferecer (ativa, art. 333), em crimes autônomos, não decorre do afastamento da teoria monística da ação, mas da inexistência das causalidades física e psicológica que impedem a imputação penal concorrente, por não caracterizar concurso de pessoas, seja eventual, seja necessário.

Por outro lado, a corrupção nas modalidades de "receber" e "aceitar", que presumem a correspondente "oferta" ou "promessa" do corruptor, são condutas física e subjetivamente vinculadas umas às outras. Embora o *pactum sceleris* não seja requisito obrigatório, repetindo, em todas as hipóteses do crime de corrupção, nas modalidades de receber (vantagem indevida) ou aceitar (promessa) a bilateralidade é inerente a referidas condutas, pois somente se recebe ou se aceita se houver em contrapartida quem ofereça ou prometa. Em outros termos, para a configuração da corrupção passiva, segundo esses verbos nucleares, é indispensável a presença da figura ativa, e vice-versa. No plano material, portanto, o reconhecimento da cor-

---

43. Cezar Roberto Bitencourt, *Tratado de Direito Penal*, 29. ed., São Paulo, Saraiva, 2023, v. 1, p. 544.
44. Günther Stratenweth, *Derecho Penal*, trad. Gradys Romero, Madri, Edersa, 1982, p. 254.
45. Cezar Roberto Bitencourt, *Tratado de Direito Penal*, cit., v. 1, p. 563.

rupção passiva, nas modalidades de receber ou aceitar, implica, necessariamente, a configuração da correspondente corrupção ativa (bilateralidade), seja na modalidade de oferecer, seja na modalidade de prometer (art. 333); no plano processual, contudo, essa bilateralidade, que é fático-jurídica, depende da produção da prova da autoria correspondente. Nesse sentido é, inclusive, o entendimento atual do STJ: "Para que o Agente seja condenado pelo crime de corrupção passiva é despiciendo identificar ou mesmo condenar o corruptor ativo, pois a eventual bilateralidade das condutas é tão somente fático-jurídica, não alcançando a seara processual, porquanto esses delitos, "[...] *por estarem previstos em tipos penais distintos e autônomos, são independentes, de modo que a comprovação de um deles não pressupõe a do outro*" (STJ, AgRg nos EDcl no AREsp n. 1.986.902/MS, relatora Ministra Laurita Vaz, Sexta Turma, julgado em 16-5-2023, *DJe* de 23-5-2023).

5. Tipo subjetivo: adequação típica

O tipo subjetivo é representado pelo dolo, que é constituído pela vontade consciente de solicitar, receber ou aceitar, direta ou indiretamente, vantagem indevida do sujeito passivo da infração penal. É necessário que o agente saiba que se trata de vantagem indevida e que o faz em razão da função que exerce ou assumirá, isto é, que tenha consciência dessa circunstância. É indispensável, enfim, que o dolo abranja todos os elementos constitutivos do tipo penal, sob pena de configurar-se o erro de tipo, que, por ausência de dolo (ou por dolo defeituoso), afasta a tipicidade, salvo se se tratar de simulacro de erro.

O elemento subjetivo especial do tipo é representado pela finalidade da ação que visa vantagem indevida, para si ou para outrem. Tratando-se de elemento subjetivo especial, não é necessário que se concretize, isto é, que a vantagem seja efetivamente alcançada pelo destinatário — para si ou para outrem —, sendo suficiente que essa seja a finalidade orientadora da conduta do agente. Mas a ausência desse *animus* — para si ou para outrem — desnatura a figura do crime de corrupção passiva. Logicamente, quando essa circunstância se fizer presente, haverá uma espécie de inversão do ônus da prova, devendo o agente demonstrar, *in concreto*, que a finalidade da conduta praticada era outra, e não a de obter vantagem indevida, para si ou para outrem.

6. Consumação e tentativa

A corrupção passiva consuma-se instantaneamente, isto é, com a simples solicitação da vantagem indevida, recebimento desta ou com a aceitação da mera promessa daquela. Para a tipificação dessa infração penal é irrelevante que o ato funcional venha a ser praticado ou não em decorrência da propina. O crime de corrupção, na modalidade de "solicitar", é formal, ou seja, sua consumação não depende do recebimento efetivo, configurando-se com a simples solicitação da vantagem indevida, mesmo que não seja atendida, não sendo necessária a adesão do *extraneus* à vontade do agente para consumar-se. Por isso, é fundamental que, nessa modalidade, a solicitação preceda a obtenção da "indevida vantagem", isto é, a solicitação não pode ser posterior a ela. Nas hipóteses de recebimento ou de aceitação da vantagem indevida, em que a iniciativa é do corruptor, consuma-se a corrupção passiva com o recebimento ou com a manifestação do aceite da promessa. Nessas duas hipóteses — recebimento e aceitação — também se aperfeiçoa o correspondente crime de corrupção ativa (crime bilateral).

Não é, em regra, admissível a tentativa nas modalidades de solicitar vantagem indevida ou aceitar promessa dela, tratando-se, na terminologia de alguns autores, de crimes de consumação antecipada. Na verdade, em qualquer das modalidades, embora seja de difícil configuração a figura tentada, quando, *in concreto*, for possível interromper o *iter criminis*, a tentativa poderá configurar-se.

7. Classificação doutrinária

Trata-se de crime próprio (que exige qualidade ou condição especial do sujeito, qual seja a de funcionário público); formal (que não exige resultado naturalístico para sua consumação) na modalidade "solicitar", não admitindo a forma tentada; material (para o qual o resultado naturalístico é indispensável para sua consumação), nas modalidades de "receber" e "aceitar" vantagem indevida; de forma livre (que pode ser praticado por qualquer meio ou forma pelo agente); instantâneo (em que não há demora entre a ação e o resultado); unissubjetivo (que pode ser praticado por um agente apenas), na modalidade de "solicitar"; plurissubjetivo (de concurso necessário), nas modalidades de "receber" e "aceitar"; unissubsistente (praticado com um único ato, não admitindo fracionamento), na modalidade de solicitar, que se consuma com a simples atividade; plurissubsistente (que, em regra, pode ser praticado com mais de um ato, admitindo, excepcionalmente, fracionamento em sua execução, nas modalidades de receber e aceitar).

8. Figura majorada (parágrafo único)

A exemplo da previsão do parágrafo único do art. 333 (corrupção ativa), se o funcionário público, em razão da vantagem ou promessa dela, retarda ou omite ato de ofício ou o pratica infringindo dever funcional, a pena é majorada em um terço. Não deixa de ser uma espécie de punição pelo exaurimento do crime. Entretanto, se o funcionário pratica ato de ofício de natureza legal, sem violar o dever funcional, não incide na forma qualificada, e sim no *caput* do art. 317 do CP. Com efeito, para a tipificação do *caput* do art. 317 é irrelevante a infração de dever funcional; no entanto, para configurar a aplicação da causa de aumento, paradoxalmente, somente se houver infringência de tal dever, justificando a perplexidade, na medida em que o exaurimento do crime somente fundamenta maior sanção penal se houver a infringência de dever funcional.

Por outro lado, a majorante se configura, desde que haja omissão ou retardamento de ato de ofício, em razão da vantagem ou promessa dela. Para essa hipótese "omissiva", não há exigência expressa de infringência de dever funcional, embora, em regra, o retardamento ou omissão de ato de ofício implique, em princípio, a violação do dever funcional, salvo se houver alguma justificativa razoável. Há, ainda, a majorante especial, prevista no art. 327, § 2º, do Código Penal, aliás, de *aplicação questionável* em razão do *bis in idem*, porque só *funcionário público* pratica este crime de corrupção, consequentemente, a *condição de funcionário público* prevista nesse dispositivo legal já integra este tipo penal e, inclusive, é responsável pela gravidade da sanção cominada. Por isso, a nosso juízo, nos crimes funcionais, digamos assim, isto é, aqueles que só podem ser praticados por funcionário público, não pode incidir essa majorante do art. 327, porque representaria um *bis in idem*.

9. Figura privilegiada da corrupção passiva: infração de dever funcional

Aqui, nesta figura descrita no parágrafo segundo (§ 2º) deste art. 317, ao contrário do que ocorre com a previsão do parágrafo anterior (§ 1º), no qual previu uma *majorante*, o legislador de 1940, sempre extremamente rigoroso e sistemático na construção tipológica que adotou, não previu uma autêntica hipótese de simples *minorante* do crime de *corrupção passiva privilegiada*. Falamos no sentido técnico-jurídico, isto é, não se trata meramente de possibilidade de redução de pena, fixa ou variável, a exemplo do que previu para a hipótese do denominado, equivocadamente, *homicídio privilegiado* (§ 1º do art. 121). Nessa figura do homicídio, o legislador, impecavelmente, denomina "causa de diminuição de pena", exatamente porque não se trata de uma nova figura penal, mas simplesmente da previsão de uma *minorante*, possibilitando a redução, variável, da pena prevista no *caput*. Não se trata, portanto, de uma nova figura penal, com mínimo e máximo devidamente cominados, repetindo, mas da própria figura descrita no *caput*, como "causa especial de redução de pena", aliás, completamente distinta da estrutura tipológica da prevista no § 2º deste mesmo art. 317.

Logo, essa dita "figura privilegiada da corrupção passiva", concretamente, não existe, mas se trata de outro tipo derivado, como veremos a seguir.

9.1 *Infração de dever funcional*

No entanto, neste § 2º, o legislador criou uma *nova figura penal derivada do crime de corrupção*, com novos limites, mínimo e máximo, de pena e não apenas a simples possibilidade de sua redução, fixa ou variável, que caracterizaria uma *minorante*. Ou seja, neste dispositivo o legislador *criou um novo tipo penal*, distinto da corrupção passiva, no qual não há a *venalidade* da função pública. É dessa forma que se deve interpretar essa descrição típica, até porque de corrupção não se trata. Como descreve esse tipo derivado, o funcionário não pratica, deixa de praticar ou retarda *ato de ofício* com infração de *dever funcional*, cedendo a pedido ou influência de outrem (§ 2º), sem qualquer existência ou interferência de vantagem pecuniária. Nessa conduta não existe o *caráter venal* próprio do crime de corrupção.

O *menor desvalor da ação prevista neste* § 2º reside na motivação da conduta, que não é constituída pela *venalidade da função*, traficada por vantagem indevida, mas o funcionário cede, atendendo pedido ou por influência de outrem, ou seja, para satisfazer interesse ou pretensão de terceiros ou para agradar ou bajular pessoas influentes. Deve-se destacar, por outro lado, a importância e a indispensabilidade da violação, *in concreto*, do *dever funcional*, que, se não ocorrer, tratar-se-á de figura atípica. É fundamental, ademais, que referida *elementar normativa* do tipo não apenas seja descrita na denúncia, como, igualmente, seja comprovada no processo penal, caso contrário, o acusado deverá ser absolvido dessa imputação, tratando-se de conduta atípica. Aliás, essa previsão legal deveria receber o *nomen iuris* de "infração de dever funcional", que, afinal, é do que realmente se trata e, também por isso, não pode e não deve ser denominada *corrupção qualificada*.

Nessa hipótese, afastada a *motivação da venalidade* (*caput* do art. 317), é necessária a presença da *elementar normativa* de infringência de dever funcional. Em outros termos, se o funcionário praticar, deixar de praticar ou retardar ato de ofício, cedendo a pedido ou influência de outrem, sem, contudo, *infringir dever funcional*, não se configura esse *tipo penal derivado*, com tipificação específica, distinta daquela do *caput*, que, a rigor, constitui hipótese dos conhecidos "favores" administrativos comuns na reciprocidade do *tráfico de influência*. De notar-se que não se trata propriamente da tradicional corrupção passiva, por isso mesmo, constitui um tipo penal distinto, com seus próprios limites mínimo e máximo de cominação de pena, como destacamos acima.

E, por fim, a ausência dessa elementar normativa — *infração de dever funcional* — torna a conduta *atípica*, impondo-se a absolvição por essa suposta infração penal, por sua inadequação típica, que não é, repita-se, uma simples majorante ou causa de aumento da corrupção passiva. Em outros termos, sem a comprovação de *infração de dever funcional* não há que se falar desse crime.

10. Pena e ação penal

As penas cominadas, cumulativamente, são de reclusão, de dois a doze anos, e multa. A figura majorada prevê a mesma pena, aumentada de um terço, e a privilegiada, detenção de três meses a um ano, ou multa.

A partir de 13 de novembro de 2003, a pena privativa de liberdade foi elevada para dois a doze anos de reclusão (Lei n. 10.763), mantida, cumulativamente, a de multa. Essa pena, como sempre, é irretroativa, sendo aplicável somente aos fatos praticados após a sua vigência. Mantém um equívoco político-legislativo, qual seja o exagerado distanciamento entre o mínimo e o máximo, deixando margem muito grande ao poder discricionário do julgador na dosagem da pena.

A ação penal é pública incondicionada.

FACILITAÇÃO DE CONTRABANDO OU DESCAMINHO — IX

Sumário: 1. Considerações preliminares. 2. Bem jurídico tutelado. 3. Sujeitos do crime. 4. Tipo objetivo: adequação típica. 5. Tipo subjetivo: adequação típica. 6. Consumação e tentativa. 7. Classificação doutrinária. 8. Pena e ação penal.

Facilitação de contrabando ou descaminho

Art. 318. Facilitar, com infração de dever funcional, a prática de contrabando ou descaminho (art. 334):

Pena — reclusão, de 3 (três) a 8 (oito) anos, e multa.

• Pena cominada pela Lei n. 8.137, de 27 de dezembro de 1990.

1. Considerações preliminares

O legislador brasileiro, mais uma vez, volta a adotar exceção à teoria monística consagrada, como regra, ao longo de todo o Código Penal, como reconhece, dentre outros, Paulo José da Costa Jr.: "A participação de funcionário público nos crimes de contrabando ou descaminho, erigida em figura autônoma, representa uma exceção à regra do art. 29, relativa ao concurso de pessoas"[1]. E o faz, segundo sua justificativa, para punir com maior severidade esta figura autônoma de "facilitação de contrabando ou descaminho" do que o próprio contrabando ou descaminho. A razão dessa opção legislativa repousaria na infidelidade do servidor pela violação de dever funcional caracterizadora de grave ato de improbidade administrativa. Embora os fundamentos sejam verdadeiros, a opção mostra-se desnecessária e inadequada, na medida em que se poderia atingir o mesmo objetivo, com o simples destaque em um parágrafo do art. 334, que trata do crime de contrabando ou descaminho.

A inadequação dessa opção do legislador pode ser constatada, por exemplo, na opção doutrinária feita por Magalhães Noronha, que, em seu respeitável *Manual de direito penal*, alterou a sequência que adota no exame dos crimes em espécie, sempre seguindo a ordem prevista pelo Código Penal, para abordar, conjuntamente,

1. Paulo José da Costa Jr., *Comentários ao Código Penal*, São Paulo, Saraiva, 1989, v. 3, p. 477.

esse crime com aquele do contrabando ou descaminho, por sua evidente correlação, simplificando a própria análise elaborada[2].

Afortunadamente, retomando a sensatez, o Anteprojeto da Parte Especial do Código Penal, de 1999, não reproduz, de forma autônoma, essa figura delitiva, aliás, nem mesmo por meio dos parágrafos integrantes do dispositivo que criminaliza o contrabando ou descaminho.

2. Bem jurídico tutelado

Bem jurídico protegido é a Administração Pública, especialmente sua moralidade e probidade administrativa. Protege-se, na verdade, a probidade da função pública, sua respeitabilidade, bem como a integridade de seus funcionários e, de forma muito especial, o dever funcional, que, nesse tipo de infração penal, é vulnerado pela infidelidade à confiança que a Administração Pública depositara em seus agentes.

3. Sujeitos do crime

Sujeito ativo somente pode ser o funcionário público, mas não qualquer funcionário, somente aquele que exerça a função fiscalizadora, pois a essência da reprovação penal reside exatamente na infringência desse dever funcional. Em outros termos, não basta ser funcionário público, é indispensável que este, facilitando o contrabando ou descaminho, viole seu dever funcional de fiscalizá-lo. Se outro funcionário público, sem esse dever funcional específico, por exemplo, concorrer de alguma forma para o crime de contrabando ou descaminho, responderá por este (art. 334) e não pela figura especial da facilitação (art. 318). Por isso, insistia, com acerto, Nélson Hungria: "sujeito ativo do crime sòmente (*sic*) pode ser o funcionário público a quem caiba, por especial dever funcional, impedir contrabando ou descaminho"[3]. Nada impede que possa ocorrer a figura do concurso eventual de pessoas, seja com *extraneus*, seja com outro funcionário sem esse dever funcional. Ademais, se não concorrerem com algum funcionário que tenha o dever funcional de fiscalizar contrabando ou descaminho, responderão pelo crime de contrabando ou descaminho, e não por sua facilitação, pois a ausência desse elemento normativo altera a figura típica.

Sujeito passivo é o Estado, representado pela União, Estados-membros, Distrito Federal ou Municípios, especialmente em sua integridade orçamentário-fiscal.

4. Tipo objetivo: adequação típica

A conduta típica consiste em facilitar (promover, tornar propício, de forma comissiva ou omissiva), com infração ao dever funcional, qual seja o dever de reprimir e combater o contrabando ou descaminho. Facilitar é tornar fácil, remover obstáculos ou empecilhos que possam dificultar a ação de contrabandear ou descaminhar mercadorias. A ação de facilitar pode ser concretizada através de ação ou

---

2. Magalhães Noronha, *Direito Penal*, p. 345-346.
3. Nélson Hungria, *Comentários ao Código Penal*, p. 374.

de omissão. A *ratio* dessa punição autônoma reside na conveniência de punir mais severamente o funcionário que transgride o dever funcional de combater o contrabando ou o descaminho.

O crime do art. 318 do Código Penal tem como pressuposto a infração a dever funcional, somente podendo ser praticado pelo funcionário que tem como atribuição legal prevenir e reprimir o contrabando ou descaminho. Assim, não pratica o crime em questão, por exemplo, o funcionário público em cujas atribuições não se inclui a repressão ao crime do art. 334 do Código Penal. Na ausência do elemento normativo do tipo "com infração de dever funcional", o funcionário público poderá responder como participante do crime de contrabando ou descaminho tipificado no art. 334, nos moldes do art. 29, ambos do CP.

Contrabando é a importação ou a exportação de mercadorias proibidas de entrar ou de sair do País. "É — como destacava Hungria — restritamente, a importação ou exportação de mercadorias cuja entrada no país ou saída dele (*sic*) é absoluta ou relativamente proibida"[4]. Essa proibição pode ser relativa ou absoluta, ou seja, quando relativa, poderá ser obtida autorização da autoridade competente para ser superada tal proibição. Descaminho, por sua vez, é o ingresso ou a saída de mercadoria sem a correspondente prestação fiscal, isto é, sem o pagamento dos impostos devidos. Descaminhar significa iludir, no todo ou em parte, o pagamento de direito ou imposto devido pela entrada, pela saída ou pelo consumo de mercadoria não proibida. A simples introdução no território nacional de mercadoria estrangeira sem pagamento dos direitos alfandegários, independentemente de qualquer prática ardilosa visando iludir a fiscalização, tipifica o crime de descaminho.

Sintetizando, é necessário que o funcionário facilite o contrabando ou descaminho, infringindo seu dever funcional, isto é, deixando de cumprir os deveres que lhe são inerentes em razão da função que exerce, qual seja a de controlar, fiscalizar e impedir a entrada ou saída de mercadorias, do território nacional, irregularmente, ou assegurar o pagamento dos impostos devidos, quando estas forem permitidas.

O processo é de competência da Justiça Federal. *Vide* o art. 3º do Decreto-Lei n. 16/66 (produção, comércio e transporte clandestino de açúcar e álcool); art. 7º da Lei n. 4.729/65 (crime de sonegação fiscal); e o art. 21 da Lei n. 8.137/90 (crimes contra a ordem tributária, econômica e contra as relações de consumo).

5. Tipo subjetivo: adequação típica

O elemento subjetivo do crime de facilitação de contrabando ou descaminho é o dolo, constituído pela vontade de facilitar o contrabando ou o descaminho, tendo consciência de que infringe dever funcional.

Não há exigência de qualquer finalidade especial do injusto. Tampouco há previsão de modalidade culposa, sendo punível somente a conduta dolosa.

---

4. Nélson Hungria, *Comentários ao Código Penal*, p. 374.

6. Consumação e tentativa

Consuma-se o crime com a simples ação de facilitar, com infringência de dever funcional, independentemente de se efetivar o contrabando ou o descaminho. O crime funcional é facilitá-lo e não praticá-lo. "Pode, portanto, acontecer — destacava Magalhães Noronha — que ele já tenha desempenhado todo o seu papel, nada mais lhe restando por fazer, e, dessarte, consumado o crime do art. 318, ainda que o mesmo não ocorra..."[5]. A ocorrência efetiva do contrabando ou descaminho representará apenas o exaurimento do crime, sem qualquer relevância na pena cominada, restando a possibilidade, à evidência de sua adequação na fase de dosimetria penal, *in concreto*.

A tentativa é, teoricamente, possível desde que a facilitação ocorra por meio de conduta ativa; sendo omissa a facilitação, por óbvio, não se configurará a figura tentada.

7. Classificação doutrinária

Trata-se de crime próprio (exige a presença de um sujeito ativo qualificado, no caso, funcionário público); formal (não exige, para consumar-se, a produção de um resultado naturalístico); de forma livre (pode ser cometido por qualquer forma ou meio escolhido pelo sujeito); instantâneo (a consumação se produz de imediato, não se alongando no tempo); de forma livre (pode ser cometido por qualquer meio ou modo escolhido pelo sujeito ativo); comissivo ou omissivo (facilitar é conduta que pode ser realizada tanto por ação quanto por omissão); unissubjetivo (pode ser cometido por um sujeito individualmente); unissubsistente (quando a ação é composta por um único ato).

8. Pena e ação penal

As penas cominadas, cumulativamente, são de reclusão, de três a oito anos, e multa. A pena privativa de liberdade, constata-se, é tanto a cominada à corrupção passiva (art. 317) quanto à concussão (art. 316), mas isso, cabe novamente o destaque, é fruto da esquizofrenia legiferante a que nos referimos quando abordamos o crime de concussão, pois a punição original dessa infração penal era, coerentemente, de dois a cinco anos de reclusão, tendo sido modificada pelo legislador de plantão com a Lei n. 8.137/90 (art. 21).

Ação penal é pública incondicionada, não sendo necessária qualquer manifestação do órgão ofendido.

5. Magalhães Noronha, *Direito Penal*, p. 346.

PREVARICAÇÃO

X

Sumário: 1. Considerações preliminares. 2. Bem jurídico tutelado. 3. Sujeitos do crime. 4. Tipo objetivo: adequação típica. 4.1. A prevaricação praticada por juiz no exercício da função jurisdicional ou administrativa. 5. Tipo subjetivo: adequação típica. 6. Consumação e tentativa. 7. Classificação doutrinária. 8. Questões especiais. 9. Pena e ação penal.

Prevaricação

Art. 319. Retardar ou deixar de praticar, indevidamente, ato de ofício, ou praticá-lo contra disposição expressa de lei, para satisfazer interesse ou sentimento pessoal:

Pena — detenção, de 3 (três) meses a 1 (um) ano, e multa.

1. Considerações preliminares

Prevaricação, com sua origem latina — *praevaricatio* —, tinha o sentido de alguém que tem "as pernas tortas ou cambaias", significando — etimologicamente, *praevaricator* — andar de forma oblíqua ou desviando-se do caminho correto, ou, como prefere Costa Jr., é o ato de andar tortuosamente, desviando do caminho certo. Figurativamente, "designava aquele que, tomando a defesa de uma causa, favorecia a parte contrária"[1]. Os romanos conheceram o ato de prevaricar como patrocínio infiel, concepção que fora mantida no direito medieval, ampliando-a, contudo, para abranger o comportamento de quem se tornasse infiel ao próprio cargo, descumprindo os deveres inerentes ao seu ofício. "Os práticos deram ao termo sentido mais amplo: desvirtuamento dos deveres de ofício. Tais desvios poderiam ser praticados tanto pelos patronos dos litigantes, em prejuízo destes, traindo-lhes a confiança depositada, como pelo funcionário público que, por qualquer ato, se afastasse de seus deveres de ofício"[2]. Com o advento da era das codificações, no entanto, alguns códigos penais retornaram ao antigo e restrito conceito romano, e outros, em sua maioria, mantiveram a noção extensiva do conceito de

1. Nélson Hungria, *Comentários ao Código Penal*, p. 375; Paulo José da Costa Jr., *Comentários ao Código Penal*, p. 479.
2. Paulo José da Costa Jr., *Comentários ao Código Penal*, p. 480.

prevaricação desenvolvida na Idade Média, como o Código Penal francês de 1810 e o Código sardo de 1859[3].

No nosso Código Criminal do Império (1830) era considerado prevaricação uma série de violações de deveres praticados por funcionários públicos, "por afeição, ódio ou contemplação, ou para promover interesse pessoal seu" (art. 129). O Código Penal de 1890 seguiu o mesmo sistema do anterior (art. 207), mas "subordinou ao crime várias outras infrações de deveres praticados por advogado ou procurador (que o código vigente, com técnica superior, situou entre os crimes contra a administração da justiça)"[4].

2. Bem jurídico tutelado

Bem jurídico protegido é a probidade de função pública, sua respeitabilidade, bem como a integridade de seus funcionários. Prevaricação é a infidelidade ao dever de ofício e à função exercida; é o descumprimento das obrigações que lhe são inerentes, movido o agente por interesses ou sentimentos próprios. Dentre os deveres inerentes ao exercício da função pública, o mais relevante deles é o que consiste no cumprimento pronto e eficaz das atribuições do ofício, que deve ser realizado escrupulosa e tempestivamente, para lograr a obtenção dos fins funcionais. O sentimento do funcionário público não pode ser outro senão o do dever cumprido e o de fazer cumprir os mandamentos legais.

Embora aqui o funcionário infiel não negocie com a sua função, como ocorre na corrupção passiva, avilta-a igualmente, pois viola o dever de ofício, em prol de interesses subalternos (interesses ou sentimentos pessoais) relativamente ao ato que deve praticar. Essa criminalização objetiva, enfim, impedir procedimento que ofende e degrada o bem jurídico — interesse da administração pública — quando o funcionário é impelido por objetivos ou sentimentos pessoais, contrários, portanto, aos deveres que lhe são inerentes ao cargo e à função.

O objeto material do crime de prevaricação é o "ato de ofício", que é aquele que o funcionário público deve praticar em decorrência dos seus deveres funcionais, consequentemente, segundo o tipo penal, é necessário que o sujeito ativo encontre-se no exercício de suas funções regulamentares.

3. Sujeitos do crime

Sujeito ativo somente pode ser o funcionário público, a exemplo do que ocorre no crime de corrupção passiva, tratando-se, por conseguinte, de crime próprio, que exige essa condição especial do sujeito ativo, mas somente, advirta-se, se for competente para realizar o ato de ofício (administrativo, legislativo ou judicial). É indispensável que o agente encontre-se no exercício de sua função e, para satisfação de

---

3. Luiz Regis Prado, *Curso de Direito Penal brasileiro*, p. 393; Nélson Hungria, *Comentários ao Código Penal*, p. 376.
4. Heleno Cláudio Fragoso, *Lições de Direito Penal*, p. 425.

interesse ou sentimento pessoal, retarde ou deixe de praticar, indevidamente, ato de ofício, ou o pratique contra disposição expressa de lei. Evidentemente que não pode praticar esse crime quem não se encontra no exercício da função ou, por qualquer razão, encontre-se temporariamente dela afastado, como, por exemplo, de férias, de licença etc.

Nada impede que o sujeito ativo, qualificado pela condição de funcionário público, consorcie-se com um *extraneus* para a prática do crime, com a abrangência autorizada pelo art. 29 do Código Penal, desde que, evidentemente, saiba da condição especial do autor; pode, inclusive, um funcionário público, agindo como particular, participar de prevaricação, nas mesmas condições de um *extraneus*, alcançado pelo mesmo art. 29.

Sujeito passivo é o Estado-Administração (União, Estado, Distrito Federal e Município), bem como a entidade de direito público, além do particular eventualmente lesado ou prejudicado pela conduta do funcionário. O Estado é sempre sujeito passivo primário de todos os crimes, naquela linha de que a lei penal tutela, em primeiro lugar, o interesse da ordem jurídica geral, da qual aquele é o titular. No entanto, há crimes, como este que ora estudamos, em que o próprio Estado surge como sujeito passivo particular, individual, pois lhe pertence o bem jurídico ofendido pela ação do funcionário infiel.

4. Tipo objetivo: adequação típica

As condutas tipificadas, alternativamente, são as seguintes: retardar ou deixar de praticar, indevidamente, ato de ofício, ou praticá-lo contra disposição legal. As duas primeiras modalidades são omissivas, e a última é comissiva. O agente, em qualquer dos casos, visa a satisfação de interesse ou sentimento pessoal (interesse esse que pode ser patrimonial ou moral; o sentimento, por sua vez, é resultado de amor, ódio, paixão, emoção etc. do agente). A criminalização dessas condutas tem por objetivo evitar procedimento que macula o bem jurídico protegido — interesse da administração pública — por funcionário impelido por objetivos particulares, quais sejam a satisfação de interesses ou sentimentos pessoais.

a) Retardar significa protelar, atrasar, procrastinar, indevidamente, a prática de ato de ofício, isto é, não realizar no prazo normalmente estabelecido para sua execução, deixando fluir tempo relevante para a sua prática (na hipótese de inexistência de prazo fixado), para satisfazer sentimento ou interesse pessoal. Exemplo da conduta de retardar ato de ofício seria a hipótese do atendente de cartório judicial que, devendo expedir alvará de soltura, por não simpatizar com o advogado, deixa de fazê-lo com a brevidade que a medida exige. Enfim, retardar é não praticar o ato em tempo oportuno ou praticá-lo fora do prazo legal. Mesmo que o ato possa ser praticado após a expiração do prazo legal, ainda que tal retardamento não acarrete sua invalidade, configurará o crime de prevaricação. Nesse sentido, pontificava Hungria: "O retardamento verifica-se quando o funcionário (*sensu lato*) não realiza o ato de ofício (todo e qualquer ato em que se exterioriza o exercício da função ou do cargo) dentro do prazo legalmente estabelecido, pouco importando que o ato continue a ser praticável após a expiração do prazo, sem que possa ser declarada a sua invalidade"[5].

b) Deixar de praticar constitui conduta omissiva através da qual, devendo realizar determinado ato, o funcionário mantém-se inerte com a intenção ou o propósito de não realizá-lo. Distingue-se da conduta anterior, porque, naquela, a intenção do funcionário é apenas procrastinar a realização do ato que, mesmo com atraso, termina sendo praticado; nesta, contrariamente, o ato acaba não sendo tempestivamente executado, isto é, em tempo hábil para atingir a sua finalidade, ou seja, deixar de praticar é omiti-lo de forma definitiva, e não simplesmente retardá-lo. Convém destacar, porém, que, tanto numa hipótese quanto noutra, o ato de que se trata deve ser legítimo. Concordamos com a orientação adotada por Regis Prado, quando afirma que "a omissão pode também ser perpetrada através do obstrucionismo, em que o agente, sob o argumento de que deve obedecer rigorosamente ao regulamento ou instrução, retarda ou deixa de praticar o ato, maliciosamente, invocando, por conseguinte, pretextos normativos, com o deliberado propósito de omitir-se na realização do ato de ofício, sabendo previamente que a interpretação da norma regulamentadora permitia a feitura do ato omitido ou retardado"[6]. Convém destacar, ademais, nessa linha do entendimento de Regis Prado, que quando se utiliza de "obstrucionismo" como mero expediente dissimulador do retardamento ou da omissão, indevida, da prática de ato de ofício, configura-se o crime de prevaricação, que exige, nessa modalidade, grande cautela e habilidade na sua apuração, ante a dificuldade para se apurar se há ou houve excesso de zelo ou velada obstrução indevida.

O retardamento ou a omissão (deixar de praticar) de ato de ofício configurarão as condutas contidas no texto legal somente se ocorrerem indevidamente, isto é, sem causa justa. Indevidamente, como elementar normativa tanto na primeira como na segunda condutas, significa que o retardamento ou a omissão devem ser injustos, ilegais, isto é, não amparados pelo ordenamento jurídico, enfim, *contra legis*. Significa, por outro lado, reconhecer que podem ocorrer motivos de força maior, os quais justifiquem o retardamento ou a omissão de atos de ofício, que, como reconhece nosso Código Penal, afastam a antijuridicidade da conduta. Ademais, não é, pode-se afirmar, ato de ofício o praticado contra as normas vigentes ou a sistemática habitual. Indevida é a omissão não permitida, não autorizada, é aquela que infringe o dever funcional de agir.

Nas duas modalidades omissivas, em particular quando não há prazos fixos adrede estipulados para a prática do ato de ofício, normalmente há maior dificuldade para sua apuração, sobretudo, da conduta de "retardar ato de ofício", indevidamente, pois o prazo legalmente fixado é um marco que, no plano objetivo,

5. Nélson Hungria, *Comentários ao Código Penal*, p. 377.

6. Luiz Regis Prado, *Curso de Direito Penal brasileiro*, 4. ed., São Paulo, Revista dos Tribunais, 2006, v. 4, p. 397.

facilita a comprovação da omissão funcional. Nesse caso, normalmente, o funcionário público detém certa discricionariedade na avaliação de conveniência e oportunidade de praticar certos atos, que afasta possível prevaricação, ressalvada a hipótese de restar demonstrada a configuração de autêntica arbitrariedade (discricionariedade e arbitrariedade são coisas absolutamente distintas): discricionariedade implica liberdade de ação e decisão no plano administrativo, nos limites legalmente permitidos; arbitrariedade, por sua vez, é característica de ação contrária ao ordenamento jurídico, que ultrapassa os limites legalmente permitidos. "Ato discricionário — na definição de Hely Lopes Meirelles — não se confunde com ato arbitrário. Discrição e arbítrio são conceitos inteiramente diversos. Discrição é liberdade de ação dentro dos limites legais; arbítrio é ação contrária ou excedente da lei. Ato discricionário, portanto, quando permitido pelo Direito, é legal e válido; ato arbitrário é, sempre e sempre, ilegítimo e inválido"[7].

c) Por fim, praticar ato de ofício, contra disposição expressa de lei, significa que o funcionário pratica um ato ilegal, contraria o ordenamento jurídico, constituindo, na verdade, uma infração administrativo-penal bem mais grave do que as representadas nas duas primeiras condutas (retardar ou deixar de praticar...), que são puramente omissivas; mereceria, a nosso juízo, sanção mais grave do que a cominada no dispositivo, se observarmos o princípio da proporcionalidade (embora tal consideração não passe do plano político-criminal, ante a proibição do venerável princípio da reserva legal). Desejamos apenas deixar claro que o legislador não foi feliz ao dispensar o mesmo tratamento a condutas tão díspares, com desvalores tão diferenciados como são as condutas contidas no art. 319 do CP. Nessa modalidade, nas palavras de Hungria, "o agente substitui a vontade da lei pelo seu arbítrio, praticando, não o ato que é de seu dever praticar, mas outro contrário à 'disposição expressa de lei' (ilegítimo)"[8]. Mais que ilegítimos, diríamos ilegais, como prescreve o dispositivo em estudo. A locução "contra disposição expressa de lei" refere-se a ato legislativo emanado do poder competente, isto é, do Poder Legislativo, e elaborado de acordo com o processo legislativo previsto no texto constitucional. Portanto, a expressão "lei" utilizada no tipo penal tem o significado restrito, formal, compreendendo o conteúdo e o sentido desse tipo de diploma jurídico, que o comando normativo deve ser claro, preciso e expresso, de tal forma a não pairar dúvida ou obscuridade a respeito do procedimento a adotar. Enfim, a prática de ato, no exercício da função, "contra expressa disposição de lei" é nula e, ainda, assume o caráter de fraudulenta se o ato tiver sido dolosamente orientado, quando fosse possível e obrigatória a realização de um ato válido. Manzini orientava nesse sentido, destacando que "não é um ato de ofício, mas sim um expediente caprichoso e fraudulento que impõe maior reprovação à conclusão contrária aos deveres de ofício"[9].

---

7. Hely Lopes Meirelles, *Direito Administrativo brasileiro*, 16. ed., São Paulo, Revista dos Tribunais, 1991, p. 98.
8. Nélson Hungria, *Comentários ao Código Penal*, p. 377.
9. Vincenzo Manzini, *Tratado de Derecho Penal*, p. 372.

O crime de prevaricação somente se aperfeiçoa quando o funcionário público, no exercício de sua função, retarda ou omite ato de ofício, indevidamente, ou o pratica contra disposição expressa de lei. É necessário que qualquer das condutas incriminadas refira-se a "ato de ofício", isto é, relativo às atribuições funcionais e territoriais regulares do funcionário público. Em outros termos, o retardamento ou omissão, indevidos, ou sua prática contra disposição legal expressa, deve referir-se a "ato de ofício" da competência do funcionário prevaricador. Com efeito, para a configuração do crime de prevaricação exige-se que o ato retardado ou omitido, indevidamente, ou praticado contra expressa disposição de lei esteja compreendido nas específicas atribuições funcionais do servidor público prevaricador. Se o ato não é da competência do funcionário, poder-se-á identificar outro crime, mas, com certeza, não o de prevaricação. Quando determinado ato, por exemplo, pode ser realizado "por qualquer do povo", à evidência, não se trata de "ato de ofício".

É indispensável, por fim, que a ação ou omissão do funcionário público seja praticada para satisfazer interesse ou sentimento pessoal, constituindo uma característica fundamental que distingue a prevaricação de outros crimes da mesma natureza. Com efeito, essa particularidade diferenciadora dos demais crimes similares foi uma introdução do grande Código Criminal do Império, reconhecido mundialmente como um dos melhores diplomas legais codificados do século XX, distanciando-se, no particular, do não menos extraordinário Código Penal francês de 1810. Com efeito, passou-se a exigir que a infidelidade funcional com descumprimento ou violação de dever funcional tivesse uma causa psicológica, que o atual Código Penal de 1940 sintetizou no especial fim de satisfazer interesse ou sentimento pessoal. No entanto, como essa satisfação de interesse ou sentimento pessoal constitui elementar subjetiva especial do injusto, vamos examiná-la mais detidamente no tópico seguinte.

4.1 *A prevaricação praticada por juiz no exercício da função jurisdicional ou administrativa*

O magistrado, a exemplo de qualquer funcionário público, também pode ser sujeito ativo do crime de prevaricação, tanto no exercício da função jurisdicional, como também da função administrativa, como já pontificava Nélson Hungria: "...o nosso vigente Código (rejeitando o exemplo de certos Códigos alienígenas) não distingue, para diverso tratamento penal, entre a prevaricação do juiz e a do funcionário em geral: uma e outra estão compreendidas no art. 319"[10]. Heleno Cláudio Fragoso ratificava esse entendimento, *in verbis*: "tendo em vista o critério que adotou nossa lei em relação a essa espécie de delitos, não se exclui que o crime possa também ser praticado por magistrados e outros funcionários da justiça"[11].

Exemplo de "deixar de praticar" ato de ofício seria a conduta de magistrado que toma conhecimento de dados ou fatos que o tornam impedido de manter-se na

10. Nélson Hungria, *Comentários ao Código Penal*, p. 378-379.
11. Heleno Cláudio Fragoso, *Lições de Direito Penal*, p. 425.

presidência de determinado processo criminal, mas, por razões pessoais (satisfação de interesse ou sentimento), continua praticando atos processuais, deliberando e determinando diligências etc., para, só mais adiante, invocar seu "impedimento", por fatos de que tomou ciência há mais tempo (ou mesmo que nunca venha a reconhecer esse estado, quando comprovadamente existir). Nessa hipótese, mais que mera irregularidade funcional, administrativa ou puramente processual, transcende para o plano material, tipificando o crime de prevaricação (o Código Penal brasileiro de 1940 não distingue a prevaricação praticada por juiz daquela praticada por qualquer outro funcionário, ao contrário da orientação seguida pelas legislações modernas, como, por exemplo, o atual Código Penal espanhol, arts. 446 e 447[12]. Muñoz Conde exemplifica como prevaricação "el retraso excesivo en la adopción de una resolución, la arbitrariedad (que no es la esencia de la prevaricación, sino una forma de manifestación de la misma), la desviación de poder, la decisión desigual de supuestos iguales (se le da, por ej., la licencia de construcción a unos, pero no a otros que se encuentran en la misma situación"[13]. Nesse sentido, vale a pena transcrever ao menos a primeira parte do art. 449 do atual Código Penal espanhol, *in verbis*: "1. En la misma pena señalada en el artículo anterior incurrirá el Juez, Magistrado o Secretario Judicial culpable de retardo malicioso en la Administración de Justicia. Se entenderá por malicioso el retardo provocado para conseguir cualquier finalidad ilegítima" (art. 449). Comentando esse dispositivo legal, a doutrina espanhola emite a seguinte definição: "...que se entenderá por malicioso o atraso provocado para conseguir qualquer finalidade ilegítima, de sorte que será esta circunstância — a obtenção de qualquer finalidade ilegítima ou, o que dá no mesmo, contrária ao Direito —, que distingue esta conduta delitiva daquela outra, de caráter disciplinar, como são os atrasos injustificados, reiterados ou não, na iniciação, tramitação e resolução dos processos e causas submetidos ao exercício de sua jurisdição"[14]. Nosso Código Penal, que não distingue prevaricação de juízes e demais funcionários, ao contrário do espanhol, fundamenta, como este, a criminalização da prevaricação no fim especial motivador da conduta: o espanhol — na obtenção de qualquer finalidade ilegítima ou, o que dá no mesmo, contrária ao Direito —, o brasileiro — na satisfação de interesse ou sentimento pessoal — o que, *mutatis mutandis*, significa basicamente a mesma coisa. A ausência dessa finalidade especial, tanto num quanto noutro diploma legal, desqualifica a prevaricação para pura infração administrativa.

Aclarando, finalmente, o sentido da elementar sentimento pessoal, vale a pena invocar novamente o magistério de Hungria, que sentenciava: "Por sentimento

---

12. Ramón Ferrer Barquero, *El delito de prevaricación judicial*, Valencia, Tirant lo Blanch, 2002, p. 44.
13. Francisco Muñoz Conde, *Derecho Penal*; Parte Especial, 15. ed., Valencia, Tirant lo Blanch, 2004, p. 978.
14. Carlos Ganzenmüller Roig, José Francisco Escudero Moratalla e Joaquín Frigola Vallina (coordenadores), *Delitos contra la Administración Pública; contra la Administración de Justicia y contra la Constitución*, Barcelona, Bosch, 1998.

pessoal entende-se a afeição, a simpatia, a dedicação, a benevolência, a caridade, o ódio, a parcialidade, o despeito, o desejo de vingança, a paixão política, o prazer da prepotência ou do mandonismo, a subserviência, o receio de molestar os poderosos, etc."[15]. Normalmente, a ilegalidade do retardamento ou da omissão da prática do ato de ofício encontra-se na própria norma penal, seja de natureza material, seja de natureza processual, embora possa situar-se em normas extrapenais, como nas leis de organização judiciária, de direito administrativo, fiscal etc.

5. Tipo subjetivo: adequação típica

Elemento subjetivo é o dolo, constituído pela vontade consciente de retardar ou omitir, indevidamente, ato de ofício ou praticá-lo contra disposição expressa de lei. É indispensável que o agente tenha consciência de que o retardamento ou a omissão do ato que compete realizar é indevido, ou seja, sem justificativa, ou, então, que o pratica contra as disposições legais, ou seja, que sua realização, nas circunstâncias, contraria as determinações do ordenamento jurídico. É indispensável, como temos repetido, que o dolo abranja todos os elementos constitutivos do tipo penal, sob pena de configurar-se o erro de tipo, que, por ausência de dolo (ou por dolo defeituoso), afasta a tipicidade, salvo se se tratar de simulacro de erro.

É necessária, ainda, a presença do elemento subjetivo especial do tipo, representado pelo especial fim de agir, que, na dicção da descrição típica, é "para satisfazer interesse ou sentimento pessoal", isto é, há a necessidade de que o móvel da ação seja a satisfação desse tipo de interesse ou sentimento. Interesse pessoal, que pode ser material ou moral, é aquele que, por alguma razão, satisfaz pretensão, ambição ou anseio do agente, podendo ser representado por qualquer vantagem ou proveito que possa ser obtido pelo sujeito ativo em razão de sua conduta incriminada nesse tipo penal. Tratando-se de interesse patrimonial (material), deve-se atentar para a inexistência de pacto, acordo ou qualquer vínculo com terceiro interessado, que, se existir, poderá configurar corrupção ou concussão[16]. Por essa razão, aprioristicamente, Paulo José da Costa Jr. e Antonio Pagliaro afastam simplesmente a possibilidade de o interesse pessoal ter natureza econômica[17]. Sentimento pessoal, por sua vez, reflete um estado afetivo ou emocional do próprio agente, que pode manifestar-se em suas mais variadas formas, tais como amor, paixão, emoção, ódio, piedade, carinho, afeto, vingança, favorecimento ou prejuízo a alguém etc. É irrelevante que se trate de sentimentos nobres, honrados ou de relevante valor social. O ônus demandado para satisfação de sentimentos pessoais, independentemente de sua natureza, deve ser suportado pessoal e exclusivamente pelo funcionário e jamais às custas de sua função pública, do dever funcional e de fidelidade para com a

---

15. Nélson Hungria, *Comentários ao Código Penal*, p. 378.
16. Heleno Cláudio Fragoso, *Lições de Direito Penal*, p. 426: "no caso de satisfação de interesse pessoal, o crime a identificar-se será o de corrupção passiva, se houve acordo entre o funcionário e o particular, isto é, desde que apareça o interessado como corruptor".
17. Paulo José da Costa Jr., *Dos crimes contra a Administração Pública*, p. 138.

Administração Pública. É incensurável, no particular, o seguinte exemplo de Guilherme Nucci: "O funcionário que, pretendendo fazer um favor a alguém, retarda ato de ofício, age com 'interesse pessoal'; se fizer o mesmo para se vingar de um inimigo, age com 'sentimento pessoal'"[18].

Evidentemente, essa elementar subjetiva especial exigida não se confunde com "interesse ou sentimento de terceiro", que, mesmo quando se verifica, não tem idoneidade para satisfazer o especial fim exigido pelo tipo penal em apreço. Aliás, o próprio Supremo Tribunal Federal já se manifestou nesse sentido[19]. E, mais que isso, e com absoluto acerto, a Suprema Corte destacou em outra oportunidade que a denúncia — peça inicial da ação penal — precisa indicar qual a ação ou omissão praticada pelo funcionário, e sua natureza, isto é, "se a conduta foi por interesse ou sentimento pessoal, pois são elementos necessários à configuração do delito do art. 319"[20]. Por isso, é indispensável que a denúncia esclareça em que consiste o fim de agir, isto é, qual é o interesse ou sentimento pessoal que motivou a conduta do agente, sob pena de inépcia, sendo inviabilizada a ampla defesa do acusado.

6. Consumação e tentativa

O crime de prevaricação consuma-se, nas modalidades omissivas, com o retardamento ou a omissão do ato devido, sem justa causa, ou com a prática do ato de ofício contra disposição expressa de lei. Nas duas primeiras hipóteses, como crime omissivo próprio que são, o crime consuma-se no lugar e no momento em que o ato de ofício devia ter sido realizado e não o foi, não havendo espaço, portanto, para a figura tentada. Na terceira figura típica, o crime é comissivo, e consuma-se com a prática de ato de ofício contrariando expressa disposição de lei. Na modalidade de praticar ato contra disposição expressa de lei, a despeito da dificuldade de apurar, *in concreto*, quando está sendo executado o ato, é, teoricamente, possível a tentativa, por tratar-se de crime plurissubsistente, que admite fracionamento de sua fase executória.

7. Classificação doutrinária

Trata-se de crime próprio (que exige qualidade ou condição especial do sujeito, qual seja a de funcionário público); formal (que não exige resultado naturalístico para sua consumação, consistente na satisfação efetiva de interesse ou sentimento pessoal); de forma livre (que pode ser praticado por qualquer forma ou meio escolhido pelo agente); omissivo (nas modalidades de "retardar" ou "deixar de praticar", que resultam em abstenção da conduta devida); comissivo (na modalidade de "praticar", que implica a realização de conduta ativa); instantâneo (cuja execução não se alonga no tempo, não havendo demora entre a ação e o resultado); unissubjetivo

---

18. Guilherme de Souza Nucci, *Código Penal comentado*, p. 995.
19. STF, *RTJ*, 111:289.
20. STF, *RT*, 589:436.

(que pode ser praticado por um agente apenas); unissubsistente (praticado com um único ato, nas formas omissivas, não admitindo fracionamento), na modalidade de solicitar, que se consuma com a simples atividade; plurissubsistente (crime que, em regra, pode ser praticado com mais de um ato, na forma comissiva, admitindo, excepcionalmente, fracionamento em sua execução).

8. Questões especiais

Não se confunde prevaricação (art. 319) com o crime de desobediência (art. 330), pois neste o agente é o particular ou o funcionário público que não age nessa qualidade. Admite-se não só a transação penal como também a suspensão condicional do processo em razão da pena abstratamente cominada. *Vide* os arts. 438 do CPP; 10, § 4º, da Lei n. 1.521/51 (crimes contra a economia popular); 7º da Lei n. 4.737/65 (Código Eleitoral); 45 da Lei n. 6.538/78 (serviços postais); 15, § 2º, da Lei n. 6.938/81 (Política Nacional do Meio Ambiente); 23 da Lei n. 7.492/86 (crimes contra o Sistema Financeiro Nacional); 66, 67, 68 e 69 da Lei n. 9.605/98 (Lei dos crimes ambientais).

9. Pena e ação penal

As penas cominadas, cumulativamente, são de detenção, de três meses a um ano, e multa. Aumenta-se de um terço nas hipóteses previstas no art. 327, § 2º, do Código Penal. Trata-se, como se constata, de infração de menor potencial ofensivo, sendo, por conseguinte, da competência do Juizado Especial Criminal (art. 61 da Lei n. 9.099/95), com aplicação prioritariamente de penas alternativas.

A ação penal é pública incondicionada.

PREVARICAÇÃO IMPRÓPRIA — XI

Sumário: 1. Considerações preliminares. 2. Bem jurídico tutelado. 3. Sujeitos do crime. 4. Tipo objetivo: adequação típica. 4.1. Pressupostos fundamentais do crime omissivo. 5. Tipo subjetivo: adequação típica. 6. Consumação e tentativa. 7. Classificação doutrinária. 8. Pena e ação penal.

Prevaricação imprópria

Art. 319-A. Deixar o Diretor de Penitenciária e/ou agente público, de cumprir seu dever de vedar ao preso o acesso a aparelho telefônico, de rádio ou similar, que permita a comunicação com outros presos ou com o ambiente externo:

Pena — detenção, de 3 (três) meses a 1 (um) ano.

• Artigo acrescentado pela Lei n. 11.466, de 28 de março de 2007.

1. Considerações preliminares

Dentre os deveres inerentes ao exercício da função pública, o mais relevante deles é o que consiste no pronto e eficaz cumprimento das atribuições do ofício, que deve ser realizado tempestivamente para obter os fins funcionais. O sentimento do funcionário público não pode ser outro senão o do dever cumprido e o de fazer cumprir os mandamentos legais. No entanto, no novo dispositivo legal, ao contrário do que ocorre no crime de prevaricação, o sujeito ativo não viola o dever de ofício para satisfazer interesses ou sentimentos pessoais, mas apenas deixa de vedar acesso do preso aos aparelhos de comunicação, ou seja, uma simples omissão de dever funcional, excepcionalmente erigida à condição de crime. Essa omissão do diretor de estabelecimento prisional, impelido por objetivos ou sentimentos pessoais, não degrada nem desmoraliza a Administração Pública, ao contrário do que ocorre na prevaricação clássica.

2. Bem jurídico tutelado

Bem jurídico protegido, que, no crime de prevaricação, é a probidade da função pública, sua respeitabilidade, bem como a integridade de seus funcionários, não se descortina com a clareza exigida pela dogmática penal. A infidelidade ao dever de ofício e à função exercida, que é o núcleo do bem jurídico que a norma penal incriminadora da prevaricação objetiva proteger, não existe na nova incriminação

— prevaricação imprópria — acrescida pela Lei n. 11.466, de 28 de março de 2007: é o descumprimento das obrigações que lhe são inerentes, movido o agente por interesses ou sentimentos próprios.

Impedir, dentro do possível, que preso ou interno se comunique, permanentemente, com o exterior do sistema prisional, por qualquer meio, é uma das tantas obrigações próprias da atividade dos administradores e agentes do sistema penitenciário. No entanto, a realidade brasileira tem demonstrado que os apelos do governo às empresas de telecomunicações na tentativa de "vedar" tais comunicações, especialmente com os conhecidos telefones celulares, esbarraram em dificuldades técnico-operacionais, ainda sem uma resposta satisfatória dos especialistas. Atribuir, portanto, a responsabilidade penal por tais comunicações ao diretor ou administrador do presídio beira a responsabilidade objetiva, proscrita do direito penal da culpabilidade.

Não há, nessa nova figura, convém que se destaque, a violação dolosa do dever de ofício, em prol de interesses subalternos (interesses ou sentimentos pessoais) do sujeito ativo, alvitando função ou cargo que exerce, ao contrário do que ocorre no crime de prevaricação (art. 319). Não há, enfim, procedimento que ofende e degrada o interesse da Administração Pública, que deveria ser o bem jurídico protegido, pois o funcionário não é impelido por objetivos ou sentimentos pessoais, contrariando os deveres que são inerentes ao cargo e à função. A eventual omissão, nessa hipótese, estaria mais bem localizada, a nosso juízo, no plano administrativo, como falta funcional, onde encontraria solução mais adequada, em um Estado Democrático de Direito.

3. Sujeitos do crime

Sujeito ativo somente pode ser o diretor de estabelecimento penitenciário, ou quem suas vezes fizer, tratando-se, por conseguinte, de crime próprio, que exige essa condição especial do sujeito ativo. Serventuários que não ocupem ou exerçam tal função não podem ser responsabilizados por essa infração penal, salvo se, de maneira comprovada, forem alcançados pelo disposto no art. 29 do CP. É indispensável que o agente se encontre no exercício da sua função, não podendo praticar o crime, é evidente, quem não se encontre no exercício da função ou, por qualquer razão, encontre-se temporariamente dela afastado, como, por exemplo, em férias, de licença etc.

Em respeito ao princípio da tipicidade estrita, a criminalização contida no presente dispositivo não alcança eventual "diretor" das conhecidas cadeias públicas, as quais não têm a mesma dimensão e complexidade institucional das "penitenciárias", que são expressamente invocadas no texto legal.

Sujeito passivo é o Estado-Administração (União, Estado, Distrito Federal e, excepcionalmente, Município). O Estado é sempre sujeito passivo primário de todos os crimes, naquela linha de que a lei penal tutela, em primeiro lugar, o interesse da ordem jurídica geral, da qual aquele é o titular. Em alguns crimes, como este, no entanto, o próprio Estado surge como sujeito passivo particular, individual, representando a coletividade.

4. Tipo objetivo: adequação típica

A conduta descrita no art. 319-A — prevaricação imprópria — configura um autêntico crime omissivo próprio, que consiste na desobediência a uma norma mandamental, isto é, uma norma que determina a prática de uma conduta que não é realizada *oportuno tempore*. Há, nessa espécie de crime, a omissão de um dever de agir imposto normativamente. Com efeito, o crime omissivo próprio não se caracteriza pelo simples não fazer ou fazer coisa diversa, mas pelo não fazer o que a norma jurídica determina, pois a omissão em si mesma não existe, e sim apenas a omissão de uma conduta legalmente determinada. Ademais, aqui na prevaricação imprópria, como em qualquer crime omissivo, somente se tipificará a omissão quando, nas circunstâncias, for possível cumprir a norma mandamental, no caso, "vedar ao preso o acesso a aparelho telefônico, de rádio ou similar".

Prevaricação é a infidelidade ao dever de ofício à função exercida, é o descumprimento das obrigações que lhe são inerentes, sendo movido o agente por interesses ou sentimentos pessoais. A criminalização objetiva impedir procedimento que ofende e prejudica o bem jurídico — interesse da Administração Pública — quando o funcionário é impelido por objetivos próprios, estranhos aos seus deveres funcionais. No entanto, não é o que ocorre com a descrição contida no art. 319-A, e, por isso, só impropriamente, e ainda assim com grande esforço metodológico, se poderá interpretá-la como crime de prevaricação. Em outros termos, o Estado, incompetente na solução do problema, a exemplo de Pilatos, lava as mãos e responsabiliza o funcionário pela solução de um problema que ele, Estado-Administração, não conseguiu resolver, seja por sua inoperância, seja pela alegada impossibilidade operacional.

A conduta incriminada no novo dispositivo — deixar de vedar o acesso de preso a aparelho telefônico ou similar — configura, como afirmamos acima, crime omissivo próprio, ou seja, o agente mantém-se inerte com a vontade consciente de não realizar a conduta devida, simplesmente, sem qualquer finalidade outra. Com efeito, o agente não visa a satisfação de interesse ou sentimento pessoal, que é a elementar subjetiva especial caracterizadora da infidelidade funcional, como ocorre na prevaricação clássica. Trata-se de crime próprio (que exige qualidade ou condição especial do sujeito, qual seja a de ser diretor de penitenciária ou agente público (substituto do diretor). Por isso, se o diretor ou seu substituto legal expedir ordem, portaria ou resolução proibindo o uso de aparelho telefônico ou similar no interior da penitenciária, não se poderá imputar-lhe a omissão ora criminalizada, independentemente de sua ordem ser cumprida ou não com êxito, conforme veremos no exame dos pressupostos da omissão. Em verdade, a determinação do diretor, concretamente, para que se tomem as medidas necessárias para "vedar" o uso de "aparelho telefônico, de rádio ou similar" representa um comportamento ativo incompatível com a inércia dolosa característica dos crimes omissivos próprios, como pretende ser o que ora examinamos. No entanto, o não atendimento da ordem do diretor da penitenciária, seja por impossibilidade operacional, seja física, pessoal ou institucional, impede que se caracterize o crime, pois o diretor não se omitiu, isto é, não deixou de agir, determinou a vedação, não ficou inerte; ao contrário, agiu, ou seja, tomou as providências que lhe cabiam, embora não tenha conseguido êxito. O dever que a norma lhe impõe — determinar a vedação de acesso aos meios/instrumentos de comunicação — é atendido pelo diretor, mas circunstâncias alheias à sua vontade impedem que o resultado seja obtido, e, consequentemente, a ineficácia de suas medidas não pode acarretar-lhe qualquer responsabilidade penal. Nessa hipótese, não se configura a omissão descrita no art. 319-A.

Embora o novo dispositivo legal não fale em "ato de ofício", que é aquele que o funcionário público deve praticar em decorrência dos seus deveres funcionais, menciona-o em outros termos: "deixar de cumprir seu dever de vedar ao preso o acesso..."; consequentemente, segundo o tipo penal, é indispensável que o sujeito ativo se encontre no exercício de suas funções regulamentares, quais sejam administrando ou dirigindo o estabelecimento penitenciário.

Esse novo tipo penal dispensou o elemento normativo — indevidamente — exigido no crime de prevaricação. Indevidamente, como elementar normativa, significa que a omissão deve ser injusta, ilegal, isto é, não amparada pelo ordenamento jurídico, enfim, *contra legis*. Contudo, nada impede que circunstâncias especiais possam inviabilizar o atendimento do comando na norma incriminadora, justificando, por exemplo, a omissão. Dessa forma, pode-se sustentar que somente a omissão indevida, só a omissão sem causa justa, pode configurar o descumprimento do comando legal. Igualmente, não há exigência do tradicional elemento subjetivo especial do injusto, qual seja para satisfazer interesse ou sentimento pessoal, que constitui uma característica fundamental do crime de prevaricação. Elemento subjetivo, portanto, é o dolo, constituído pela vontade consciente de omitir-se, isto é, deixar de vedar ao preso o acesso ao telefone ou similar.

4.1 *Pressupostos fundamentais do crime omissivo*

Como se trata de genuíno crime omissivo próprio, não se pode ignorar a necessidade de se fazerem presentes os pressupostos fundamentais de todo crime omissivo, quais sejam:

a) Poder agir: o poder agir é um pressuposto básico de todo comportamento humano; também na omissão, evidentemente, é necessário que o sujeito tenha a possibilidade física de agir, para que se possa afirmar que não agiu voluntariamente. É insuficiente, pois, o dever de agir, isto é, de vedar o acesso ao aparelho telefônico, como exige o tipo penal. Em outros termos, é necessário que, além do dever, haja a possibilidade física de agir, ainda que com risco pessoal. Essa possibilidade física falta, por exemplo, na hipótese de coação física irresistível, não se podendo falar em omissão penalmente relevante, porque o omitente não tinha a possibilidade física de agir. Aliás, a rigor, nem poderia ser chamado de omitente, porque lhe faltou a própria vontade.

b) Evitabilidade do resultado: mas, ainda que o omitente tivesse a possibilidade de agir, fazendo-se um juízo hipotético de eliminação — seria um juízo hipotético de acréscimo —, imaginando-se que a conduta devida foi realizada, precisamos verificar se o resultado teria ocorrido ou não. Ora, se a realização da conduta devida impede o resultado, considera-se a sua omissão causa desse resultado. No entanto, se a realização da conduta devida não tivesse impedido a ocorrência do resultado, que, a despeito da ação do agente, ainda assim se verificasse, dever-se-ia concluir que a omissão não deu "causa" a tal resultado. E a ausência dessa relação de causalidade, ou melhor, no caso, relação de não impedimento, impede que se atribua o resultado ao omitente, sob pena de consagrar-se uma odiosa responsabilidade objetiva.

c) Dever de impedir o resultado: quando se trata de crime omissivo impróprio — que não é o caso do dispositivo em exame —, se o agente podia agir e se o resultado desapareceria com a conduta omitida, ainda assim não se pode imputar o resultado ao sujeito que se absteve. É necessária uma terceira condição, ou seja, é preciso que o sujeito tivesse o dever de evitar o resultado, isto é, o especial dever de evitá-lo ou, em outros termos, que ele fosse garantidor da sua não ocorrência.

5. Tipo subjetivo: adequação típica

Elemento subjetivo do crime de prevaricação imprópria é o dolo, constituído pela vontade consciente de não vedar o uso de aparelho telefônico, de rádio ou similar pelos reclusos. É indispensável que o agente tenha vontade e consciência de descumprir o comando determinado no artigo ora *sub examine*. É necessário, como temos repetido, que o dolo abranja todos os elementos constitutivos do tipo penal, sob pena de configurar-se o erro de tipo, que, por ausência de dolo (ou por dolo defeituoso), afasta a tipicidade, salvo se se tratar de simulacro de erro.

Curiosamente, no entanto, a despeito da pretensão do legislador de equiparar a nova figura penal ao crime de prevaricação, não se exige a presença de elemento subjetivo especial do tipo, representado pelo especial fim de agir, que, na dicção do artigo anterior (art. 319), é "para satisfazer interesse ou sentimento pessoal", isto é, há a necessidade de que o móvel da ação seja a satisfação desse tipo de interesse ou sentimento. Mas, exatamente pela ausência de elemento subjetivo especial do tipo, torna-se necessária uma clareza melhor da existência de dolo, isto é, da vontade consciente de omitir-se, isto é, de não vedar o acesso que o tipo penal proíbe, especialmente porque a previsão legal não admite a modalidade culposa, e, na nossa concepção, não é admissível nem mesmo dolo eventual.

6. Consumação e tentativa

A conduta omissiva descrita no art. 319-A, como crime omissivo próprio que é, se consuma no lugar e no momento em que a conduta devida tinha de ser realizada, isto é, onde e quando o sujeito ativo — diretor de penitenciária — deveria agir e não o fez. Em sentido semelhante, referindo-se ao crime omissivo, Frederico Marques sustentava: "Tem-se a infração por consumada no local e tempo onde não se efetuou o que se deveria efetuar. Cometem-se, pois, delitos de omissão, ali onde o autor, para cumprir o dever jurídico a ele imposto, devesse praticá-lo, e não onde se encontrasse no momento de seu comportamento inerte". Enfim, a consumação realiza-se num só momento, não se alongando no tempo.

A prevaricação imprópria, crime omissivo próprio por excelência, não admite a figura tentada, pois não se lhe exige nenhum resultado naturalístico produzido pela conduta omissiva. Trata-se, na realidade, de crime de mera atividade, ou melhor, inatividade; é crime de ato único, unissubsistente, que não admite fracionamento. Se o agente deixa passar o momento em que devia e podia agir, consumou-se o crime; se ainda pode agir, não há que falar em crime. Até o momento em que a ação do agente pode ser eficaz, a ausência dela não constitui crime. No entanto, se nesse momento a atividade devida não ocorrer, consuma-se o crime, não havendo espaço, portanto, para fracionamento da conduta omissiva.

7. Classificação doutrinária

A prevaricação imprópria classifica-se como crime próprio (que exige qualidade ou condição especial do sujeito, qual seja a de diretor de penitenciária); formal (que não exige resultado naturalístico para sua consumação, bastando a simples abstenção da conduta devida); de forma livre (que pode ser praticado por qualquer forma escolhida pelo agente); omissivo próprio (que se consuma com a simples omissão, isto é, com a mera abstenção da conduta devida); instantâneo (cuja execução não se alonga no tempo, não havendo demora entre a ação e o resultado); unissubjetivo (que pode ser praticado por um agente apenas); unissubsistente (praticado com um único ato, não admitindo fracionamento).

8. Pena e ação penal

A pena cominada, isoladamente, é a pena privativa de liberdade, na modalidade de detenção, de três meses a um ano. Aumenta-se de um terço nas hipóteses previstas no art. 327, § 2º, do CP. Trata-se, como se constata, de infração de menor potencial ofensivo, sendo, por conseguinte, da competência do Juizado Especial Criminal (art. 61 da Lei n. 9.099/95), com aplicação, prioritariamente, de penas alternativas.

A ação penal é pública incondicionada.

CONDESCENDÊNCIA CRIMINOSA XII

Sumário: 1. Considerações preliminares. 2. Bem jurídico tutelado. 3. Sujeitos do crime. 4. Tipo objetivo: adequação típica. 5. Tipo subjetivo: adequação típica. 6. Consumação e tentativa. 7. Classificação doutrinária. 8. Questões especiais. 9. Pena e ação penal.

Condescendência criminosa

Art. 320. Deixar o funcionário, por indulgência, de responsabilizar subordinado que cometeu infração no exercício do cargo ou, quando lhe falte competência, não levar o fato ao conhecimento da autoridade competente:

Pena — detenção, de 15 (quinze) dias a 1 (um) mês, ou multa.

1. Considerações preliminares

Condescendência criminosa é uma modalidade de prevaricação que recebeu tratamento diferenciado do legislador, por considerar a menor desvalia da ação criminalizada que envolve relação pessoal/funcional. O Código Criminal do Império disciplinava essa infração penal como espécie de prevaricação (art. 129, § 4º), caminho também seguido pelo Código Penal de 1890 (art. 207, § 6º).

O Código Penal de 1940 preferiu destacá-la como figura autônoma para dar-lhe tratamento mais adequado, proporcional a sua menor gravidade. O Anteprojeto de Reforma do Código Penal, por sua vez, descriminaliza essa modalidade de infração penal, entendendo, provavelmente, que de *minimis non curat praetor*.

2. Bem jurídico tutelado

Bem jurídico protegido é a Administração Pública, especialmente sua moralidade e probidade administrativa. Protege-se, na verdade, a probidade de função pública, sua respeitabilidade, bem como a integridade de seus funcionários. A probidade e a moralidade da Administração Pública também ficam comprometidas quando os funcionários desta, de níveis mais elevados, omitem-se na correção e responsabilização das infrações cometidas pelos subalternos.

3. Sujeitos do crime

Sujeito ativo somente pode ser o funcionário público, e que ostente posição hierarquicamente superior à do infrator. Pode haver a participação de indivíduo não funcionário, através do concurso de pessoas.

Sujeito passivo é o Estado (representando União, Estados-membros, Distrito Federal e Municípios) enquanto titular e responsável pela Administração Pública.

4. Tipo objetivo: adequação típica

Trata-se, a despeito do *nomen juris* distinto, de uma modalidade menos grave de prevaricação que encerra um sentimento indulgente. São duas as condutas típicas previstas: a) deixar de responsabilizar subordinado que cometeu infração no exercício do cargo; b) não levar o fato ao conhecimento da autoridade competente, quando lhe falta competência. Ambas as condutas são omissivas próprias e têm como pressuposto a prática de infração penal ou administrativa pelo funcionário no desempenho de suas funções. Deixar de responsabilizar significa a não imposição das sanções disciplinares cabíveis ao funcionário subalterno faltoso, omitindo-se o superior quanto à obrigação de apurar a infração cometida. Não levar ao conhecimento da autoridade competente significa deixar de comunicá-la, quando, não sendo competente para apurá-la, devia e podia fazê-lo. As duas modalidades são omissivas: na primeira omite-se de responsabilizar o faltoso; na segunda omite-se de comunicar a ocorrência da falta à autoridade competente.

O elemento material — causa psicológica do crime — consiste na omissão do dever funcional de promover a responsabilidade administrativa do infrator, seu subalterno, quando competente para apurá-lo, ou, não o sendo, na omissão do dever de comunicar o fato à autoridade competente. É indispensável, contudo, que a infração esteja diretamente relacionada com o exercício do cargo, ou seja, deve ter sido cometida *ratione officii*. Infração, contudo, praticada fora do exercício funcional, a omissão do superior em apurá-la não tipifica o crime ora em exame.

Inevitável chegar à derradeira conclusão: a criminalização desse tipo de conduta é uma demasia, ante a existência de outros mecanismos de controle formalizado, particularmente o Direito Administrativo, que podem ocupar-se melhor desse tipo de relacionamento omissivo na esfera da Administração Pública. Em verdade, na prática, tal previsão dificilmente ganha aplicação, não que tais fatos não aconteçam, ao contrário, ocorrem, mas, normalmente, o chefe do chefe, isto é, a "autoridade competente" que toma conhecimento da omissão do funcionário faltoso também adota indulgência semelhante, omitindo-se, igualmente. Apenas por exceção poder-se-á chegar à punição, e, nesse caso, normalmente, a motivação não é mais nobre que a indulgência punida, pelo contrário, é movida por sentimento negativo, vingança, perseguição etc. Convenhamos, falando sério e sem meias palavras, somente motivações do gênero animarão colegas de trabalho a buscar a criminalização de uma ação indulgente sem maiores consequências.

Sintetizando, condescendência criminosa é a omissão administrativa praticada por funcionário público, o qual, por indulgência, deixa de responsabilizar inferior hierárquico que cometeu infração administrativa, no exercício do cargo, ou, quando, não sendo competente, deixa de comunicar sua ocorrência à autoridade que o seja.

5. Tipo subjetivo: adequação típica

Elemento subjetivo é o dolo, representado pela vontade consciente de praticar qualquer das condutas tipificadas. É necessário que o sujeito ativo tenha ciência da falta cometida pelo subalterno. Se, por alguma razão, não a teve, mesmo que fruto de negligência, a omissão é atípica, não se podendo falar em crime, ante a ausência de previsão da modalidade culposa.

É indispensável a presença do elemento subjetivo do tipo, consistente no especial motivo de agir "por indulgência" (clemência, condescendência). Esse crime, a nosso juízo, é um dos poucos que se pode afirmar, sem medo de errar, que, embora não esteja expresso no tipo penal, exige um elemento subjetivo especial do injusto, motivador da conduta incriminada: o sentimento piedoso, condescendente; o fim especial, na realidade, está contido na elementar normativa do tipo: por indulgência. Não deixa de ser um elemento subjetivo especial *sui generis*, mas é o fim especial de agir, tanto que, se for outro o motivo determinante da omissão da autoridade superior, o crime poderá ser o de prevaricação descrito no art. 319, e não este.

6. Consumação e tentativa

Consuma-se o crime com a simples omissão por parte do sujeito ativo quando, tomando conhecimento do fato, não providencia a responsabilidade do infrator. No entanto, a lei penal não se refere ao prazo dentro do qual o superior hierárquico deve responsabilizar o subalterno infrator ou comunicar o fato à autoridade competente. Destacava Hungria[1], porém, que, segundo o Estatuto dos Funcionários Públicos Civis, a autoridade que tiver ciência de irregularidades no serviço público deve promover-lhe a apuração imediata em processo administrativo (art. 143 da Lei n. 8.112/90). Assim, pode-se concluir, ter-se-á o crime como consumado desde que, tendo conhecimento da infração cometida pelo subalterno, o superior hierárquico deixa de providenciar imediatamente na apuração de sua responsabilidade, salvo a existência de força maior devidamente justificada.

Tratando-se de crime omissivo próprio, a tentativa é inadmissível, segundo a orientação que adotamos.

7. Classificação doutrinária

Trata-se de crime formal (que não exige resultado naturalístico para sua consumação); próprio (que exige qualidade ou condição especial do sujeito); de forma livre (que pode ser praticado por qualquer meio ou forma pelo agente), instantâneo (não há demora entre a ação e o resultado); unissubjetivo (que pode ser praticado por um agente apenas); e unissubsistente (crime que, em regra, é praticado com um único ato, não admitindo, em consequência, fracionamento em sua execução).

---

1. Nélson Hungria, *Comentários ao Código Penal*, p. 381.

8. Questões especiais

Caso seja o sujeito ativo impelido por sentimento pessoal, responderá pelo delito constante no art. 319 do CP. Se a intenção do agente é obter, para si ou para outrem, vantagem indevida, o crime é de corrupção passiva (art. 317 do CP). Admite-se a suspensão condicional do processo em razão da pena mínima abstratamente cominada — inferior a um ano. *Vide* os arts. 321, II, do CPP e 9º, n. 3, da Lei n. 1.079/50 (crimes de responsabilidade).

9. Pena e ação penal

As penas cominadas, alternativamente, são de detenção, de quinze dias a um mês, ou multa, evidentemente, da competência do Juizado Especial Criminal. A ação penal é, como mais um exagero dessa criminalização, pública incondicionada. Pelas sanções cominadas, essa infração penal não passaria, no máximo, de uma mera contravenção penal. Aliás, trata-se de uma simples omissão funcional que encontraria melhor solução, e com mais efetividade, no plano administrativo, com a respectiva sanção, sendo absolutamente desnecessária e contraproducente sua criminalização.

ADVOCACIA ADMINISTRATIVA — XIII

Sumário: 1. Considerações preliminares. 2. Bem jurídico tutelado. 3. Sujeitos do crime. 4. Tipo objetivo: adequação típica. 5. Tipo subjetivo: adequação típica. 5.1 (Des)necessidade de elemento subjetivo especial do injusto. 6. Consumação e tentativa. 7. Classificação doutrinária. 8. Forma qualificada. 9. Causa de aumento de pena. 9.1. Questões especiais. 10. Pena e ação penal.

Advocacia administrativa

Art. 321. Patrocinar, direta ou indiretamente, interesse privado perante a administração pública, valendo-se da qualidade de funcionário:

Pena — detenção, de 1 (um) a 3 (três) meses, ou multa.

Parágrafo único. Se o interesse é ilegítimo:

Pena — detenção, de 3 (três) meses a 1 (um) ano, além da multa.

1. Considerações preliminares

A criminalização da denominada advocacia administrativa constitui inovação do Código Penal de 1940, na medida em que o Código Criminal de 1830 e o Código Penal de 1890 desconheciam essa figura típica, que não passava de simples infração administrativa. Relativamente aos crimes contra a ordem tributária, econômica e contra as relações de consumo, a advocacia administrativa é disciplinada pela Lei n. 8.137/90 (art. 3º, III), que, por ser especial, afasta a geral (Código Penal). Por isso, o patrocínio de interesse privado ante a administração fazendária, em matéria tributária ou previdenciária, é criminalizado pela lei de sonegação tributária (*lex especialis derogat legi generali*), que aplica, inclusive, a pesadíssima pena de reclusão de um a quatro anos. Na mesma balada, a Lei n. 8.666/93 — que regulamenta as licitações e contratos da Administração Pública — também criou sua própria figura de advocacia administrativa (art. 91), punindo o patrocínio de interesse privado perante a Administração Pública. Tal como ocorre na hipótese dos crimes tributários, também na seara das licitações públicas, havendo advocacia administrativa, será aplicável a previsão contida nesta lei, cuja pena cominada é de seis meses a dois anos de detenção e multa.

Dispomos, portanto, como acabamos de constatar, de três modalidades de advocacia administrativa — uma geral e duas especiais — punindo, pela mesma conduta, com sanções absolutamente distintas, a despeito de tratar-se do mesmo bem jurídico tutelado, ignorando princípios básicos, como os da proporcionalidade e da humanidade da pena criminal.

2. Bem jurídico tutelado

Bem jurídico protegido é a Administração Pública, especialmente sua moralidade e probidade administrativa. Protege-se, na verdade, a probidade de função pública, sua respeitabilidade, bem como a integridade de seus funcionários, que é incompatível com o exercício de advocacia administrativa em favor do interesse privado. Como destaca Damásio de Jesus[1], "a lei penal protege o regular funcionamento da administração governamental, tutelando-a da conduta irregular de seus componentes que, em razão do cargo, procuram defender interesses alheios ao Estado, de particulares, lícitos ou ilícitos". Com efeito, ao funcionário público, no exercício da função, não é permitido agir para a satisfação de interesse privado, próprio ou de terceiro, ainda que não objetive conseguir alguma vantagem pessoal de qualquer natureza.

O funcionário público deve, para bem desempenhar suas funções, despir-se de interesses ou sentimentos pessoais, priorizando o cumprimento pronto e eficaz de suas atribuições de ofício, que deve ser realizado escrupulosa e tempestivamente sem a intervenção de ninguém. O sentimento do funcionário público, enfim, não pode ser outro senão o de cumprir e fazer cumprir com absoluta isenção, dedicação, lisura, transparência e correção o seu *munus* público, sem sofrer influências externas de quem quer que seja.

3. Sujeitos do crime

Sujeito ativo somente pode ser o funcionário público, tratando-se, por conseguinte, de crime próprio, que exige essa condição especial do agente, da qual deve prevalecer-se para patrocinar interesse privado perante a administração pública, a despeito de não constar expressamente na descrição típica. É da essência dessa infração penal a característica de ser um crime funcional, na medida em que o particular não sofre essa mesma vedação legal.

É indiferente que não fosse funcionário quando iniciou a conduta criminosa, desde que nela tenha persistido após sua nomeação. A fase inicial podia ser lícita, mas não sua sequência, após ter adquirido a condição especial exigida pelo tipo. No mesmo sentido é o magistério de Vicente Greco Filho, que pontifica: "O sujeito ativo é o funcionário público que patrocina interesse privado perante a Administração. Se o agente não era funcionário e patrocinava interesse privado, mas, posteriormente, vem a ser nomeado agente público e prossegue na intermediação, incide na infração"[2]. Enfim, autor desse crime é somente o funcionário público, enquanto funcionário,

---

1. Damásio de Jesus, *Direito Penal*, p. 181.
2. Vicente Greco Filho, *Dos crimes da lei de licitações*, p. 81-82.

como funcionário e nessa condição, pois sua característica principal, repetindo, é ser um crime funcional, tratando-se, por conseguinte, de crime próprio, que não pode ser praticado por qualquer particular, sem essa condição ou qualidade.

O simples fato de o agente ser servidor público, por si só, não é suficiente para caracterizar essa infração penal, ainda que pratique conduta semelhante. É indispensável, como destaca o texto legal, que o agente valha-se dessa condição (funcionário público) para obter alguma vantagem perante a administração pública em favor do interesse privado. Nesse sentido, merece ser destacada a primorosa lição de Cretella Júnior, *in verbis*: "Valer-se dessa qualidade é desempenhar o serviço público não de modo objetivo, mas subjetivo, favorecendo um, em detrimento de outro, infringindo, assim, o princípio de igualdade do administrado perante a Administração. O funcionário age como se a *res* publica fosse sua ou age como se fosse o advogado do interessado, patrocinando-lhe o interesse, perante a Administração"[3]. A prática criminosa pode ser direta ou indireta, isto é, por interposta pessoa, expressamente admitida na descrição da conduta típica. O particular, individualmente, não pratica esse tipo de crime, não lhe sendo vedado defender ou patrocinar interesse privado perante a administração pública; aliás, pelo contrário, a este é assegurado constitucionalmente esse direito (art. 5º, XIII). Afora esse aspecto, admite-se a possibilidade do concurso eventual de pessoas, ou seja, o particular (sem reunir a condição especial típica), o *extraneus*, pode concorrer para o crime, na condição de partícipe, auxiliando o *intraneus*, induzindo-o ou instigando-o à prática delituosa.

Sujeito passivo é o Estado (União, Estados, Distrito Federal e Municípios), bem como suas respectivas autarquias, fundações, empresas públicas, sociedades de economia mista e demais entidades controladas pelo Poder Público. Convém destacar, no entanto, que será sujeito passivo somente o ente público no âmbito do qual a licitação foi instaurada ou o contrato público celebrado. Se houver prejuízo a terceiro — o que, aliás, é bastante provável, considerando-se a existência de concorrentes —, este, certamente, também poderá figurar como sujeito passivo, considerado pela doutrina majoritária como secundário. O prejuízo sofrido pela inviabilização do certame licitatório o torna também sujeito passivo dessa infração penal, legitimando-o, inclusive, a propor eventual ação penal subsidiária.

4. Tipo objetivo: adequação típica

O *nomen juris* — advocacia administrativa — talvez não seja o mais adequado, pois, *a priori*, dá uma ideia de que a ação seja privativa de advogado, o que não corresponde à realidade, pois o verbo nuclear utilizado, "patrocinar", deixa claro que seu significado é defender, proteger, postular, de forma que, teoricamente, pode ser cometido por qualquer pessoa, desde que reúna a condição de funcionário público. Pelo menos, o Anteprojeto da Reforma Penal mudou o *nomen juris* dessa

3. José Cretella Júnior, *Das licitações públicas*, 18. ed., Rio de Janeiro, Forense, 2009, p. 413.

figura penal para patrocínio indevido, eliminando, dessa forma, os inconvenientes que acabamos de apontar.

A ação incriminada consiste em patrocinar (advogar, proteger, defender), direta ou indiretamente, interesse privado (de particular) perante a Administração Pública, valendo-se da qualidade de funcionário, isto é, aproveitando-se da facilidade de acesso junto a seus colegas e da camaradagem, consideração ou influência de que goza entre estes. Com o prestígio que tem no interior das repartições públicas e a facilidade de acesso às informações ou troca de favores, a interferência de um funcionário público, patrocinando interesse privado de alguém, retira a imparcialidade e a isenção que a Administração Pública deve manter na administração de interesse público. O que se reprime efetivamente é o patrocínio de interesse privado, que pode, inclusive, chocar-se com os próprios interesses da Administração, especialmente na forma qualificada em que o interesse é ilegítimo. O crime de advocacia administrativa é, por excelência, um crime funcional, exigindo, consequentemente, que o sujeito ativo ostente a condição especial de funcionário público, e, no caso, mais que isso, que o agente valha-se dessa condição para obter ou conceder facilidades ao interesse privado. Não basta, portanto, ser funcionário público, sendo necessário que dessa condição se utilize para patrocinar interesse privado contrastando com seu dever funcional de defender o interesse público. Logo, para a configuração do crime de advocacia administrativa, basta que o servidor público — conhecido ou não dos outros funcionários, fazendo uso de informes privilegiados ou não — busque beneficiar terceiros em prejuízo dos interesses estatais. Na verdade, a condição de funcionário público é uma elementar implícita do crime de advocacia administrativa, até porque não há qualquer proibição de o particular poder patrocinar interesses privados perante a Administração Pública. Nesse sentido, destaca, acertadamente, Greco Filho: "(...) porque não tem cabimento apenar o particular que patrocina os seus interesses ou os de terceiros perante a Administração, porque seriam criminosos todos os advogados que requererem, em nome de seus clientes, perante a Administração ou, mesmo, cada um de nós que pleitear qualquer coisa perante ela. A infração é funcional, portanto, e assim será tratada"[4].

Com efeito, o que este tipo penal proíbe não é que ocorra patrocínio de interesse privado perante a Administração Pública, mas que esse patrocínio seja realizado por funcionário público valendo-se dessa sua condição. O que se pretende punir é a atitude do funcionário que comprove o seu *animus* de "advogar" interesses alheios, utilizando-se de sua condição e de sua influência de funcionário público para beneficiar o patrocinado, justa ou injustamente. Com o prestígio que tem no interior das repartições públicas e a facilidade de acesso às informações ou troca de favores, a interferência de um funcionário público, patrocinando interesse privado de alguém, retira a neutralidade e a isenção que a Administração Pública deve manter na administração de interesse público.

---

4. Vicente Greco Filho, *Dos crimes da lei de licitações*, p. 79.

Interesse privado, por sua vez, é qualquer finalidade, meta, vantagem ou objetivo a ser alcançado pelo particular perante a Administração Pública. É irrelevante a legitimidade ou ilegitimidade do interesse patrocinado, embora a ilegitimidade tenha o condão de qualificar o crime. Lesa diretamente o interesse da Administração porque sua finalidade é ter a condição de decidir sem a interferência exterior de quem quer que seja, especialmente de um particular. Contrapondo-se ao interesse público, o interesse privado é vantagem ou proveito que o particular pretende alcançar ou obter perante a Administração Pública. É irrelevante, para este diploma legal, a legitimidade ou ilegitimidade do interesse privado patrocinado. Para a caracterização do crime, no entanto, é insuficiente a simples informação dos interesses postulados. Não se trata, por outro lado, de "mero interesse" de algum funcionário no andamento mais ou menos rápido de determinados papéis, pedidos ou expedientes, atendendo pedido de algum amigo ou conhecido. Todo cidadão tem ou pode ter interesse privado a postular perante a Administração Pública, por si ou por interposta pessoa, legitimamente. O particular que se dirige à Administração Pública, na maioria das vezes, o faz para postular direitos ou interesses, próprios ou de terceiros (várias pessoas postulam, inclusive, interesses dos familiares, de amigos e até de vizinhos). Certamente, não é desse interesse privado que se ocupa o dispositivo legal que ora se examina.

Com efeito, a locução "interesse privado", *lato sensu*, como elementar típica, é mais abrangente e pode compreender "simples interesse" (estrito senso), que se esgota no plano administrativo, como também "um direito", o qual, insatisfeito na esfera administrativa, pode ser postulado no plano judicial. Em ambos os casos — interesse ou direito — a pretensão privada pode ser, ilegalmente, patrocinada por funcionário público, valendo-se dessa condição, incorrendo na proibição constante deste dispositivo legal. Repetindo, é necessário, no entanto, que o funcionário púbico valha-se dessa sua condição para postular o interesse privado, influenciando ou pretendendo influenciar com o seu prestígio (ou pretenso prestígio) a solução satisfatória de sua demanda.

O objeto material da proteção penal é o interesse privado perante a Administração Pública, independentemente de ser ou não legítimo; apenas a sua ilegitimidade qualifica o crime. O *nomen juris* — advocacia administrativa — talvez não seja o mais adequado, pois, *a priori*, dá uma ideia de que a ação seja privativa de advogado, o que não corresponde à realidade, pois o verbo nuclear utilizado "patrocinar" deixa claro que seu significado é defender, proteger, postular, que, teoricamente, pode ser cometido por qualquer pessoa. No entanto, nesse caso, trata-se de crime funcional, exigindo, consequentemente, que o sujeito ativo ostente a condição especial de funcionário público. Pelo menos, o Anteprojeto da Reforma Penal mudou o *nomen juris* dessa figura penal para patrocínio indevido, eliminando, dessa forma, os inconvenientes que acabamos de apontar.

O patrocínio pode ser direto, sem interposta pessoa, ou indireto, quando se utiliza de terceiro. Pode ser, ainda, formal e explícito (petições, requerimentos etc.) ou dissimulado, seja acompanhando o andamento de processos, seja tomando conhecimento das decisões adotadas etc. Em qualquer das hipóteses, presume-se que o agente aja aproveitando-se das facilidades que sua condição de funcionário público lhe proporciona. Nesse sentido, já pontificava Hungria: "o patrocínio pode ser exercido direta ou indiretamente, isto é, pelo próprio funcionário ou servindo êste (*sic*), como intermediário, de alguém que se sabe agir à sombra do seu prestígio (ex.: um seu filho), e que será copartícipe do crime"[5]. Ademais, no patrocínio não se exige a contrapartida de vantagem econômica ou de qualquer outra natureza; pode ser usado, por exemplo, para satisfazer interesse pessoal, prestar um favor a alguém etc. A motivação da conduta, enfim, é irrelevante para a caracterização do crime.

Para a caracterização, enfim, do crime de advocacia administrativa, é insuficiente a simples informação dos interesses postulados, pois, a rigor, precisam ser defendidos, caso contrário não se tipificará a conduta descrita neste tipo penal.

5. Tipo subjetivo: adequação típica

Elemento subjetivo é o dolo, representado pela vontade consciente de patrocinar interesse privado perante a Administração Pública. É desnecessário que o agente vise vantagem pessoal ou aja por interesse ou sentimento pessoal. Na figura qualificada, o sujeito ativo deve ter conhecimento da ilegitimidade do interesse que patrocina. O tipo subjetivo é constituído de um elemento geral — dolo —, que, por vezes, é acompanhado de elementos especiais — intenções e tendências —, que são elementos acidentais, conhecidos como elementos subjetivos especiais do injusto ou do tipo penal. Os elementos subjetivos que compõem a estrutura do tipo penal assumem transcendental importância na definição da conduta típica, pois é por meio do *animus agendi* que se consegue identificar e qualificar a atividade comportamental do agente.

O elemento subjetivo da conduta descrita neste art. 321 é o dolo, constituído pela vontade consciente de patrocinar interesse privado perante a Administração Pública, valendo-se o agente de sua condição de funcionário público. É desnecessário que o agente vise vantagem pessoal ou aja por interesse ou sentimento pessoal, basta que o faça conscientemente de estar defendendo interesse privado perante o poder público. É necessário, ademais, que a vontade consciente abranja todos os elementos constitutivos do tipo, independentemente de sua natureza ou função dogmática. É indispensável que o agente tenha consciência de que com sua ação estará dando causa à instauração de licitação ou à celebração do contrato respectivo. Em outros termos, a ação de patrocinar interesse privado perante a administração pública deve ser praticada voluntariamente e de forma consciente pelo sujeito ativo, isto é, conhecendo todos os elementos constitutivos do tipo penal. O dolo, puramente, constitui o elemento central do injusto pessoal da ação, representado pela vontade consciente de ação dirigida imediatamente contra o mandamento normativo.

5. Nélson Hungria, *Comentários ao Código Penal*, p. 384.

A eventual complexidade estrutural de um tipo penal não dispensa sua completa abrangência pelo dolo, sob pena de consagrar-se autêntica responsabilidade penal objetiva. Com efeito, a previsão, isto é, a consciência deve abranger correta e completamente todos os elementos essenciais e constitutivos do tipo penal, sejam eles descritivos, normativos ou subjetivos. Enfim, a consciência (previsão ou representação) abrange a realização dos elementos descritivos e normativos, do nexo causal e do evento (delitos materiais), da lesão ao bem jurídico, dos elementos objetivos das circunstâncias agravantes e atenuantes que supõem uma maior ou menor gravidade do injusto e dos elementos acidentais do tipo objetivo. Por isso, quando o processo intelectual volitivo não atinge um dos componentes da ação descrita na lei, o dolo não se aperfeiçoa, isto é, não se completa.

Finalmente, não há previsão de modalidade culposa, como a imensa maioria, quase totalidade, dos crimes contra a Administração Pública.

5.1 *(Des)necessidade de elemento subjetivo especial do injusto*

Não se vislumbra nas elementares objetivas e subjetivas constantes do art. 321 a exigência do denominado elemento subjetivo especial do tipo ou do injusto (segundo a terminologia dominante). As elementares subjetivadoras especiais — configuradoras do especial fim de agir — são, normalmente, representadas por expressões, tais como "a fim de", "para o fim de", "com a finalidade de", "para si ou para outrem", "com o fim de obter"; "em proveito próprio ou alheio", entre outras, indicadoras de uma finalidade transcendente, além do dolo natural configurador do tipo subjetivo.

Com efeito, pode figurar nos tipos penais, ao lado do dolo, uma série de características subjetivas que os integram ou os fundamentam. Na realidade, o especial fim ou motivo de agir, embora, como temos repetido, amplie o aspecto subjetivo do tipo, não integra o dolo nem com ele se confunde, uma vez que, como vimos, o dolo esgota-se com a consciência e a vontade de realizar a ação com a finalidade de obter o resultado delituoso, ou na assunção do risco de produzi-lo. O especial fim de agir que integra determinadas definições de delitos condiciona ou fundamenta a ilicitude do fato, constituindo, assim, elemento subjetivo do tipo de ilícito, de forma autônoma e independente do dolo. A denominação correta, por isso, é elemento subjetivo especial do tipo ou elemento subjetivo especial do injusto, que se equivalem, porque pertencem, ao mesmo tempo, à ilicitude e ao tipo que a ela correspondem.

6. Consumação e tentativa

Consuma-se o crime de advocacia administrativa com a realização do primeiro ato que caracterize o patrocínio, ou seja, com a prática de um ato inequívoco de patrocinar interesse privado perante a Administração Pública, sendo irrelevante o sucesso ou insucesso do patrocínio. Não é necessário que o funcionário público atue como verdadeiro patrono do indivíduo. A tentativa é admissível, embora de difícil ocorrência. É interessante o exemplo sugerido por Damásio de Jesus, do funcionário público que é surpreendido no momento em que vai apresentar uma petição à autoridade, sendo impedido de levá-la a seu conhecimento por circunstâncias alheias à sua vontade.

7. Classificação doutrinária

Trata-se de crime próprio (que exige qualidade ou condição especial do sujeito ativo, no caso, que seja funcionário público, sendo, portanto, crime funcional); formal (que não exige resultado naturalístico para sua consumação); próprio (que exige qualidade ou condição especial do sujeito); de forma livre (que pode ser praticado por qualquer meio ou forma pelo agente); instantâneo (não há demora entre a ação e o resultado); unissubjetivo (que pode ser praticado por um agente apenas); plurissubsistente (crime que, em regra, pode ser praticado com mais de um ato, admitindo, em consequência, fracionamento em sua execução).

8. Forma qualificada

Há a figura qualificada, que fundamenta a elevação da pena para três meses a um ano de detenção, quando o patrocínio destinar-se a interesse ilegítimo (parágrafo único). A ilegitimidade do interesse a que se refere a norma penal é relacionada àquele contrário ao direito, tratando-se, por conseguinte, de elemento normativo do tipo penal.

Patrocinar, perante a Administração Pública, interesse privado já é, por si só, desvalioso; sendo, porém, ilegítimo esse interesse, certamente o desvalor dessa ação será consideravelmente superior, justificando, na ótica do legislador, a configuração qualificada da infração penal, com a consequente majoração da sanção penal correspondente. Essa qualificadora deixa claro que para caracterizar o crime de advocacia administrativa não é necessário que o interesse privado patrocinado seja ilegítimo; a ilegitimidade na verdade apenas aumenta o desvalor da ação e, se sobrevier, também o maior desvalor do resultado, justificando sua maior punição. Para a incidência da forma qualificada é mister que o agente tenha conhecimento do caráter de ilegitimidade que reveste o interesse privado por ele pleiteado.

9. Causa de aumento de pena

O art. 327, § 2º, do CP prevê, ainda, a majoração especial (um terço), quando os autores do crime forem "ocupantes de cargos em comissão ou de função de direção ou assessoramento de órgão da administração direta, sociedade de economia mista, empresa pública ou fundação instituída pelo poder público".

9.1 *Questões especiais*

O art. 321 ora comentado foi derrogado pelo art. 91 da Lei n. 8.666/93 (Lei de Licitações), dada sua especificidade. Dessa forma, "quando se trata de patrocínio direto ou indireto do interesse privado perante a Administração Pública, no que se refere à licitação, será aplicável o presente e referido art. 91 e não mais o art. 321

do estatuto penal"[6]. É possível o concurso formal do delito de advocacia administrativa com os arts. 316, 317 e 333 do CP. Admite-se a suspensão condicional do processo em razão da pena mínima abstratamente cominada — inferior a um ano. *Vide* os arts. 91 da Lei n. 8.666/93 (Lei de Licitações); 3º, III, da Lei n. 8.137/90 (crimes contra a ordem tributária, econômica e contra as relações de consumo); e 89 da Lei n. 9.099/95 (Juizados Especiais).

10. Pena e ação penal

As penas cominadas, alternativamente, são de detenção, de um a três meses, ou multa, para a figura simples. Para a figura qualificada, a cominação é cumulativa: detenção, de três meses a um ano, e multa.

A ação penal é pública incondicionada, sendo desnecessária qualquer manifestação do ofendido ou seu representante legal.

6. Paulo José da Costa Jr., *Direito Penal das licitações*, p. 24.

VIOLÊNCIA ARBITRÁRIA — XIV

Sumário: 1. Considerações preliminares. 2. Bem jurídico tutelado. 3. Sujeitos do crime. 4. Tipo objetivo: adequação típica. 4.1. Violência arbitrária em concurso com violência. 4.2. Violência arbitrária cumulada com pena correspondente à violência: concurso material de crimes ou cúmulo material de penas. 5. Tipo subjetivo: adequação típica. 6. Consumação e tentativa. 7. Classificação doutrinária. 8. Pena e ação penal.

Violência arbitrária

Art. 322. Praticar violência, no exercício de função ou a pretexto de exercê-la:

Pena — detenção, de 6 (seis) meses a 3 (três) anos, além da pena correspondente à violência.

1. Considerações preliminares

O Código Penal francês de 1810 (napoleônico) definiu o crime de violência arbitrária, tendo sido seguido por inúmeros códigos da moderna era da codificação, inclusive pelos códigos brasileiros. O Código Criminal de 1830 descrevia essa infração penal nos seguintes termos: "Cometer qualquer violência no exercício das funções do emprego, ou a pretexto de exercê-las. Penas — de perda do emprego no grau máximo; de suspensão por três anos no médio; e por um ano, no mínimo; além das mais em que ocorrer pela violência". O Código Penal de 1890 limitou-se a reproduzir literalmente o mesmo texto do Código anterior. O atual Código Penal (1940) não discrepou dos dois anteriores, limitando-se a pequenos ajustes de linguagem, substituindo o verbo nuclear "cometer" por "praticar", suprimindo a elementar adverbial "qualquer" antes de violência e substituindo a locução "no exercício das funções do emprego" por "no exercício de função". Adequou, ademais, a cominação da pena que fixou de seis meses a três anos de detenção, além de manter a correspondente a violência, tendo abandonado o superado critério do século XIX relativo aos graus máximo, médio e mínimo.

O Anteprojeto de Reforma da Parte Especial preferiu adotar novo *nomen juris* para a mesma infração penal: abuso de poder, atribuindo-lhe nova redação: "Ameaçar alguém de mal grave ou praticar violência contra a pessoa, no exercício da função, ou a pretexto de exercê-la. Pena — reclusão de um a três anos". Prevê-lhe ainda duas modalidades de figuras qualificadas.

Discutia-se, no entanto, na doutrina brasileira, se esse dispositivo não teria sido revogado pela Lei n. 4.898/65, que define os crimes de abuso de autoridade. Divergiam, duas correntes, ambas com argumentos respeitáveis, que se tornaram efetivamente inconciliáveis. O Supremo Tribunal Federal vinha entendendo que o art. 3º, *i*, da Lei n. 4.898/95, descrevendo o "abuso de autoridade" como "atentado à incolumidade física do indivíduo", não revogou o crime de violência arbitrária, definido no art. 322 do CP[1]. Argumentava a Suprema Corte que na legislação brasileira os crimes de violência arbitrária não se confundem com o crime de abuso de poder. O crime de abuso de poder era descrito no art. 350 do CP e integrava o capítulo dos crimes contra a Administração da Justiça; o art. 322, que descreve a "violência arbitrária", encontra-se no capítulo que descreve os crimes praticados por funcionário público contra a Administração Pública em geral, sendo que a violência deve ser praticada no exercício da função ou a pretexto de exercê-la. Esse dispositivo pune cumulativamente a violência praticada, que pode ir de vias de fato a homicídio. Logo, não podia ter sido absorvido pelo crime de abuso de autoridade (Lei n. 4.898/65), cuja pena privativa de liberdade é de dez dias a seis meses de detenção. Nesse sentido, sustentava o Supremo Tribunal Federal que a Lei n. 4.898/65 não revogou expressamente o art. 322 do CP, tampouco com ele é incompatível, nem regulou exaustivamente a matéria. Ademais, a Lei n. 4.898/65 era omissa quanto à cumulação da punição correspondente à violência, que, via de regra, era punível com maior severidade que o abuso de autoridade[2].

Para o entendimento contrário — que era capitaneado pelo extinto Tribunal de Alçada Criminal de São Paulo (agora extinto)[3] — a Lei n. 4.898/65 regulou integralmente a matéria de abuso de poder, dentre a qual se inclui a violência arbitrária[4]. O art. 322 teria sido objeto de inúmeras críticas e sugestões, e a edição da Lei n. 4.898/65 teria atendido justamente a essa demanda. Ademais, a nova previsão era mais elástica, permitindo melhor adequação na dosagem da pena, além da dúvida sobre a lei anterior abranger a violência física e moral.

---

1. "Não foi absorvida a figura da violência arbitrária, do art. 322 do Código Penal, pelo crime de abuso de autoridade, da Lei n. 4.898, de 9 de dezembro de 1965" (*RTJ*, 54:304); "O art. 322 do Código Penal não foi revogado pela Lei n. 4.898/65" (*RTJ*, 62:266; *RTJ*, 56:131).

2. Magalhães Noronha, *Direito Penal*, p. 282; Paulo José da Costa Jr., *Comentários ao Código Penal*, p. 488.

3. "Com o advento da Lei n. 4.898/65 e em face do que preceitua a letra *i*, de seu art. 3º, ficou revogado o art. 322 do *Código Penal*" (*JTACrimSP*, 13:323).

4. A maioria da doutrina especializada adota este segundo entendimento; por todos, ver Heleno Fragoso, *Lições de Direito Penal*, p. 432; Damásio de Jesus, *Direito Penal*, p. 185-186; Luiz Regis Prado, *Curso de Direito Penal*, p. 459-460; Guilherme de Souza Nucci, *Código Penal comentado*, p. 998; Gilberto Passos de Freitas & Vladimir Passos de Freitas, *Abuso de autoridade*, 6. ed., São Paulo, Revista dos Tribunais, 1995, p. 167-168.

Não deixaremos de mencionar que também há divergência, em menor grau, é verdade, sobre o fato de a mesma Lei n. 4.898/65 ter revogado o art. 350 deste Código Penal, que cuidava exatamente do crime de abuso de poder; ou seja, um texto de lei, a nosso juízo, "mais enxuto", teria revogado dois dispositivos distintos que disciplinam matérias díspares, com bens jurídicos igualmente diferentes. Estamos com Magalhães Noronha[5] e a corrente minoritária, retificando nosso entendimento anterior, pois acreditávamos que a finalidade da Lei n. 4.898/65 era outra, conforme demonstramos quando tratarmos do crime de abuso de poder descrito no art. 350 do CP[6].

A referida Lei n. 4.898/65 (abuso de autoridade) e o art. 350 do Código Penal foram revogados pela Lei n. 13.869, de 5 de setembro de 2019.

2. Bem jurídico tutelado

Bem jurídico protegido é a Administração Pública, especialmente no que diz respeito a sua moralidade e probidade administrativa. Protege-se, na verdade, a probidade de função pública, sua respeitabilidade, bem como a integridade de seus funcionários. Protege-se, ademais, outro bem jurídico, qual seja a incolumidade e integridade física e a própria liberdade do indivíduo.

3. Sujeitos do crime

Sujeito ativo somente pode ser o funcionário público, tratando-se, por conseguinte, de crime próprio, no caso, crime funcional. Sujeito passivo é o Estado (União, Estados-membros, Distrito Federal e Municípios), bem como aquele que sofre a violência arbitrária, que, na linguagem universal da doutrina, seria sujeito passivo secundário.

4. Tipo objetivo: adequação típica

O núcleo do tipo é o verbo praticar (exercer, cometer) violência (entendida esta somente como a *vis corporalis*, abrangendo vias de fato, lesão corporal ou homicídio). É preciso que a conduta seja realizada pelo agente no exercício de sua função ou a pretexto de exercê-la. O emprego da violência deve ser arbitrário, desprovido, pois, de legitimidade. A violência, quando autorizada pela lei e é exercida no estrito limite de sua necessidade, evidentemente, não constitui crime.

Constata-se que a violência além de integrar — como elementar — a descrição típica do crime funcional é punida autonomamente, quando constitui crime em si mesma. As vias de fato não são destacadas para punição autônoma porque contravenções, segundo a regra geral, são absorvidas pelo crime que integram.

5. Magalhães Noronha, *Direito Penal*, p. 415.

6. Reina grande divergência na jurisprudência: a) a favor: *JTAC*, 11:152, 14:372, 31:340 e 46:371; *RT*, 376:246, 382:206, 533:565 e 592:326; b) contra: STF, *RT*, 449:504; TACrim, *RT*, 609:344; TJRJ, *RT*, 520:466.

Violência à pessoa consiste no emprego de força contra o corpo da vítima. Para caracterizá-la é suficiente que ocorra lesão corporal leve ou simples vias de fato. O termo "violência" empregado no texto legal significa força física, material, a *vis corporalis*. A violência pode ser produzida pela própria energia corporal do agente, que, no entanto, poderá preferir utilizar outros meios, como fogo, água, energia elétrica (choque), gases etc. Como dizia Garraud, citado por Hungria, "sob essa expressão genérica, a lei abrange tôdas (*sic*) as violências, desde as mais graves, como o homicídio e as lesões corporais, até as mais leves, como as 'vias de fato', entendendo-se por esta última expressão os maus-tratos que não consistam em espancar ou ferir, como, por exemplo, o fato de empurrar uma pessoa, de puxá-la pelos cabelos ou pelas vestes, de escarrar-lhe no rosto, de arremessar-lhe um objeto para molestá-la (embora sem derrame de sangue) ou sujá-la, de amarrá-la, de lhe arrebatar brutalmente algum objeto, de vendá-la, de amordaçá-la"[7].

É indispensável que a violência — *vis corporalis* ou *vis compulsiva* — seja praticada no exercício da função ou a pretexto de exercê-la, isto é, com a desculpa (real ou fictícia) de exercê-la. Em outros termos, usa-se da violência como se esta fosse necessária ou indispensável para poder exercer adequadamente a dita função pública. Ademais, o uso da violência deve ser arbitrário, ou seja, deve ser injustificada, ilegítima, desnecessária para o pretendido exercício funcional; oportunamente, será valorada pelo julgador. Para caracterizar a violência arbitrária é necessário que o sujeito ativo esteja no exercício da função ou a utilize a pretexto de tal exercício. O exercício da função deve ser a causa e não a simples oportunidade para o uso da violência. Assim, por exemplo, se o fiscal sanitário aproveita sua presença na casa de seu desafeto para agredi-lo, responderá apenas por lesões corporais ou vias de fato, e não também pelo crime funcional de violência arbitrária. Em qualquer caso, não haverá o crime em exame se a violência não estiver diretamente relacionada à função do agente. Ausente essa vinculação funcional, haverá apenas o crime a que corresponder a violência.

Violência arbitrária, dizia-se no passado, é crime específico de policiais. Não raro, esses agentes, para obter a confissão de determinado crime ou forçar o fornecimento de provas de autoincriminação, submetiam os suspeitos, frequentemente, a processos que chegavam a lembrar os da tortura medieval. No presente, a violência arbitrária pode estar começando a ser também, pode-se dizer, crime específico de membros do Ministério Público, que, não raro, estão fazendo o "papel de polícia", inclusive arbitrária, invadindo domicílios, escritórios de advocacia, prendendo e interrogando suspeitos, até mesmo na calada da noite, conforme tem denunciado a grande mídia. Condenando esse tipo de abuso policial, invocamos o magistério de Hungria: "não é apenas no Brasil que a polícia usa métodos de brutalidade. O mal existe, desgraçadamente, em quase todo o mundo. À exceção, talvez, da Inglaterra,

7. Apud Nélson Hungria, *Comentários ao Código Penal*, p. 384-385.

Bélgica e países escandinavos, em tôda (*sic*) parte os policiais costumam atribuir-se, à margem da lei, a faculdade de exercer violência contra os indivíduos que eles conseguem ter temporàriamente (*sic*) à sua mercê, para investigações. A consciência policial entrou em crise aguda. Notadamente depois que se inventou, por iniciativa dos Estados totalitários, a chamada 'polícia política', segundo os moldes, mais ou menos atenuados, da famosa Gestapo... As causas dêsse (*sic*) mal são múltiplas: a improvisação dos policiais, a ausência de critérios de seleção no seu recrutamento, o desestímulo ao dever pela má remuneração, a incapacidade dos atuais funcionários para assimilação dos métodos da polícia técnica ou científica e, acima de tudo, o espírito de prepotência arbitrária e crueldade que surge nos homens de educação inferior, quando investidos de autoridade. O policial truculento é o proverbial 'vilão com a vara na mão'"[8]. Há mais dito por Hungria, mas acreditamos ser isso suficiente para recomendar cautela no exame de arbitrariedades atribuídas às autoridades com poderes investigatórios.

4.1 *Violência arbitrária em concurso com violência*

O preceito sancionador determina a aplicação de seis meses a três anos de detenção, "além da pena correspondente à violência". Em primeiro lugar, convém destacar que a "violência" constitui, em si mesma, elementar típica do crime de violência arbitrária; logo, o cúmulo material de penas mencionado em dito preceito não pode estar referindo-se a todo e qualquer tipo de violência, sob pena de incorrer em *bis in idem*. Em segundo lugar, essa previsão legal estaria disciplinando concurso de crimes entre a violência arbitrária e outro crime violento, e, em caso positivo, a que espécie de concurso estar-se-ia referindo? Ou essa forma de cominação de pena refere-se somente ao sistema de aplicação de penas, e não ao concurso de crimes propriamente? São questões aparentemente simples, mas que demandam algum cuidado reflexivo.

Destacamos, de plano, que essa previsão somente é aplicável quando a "violência empregada" constituir autonomamente crime, caso contrário não haverá para ela outra pena cominada, pois não passará de simples elementar típica do crime em exame. Nesse tipo penal, portanto, somente a violência que constituir em si mesma crime excederá a mera função de elementar constitutiva do crime de violência arbitrária. Nessa hipótese, a pena deste será cumulada com a pena correspondente à infração penal constituída, isoladamente, pela violência. Do exposto, conclui-se que a ameaça (art. 147) e as vias de fato (art. 21 da LCP) são absorvidas pela elementar violência constante da descrição típica do art. 322.

Este crime — violência arbitrária —, praticado com o emprego de violência que constitua em si mesma crime, configura, certamente, concurso de crimes. No entanto, não se trata de concurso material, como reiteradamente tem repetido a doutrina

8. Nélson Hungria, *Comentários ao Código Penal*, p. 389-390.

nacional, quando analisa os crimes contra a vida e contra o patrimônio[9]. Em momento algum o texto legal sugere que se trata de concurso material, não passando de equivocada interpretação doutrinária. Não se pode esquecer, por outro lado, que o que caracteriza o concurso material de crimes não é a pluralidade de infrações, como ocorreria na hipótese em exame, mas sim a pluralidade de condutas, que, em princípio, não ocorre na ação única de praticar violência no exercício da função, pois se confundem na integração desse tipo penal.

4.2 *Violência arbitrária cumulada com pena correspondente à violência: concurso material de crimes ou cúmulo material de penas*

Quando da violência praticada no exercício de função ou a pretexto de exercê-la resultar lesões corporais ou morte, haverá a aplicação cumulativa das penas correspondentes à violência arbitrária e das decorrentes de dita violência (lesões corporais ou homicídio). Somente nessas hipóteses haverá aplicação cumulativa de penas. Registramos, desde logo, que consideramos grande equívoco afirmar que a violência implica concurso material de crimes[10], pois se ignora a verdadeira natureza desse concurso. O festejado Heleno Fragoso também incorria nesse deslize quando, analisando os crimes contra o patrimônio, afirmava: "Haverá sempre concurso material entre o dano e o crime resultante da violência, aplicando-se cumulativamente as penas"[11].

O fato de determinar-se a aplicação cumulativa de penas não significa que se esteja reconhecendo aquela espécie de concurso, mas apenas que se adota o sistema do cúmulo material de penas[12], que é outra coisa. Com efeito, o que caracteriza o concurso material de crimes não é a soma ou cumulação de penas, como prevê o dispositivo em exame, mas a pluralidade de condutas, pois no concurso formal impróprio, isto é, naquele cuja conduta única produz dois ou mais crimes, resultantes de desígnios autônomos, as penas também são aplicadas cumulativamente. Ora, esse comando legal — art. 322 —, determinando a aplicação cumulativa de penas, não autorizou o intérprete a confundir o cúmulo material de penas com o concurso material de crimes. Na verdade, concurso de crimes e sistema de aplicação de penas são institutos inconfundíveis: o primeiro relaciona-se à teoria da pena, e o segundo, à teoria do crime. Por isso, a confusão é injustificável.

---

9. Nélson Hungria, *Comentários ao Código Penal*, v. 2, p. 314; Magalhães Noronha, *Direito Penal*, v. 2, p. 314; Damásio de Jesus, *Direito Penal*, v. 2, p. 381.

10. Luiz Regis Prado, *Curso de Direito Penal brasileiro*, São Paulo, Revista dos Tribunais, 2000, v. 2, p. 450.

11. Heleno Cláudio Fragoso, *Lições de Direito Penal*, v. 1, p. 401. No mesmo erro incorria Magalhães Noronha, *Direito Penal*, p. 327.

12. Ver o que dissemos sobre o sistema do cúmulo material de penas, em *Tratado de Direito Penal*, 29. ed., São Paulo, Saraiva, 2023, v. 1, p. 849.

Concluindo, o art. 322 não criou uma espécie *sui generis* de concurso material, mas adotou tão somente o sistema do cúmulo material de aplicação de penas, a exemplo do que fez em relação ao concurso formal impróprio (art. 70, 2ª parte). Assim, quando a violência empregada na prática do crime de violência arbitrária constituir em si mesma outro crime, havendo unidade de ação e pluralidade de crimes, estaremos diante de concurso formal de crimes. Aplica-se, nesse caso, por expressa determinação legal, o sistema do cúmulo material de aplicação de pena, independentemente da existência de desígnios autônomos. A aplicação de penas, mesmo sem a presença de desígnios autônomos, constitui uma exceção na cominação de penas prevista para o concurso formal impróprio. Mas esta é uma norma genérica, prevista na Parte Geral do Código Penal (art. 70, 2ª parte); aquela constante do dispositivo em exame (art. 322) é norma específica contida na Parte Especial do diploma legal, onde se individualizam as normas genéricas ao destiná-las a cada figura delituosa.

No entanto, a despeito de tudo o que acabamos de expor, nada impede que, concretamente, possa ocorrer concurso material do crime de violência arbitrária com outros crimes violentos, como acontece com quaisquer outras infrações, desde que, é claro, haja "pluralidade de condutas e pluralidade de crimes"[13], mas aí, observe-se, já não será mais o caso de unidade de ação ou omissão, caracterizadora do concurso formal.

5. Tipo subjetivo: adequação típica

O tipo subjetivo é composto pelo dolo, consistente na vontade consciente de praticar violência no exercício de função ou a pretexto de exercê-la. Alguns autores sustentam, ainda, a necessidade do elemento subjetivo especial do injusto, consistente na intenção de abusar de sua autoridade[14]. No entanto, destacava Magalhães Noronha[15], os motivos são indiferentes — ódio, vingança, amor, cobiça ou pura arbitrariedade somente deverão ser valorados na dosimetria penal.

6. Consumação e tentativa

Consuma-se o crime de violência arbitrária com a efetiva prática da violência, desde que no exercício da função pública ou a pretexto de exercê-la. Como a violência é elemento integrante do tipo, o crime consuma-se com a prática desta, em qualquer de suas modalidades analisadas ao longo deste capítulo.

A tentativa é, teoricamente, admissível, embora, por vezes, seja de difícil configuração, quando, por exemplo, a violência consistir em vias de fato. Possível, como dissemos, é; difícil, no entanto, poderá ser, vez por outra, a sua comprovação.

---

13. Cezar Roberto Bitencourt, *Tratado de Direito Penal*; Parte Geral, 29. ed., São Paulo, Saraiva, 2023, v. 1, p. 850.
14. Guilherme de Souza Nucci, *Código Penal comentado*, p. 890.
15. Magalhães Noronha, *Direito Penal*, p. 281.

7. Classificação doutrinária

Trata-se de crime material (que exige resultado naturalístico para sua consumação); próprio (que exige qualidade ou condição especial do sujeito); instantâneo (em que não há demora entre a ação e o resultado); unissubjetivo (que pode ser praticado por um agente apenas); plurissubsistente (crime que, em regra, pode ser praticado com mais de um ato, admitindo, em consequência, fracionamento em sua execução).

8. Pena e ação penal

A pena cominada, isoladamente, é a de detenção, de seis meses a três anos, além da pena correspondente à violência, se houver. Admite-se a suspensão condicional do processo em razão de a pena mínima abstratamente cominada não ser superior a um ano.

A ação penal é pública incondicionada, sendo desnecessário qualquer manifestação do ofendido ou de seu representante legal.

ABANDONO DE FUNÇÃO XV

Sumário: 1. Considerações preliminares. 2. Bem jurídico tutelado. 3. Sujeitos do crime. 4. Tipo objetivo: adequação típica. 4.1. Acefalia do cargo: necessidade. 5. Tipo subjetivo: adequação típica. 6. Consumação e tentativa. 7. Classificação doutrinária. 8. Formas qualificadas: prejuízo público e faixa de fronteira. 9. Pedido de aposentadoria ou demissão. 10. Pena e ação penal.

Abandono de função

Art. 323. Abandonar cargo público, fora dos casos permitidos em lei:

Pena — detenção, de 15 (quinze) dias a 1 (um) mês, ou multa.

§ 1º Se do fato resulta prejuízo público:

Pena — detenção, de 3 (três) meses a 1 (um) ano, e multa.

§ 2º Se o fato ocorre em lugar compreendido na faixa de fronteira:

Pena — detenção, de 1 (um) a 3 (três) anos, e multa.

1. Considerações preliminares

O Código Criminal de 1830 — imperial — já disciplinava o crime de abandono de função, nos seguintes termos: "largar, ainda que temporariamente, o exercício do emprego sem prévia licença de legítimo superior, ou exceder o tempo de licença concedida, sem motivo urgente e participado. Penas — o grau máximo — três anos de suspensão do emprego e multa correspondente à metade do tempo. No grau médio — dois anos e multa correspondente à metade do tempo. No grau mínimo — um ano e multa correspondente à metade do tempo" (art. 157). O Código Penal de 1890 — republicano —, por sua vez, descreveu a mesma conduta, da seguinte forma: "Art. 211. Serão considerados em falta de exação no cumprimento do dever: § 1º O que largar, ainda que temporariamente, o exercício do emprego sem prévia licença de superior legítimo, ou exceder o prazo concedido sem motivo justificado. Penas — de suspensão do emprego por três meses a um ano e multa de 40 a 100$000". De notar que o Código de 1890 já mitigou consideravelmente a pena aplicada no código anterior, além de abandonar o vetusto critério de fixar, tarifariamente, a pena em graus — máximo, médio e mínimo — para seguir o exemplo "moderno" e bem-sucedido do Código Penal napoleônico (1810), flexibilizando a cominação da pena entre limites mínimo e máximo, para permitir ao julgador uma melhor dosagem de pena. A Consolidação das Leis Penais, com pequenas alterações de redação, manteve a mesma prescrição penal.

Também, da legislação italiana, os Códigos Penais de 1889 (Zanardelli) e de 1930 (Rocco) criminalizaram o abandono de função pública, embora ambos tenham sido posteriores ao nosso Código Criminal imperial (1830). Diferentemente, contudo, da legislação brasileira, os códigos italianos inseriram o prejuízo ao serviço público como elementar do crime, sendo seguidos, nesse particular, pelo Código Penal argentino (art. 252).

2. Bem jurídico tutelado

Bem jurídico protegido é a Administração Pública, especialmente sua moralidade e probidade administrativa. Protege-se, na verdade, a probidade de função pública, sua respeitabilidade, bem como a integridade de seus funcionários.

3. Sujeitos do crime

Sujeito ativo somente pode ser o funcionário público, desde que investido em cargo público, que abandona as suas funções.

Sujeito passivo é o Estado (União, Estados-membros, Distrito Federal e Municípios).

4. Tipo objetivo: adequação típica

A descrição típica traz em seu bojo a denominação "cargo público", enquanto o *nomen juris* atribuído pelo legislador a essa infração penal é "abandono de função pública", deixando a impressão de que os utilizou como sinônimos. No entanto, na linguagem administrativa nacional, as duas locuções têm abrangências e sentidos distintos, apresentando, deve-se reconhecer, um certo descompasso entre uma e outra locução. O conceito jurídico-administrativo de cargo e de função pública não se confunde, tendo, inclusive, abrangências diferentes. Cargo público — por definição legal — "é o conjunto de atribuições e responsabilidades previstas na estrutura organizacional que devem ser cometidas a um servidor", acrescentando-se que "são criados por lei, com denominação própria e vencimento pago pelos cofres públicos, para provimento em caráter efetivo ou em comissão", consoante dispõe o art. 3º e seu parágrafo único da Lei n. 8.112, de 11 de dezembro de 1990, que dispõe sobre o regime jurídico dos servidores públicos civis da União. Função pública, por sua vez, "corresponde a qualquer atividade realizada pelo Estado com a finalidade de satisfazer as necessidades de natureza pública"[1]. Em outros termos, função pública é o conjunto de atribuições inerentes ao serviço público que não precisam corresponder, necessariamente, a um cargo ou emprego[2]. Percebe-se, sem muito esforço,

1. Damásio de Jesus, *Direito Penal*, p. 189.
2. Maria Sylvia Zanella Di Pietro, *Direito Administrativo*, 11. ed., São Paulo, Atlas, 1999, p. 421.

que o conceito de cargo é muito mais restrito que o de função pública, pois, ensinam os administrativistas, pode exercer função pública mesmo quem não tem cargo público (criado por lei, ingressado por concurso etc.) ou emprego (vínculo contratual regido pela CLT). Inegavelmente, o legislador de 1940 não se utilizou da melhor técnica legislativa na elaboração do dispositivo em exame, atribuindo ao *nomen juris* "abandono de função" enquanto descreveu no preceito primário "abandono de cargo", a despeito do esforço de Hungria para justificar o equívoco[3]. Poderia, pelo menos, manter a coerência, usando a mesma locução tanto na rubrica lateral quanto no texto criminalizador, fazendo a opção que mais lhe aprouvesse.

A conduta nuclear do tipo está representada pelo verbo abandonar, que significa deixar o serviço público, afastar-se dele, ainda que não definitivamente, largar intencionalmente o cargo que ocupa na Administração Pública; ou seja, o agente afasta-se totalmente do cargo por ele ocupado, fora dos casos permitidos em lei (elemento normativo do tipo). É procedente e bem-humorada a crítica de Magalhães Noronha ao elemento normativo do abandono para tipificar o crime: "fora dos casos permitidos em lei", questionando: "Seria necessário dizê-lo? Haverá abandono permitido em lei? A rigor, a menção era desnecessária. Fê-la, entretanto, a lei para ressaltar o elemento relativo à antijuridicidade... Assim se comporta a lei quando quer salientar o elemento da ilicitude ou antijuridicidade"[4].

Há entendimento de que o abandono do cargo púbico pode ocorrer sem que o funcionário se afaste da repartição pública, sendo suficiente que se abstenha de seu ofício[5]. Em sentido contrário, posiciona-se, no entanto, Magalhães Noronha, entendendo que o abandono do cargo, para configurar crime, deve ser total, exemplificando: "Se o funcionário, *v. g.*, não se apresenta em determinado lugar, para exercer, naquele dia, atividade peculiar, mas, indebitamente, permanece na repartição, não há abandono de cargo, que é o que a lei diz. Ficará, naturalmente, sujeito a sanções disciplinares"[6].

A lei admite o abandono temporário da função pública, como diz o texto legal, nos "casos previstos em lei". Em outros termos, o tipo penal permite que o funcionário afaste-se do cargo licitamente, como, por exemplo, em licença para tratamento da saúde, em gozo de férias, em licença para tratar de assuntos particulares, em licença para estudos de aperfeiçoamento, com ou sem remuneração etc.; mas isso, convenhamos, não tem o sentido de abandono (deixar ao desamparo), representando, no máximo, ausência ou afastamento autorizado, que tem sentido completamente diferente de abandonar. Contudo, o abandono pode ser justificado, embora o texto legal não faça a ressalva com a elementar "sem justa causa", pela presença das excludentes tradicionais. Quando, por exemplo, o abandono for causado por motivo de força

3. Nélson Hungria, *Comentários ao Código Penal*, p. 391-392.
4. Magalhães Noronha, *Direito Penal*, p. 287.
5. Giuseppe Maggiore, *Derecho Penal*, Bogotá, Temis, 1955, t. 3, p. 230.
6. Magalhães Noronha, *Direito Penal*, p. 285.

maior ou estado de necessidade, evidentemente, nessas hipóteses, não haverá crime. Cessados, contudo, a força maior ou o estado de necessidade, e continuando ausente o funcionário público, caracterizar-se-á o abandono criminoso da função.

Ademais, nem toda ausência constitui abandono de função pública. É necessário que tenha decorrido tempo suficientemente razoável, para caracterizar seu descaso ou seu ânimo de afastar-se do cargo, que geraria a probabilidade de prejuízo tipificador da violação do interesse protegido, ainda que nenhum dano concreto tenha produzido. Em outros termos, afastamento de funcionário que não crie esse perigo não é abandono, assumindo, no máximo, a condição de falta administrativa.

Para a configuração do abandono de função pública a lei penal brasileira não exige a ocorrência de prejuízo, ao contrário do que prevê o Código Penal argentino (art. 252), como destacava Soler: "o delito requer a existência de dano ao serviço público"[7]. Para o Código Penal brasileiro, com efeito, é suficiente que o abandono crie a possibilidade de prejuízo, público ou particular — crime de perigo, portanto. A produção efetiva de prejuízo público, como veremos adiante, é condição de maior reprovabilidade do abandono, qualificando a figura típica. A eventual produção de prejuízo particular, por falta de previsão legal, não qualifica a infração penal, embora deva ser considerada, *in concreto*, na dosagem de pena (consequência do crime — art. 59).

4.1 *Acefalia do cargo: necessidade*

O abandono de função (ou de cargo público) não se confunde com o "abandono de emprego" disciplinado na Consolidação das Leis do Trabalho e no próprio Estatuto dos Funcionários Públicos Civis (art. 138 da Lei n. 8.112/1990). O crime de abandono de função (art. 323 do CP), para caracterizar-se, segundo Hungria, "pressupõe, necessariamente, a consequente acefalia do cargo, isto é, a inexistência ou ocasional ausência de substituto legal do desertor"[8]. O abandono de emprego, por sua vez, caracteriza-se pela ausência do serviço, sem justa causa, por mais de trinta dias consecutivos. Esse "abandono do emprego" por mais de trinta dias consecutivos, uma condição objetiva, se tiver uma causa justa (força maior, estado de necessidade etc.), afasta a sua ilicitude, descaracterizando a "falta grave", que poderia levar à demissão por justa causa.

Sem a acefalia do cargo público, isto é, havendo substituto, o eventual abandono por parte do funcionário público não constitui o crime em exame, embora possa caracterizar falta disciplinar, pela previsão do Estatuto do Servidor Público.

5. Tipo subjetivo: adequação típica

Elemento subjetivo é o dolo, representado pela vontade consciente de abandonar o cargo, não sendo exigido qualquer fim especial do injusto. É irrelevante a

7. Sebastian Soler, *Derecho Penal argentino*, p. 147.
8. Hungria, *Comentários*, p. 388.

ausência de *animus* do abandono definitivo do cargo, sendo suficiente, portanto, o conhecimento da sua natureza e do seu conteúdo, que todo funcionário deve ter.

Não há, igualmente, previsão de modalidade culposa.

6. Consumação e tentativa

Consuma-se o crime com o efetivo abandono do cargo público, por período de tempo juridicamente relevante, de forma a criar probabilidade de dano à Administração Pública.

A tentativa é de difícil ocorrência, embora, excepcionalmente, até possa admiti-la, residindo a maior dificuldade na comprovação daquela. Lúcido, nesse sentido, o magistério de Magalhães Noronha: "Não é possível a tentativa: ou o abandono não se acha caracterizado, podendo, a qualquer momento, o funcionário retornar a seu cargo, sujeito apenas a sanções disciplinares, ou já se manifestou e com ele houve a consumação"[9].

7. Classificação doutrinária

Trata-se de crime formal (que não exige resultado naturalístico para sua consumação); próprio (que exige qualidade ou condição especial do sujeito); de mão própria (que somente o funcionário, pessoalmente, pode praticá-lo); de forma livre (que pode ser praticado por qualquer meio ou forma pelo agente); instantâneo (em que não há demora entre a ação e o resultado), unissubjetivo (que pode ser praticado por um agente apenas); plurissubsistente (que, em regra, pode ser praticado com mais de um ato, admitindo, em consequência, fracionamento em sua execução).

8. Formas qualificadas: prejuízo público e faixa de fronteira

Ao contrário do que refere, equivocadamente, Nélson Hungria, as prescrições contidas nos §§ 1º e 2º não caracterizam simples majorantes (ou meras causas de aumentos), mas tipificam, como já demonstramos, na melhor técnica dogmática, figuras qualificadas, por apresentarem novos limites mínimo e máximo das sanções correspondentes, próprios das figuras derivadas de infrações penais. Prescrevem, com efeito, os mencionados parágrafos, novos limites qualitativos e quantitativos de penas, caso o abandono efetivamente acarrete prejuízo público (§ 1º) ou o fato se verifique em lugar compreendido na faixa da fronteira.

O prejuízo, nesse tipo penal, representaria, em tese, o simples exaurimento do crime, pois se trata de crime formal; de notar que, como destacamos no início deste capítulo, contrariamente aos códigos italiano e argentino, o prejuízo público decorrente do abandono não consta do *caput* como elementar do crime. No entanto, sua efetiva ocorrência foi transformada pelo legislador brasileiro em fundamento de maior reprovação penal ao elevá-lo à condição de figura qualificada. O prejuízo público (§ 1º), enfim, que pode ser contra o interesse público ou coletivo, não precisa

9. Magalhães Noronha, *Direito Penal*, p. 288.

ser, necessariamente, patrimonial, podendo ser de qualquer natureza, desde que signifique, de algum modo, algum dano ao serviço público e, indiretamente, à coletividade, como, por exemplo, a paralisação de algum serviço público, não recolhimento do lixo, não recolhimento de impostos etc.

Deve-se registrar, apenas, que o prejuízo qualificador do abandono não pode ser aquele próprio e inerente ao abandono, mas outro, além deste, sob pena de todo e qualquer abandono restar sempre qualificado, e, certamente, não é esse o sentido da lei, caso contrário, o prejuízo deveria constar como elementar do tipo e não simplesmente como uma qualificadora contida no tipo derivado. Em outros termos, o prejuízo qualificador do abandono deve consistir em um dano diverso daquele inerente à violação do dever funcional do cargo abandonado.

A segunda qualificadora — a ocorrência do abandono em lugar abrangido por faixa de fronteira —, de acordo com a Lei n. 6.634/79, é aquela situada dentro de cento e cinquenta quilômetros ao longo das fronteiras nacionais, como, aliás, já estabelecia a Constituição Federal de 1937. Justifica-se essa qualificadora pela importância estratégica que a Administração Pública ocupa nesses locais, especialmente, no caso brasileiro, onde longos trechos das fronteiras com países limítrofes ocorrem por linhas secas. A eventual deserção ou abandono do funcionário pode, inclusive, colocar em risco a própria segurança nacional.

Prevê, ainda, a lei penal aquela forma qualificada especial do art. 327, § 2º, quando o funcionário for ocupante de cargo em comissão ou de função de direção ou assessoramento de órgão da administração direta, sociedade de economia mista, empresa pública ou fundação instituída pelo Poder Público.

9. Pedido de aposentadoria ou demissão

Se o afastamento, por óbvio, for precedido do pedido de demissão devidamente concedida, não caracteriza abandono, consequentemente, não tipifica a conduta descrita nesse tipo penal. Se o funcionário público, entretanto, entrou com o pedido de aposentadoria ou demissão, deverá esperar o deferimento deste; caso contrário, poderá responder pelo delito do art. 323 do CP. Não deixa de abandonar o cargo o funcionário que dele se afasta, por haver pedido demissão. Na realidade, deve aguardar que ela seja deferida, para só então poder afastar-se, embora não esteja explícito em nosso Código Penal, ao contrário da previsão constante do Código Penal argentino[10].

No entanto, após a concessão da demissão solicitada, não haverá crime, mesmo que não exista substituto (não tenha sido nomeado outro funcionário, ou este ainda não tenha entrado em exercício etc.). Com a demissão desaparecem, inegavelmente, os deveres funcionais do demitido para com a Administração Pública. Se esta não providenciou o preenchimento imediato do cargo vago, a responsabilidade é sua, e não do funcionário demitido, que não mais integra o corpo funcional.

10. Sebastian Soler, *Derecho Penal*, p. 146.

10. Pena e ação penal

As penas cominadas, alternativamente, para o *caput* são de detenção, de quinze dias a um mês, ou multa. No § 1º as penas, cumulativamente, são de detenção, de um a três anos, e multa; e, finalmente, para o § 2º, também cumulativamente, de um a três anos de detenção e multa. Admitem-se a transação penal e a suspensão condicional do processo em razão da pena mínima abstratamente cominada — igual ou inferior a dois anos. *Vide* arts. 344 da Lei n. 4.737 (Código Eleitoral); e 61, 76 e 89 da Lei n. 9.099/95 (Juizados Especiais).

A ação penal é pública incondicionada, como normalmente ocorre em todos os crimes contra a Administração Pública.

EXERCÍCIO FUNCIONAL ILEGALMENTE ANTECIPADO OU PROLONGADO

XVI

Sumário: 1. Considerações preliminares. 2. Bem jurídico tutelado. 3. Sujeitos do crime. 4. Tipo objetivo: adequação típica. 5. Tipo subjetivo: adequação típica. 6. Consumação e tentativa. 7. Classificação doutrinária. 8. Pena e ação penal.

Exercício funcional ilegalmente antecipado ou prolongado

Art. 324. Entrar no exercício de função pública antes de satisfeitas as exigências legais, ou continuar a exercê-la, sem autorização, depois de saber oficialmente que foi exonerado, removido, substituído ou suspenso:

Pena — detenção, de 15 (quinze) dias a 1 (um) mês, ou multa.

1. Considerações preliminares

Os antecedentes mais remotos dessa infração penal encontram-se no Código Penal francês de 1810, tratando das duas modalidades — exercício antecipado da função pública e o seu prolongamento indevido (arts. 196 e 197). O Código Penal italiano de 1889 (Zanardelli) unificou as duas figuras, que haviam sido adotadas pelo Código sardo-italiano de 1859. O Código Penal italiano de 1930 (Rocco) manteve a orientação iniciada pelo Zanardelli[1].

O Código Criminal de 1830 preferiu seguir a orientação francesa: criminalizou a antecipação do exercício funcional (art. 138) e o seu prolongamento indevido (art. 140), separadamente. Essa técnica foi mantida no nosso primeiro Código Penal republicano (1889) — a indevida antecipação do exercício funcional (art. 225) e o seu prolongamento indevido (art. 227).

Finalmente, o nosso Código Penal de 1940, por influência do Código Penal Rocco, preferiu disciplinar as duas condutas delitivas num único dispositivo (art. 324), que será a seguir examinado.

2. Bem jurídico tutelado

Bem jurídico protegido é a Administração Pública, especialmente sua moralidade e probidade administrativa. Protege-se, na verdade, a probidade de função pública,

1. Magalhães Noronha, *Direito Penal*, p. 289.

sua respeitabilidade, bem como a integridade de seus funcionários. A atuação funcional do agente público pressupõe, por isso mesmo, a legitimidade de sua investidura no cargo e na função, sendo, portanto, incompatível tanto com sua antecipação quanto com sua permanência indevida. Como destacava Magalhães Noronha, "como é óbvio, a disposição da titularidade do cargo público compete ao Estado, para consecução de suas finalidades, não podendo submeter-se ou sujeitar-se a indébita intromissão do indivíduo, que ainda não pode exercer o cargo ou que não mais o pode"[2]. Em síntese, esse dispositivo legal tutela o funcionamento regular e normal da administração pública, proibindo o exercício ilícito e abusivo da função no interesse da eficiência da atividade prestada à coletividade.

3. Sujeitos do crime

Sujeito ativo somente pode ser o funcionário público nomeado, antes, porém, de ter tomado posse, por falta de cumprimento de formalidades legais, na primeira modalidade de conduta (antecipação do exercício); na segunda modalidade (permanência indevida na função), já afastado por exoneração, remoção, substituição ou suspensão. De todas essas modalidades, no entanto, somente na primeira — exoneração — estar-se-á diante de ex-funcionário, visto que, nos demais casos, o afastamento ou é temporário (suspensão) ou é relativo.

Sujeito passivo é o Estado (União, Estados-membros, Distrito Federal e Municípios), além dos órgãos públicos relacionados no § 1º do art. 327.

4. Tipo objetivo: adequação típica

O exercício funcional ilegalmente antecipado ou prolongado consiste na antecipação do exercício da função, antes de satisfazer às exigências legais, ou em continuar a exercê-la — sem autorização — mesmo sabendo oficialmente que foi exonerado, removido, substituído ou suspenso. São duas as condutas incriminadas: a) entrar no exercício da função pública antes de satisfeitas as exigências legais (elemento normativo do tipo): é norma penal em branco, complementada, por exemplo, pelo Estatuto dos Funcionários Públicos Civis da União; b) continuar a exercê-la (a função pública), sem autorização (elemento normativo do tipo), depois de saber oficialmente que foi exonerado, removido, substituído ou suspenso. Na primeira, proíbe-se o início irregular da função; na segunda, o exercício prolongado, sem autorização, quando tem conhecimento oficial de que já se encontra legalmente impedido de exercê-la.

Em síntese, pretendendo tutelar o funcionamento regular e normal da Administração Pública, o tipo penal proíbe o exercício ilícito e abusivo da função no interesse da eficiência da atividade prestada à coletividade.

A primeira conduta — entrar no exercício de função pública — exige que o funcionário tenha consciência de quais exigências são necessárias para seu ingresso

2. Magalhães Noronha, *Direito Penal*, p. 289.

nessa função, mesmo que o tipo penal não o diga expressamente, como faz, por exemplo, quando descreve a segunda conduta, que exige o conhecimento oficial. A necessidade dessa consciência integra o próprio dolo, sob pena de, em desconhecendo-as, incorrer em erro de tipo, que afasta o dolo e, por extensão, a própria tipicidade. As exigências legais, para o ingresso na função pública, são previstas em legislação específica, constituindo norma penal em branco que completa a norma proibitiva.

A segunda conduta criminalizada é o prosseguimento, sem autorização, do exercício da função, quando não mais pode fazê-lo, por ter sido exonerado, removido, substituído ou suspenso. Nessas hipóteses, exige o texto legal que o funcionário tenha conhecimento oficial do impedimento e, ainda assim, prossiga no exercício da função. É indispensável, pois, a comunicação oficial — e pessoal — ao funcionário, sendo inadmissível a presunção de dito conhecimento, por ter sido publicado no Diário Oficial, por exemplo[3]. A exigência do comunicado oficial tem dois fundamentos básicos: primeiro, impede a injustiça da presunção do conhecimento; segundo, evita perseguições pessoais, ideológicas ou políticas, além de não permitir a alegação falaciosa do funcionário de que desconhecia a existência do ato impugnativo. E ainda: para que o prolongamento na função ocorra de forma ilegítima. A elementar sem autorização deixa claro que, a despeito dos aspectos determinantes do afastamento do funcionário de sua função, pode este, excepcionalmente, receber autorização especial para nela prosseguir. Assim, havendo autorização, restará afastada sua tipicidade, e não apenas a antijuridicidade, considerando que desaparece um elemento normativo do tipo penal.

Entrar no exercício de função pública e continuar a exercê-la indicam dois momentos distintos de uma mesma atividade: entrar no exercício significa começar a realizar determinada atividade, no caso, pública, e continuar a exercê-la significa prosseguir realizando-a, nas hipóteses, com os impedimentos legalmente existentes. Entrar no exercício, tradicionalmente, indicaria crime habitual, embora entrar no exercício seja distinto de exercer: a primeira locução indicaria instantaneidade, e a segunda, habitualidade. No entanto, a habitualidade é definitivamente afastada pelo fato de que a prática de um único ato já caracteriza o exercício de atividade funcional ou mesmo do seu prosseguimento.

Magalhães Noronha advertia que, "em se tratando de aposentadoria compulsória, é ela automática: o funcionário passa à inatividade imediatamente, ainda que não tenha sido expedido o respectivo decreto. (...) Logo, completados os setenta anos de idade, deve o funcionário afastar-se do exercício do cargo, independentemente do respectivo decreto, sob pena de incorrer na disposição em apreço"[4]. Temos dificuldade em aceitar essa orientação que era sustentada por Magalhães Noronha, uma vez que o Código refere-se à exoneração, remoção, substituição ou suspensão;

---

3. No mesmo sentido, Luiz Regis Prado, *Curso de Direito Penal*, p. 474.
4. Magalhães Noronha, *Direito Penal*, p. 291.

poderia ter acrescido a aposentadoria, mas não o fez; certamente não poderá fazê-lo o intérprete, pois estaria violando o princípio da tipicidade estrita, criminalizando conduta não contida na lei. *Venia concessa*, essa omissão do legislador não pode ser suprida com "interpretação extensiva", que seria, na verdade, uma autêntica adoção de analogia *in malam partem*, vedada em norma penal repressiva, ao contrário do que sustenta Guilherme de Souza Nucci[5].

Função pública, como já mencionamos, corresponde a toda atividade realizada pelo Estado com a finalidade de satisfazer às necessidades de natureza pública. Em outros termos, função pública é o conjunto de atribuições relativas ao serviço público, que não precisam corresponder, necessariamente, a cargo ou emprego.

5. Tipo subjetivo: adequação típica

Elemento subjetivo é o dolo, representado pela vontade de exercer a função pública, mesmo irregularmente, tanto antecipadamente, como nela prosseguir indevidamente. É necessário que o funcionário tenha conhecimento da irregularidade. Não basta, por conseguinte, o dolo eventual ou a simples culpa.

Não há exigência de qualquer elemento subjetivo especial do injusto e tampouco é admitida a modalidade culposa.

6. Consumação e tentativa

Consuma-se o crime com a prática, ilegalmente antecipada ou prolongada, de um ato de ofício, uma vez que, por si só, já representará exercício da função pública. O mesmo ocorre com a prática de qualquer ato de ofício — sem autorização — após saber oficialmente que se encontra impedido por qualquer das medidas mencionadas no *caput*. Tratando-se de crime comissivo, exige a prática efetiva pelo agente de algum ato oficial, que não se configura pela simples omissão, embora seja desnecessária a ocorrência de dano efetivo para a Administração Pública.

Admite-se, ao contrário do abandono de cargo descrito no artigo anterior, a tentativa, por tratar-se de crime plurissubsistente.

7. Classificação doutrinária

Trata-se de crime próprio (que somente pode ser cometido por sujeito qualificado, isto é, que reúna qualidade ou condição especial exigida pelo tipo penal); formal (que não exige resultado naturalístico para sua consumação); de mão própria (que somente o funcionário, pessoalmente, pode praticá-lo); de forma livre (que pode ser praticado por qualquer meio ou forma pelo agente); instantâneo (em que não há demora entre a ação e o resultado); unissubjetivo (pode ser praticado por um agente apenas); plurissubsistente (que, em regra, pode ser praticado com mais de um ato, admitindo, em consequência, fracionamento em sua execução).

---

5. Guilherme de Souza Nucci, *Código Penal comentado*, p. 1002.

8. Pena e ação penal

As penas cominadas, alternativamente, são de detenção, de quinze dias a um mês, ou multa. Tratando-se de infração de menor potencial ofensivo, deve-se, necessariamente, oportunizar a transação penal.

A ação penal é pública incondicionada.

VIOLAÇÃO DE SIGILO FUNCIONAL — XVII

Sumário: 1. Considerações preliminares. 2. Bem jurídico tutelado. 3. Sujeitos do crime. 4. Tipo objetivo: adequação típica. 5. Tipo subjetivo: adequação típica. 6. Novas figuras penais acrescentadas pela Lei n. 9.983/2000. 6.1. Violação do sigilo através do sistema informatizado da Administração Pública. 6.2. Utilização, indevida, de acesso restrito. 7. Consumação e tentativa. 8. Classificação doutrinária. 9. Forma qualificada. 10. Pena e ação penal.

Violação de sigilo funcional

Art. 325. Revelar fato de que tem ciência em razão do cargo e que deva permanecer em segredo, ou facilitar-lhe a revelação:

Pena — detenção, de 6 (seis) meses a 2 (dois) anos, ou multa, se o fato não constitui crime mais grave.

• *Vide*, sobre preservação do sigilo profissional, o art. 3º, e §§ 1º a 5º, da Lei n. 9.034, de 3 de maio de 1995.

§ 1º Nas mesmas penas deste artigo incorre quem:

I — permite ou facilita, mediante atribuição, fornecimento e empréstimo de senha ou qualquer outra forma, o acesso de pessoas não autorizadas a sistemas de informações ou banco de dados da Administração Pública;

II — se utiliza, indevidamente, do acesso restrito.

§ 2º Se da ação ou omissão resulta dano à Administração Pública ou a outrem:

Pena — reclusão, de 2 (dois) a 6 (seis) anos, e multa.

• §§ 1º e 2º acrescentados pela Lei n. 9.983, de 14 de julho de 2000.

1. Considerações preliminares

O nosso Código Criminal do Império (1830) já se ocupava desse crime no Título V, relativo aos crimes contra a ordem e a Administração Pública, nos seguintes termos: "Revelar algum segredo de que esteja instruído em razão do ofício. Penas — No grau máximo — dezoito meses de suspensão do emprego e multa correspondente à metade do tempo. No grau médio — dez meses *idem idem*. No grau mínimo — dois meses *idem idem*". Na legislação estrangeira encontramos a recepção da criminalização do sigilo funcional nos antigos Códigos toscano (1853) e italiano

(Código Zanardelli, 1889); já no século XX, nos Códigos alemão (art. 353, *b*, § 1º), norueguês (art. 121), dinamarquês (art. 152), italiano (Código Penal Rocco, art. 326) e suíço (art. 320).

O nosso primeiro Código Penal republicano, na expressão de Magalhães Noronha, "colocou-se em plano inferior, ao incluir o delito na fórmula genérica do art. 192 — 'revelar qualquer pessoa o segredo de que tiver notícia, ou conhecimento, em razão de ofício, emprego ou profissão'"[1]. Destacando seu paradoxo, Galdino Siqueira endereçou-lhe as procedentes críticas, afirmando que "englobou na mesma categoria, não só a violação do sigilo profissional como a do sigilo dos negócios do Estado, cuja repressão tem outro fundamento, o interesse, não individual, mas geral"[2]. Magalhães Noronha, já comentando o Código Penal de 1940, fez coro com a crítica de Galdino Siqueira: "Realmente, pela predominância do interesse em jogo, não devem as duas figuras confundir-se. No sigilo profissional, como se deixou dito no n. 437, tutela-se a liberdade individual, relacionada à inviolabilidade dos segredos, porque necessita a pessoa, frequentemente, de recorrer a outras, buscando seus serviços, assistência, conselhos etc., para o que lhes tem que revelar fatos que não deseja desvendados ou transmitidos a terceiros, e, dessarte, deve ser garantida com a tutela da lei, para não ser coibida na liberdade de solucionar seus problemas, quer de ordem moral, quer material"[3].

O atual Código Penal (1940) retomou o caminho anterior, disciplinando distintamente a violação do segredo profissional (art. 154) e a violação do sigilo funcional (art. 325), reconhecendo a necessidade de proteger o sigilo de determinados atos praticados pela Administração Pública, que merecem, não raro, maior reprovação social, embora o tenha expressamente considerado um tipo penal subsidiário.

2. Bem jurídico tutelado

Bem jurídico protegido é a Administração Pública, sua moralidade e probidade administrativa. Protege-se, na verdade, a probidade de função pública, sua respeitabilidade, bem como a integridade de seus funcionários, mas, particularmente, neste dispositivo legal, a fidelidade do funcionário público com os misteres da liturgia do cargo que exerce; acrescida, é verdade, da relevantíssima circunstância de o segredo do fato, que deve ser mantido, chegar ao conhecimento do sujeito ativo em razão de cargo público. Convém registrar, no entanto, que esse dispositivo incrimina somente a divulgação de segredo relativo ao exercício de função pública (em razão de cargo público), visto que o sigilo relacionado à atividade privada é protegido pelos arts. 153 e 154, ambos do CP.

---

1. Magalhães Noronha, *Direito Penal*, p. 294.
2. Apud Magalhães Noronha, *Direito Penal*, p. 295.
3. Magalhães Noronha, *Direito Penal*, p. 294-295.

3. Sujeitos do crime

Sujeito ativo somente pode ser quem tem ciência de segredo em razão de cargo (público). Trata-se de uma modalidade muito peculiar de crime próprio, uma vez que a condição especial não se encontra no sujeito ativo propriamente — funcionário público —, mas na natureza da atividade ou função em razão da qual tem a possibilidade de ter ciência do sigilo funcional. Enfim, embora não diga expressamente o texto do artigo em exame, sujeito ativo somente pode ser funcionário público, ainda que o seja transitoriamente, como autoriza o art. 327, *caput*, pois apenas nessa condição pode ter ciência do segredo funcional "em razão do cargo"; integrando, por outro lado, os crimes contra a Administração Pública, praticados por funcionário público, é indispensável que reúna tal qualidade para poder ser autor dessa infração penal, ressalvada, evidentemente, a possibilidade do concurso eventual de pessoas.

Sujeito passivo é, prioritariamente, o titular do segredo tutelado, isto é, a pessoa, que pode ser física ou jurídica, cuja revelação do fato deve ser mantida em segredo; é, em outros termos, quem tem legítimo interesse na manutenção do sigilo; secundariamente, a nosso juízo, é a Administração Pública, a qual teve desrespeitada por seu funcionário a fidelidade funcional, que é inerente ao exercício de cargo ou função pública.

Convém destacar que sujeito passivo não se confunde com prejudicado; embora, de regra, coincidam, na mesma pessoa, as condições de sujeito passivo e prejudicado, podem recair, no entanto, em sujeitos distintos: sujeito é o titular do bem jurídico protegido, e, nesse caso, o lesado; prejudicado é qualquer pessoa que, em razão do fato delituoso, sofre prejuízo ou dano material ou moral. Essa distinção não é uma questão meramente acadêmica, despicienda de interesse prático, como pode parecer à primeira vista. Na verdade, o sujeito passivo, além do direito de representar contra o sujeito ativo, pode habilitar-se como assistente do Ministério Público no processo criminal (art. 268 do CPP), e ainda tem o direito à reparação *ex delicto*, ao passo que ao prejudicado resta somente a possibilidade de buscar a reparação do dano na esfera cível.

4. Tipo objetivo: adequação típica

A conduta tipificada revelar significa contar a alguém fato de que tem ciência em razão do cargo e que deva permanecer em segredo, ou facilitar-lhe a revelação e tornar possível ou acessível seu conhecimento, sendo duas, portanto, as condutas previstas: a) revelar (desvelar, declarar, divulgar) fato de que o sujeito ativo tem conhecimento em razão do cargo (segredo de ofício) e que deva permanecer em segredo. Revelar tem uma abrangência mais restrita do que divulgar, que implica um número indeterminado de pessoas, ao passo que para revelar é suficiente que conte ou declare a alguém; b) facilitar (pôr à disposição, facultar) a revelação (o funcionário propicia dolosamente a descoberta).

Essa matriz típica objetiva a proteção do sigilo funcional específico, próprio e típico da função pública, para manter secretos ou sigilosos fatos relevantes, inerentes à função pública, punindo a violação do sigilo de fatos de que se tem conhecimento no exercício de certos cargos públicos. A proteção inclui o segredo oral e não apenas o documental, ou seja, não importa a forma ou o meio pelo qual o funcionário toma conhecimento do fato ou do segredo: por escrito, oralmente, compulsando documentos etc.; desde que tal conhecimento tenha ocorrido em razão do cargo público que exerce, tampouco é relevante o meio ou forma pela qual faz a revelação, desde que, ressalta a descrição típica, se trate de fato que deva permanecer em segredo. É indispensável, contudo, uma relação causal entre o conhecimento do segredo e a especial qualidade do sujeito ativo (em razão de cargo público), isto é, um nexo causal entre o exercício de cargo ou função pública e o conhecimento do segredo, que é exatamente o aspecto revelador da infidelidade funcional do sujeito ativo, que a norma penal pretende proteger. Em outros termos, a ciência do fato deve chegar ao conhecimento do sujeito ativo exatamente em razão do cargo que ocupa. Assim, se teve ciência do fato por outros meios que não em razão do cargo público, a sua divulgação não se adequa à descrição desse tipo penal, podendo tipificar outro crime.

No entanto, não é qualquer fato ou segredo que merece a proteção penal. Para que o sigilo de fato justifique a proteção penal é necessário que reúna dois elementos: um negativo — ausência de notoriedade, isto é, que não seja de conhecimento público ou daqueles fatos cuja publicidade lhe seja inerente, sem violar o direito à privacidade individual; outro positivo — dever funcional de preservá-lo, cujo sigilo funcional é exigido pela elementar típica "que deva permanecer em segredo". A ausência dessa exigência regulamentar torna a revelação de fato, conhecido em razão do cargo, uma conduta atípica, podendo, eventualmente, caracterizar falta funcional, punível administrativamente, pois fatos praticados no seio da Administração Pública, embora seu caráter público, exigem da própria Administração que mantenha e assegure a privacidade dos atos praticados com e para a coletividade em geral.

Na verdade, a lei penal, ao proteger o sigilo funcional, assegura igualmente o interesse da Administração Pública, que deve gozar da mais absoluta confiança da população em geral, que é identificado como dever de fidelidade. O dever de fidelidade — segundo Hely Lopes Meirelles — "exige de todo servidor a maior dedicação ao serviço e o integral respeito às leis e às instituições constitucionais, identificando-o com os superiores interesses do Estado. Tal dever impede que o servidor atue contra os fins e os objetivos legítimos da Administração"[4].

Se o segredo violado for particular, o agente poderá, conforme o caso, responder pelos delitos inscritos nos arts. 151, 153 ou 154 do CP, quando, por exemplo, faltar alguma elementar desse tipo penal. Não há sigilo, contudo, diante do crime. Trata-se, por fim, de crime subsidiário, expressamente destacado no preceito penal secundário, "se o fato não constitui crime mais grave".

---

4. Hely Lopes Meirelles, *Direito Administrativo brasileiro*, 16. ed., São Paulo, Revista dos Tribunais, 1991, p. 389.

5. Tipo subjetivo: adequação típica

Elemento subjetivo é o dolo, representado pela vontade livre e consciente de revelar segredo de que tem conhecimento em razão de cargo público, tendo consciência de que se trata de fato protegido por sigilo funcional e que o dever funcional lhe impede que o divulgue, ou seja, com conhecimento de todos os elementos constitutivos da descrição típica. É necessário, contudo, que o agente tenha consciência de que a revelação é ilegítima, ou seja, sem justa causa.

Não há exigência de nenhum elemento subjetivo especial do injusto, nem mesmo a finalidade de obter qualquer vantagem com a revelação, que, se existir, poderá caracterizar outro crime, como, por exemplo, corrupção passiva ou concussão. Tampouco há previsão de modalidade culposa, por mais clara que seja a culpa (consciente) do sujeito ativo.

6. Novas figuras penais acrescentadas pela Lei n. 9.983/2000

A Lei n. 9.983/2000 incluiu dois parágrafos neste artigo. No primeiro, incrimina novas condutas, atualizando o tipo penal à era informatizada; no segundo, acrescenta uma figura qualificada, quando resultar dano para a Administração Pública.

6.1 *Violação do sigilo através do sistema informatizado da Administração Pública*

Bem jurídico é o mesmo já referido em relação ao *caput* do art. 325, mas sujeito ativo, no entanto, das novas condutas inseridas pela Lei n. 9.983/2000, é somente o funcionário público autorizado a operar o sistema de informações ou banco de dados da Administração Pública.

As condutas criminalizadas no § 1º, I, são permitir ou facilitar o acesso de pessoas não autorizadas a sistemas de informações ou banco de dados da Administração Pública. O funcionário público pratica qualquer das condutas tipificadas fornecendo ou emprestando senha ou qualquer outra forma de acesso a pessoas não autorizadas a sistemas de informações ou bancos de dados da Administração Pública (§ 1º, I); ou, ainda, o funcionário se utiliza, indevidamente, de acesso restrito a informações (§ 1º, II). Permitir, que pode ser em forma omissiva ou comissiva, significa admitir, consentir ou liberar a realização ou a prática de alguma conduta, no caso em apreço, o acesso a sistemas de informações ou banco de dados da Administração Pública. Facilitar significa afastar obstáculos, tornar mais fácil, viabilizar meios para acessar sistemas informatizados da Administração Pública, meios que o próprio texto penal exemplifica como sendo "mediante atribuição, fornecimento e empréstimo de senha ou 'qualquer outra forma'", expressão com a qual abre a possibilidade da utilização de meios análogos aos relacionados, ou seja, o legislador autoriza, nesses casos, a interpretação analógica[5].

---

5. Cezar Roberto Bitencourt, *Tratado de Direito Penal*, 29. ed., São Paulo, Saraiva, 2023, v. 1, p. 175.

Em síntese, na modalidade permitir, o sujeito ativo admite que pessoa não autorizada tenha acesso a sistemas de informações ou banco de dados da Administração Pública, fornecendo-lhe a senha ou código secreto ou prestando-lhe outra forma de auxílio, ao passo que na modalidade facilitar o próprio funcionário auxilia o *extraneus* a obter as informações, fornecendo-lhe a senha ou outros meios de acesso[6].

Pessoas não autorizadas são aquelas alheias ao sistema e que não têm legitimidade legal, regulamentar ou estatutária para ingressar e, principalmente, ter conhecimento dos sistemas de informações e bancos de dados da Administração Pública.

6.2 *Utilização, indevida, de acesso restrito*

Por último, no inciso II há outra modalidade de acesso ao sistema informatizado da Administração Pública, também introduzida pela Lei n. 9.983/2000: utilizar-se, indevidamente, de acesso restrito. Essa conduta típica consiste em o funcionário público utilizar-se, indevidamente, de acesso restrito a sistema de informações ou banco de dados da Administração Pública. Esse enunciado do inciso II é incompleto, na medida em que omite o complemento relativamente a que acesso se está referindo. Em razão do texto do inciso anterior, presume-se que se refira também ao sistema de informações ou banco de dados da Administração Pública, embora o texto legal, com uma linguagem vernacular equivocada, não o diga expressamente.

Utilização indevida é o uso não permitido, ou por pessoa não autorizada, das informações mencionadas, para fins diversos dos interesses da Administração Pública, violando-se o indeclinável dever de fidelidade. Indevidamente significa sem autorização, sem causa que o justifique, constituindo elemento normativo especial do tipo, que, se existir, tornará a conduta atípica e permitida. Fala-se em acesso restrito porque, pela própria natureza da função e relevância do sistema, a Administração Pública seleciona e limita determinado setor de seus agentes, que são capacitados e preparados tecnicamente para ter acesso ao sistema de informações e banco de dados, em razão da natureza sigilosa dos dados e informações que compõem o seu sistema de informatização.

7. Consumação e tentativa

Consuma-se o crime de violação de sigilo funcional com a revelação do segredo (1ª parte) ou com sua facilitação (2ª parte); consuma-se no momento em que o sujeito ativo revela a terceiro fato de que teve ciência nas circunstâncias definidas no tipo penal, isto é, em razão do cargo e que deve ser mantido em segredo; consuma-se, enfim, com o simples ato de revelar, independentemente da ocorrência efetiva de dano, pois é suficiente que a revelação tenha potencialidade para produzir a lesão, que, se ocorrer, constituirá o exaurimento do crime, e, nessa hipótese, qualifica a infração penal que tem exagerada elevação de pena (dois a seis anos de reclusão, e multa).

---

6. Luiz Regis Prado, *Curso de Direito Penal brasileiro*, p. 617.

Para a tipificação do crime de violação de sigilo funcional é suficiente a revelação a uma só pessoa, ao contrário do que ocorre com o crime de divulgação de segredo (art. 153)[7], por exemplo, que necessita ser difundido extensivamente, para um número indeterminado de pessoas. Em síntese, "revelar" pode ser somente para uma pessoa, enquanto "divulgar" implica, naturalmente, um número indeterminado delas. Revelar é menos que divulgar.

A tentativa é de difícil configuração, mas teoricamente possível, especialmente através de meio escrito, pois não se trata de crime de ato único, e o fato de prever a potencialidade de dano decorrente da conduta de revelar, por si só, não a torna impossível. O dano potencial pode ser de qualquer natureza: patrimonial, moral, público ou privado, pessoal ou familiar.

Nas novas hipóteses, o crime se consuma com o simples fornecimento, por qualquer meio, da senha ou qualquer forma que facilite o acesso de pessoas não autorizadas, independentemente de concretizar-se efetivamente o acesso. Na última hipótese, consuma-se o crime quando o agente efetivamente se utiliza do acesso restrito, sem justa causa.

O crime de violação de sigilo funcional, por sua própria natureza, é um dos mais propícios às duas espécies de erro, tanto o de tipo quanto o de proibição. Assim, por exemplo, se o "exercente de cargo público" revelar um fato de que teve ciência em razão do cargo, desconhecendo que devia permanecer em segredo, incorre em erro de tipo, por ignorar a existência dessa elementar típica, cuja evitabilidade ou inevitabilidade deve ser apurada. Se, no entanto, acredita, por exercer transitória ou temporariamente o cargo, não estar obrigado a guardar segredo, incorre em erro de proibição; nessa hipótese não erra sobre uma elementar do tipo, mas sobre a ilicitude da conduta.

8. Classificação doutrinária

Trata-se de crime próprio, que exige qualidade ou condição especial do sujeito ativo: somente exercente de cargo público (funcionário público *lato sensu*) que tiver ciência do fato — cujo segredo deve ser preservado — em razão do cargo público pode responder por esse crime, ressalvadas as hipóteses de concurso de pessoas (art. 29 e parágrafos); formal, que não exige resultado naturalístico (na figura simples), pois se consuma com a simples conduta de revelar o segredo, sendo, pois, antecipado o evento. Aliás, o dano nem precisa ocorrer: basta a potencialidade lesiva da conduta; material (figura qualificada), na hipótese de ocorrer seu exaurimento, sobrevindo dano à Administração Pública ou a terceiro; instantâneo, consuma-se no momento em que o agente divulga o segredo, esgotando-se aí a lesão jurídica, sem demora entre ação e resultado; unissubjetivo (que pode ser praticado por um agente apenas); plurissubsistente (crime que, em regra, pode ser praticado com mais

7. Ver nosso *Tratado de Direito Penal*, 19. ed., São Paulo, Saraiva, 2019, v. 2, Capítulo XXX — Divulgação de Segredo.

de um ato, admitindo, em consequência, fracionamento em sua execução); comissivo, pois é impossível praticá-lo mediante omissão; doloso, não havendo previsão da modalidade culposa.

9. Forma qualificada

Todo o dispositivo disciplina crime de perigo, tanto no *caput* quanto em seu § 1º; contudo, se de qualquer das condutas sobrevier dano, quer para a Administração Pública, quer para terceiro, configurar-se-á a modalidade qualificada (§ 2º) (crime qualificado pelo resultado).

É inegável que a produção de dano aumenta consideravelmente o desvalor do resultado, justificando-se a maior reprovabilidade pessoal do injusto típico, com a consequente elevação da sanção penal cominada.

10. Pena e ação penal

As penas cominadas, cumulativamente, são de detenção, de seis meses a dois anos, e multa, para as figuras simples, e de dois a seis anos de reclusão e multa, para a figura qualificada (crime qualificado pelo resultado). Trata-se, na figura simples, de infração penal de menor potencial ofensivo, sendo, portanto, da competência dos Juizados Especiais Criminais, admitindo a transação penal (art. 98, I, da CF e Leis n. 9.099/95 e 10.259/2001).

A ação penal é pública incondicionada.

VIOLAÇÃO DO SIGILO DE PROPOSTA DE CONCORRÊNCIA

XVIII

Sumário: 1. Considerações preliminares.

Violação do sigilo de proposta de concorrência

Art. 326. Devassar o sigilo de proposta de concorrência pública, ou proporcionar a terceiro o ensejo de devassá-lo:

Pena — detenção, de 3 (três) meses a 1 (um) ano, e multa.

• Prejudicado este artigo pelo disposto no art. 94 da Lei n. 8.666, de 21 de junho de 1993 (Licitações e Contratos da Administração Pública).

1. Considerações preliminares

A Lei n. 8.666, de 21 de junho de 1993 — Lei de Licitações —, que dispõe sobre licitações e contratos da Administração Pública, disciplina, em seu art. 94, integralmente a matéria que constava do art. 326 do Código Penal, nos seguintes termos: "Devassar o sigilo de proposta apresentada em procedimento licitatório, ou proporcionar a terceiro o ensejo de devassá-lo: Pena — detenção, de dois a três anos, e multa". Atualmente, o diploma legal indicado foi revogado e esse dispositivo foi transferido para o art. 337-J do Código Penal.

Segundo a doutrina especializada, com essa nova previsão a lei especial disciplinou de forma mais abrangente toda a matéria contida no art. 326 do Código Penal, revogando-o tacitamente[1] (art. 2º, § 1º, da LINDB).

Por essa razão, suprimimos as considerações que constavam nas edições anteriores relativamente ao art. 326 do CP.

1. Luiz Regis Prado, *Curso de Direito Penal*, p. 493.

FUNCIONÁRIO PÚBLICO XIX

Sumário: 1. Conceituação penal de funcionário público. 2. Equiparação do conceito de funcionário público: irretroatividade. 3. Causa especial (genérica) de aumento. 4. Aplicação e abrangência do disposto no § 2º do art. 327 do CP e suas limitações. 4.1. Punição do mero partícipe. 4.2. Inaplicabilidade da majorante do § 2º do art. 327 do CP a servidores de autarquias.

Funcionário público

Art. 327. Considera-se funcionário público, para os efeitos penais, quem, embora transitoriamente ou sem remuneração, exerce cargo, emprego ou função pública.

§ 1º Equipara-se a funcionário público quem exerce cargo, emprego ou função em entidade paraestatal, e quem trabalha para empresa prestadora de serviço contratada ou conveniada para a execução de atividade típica da Administração Pública.

- § 1º com redação determinada pela Lei n. 9.983, de 14 de julho de 2000.

§ 2º A pena será aumentada da terça parte quando os autores dos crimes previstos neste Capítulo forem ocupantes de cargos em comissão ou de função de direção ou assessoramento de órgão da administração direta, sociedade de economia mista, empresa pública ou fundação instituída pelo poder público.

- § 2º acrescentado pela Lei n. 6.799, de 23 de junho de 1980.

1. Conceituação penal de funcionário público

Diversamente da conceituação conferida pelo direito administrativo, o direito penal considera funcionário público quem, embora transitoriamente ou sem remuneração, exerce cargo, emprego ou função pública. Ensina Hely Lopes Meirelles: "Cargo público, com denominação própria, atribuições específicas e estipêndio correspondente, para ser provido e exercido por um titular, na forma estabelecida em lei. Função é a atribuição ou conjunto de atribuições que a Administração confere a cada categoria profissional, ou comete individualmente a determinados servidores para a execução de serviços eventuais"[1]. O emprego público, por sua vez, é o serviço temporário, com contrato em regime especial ou de conformidade com o disposto na Con-

1. Hely Lopes Meirelles, *Direito Administrativo brasileiro*, p. 356.

solidação das Leis do Trabalho. O conceito de funcionário público fornecido pelo art. 327, *caput*, do CP estende-se a toda a legislação penal extravagante.

Nosso Código Penal, no art. 327, adotou a noção extensiva e deu maior elasticidade ao conceito de funcionário público. Isto é, não exige, para caracterização deste, o exercício profissional ou permanente da função pública. Basta o indivíduo exercer, ainda que temporariamente e sem remuneração, cargo, emprego ou função pública.

Não há por que fazer a distinção, para fins de aplicação do conceito extensivo de funcionário público, entre sujeito ativo e sujeito passivo do delito. E isso porque o art. 327 emite um nítido comando geral, ainda que inserido no Capítulo I do Título XI do Código Penal, que deve ser aplicado a todas as hipóteses contempladas no ordenamento penal, contidas ou não no Código. Assim, inserem-se no conceito de funcionário público todos aqueles que, embora transitoriamente e sem remuneração (*v. g.*, os jurados, que são expressamente equiparados pelo art. 438 do CPP; os mesários e integrantes das Juntas Eleitorais, consoante os arts. 36 e 120 do Código Eleitoral — Lei n. 4.737/65), venham a exercer cargo, emprego ou função pública, ou seja, todos aqueles que, de qualquer forma, exerçam-na, tendo em vista a ampliação do conceito de funcionário público para fins penais.

Não são, porém, funcionários públicos aqueles que apenas exercem um *munus* público, como, por exemplo, os curadores e tutores dativos, os inventariantes judiciais, os leiloeiros dativos etc., havendo prevalência, nesses casos, do interesse privado. Não se incluem, igualmente, na equiparação da condição de funcionário público os empregados de concessionários (permissão e autorização, espécies do gênero, são delegações unilaterais da Administração Pública) de serviços públicos.

Por fim, esse conceito ampliado de funcionário público, para fins penais, também deve ser aplicado quando, de alguma forma, puder beneficiar o sujeito passivo pela sua condição de funcionário público próprio ou por equiparação. Em outros termos, esse conceito ampliado também deve ser reconhecido quando o funcionário público figurar como sujeito passivo, como uma moeda que tem dois lados, para usar uma linguagem figurada.

2. Equiparação do conceito de funcionário público: irretroatividade

A Lei n. 9.983/2000 acrescentou o § 1º ao art. 327, que equipara a funcionário público quem exerce cargo, emprego ou função em entidade paraestatal, nos seguintes termos: equipara-se a funcionário público quem exerce cargo, emprego ou função em entidade paraestatal, e quem trabalha para empresa prestadora de serviço contratada ou conveniada para a execução de atividade típica da Administração Pública. Esse dispositivo equiparou, igualmente, a funcionário público, para fins penais, "quem trabalha para empresa prestadora de serviço contratada ou conveniada".

Entidades paraestatais não se confundem com autarquias, considerando-se que estas realizam atividades públicas típicas, aquelas, segundo Hely Lopes Meirelles, "prestam-se a executar atividades impróprias do Poder Público, mas de utilidade pública, de interesse da coletividade, e, por isso, fomentadas pelo Estado, que autoriza a criação de pessoas jurídicas para realizá-las por outorga ou delegação..."[2]. Aliás, os conceitos de entidade paraestatal, empresa pública, sociedade de economia mista, fundação e autarquia são aqueles definidos pelo direito administrativo.

Significa dizer que antes da vigência dessa lei — julho de 2000 — não era equiparado a funcionário público "quem trabalhasse em empresa prestadora de serviço contratada ou conveniada", caso contrário não teria sido necessária essa previsão expressa do legislador. Em outros termos, até a entrada em vigor da Lei n. 9.983 (17-10-2000), os médicos e administradores de hospitais conveniados pelo SUS não podiam ser considerados funcionários públicos para fins penais, na medida em que tal possibilidade somente foi ocorrer com o advento do referido diploma legal. A equação é simples: ora, se passaram a ser considerados funcionários públicos, significa reconhecer que antes não o eram. Esta, aliás, é a única interpretação possível da previsão contida no art. 5º, XL, da Constituição Federal: a lei penal não retroagirá, salvo para beneficiar o réu! Os fatos ocorridos antes da vigência da Lei n. 9.983/2000 não podem ser alcançados pela equiparação consagrada por essa lei.

Não é admissível, *in casu*, invocar a jurisprudência pretérita, que já dava interpretação mais abrangente ao conceito de funcionário público, para sustentar a aplicação retroativa da equiparação ora questionada. É falacioso, por outro lado, o argumento de que a jurisprudência ter-se-ia antecipado ao legislador, na medida em que tenta burlar a proibição constitucional (art. 5º, XL) antes mencionada; ademais, o juízo a ser feito é outro: era equivocado o entendimento jurisprudencial anterior, que dava abrangência não autorizada à definição de funcionário público. Com efeito, tal interpretação passou a ser possível a partir da vigência da lei, somente para frente, jamais para trás.

Por fim, há outra elementar típica no conceito de equiparação de funcionário público que exige uma pequena reflexão: "... para a execução de atividade típica da Administração Pública". Afinal, o que pode ser interpretado como "atividade típica da Administração Pública"?

Não serão, por certo, aquelas atividades "típicas da iniciativa privada", tais como indústria, comércio, prestação de serviços em geral etc. O § 1º do art. 327 não dá margem a dúvidas quanto à qualidade de funcionário público quando, por exemplo, determinado hospital, por meio de seus médicos ou administradores, atende pacientes pelo SUS, mediante convênio. Essa atividade, não se pode negar, é tratada como "atividade típica da Administração Pública"[3], consoante o disposto no art. 194 da CF, que pode ser gerida, complementarmente, pela iniciativa privada (art. 24, parágrafo único, da Lei n. 8.080/90).

---

2. Hely Lopes Meirelles, *Direito Administrativo*, p. 312.
3. Cezar Roberto Bitencourt, *Tratado de Direito Penal*, v. 4 (13. ed.), p. 606.

3. Causa especial (genérica) de aumento

A causa de aumento incluída pela Lei n. 6.799/80 no art. 327, que define funcionário público para efeitos penais, tem endereço certo: destina-se a funcionários públicos — próprios ou impróprios — que exerçam cargos em comissão ou função de direção ou assessoramento[4] de órgão da administração direta, sociedade de economia mista, empresa pública ou fundação instituída pelo Poder Público.

Constata-se, de plano, que o texto legal ao discriminar os entes públicos em que o exercício das funções que detalha devem ter a sanção penal majorada omitiu, intencionalmente ou não, a inclusão de autarquia, que tem natureza jurídica própria e regida por regime jurídico igualmente específico. Consequentemente, a majorante constante do dispositivo em exame não pode ser aplicada àqueles que exerçam cargos em comissão, direção ou assessoramento nas referidas autarquias, ante a vedação do uso de analogia *in malam partem*. Ao tratar da equiparação a funcionário público, o legislador utilizou a locução "entidade paraestatal", em seu § 1º, que, por certo, abrange também as autarquias; contudo, no parágrafo seguinte, mais específico, discriminou em quais dessas entidades o exercício de cargo em comissão ou função de direção ou assessoramento deve ser punido mais severamente. Logo, é impossível ao intérprete dar-lhe extensão maior que aquela que o legislador concebeu.

4. Aplicação e abrangência do disposto no § 2º do art. 327 do CP e suas limitações

O exame da abrangência do conteúdo da previsão constante no § 2º deste art. 327 exige uma atenção especial na hipótese de "crimes contra a Administração Pública" em que o autor seja ocupante de *cargo em comissão* ou exerça *função de direção ou de assessoramento* de órgão da administração direta, de sociedade de economia mista, de empresa pública ou fundação instituída pelo poder público. Desde sua inclusão no Código Penal (Lei n. 6.799/80), Heleno Fragoso[5], com a perspicácia que o caracterizava, já destacava que este § 2º era "altamente defeituoso". Referida *majorante* determina que: "A pena será aumentada da terça parte quando os autores dos crimes previstos neste Capítulo forem ocupantes de cargos em comissão ou de função de direção ou assessoramento de órgão da administração direta, sociedade de economia mista, empresa pública ou fundação instituída pelo poder público". O Superior Tribunal de Justiça decidiu, a nosso juízo, acertadamente, em junho de 2022, que o fato de o denunciado exercer o cargo de desembargador *é insuficiente para a incidência da causa de aumento de pena prevista no § 2º* do art. 327 do Código Penal[6].

---

4. As definições, no entanto, de cargos em comissão ou função de direção ou assessoramento são as mesmas do direito administrativo.

5. Heleno Cláudio Fragoso, *Lições de Direito Penal*; Parte Especial, Rio de Janeiro, Forense, 1981, v. 2, item 1.051.

6. STJ, Corte Especial, APn 970-DF, rel. Min. Maria Izabel Gallotti, *DJ* 20-6-2022.

Convém observar, com acuidade, as limitações da aplicabilidade dessa *causa especial de aumento* de pena (majorante, que não se confunde com "qualificadora", visto que esta estabelece mínimo e máximo de aumento, como se fora um novo tipo penal). Primeiramente, essa majorante do § 2º do art. 327 somente é aplicável aos crimes tipificados no Capítulo I dos *Crimes contra a Administração Pública*, quais sejam, naqueles crimes capitulados entre os arts. 312 a 326 do Código Penal, isto é, nos conhecidos *crimes funcionais*, e somente quando o funcionário público seja autor do crime, e não naqueles em que seja vítima ou mero partícipe[7]. Aliás, essas limitações — *crimes funcionais* e *autor de crime* — estão previstas no próprio texto legal, nos seguintes termos: "quando os autores dos crimes previstos neste Capítulo", ou seja, naqueles crimes que são praticados por "funcionários públicos contra a Administração Pública", os quais estão relacionados, repita-se, no Capítulo I desses crimes e que recebem especificamente essa denominação. Os demais capítulos dos crimes contra a administração pública não são *crimes* especiais de funcionários públicos contra administração pública, logo não podem receber a incidência dessa majorante, que se destina somente a crimes específicos, como mencionamos acima (Capítulo I dos crimes contra a Administração Pública).

Aliás, como exemplificam Christiano Fragoso e Patrícia Béze[8], aplica-se referida *majorante* a um servidor público ocupante de *cargo em comissão* que pratique corrupção passiva (art. 317 do CP), mas é inaplicável na hipótese de um particular que *usurpe a função pública* desse mesmo servidor (art. 328 do CP), considerando-se que este crime está tipificado no Capítulo II dos Crimes contra a Administração Pública, encontrando-se, portanto, fora do alcance desse dispositivo legal. Essas são diferenças importantes em relação ao *caput*, que se aplica tanto aos casos em que o funcionário público seja autor, como em todos os crimes contra a administração pública, como veremos adiante.

---

7. Nem se questione que nosso Código Penal não faz distinção entre autor e partícipe! Faz sim, como demonstramos longamente nesta mesma obra (*Tratado de direito penal*, v. 1), ao comentarmos o "concurso de pessoas", *verbis*: "A reforma penal mantém a *teoria monística*, no sentido de que, em regra, todos os *intervenientes* no fato devem responder pelo mesmo crime (unidade do título de imputação). Adota, porém, a *teoria restritiva de autor*, fazendo perfeita distinção entre *autor* e *partícipe*, que, *abstratamente*, incorrem na mesma pena cominada ao crime que praticarem, mas que, *concretamente*, variará segundo o grau de participação (§§ do art. 29 e art. 31) e a *culpabilidade* de cada participante. E em relação ao *partícipe* variará ainda de acordo com a *importância causal* da sua contribuição.

A rigor, para punir o *coautor* — que intervém materialmente na execução do crime — o art. 29 do CP seria desnecessário, uma vez que a *tipicidade* de sua conduta decorre diretamente da norma incriminadora violada. Contudo, esse dispositivo é indispensável para a punibilidade do *partícipe*, cuja tipicidade fundamenta-se nessa norma de extensão".

8. Christiano Fragoso & Patrícia Mothé Glioche Béze, *Cargo em comissão e função de direção ou assessoramento*: notas ao art. 327, § 2º, do Código Penal, Rio de Janeiro, Processo, 2022, p. 189.

A segunda limitação do § 2º do art. 327 é a sua *inaplicabilidade* a outros crimes praticados por funcionários públicos contra a Administração Pública, fora o Capítulo I desses crimes, sejam constantes do Código Penal (*v.g.*, Crimes contra a Administração da Justiça), contra as finanças públicas, crimes licitatórios e contratos administrativos, ou seja, crimes previstos em leis penais extravagantes. Nesse sentido, com absoluto acerto, é o magistério de Christiano Fragoso e Patrícia Béze, quando afirmam: "O dispositivo é taxativo no sentido de que a majorante se aplica a crimes 'previstos neste Capítulo' (no caso, o Capítulo I do Título IX do CP); ampliá-lo representaria analogia *in malam partem*, proibida por disposição constitucional (art. 5º, XXXIX) e pelo art. 1º do próprio CP"[9].

4.1 *Punição do mero partícipe*

Se a participação for de menor importância, a pena pode ser diminuída de um sexto a um terço, segundo o disposto no art. 29, § 1º, do CP. A *participação* aqui referida diz respeito exclusivamente ao *partícipe* e não ao *coautor*, tratando-se, por conseguinte, de *participação em sentido estrito*. Ainda que a participação do coautor tenha sido pequena, terá ele *contribuído* diretamente na execução propriamente do crime. A sua culpabilidade, naturalmente superior a de um simples *partícipe*, será avaliada nos termos do art. 29, *caput*, do Código Penal, e a pena a ser fixada obedecerá aos limites abstratos previstos pelo tipo penal infringido. Já o partícipe que houver tido "participação de menor importância" poderá ter sua pena reduzida de um sexto a um terço, podendo, inclusive, ficar aquém do limite mínimo cominado, nos termos do art. 29, § 1º. No entanto, o *partícipe* que teve uma atuação normal de *partícipe* na prática da infração penal (instigador ou cúmplice) deverá ter sua pena-base graduada nos termos do art. 59, devendo, naturalmente, ser considerada pelo julgador que sua *culpabilidade* é inferior a de um *autor* ou *coautor*, nos termos distinguidos pelo art. 29, *caput*, *in fine*.

4.2 *Inaplicabilidade da majorante do § 2º do art. 327 do CP a servidores de autarquias*

Essa majorante do § 2º do art. 327 do CP não pode ser estendida a servidores ocupantes de cargos em comissão ou de função de direção ou assessoramento em autarquias pela singela razão da ausência de previsão legal específica, sob pena de utilizar-se de analogia *in malam partem*. Com efeito, no rol de incidência dessa *causa especial de aumento* de pena, entre os entes da Administração Pública indireta, não há menção às *autarquias*[10]. E *aplicação analógica* para estendê-la a servidores de *autarquias* ocupantes de cargos em comissão ou de função de direção ou de assessoramento esbarra na proibição do *princípio da tipicidade estrita*. Com efeito,

---

9. Christiano Fragoso & Patrícia Mothé Glioche Béze, *Cargo em comissão e função de direção ou assessoramento*, p. 201.

10. Christiano Fragoso & Patrícia Mothé Glioche Béze, *Cargo em comissão e função de direção ou assessoramento*, p. 201.

pelo princípio da legalidade penal estrita, é inadmissível a aplicação de analogia *in malam partem*, "sendo inaplicável a recorrentes que não poderiam ter a pena majorada em um terço, na forma prevista no § 2º do art. 327 do Código Penal"[11].

Ademais, a nosso ver, o fundamento *material* da majorante não está apenas na mera ocupação de um cargo em comissão ou de uma função de direção ou assessoramento, *mas em valer-se dela para a prática do crime*. Por isso, é justo que a majorante só se aplique quando se demonstra que, no caso concreto, o agente se valeu dessa posição para a prática do crime, embora os tribunais superiores adotem orientação distinta. Por outro lado, em obediência ao *devido processo penal, contraditório e ampla defesa*, a denúncia, ao imputar a majorante do art. 327, § 2º, do Código Penal, deve, necessariamente, *narrar qual o cargo em comissão ou função de direção* ou assessoramento que o imputado detém, sob pena de inépcia da exordial acusatória[12]. Essa majorante, evidentemente, não se aplica ao *particular* que atua em concurso com o ocupante de cargo em comissão ou de função de direção ou assessoramento em autarquias, por falta de previsão legal. Como se trata de uma *majorante* fundada em circunstância subjetiva, e não de uma *qualificadora*, a extensão comunicativa, prevista pelo art. 30 do CP, é inadmissível[13].

11. SFT, 2ª T., AO 2.093, rel. Min. Cármen Lucia, j. 3-9-2019, *DJ* 10-10-2019, item 20.

12. STJ, APn 897, Corte Especial, rel. Min. Felix Fischer, j. 13-6-2019.

13. Nesse sentido, acertadamente, STJ, 5ª T., AgRg no REsp 1.789.273/PR, rel. Min. Felix Fischer, j. 25-8-2020, *DJe* 8-9-2020.

CRIMES PRATICADOS POR PARTICULAR CONTRA A ADMINISTRAÇÃO EM GERAL

Segunda Parte

USURPAÇÃO DE FUNÇÃO PÚBLICA

XX

Sumário: 1. Considerações preliminares. 2. Bem jurídico tutelado. 3. Sujeitos do crime. 4. Tipo objetivo: adequação típica. 5. Tipo subjetivo: adequação típica. 6. Consumação e tentativa. 7. Classificação doutrinária. 8. Forma qualificada: auferimento de vantagem. 9. Questões especiais. 10. Pena e ação penal.

Capítulo II

DOS CRIMES PRATICADOS POR PARTICULAR CONTRA A ADMINISTRAÇÃO EM GERAL

Usurpação de função pública

Art. 328. Usurpar o exercício de função pública:

Pena — detenção, de 3 (três) meses a 2 (dois) anos, e multa.

Parágrafo único. Se do fato o agente aufere vantagem:

Pena — reclusão, de 2 (dois) a 5 (cinco) anos, e multa.

1. Considerações preliminares

Os antecedentes mais distantes do presente crime deitam raízes no direito romano, que tratava a usurpação de função pública como *crimen majestatis*, sendo igualmente conhecido no período medieval. Modernamente, no entanto, coube ao Código Penal de Napoleão (1810) recepcionar essa figura delituosa, sendo seguido por muitos outros códigos no século XIX.

O Código Penal Imperial (1830) também reprimiu a conduta de usurpar função pública, disciplinando, porém, separadamente a usurpação de função pública civil e a militar. Coube, contudo, ao Código Penal de 1890 reunir em um mesmo dispositivo a usurpação dessas funções públicas (art. 224).

O Código Penal de 1940 tratou da usurpação de função pública sem se preocupar em destacar sua abrangência, prevalecendo na doutrina o entendimento de que a prescrição penal abrangia tanto a seara civil quanto a militar. Posteriormente, com o surgimento do Código Penal Militar (Decreto-lei n. 1.001/69), a usurpação de função pública militar recebeu tratamento específico.

2. Bem jurídico tutelado

Bem jurídico protegido é a Administração Pública, especialmente sua moralidade e probidade administrativa. Protege-se, na verdade, a probidade de função pública, sua respeitabilidade, bem como a integridade de seus funcionários. A atuação funcional do agente público pressupõe, por isso mesmo, a legitimidade de sua investidura no cargo e na função, sendo, portanto, incompatível com a conduta de quem exerce funções que não são suas. Ademais, reconhecia Magalhães Noronha, "além da lesão ao direito exclusivo do Estado de escolher e nomear seus funcionários ou as pessoas que, em seu nome e interesse, agem, para consecução de suas finalidades"[1].

3. Sujeitos do crime

Sujeito ativo pode ser qualquer pessoa, até mesmo o funcionário público incompetente ou investido em outra função, ou, em outros termos, o funcionário que pratica atividade atribuída a outro agente público, absolutamente estranha àquela a que está investido. A bem da verdade, tratando-se do capítulo que disciplina os crimes praticados por particulares contra a administração em geral, sujeito ativo deve ser o particular (*extraneus*). Contudo, convém destacar, que a ele se equipara quem, mesmo sendo funcionário, não está investido na função que usurpa. No entanto, nesse caso, é importante que as funções sejam absolutamente distintas, como destacava Sabatini: "deve ser uma função de todo estranha à de que está investido, porque se age, de qualquer modo, na esfera de suas funções ou abusa dos poderes inerentes à mesma, no concurso dos outros requisitos, responde a título do crime mencionado"[2]. Deve-se acrescentar que o mencionado autor estava referindo-se ao crime de abuso de poder.

Sujeito passivo é o Estado, que pode ser representado pela União, Estados-membros, Municípios e Distrito Federal. Não é aplicável a extensão prevista no § 1º do art. 327, já que referida equiparação limita-se às hipóteses em que o funcionário público equiparado é sujeito ativo do crime considerado funcional.

4. Tipo objetivo: adequação típica

A ação nuclear do tipo é representada pelo verbo usurpar (assumir ou exercer indevidamente). Usurpar é o mesmo que obter mediante fraude, tomar violentamente, gozar indevidamente. O agente, de forma ilegítima, executa ato relativo à função pública (*vide* o art. 327 do CP), de natureza gratuita ou remunerada, na qual não está legalmente investido. Usurpar, portanto, é assumir e exercitar, indevidamente, funções ou atribuições que não competem ao agente. Com a usurpação de função há indevida e ilegítima intromissão no aparato legal da Administração Pública de

---

1. Magalhães Noronha, *Direito Penal*, p. 304.
2. Guglielmo Sabatini, *Il Codice Penale illustrato articolo per articolo*, Milão, Dir. Ugo Conti, 1934, p. 403.

um *extraneus* que se arroga prerrogativas de funcionário, que não as tem, e pratica atos de ofício, como se funcionário competente fosse.

Para a configuração do crime de usurpação de função pública não basta que o agente apenas se invista de função indevidamente, atribuindo a si mesmo a condição de funcionário público, mas deve também, e necessariamente, praticar ato de ofício privativo da função usurpada. Na precisa lição de Magalhães Noronha está sintetizada toda a essência do comando típico contido no art. 328, *in verbis*: "Não basta fazer-se passar pelo ocupante do cargo, intitular-se como tal, desde que não o exerça. A lei exige que se usurpe exercício da função e não se contenta com a simples ou mera atribuição da qualidade de funcionário ou do título relativo ao cargo"[3]. A usurpação de função pública não se confunde com o abuso de poder: com efeito, uma coisa é exceder-se no exercício da função pública, e outra, completamente distinta, é investir-se na que não possui, embora em ambas seu exercício seja ilegal e abusivo. Hungria destacava, no entanto, que a simples jactância não é penalmente ilícita, salvo se contribuir para um fingimento, pois em tal caso será reconhecível uma contravenção (art. 45)[4]. No entanto, se falsamente alguém se intitula funcionário público com o escopo de induzir alguém em erro e, com isso, auferir vantagem, tem-se caracterizado o delito do art. 171 (estelionato mediante fraude).

Há situações, porém, em que o particular, independentemente de investidura em cargo algum, está devidamente autorizado a exercer uma função pública ou praticar atos de ofício, assim, como, por exemplo, a prisão em flagrante delito, que, segundo o art. 301 do CPP, "qualquer do povo poderá e a autoridade policial e seus agentes deverão prender" quem quer que se encontre em situação de flagrância; sem se falar nas funções delegadas etc. Mas, nesses e em qualquer outro caso que haja autorização ou delegação, não existe usurpação e, portanto, não se pode falar em crime.

A função pública pode ser de qualquer natureza: temporária, transitória, civil ou militar, gratuita ou remunerada.

5. Tipo subjetivo: adequação típica

Elemento subjetivo do crime de usurpação de função é o dolo, constituído pela vontade consciente de usurpar função pública ilegitimamente. Inexistindo vontade livre e consciente de obter mediante fraude ou assumir indevidamente função de agente do Estado, não se caracteriza a usurpação de função pública. É indispensável que o sujeito ativo tenha consciência da ilegitimidade do exercício da função usurpada. A ausência dessa consciência acarreta erro de tipo, excluindo o dolo, e, por extensão, a própria atipicidade. Caracterizado o erro de tipo é irrelevante a constatação de sua evitabilidade ou inevitabilidade, pois seu efeito é o mesmo, ante a ausência de previsão da modalidade culposa, salvo se se tratar de um simulacro de

---

3. Magalhães Noronha, *Direito Penal*, p. 304-305.

4. Nélson Hungria, *Comentários ao Código Penal*, p. 410.

erro. Por isso, não comete o crime quem, de boa-fé, pensa ser legítima a ação que pratica, que se encontra legalmente investido na função ou que é válida a delegação que recebeu, quando, na realidade, nada é verdadeiro.

Não se exige qualquer fim especial, caracterizador de elemento subjetivo especial do injusto. O motivo do agente, portanto, é irrelevante. Tampouco há previsão de modalidade culposa.

6. Consumação e tentativa

Consuma-se o crime de usurpação de função pública com o efetivo exercício de pelo menos um ato de ofício, típico de função pública em que o agente não está investido. Consuma-se o crime no momento e no lugar em que o ato de ofício é praticado pelo agente. A maior ou menor duração do exercício, a maior ou menor quantidade de atos praticados devem ser considerados somente na dosagem da pena, não se podendo falar, porém, em continuidade delitiva. Se em decorrência da usurpação o agente auferir vantagem, de qualquer natureza, para si ou para outrem, consumar-se-á a figura qualificada.

A tentativa é, teoricamente, admissível, e verifica-se, quando, iniciada a prática de atos inequívocos de execução, é interrompida durante sua realização, por circunstâncias alheias à vontade do agente.

7. Classificação doutrinária

Trata-se de crime formal (que não exige resultado naturalístico para sua consumação); comum (que não exige qualidade ou condição especial do sujeito); de forma livre (que pode ser praticado por qualquer meio ou forma pelo agente); instantâneo (em que não há demora entre a ação e o resultado), eventualmente permanente; unissubjetivo (que pode ser praticado por um agente apenas); plurissubsistente (crime que, em regra, pode ser praticado com mais de um ato, admitindo, em consequência, fracionamento em sua execução).

8. Forma qualificada: auferimento de vantagem

O parágrafo único do artigo em exame dispõe: "se do fato o agente aufere vantagem: Pena — reclusão, de dois a cinco anos, e multa". Constata-se que a eventual obtenção de vantagem pelo agente eleva consideravelmente, qualitativa e quantitativamente, a sanção cominada.

Caracteriza-se a figura qualificada quando, em virtude da usurpação, o agente aufere vantagem, patrimonial ou moral, para si ou para outrem. Trata-se, não se ignora, de crime formal, que não exige o resultado material para consumar-se; excepcionalmente, porém, a obtenção de vantagem não representa o simples exaurimento do crime, mas, ao contrário, ante previsão expressa, qualifica a figura delituosa, sendo digna de maior reprovação social.

O fundamento da maior reprovabilidade reside, portanto, na obtenção de vantagem. Como a lei é omissa, é irrelevante que se trate de vantagem devida ou indevida, legítima ou ilegítima. Por outro lado, tampouco se fez restrição à natureza da vantagem, por isso pode ser ela patrimonial ou não. Como a lei prevê apenas o auferimento de vantagem, não é necessária sua fruição, podendo, pois, a vantagem auferida destinar-se a outrem.

9. Questões especiais

Se o agente, sem realizar qualquer ato de ofício, tão somente se apresenta como funcionário público ou usa uniforme ou distintivo de função pública, responde pelas contravenções dos arts. 45 ou 46 da Lei das Contravenções Penais, e não pelo delito do art. 328 do CP. O delito descrito no *caput* admite não apenas a transação penal, mas também a suspensão condicional do processo em razão da pena mínima abstratamente cominada — não superior a dois anos. *Vide* os arts. 45, 46 e 47 do Decreto-lei n. 3.688/41 (Lei das Contravenções Penais).

10. Pena e ação penal

As penas cominadas, cumulativamente, são de detenção, de três meses a dois anos, e multa. Para a figura qualificada é cominada pena de reclusão de dois a cinco anos, e multa.

A ação penal é pública incondicionada, sendo indiferente qualquer manifestação do ofendido ou de seu representante legal.

RESISTÊNCIA XXI

Sumário: 1. Considerações preliminares. 2. Bem jurídico tutelado. 3. Sujeitos do crime. 4. Tipo objetivo: adequação típica. 4.1. Oposição ativa, mediante violência ou ameaça. 4.2. A qualidade ou condição de funcionário competente do sujeito passivo. 4.3. A legalidade do ato a ser executado. 4.4. Elemento subjetivo informador da conduta. 5. Consumação e tentativa. 6. Classificação doutrinária. 7. Forma qualificada: não realização do ato. 8. Resistência e concurso com outro crime violento: cúmulo material de penas. 9. Questões especiais. 10. Pena e ação penal.

Resistência

Art. 329. Opor-se à execução de ato legal, mediante violência ou ameaça a funcionário competente para executá-lo ou a quem lhe esteja prestando auxílio:

Pena — detenção, de 2 (dois) meses a 2 (dois) anos.

§ 1º Se o ato, em razão da resistência, não se executa:

Pena — reclusão, de 1 (um) a 3 (três) anos.

§ 2º As penas deste artigo são aplicáveis sem prejuízo das correspondentes à violência.

1. Considerações preliminares

No direito antigo já era reprimida a atual resistência[1], como também no direito romano e no direito medieval. Os Códigos Penais franceses de 1791 e 1810 puniam a resistência, com o nome de rebelião, a todo ataque praticado com violência ou vias de fato a determinados funcionários no cumprimento de leis, ordens ou mandamentos de autoridade pública. Nos séculos XVIII e XIX a legislação italiana também reprimia a mesma infração penal, que foi repetida no Código Penal Rocco (1930).

Na legislação brasileira, a criminalização do crime de resistência vem desde o Código Criminal do Império (1830), sendo repetida pelo primeiro Código Penal republicano (1890), com pequenas alterações do texto anterior. O Código de 1890, no entanto, situava, equivocadamente, o crime de resistência entre os "crimes con-

1. Heleno Cláudio Fragoso, *Lições de Direito Penal*, p. 449.

tra a segurança interna da república", como se fosse um crime de Estado ou contra a ordem política constituída, ou seja, transformava um crime comum em crime político, impropriamente.

O atual Código Penal de 1940, com redação mais enxuta e melhor técnica, situou adequadamente o crime de resistência entre os crimes contra a Administração Pública, *lato sensu*.

2. Bem jurídico tutelado

Bem jurídico protegido é a Administração Pública, especialmente sua moralidade e probidade administrativa. O tipo penal protege a autoridade e o prestígio da função pública. Tutela-se, na verdade, a normalidade do funcionamento da Administração Pública, sua respeitabilidade, bem como a integridade de seus funcionários; a essência mesmo da tutela penal não é em relação ao funcionário, e sim ao próprio ato funcional que se quer prestigiar, partindo-se da presunção, logicamente, da legalidade do ato. Não tendo base legal o ato resistido, não se pode falar em crime, pois a ausência dessa elementar torna a sua resistência uma conduta atípica.

3. Sujeitos do crime

Sujeito ativo pode ser qualquer pessoa que, mediante violência ou ameaça, obstaculize a prática de ato legal, independentemente de qualidade ou condição especial. Pode, inclusive, ser pessoa diversa daquela contra a qual o funcionário executava o ato.

Sujeito passivo é o Estado (União, Estado, Distrito Federal e Municípios) e, ao lado dele, o funcionário competente ou quem lhe esteja prestando auxílio para a execução do ato legal.

4. Tipo objetivo: adequação típica

A conduta típica consiste em opor-se à execução de ato legal (a legalidade exigida é tanto a formal quanto a substancial), mediante violência (emprego de força física) ou ameaça (prenunciando a prática de um mal grave à vítima) a funcionário competente para executá-lo ou a quem lhe esteja prestando auxílio. O crime de resistência, portanto, é composto dos seguintes elementos constitutivos: a) oposição ativa, mediante violência ou ameaça; b) a qualidade ou condição de funcionário competente do sujeito passivo ou seu assistente; c) legalidade do ato a ser executado; d) elemento subjetivo informador da conduta. Vamos dissecá-los.

4.1 *Oposição ativa, mediante violência ou ameaça*

Opor-se à execução de ato legal exige uma conduta ativa, positiva e efetiva, sendo insuficiente uma atitude passiva, contemplativa ou omissiva, pois configuraria, no máximo, a desobediência, que poderia tipificar o crime descrito no art. 330. A locução — mediante violência ou ameaça — destaca não apenas o meio e a forma que a oposição deve revestir-se, como deixa claro que não admite a simples passividade, como, por exemplo, jogar-se ao solo, agarrar-se em algum obstáculo ou simplesmente pôr-se em fuga para evitar a prisão. "A oposição — concorda Paulo José da Costa Jr. — deve ter caráter militante, ativo. A mera desobediência, a oposição branca, a resistência passiva (*vis civilis*) realizam o tipo descrito no art. 330"[2]. Por isso, a denominada "resistência passiva", que se caracterizaria pela omissão, sem ataque nem agressão por parte do "agressor", não tipifica o crime em exame, mesmo que não fosse exigida a elementar violência ou ameaça, pois de resistência, tecnicamente falando, não se trata. Tal conduta, no máximo, dependendo das demais elementares, poderá configurar o crime de desobediência.

A violência exigida pelo tipo penal tanto pode ser a física — *vis corporalis* — como a moral — *vis compulsiva* —, que deve ser praticada em oposição e concomitante ao exercício do ato funcional que se quer resistir. A violência física consiste no emprego de força contra o funcionário ou seu assistente. Para caracterizá-la é suficiente que ocorra lesão corporal leve ou simples vias de fato. O termo "violência", especificamente, empregado no texto legal significa força física, material, a *vis corporalis*. E abrange todas as formas de violência, desde as mais graves, como o homicídio e as lesões corporais, até as mais leves, como lesões leves ou as próprias "vias de fato". Mas a violência também pode consistir na simples ameaça, que, curiosamente, o legislador, nessa figura típica, não exige que seja grave, ao contrário do que normalmente se faz nas tipificações que utilizam a ameaça equiparada à violência. Essa ameaça pode ser real, verbal e, segundo a maioria da doutrina, pode até ser por escrito (quando o agente promete causar mal injusto e grave ao funcionário público).

A atualidade da execução do ato de ofício é pressuposto indispensável, a caracterização do ato de resistir — é impossível resistir a algo que não iniciou e, principalmente, a algo que já terminou. A resistência deve ocorrer no momento e no lugar que se realiza o ato que se quer impedir. Nesse sentido, já sustentava Manzini afirmando que "se pressupõe já iniciado o ato de ofício ou de serviço, e a violência ou ameaça deve ser contemporânea ao desenvolvimento da atividade funcional tendendo a frustrar absoluta ou relativamente a obtenção do escopo a que o ato se dirige"[3]. Por isso, temos dificuldade em admitir que a ameaça possa ser feita por escrito, pois por esse meio perde-se a atualidade, não passando de uma ameaça de mal futuro, incompatível com a exigência de contemporaneidade da resistência e da execução do fato de ofício. Não era outro, nesse particular, o entendimento de Heleno Fragoso[4], para quem constituía pressuposto necessário a atualidade da execução do ato funcional. Não pode haver resistência se ainda não se iniciou ou se já cessou a atividade do funcionário. É possível a resistência durante todo o desenvolvimento do ato e até a sua conclusão, como sustentava Sebastian Soler[5].

---

2. Paulo José da Costa Jr., *Comentários ao Código Penal*, p. 504-505.
3. Vincenzo Manzini, *Tratado de Derecho Penal*, v. 5, p. 399.
4. Heleno Cláudio Fragoso, *Lições de Direito Penal*, p. 450.
5. Sebastian Soler, *Derecho Penal argentino*, p. 100.

A violência deve ser, necessariamente, dirigida ao funcionário público ou a quem o auxilie, não a caracterizando eventual violência dirigida à coisa. Nesse particular, era equivocado o entendimento de Hungria[6], uma vez que o Código Penal de 1940 (art. 329) adota tipificação distinta da utilizada pelo Código Penal italiano de 1930 (art. 337). Nesse sentido, mais uma vez, a razão encontra-se com Magalhães Noronha, quando afirmava: "Não há invocar, neste particular, autores estrangeiros, pois seus Códigos diferem do nosso, que é por demais preciso: '... mediante violência ou ameaça a funcionário..."[7]. E concluía com acerto Magalhães Noronha: "Numa palavra: no Código italiano, consideram-se a violência e a ameaça em oposição a um ato do funcionário; no pátrio, a oposição a um ato, mediante violência ou ameaça ao funcionário. É o âmbito daquele mais amplo". Fragoso comungava da mesma opinião de Noronha: "A opinião em contrário de autores alemães, italianos e suíços é inaceitável perante nossa lei, que exige a violência ou ameaça praticada 'a funcionário'"[8]. É inaceitável, inclusive, a ressalva sugerida por Regis Prado (que no mérito concorda com a inadmissibilidade), de que "a violência praticada contra a coisa somente pode ser acolhida como elementar do delito se representa ameaça ao funcionário, como na hipótese em que o agente danifica violentamente a viatura, visando intimidar o policial, para que este se retire do local sem a realização do ato pretendido". Seria uma forma disfarçada de admitir a violência à coisa como elementar típica. Ademais, polícia não se intimida por que alguém danifica sua viatura, como se fora criança amedrontada pelo maior que, para assustá-la, quebra seu brinquedo.

A resistência oposta por assaltante para evitar a prisão, quando perseguido logo após a prática do crime de roubo, por exemplo, não constitui crime autônomo; representa, tão somente, um desdobramento da violência caracterizadora do crime patrimonial[9].

4.2 *A qualidade ou condição de funcionário competente do sujeito passivo*

Não basta que o sujeito passivo seja funcionário público (ou assistente deste), sendo indispensável que ele tenha competência para executar o ato que se quer impedir. Com efeito, pressupostos do crime de resistência são a qualidade ou condição do sujeito passivo — que deve, necessariamente, ser funcionário público competente — e a legalidade do ato funcional. Em termos bem esquemáticos, é necessário que o funcionário pratique ato legal e que este integre o âmbito de suas atribuições funcionais.

---

6. Nélson Hungria, *Comentários ao Código Penal*, p. 412.

7. Magalhães Noronha, *Direito Penal*, p. 311.

8. Heleno Fragoso, *Lições de Direito Penal*, p. 451.

9. "A resistência oposta por assaltante para evitar a prisão, quando perseguido logo após a prática do crime de roubo, não constitui crime autônomo, representa, tão somente, um desdobramento da violência caracterizadora do delito patrimonial" (STJ, RE 173.466/PR, Rel. Vicente Leal, *DJU*, 4-10-1999).

É irrelevante, segundo Hungria[10], que o executor do ato seja titular primário ou secundário da autoridade pública: o fundamental é que tenha competência *in concreto* para realizá-lo.

A proteção penal, no entanto, pode ser estendida ao *extraneus*, excepcionalmente autorizada pelo texto legal. Esse "auxílio prestado" pode ser requisitado pelo funcionário, ou o *extraneus ponte sua* — com o assentimento daquele — pode reforçar a atuação funcional. No entanto, para que se reconheça a legitimidade do "auxiliar" é necessária a presença, *in locus*, do assistido. Caso contrário, o *extraneus* estará usurpando de função pública, desautorizadamente.

Por fim, o fundamento para ampliar a proteção legal a quem "presta auxílio" a funcionário competente reside na interpretação de que se trata de um desdobramento, de um *longa manus* do assistido, que aquele estaria exercendo uma espécie de função delegada.

4.3 *A legalidade do ato a ser executado*

Requisito igualmente indispensável para a configuração do crime de resistência é a legalidade do ato, sob os aspectos formal e substancial: a legalidade substancial refere-se à ordem a ser executada; a formal relaciona-se à forma ou ao meio de sua execução, como assevera Regis Prado: "a primeira sedimenta-se na ausência de fundamento ou razão de ser da concreção do ato, enquanto a segunda está relacionada à forma ou à execução do ato"[11]. Exige-se, assim, a competência do funcionário para a prática do ato, bem como a sua legalidade intrínseca, além do emprego dos meios legais na sua execução. Em outros termos, o agente deve executar o ato nos limites de sua competência e nos termos legais. Atos ilegais, portanto, são os que não têm fundamento na lei, como, por exemplo, mandado de prisão, fora dos casos que a lei permite, ou emitidos por autoridade incompetente, ou sem cumprir as formalidades legais etc.

Questão que não pode ser ignorada é a eterna polêmica sobre o direito de resistência contra o arbítrio da autoridade pública. Não se desconhece a existência de duas teorias opostas relativamente a esse tema: para a primeira presume-se legalidade quando proveniente de agentes públicos, sendo inadmissível a oposição contra a autoridade inerente a tais atos. Essa teoria remonta ao período despótico que sustentava o acerto permanente dos "delegados terrestres da divindade"[12]; para a segunda, sustenta o dever do cidadão de rebelar-se contra atos ilícitos, e a oposição a ato ilegal da autoridade não é antijurídica, sendo, portanto, lícita. Uma terceira teoria, como sempre, procura conciliar as anteriores, sustentando a admissibilidade da resistência quando o ato da autoridade é manifestamente ilegal. Na dúvida, sustenta, prevalece o princípio da autoridade.

---

10. Nélson Hungria, *Comentários ao Código Penal*, p. 412.
11. Luiz Regis Prado, *Curso de Direito Penal*, p. 519.
12. Nélson Hungria, *Comentários ao Código Penal*, p. 410.

A ilegalidade do ato legitima eventual oposição à sua execução, conforme procuraremos demonstrar mais adiante. Paulo José da Costa Jr. vai mais longe ao afirmar: "A obediência passiva à ilegalidade não se admite. O súdito é um homem, não um escravo. Dispõe do direito de revoltar-se contra o ato indevido e do dever de obedecer à ordem legal. A oposição, ainda que violenta, ao ato ilícito da autoridade, é válida, é legítima, *secundum jus*"[13]. Sob o ponto de vista objetivo, destacava Soler: para que exista função lícita requer-se que o agente atue dentro da esfera de sua competência tanto material como jurisdicionalmente[14]. O ato executado deve ser legal, formal e substancialmente, pois a ilegalidade do ato torna a resistência legítima, excluindo não só a antijuridicidade da ação, mas a própria tipicidade, embora não desconheçamos, repetindo, a controvérsia sobre a resistência ao ato ilegal. No entanto, Fragoso já concordava com esse nosso entendimento *in verbis*: "Se o ato for ilegal, a resistência é sempre lícita e impunível, quer se trate de ilegalidade evidente ou dissimulada. Constitui ela uma espécie de legítima defesa, embora não caiba aqui exigir os requisitos desta descriminante"[15]. Magalhães Noronha era ainda mais contundente ao afirmar: "Só há resistência contra ato legal; se não o for, a oposição não é ilícita, quer seja a ilegalidade patente, quer seja dissimulada"[16].

Na realidade, diante do texto do nosso Código Penal, prescrevendo que a resistência opera-se contra ato legal, é inadmissível, no atual Estado Democrático de Direito, que se pretenda sustentar que se configura o crime de resistência quando se opõe a ato "não manifestamente ilegal". No entanto, nosso Código Penal, que optou pela fórmula liberal, a despeito de ter sido elaborado durante regime autoritário, não distingue nem qualifica a "legalidade do ato", o que impede que se possa exigir que se distinga entre "legalidade manifesta" e "legalidade duvidosa". Nesse caso, não há tipicidade no ato de resistir. Aparentar ser legal não transforma nenhum "ato ilegal" em legal, e permanecerá com a característica de ilegalidade. A única "forma" para validar aquela interpretação teria sido o legislador ter optado por outra fórmula na definição do crime de resistência, como, por exemplo, "opor-se à execução de ato não manifestamente ilegal". No entanto, não foi esse o caminho seguido. A violência, enfim, quando autorizada pela lei e exercida no estrito limite de sua necessidade, evidentemente, não constitui crime. Aliás, o próprio Hungria, ardoroso defensor da correção do velho diploma legal, reconhecia: "Em face do nosso Estatuto Penal... não padece dúvida que a oposição, *vi aut minis*, para eximir a si próprio, ou a terceiro, dentro dos limites da necessidade, à sujeição a um ato ilegal da autoridade, constitui autêntica legítima defesa (art. 21)"[17].

---

13. Paulo José da Costa Jr., *Comentários ao Código Penal*, p. 503.

14. Sebastian Soler, *Derecho Penal argentino*, p. 101.

15. Heleno Cláudio Fragoso, *Lições de Direito Penal*, p. 455.

16. Magalhães Noronha, *Direito Penal*, p. 310. Paulo José da Costa Jr., *Comentários ao Código Penal*, p. 503, faz coro com Magalhães Noronha e Heleno Cláudio Fragoso.

17. Nélson Hungria, *Comentários ao Código Penal*, p. 417.

Convém registrar, em definitivo, que a ilegalidade do ato não se confunde com sua injustiça. Legalidade e justiça são coisas diversas. Se o ato encontra-se fundamentado na lei e as formalidades legais foram observadas, não tem legitimidade o cidadão para opor-se a ele alegando sua injustiça. Nesse sentido, arrematava Hungria: "Não se deve, porém, confundir a ilegalidade material do ato oficial com a injustiça da decisão de que este deriva. Uma vez que o ato seja regular na sua forma e se funde, *in thesi*, em preceito legal, já não é permitida a resistência"[18].

4.4 *Elemento subjetivo informador da conduta*

O elemento subjetivo geral é o dolo, constituído pela vontade livre e consciente de resistir a ato legal de autoridade competente. É necessário que o sujeito ativo tenha consciência da legalidade do ato e da competência de quem o executa — seja o funcionário ou seu auxiliar (o auxiliar só pode agir na presença e na companhia do funcionário).

O elemento subjetivo especial do tipo é representado pelo especial fim de agir para impedir a execução do ato legal. A ausência dessa finalidade especial — impedir a realização do ato funcional — descaracteriza a resistência, podendo surgir, residualmente, outra infração penal, como, por exemplo, lesões corporais, constrangimento ilegal, ameaça etc.

De forma elogiável, já, a seu tempo, Hungria reconhecia a importância do *animus* como orientador da ação, ao destacar: "Até mesmo o fato de quem, *vacuis manibus*, afasta de si o executor do ato ou seu assistente, traduzindo apenas um gesto instintivo de autodefesa, sem intenção positiva de ofender, não constitui a *vis* característica da resistência. Ao contrário, se é manifesto o *animus oppugnandi*, a *simples pulsatio* (*caedere pugnis sin dolore*), basta para que se apresente a violência integrante do crime (resistência ativa simples), o que é óbvio, desde que, pressuposto do dito *animus*, a resistência configura-se com a simples ameaça...".

Não há previsão de modalidade culposa.

5. Consumação e tentativa

Consuma-se o crime de resistência com a efetiva oposição à prática de ato legal, no momento e no lugar em que pratica a violência ou ameaça, independentemente de onde o ato ilegal seria realizado. É irrelevante que o agente obtenha êxito em seu fim pretendido, qual seja o de impedir a realização do ato legal. Consuma-se com a simples prática da violência ou ameaça, independentemente da realização ou não do ato funcional. Aliás, a não realização do ato que, teoricamente, tratando-se de crime formal, representaria o simples exaurimento do crime é elemento qualificador do crime, elevando sua reprovação social.

18. Nélson Hungria, *Comentários*, p. 417. No mesmo sentido: Magalhães Noronha, *Direito Penal*, p. 310; Paulo José da Costa Jr., *Comentários*, p. 504; Damásio de Jesus, *Direito Penal*, p. 214.

A tentativa é, teoricamente, admissível, especialmente porque o ato de resistir pode, facilmente, ser objeto de fracionamento.

6. Classificação doutrinária

Trata-se de crime comum (que não demanda qualquer qualidade ou condição especial do sujeito ativo, podendo ser praticado por qualquer pessoa); formal (que não exige resultado naturalístico para sua consumação); de forma livre (que pode ser praticado por qualquer meio ou forma pelo agente); instantâneo (em que não há demora entre a ação e o resultado, não se prolongando no tempo a fase executória); unissubjetivo (que pode ser praticado por um agente apenas, sendo desnecessário concurso de pessoas); plurissubsistente (que, em regra, pode ser praticado com mais de um ato, admitindo, em consequência, fracionamento em sua execução).

7. Forma qualificada: não realização do ato

Como o crime é formal, o efetivo impedimento da prática do ato legal representaria simples exaurimento do crime, sem qualquer alteração na sua definição legal, podendo, apenas, ser considerado esse aspecto quando da operação de dosagem de pena (art. 59, consequências do crime). Contudo, em razão da natureza do bem jurídico protegido, o legislador considerou que o desvalor da ação e do resultado é agravado com a não realização do ato resistido, configurando-se, portanto, a maior reprovação pessoal.

O crime, por conseguinte, é qualificado (§ 1º) quando a resistência se exaure, ou seja, quando o agente consegue efetivamente impedir a execução do ato funcional. Em outros termos, o funcionário não consegue superar a resistência que lhe opõe o agente, e "o ato, em razão da resistência, não se executa". Nessa hipótese, modifica-se a pena cominada, não apenas qualitativa (reclusão), mas quantitativamente (um a três anos). Contudo, para que se reconheça a qualificadora é indispensável que o ato legal deixe de ser praticado por força exclusiva da violenta ou ameaçadora oposição do sujeito ativo. Se, no entanto, a não realização do ato decorrer da inoperância ou inépcia do funcionário, a qualificadora não é admissível.

8. Resistência e concurso com outro crime violento: cúmulo material de penas

Constata-se que a violência, além de integrar — como elementar — a descrição típica do crime de resistência, é punida autonomamente, quando constitui crime em si mesma. O § 2º determina, com efeito, que as penas são aplicáveis "sem prejuízo das correspondentes à violência". De plano, convém destacar que a "violência" — *vis corporalis* e *vis compulsiva* — constitui elementar típica do crime de resistência; logo, a cumulação de penas determinada em dito preceito não pode estar referindo-se a todo e qualquer tipo de violência, sob pena de incorrer em *bis in idem*. Em segundo lugar, essa previsão legal estaria disciplinando concurso de crimes entre resistência e outro crime violento, e, em caso positivo, a que espécie de concurso estar-se-ia referindo? Ou, por fim, essa forma de cominação de pena refere-se somente ao sistema de aplicação de penas (cúmulo material), e não a concurso de crimes propriamente? São questões aparentemente simples, mas que demandam algum cuidado reflexivo, como ocorre em muitos outros dispositivos por nós já examinados.

Destacamos, de plano, que essa previsão somente é aplicável quando a "violência empregada" constituir autonomamente crime, caso contrário não haverá para ela outra pena cominada, pois não passará de simples elementar típica do crime em exame. Nesse tipo penal, portanto, somente a violência que constituir em si mesma crime excederá a mera função de elementar constitutiva do crime de resistência. Nessa hipótese, a pena deste será cumulada com a pena correspondente à infração penal constituída, isoladamente, pela violência. Esse crime — resistência — praticado com o emprego de violência que constitua em si mesma crime configura, certamente, concurso de crimes. O texto legal não sugere que se trate de concurso material, não sendo permitida, portanto, interpretação desse gênero. Não se pode esquecer, por outro lado, que o que caracteriza o concurso material de crimes não é a pluralidade de infrações, como ocorreria na hipótese em exame, mas sim a pluralidade de condutas, que, em princípio, não ocorre na ação única de opor-se à execução de ato legal.

Quando da violência praticada no ato de resistir resultarem lesões corporais ou morte, haverá a aplicação cumulativa das penas correspondentes à resistência e as decorrentes de dita violência (lesões corporais ou homicídio). Somente nessas hipóteses haverá aplicação cumulativa de penas. O fato de determinar-se a aplicação cumulativa de penas não significa que se esteja reconhecendo aquela espécie de concurso, mas apenas que se adota o sistema do cúmulo material de penas[19], que é outra coisa. Com efeito, o que caracteriza o concurso material de crimes não é a soma ou cumulação de penas, como prevê o dispositivo em exame, mas a pluralidade de condutas, pois no concurso formal impróprio, isto é, naquele cuja conduta única produz dois ou mais crimes, resultantes de desígnios autônomos, as penas também são aplicadas cumulativamente. Na verdade, concurso de crimes e sistema de aplicação de penas são institutos inconfundíveis: o primeiro relaciona-se à teoria da pena, e o segundo, à teoria do crime. Por isso, a confusão é injustificável.

No entanto, a despeito de tudo o que acabamos de expor, nada impede que, concretamente, possa ocorrer concurso material do crime de resistência com outros crimes violentos, como acontece com quaisquer outras infrações, desde que, é claro, haja "pluralidade de condutas e pluralidade de crimes"[20], mas aí, observe-se, já não será mais o caso de unidade de ação ou omissão, caracterizadora do concurso formal.

---

19. Ver o que dissemos sobre o sistema do cúmulo material de penas, em *Tratado de Direito Penal*, 29. ed., São Paulo, Saraiva, 2023, v. 1, p. 849.
20. Cezar Roberto Bitencourt, *Tratado de Direito Penal*, 29. ed., São Paulo, Saraiva, 2023, v. 1, p. 850.

9. Questões especiais

As ofensas proferidas, ou a negativa em acompanhar o policial, em abrir a porta, ou outros casos de indisciplina não são suficientes para a tipificação do delito de resistência, podendo, conforme o caso, caracterizar desacato (art. 331 do CP) ou desobediência (art. 330). A resistência absorve o crime do art. 132 do CP, a desobediência (art. 330 do CP) e as contravenções inscritas nos arts. 19, 21 e 62 da Lei das Contravenções Penais. *Vide* a Lei n. 1.579/52, art. 4º, I, em se tratando de ato próprio das Comissões Parlamentares de Inquérito. Admite-se a suspensão condicional do processo em razão da pena mínima abstratamente cominada — igual ou inferior a um ano. *Vide* os arts. 284, 292 e 795, parágrafo único, do CPP e 89 da Lei n. 9.099/95 (Juizados Especiais).

10. Pena e ação penal

As penas cominadas são de detenção, de dois meses a dois anos, e multa. Para a forma qualificada, comina-se pena de reclusão, de um a três anos. Em qualquer dos casos — resistência simples ou qualificada —, prevê a lei penal o cúmulo material (sistema) da aplicação das penas do crime de resistência e daquele que a violência, *in concreto*, produzir, seja lesão corporal ou homicídio, eventualmente praticados pelo sujeito ativo (§ 2º). A contravenção de vias de fato fica, naturalmente, absorvida.

A ação penal, como em todos os crimes contra a Administração Pública, é pública incondicionada.

DESOBEDIÊNCIA XXII

Sumário: 1. Considerações preliminares. 2. Bem jurídico tutelado. 3. Sujeitos do crime. 4. Tipo objetivo: adequação típica. 4.1. Desobediência e cominação de sanções civis ou administrativas: atipicidade. 5. Tipo subjetivo: adequação típica. 6. Consumação e tentativa. 7. Classificação doutrinária. 8. Pena e ação penal.

Desobediência

Art. 330. Desobedecer a ordem legal de funcionário público:

Pena — detenção, de 15 (quinze) dias a 6 (seis) meses, e multa.

---

1. Considerações preliminares

Carrara já destacava que a desobediência foi constituída numa infração penal autônoma pelas antigas práticas judiciais toscanas, baseando-se em lei de 1786, que aplicava penas leves[1]. A criminalização dessa conduta consta da legislação brasileira desde nosso Código Criminal de 1830: "desobedecer ao empregado público em ato de exercício de suas funções, ou não cumprir as suas ordens legais". O Código Penal de 1890, por sua vez, atribuiu ao mesmo crime uma abrangência maior, ao reconhecer a desobediência na simples transgressão de ordens ou provimentos legais, emanados de autoridade competente, acrescentando, ainda, que estariam compreendidos na previsão legal "aqueles que infringirem preceitos proibitivos de editais das autoridades e dos quais tiveram conhecimento" (art. 135 e parágrafo único).

2. Bem jurídico tutelado

Bem jurídico protegido é a Administração Pública, especialmente sua moralidade e probidade administrativa. Protege-se, na verdade, a probidade de função pública, sua respeitabilidade, bem como a integridade de seus funcionários. Objetiva-se, especificamente, garantir o prestígio e a dignidade da "máquina pública" relativamente ao cumprimento de determinações legais, expedidas por seus agentes.

---

1. Heleno Cláudio Fragoso, *Lições de Direito Penal*, p. 457.

Heleno Cláudio Fragoso, com sua sensibilidade crítico-liberal, já destacava que "é esta, sem dúvida, uma disposição perigosa e autoritária"[2], seguindo, no particular, as reservas de Carrara, para quem, em princípio, é muito discutível (salvo absoluta necessidade de Justiça) que se possa reconhecer um verdadeiro delito na simples desobediência a uma ordem que nos causa dano e dor.

3. Sujeitos do crime

Sujeito ativo, já que se trata de crime comum, pode ser qualquer pessoa, inclusive funcionário público, desde que não se encontre no exercício de suas funções. Relacionando-se, porém, às suas próprias atribuições funcionais, a "desobediência" poderá configurar o crime de prevaricação, observadas as demais elementares típicas.

Sujeito passivo é o Estado (União, Estado, Distrito Federal e Municípios), como o verdadeiro titular do interesse atingido pela ação delituosa; secundariamente, pode-se considerar também como sujeito passivo o funcionário autor da ordem desobedecida.

4. Tipo objetivo: adequação típica

A conduta incriminada consiste em desobedecer ordem legal de funcionário público, que significa descumprir, desobedecer, desatender dita ordem. É necessário que se trate de ordem, e não de mero pedido ou solicitação, e que essa ordem dirija-se expressamente a quem tenha o dever jurídico de obedecê-la; deve, outrossim, a ordem revestir-se de legalidade formal e substancial. Ademais, "o expedidor ou executor da ordem há de ser funcionário público, mas este, na espécie, entende-se aquele que o é no sentido estrito do direito administrativo", como pontificava Nélson Hungria[3]. Em outras palavras, a ordem deve emanar de funcionário competente para emiti-la; não sendo funcionário competente, não se poderá falar em crime, por carecer de legalidade em seu aspecto formal.

Se o agente não é responsável pela efetivação do ato que, acaso não cumprido, poderá ensejar o crime de desobediência, sua omissão ou não atendimento é absolutamente atípico, pois não tem o "dever legal" de executá-lo. O crime de desobediência somente se configura se a ordem legal for endereçada diretamente a quem tem o dever legal de cumpri-la[4]. Não se pode falar em desobediência se o destinatário da ordem não tiver tal dever, como sintetiza Damásio de Jesus[5]; é necessário

---

2. Heleno Cláudio Fragoso, *Lições de Direito Penal*, p. 457.

3. Nélson Hungria, *Comentários ao Código Penal*, p. 419.

4. "O crime de desobediência (CP, art. 330) só se configura se a ordem legal é endereçada diretamente a quem tem o dever legal de cumpri-la. A lei exige a fundamentação de todos os decisórios judiciais (CF, art. 93, XI), sob pena de nulidade" (STJ, HC 10.150/RN, Rel. Edson Vidigal, *DJU*, 21-2-2000).

"Se o paciente não é responsável pela efetivação do ato que, acaso não cumprido, poderá dar ensejo ao crime de desobediência, tanto que o assunto foi avocado pela pasta administrativa competente, a possível restrição no seu direito ambulatorial é causa de constrangimento ilegal" (STJ, HC 11.506/CE, Rel. Fernando Gonçalves, j. 8-6-2000).

5. Damásio de Jesus, *Direito Penal*, p. 218.

que o conteúdo da ordem esteja fundado em lei, emanada de funcionário público competente para emiti-la, agindo nos limites de suas atribuições legais. A justiça ou injustiça da decisão, no entanto, além de ser irrelevante à tipificação do fato, não legitima a sua desobediência. Nesse sentido é o entendimento atual do STF: "[...] o funcionário público está sujeito ao cometimento de crime de desobediência quando destinatário de ordem judicial, considerando a inexistência de hierarquia, tem o dever de cumpri-la, sob pena de perda da eficácia da determinação judicial" (STF, ARE 1341703/TO, Relator Ministro Luiz Fux, julgado em 20-9-2021, publicado em 21-9-2021).

Os dirigentes de entidade integrante da Administração Pública direta ou indireta, no exercício de suas funções, não cometem o crime de desobediência, pois essa infração penal pressupõe a atuação criminosa do particular contra a Administração Pública. Em outros termos, funcionário público, no exercício de suas funções, não pratica crime de desobediência, embora configure falta administrativa e, como mencionamos, dependendo das demais elementares, poderá responder por prevaricação (art. 319). Contudo, a simples condição ou qualidade de funcionário público não impede que o indivíduo possa ser sujeito ativo desse crime, desde que não o pratique no exercício de sua função.

É indispensável que se identifique com precisão qual é a ordem desobedecida e em que esta consiste, tratando-se de elementar típica implícita do tipo penal, sob pena de configurar-se inadequação típica. A desobediência relativa à decisão judicial sobre perda ou suspensão de direito caracteriza o crime do art. 359 do CP, onde referida conduta será examinada. Se o descumprimento da ordem emanada de funcionário público é acompanhado de violência ou ameaça, o delito é o do art. 329 do CP.

4.1 *Desobediência e cominação de sanções civis ou administrativas: atipicidade*

Quando a lei extrapenal comina sanção civil ou administrativa, e não prevê cumulação com o art. 330 do CP, inexiste crime de desobediência. Sempre que houver cominação específica para o eventual descumprimento de decisão judicial de determinada sanção, doutrina e jurisprudência têm entendido, com acerto, que se trata de conduta atípica, pois o ordenamento jurídico procura solucionar o eventual descumprimento de tal decisão no âmbito do próprio direito privado. Na verdade, a sanção administrativo-judicial afasta a natureza criminal de eventual descumprimento da ordem judicial. Com efeito, se pela desobediência for cominada, em lei específica, penalidade civil ou administrativa, não se pode falar em crime, a menos que tal norma ressalve expressamente a aplicação do art. 330 do CP. Essa interpretação é adequada ao princípio da intervenção mínima do direito penal, sempre invocado como *ultima ratio*.

Solução idêntica ocorre com as decisões judiciais que cominem suas próprias sanções no âmbito do direito privado, como sói acontecer nas antecipações de tutela, liminares ou ações civis públicas, com apenas uma diferença: o Judiciário, ao cominar sanções civis ou administrativas, nesses casos, não pode ressalvar a aplicação cumulativa da pena correspondente ao crime de desobediência, por faltar-lhe legitimidade legislativa. Essa sanção administrativo-judicial afasta a natureza criminal de eventual descumprimento da decisão referida, e a manutenção ou acréscimo do caráter penal a esse descumprimento não é atribuição do Poder Judiciário.

A mais festejada doutrina sustenta o mesmo entendimento. Nesse sentido é o magistério de Damásio de Jesus[6], *in verbis*: "Inexiste desobediência se a norma extrapenal, civil ou administrativa, já comina uma sanção sem ressalvar sua cumulação com a imposta no art. 330 do CP. Significa que inexiste o delito se a desobediência prevista na lei especial já conduz a uma sanção civil ou administrativa, deixando a norma extrapenal de ressalvar o concurso de sanções (a penal, pelo delito de desobediência, e a extrapenal)".

A jurisprudência, majoritariamente, também adota essa orientação, acertadamente, diga-se de passagem. O próprio Supremo Tribunal Federal já se manifestou: "Não se configura, sequer em tese, o delito de desobediência quando a lei comina para o ato penalidade civil ou administrativa"[7]. O Tribunal Regional Federal da 4ª Região, por meio da então 2ª Turma, examinando exatamente o mesmo tema, assim se manifestou, *in verbis*: "2. Versando o artigo 359 do Código Penal sobre desobediência à decisão judicial, especifica o artigo que tal conduta deve se dar sobre perda ou suspensão de direito (artigo 92 do Código Penal). A decisão judicial a que se refere esse tipo penal, portanto, diz com decisão advinda de autoridade judicial que detenha competência para aplicar sanção penal. Inviável a pretendida *emendatio libelli* ao caso concreto (artigo 330 para artigo 359). Prevendo a decisão da Justiça Laboral, descumprida pelo Paciente, unicamente pena pecuniária para o seu descumprimento, impossível cogitar-se da prática de ilícito penal, mormente do crime de desobediência. 3. Ordem concedida, determinando-se o imediato trancamento da ação penal"[8].

Os outros Tribunais Regionais Federais também têm adotado essa mesma orientação[9].

---

6. Damásio de Jesus, *Direito Penal*, p. 219.
7. STF, RHC, Rel. Célio Borja, *RT*, 613:413.
8. TRF da 4ª Região, HC 200004010473282, Rel. Juíza Tania Terezinha Cardoso Escobar, *DJU*, 20 set. 2000.
9. "I — Se pela desobediência for cominada em lei específica, penalidade civil ou administrativa, não se apresenta o crime, a menos que a norma ressalve expressamente a aplicação do artigo 330 (*RT* 502/336). II — O Código de Defesa do Consumidor e o Código de Processo Civil, na hipótese dos autos, não ressalvam a cumulação de sanção civil e penal. III — É atípica a conduta atribuída ao paciente, tendo em vista que a norma de natureza civil não ressalvou a aplicação cumulativa da sanção penal. Em observância ao princípio da intervenção mínima do *direito penal* somente será possível a aplicação cumulativa de tais sanções quando a lei expressamente o admitir. IV — Tratando-se de fato penalmente atípico, resta configurado o constrangimento ilegal a que o paciente se encontra submetido" (HC 2000.03.00.009700-5/SP (00052072), 2ª Turma do TRF da 3ª Região, Rel. Juiz Célio Benevides, j. 13-6-2000, *DJU*, 30 ago. 2000, p. 249).

5. Tipo subjetivo: adequação típica

Elemento subjetivo é o dolo, representado pela vontade consciente de desobedecer ordem legal de funcionário público competente para emiti-la. Desnecessário enfatizar que o sujeito ativo deve ter conhecimento de que se trata de funcionário público e que a ordem que está a desobedecer é legal, sob pena de incorrer em erro de tipo. Não há necessidade de qualquer elemento subjetivo especial do injusto, sendo, ademais, irrelevante a motivação do agente.

Quando o agente atua na dúvida, caracteriza-se inquestionavelmente o dolo eventual, que é suficiente para a tipificação subjetiva. Não há previsão da modalidade culposa.

6. Consumação e tentativa

Consuma-se o crime de desobediência com a efetiva ação ou omissão do sujeito passivo, isto é, no momento e no lugar em que se concretiza o descumprimento da ordem legal. Tratando-se, contudo, da forma omissiva, consuma-se o crime após o decurso do prazo para o cumprimento da ordem, ou, mais precisamente, no exato momento de sua expiração.

A tentativa somente é possível na forma comissiva. O crime omissivo próprio não admite a forma tentada, conforme demonstramos quando examinamos os crimes omissivos[10].

"1 — Não cabe o decreto de prisão quando se estipulou o pagamento de multa diária pelo descumprimento da ordem, bem como oficiou ao Ministério Público Federal para as providências cabíveis. 2 — Existindo outros meios para se fazer cumprir a ordem judicial não deve o Magistrado, de pronto, decretar a prisão do servidor que nega-se ao cumprimento, pois esta só deverá ser decretada em caso extremo. 3 — Ordem concedida a fim de revogar o decreto de prisão, expedindo-se o contramandado" (HC 1999.03.00.038884-6/SP (00050552), 1ª Turma do TRF da 3ª Região, Rel. Juiz Roberto Haddad, j. 21-3-2000, *DJU*, 16 maio 2000, p. 385).

"(....) A doutrina e a jurisprudência pátrias têm entendido que não se caracteriza o crime de desobediência, a ensejar a possibilidade da prisão em flagrante, se a norma civil ou administrativa prevê penalidade de outra natureza, sem ressalvar a pertinência da incidência, a título cumulativo, da sanção penal. 6. Ordem de *Habeas Corpus* concedida" (HC 97.05.17241-2/CE, 2ª Turma do TRF da 5ª Região, Rel. Juiz Élio Wanderley de Siqueira Filho (Substituto), j. 2-9-1997, *DJU*, 24 out. 1997, p. 89436).

"Ordem de reintegração imediata de empregado estável sob pena de prisão. Ilegalidade. Não cumprimento que não caracteriza o crime de desobediência, desde que a aplicação das sanções do artigo 729 da CLT não ressalva a sua acumulação com a sanção penal. Precedente no sentido de que se pela desobediência de tal ou qual ordem oficial, alguma lei comina penalidade administrativa ou civil, não se deverá reconhecer o crime em exame, salvo se dita lei ressalva expressamente a aplicação do artigo 330" (HC 93.05.30214-9/PE, 2ª Turma do TRF da 5ª Região, Rel. Juiz Nereu Santos, j. 28-9-1993, *DJU*, 24 dez. 1993, p. 56852).

10. Cezar Roberto Bitencourt, *Tratado de Direito Penal*; Parte Geral, v. 1.

7. Classificação doutrinária

Trata-se de crime formal (que não exige resultado naturalístico para sua consumação); comum (que não exige qualidade ou condição especial do sujeito); de forma livre (que pode ser praticado por qualquer meio ou forma pelo agente); instantâneo (em que não há demora entre a ação e o resultado); unissubjetivo (que pode ser praticado por um agente apenas); plurissubsistente (que, em regra, pode ser praticado com mais de um ato, admitindo, em consequência, fracionamento em sua execução).

8. Pena e ação penal

As penas cominadas, cumulativamente, são de detenção, de quinze dias a seis meses, e multa. É admissível a transação penal, que constitui direito público subjetivo do autor do fato, independentemente da interpretação em sentido contrário do Ministério Público.

A ação penal é pública incondicionada.

DESACATO XXIII

Sumário: 1. Considerações preliminares. 2. Bem jurídico tutelado. 3. Sujeitos do crime. 4. Tipo objetivo: adequação típica. 4.1. No exercício da função ou em razão dela. 4.2. Desacato, ambiente hostil e seus fundamentos políticos. 4.3. O necessário cotejamento entre os crimes de desacato e injúria majorada. 4.4. Incompatibilidade do crime de desacato com o Pacto de São José da Costa Rica. 5. Tipo subjetivo: adequação típica. 6. Consumação e tentativa. 7. Classificação doutrinária. 8. Pena e ação penal.

Desacato

Art. 331. Desacatar funcionário público no exercício da função ou em razão dela:

Pena — detenção, de 6 (seis) meses a 2 (dois) anos, ou multa.

---

1. Considerações preliminares

A punição do crime de desacato remonta ao direito antigo, tendo larga aplicação no direito romano, que reprimia as ofensas irrogadas contra os magistrados, e eram consideradas *injuria atrox* (gravíssimas), cujas penas cominadas eram das mais graves: a deportação, para alguns, e a pena de morte, para outros. Essa orientação foi mantida durante a Idade Média pelos práticos, que a estenderam aos sacerdotes.

A partir dos Códigos Penais franceses de 1791 e 1810, já na era da codificação (seguidos pelos códigos de diversos países), ampliaram, de modo geral, essa figura delituosa para alcançar a todos os funcionários públicos, com a denominação de *autrage*, e, de modo geral, fundamentaram a criminalização dessas condutas na necessidade de assegurar aos agentes públicos a possibilidade de exercerem de modo eficaz suas funções e, assim, atingir a finalidade superior, de caráter eminentemente social, que a Administração procura. Alguns códigos, como o alemão, por exemplo, não disciplinaram o desacato como figura autônoma de crime, mantendo o critério tradicional.

As Ordenações Filipinas puniam (Livro V, Título 50) especialmente as injúrias feitas "aos julgadores ou a seus oficiais". O Código Criminal de 1830 considerava agravadas a calúnia e a injúria quando fossem cometidas "contra qualquer depositário ou agente da autoridade pública, em razão de seu ofício" (arts. 231 e 237). O Código Penal de 1890, por sua vez, recepcionou essa infração penal atribuindo-lhe o *nomen juris* de desacato, punindo a conduta de "desacatar qualquer autoridade, ou funcionário público, em exercício de suas funções, ofendendo-o diretamente por palavras ou atos, ou faltando à consideração devida e à obediência hierárquica" (art. 134). Considerava, no entanto, qualificado se a infração fosse praticada em sessão pública ou dentro de repartição pública.

Finalmente, o atual Código Penal de 1940 ampliou o alcance da tipificação penal para abranger as ofensas proferidas contra funcionário público no exercício da função como também em razão dela.

2. Bem jurídico tutelado

Bem jurídico protegido é a Administração Pública, especialmente sua moralidade e probidade administrativa. Protege-se, na verdade, a probidade de função pública, sua respeitabilidade, bem como a integridade de seus funcionários. Objetiva-se, especificamente, garantir o prestígio e a dignidade da "máquina pública" relativamente ao cumprimento de determinações legais, expedidas por seus agentes. É considerado crime pluriofensivo, atingindo tanto a honra do funcionário como o prestígio da Administração Pública. Nessa linha argumentativa, é insuperável a síntese de Magalhães Noronha: "O bem jurídico considerado é a dignidade, o prestígio, o respeito devido à função pública. É o Estado diretamente interessado em que aquele seja protegido e tutelado, por ser indispensável à atividade e à dinâmica da administração pública"[1].

3. Sujeitos do crime

Sujeito ativo pode ser qualquer pessoa que desacata o funcionário, no exercício da função ou em razão dela; admitimos inclusive outro funcionário público, que exerça ou não a mesma função do ofendido, tenha ou não a mesma hierarquia, desde que não se encontre no exercício de suas funções. É irrelevante que o funcionário público identifique-se ou não como tal; o decisivo, na nossa visão, é que, *in concreto*, não esteja agindo como funcionário, isto é, que não se encontre no exercício de suas funções nem em razão dela.

Para nós, é vazia e ultrapassada a discussão sobre a possibilidade de um superior hierárquico poder praticar desacato em relação a funcionário subalterno, ou vice-versa. Ignoram os antigos defensores da orientação contrária que o bem jurídico tutelado não é o funcionário propriamente, mas a função pública e a própria Administração, as quais estão, portanto, acima das sutilezas da hierarquia funcional, que é ocasional e circunstancial. Entendemos ser irrelevante o nível de hierarquia funcional entre sujeitos ativo e passivo para configurar o crime de desacato, fazendo coro, no particular, com Magalhães Noronha, Heleno Fragoso, Regis Prado[2], entre outros. O decisivo é que o funcionário público, independentemente do nível

---

1. Magalhães Noronha, *Direito Penal*, p. 317.
2. Magalhães Noronha, *Direito Penal*, p. 318; Heleno Fragoso, *Lições de Direito Penal*, p. 462; Regis Prado, *Curso de Direito Penal*, p. 535.

hierárquico, não aja na condição de funcionário público, ou seja, no exercício da função ou em razão dela, pois, nessas hipóteses, não se pode falar em crime de desacato.

Sujeitos passivos são o Estado (União, Estados-membros, Distrito Federal e Municípios) e, de modo secundário, o funcionário público desacatado.

4. Tipo objetivo: adequação típica

A ação tipificada consiste em desacatar, ou seja, desrespeitar, ofender, menosprezar funcionário público no exercício da função ou em razão dela. Segundo Hungria, a ofensa constitutiva do desacato "é qualquer palavra ou ato que redunde em vexame, humilhação, desprestígio ou irreverência ao funcionário. É a grosseira falta de acatamento, podendo consistir em palavras injuriosas, difamatórias ou caluniosas, vias de fato, agressão física, ameaças, gestos obscenos, gritos agudos etc."[3]. O crime de desacato significa menosprezo ao funcionário público e, por extensão, à própria função pública por ele exercida. Reclama, por isso, elemento subjetivo, voltado para a desconsideração, para a humilhação. Não se confunde apenas com o vocábulo grosseiro, que, em si mesmo, restringe-se à falta de educação ou de nível cultural, quando desacompanhado do fim especial de ultrajar.

O desacato não se confunde com o crime de resistência, uma vez que nesta a violência ou ameaça (que, segundo o texto legal, não precisam ser graves) endereçadas a funcionário público objetivam a não realização de ato legal, enquanto naquele a violência ou ameaça (eventuais, que não são elementares deste crime), dirigidas a funcionário público, têm a finalidade de desprestigiá-lo. Por outro lado, os impropérios proferidos contra o agente público têm a mesma finalidade de menosprezar o funcionário e/ou a função pública, além de constituírem a essência desse crime, enquanto no crime de resistência não passam de simples *modus operandi* caracterizador da violência ou ameaça, sem qualquer finalidade menosprezante do funcionário. Os elementos subjetivos de um e outro crime são inconfundíveis. O máximo que se poderá admitir — havendo violência ou ameaça e desacato — será a absorção de um pelo outro, mas jamais concurso de crimes, como eventualmente a jurisprudência tem admitido.

A doutrina tradicional já destacava, como faziam Heleno Fragoso: "constitui pressuposto do fato que a ofensa constitutiva do desacato seja praticada na presença do funcionário ofendido", e Hungria: "É condição essencial do crime de desacato a presença do ofendido. Mesmo no caso de *ofensa verbis*, cumpre que o funcionário seja atingido diretamente. Não é necessário, porém, que a ofensa seja irrogada *facie ad faciem*, bastando que, próximo ao ofendido, seja por este percebida"[4]. É indispensável que o funcionário encontre-se no local onde a ofensa é proferida, pois, repetindo, faz-se necessário que esta seja cometida na sua presença. No entanto,

---

3. Nélson Hungria, *Comentários ao Código Penal*, p. 424.
4. Heleno Cláudio Fragoso, *Lições de Direito Penal*, p. 454; Nélson Hungria, *Comentários ao Código Penal*, p. 423.

não é *conditio sine qua non* que o desacatado veja o ofensor e perceba o ato ofensivo, sendo suficiente que possa tomar conhecimento direta e imediatamente da ofensa, como, por exemplo, tendo-a ouvido. Razão pela qual o crime de desacato não pode ser cometido por telefone, fax, telegrama ou carta. O Código Penal Rocco — apenas para mencionar, e evitar comparações inadequadas — equipara essas situações à presença do funcionário público. Se o ato se realiza na ausência deste, o sujeito ativo poderá responder pelo delito de injúria majorada (arts. 140 e 141, II, do CP), mas jamais por desacato.

A ofensa deve ser direcionada a funcionário público no exercício da função ou em razão dela; logo, não se pode falar em desacato quando, no momento em que lhe é dirigida a ofensa, o destinatário já não mais ostenta essa condição. É necessário que a qualidade de funcionário seja atual, isto é, contemporânea ao fato ofensivo: ofensa praticada em razão da função a quem não mais ostenta essa condição — seja por aposentadoria, demissão ou exoneração — não ofende o bem jurídico tutelado — a "Administração Pública" —, desprestigiando a função exercida por seus agentes; consequentemente, não tipifica o crime de desacato, que é praticado por particular contra a Administração em geral; residualmente poderá caracterizar crime contra a honra do funcionário desrespeitado, observadas as respectivas elementares *essentialia*. Nesse particular, não se aplica o entendimento da doutrina italiana, exatamente porque o Código Penal Rocco disciplina a questão de forma diversa (art. 360) do nosso Código Penal.

No entanto, a publicidade da ofensa não é elemento constitutivo do tipo incriminado. Assim como é irrelevante a presença de outras pessoas para o aperfeiçoamento da ofensa, também a ausência de terceiro que dela tome conhecimento não impede que ele se realize.

4.1 *No exercício da função ou em razão dela*

Como destacamos no tópico anterior, diz a lei desacatar funcionário público "no exercício da função ou em razão dela". No primeiro caso, no momento da ofensa o funcionário está realizando um ato de seu ofício; no segundo, embora o funcionário não esteja praticando ato oficial algum, a ofensa contra ele é proferida em razão da função. Já na Exposição de Motivos do Código Penal de 1940, o Ministro Francisco Campos destacava: "O desacato se verifica não só quando o funcionário se acha no exercício da função (seja, ou não, o ultraje infligido *propter officium*), senão também quando se acha *extra officium*, desde que a ofensa seja *propter officium*". Deve-se, no entanto, analisar com muito cuidado essa elementar normativa para que se possa atribuir-lhe corretamente seu verdadeiro significado.

Encontra-se "no exercício da função" quando o funcionário realiza qualquer ato de ofício inerente ao cargo que ocupa, sendo indiferente que ocorra na sede da repartição ou em local outro, como, por exemplo, o oficial de justiça que cumpre um mandado de despejo em determinado endereço residencial. O exercício da função não se limita ao local-sede em que administrativamente está situada a repartição pública respectiva, como reconhecia Magalhães Noronha: "o exercício da função importa a prática de ato a ela relativo, qualquer que seja o lugar onde ele se execute"[5]. Nesse particular, estamos de acordo, isto é, quanto à definição do que seja "no exercício da função", embora discordemos da abrangência que se pretende dar a esse significado, especialmente quando se quer ignorar a motivação que leva o sujeito ativo a proferir a ofensa, como chegava a dizer Fragoso: "os motivos da ofensa são indiferentes, podendo ser de índole privada e estranha ao exercício da função"[6], na mesma linha que sustentava Hungria: "Assim, quando o funcionário se encontra *in officio*, não importa que a ofensa irrogada se prenda a uma desavença particular"[7].

Na verdade, a velha doutrina, seguindo Nélson Hungria, embora exigisse uma relação de causa e efeito, que denominava "nexo funcional", distinguia-no — a nosso juízo equivocadamente — em nexo ocasional e em nexo causal: o primeiro referia-se a "no exercício da função" e o segundo, alternativamente, a "em razão dela". Para a primeira hipótese, o motivo da ofensa seria irrelevante (mesmo interesse privado), enquanto para a segunda seria necessário que o motivo se relacionasse com o "exercício da função", ou seja, que fosse em razão dela (*propter officium*). Damásio de Jesus não deixa clara sua posição a respeito, embora também distinga o nexo de causalidade em ocasional e causal[8]. Guilherme de Souza Nucci silencia sobre esse aspecto[9], e Regis Prado, seguindo o entendimento de Fragoso, assegura ser, no exercício da função, "indiferente, em tal caso, o motivo ensejador da conduta, que pode ser até de natureza privada, não relacionada à função"[10]. E logo adiante Regis Prado, como os demais doutrinadores mencionados, afirma ser necessário o elemento subjetivo do injusto, nos seguintes termos: "acrescida do elemento subjetivo do injusto, representado pelo fim especial de humilhar, de menosprezar a função pública exercida pelo ofendido"[11].

Honestamente, não atinamos com a razão da distinção da motivação para uma e outra modalidade de desacato — no exercício da função ou em razão dela —, mormente quando é por todos admitido que o objeto da tutela penal é a função pública, e não o funcionário, e, principalmente, que referida infração penal exige o elemento subjetivo especial do injusto, consistente no propósito de desprestigiar a

5. Magalhães Noronha, *Direito Penal*, p. 319. No mesmo sentido, Paulo José da Costa Jr., *Comentários ao Código Penal*, p. 511: "O exercício da função nada tem que ver com o local em que é ela habitualmente exercida. Assim, não será necessário que o desacato se faça no fórum, onde o juiz de direito exerce suas funções".

6. Heleno Cláudio Fragoso, *Lições de Direito Penal*, p. 463.

7. Nélson Hungria, *Comentários ao Código Penal*, p. 423.

8. Damásio de Jesus, *Direito Penal*, p. 223.

9. Guilherme de Souza Nucci, *Código Penal comentado*, p. 1022.

10. Luiz Regis Prado, *Curso de Direito Penal brasileiro*, São Paulo, Revista dos Tribunais, 2001, v. 4, p. 536.

11. Luiz Regis Prado, *Curso de Direito Penal*, p. 547.

função pública[12]. É bem verdade que, contraditoriamente, para Costa Jr. e Fragoso, o propósito especial é ofender o funcionário, o que não muda em nada, na linha argumentativa que faremos.

Venia concessa, "no exercício da função", na nossa concepção, tem abrangência menor que aquela que lhe atribuía a doutrina tradicional, como facilmente se observa no magistério de Hungria — não importa que a ofensa irrogada se prenda a uma desavença particular — e no de Fragoso — os motivos da ofensa são indiferentes, podendo ser de índole privada e estranha ao exercício da função —, para destacar apenas dois dos mais expressivos nomes de nossa literatura especializada[13]. Ora, admitindo-se — como sustenta a doutrina — que o objeto jurídico da proteção penal é, fundamentalmente, a função pública e que o crime de desacato exige o elemento subjetivo especial do injusto, qual seja o propósito de depreciar a função pública, e, ademais, se é exatamente o elemento subjetivo que distingue o desacato dos crimes de resistência (quando aquele é praticado com violência ou ameaça), de desobediência etc., como se poderá sustentar que "não importa que a ofensa irrogada se prenda a uma desavença particular" (Hungria), ou que "os motivos da ofensa são indiferentes, podendo ser de índole privada e estranha ao exercício funcional" (Fragoso)? Afinal, não é exigido que o ofensor tenha consciência de que o ofendido é funcionário público e está no exercício da função, ou que a ofensa é irrogada em razão dela? Não é exatamente essa consciência que distingue o crime de desacato dos crimes contra a honra? Qual seria o efeito ou consequência do erro do ofensor sobre a qualidade ou condição de funcionário público do ofendido ou de que este se encontra no exercício da função? Nenhum? Ou esse erro de tipo afastaria a tipicidade do crime de desacato?

Enfim, a insistência de que é irrelevante a motivação ou propósito do desacato e de que pode inclusive ser por desavenças particulares deixa todas essas questões dogmáticas sem respostas, pelo menos, sem respostas dogmaticamente fundamentadas.

Considerando que a finalidade da norma penal é tutelar a função pública e, por extensão, a Administração Pública; considerando que o tipo penal exige como elemento subjetivo especial o propósito de depreciar a função pública e, secundariamente, o próprio funcionário; e, ainda, considerando que o ofensor deve ter cons-

---

12. Nélson Hungria, *Comentários*, p. 425: "O elemento subjetivo do crime é a intenção ultrajante (dolo específico), o propósito de depreciar ou vexar (o que distingue o desacato da resistência, ainda quando exercido mediante violência ou intimidação), sabendo o agente que o ofendido reveste a qualidade de funcionário público e se acha no exercício de sua função, ou estando consciente de que a esta se vincula a ofensa)"; Magalhães Noronha, *Direito Penal*, p. 321: "Não existe desacato sem a intenção de ofender ou desprestigiar a função. Tal fato pressupõe que o agente saiba ser o ofendido funcionário público, que está no exercício da função, ou que a ofensa é irrogada em razão desta"; Heleno Fragoso, *Lições de Direito Penal*, p. 465; Paulo José da Costa Jr., *Comentários*, p. 512; Regis Prado, *Curso de Direito*, p. 537.
13. Hungria, *Comentários*, p. 423; Fragoso, *Lições*, p. 463.

ciência da condição de funcionário do ofendido e de que se encontra no exercício da função (ou em razão dela), deve-se entender que "no exercício da função" significa que a ofensa irrogada necessita, obrigatoriamente, relacionar-se a fato inerente à função do ofendido, isto é, que a motivação do sujeito ativo represente sua insatisfação com a prática ou postura do ofendido no exercício de dita função pública. O nexo de causalidade, ao contrário do que entendia a velha doutrina, não pode ser simplificado em ocasional e causal: será sempre um nexo funcional — causal-circunstancial quando "no exercício da função", e puramente causal quando for "em razão dela". É sintomática a denominação de nexo funcional, mas será sempre funcional (nunca pessoal ou particular), tanto "no exercício" como "em razão da" função pública exercida. Chega às raias do absurdo a interpretação de que "em razão da função" deve existir um vínculo funcional, e que "no exercício da função" esse vínculo seja desnecessário. Ora, isso não resiste a um raciocínio lógico: protege-se o prestígio, o decoro e a dignidade da função pública, que é o bem jurídico tutelado; pretende-se evitar seu malferimento, essa é razão da reprovação da conduta: como, então, admitir que na hipótese alternativa, secundária e indireta — "em razão dela" — exija-se um vínculo causal, enquanto "no exercício da função" se dispense esse vínculo?! Onde está a logicidade do argumento?

Com efeito, "no exercício da função" significa que, no momento da ofensa, o funcionário está realizando atividades de seu ofício, de sua função, e a insatisfação ou contrariedade do ofensor tem como "fundamento" a realização ou omissão de ato inerente à função que o ofendido está exercitando, inerente a seu *munus* público. Aliás, nesse sentido, o próprio Magalhães Noronha sustentava: "o exercício da função importa a prática de ato a ela relativo, qualquer que seja o lugar onde ele se execute"[14]. Não sendo assim, sobraria o que para o crime contra a honra majorado (qualificado segundo alguns), nos termos do art. 141, II, do Código Penal? Por isso, mesmo que o ofensor encontre o ofendido e, nesse momento, no exercício de sua função, se o ofender moralmente, por razões particulares, sem qualquer vínculo com a sua função, ainda que no exercício dela se encontre, com a vênia devida, o crime será contra a honra, jamais de desacato, pois o propósito de ofender é pessoal, e não funcional. O desacato, por exemplo, não se confunde com o crime de resistência, uma vez que nesta a violência ou ameaça endereçadas a funcionário público objetivam a não realização de ato legal, enquanto naquele a violência ou ameaça (eventuais, não são elementares desse crime), dirigidas a funcionário público, têm a finalidade de desprestigiá-lo, de depreciar a função pública.

Somente assim se poderá entender aquela parte da lição de Hungria, segundo a qual "o elemento subjetivo do crime é a intenção ultrajante (dolo específico), propósito de depreciar ou vexar (o que distingue o desacato da resistência, ainda quando exercido mediante violência ou intimidação), sabendo o agente que o ofendido reveste a qualidade de funcionário público e que se acha no exercício da função".

---

14. Magalhães Noronha, *Direito Penal*, p. 319.

Essa afirmação, absolutamente correta, registre-se, é, no entanto, incompatível com a possibilidade de a ofensa irrogada poder ser motivada por "desavença particular"! Na verdade, convém destacar, "no exercício da função" deve ser apreciado sob o aspecto objetivo, numa relação existente entre a função exercida e a causa da ofensa, uma relação, diríamos, de causa e efeito entre o exercício da função e o descontentamento do ofensor com a forma com que o ofendido a exerce.

4.2 *Desacato, ambiente hostil e seus fundamentos políticos*

Por formação, sempre tivemos grandes dificuldades em aceitar os fundamentos políticos, sociológicos e jurídicos da justificativa arbitrária e prepotente, e da receptividade passiva com que doutrina e jurisprudência têm contemplado, ao longo do tempo, a configuração das hipóteses corriqueiras do crime de desacato. Parece-nos, antes de tudo, uma flagrante negação de cidadania a proteção falaciosa do prestígio, idoneidade e probidade da Administração Pública, atributos que deveriam ser demonstrados e justificados por seus atos e pelos resultados que oferece à coletividade, ao contrário de, numa postura arrogante e despótica, calá-la e impedi-la de exercitar a saudável crítica democrática, exigindo o atendimento de suas sempre prometidas e nunca atendidas expectativas funcionais. Resistimos, certamente, às tradicionais prisões em flagrante, que normalmente ocorrem em "choques" com a polícia e, eventualmente, em recintos do Poder Judiciário.

Os cidadãos, na nossa avaliação, não são escravos, mas pessoas livres a quem se confere o direito de defender sua liberdade, dignidade e prerrogativas que o Estado Democrático lhes assegura, opondo-se, inclusive, se necessário for, à prepotência ou inadimplência estatal. Enfim, segundo a doutrina liberal, o cidadão sempre tem o direito de opor-se a ato abusivo, arbitrário, negligente ou despótico, estando superada aquela teoria radical segundo a qual o ato da autoridade sempre tem a seu favor a presunção de legalidade. Embora não cheguemos aos extremos sustentados por Locke e Rousseau, segundo os quais mais que um direito é um dever de oposição à autoridade que se coloca fora da lei, sustentamos que certa imunidade individual, quando contraria os desmandos da autoridade pública, é um direito inalienável da cidadania, que somente pode ser excluído nos casos e pelas formas previstas em lei. Fora desses limites, qualquer coerção em sentido contrário é uma violação à dignidade pessoal de cidadania, que torna legítima a repulsa à ofensa ou inoperância do agente público.

Não estamos, por certo, defendendo a anarquia total, o desrespeito à estrutura público-administrativa, e tampouco a subversão à ordem; estamos, apenas, sugerindo maiores cautelas no exame dessa figura típica, levando em consideração as circunstâncias muito peculiares em que normalmente ocorre e, particularmente, perante quais autoridades sua incidência é maior. A *praxis* demonstra, sobretudo, a necessidade de levar em consideração o estado emocional do suposto ofensor, suas condições pessoais, classe social, grau de cultura, estado de lucidez, desespero pessoal, os quais podem fragilizar seu equilíbrio emocional, que não pode simplesmente ser desconsiderado.

Não se pode ignorar a remota origem romana que considera *injuria atrox* (gravíssima) a que era irrogada aos magistrados, orientação que foi mantida durante a Idade Média. A partir dos Códigos Penais franceses de 1791 e 1810, já na era da codificação, seguidos pelos demais, ampliaram para, de um modo geral, alcançar a todos os funcionários públicos e, basicamente, fundamentaram na necessidade de assegurar aos agentes públicos exercerem de modo eficaz suas funções e, assim, atingir a finalidade superior, de caráter eminentemente social, que a administração procura.

Grosso modo, pode-se dizer que o Brasil tem acima de um milhão de funcionários públicos federais civis (excluídos os aposentados, militares e demais funcionários estaduais e municipais). Teríamos um universo extraordinário em que o crime de desacato pode frequentemente ocorrer e até justificar varas especializadas para combatê-lo. No entanto, nada disso acontece; muito raramente mesmo ocorre um ou outro episódio que acabe indo parar nas instâncias criminais. Isso, quando mais não seja, demonstra que o cidadão sabe respeitar não só a Administração Pública como os próprios agentes que a integram. Não há, decididamente, uma subversão da ordem, um enfrentamento da coletividade contra a inoperância da Administração Pública, a despeito da insatisfação com os pífios resultados que tem apresentado em contrapartida à elevada carga tributária que tem cobrado.

Contudo, existe uma pequena área pública, mais conflagrada, onde há uma concentração de ocorrência de fatos que acabam sendo tipificados como crime de desacato, qual seja na seara policial e judicial, exatamente onde o cidadão encontra-se mais fragilizado, emocionalmente perturbado, contrafeito com incidentes eventuais, mas surpreendentes, que alteram sua rotina repentinamente etc. Embora reconhecendo que a proteção legal destina-se ao prestígio e ao decoro da função pública, Magalhães Noronha adverte: "convém, entretanto, ponderar que ele não há de ser um alfenim, com sensibilidade à flor da pele que, à menor contrariedade oposta, se sinta ofendido. Tal é próprio de criaturas que, sem exata noção de suas funções, se empolgam pelo cargo..."[15]. Aqui funciona não apenas o interesse público ou a função pública, mas o princípio ou, para alguns, a falácia de autoridade. Nesse momento, quando o cidadão mais precisa de ajuda, de compreensão, de atendimento eficaz etc., ele esbarra na arbitrariedade, despotismo, grosseria, agressões e, finalmente, na prisão em flagrante! Por vezes o cidadão é levado, propositalmente ou não, a exaltar-se pelo mau atendimento, pelo descaso, ou mesmo por "interesses escusos" da própria "autoridade", o que acaba culminando num verdadeiro conflito de interesses, com o resultado desfavorável ao mais fraco, qual seja o cidadão preso, autuado, vilipendiado somente porque a "autoridade" precisava fazer valer o seu "arrogante poder" de calar ao insatisfeito e ousado cidadão reclamante. Faz-se oportuno invocar aqui o magistério de Rudolf von Ihering, que sentenciava: "quando o arbítrio e a ilegalidade se aventuram audaciosamente a levantar a cabeça,

15. Magalhães Noronha, *Direito Penal*, p. 319.

é sempre um sinal certo de que aqueles que tinham por missão defender a lei não cumpriram o seu dever..."[16].

Não raro, nos casos de "desacato" existe a provocação da autoridade, geralmente policial, na maioria das vezes, propositalmente para encobrir alguma arbitrariedade, forçando o "pseudodesacato". A jurisprudência, pelo menos, tem procurado suavizar as arbitrariedades que ocorrem nos discutíveis desacatos perante agentes policiais ou judiciais, decidindo que a repulsa à provocação da autoridade não constitui desacato punível, seguindo, no particular, o velho magistério de Hungria: "não haverá crime quando o funcionário tenha dado causa ao ultraje, de modo que este se apresente como uma repulsa justificada, tal como no caso de resistência à execução de ordens ilegais ou executadas com desnecessária violência"[17]. Nesses casos, vamos mais longe, com Magalhães Noronha, "quem primeiramente ofendeu a dignidade da função foi o servidor público, que não pode, dessarte, exigir seja ela respeitada"[18]. É sintomático que os casos de desacato são quase que somente com autoridades policiais, e, por vezes, judiciais, mas nessa hipótese em bem menor quantidade. As polícias militares são useiras e vezeiras nessa "farsa", principalmente no policiamento de rua ou de trânsito, com a agravante de que as testemunhas do flagrante são outros policiais, ou seja, os mesmos parceiros de "tarefa", independentemente de o fato ter acontecido em meio a outras pessoas, lugar populoso ou no interior de alguma casa noturna. Testemunhos como esses devem ser recebidos sempre com muita reserva, sendo absolutamente insuficientes se não vierem corroborados com outros meios de provas.

Nessa linha, para concluir esse tema, é sempre pertinente invocar a sensibilidade de Manzini, que profetizava: "os funcionários públicos e os empregados encarregados de serviço público devem, realmente, ser respeitados, mas a lei não exige que sejam venerados como pessoas sagradas e intocáveis, de modo que se tenha como delituosa a simples reprovação de seus atos, expressa por modo não injurioso"[19]. Por isso, a doutrina — com amplo respaldo jurisprudencial — tem sustentado que não constitui crime a crítica ou censura dura, incisiva e enérgica, a atuação de órgãos ou de agentes públicos[20]. A crítica irrogada pelo indivíduo, sem o propósito de ofender, relativamente ao serviço prestado pela Administração Pública, não configura o crime de desacato. É um direito do cidadão fiscalizar e criticar a qualidade do serviço público prestado de forma insatisfatória, aliás, nada incomum nos dias de hoje, a despeito da escorchante cobrança de impostos, que asfixia a todos, sem a correspondente prestação de serviços públicos à altura.

16. Rudolf von Ihering, *A luta pelo Direito*, trad. João de Vasconcelos, p. 93.
17. Nélson Hungria, *Comentários ao Código Penal*, p. 427.
18. Magalhães Noronha, *Direito Penal*, p. 322.
19. Vincenzo Manzini, *Trattato di Diritto Penale italiano*, p. 430.
20. Nélson Hungria, *Comentários*, p. 425; Magalhães Noronha, *Direito Penal*, p. 322.

A embriaguez — tem sido reconhecida pela jurisprudência — é incompatível com o crime de desacato, recomendando-se, por isso mesmo, redobrada cautela no exame casuístico para constatar o nível da embriaguez e a indispensável presença do elemento subjetivo especial do injusto, qual seja o propósito de ofender, de depreciar, enfim, de desacatar funcionário público no exercício da função ou em razão dela.

4.3 *O necessário cotejamento entre os crimes de desacato e injúria majorada*

A conduta de ofender funcionário público — seguindo o entendimento acima exposto — no exercício ou em razão de suas funções pode propiciar enquadramentos legais diversos, admitindo, como se verá, algumas variáveis. Normalmente, tem-se tipificado como crimes de desacato (art. 331 do CP) ou injúria majorada (art. 140 c/c o art. 141, II, do CP). No entanto, a partir da admissão dos tratados de direitos humanos como normas supralegais, recomenda-se, no mínimo, uma revisão conceitual, destacando-se algumas diferenças fundamentais entre os crimes de injúria e desacato.

Considera-se que o crime de desacato alcança especialmente a função pública exercida por determinada pessoa, além desta, logicamente. Configura-se o desacato quando a ofensa ao funcionário público tem a finalidade de humilhar o próprio funcionário e o prestígio da atividade pública que exerce. Por isso, é imprescindível que a ofensa seja proferida na presença do funcionário público, pois somente assim estará demonstrada a dupla finalidade de inferiorizar o funcionário público e, via oblíqua, a própria função pública. Portanto, somente é admissível o desacato direto e imediato do funcionário público cumulado com ofensa desarrazoada da própria função pública.

Já o crime de injúria atinge a honra subjetiva do ofendido. Logo, o crime de injúria consuma-se quando a ofensa à dignidade ou ao decoro chega ao seu conhecimento, diretamente, ofendendo e menosprezando o conceito que tem de si mesmo. Por isso, é indiferente que a ofensa tenha sido proferida na presença da vítima (injúria imediata) ou que tenha chegado ao seu conhecimento por intermédio de interposta pessoa (injúria mediata). Quando a injúria for praticada contra funcionário público, incidirá uma causa de aumento de pena.

O Superior Tribunal de Justiça passa a adotar uma postura, mais ou menos no sentido em que viemos discorrendo, sobre a inadequação do crime de desacato, mas por um outro viés, qual seja, o da "inconvencionalidade" do questionado crime de desacato, invocando o art. 13 da Convenção Americana de Direitos Humanos (Pacto de São José da Costa Rica)[21], a qual tem *status* supralegal e garante a liberdade de pensamento e de expressão, a exemplo de nossa Carta Magna. Em outros termos, esses tratados internacionais de direitos humanos estão acima da legislação infra-

21. STF, RE 466.343, rel. Min. Cezar Peluso, *DJe* 5-6-2009.

constitucional[22]. Nesse sentido, seguindo a orientação da referida Convenção Americana, a 5ª Turma do STJ, à unanimidade, em *habeas corpus* da relatoria do digno Ministro Ribeiro Dantas, destacou que: "10. A Comissão Interamericana de Direitos Humanos — CIDH já se manifestou no sentido de que as leis de desacato se prestam ao abuso, como meio para silenciar ideias e opiniões consideradas incômodas pelo *establishment*, bem assim proporcionam maior nível de proteção aos agentes do Estado do que aos particulares, em contravenção aos princípios democrático e igualitário. 11. A adesão ao Pacto de São José significa a transposição, para a ordem jurídica interna, de critérios recíprocos de interpretação, sob pena de negação da universalidade dos valores insertos nos direitos fundamentais internacionalmente reconhecidos. Assim, o método hermenêutico mais adequado à concretização da liberdade de expressão reside no postulado *pro homine*, composto de dois princípios de proteção de direitos: a dignidade da pessoa humana e a prevalência dos direitos humanos. 12. A criminalização do desacato está na contramão do humanismo, porque ressalta a preponderância do Estado — personificado em seus agentes — sobre o indivíduo. 13. A existência de tal normativo em nosso ordenamento jurídico é anacrônica, pois traduz desigualdade entre funcionários e particulares, o que é inaceitável no Estado Democrático de Direito. 14. Punir o uso de linguagem e atitudes ofensivas contra agentes estatais é medida capaz de fazer com que as pessoas se abstenham de usufruir do direito à liberdade de expressão, por temor de sanções penais, sendo esta uma das razões pelas quais a CIDH estabeleceu a recomendação de que os países aderentes ao Pacto abolissem suas respectivas leis de desacato.15. O afastamento da tipificação criminal do desacato não impede a responsabilidade ulterior, civil ou até mesmo de outra figura típica penal (calúnia, injúria, difamação etc.), pela ocorrência de abuso na expressão verbal ou gestual utilizada perante o funcionário público. 16. Recurso especial conhecido em parte, e nessa extensão, parcialmente provido para afastar a condenação do recorrente pelo crime de desacato (art. 331 do CP)"[23].

Dessa forma, mais ou menos na linha que já sustentávamos sobre os abusos dos denominados crimes de desacato, com essa decisão o STJ afasta a convencionalidade ("constitucionalidade") desse crime, seguindo com louvável perspicácia a orientação do Pacto de São José da Costa Rica.

Na verdade, examinando esse aspecto tivemos oportunidade de destacar que, a partir da Emenda Constitucional n. 45/2004, deve-se interpretar que a locução "guarda da Constituição", constante do art. 102, I, *a*, abrange, além do texto da Constituição, também as normas constitucionais equiparadas, como são, por exemplo, os tratados de direitos humanos, hoje, material e formalmente constitucionais. Nesse sentido, é o magistério do internacionalista prof. Valerio Mazzuoli, *verbis*:

---

22. Vige no plano intermediário entre as leis ordinárias e a Constituição Federal.

23. REsp. n. 1.640.084-SP, v.u., rel. Min. Ribeiro Dantas, j. 15-12-2016.

"ainda que a Constituição silencie a respeito de um determinado direito, mas estando esse mesmo direito previsto em tratado de direitos humanos constitucionalizado pelo rito do art. 5º, § 3º, passa a caber, no Supremo Tribunal Federal, o controle concentrado de constitucionalidade/convencionalidade (*v. g.*, uma ADIn) para compatibilizar a norma infraconstitucional com os preceitos dos tratados constitucionalizados. Aparece, aqui, a possibilidade de invalidação *erga omnes* das leis domésticas incompatíveis com as normas dos tratados de direitos humanos"[24].

Dessa forma, com elogiável interpretação o STJ, na senda da Comissão Interamericana de Direitos Humanos, afastou a superproteção adicional a funcionários públicos contra as insatisfações dos "súditos", na comparação com os cidadãos em geral. Reconheceu que um Estado democrático de direito deve submeter-se ao controle popular e deve procurar atender aos anseios dos cidadãos, exercendo uma boa atenção às suas demandas, sem criminalizar eventuais demonstrações mais agressivas de sua insatisfação com a administração pública.

4.4 *Incompatibilidade do crime de desacato com o Pacto de São José da Costa Rica*

Em um exame preliminar constata-se que a imensa maioria dos processos relativos ao crime de desacato envolve agentes da Polícia, do Ministério Público e do próprio Poder Judiciário, ou seja, somente das autoridades repressoras. Curiosamente, em toda a imensa gama dos milhões de funcionários públicos, fora das áreas citadas, praticamente não existe, concretamente, a incidência do combatido "crime de desacato", levando-nos ao seguinte questionamento: (i) por que será que essa alta incidência do crime de desacato ocorre, basicamente, perante as autoridades que, no mínimo, detêm Poder de Polícia, no sentido mais técnico possível?; (ii) será que nos outros campos das Instituições Públicas o povo é mais bem atendido, mais respeitado ou menos provocado pelos funcionários públicos?

Sendo verdadeira essa constatação — e a realidade tem demonstrado que é —, pode-se concluir que, para respeitar e valorizar toda essa gama de funcionários públicos, a tipificação do crime de desacato não faz falta alguma! Ademais, como acertadamente destacou o Ministro Ribeiro Dantas[25], "o afastamento da tipificação criminal do desacato não impede a responsabilidade ulterior, civil ou até mesmo de outra figura típica penal (calúnia, injúria, difamação etc.), pela ocorrência de abuso na expressão verbal ou gestual ofensiva, utilizada perante o funcionário público". Nesse sentido, não se pode negar que tipificar tais hipóteses como crime de desacato é absolutamente incompatível com o disposto no art. 13 da Convenção Ameri-

---

24. Valerio de Oliveira Mazzuoli, *O controle jurisdicional da convencionalidade das leis*, 2. ed., São Paulo, Revista dos Tribunais, 2011, p. 147.

25. Ministro Ribeiro Dantas, Relator do Recurso Especial n. 1.640.084, da 5ª Turma do Superior Tribunal de Justiça, em julgamento de controle de convencionalidade no Recurso Especial, j. 15-12-2016.

cana de Direitos Humanos (CADH), qual seja, o Pacto de São José da Costa Rica, como reconhece o Ministro Ribeiro Dantas no julgamento supracitado.

Por outro lado, ao longo de nossa experiência profissional de décadas, constatamos que, na maioria das hipóteses, há uma certa provocação ou indução do funcionário público — das três searas inicialmente destacadas —, fazendo o cidadão comum perder a paciência exatamente para ser preso em flagrante. Com efeito, não raro, agentes policiais, do Ministério Público e, por vezes, do próprio Poder Judiciário induzem o indivíduo a se exaltar para dar-lhe voz de prisão em flagrante, quando, na realidade, houve não mais que uma exaltação de ânimo ou, eventualmente, até alguma discussão, não mais que simples desinteligência, longe de significar qualquer desrespeito à função pública e menos ainda ao funcionário público. Por isso, repetindo, temos imensa dificuldade de enxergar, na maioria dessas situações, uma conduta intencionalmente ofensiva às instituições ou mesmo aos próprios funcionários públicos. De modo geral, essas hipóteses diagnosticadas como "crimes de desacato" estão muito mais para abuso de autoridade, por induzirem o cidadão a se desequilibrar, do que propriamente para prática de conduta criminosa do cidadão.

Trata-se, na verdade, de uma discriminação setorizada da coletividade social, dando-se tratamento diferenciado ao cidadão não funcionário e aos funcionários públicos, que, por sua vez, também são discriminados dos agentes policiais, dos agentes do Ministério Público e do Judiciário. Aliás, essa discriminação existe até entre os militares, os quais têm suas próprias normas, discriminando os militares estaduais dos militares federais.

Assim, por exemplo, o cidadão civil que comete o crime de "desacato" contra um militar estadual responde perante a justiça civil estadual, enquanto um civil que cometa o mesmo crime contra um policial militar federal (Forças Armadas) responderá perante a Justiça Militar Federal. Lamentavelmente, a Justiça Militar da União, ao contrário da Justiça Militar estadual, ainda julga civis, inclusive com a rigidez da justiça castrense. Dessa forma, absurdamente, um civil, sem qualquer vínculo com a Administração Militar, pode ser processado, julgado e condenado pelo crime de desacato pela Justiça Militar da União.

A questão posta nesses termos, verifica-se que esse quadro cria uma hierarquização entre os cidadãos "comuns" e os funcionários públicos, entre funcionários públicos e demais funcionários públicos de outras searas, e, inclusive, entre os próprios militares, privilegiando os militares federais (Forças Armadas) em detrimento dos militares estaduais. Enfim, o próprio sistema jurídico nacional encarrega-se de desmerecer o decantado princípio constitucional da igualdade de todos perante a lei.

Colocadas essas premissas, quer nos parecer que o problema fundamental do crime de desacato reside na sua íntima relação com Estados e formas de governos tipicamente autoritários, que hierarquizam os seus servidores em detrimento dos cidadãos. No crime de desacato resulta muito clara a discriminação dessas relações, em que se vislumbra a existência de resquício absolutista da relação de administradores e administrados, privilegiando-se visivelmente aqueles em detrimento destes, de uma forma inaceitável em um Estado social e democrático de direito como o Brasil. Por outro lado, é intolerável, na nossa ótica, que a essência do crime de desacato resida no fato de o Estado ser o sujeito passivo direto[26] desse crime, quando um de seus funcionários se sinta desacatado. Em outros termos, está-se diante de um Estado prepotente, arbitrário e absolutista que não admite a controvérsia, a crítica ou a insatisfação do cidadão, punindo-o impiedosamente inclusive com pena de prisão, amordaçando a insatisfação dos "súditos". Ademais, adota-se o poder repressivo, por meio do direito penal, para constranger o cidadão a reverenciá-lo, com ameaça de prisão. Utiliza-se, em outros termos, de uma figura penal como mero instrumento discricionário e criminalizador para constranger o cidadão a se submeter, como ser inferior, aos caprichos daqueles que o representam, calando seu direito de se inconformar, de questionar a própria Administração Pública, tolhendo-lhe, inclusive, o direito e a liberdade de expressão.

Finalmente, não há como negar que o crime de desacato relaciona-se a modelos autoritários e ditatoriais, a exemplo do fascismo de Mussolini e do nazismo de Hitler, ambos de triste memória. Dito de outra forma, o crime de desacato é incompatível com um direito penal liberal e democrático, trazendo em sua essência forte aspecto de um Estado de Polícia, além de um tipo penal abrangente, elástico, com amplitude flexível, propício à discricionariedade do aplicador da norma, permitindo a manifestação da simples vontade do seu aplicador, como se fora uma espécie *sui generis* de norma penal em branco. Resulta, inegavelmente, na negativa de vigência do Pacto de São José da Costa Rica, como destacou, com muita propriedade, o Ministro Ribeiro Dantas[27], "a adesão ao Pacto de São José significa a transposição, para a ordem jurídica interna, de critérios recíprocos de interpretação, sob pena de negação da universalidade dos valores insertos nos direitos fundamentais nele reconhecidos".

E, para finalizar, tão importante quanto esse julgamento do STJ, foi o parecer do representante do Ministério Público favorável à decisão, representando, felizmente, uma tendência do *Parquet*, de seguir essa linha de entendimento, *verbis*: "A Comissão Interamericana de Direitos Humanos (CIDH) já se pronunciou no sentido de que a criminalização do desacato contraria a Convenção Americana sobre os Direitos Humanos (Pacto de San José da Costa Rica). (...) Na colisão entre normas de direito interno e previsões da CADH, as regras de interpretação nela previstas (art. 29) determinam a prevalência da norma do tratado. (...) O Supremo Tribunal Federal já firmou entendimento de que os tratados internacionais de direitos humanos ratificados pelo país e incorporados ao direito interno na forma do artigo 5º, § 2º, da Constituição brasileira, têm natureza supralegal (RE n. 466.343). (...) Resta inviabilizada a condenação por desacato com fundamento em norma interna incompatível com Tratado Internacional de Direitos Humanos (norma supralegal), do qual o Brasil é signatário".

26. Embora, na nossa concepção, sujeito passivo direto desse crime é o cidadão, e o Estado-Administração é apenas o sujeito passivo secundário, como repetidamente temos demonstrado quando examinamos os chamados Crimes contra a Administração.

27. Ver REsp. n. 1.640.084-SP, v.u., rel. Min. Ribeiro Dantas, j. 15-12-2016.

Mais recentemente, no julgamento da ADPF 496, o Tribunal Pleno do STF decidiu pela constitucionalidade do tipo penal de desacato, conforme ementa que transcrevemos adiante:

DIREITO CONSTITUCIONAL E PENAL. ARGUIÇÃO DE DESCUMPRIMENTO DE PRECEITO FUNDAMENTAL. CRIME DE DESACATO. ART. 331 DO CP. CONFORMIDADE COM A CONVENÇÃO AMERICANA DE DIREITOS HUMANOS. RECEPÇÃO PELA CONSTITUIÇÃO DE 1988. 1. Trata-se de arguição de descumprimento de preceito fundamental em que se questiona a conformidade com a Convenção Americana de Direitos Humanos, bem como a recepção pela Constituição de 1988, do art. 331 do Código Penal, que tipifica o crime de desacato. 2. De acordo com a jurisprudência da Corte Interamericana de Direitos Humanos e do Supremo Tribunal Federal, a liberdade de expressão não é um direito absoluto e, em casos de grave abuso, faz-se legítima a utilização do direito penal para a proteção de outros interesses e direitos relevantes. 3. A diversidade de regime jurídico – inclusive penal – existente entre agentes públicos e particulares é uma via de mão dupla: as consequências previstas para as condutas típicas são diversas não somente quando os agentes públicos são autores dos delitos, mas, de igual modo, quando deles são vítimas. 4. A criminalização do desacato não configura tratamento privilegiado ao agente estatal, mas proteção da função pública por ele exercida. 5. Dado que os agentes públicos em geral estão mais expostos ao escrutínio e à crítica dos cidadãos, deles se exige maior tolerância à reprovação e à insatisfação, limitando-se o crime de desacato a casos graves e evidentes de menosprezo à função pública. 6. Arguição de descumprimento de preceito fundamental julgada improcedente. Fixação da seguinte tese: "*Foi recepcionada pela Constituição de 1988 a norma do art. 331 do Código Penal, que tipifica o crime de desacato*" (STF, ADPF 496, Relator(a): Roberto Barroso, Tribunal Pleno, julgado em 22-6-2020, publicado em 24-9-2020).

5. Tipo subjetivo: adequação típica

Elemento subjetivo do crime de desacato é o dolo, representado pela vontade consciente de praticar a conduta descrita no tipo. É necessário que o sujeito ativo tenha consciência de que está diante de funcionário público e que este se encontra no exercício de suas funções (ou em razão dela). O erro, portanto, tanto sobre a qualidade de funcionário público quanto sobre encontrar-se no exercício de sua função constitui erro de tipo, que afasta a tipificação do crime de desacato, podendo, dependendo das circunstâncias, caracterizar outra infração penal, nesse caso, contra a honra pessoal. Por isso, o particular que devolve a provocação de funcionário público, como mencionamos anteriormente, não comete desacato, posto que não pretende desprestigiá-lo ou à sua função pública, mas apenas responder à agressão, que considera injusta e indevida.

A configuração do crime de desacato exige elemento subjetivo especial do injusto, consistente na vontade deliberada de desprestigiar a função pública exercida pelo ofendido, isto é, no propósito de depreciar a função pública exercida pelo sujeito passivo. Fragoso já sustentava que o especial fim de agir "consiste na vontade consciente de praticar a ação ou proferir a palavra injuriosa, com o propósito de ofender ou desrespeitar o funcionário a quem se dirige. É este fim que distingue o desacato da resistência, nos casos em que materialmente as ações se confundem"[28].

6. Consumação e tentativa

Consuma-se o crime de desacato com a prática efetiva, pelo sujeito ativo, da ofensa ou da manifestação ou exteriorização oral ofensiva (palavra). Em outras palavras, consuma-se o desacato no lugar e no momento em que o sujeito ativo pratica a ofensa ou profere as palavras injuriosas, na presença do ofendido. São irrelevantes, em princípio, as consequências da ação delituosa, isto é, que o funcionário tenha se sentido ofendido ou que tenha resultado abalado o prestígio ou o decoro da função exercida. Concordamos, porém, com a lúcida e oportuna observação de Guilherme Nucci: "se o funcionário demonstra completo desinteresse pelo fato ofensivo proferido pelo agressor, não há que se falar em crime, pois a função pública não chegou a ser desprestigiada. É o que pode acontecer, quando um delegado, percebendo que alguém está completamente histérico, em virtude de algum acidente ou porque é vítima de um delito, releva eventuais palavras ofensivas que essa pessoa lhe dirige. Não se pode considerar fato típico, desde que o prestígio da administração tenha permanecido inabalável"[29]. Há, em hipóteses como essas, oportunidade para se aplicar seguramente o princípio da insignificância. No entanto, caso o funcionário, e, por extensão, a própria função pública, tenha sido efetivamente depreciado ou menosprezado, no exercício da função, é irrelevante sua indiferença, pois se trata de crime de ação pública, que restara configurado. Ademais, não está em jogo somente a integridade moral do funcionário, mas também, e principalmente, a dignidade e o prestígio da função que desempenha.

A tentativa é, teoricamente, admissível, embora, por vezes, de difícil caracterização. Será inadmissível, contudo, quando o desacato for praticado oralmente, como ocorre, via de regra, nos crimes contra a honra.

O desacato absorve as vias de fato, a lesão corporal leve, a ameaça, a difamação e a injúria, pela aplicação do princípio da consunção. Em se tratando, porém, de crime mais grave, como a lesão corporal de natureza grave ou a calúnia, há concurso formal.

7. Classificação doutrinária

Trata-se de crime formal (que não exige resultado naturalístico para sua consumação); comum (que não exige qualidade ou condição especial do sujeito); de forma livre (que pode ser praticado por qualquer meio ou forma pelo agente); instantâneo (em que não há demora entre a ação e o resultado); unissubjetivo (que pode ser praticado por um agente apenas).

---

28. Heleno Cláudio Fragoso, *Lições de Direito Penal*, p. 465.
29. Guilherme de Souza Nucci, *Código Penal comentado*, p. 1023.

8. Pena e ação penal

As penas cominadas, alternativamente, são de detenção, de seis meses a dois anos, ou multa. É aplicável a transação penal, considerando-se que se integra perfeitamente na definição legal de infração de menor potencial ofensivo (art. 61 da Lei n. 9.099/95, combinado com as disposições da Lei n. 10.259/2001). E, se for o caso, isto é, sendo inviabilizada a transação penal, é admissível a suspensão condicional do processo, em razão de a pena mínima cominada não ser superior a dois anos (art. 89 da Lei n. 9.099/95 — Juizados Especiais).

A ação penal é pública incondicionada.

TRÁFICO DE INFLUÊNCIA — XXIV

Sumário: 1. Considerações preliminares. 2. Bem jurídico tutelado. 3. Sujeitos do crime. 4. Tipo objetivo: adequação típica. 5. Responsabilidade penal do "beneficiário--vítima" do tráfico de influência. 5.1. Relação triangular entre sujeito ativo, funcionário público e "beneficiário" da influência. 5.2. A (im)punibilidade do pseudocrime putativo: erro jurídico-penal. 5.3. A discutível escusabilidade de determinados erros: punibilidade do pagador da influência. 6. Tipo subjetivo: adequação típica. 7. Consumação e tentativa. 8. Classificação doutrinária. 9. Forma majorada. 10. Pena e ação penal.

Tráfico de influência

Art. 332. Solicitar, exigir, cobrar ou obter, para si ou para outrem, vantagem ou promessa de vantagem, a pretexto de influir em ato praticado por funcionário público no exercício da função.

Pena — reclusão, de 2 (dois) a 5 (cinco) anos, e multa.

Parágrafo único. A pena é aumentada da metade, se o agente alega ou insinua que a vantagem é também destinada ao funcionário.

• *Caput* e parágrafo único com redação determinada pela Lei n. 9.127, de 16 de novembro de 1995.

1. Considerações preliminares

A criminalização do tráfico de influência remonta ao direito romano, tendo sido conhecido como *venditio fumi*, que teria tido o seguinte fundamento: "quando o Imperador Alexandre Severo tomou conhecimento de que um certo Vetrônio, que frequentava a Corte, recebia dinheiro sob pretexto de influir em decisões governamentais, ordenou fosse ele colocado numa fogueira de palha úmida e lenha verde. Veio ele a morrer, não pelo fogo, mas sufocado pela fumaça (*fumus*), enquanto um funcionário apregoava em alta voz: *fumo punitur qui fumum vendit* (pune-se com a fumaça aquele que vende a fumaça). Até hoje, na doutrina italiana, em razão da origem histórica do crime, é ele conhecido igualmente como venda de fumaça (em italiano, *vendita di fumo*)"[1].

1. Paulo José da Costa Jr., *Comentários ao Código Penal*, São Paulo, Saraiva, 1989, v. 3, p. 513.

A definição doutrinária desse crime, no entanto, coube aos práticos e glosadores, especialmente considerando a exploração de prestígio dos juízes, classificando-o entre a injúria e a corrupção[2]. Como crime autônomo, porém, surgiu no Código das Duas Cecílias (art. 206), em 1819, com o *nomen juris* de *millantato credito*, sendo ampliado para abranger fatos relativos a qualquer espécie de funcionário. O Código Zanardelli de 1889 (art. 204) e o Código Rocco de 1930 (art. 346), na Itália, inseriram referido crime dentre os praticados contra a Administração Pública.

Nosso Código Penal de 1940 disciplinou a exploração de prestígio em duas oportunidades: a primeira entre os crimes contra a Administração em geral — quando praticado contra qualquer funcionário público (art. 332); a outra, dentre os crimes contra a Administração da Justiça, quando relacionar-se a funcionários a ela vinculados (art. 357). Finalmente, a Lei n. 9.127, de 16 de novembro de 1995, deu nova redação ao tipo do antigo delito de exploração de prestígio. Encontra-se prevista no art. 346 do Código Penal italiano, no art. 434-9 do Código Penal francês de 1994 e no art. 428 do Código Penal espanhol de 1995.

2. Bem jurídico tutelado

Bem jurídico protegido é a Administração Pública, como em todos os demais crimes elencados no Título XI do Código Penal — "Dos Crimes contra a Administração Pública", mas, neste dispositivo, no particular aspecto de prestígio, confiança e respeito perante a coletividade, que é exposta ao descrédito pela ação fraudadora do "trapaceiro". Gabando-se de gozar de prestígio, vangloriando-se de desfrutar de influência perante a Administração Pública, lesa o bom nome, o conceito e o prestígio que esta deve ter junto à comunidade, difundindo a ideia de que tudo se resolve segundo a importância ou influência de quem desfruta de poder. É impecável, no particular, a concisão de Magalhães Noronha: "é a venda de fumo, de fumaça que o agente realiza, iludindo o comprador mas desacreditando a administração. O bem jurídico tutelado é, pois, o bom nome, o prestígio e a confiança de que a administração pública não pode abrir mão"[3]. Nessa linha, é bom recordar, a sábia lição de Carrara, que pontificava: "O direito violado que se protege com a punição da venda de fumaça é unicamente a justiça pública. Os prejudicados em tal caso, a lei os ouve como testemunhas, mas os considera com desprezo. Esta não aceita o contrato, odiando ambos os contratantes. Não se vinga da ofensa deles, mas da ofensa da justiça"[4].

Referindo-se a falsa influência a juiz, jurado, órgão do Ministério Público, serventuários da justiça, perito, tradutor, intérprete ou testemunha, o crime tipificado é aquele descrito no art. 357 do Código Penal, inserto no Capítulo "Dos

---

2. Magalhães Noronha, *Direito Penal*, p. 324; Heleno Cláudio Fragoso, *Lições de Direito Penal*, p. 466.

3. Magalhães Noronha, *Direito Penal*, p. 325.

4. Carrara, Vendita di fumo, in *Opuscoli di Diritto Criminale*, Prato, 1885, p. 509, apud Paulo José da Costa Jr., *Comentários*, p. 515.

Crimes contra a Administração da Justiça", a despeito da cominação de pena de menor gravidade. O diferencial reside na natureza diversa do bem jurídico tutelado, que, nesse caso, mais especificadamente, é a Administração da Justiça.

3. Sujeitos do crime

Sujeito ativo pode ser qualquer pessoa, inclusive o funcionário público, desde que não esteja no exercício de suas funções normais, não o configurando, por exemplo, a influência exercida por superior hierárquico, afora o fato de que sua influência sobre o subalterno não é "pretextada", é real, ela existe.

No polo ativo, contudo, não pode deixar de ser considerada a participação decisiva de uma terceira pessoa, qual seja a beneficiária da "venda do prestígio", que é parte diretamente interessada no resultado da ação, e, no mínimo, "concorre de qualquer modo para a sua prática" (art. 29 do CP). Não ignoramos o entendimento francamente majoritário da doutrina clássica, que procuraremos refutar mais adiante; há, inegavelmente, uma relação triangular envolvendo sujeito ativo, beneficiário e, supostamente, funcionário público, este, pelo menos, em tese.

Sujeito passivo é o Estado (União, Estado, Distrito Federal e Municípios), já que se tutela o interesse público *lato sensu*. Não incide nessa infração penal a equiparação prevista no art. 327, § 1º, do CP. O próprio funcionário público iludido ou ludibriado, que arcará, no mínimo, com o dano moral decorrente de sua propalada infidelidade funcional, também é, secundariamente, sujeito passivo dessa infração penal.

4. Tipo objetivo: adequação típica

Originalmente, o texto do Código Penal de 1940 tinha a seguinte redação: "Obter, para si ou para outrem, vantagem ou promessa de vantagem, a pretexto de influir em funcionário público no exercício da função: Pena — reclusão, de um a cinco anos, e multa". A Lei n. 9.127, de 16 de novembro de 1995, no entanto, conferiu a atual redação ao texto legal, elevando a pena para dois a cinco anos de reclusão, majorando-a de metade na hipótese do parágrafo único, que, na redação original, era elevada em um terço.

As condutas típicas, alternativamente incriminadas, são representadas pelos verbos nucleares solicitar (pedir, rogar, procurar), exigir (reclamar, ordenar que seja pago), cobrar (exigir o pagamento de algo) ou obter (angariar, conseguir, receber, adquirir), para si ou para outrem, vantagem ou promessa de vantagem, a pretexto de influir em ato praticado por funcionário público no exercício da função. Ou seja, segundo a doutrina, a lei incrimina a bazófia, o gáudio ou a jactância de influir na prática de ato de servidor público, quando tal prestígio não existe. Age o vendedor de ilusões como "corretor de pseudocorrupção", fraudando, de um lado, o "adquirente-beneficiário", pelo menos teoricamente, que nada recebe em troca da vantagem ou promessa de vantagem, e, de outro, deprecia a Administração Pública, que é exposta ao descrédito, e, ainda, desmoraliza o suposto funcionário venal, especialmente na forma qualificada.

O crime não deixa de ser, ao menos em tese, uma modalidade *sui generis* de estelionato, "pois — como sentenciava Magalhães Noronha — o agente ilude e frauda o pretendente ao ato ou providência governamental, alegando um prestígio que não possui e assegurando-lhe um êxito que não está a seu alcance". Com efeito, estão presentes a fraude, a vantagem pessoal e o correspondente prejuízo alheio, agravado pelo envolvimento de uma entidade pública, que constitui causa especial de aumento de pena (art. 171, § 3º).

A expressão tráfico de influência é sem dúvida mais abrangente que a anterior — exploração de prestígio —, pois este consiste na superioridade pessoal baseada no bom êxito ou no valor individual. Agora, faz-se necessário, com efeito, que o agente exerça sua influência sobre ato praticado por funcionário público, e não sobre o *animus* deste, como outrora era sugerido pela redação anterior. Há um ato fraudulento, visto que, "a pretexto de influir em ato praticado por funcionário público no exercício da função", vem a ser o artifício utilizado para a obtenção da "vantagem ou promessa de vantagem". É, porém, imprescindível que o sujeito ativo se atribua prestígio junto a funcionário público, pois caso contrário o fato não ofende a Administração Pública, e poderá constituir apenas estelionato, ou, dependendo das circunstâncias, outro crime.

A vantagem ou promessa de vantagem é solicitada ou exigida (com a nova versão típica) "a pretexto de influir" em ato de funcionário público. Realmente, o crime de tráfico de influência pressupõe que a vantagem de que se cogita seja postulada a pretexto de influir; esse — pode-se afirmar — é o móvel do crime. "Em regra — afirmava Magalhães Noronha — existirá, como no estelionato, uso de ardis ou artifícios, mas sendo suficiente a simples mentira, a afirmação do sujeito ativo. Pode também o delito ocorrer com o silêncio dele, como sói acontecer no caso em que, mal informado, o pretendente a um fato dirige-se-lhe, supondo-o influente, e ele silencia, aceitando a vantagem ou sua promessa. Claro que o silêncio é ratificação do que aquele supõe".

Tratando-se efetivamente de pretexto de influir, na verdade o funcionário público é o grande injustiçado da história, porque, desmerecidamente, passa por desonesto e corrupto. Por isso, é pertinente invocar-se o magistério de Manzini[5], que afirmava tratar-se de "um dos mais vis e odiosos crimes, não só porque promove o descrédito dos órgãos públicos em geral, como também ofende insidiosamente a honra dos homens honestos, que permanecem alheios, pelo menos durante um certo tempo, da torpe especulação que o velhaco fez, valendo-se de seu nome".

O tráfico de influência, em qualquer de suas modalidades, absorve o crime de estelionato. Na hipótese de efetivo acordo entre o agente e o funcionário público, verifica-se o crime de corrupção (arts. 333 e 317 do CP). Com efeito, se eventual-

5. Vincenzo Manzini, *Tratado de Derecho Penal*, Buenos Aires, Ediar, 1961, v. 3, t. 8, p. 249-250.

mente faltar algumas das elementares do crime especial ora em exame, subsiste o estelionato. No entanto, se resultar, ao final, configurado o crime de corrupção, este absorverá o tráfico de influência. Nessa hipótese, poderá, dependendo das demais elementares, o funcionário responder por corrupção passiva.

Objeto material do crime é a vantagem ou promessa desta. Pode ser de qualquer natureza (material, moral ou, inclusive, sexual), ainda que não patrimonial, bem como para o próprio sujeito ativo ou para terceira pessoa (outrem). Assim, pune-se o tráfico de influência, ou seja, o comércio de influência (poder, ascendência ou predomínio que alguém exerce sobre outrem, ou, mais precisamente, no caso, alardeia que exerce), capaz de estender-se em cadeia. É indiferente, ademais, que o objeto da mediação seja justo ou injusto, legal ou ilegal. A forma de sua obtenção ou o meio utilizado é fraudulento, e nisso — no pretexto de influir — reside a essência caracterizadora da ilicitude comportamental.

5. Responsabilidade penal do "beneficiário-vítima" do tráfico de influência

Desejamos chamar a atenção para um aspecto do qual discordamos do entendimento adotado pela doutrina tradicional, quais sejam o papel e a possível responsabilidade penal do "beneficiário-vítima" do tráfico de influência. Na verdade, a falsidade (a burla ou dubiedade da locução) — a pretexto de influir — pode também ter outro significado, igualmente dúbio e obscuro; enfim, pode encerrar um duplo sentido: pode ser efetivamente fantasioso ou falso o pretexto, como sempre foi interpretado, mas, por outro lado, não se deve afastar, com segurança absoluta, a possibilidade de que a expressão "a pretexto de influir" tenha o significado de pretender disfarçar a influência que efetivamente tem e, em vez de afirmá-la, sugere-se apenas sua possibilidade, deixando certa dúvida. Em outros termos, "a pretexto de influir" pode ter sentido duplo, ambos falsos: pretextar que tem o que não se tem (que é a interpretação feita pela doutrina tradicional), ou pretextar que não tem o que se tem (apenas para não escancarar, por exemplo, o seu verdadeiro "poder de fogo"); simulando, na primeira hipótese, e dissimulando, na segunda, mas sempre "pretextando", como refere o dispositivo legal.

Se o sujeito ativo realmente goza de influência junto a funcionário público, e, sem proclamá-la, apenas pretextando, desenvolve atividade junto àquele, não comete o crime em apreço, podendo, entretanto, dependendo das circunstâncias, praticar outro, como, por exemplo, a corrupção ativa. A denúncia criminal, pois, há de conter, expressamente, esse elemento, sem o que não tem condições de fundamentar validamente uma ação penal. Porém, se realmente gozar de influência, e proclamá-la ao interessado-beneficiário, ambos responderão pelo crime de corrupção ativa, e o funcionário, se admiti-la conscientemente, pela corrupção passiva. Nesses dois aspectos a doutrina tradicional também sempre esteve de acordo. Como vemos, é demasiadamente tênue a distinção entre a configuração da corrupção ativa e o tráfico de influência, alicerçando-se, por vezes, em insustentável subjetivismo, que procuramos combater.

Para prosseguirmos nessa nossa reflexão é indispensável que se revisitem alguns institutos dogmáticos, tais como teoria monística, crime putativo, erro jurídico penal, dentre outros, precisando seus conceitos e analisando a aplicabilidade ou não de cada um diante da orientação assumida, praticamente, pela unanimidade da doutrina nacional, como já destacamos. Com efeito, relativamente ao crime de "exploração de prestígio" (ou, com seu *nomen juris* atual, tráfico de influência), o legislador da Reforma Penal de 1940 não fez nenhuma restrição, tampouco estabeleceu qualquer exceção relativamente ao concurso de pessoas — eventual ou necessário — ou mesmo em relação à aplicação da teoria monística. Logo, esses postulados não podem, pura e simplesmente, ser afastados sem uma justificativa lógica, dogmática ou jurídica que os fundamentem, como demonstraremos.

5.1 *Relação triangular entre sujeito ativo, funcionário público e "beneficiário" da influência*

Provavelmente este seja o tópico que mereça maior atenção no seu exame, para aprofundar nosso questionamento, exatamente por não ter apresentado, até o momento, maior divergência doutrinário-jurisprudencial: há ou não responsabilidade penal do beneficiário da conduta praticada pelo sujeito ativo? A reflexão sobre este ponto deve começar, necessariamente, por uma revisão bibliográfica, desde a vigência do atual Código Penal (1940), chegando-se à atual descrição típica (alterada pela Lei n. 9.127, de 16-11-1995).

Começamos lembrando que a configuração típica do crime — tráfico de influência — exige, pelo menos em tese, o envolvimento de três pessoas: alguém (1), um sujeito qualquer — funcionário ou não — solicita, exige, cobra ou obtém de outra pessoa (2), que é o beneficiário, qualquer vantagem (ou promessa), a pretexto de influir na prática de ato de funcionário público (3) no exercício da função. A pergunta que se impõe é: afinal, quem responde e quem não responde pela lesão à imagem e ao prestígio da Administração Pública? Como não estamos satisfeitos com o entendimento consagrado na doutrina nacional, faremos algumas considerações mais detidas sobre o assunto.

Não nos convence o entendimento sedimentado na doutrina nacional, desde as primeiras ideias de Hungria, que professava: "ao contrário do que entende Magalhães Drumond (ob. cit., pág. 348), o interessado não responde pelo crime, *ut* art. 25. Não pode ser copartícipe do crime de obter vantagem ou promessa de vantagem, etc., precisamente aquele que dá ou promete a vantagem"[6]. Magalhães Noronha, também analisando o polo passivo dessa infração penal, afirmava: "Secundariamente é também vítima o comprador de prestígio, mas prestígio vão, fraudulento e inexistente. É ele que sofre prejuízo concreto ou material, com a vantagem obtida pelo vendedor de fumo"[7]. Fragoso, por sua vez, sustentava: "a pessoa que dá ou promete a vantagem

6. Nélson Hungria, *Comentários ao Código Penal*, p. 428.

7. Magalhães Noronha, *Direito Penal*, p. 325.

ao agente é lesada e será sujeito passivo secundário, embora não aja de boa-fé"[8]. Na mesma trilha, Paulo José da Costa Jr. adverte: "de mais a mais, deve-se considerar que comprador de fumaça é vítima de um engano, de um verdadeiro estelionato. E que a norma visa a impedir o descrédito da administração, que não deriva da sua ação, mas do sujeito agente"[9]. Damásio de Jesus também concebe o "beneficiário" como sujeito passivo do "tráfico de influência", manifestando-se nos seguintes termos: "Sujeito passivo principal é o Estado. De forma secundária, a pessoa que compra o prestígio, que entrega ou promete a vantagem na ilusão de concretizar um interesse ilegítimo. Ele supõe que, em concurso, está cometendo um delito de corrupção com o funcionário. Na verdade, está participando de uma farsa. Há, por parte do comprador do prestígio, delito putativo (pensa que está realizando corrupção ativa)"[10]. Na doutrina atual, Regis Prado segue o mesmo caminho, como se pode constatar: "secundariamente, figura como sujeito passivo aquele que, após ser ludibriado pelo agente, dá-lhe ou promete-lhe a vantagem, já que incide sobre ele o prejuízo material decorrente da vantagem obtida pelo agente. Apesar da conduta do sujeito secundário, não é ele punido, por se tratar de crime putativo"[11]. Guilherme de Souza Nucci[12], mesmo reconhecendo que há o envolvimento de três pessoas, silencia sobre a responsabilidade penal do "pagador da vantagem".

Para melhor compreendermos o conteúdo de todo esse parágrafo, é recomendável que se faça a sua decomposição analítica à luz da evolução da moderna dogmática penal (culpabilidade, do moderno tratamento do erro jurídico-penal etc.). De observar, por outro lado, que, com pequenas divergências, as premissas de que parte a doutrina analisada fundam-se, não raro, em alguns pontos falhos, para justificar a pretensa exclusão da responsabilidade do beneficiário. Vejamos, exemplificativamente, algumas dessas "falhas": Hungria: "Não pode ser copartícipe do crime de obter vantagem ou promessa de vantagem, etc., precisamente aquele que dá ou promete a vantagem..., a prática de um crime putativo, que escapa à punição"; Noronha: "Realmente, ele se crê agente de um crime de corrupção em coautoria... mas dito crime não existe, é putativo... não pode ser copartícipe de obter vantagem quem a dá ou dela se despoja"; Fragoso: "A pessoa que dá ou promete a vantagem ao agente é lesada e será sujeito passivo secundário, embora não aja de boa-fé... estaria eventualmente praticando um crime putativo"; Costa Jr.: "No entanto, como acontece na concussão, quem promete ou dá a vantagem não é punido, pela falta de previsão normativa"; Damásio de Jesus: "Há, por parte do comprador do prestígio, delito putativo..."; Regis Prado: "Apesar da conduta do sujeito secundário, não é ele punido, por se tratar de crime putativo"[13].

---

8. Heleno Cláudio Fragoso, *Lições de Direito Penal*, p. 468.

9. Paulo José da Costa Jr., *Comentários ao Código Penal*, p. 514-515.

10. Damásio de Jesus, *Direito Penal*, p. 228.

11. Luiz Regis Prado, *Curso de Direito Penal brasileiro*, p. 543.

12. Guilherme de Souza Nucci, *Código Penal comentado*, p. 1024.

13. Hungria, *Comentários*, p. 428; Noronha, *Direito Penal*, p. 325; Fragoso, *Lições*, p. 468; Costa Jr., *Comentários*, p. 514; Damásio, *Direito Penal*, p. 228; Regis Prado, *Curso*, p. 543.

Hungria, Noronha e Fragoso partiam de premissas falsas (equivocadas) quando afirmavam: "não pode ser copartícipe do crime de obter vantagem ou promessa de vantagem, etc., precisamente aquele que dá ou promete a vantagem" — literalmente o primeiro, seguido, com pequenas variantes, pelos demais. Na realidade, não existe o "crime de obter vantagem ou promessa de vantagem", ao contrário do que afirmava Hungria (ou a hipótese semelhante referida por Noronha e Fragoso). Ignoravam esses doutrinadores que o crime de que se trata é a "exploração de prestígio" ou, modernamente, o "tráfico de influência", do qual a "vantagem ou promessa de vantagem" não passa da "propina" que é somente o móvel do crime, constituindo a elementar normativa, muito comum nos crimes contra o patrimônio e contra a Administração Pública. O crime, na verdade, é obter vantagem ou promessa dela para influir junto a funcionário público no exercício da função. O que está sendo "transacionado" é a suposta "influência em ato praticado por funcionário público", é uma negociação onde a "vantagem" é a moeda de pagamento pelo "favor" pretendido pelo "pagador da propina", a ser conquistado através da "suposta influência". Tudo é verdadeiro, menos a "influência", que, contudo, também pode ou não ser verdadeira.

Ora, a responsabilidade do "beneficiário" é exatamente concorrer diretamente para o crime de "tráfico de influência" (exploração de prestígio), sem cuja participação sequer crime existiria, sendo, portanto, indissociável a sua decisiva contribuição na ação do "vendedor de fumaça", sendo verdadeiro "parceiro" na empreitada de "beneficiar-se" da suposta venalidade de funcionário público. Não se pode ignorar que o "beneficiário" da "pretextada influência", atualmente, em regra, não é um ingênuo que "entra de graça" na história; pelo contrário, é um autêntico corruptor, que busca também a sua "vantagem", por meios não ortodoxos, digamos assim, numa espécie de "fraude bilateral": há, em verdade, uma troca de "vantagens" entre o executor da suposta "influência" e o beneficiário desta; este "dá a vantagem" prometida ao agente em troca do "favor" funcional almejado, que outra coisa não é que também "vantagem", devida ou indevida, não importa, obtida através de meios ilícitos. Na realidade, o tráfico de influência é um misto de "estelionato qualificado" e "corrupção ativa/passiva", cujo resultado (influência) nem sequer precisa concretizar-se, com exceção da nova modalidade de "exigir".

Com efeito, no tráfico de influência só há um perdedor: a Administração Pública, pois se trata, no mínimo, da conhecida "fraude bilateral", salvo se, como refere Hungria, "se trate de um rematado ignorante", cuja prova deverá ser feita por quem a aproveite; nessa hipótese, evidentemente, o "beneficiário-ignorante" é vítima da astúcia do sujeito ativo, não respondendo por crime algum. Mas, convém realçar, nesse "meio" não existe "ignorante" ou "ingênuo", pois não sobreviveria, e, segundo velho ditado popular, "quem corre menos, voa", tanto que, todos concordam — Hungria, Noronha e Fragoso[14] —, concretizando-se o "favor", o crime é de

14. Hungria, *Comentários*, p. 429; Noronha, *Direito Penal*, p. 326: "criminoso este seria se aquele corrompesse o funcionário"; Fragoso, *Lições*, p. 468.

corrupção, pelo qual também responderá o dito "beneficiário". Nesse caso, qual seria a diferença do elemento subjetivo do "beneficiário", tendo conseguido ou não o "favor" do funcionário público? Nenhuma, pois não há diferença no dolo do crime consumado e do crime tentado, não existindo um dolo especial de tentativa. Por isso, se o beneficiário for realmente o "rematado ignorante" de que falava Hungria, não deverá responder por crime algum, independentemente de se concretizar o "favor" prometido (nem por corrupção, pois não agiu com dolo); no entanto, não o sendo, que certamente é a regra, o "beneficiário" concorre direta e ativamente para a prática do crime de tráfico de influência, nos termos do art. 29 do CP.

Equivocada também é a afirmação de que quem dá ou se despoja da vantagem não pode ser punido (independentemente da contraprestação a que, no caso, objetiva), pois não encontra correspondente no direito brasileiro, pelo contrário: quem "oferece ou promete vantagem a funcionário público" responde pelo crime de corrupção ativa (art. 333). Portanto, fácil é observar que ninguém dá nada gratuitamente — nem na corrupção nem no tráfico de influência, pois há a espera da "contraprestação"! No mesmo sentido, é duplamente equivocada a afirmação solitária de Paulo José da Costa Jr. de que, como acontece na concussão, quem dá a vantagem (ou a promete) não é punido, pela falta de previsão normativa: em primeiro lugar, na concussão ninguém dá ou promete vantagem alguma; pelo contrário, nesse crime a vítima é extorquida pelo funcionário corrupto, que exige a vantagem indevida; nela, a vítima é constrangida a pagar a propina para não sofrer a ameaça do funcionário venal, a exemplo do crime de extorsão (art. 158); em segundo lugar, é falaciosa a afirmativa de que o "beneficiário" que dá ou promete a vantagem não é punido "pela falta de previsão normativa", pois também não tem amparo legal essa conclusão. Que previsão Costa Jr. estaria querendo: uma individual para cada crime de concurso necessário? E faríamos o que com a adoção da teoria monística da ação (inclusive mantida na Reforma Penal de 1984)? Inverteríamos a ordem natural das coisas, e a "exceção" passaria a ser a regra geral, ou seja, o concorrente nos crimes de concurso necessário não responderia por nada sempre que não viesse expressamente previsto, como ocorre nos crimes de corrupção, aborto consensual, bigamia etc.? Logicamente, Costa Jr. não se deu conta de que a previsão normativa, geral, para toda a Parte Especial do Código Penal, ressalvadas as exceções, como dissemos, expressamente previstas, existe e também está contida no art. 29 (que disciplina o concurso eventual de pessoas) do mesmo estatuto penal[15].

---

15. A teoria monística — adotada pelo Código Penal de 1940 — não faz qualquer distinção entre autor e partícipe, instigação e cumplicidade. Todo aquele que concorre para o crime causa-o em sua totalidade e por ele responde integralmente. Embora o crime seja praticado por diversas pessoas, permanece único e indivisível. O crime é o resultado da conduta de cada um e de todos, indistintamente. Essa concepção parte da teoria da equivalência das condições necessárias à produção do resultado. No entanto, o fundamento maior dessa teoria é político-criminal, que prefere punir igualmente a todos os participantes de uma mesma infração penal. A Reforma Penal de 1984 permanece acolhendo essa teoria. Procurou, contudo, atenuar os

Apontaria, ainda, um terceiro equívoco do mesmo autor, pela contradição contida na mesma frase, na qual consta, em seu início, o reconhecimento de que "o crime é plurissubjetivo (concurso necessário)"[16], sendo, aliás, o único dos autores apontados a fazer tal afirmação. Mais uma razão — tratar-se de crime de concurso necessário — para impedir que se afirme não haver previsão normativa para a punição do concorrente beneficiário da conduta incriminada. Aliás, para punir os autores dos crimes de concurso necessário é absolutamente desnecessária a previsão do art. 29, que disciplina o concurso eventual de pessoas, pois esse tipo de autoria dos crimes plurissubjetivos integra a própria definição da infração penal, sendo os penalmente responsáveis por seu cometimento, independentemente da norma de extensão contida no mencionado art. 29. Ademais, a conclusão de Costa Jr. deveria ser exatamente o inverso, a partir do momento que reconhece tratar-se de crime de concurso necessário, ou seja, deveria concluir pela punição do comprador de ilusões, exatamente por tratar-se de crime plurissubjetivo. Divergem — vendedor de "prestígio" e "comprador-beneficiário" — apenas num ponto: a ação do "corretor de influência" objetiva a vantagem ou promessa dela; ao passo que o "comprador" visa o favor legal decorrente do exercício de influência. Trata-se, inegavelmente, de um crime de dupla subjetividade ativa.

Havia apenas uma ressalva (hoje há duas) que permitiria o afastamento da responsabilidade do "comprador de fumaça", ou seja, somente quando se tratasse de "um rematado ignorante", na expressão de Hungria; mas, como já afirmamos, "nesse meio" não há ingênuos. A segunda possibilidade, que existe, na atualidade, por força da mudança legislativa, pode ocorrer quando a conduta do sujeito ativo for representada pelo verbo nuclear "exigir", pois a situação, aí sim, assemelhar-se-á à extorsão, concussão etc.

Por fim, não se pode ignorar a aglomeração e confluência dos atuais "lobistas", que, *mutatis mutandis*, são os modernos "exploradores de prestígio", ou os verdadei-

---

seus rigores, distinguindo com precisão a punibilidade de autoria e participação. Estabeleceu alguns princípios disciplinando determinados graus de participação. Adotou, como regra, a teoria monística, determinando que todos os participantes de uma infração penal incidem nas sanções de um único e mesmo crime, e, como exceção, a concepção dualista, mitigada, distinguindo a atuação de autores e partícipes, permitindo uma adequada dosagem de pena de acordo com a efetiva participação e eficácia causal da conduta de cada partícipe, na medida da culpabilidade perfeitamente individualizada.

No entanto, a dita Reforma Penal de 1984 limitou-se à Parte Geral do Código, permanecendo intocável, nesse aspecto, toda a Parte Especial desse estatuto penal, que, a despeito de ter consagrado a teoria monística da ação, faz algumas exceções, normalmente expressadas em dispositivos distintos, ou, quando no mesmo dispositivo, endereça-lhe parágrafo especial para distinguir responsabilidades diversas da que consistiria nos termos da teoria monística, como ocorre, por exemplo, nos crimes de corrupção ativa (art. 333) e passiva (art. 317), de bigamia (art. 235 e seu § 1º), de aborto consensual (arts. 124 e 126) etc.

16. Paulo José da Costa Jr., *Comentários ao Código Penal*, p. 514.

ros autores do crime de "tráfico de influência". A prevalecer a tese da irresponsabilidade penal de quem dá, paga ou promete vantagem para beneficiar-se de "influência" ou "suposta influência" perante a Administração Pública, estar-se-á assegurando a impunidade da mais autêntica, disfarçada e sofisticada forma de corrupção, aperfeiçoada e burilada pelo uso de interposta pessoa (que pretexta influência, ou seja, o atual "lobista"), com os modernos neologismos, tais como "valores não contabilizados", "corretores lobistas", "intermediários", "corretores despachantes", "publicitários políticos", "mercadores de favores públicos" etc., visto que os verdadeiros corruptores — mãos limpas — "não colocam a mão na massa", no velho estilo "Sinhozinho Malta", famoso personagem novelesco de Dias Gomes. Dá para crer que — nos tempos atuais — alguém nesse meio seja ingênuo ou inocente, ou, como dizia Hungria, "um rematado ignorante"? "No creemos en las brujas, pero que las hay, las hay"[17]!

Tanto que o próprio Hungria, na sua sagacidade, já advertia: "É de se reconhecer que, num ou noutro caso, quando não haja torpeza bilateral (isto é, quando o interessado, ao invés de consciente da malícia de seu propósito, não passa de um crédulo ignorante), se apresenta uma *species* de estelionato (consumado ou tentado), transladada..."[18]. E quem acreditaria na ausência de torpeza bilateral na atualidade nesse tipo de conduta?!

5.2 *A (im)punibilidade do pseudocrime putativo: erro jurídico-penal*

A segunda premissa equivocada de nossos doutrinadores clássicos refere-se à afirmação de que o iludido beneficiário participaria de um crime putativo[19] que, por tudo, é impunível.

Afinal, de que crime putativo estamos falando? Nossa concepção de crime putativo é um pouco diferente da que exsurge da afirmação dos penalistas referidos: com efeito, o crime putativo só existe na imaginação do agente. No entanto, este supõe, erroneamente, que está praticando uma conduta típica, quando na verdade o fato não constitui crime. Como o crime só existe na imaginação do agente, esse conceito equivocado não basta para torná-lo punível. Há no crime putativo um "erro de proibição" às avessas (o agente imagina proibida uma conduta permitida). Essa é a nossa concepção de crime putativo. No entanto, quando o sujeito imagina que está praticando ou participando de um crime quando na realidade trata-se de

17. Como estou escrevendo estes comentários no verão de Punta del Este, perdoem a homenagem "a los simpáticos hermanos".
18. Nélson Hungria, *Comentários*, p. 427.
19. Hungria, *Comentários*, p. 428: "é a suposta participação numa imaginária corrupção ativa (isto é, a prática de um crime putativo, que escapa à punição)"; Noronha, *Direito Penal*, p. 325: "Realmente, ele se crê agente de um crime de corrupção em coautoria com o vendedor de prestígio, mas dito crime não existe, é putativo"; Fragoso, *Lições*, p. 468: "o lesado estaria eventualmente praticando um crime putativo, que seria o de participação em corrupção ativa"; Regis Prado segue a linha do crime putativo (*Curso*, p. 543).

outro crime — como ocorre no tráfico de influência, definido no art. 332 do CP —, não se configura o instituto conhecido como crime putativo, ao contrário do que sugeriam nossos autores, porque efetivamente de crime se trata; apenas, o agente, que normalmente não é um jurista (técnico), ignora qual seja a sua correta qualificação, mas isso não lhe retira o caráter de injusto típico, continua sendo igualmente crime punível. Por isso, preliminarmente, já se pode concluir que o simples fato de o "beneficiário" imaginar que está participando de um crime de corrupção, quando na verdade concorre para um crime de tráfico de influência, não é suficiente para afastar-lhe a punibilidade.

Há dois aspectos fundamentais nessa premissa sustentada pelos penalistas ora questionados, que exigem maior reflexão: em primeiro lugar, há um erro de valoração ou de interpretacão; em segundo lugar, o agente pensa que está cometendo um crime, quando na realidade concorre para outro, diretamente. Isso, por si só — pergunta-se —, seria suficiente para gerar a impunidade, lembrando que, desde o início, pretendeu fazer uma "troca" com o agente, ou seja, dar uma "vantagem" em troca de "um favor", qual seja a influência na prática de um ato da Administração Pública? Devemos, necessariamente, examinar o erro, isto é, o instituto do "erro jurídico-penal", seu conceito, sua extensão e seus efeitos, mas principalmente a "espécie de erro", que faremos no tópico seguinte.

5.3 *A discutível escusabilidade de determinados erros: punibilidade do pagador da influência*

Parece-nos claro que o "beneficiário" do tráfico de influência pode, como regra, incorrer em erro, induzido ou não. Faz-se necessário, por isso, que se examinem a natureza, efeitos e extensão de, pelo menos, alguns tipos de "erros jurídico-penais" e, por fim, que se identifique em que espécie de erro pode incorrer dito beneficiário. O erro que vicia a vontade, isto é, aquele que causa uma falsa percepção da realidade, tanto pode incidir sobre os elementos estruturais do delito — erro de tipo[20] — quanto sobre a ilicitude da ação — erro de proibição[21].

---

20. "Erro de tipo é o que recai sobre circunstância que constitui elemento essencial do tipo. É a falsa percepção da realidade sobre um elemento do crime. É a ignorância ou a falsa representação de qualquer dos elementos constitutivos do tipo penal. É indiferente que o objeto do erro se localize no mundo dos fatos, dos conceitos ou das normas jurídicas. Importa, isto sim, que faça parte da estrutura do tipo penal. Por exemplo, no crime de calúnia, o agente imputa falsamente a alguém a autoria de um fato definido como crime que, sinceramente, acredita tenha sido praticado. Falta-lhe o conhecimento da elementar típica 'falsamente', uma condição do tipo. Se o agente não sabia que a imputação era falsa, não há dolo, excluindo-se a tipicidade, caracterizando o erro de tipo" (Cezar Roberto Bitencourt, *Tratado de Direito Penal*, 29. ed., São Paulo, Saraiva, 2023, v. 1, p. 504).

21. "Erro de proibição, por sua vez, é o que incide sobre a ilicitude de um comportamento. O agente supõe, por erro, ser lícita a sua conduta. O objeto do erro não é, pois, nem a lei, nem o fato, mas a ilicitude, isto é, a contrariedade do fato em relação à lei. O agente supõe

Assim, o erro jurídico-penal, independentemente de recair sobre situações fáticas ou jurídicas, quando inevitável (escusável), será relevante.

O desconhecimento da ilicitude de um comportamento e o desconhecimento de uma norma legal são coisas completamente distintas. A ignorância da lei não pode confundir-se com o desconhecimento do injusto (ilicitude), até porque, no dizer de Francisco de Assis Toledo, "a ilicitude de um fato não está no fato em si, nem nas leis vigentes, mas entre ambos, isto é, na relação de contrariedade que se estabelece entre o fato e o ordenamento jurídico"[22]. A *ignorantia legis* é matéria de aplicação da lei que, por ficção jurídica, se presume conhecida por todos. Enquanto o erro de proibição é matéria de culpabilidade, num aspecto inteiramente diverso.

No entanto, há quatro espécies de erro que não poderão ser considerados escusáveis, com raríssimas exceções, porque equivalem a autênticas *ignorantia legis*, porque incidem sobre a lei, e não sobre a ilicitude. São os erros de: a) eficácia — o agente não admite a legitimidade de determinado preceito legal, supondo que ele contraria outro preceito de nível superior, ou uma norma constitucional; b) vigência — o agente ignora a existência de um preceito legal, ou ainda não teve tempo de conhecer uma lei recentemente publicada; c) subsunção — engana-se quanto ao enquadramento legal da conduta, por erro, supõe que sua ação não se ajusta ao tipo legal. Isso não interfere na ilicitude; d) punibilidade — o agente sabe ou podia saber que faz algo proibido, mas imagina que não há punição criminal para essa conduta, ignorando a punibilidade do fato. Welzel[23] sustentava que, em tese, o erro de validez ou de vigência constitui uma variante do erro de proibição, que deve receber o mesmo tratamento. Embora o próprio Welzel admitisse que, em razão de reduzida capacidade de avaliação, alguém acredita poder infringir uma proibição por considerar erroneamente que esta carece de validade, sua culpabilidade não consiste no resultado da avaliação equivocada, mas no fato de tê-la levado adiante. Nesse caso, rege — sustentava Welzel — o princípio geral da ética profissional, segundo a qual não está livre de culpabilidade quem assume uma tarefa para a qual não está capacitado. O autor não pode ignorar que infringe conscientemente uma norma jurídica por considerar que não é válida — cuja conduta é proibida —, contrariamente ao que ele pensa. Diante da possibilidade da antijuridicidade da conduta, quem mesmo assim age atua com consciência potencial da ilicitude e não com erro de proibição escusável.

---

permitida uma conduta proibida. O agente faz um juízo equivocado daquilo que lhe é permitido fazer em sociedade. Bastante elucidativo é o exemplo de Welzel: 'Quem subtrai coisa que erroneamente supõe ser sua, encontra-se em erro de tipo: não sabe que subtrai coisa alheia; porém, quem acredita ter o direito de subtrair coisa alheia (*v. g.*, o credor frente ao devedor insolvente), encontra-se em erro sobre a antijuridicidade'" (Bitencourt, *Tratado de Direito Penal*; Parte Geral, 29. ed., v. 1, p. 506).

22. Cezar Roberto Bitencourt, *Tratado*, 29. ed., v. 1, p. 506.

23. Cezar Roberto Bitencourt, *Tratado de Direito Penal*; Parte Geral, 29. ed., v. 1, p. 519.

Quanto ao erro de subsunção — que é o "erro" que aqui nos interessa — Welzel[24] fazia a seguinte distinção: a) erro que afeta somente a punibilidade de uma conduta, cuja antijuridicidade conhece ou pode conhecer o autor, é completamente irrelevante; b) erro que atinge não só a punibilidade mas também a proibição da conduta, impedindo o autor de conhecer sua antijuridicidade. Esse erro pode ocorrer especialmente nas normas proibitivas que contêm características normativas do tipo complicadas. Nesse caso, será erro de proibição.

Com efeito, o suposto "erro" em que incorreria o "comprador de fumaça" seria imaginar que concorreria para um crime de corrupção, quando na realidade participa de um crime de "exploração de prestígio". Qual é a diferença em termos de censurabilidade? Imaginar que participa de determinado crime, quando, *in concreto*, o crime é outro, não o exime da responsabilidade, e tampouco transforma em crime putativo, como imaginava a velha doutrina. Não há nenhuma diferença, pois tem consciência de que participa de algo proibido, que em algum lugar do direito é considerado ilícito, orientado pela simples consciência profana do injusto, pois, como lecionava Binding, é suficiente para afastar o erro de proibição, exatamente como advertia Alcides Munhoz Netto: "A diferença reside em que a ignorância da lei é o desconhecimento dos dispositivos legislados, ao passo que a ignorância da antijuridicidade é o desconhecimento de que a ação é contrária ao Direito. Por ignorar a lei, pode o autor desconhecer a classificação jurídica, a quantidade da pena, ou as condições de sua aplicabilidade, possuindo, contudo, representação da ilicitude do comportamento. Por ignorar a antijuridicidade, falta-lhe tal representação. As situações são, destarte, distintas, como distinto é o conhecimento da lei e o conhecimento do injusto".

A situação, com efeito, é muito semelhante à do erro que pode recair exatamente sobre a relação causal da ação e do resultado, isto é, a *aberratio causae*. Nos crimes de resultado — como se sabe — o tipo compreende a ação, o resultado e o nexo causal. Pode ocorrer, muitas vezes, que o autor não perceba, não anteveja a possibilidade do acontecer causal da conduta realizada, que acaba desviando-se no seu *iter*. Mas o desvio do curso imaginado pelo agente não exclui o dolo. Por exemplo, desejando matar a vítima, por afogamento, joga-a de uma ponte, porém na queda esta vem a morrer de fratura no crânio, provocada pelo impacto em uma rocha. Responderá por homicídio doloso[25], igualmente, sendo sua *causa mortis* irrelevante. *Mutatis mutandis*, o mesmo ocorre com quem, pretendendo participar de um crime de corrupção, contribui com o crime de exploração de prestígio: sua conduta continua típica, antijurídica e ilícita, não lhe aproveitando qualquer causa excludente ou dirimente pelo erro.

Admitindo, *ad argumentandum tantum*, que o "pagador da vantagem" tenha incorrido em erro, acreditando num poder de influência que o vendedor não tem, estaria, no mínimo, ele a beneficiar-se de sua própria torpeza, mas o que interessa, no momento, é a definição da natureza, espécie e efeito de dito erro. Tal erro, evidente-

---

24. Welzel, *El nuevo sistema de Derecho Penal*, p. 123.
25. Assis Toledo, *O erro no Direito Penal*, São Paulo, Saraiva, 1977, p. 61.

mente, não seria erro de tipo, mas de proibição (na verdade, mais corretamente, seria um erro de subsunção), que, se inevitável, exclui a culpabilidade e, por extensão, a própria tipicidade (não há crime sem culpabilidade). Deve-se, a seguir, fazer uma segunda avaliação: referido erro era, nas circunstâncias, evitável ou inevitável. No exame desse aspecto — evitabilidade ou inevitabilidade do erro — não se pode descurar daquele novo elemento inserido por Welzel, qual seja o dever de informar-se — como elemento da consciência da ilicitude, que deixou de ser atual, passando a ser potencial. Quem, afinal, poderia pretender, nos tempos atuais, contar com a influência de alguém na prática de ato de funcionário público, no exercício da função, a ponto de pagar "vantagem ou promessa de vantagem" sem suspeitar de que estava fazendo algo de errado, que tal comportamento devia estar proibido em algum lugar, mesmo com sua consciência profana do injusto, conhecendo apenas as normas de comportamento em geral, da educação familiar, constituída do conhecimento da antissocialidade, da imoralidade ou da lesividade da conduta, que, segundo afirmamos com Binding[26], consciência esta que provém das normas de cultura, dos princípios morais e éticos, enfim, dos conhecimentos adquiridos na vida em sociedade. São conhecimentos que, no dizer de Binding[27], "vêm naturalmente com o ar que a gente respira".

Fácil concluir, portanto, que, ainda que aja incorrido em "erro", esse erro é evitável e, por conseguinte, inescusável, afora o fato, mais concreto ainda, de que se trata de erro de subsunção (imaginava que concorria para um crime de corrupção ao invés de tráfico de influência), que, como demonstramos, é sempre inescusável. Por tudo isso, aqui, mais do que nunca, merece acolhida a tese sustentada por Muñoz Conde e Hassemer[28], da adoção de uma teoria do erro orientada às consequências, preocupada com os efeitos empíricos, mais que normativos, da aplicação da norma no quotidiano, onde o que realmente importa é a relevância ou não do erro, independentemente da sua conceituação.

6. Tipo subjetivo: adequação típica

Elemento subjetivo é o dolo, consistente na vontade consciente dirigida à obtenção de vantagem ou promessa de vantagem, a pretexto de influir em ato praticado por funcionário público no exercício da função.

O elemento subjetivo especial do tipo está representado pela finalidade especial de destinar-se a vantagem ou sua promessa para o próprio agente ou para terceiro. Não é necessário que o agente tenha, como objetivo, atingir a Administração Pública ou o próprio funcionário, embora essa consequência seja inerente à ação incriminada.

Não há previsão de modalidade culposa.

---

26. Cezar Roberto Bitencourt, *Tratado de Direito Penal*; Parte Geral, 29. ed., São Paulo, Saraiva, 2023, v. 1, Capítulo XXV — "Erro de Tipo e Erro de Proibição".
27. Cezar Roberto Bitencourt, *Tratado de Direito Penal*; Parte Geral, 29. ed., São Paulo, v. 1, p. 496.
28. Muñoz Conde, El error, cit., p. 124; Winfried Hassemer, *Fundamentos del Derecho Penal*, trad. Arroyo Zapatero y Francisco Muñoz Conde, Barcelona, Bosch, 1984, p. 35.

7. Consumação e tentativa

Consuma-se o crime no lugar e no momento em que o agente solicita, exige ou cobra a vantagem ou promessa de vantagem para agir. Consuma-se, em outros termos, com a mera solicitação, exigência ou cobrança da vantagem ou promessa desta, para influir em funcionário público no exercício da função, independentemente de outro resultado. Acreditamos que nem mesmo na conduta de obter seja necessário o efetivo recebimento da "vantagem" para que o crime possa ser consumado, na medida em que o tipo penal se satisfaz com a simples promessa de vantagem, e, convenhamos, "obter promessa de vantagem" representa algo que estará por acontecer e não que tenha efetivamente ocorrido. O ato do funcionário não pode ser passado, pois é impossível influir em algo que já ocorreu, sendo irrelevante, contudo, que tal ato seja lícito ou ilícito, pois o texto legal não faz essa distinção e tampouco sugere que se possa fazê-la.

Para a consumação do tráfico de influência, convém destacar, é absolutamente desnecessário que a influência seja efetivamente exercida. O recebimento efetivo, por parte do sujeito ativo, da vantagem prometida representará somente o exaurimento do crime, que poderá apenas influir na dosagem *in concreto* da pena aplicada. Contudo, se o funcionário sobre o qual a "influência" foi exercitada também receber a vantagem prometida ou parte dela, estar-se-á, inegavelmente, diante do crime de corrupção. Essa — convém acrescentar — é uma razão a mais para discordarmos da impunibilidade do "pagador da vantagem", pois o elemento subjetivo da sua participação no cometimento do crime continua o mesmo, com o mesmo conteúdo e os mesmos elementos, direcionado ao mesmo fim, qual seja objetivar contar com a suposta influência do sujeito ativo junto a ato de funcionário público. Por isso, nunca estivemos convencidos de sua propagada inocência.

A tentativa é admissível, embora de difícil configuração, pois em várias de suas formas será possível o fracionamento do *iter criminis*.

8. Classificação doutrinária

Trata-se de crime formal, nas três primeiras modalidades típicas (que não exige resultado naturalístico para sua consumação), e material, na modalidade de obter; comum (que não exige qualidade ou condição especial do sujeito); de forma livre (que pode ser praticado por qualquer meio ou forma pelo agente); instantâneo (não há demora entre a ação e o resultado); plurissubjetivo (trata-se de crime de concurso necessário, sendo impossível ser cometido sem a conivência entre o executor e o pagador da vantagem, ao contrário do entendimento tradicional, que inclusive acompanhávamos); plurissubsistente (crime que, em regra, pode ser praticado com mais de um ato, admitindo, em consequência, fracionamento em sua execução).

9. Forma majorada

Tratando-se de crime formal, como regra, não exige a efetiva produção de resultado. No entanto, o legislador preocupou-se sobremodo com a importância e integridade do bem jurídico protegido, qual seja com a Administração Pública em geral, e próprio funcionário, em particular. Por isso, havendo alegação ou insinuação de que a vantagem destina-se também ao funcionário, aumenta a reprovação pessoal. Realmente, nessa hipótese, o desvalor da ação é bem superior ao da simples insinuação de influência junto a funcionário público, justificando-se, consequentemente, a causa especial de aumento de pena (parágrafo único). Prevista no parágrafo único, ocorre se o agente alega ou insinua que a vantagem (de natureza moral ou material) também é destinada ao funcionário público.

A razão, enfim, da punição mais severa reside no maior desprestígio causado à Administração Pública, pela alegação de suborno de um funcionário que, além de tudo, é inocente.

10. Pena e ação penal

As penas cominadas, cumulativamente, são de reclusão, de dois a cinco anos, e multa. A causa de aumento de pena inserta no parágrafo único comina igual pena, aumentada da metade. A previsão anterior era de pena de um a cinco anos de reclusão e multa, com a majorante de apenas um terço.

A ação penal é pública incondicionada.

CORRUPÇÃO ATIVA

XXV

Sumário: 1. Considerações preliminares. 2. Bem jurídico tutelado. 2.1. A moralidade da Administração Pública e o princípio da insignificância. 3. Sujeitos do crime. 4. Tipo objetivo: adequação típica. 4.1. Oferecer vantagem indevida. 4.2. A funcionário público. 4.3. Para determiná-lo a praticar ato de ofício. 5. Tipo subjetivo: adequação típica. 5.1. Elemento subjetivo especial do tipo. 6. Consumação e tentativa. 7. Classificação doutrinária. 8. Figura majorada (parágrafo único). 9. Questões especiais. 10. Pena e ação penal.

Corrupção ativa

Art. 333. Oferecer ou prometer vantagem indevida a funcionário público, para determiná-lo a praticar, omitir ou retardar ato de ofício:

Pena — reclusão, de 2 (dois) a 12 (doze) anos, e multa.

• Pena cominada pela Lei n. 10.763, de 12 de novembro de 2003.

Parágrafo único. A pena é aumentada de um terço, se, em razão da vantagem ou promessa, o funcionário retarda ou omite ato de ofício, ou o pratica infringindo dever funcional.

1. Considerações preliminares

A evolução histórica do crime de corrupção foi registrada quando do exame da corrupção passiva (art. 317), que naturalmente é a mesma da corrupção ativa, dispensando que se retorne a esse tema.

Pretendendo garantir a punição de magistrados corruptos, o Direito Romano garantia a impunidade do corruptor que confessasse seu ato — uma espécie de precedente remoto da "moderna" delação premiada — na tentativa de fortalecer a prova criminal[1]. Pela dificuldade, no entanto, de o corruptor obter a repetição do indébito, recuperando o que havia dado indevidamente, essa medida tornou-se ineficaz ao fim pretendido. Durante a Idade Média, normalmente, o corruptor era punido com a mesma pena que era cominada ao juiz corrupto. Essa orientação foi seguida posteriormente pela legislação codificada, a partir do Código Penal francês de 1810 (art. 179, § 1º).

1. Heleno Cláudio Fragoso, *Lições de Direito Penal*, p. 470.

O nosso Código Criminal do Império (1830) seguiu a orientação de equiparar as duas formas de corrupção, que foi mantida no Código Penal de 1890. Finalmente, o Código Penal de 1940 afastou-se de seu inspirador, o Código Penal Rocco (1930), disciplinando a corrupção ativa e passiva como crimes autônomos e independentes, afastando-lhes a natureza de crime bilateral.

2. Bem jurídico tutelado

Bem jurídico protegido é a Administração Pública, especialmente sua moralidade e probidade administrativa. Protegem-se, na verdade, a probidade de função pública, sua respeitabilidade, bem como a integridade de seus funcionários.

A função da norma penal e, por extensão, do direito penal é proteger bens jurídicos, mas, tal como ocorre com o conceito de crime, deve-se elaborar um conceito material de bem jurídico, e não puramente formal, de forma a permitir e facilitar a análise e valoração crítica dos bens jurídicos protegidos pelo legislador. E isso será mais facilmente obtido com uma concepção personalíssima do bem jurídico. Segundo Hassemer[2], "numa visão antropocêntrica de mundo, os bens jurídicos coletivos ou universais somente são legítimos se servirem ao desenvolvimento pessoal do indivíduo". Enfim, o direito penal, e com ele a sanção, somente se justifica em função da proteção de bens jurídicos, que devem ser devidamente identificados e individualizados, sob pena de incorrer em puras abstrações, justificadoras de sistemas do tipo "lei e ordem".

Pois bem, qual é o bem jurídico tutelado pela definição do crime de corrupção, ativa ou passiva?

O Código Penal argentino comina a pena máxima de seis anos ao crime de "corrupção" (art. 256), ao passo que ao crime de "aceitação de dádiva", de muito menor gravidade, a pena máxima cominada é de dois anos (art. 259). Nesse crime desaparece a ideia de "compra de ato" da corrupção clássica, tratando-se somente de uma liberalidade que não requer a direta referência à prática de um "ato" ou sua omissão. Por isso, a doutrina argentina, aprofundando a análise do tema, concluiu que o bem jurídico do crime de aceitação de dádiva não é o mesmo da corrupção. O tipo delituoso de "aceitação de dádiva" tutela a *irreprochabilidad* e a *insospechabilidad* dos funcionários públicos, que seriam atingidas pela simples aceitação de presentes oferecidos em razão da condição de funcionários públicos[3]. Com efeito, esse tipo penal pretende tutelar a imagem pública da Administração, sua confiabilidade, e não seu funcionamento, que seguiria inalterado. Nesse sentido, referindo-se ao bem jurídico tutelado pelo delito de "aceitação de dádiva", Eugenio Raúl Zaffaroni[4] afirma: "Parece claro que éste no es el bien jurídico tutelado en el cohecho o corrupción, donde la 'compra del acto', aún lícito, afecta el funcionamiento normal de la administración.

---

2. Apud Francisco Muñoz Conde, *Derecho Penal*; Parte General, p. 60.
3. Sebastian Soler, *Derecho Penal argentino*, p. 167.
4. Zaffaroni, Parecer emitido no Processo Collor de Mello, a pedido da defesa em processo que tramitou perante o STF, p. 11.

Más allá de la conveniencia o inconveniencia de '*lege ferenda*' respecto de este tipo, parece manifiesto que es diferente del cohecho o corrupción clásicos y, por lo menos, debe considerarse como una variable muy particular del mismo".

Destacamos, ademais, que o crime — aceitação de dádiva — não encontra figura típica correspondente no direito brasileiro, de sorte que a conduta a ele correspondente é atípica. Com efeito, o bem jurídico tutelado pela proibição da corrupção, diferentemente da aceitação de dádiva, é o regular funcionamento da Administração Pública. É indispensável uma relação entre a conduta proibida e o bem jurídico penalmente protegido. O julgamento a respeito torna imprescindível, portanto, uma referência ao conteúdo ofensivo do fato concreto, sob pena de se proceder a uma inversão tipológica, desviando a atenção de uma lesão representada pela "compra de um ato", ato de ofício, para uma simples "dádiva liberal" do cidadão, sem qualquer contrapartida, que, como dissemos, constitui conduta atípica no ordenamento jurídico-brasileiro.

O conceito clássico de corrupção, segundo a definição de Zaffaroni[5], "parte del derecho romano y es modernamente caracterizado como 'compra de un acto u omisión' (sea que se pague por un ilícito o que sólo el pago sea ilícito y el acto lícito)". A vantagem deve objetivar a prática de um ato futuro e certo[6]. E isso deve, necessariamente, ser demonstrado com precisão, destacando tempo, local e condições, natureza e espécie do ato de ofício visado. Nesse sentido tem decidido reiteradamente a jurisprudência de nossos pretórios, merecendo destaque, pelo menos, duas decisões, somente para ilustrar: "O crime do art. 333 do CP consiste em oferecer ou prometer vantagem indevida a funcionário público, para determiná-lo a praticar, omitir ou retardar ato de ofício. Se, entretanto, a omissão voluntária do ato já se tinha consumado antes da oferta da vantagem, não se pode configurar tal crime"[7].

Nessa linha, pode-se afirmar, sem sombra de dúvida, que, pelo direito brasileiro, fica descaracterizado o crime de corrupção ativa se o pagamento efetuado ao funcionário público for posterior à prática do ato de ofício. Representará, no máximo, verdadeira "concessão de dádivas", que não é tipificada como crime no direito brasileiro, como bem demonstrou o insigne Zaffaroni em brilhante parecer apresentado no Supremo Tribunal Federal, no processo e julgamento de Fernando Collor de Mello. A ausência de lesão do bem jurídico tutelado, além de a concessão de dádivas constituir um *posterius*, torna atípica tal conduta.

2.1 *A moralidade da Administração Pública e o princípio da insignificância*

A tipicidade penal exige a ofensa de alguma gravidade aos bens jurídicos protegidos, pois nem sempre qualquer ofensa a esses bens ou interesses é suficiente para

5. Zaffaroni, Parecer, p. 17.
6. Sebastian Soler, *Derecho Penal argentino*, p. 166.
7. STF, RHC, Rel. Xavier de Albuquerque, *RT*, 508:439.

configurar o injusto típico. Segundo esse princípio, conhecido como princípio da bagatela, é imperativa uma efetiva proporcionalidade entre a gravidade da conduta que se pretende punir e a drasticidade da intervenção estatal. Amiúde, condutas que se amoldam a determinado tipo penal, sob o ponto de vista formal, não apresentam nenhuma relevância material. Nessas circunstâncias, pode-se afastar liminarmente a tipicidade penal, porque na verdade o bem jurídico não chegou a ser lesado.

A irrelevância ou insignificância de determinada conduta deve ser aferida não apenas em relação à importância do bem juridicamente atingido — moralidade e funcionamento da Administração Pública —, mas especialmente em relação ao grau de sua intensidade, isto é, pela extensão da lesão produzida, por exemplo, nas palavras de Roxin, "mau trato não é qualquer tipo de lesão à integridade corporal, mas somente uma lesão relevante; uma forma delitiva de injúria é só a lesão grave a pretensão social de respeito. Como força deve ser considerada unicamente um obstáculo de certa importância, igualmente também a ameaça deve ser sensível para ultrapassar o umbral da criminalidade"[8].

Concluindo, a insignificância da ofensa afasta a tipicidade. Mas essa insignificância só pode ser valorada por meio da consideração global da ordem jurídica. Como afirma Zaffaroni[9], "a insignificância só pode surgir à luz da função geral que dá sentido à ordem normativa e, consequentemente, à norma em particular, e que nos indica que esses pressupostos estão excluídos de seu âmbito de proibição, o que resulta impossível de se estabelecer à simples luz de sua consideração isolada".

3. Sujeitos do crime

Sujeito ativo pode ser qualquer pessoa, independentemente de condição ou qualidade pessoal. Nada impede que o sujeito ativo também seja funcionário público, desde que não aja como tal, isto é, no exercício de suas funções ou em razão delas. Na verdade, o funcionário público, agindo como particular, pode efetivamente funcionar como sujeito ativo do crime de corrupção ativa, em relação a outro funcionário.

Não há concurso eventual de pessoas entre corruptor e corrompido, uma vez que, por exceção à teoria monística da ação, cada um responde por crime distinto. Deixa-se claro que não se trata de crime de concurso necessário, isto é, a bilateralidade não é indispensável à configuração da figura da corrupção, sendo possível que tanto sua forma ativa quanto a passiva se apresente unilateralmente, nada impedindo que ambas ocorram simultaneamente[10].

Sujeito passivo é o Estado-Administração (União, Estado, Distrito Federal e Município). Convém destacar que, embora o funcionário público estritamente con-

---

8. Claus Roxin, *Política criminal e sistema de Direito Penal*, p. 53.
9. Zaffaroni, *Manual de Derecho Penal*, p. 475.
10. Antonio Pagliaro e Paulo José da Costa Jr., *Dos crimes contra a administração pública*, p. 230.

siderado ou o assemelhado seja o destinatário da ação do sujeito ativo, não figura como sujeito passivo desse tipo penal, por isso se tem afirmado que aqui não incide o alcance da norma contida no art. 327 e § 1º, que só tem aplicação quando o sujeito ativo reveste-se da qualidade de funcionário público.

4. Tipo objetivo: adequação típica

A conduta típica alternativamente prevista consiste em oferecer (apresentar, colocar à disposição) ou prometer (obrigar-se a dar) vantagem indevida (de qualquer natureza: material ou moral) a funcionário público, para determiná-lo a praticar (realizar), omitir (deixar de praticar) ou retardar (atrasar) ato de ofício (incluído na esfera de competência do funcionário). Segundo a disciplina do nosso Código Penal de 1940, a corrupção nem sempre é crime bilateral, ou seja, nem sempre pressupõe a existência de um *pactum sceleris* entre corruptor e corrupto, pois, qualquer das duas modalidades — ativa ou passiva — consideram-se consumadas, independentemente da aceitação recíproca: consuma-se — a passiva — com a simples solicitação da vantagem indevida pelo funcionário corrupto, mesmo que não seja aceita pelo *extraneus*; a ativa, com a simples oferta ou promessa de dita vantagem pelo *extraneus* corruptor, sendo irrelevante que o funcionário público a recuse. Em sentido semelhante, pontificava Heleno Fragoso: "o código vigente não fez da corrupção um crime bilateral, de concurso necessário, como o atual código italiano e nossa legislação penal anterior. Seguindo o exemplo do código suíço, separou a corrupção passiva da corrupção ativa, delas fazendo crimes independentes (um não depende necessariamente do outro)"[11].

Trata-se de um tipo especial, que se compõe de elementos objetivos, subjetivos e normativos, que exige, além de dolo, um elemento subjetivo especial do injusto. Para que se configure o tipo penal, todos esses elementos devem constar no fato concretizado pelo agente. A ausência de qualquer deles afasta a tipicidade da conduta. Para sua melhor compreensão, faremos a decomposição analítica desse tipo penal, destacando suas elementares:

4.1 *Oferecer vantagem indevida*

A "vantagem indevida" constitui o objeto material da ação tipificada, representa o conteúdo da oferta, que, no dizer de Magalhães Noronha, "é o preço do funcionário corrupto"[12]. Como a lei preferiu não defini-la como vantagem patrimonial, ela será relevante quando for suficiente para corromper o funcionário, levando-o a "... praticar ou não um ato visando uma retribuição, que pode não ser econômica, sem que, nem por isso, deixe de traficar com a função". Enfim, para caracterizar vantagem indevida é preciso que a ação traduza "comércio" da função, isto é, deve existir mercancia da função pública.

---

11. Heleno Cláudio Fragoso, *Lições de Direito Penal*, p. 471.
12. Magalhães Noronha, *Direito Penal*, p. 260.

É fundamental que a ação seja inequívoca, demonstrando, segundo Magalhães Noronha, o propósito do agente. Essa inequivocidade deve, necessariamente, estar presente no caso concreto, uma vez que a dação do sujeito ativo não pode ter outro propósito que não o de "comprar" a prática de ato de ofício. O próprio Magalhães Noronha lembra-nos: "Cumpre, todavia, notar que nem toda dádiva ou presente importa corrupção. Assim, como não se compreende que alguém presenteie um magistrado com um automóvel ou uma casa de alguns milhares de cruzeiros, não se pode pensar em corrupção com uma garrafa de vinho ou uma cesta de frutas"[13].

4.2 *A funcionário público*

O destinatário da vantagem indevida é o funcionário público. O direito penal considera funcionário público quem, embora transitoriamente ou sem remuneração, exerce cargo, emprego ou função pública. Ensina Hely Lopes Meirelles: "Cargo público, com denominação própria, atribuições específicas e estipêndio correspondente, para ser provido e exercido por um titular, na forma estabelecida em lei. Função é a atribuição ou conjunto de atribuições que a Administração confere a cada categoria profissional, ou comete individualmente a determinados servidores para a execução de serviços eventuais"[14]. O emprego público, por sua vez, é o serviço temporário, com contrato em regime especial ou de conformidade com o disposto na Consolidação das Leis do Trabalho. O conceito de funcionário público fornecido pelo art. 327, *caput*, do CP se estende a toda a legislação penal extravagante.

Nosso Código Penal, em seu art. 327, adotou a noção extensiva e deu maior elasticidade ao conceito de funcionário público. Isto é, não exige, para a caracterização de funcionário público, o exercício profissional ou permanente da função pública. Basta o indivíduo exercer, ainda que temporariamente e sem remuneração, cargo, emprego ou função pública. Não há por que fazer a distinção, para fins de aplicação do conceito extensivo de funcionário público, entre sujeito ativo e sujeito passivo do delito. Isso porque o art. 327 emite um nítido comando geral, ainda que inserido no Capítulo I do Código Penal, que deve ser aplicado a todas as hipóteses contempladas no ordenamento penal, contidas ou não no Código Penal. Assim, inserem-se no conceito de funcionário público todos aqueles que, embora transitoriamente e sem remuneração, venham a exercer cargo, emprego ou função pública, ou seja, todos aqueles que, de qualquer forma, exerçam-na, tendo em vista a ampliação do conceito de funcionário público para fins penais.

A Lei n. 9.983, de 14 de julho de 2000, acrescentou o § 1º ao art. 327, que equipara a funcionário público quem exerce o cargo, emprego ou função em entidade paraestatal, nos seguintes termos: "Equipara-se a funcionário público quem exerce cargo, emprego ou função em entidade paraestatal, e quem trabalha para

13. Magalhães Noronha, *Direito Penal*, p. 261.
14. Hely Lopes Meirelles, *Direito administrativo brasileiro*, p. 356.

empresa prestadora de serviço contratada ou conveniada para a execução de atividade típica da Administração Pública". Esse dispositivo equiparou a funcionário público, para fins penais, "quem trabalha para empresa prestadora de serviço contratada ou conveniada".

4.3 *Para determiná-lo a praticar ato de ofício*

Socorremo-nos do mestre argentino Sebastian Soler[15], segundo o qual, "Para que exista cohecho, es preciso que éste corresponda a un acto relativo a las funciones: acto de la competencia funcional y territorial, esto es, regularmente posible o debido de parte del funcionario". Doutrina e jurisprudência brasileiras, por sua vez, são uníssonas no mesmo sentindo, reconhecendo que o fim especial exigido deve ser a prática ou omissão de "ato de ofício", da competência do funcionário corrompido.

O crime de corrupção ativa somente se aperfeiçoa quando a promessa ou oferta de vantagem indevida tem por objetivo que funcionário público, no exercício de sua função, pratique, omita ou retarde ato de ofício. E não é, pode-se afirmar, ato de ofício o praticado contra as normas vigentes ou a sistemática habitual. Por outro lado, quando determinado ato pode ser realizado "por qualquer do povo", à evidência, não se trata de "ato de ofício". Com efeito, para a configuração do crime de corrupção ativa exige-se que o ato cuja ação ou omissão é pretendida esteja compreendido nas específicas atribuições funcionais do servidor público visado. Se o ato não é da competência do funcionário, poder-se-á identificar qualquer outro crime, mas, com certeza, não o de corrupção ativa.

O crime não se caracteriza sem a oferta de vantagem explícita. Para que se configure a corrupção ativa é indispensável que a oferta ou promessa sejam feitas espontaneamente pelo agente, e, ao contrário da corrupção passiva, antes da prática do ato pelo funcionário público. Se a oferta ou promessa for motivada por exigência, haverá o crime de concussão (art. 316 do CP), e não corrupção ativa.

A Lei n. 12.846, de 1º de agosto de 2013, que dispõe sobre "a responsabilização administrativa e civil de pessoas jurídicas pela prática de atos contra a administração pública", pode ser vista sob vários aspectos; mas dois deles merecem destaques especiais: em primeiro lugar, não altera nada relativamente às consequências penais, vigendo somente no plano cível e administrativo. Em outros termos, o reconhecimento legal da responsabilidade civil e administrativa das pessoas jurídicas têm o condão de reconhecer, em lei, que a melhor forma de combater as infrações por elas cometidas encontra-se fora do âmbito penal. Em segundo lugar, convém que se destaque, as responsabilidades civil e administrativa, disciplinadas nesta lei, deverão ser apuradas objetivamente (art. 2º), algo incompatível com a responsabilidade penal.

---

15. Sebastian Soler, *Derecho Penal argentino*, p. 160.

Aliás, as sanções previstas no art. 19 e respectivos incisos são muito mais graves[16] que qualquer outra que se pudesse pensar em aplicar às pessoas jurídicas no âmbito criminal. As responsabilidades previstas nesta lei prescrevem em cinco anos (art. 25). A responsabilidade penal continua, como sempre foi, pessoal e individual das pessoas físicas, inclusive das eventualmente responsáveis por alguma pessoa jurídica.

5. Tipo subjetivo: adequação típica

Elemento subjetivo geral é o dolo, constituído pela vontade consciente de oferecer ou prometer vantagem indevida a funcionário público para praticar, retardar ou omitir a prática de ato de ofício. Essa infração penal exige também o elemento subjetivo especial do tipo, representado pelo especial fim de agir, isto é, "para determiná-lo a praticar, omitir ou retardar ato de ofício". O fundamento real de todo o crime é a concretização da vontade num fato externo, já que crime não é somente a vontade má, mas a vontade má concretizada num fato, pois o tipo subjetivo abrange todos os aspectos subjetivos da descrição típica de conduta proibida que, concretamente, produzem o tipo objetivo. Esses aspectos subjetivos, por sua vez, são o dolo e os elementos subjetivos do tipo.

Dolo é a consciência e vontade de realização da conduta descrita em um tipo penal, ou, na expressão de Welzel[17], "Dolo, em sentido técnico penal, é somente a vontade de ação orientada à realização do tipo de um delito". E o dolo constitui-se de dois elementos: um volitivo, que é a vontade de realizar a conduta típica; e um cognitivo, que é o conhecimento do fato constitutivo da ação típica. Em outros termos, a essência do dolo deve estar na vontade não de violar a lei, mas de realizar a ação. Esse elemento volitivo deve estar presente na ação realizada pelo sujeito ativo. Mas a vontade deve abranger a ação, os meios utilizados, o resultado e o nexo causal. Todos esses elementos que integram o tipo objetivo devem ser abrangidos pelo dolo, sob pena de não se configurar o tipo subjetivo. Na verdade, a vontade de realização do tipo objetivo pressupõe a possibilidade de influir no curso causal, pois tudo o que estiver fora da possibilidade de influência concreta do agente pode ser desejado ou esperado, mas não significa querer realizá-lo. Somente pode ser objeto da norma jurídica algo que o agente possa realizar ou omitir.

---

16. Art. 19. Em razão da prática de atos previstos no art. 5º desta Lei, a União, os Estados, o Distrito Federal e os Municípios, por meio das respectivas Advocacias Públicas ou órgãos de representação judicial, ou equivalentes, e o Ministério Público, poderão ajuizar ação com vistas à aplicação das seguintes sanções às pessoas jurídicas infratoras: I — perdimento dos bens, direitos ou valores que representem vantagem ou proveito direta ou indiretamente obtidos da infração, ressalvado o direito do lesado ou de terceiro de boa-fé; II — suspensão ou interdição parcial de suas atividades; III — dissolução compulsória da pessoa jurídica; IV — proibição de receber incentivos, subsídios, subvenções, doações ou empréstimos de órgãos ou entidades públicas e de instituições financeiras públicas ou controladas pelo poder público, pelo prazo mínimo de 1 (um) e máximo de 5 (cinco) anos.

17. Hans Welzel, *Derecho Penal alemán*, p. 95.

Para a configuração do dolo exige-se, ainda, a consciência daquilo que se pretende praticar, dos meios a empregar, do resultado e do nexo causal. Essa consciência deve ser atual, isto é, deve estar presente no momento da ação, quando ela está sendo realizada. É insuficiente, segundo Welzel[18], a potencial consciência das circunstâncias objetivas do tipo, já que prescindir dela equivale a destruir a linha divisória entre dolo e culpa, convertendo aquele em mera ficção. Na verdade, a vontade pressupõe uma previsão, isto é, a representação, na medida em que é impossível querer algo conscientemente senão o que se previu ou representou em nossa mente, pelo menos em parte. A previsão sem vontade é algo completamente inexpressivo, indiferente ao direito penal, e a vontade sem previsão é absolutamente impossível.

No dolo direto o agente quer o resultado representado como fim de sua ação. A vontade do agente é dirigida à realização do fato típico. O objeto do dolo direto é o fim proposto, os meios escolhidos e até os efeitos colaterais representados como necessários à realização do fim pretendido. Não se pode ignorar que a previsão, isto é, a representação, deve abranger correta e completamente todos os elementos essenciais do tipo, sejam eles descritivos, normativos ou subjetivos. Enfim, a consciência deve abranger a realização dos elementos descritivos e normativos, do nexo causal e do evento (delitos materiais), da lesão ao bem jurídico, dos elementos da autoria e da participação. Por isso, quando o processo intelectual-volitivo não atinge um dos componentes da ação descrita na lei, o dolo não se aperfeiçoa.

5.1 *Elemento subjetivo especial do tipo*

O especial fim ou motivo de agir, embora amplie o aspecto subjetivo do tipo, não integra o dolo nem com ele se confunde, pois, como vimos, o dolo esgota-se com a consciência e a vontade de realizar a ação com a finalidade de obter o resultado delituoso, ou na assunção do risco de produzi-lo. O especial fim de agir que integra determinadas definições de delitos — *v. g.*, a corrupção ativa — condiciona ou fundamenta a ilicitude do fato, constituindo, assim, elemento subjetivo do tipo de ilícito, de forma autônoma e independente do dolo. No entanto, a configuração do elemento subjetivo do tipo não se presume, como não raro se constata no quotidiano forense: prova-se. E a ausência desses elementos subjetivos especiais descaracteriza o tipo subjetivo, independentemente da presença do dolo, pois, enquanto o dolo deve materializar-se no fato típico, os elementos subjetivos do tipo especificam o dolo.

Sebastian Soler[19], comentando o elemento subjetivo da corrupção passiva, asseverava: "Si el pago o la promesa deben ser recibidos para, es evidente que esa destinación subjetiva ha de ser común entre los sujetos (...). El acto se corrompe sólo cuando está corrupta la voluntad del que lo cumple". A evolução dogmática do

---

18. Welzel, *Derecho Penal*, p. 96.
19. Sebastian Soler, *Derecho Penal argentino*, p. 161.

direito nos revela que determinado ato poderá ser justo ou injusto, dependendo da intenção com que o agente o pratica. Um comportamento pode ser justo ou injusto, segundo seu aspecto interno, isto é, de acordo com a intenção com que é praticado. Assim, por exemplo, quando o ginecologista toca a região genital da paciente com fins terapêuticos exercita, legitimamente, sua nobre profissão de médico; se o faz, no entanto, com intenções voluptuárias, sua conduta é ilícita. Outro exemplo: alguém empresta seu veículo à autoridade policial para facilitar o atendimento de uma vítima, e não para obter qualquer benefício, muito menos para exigir a prática de ato de ofício.

Para que o "empréstimo efetuado" configurasse o elemento subjetivo especial, exigiria uma finalidade ou intenção adicional de obter um resultado ulterior — a prática de ato de ofício — ou ulterior atividade, distintos da realização do tipo penal, isto é, exigiria um agir com ânimo de obter a prática de um ato de ofício, que não existiu. As intenções especiais integram a estrutura subjetiva de determinados tipos penais, exigindo do autor a persecução de um objetivo compreendido no tipo. Faz parte do tipo de injusto uma finalidade transcendente — um especial fim de agir —, por exemplo, para si ou para outrem (art. 157); com o fim de obter (art. 159); em proveito próprio ou alheio (art. 180) etc., ou, como diz o art. 333, "para determiná-lo a praticar... ato de ofício". Mas esse fim especial deve existir antes de o ato de ofício ter sido praticado, caso contrário não há como exigir a prática de um ato que já se tenha realizado.

Em definitivo, sendo deficiente o dolo, quer pela falta de representação, quer pela falta de vontade, ou ausente o elemento subjetivo do tipo, resulta, como consequência natural, a absoluta atipicidade da conduta.

6. Consumação e tentativa

Consuma-se o crime com o efetivo conhecimento, pelo funcionário, do oferecimento ou promessa de vantagem indevida. Tratando-se de crime de mera conduta, é despicienda a existência da vantagem, pois se consuma apenas com a oferta, isto é, com o simples oferecer, ainda que a oferta não seja aceita. Pune-se, indiferentemente, quando se tratar de oferta ou promessa dirigida ao funcionário por interposta pessoa. O eventual recebimento da vantagem indevida representa somente o exaurimento do crime de corrupção ativa, que é crime de mera conduta. Com efeito, ocorre a lesão ao bem jurídico tutelado — o interesse da Administração — tão somente com a oferta ou promessa de vantagem indevida a funcionário público para que pratique, retarde ou omita ato de ofício.

A tentativa é admissível apenas na hipótese de oferta escrita, pois, nas demais hipóteses, a conduta não pode ser fracionada, e, consequentemente, não admite a figura tentada.

7. Classificação doutrinária

Trata-se de crime comum (que pode ser cometido por qualquer pessoa, independentemente de qualidade ou condição especial); formal (não exige, para sua consumação, a produção de qualquer resultado, consistente em algum dano à administração pública: ocorre a lesão ao bem jurídico tutelado — o interesse da Administração — tão somente com a oferta ou promessa de vantagem indevida a funcionário público para que pratique, retarde ou omita ato de ofício); instantâneo (que uma vez realizado seus elementos constitutivos não há demora para a produção do resultado); unissubjetivo (que pode ser praticado individualmente pelo agente, admitindo o concurso eventual de pessoas); de forma livre (pode ser praticado por qualquer meio ou forma escolhida pelo agente); e comissivo (os verbos nucleares implicam ações a serem executadas pelo sujeito ativo).

8. Figura majorada (parágrafo único)

À semelhança da previsão do § 1º do art. 317 (corrupção passiva), se o funcionário público, em razão da vantagem ou promessa dela, retarda ou omite ato de ofício ou o pratica infringindo dever funcional, a pena é majorada em um terço. Não deixa de ser uma espécie de punição pelo exaurimento do crime. Entretanto, se o funcionário pratica ato de ofício de natureza legal, sem violar o dever funcional, não incide na forma qualificada, e sim no *caput* do art. 333 do CP. Essa antinomia do texto legal gerou pequena polêmica entre Magalhães Drumond e Nélson Hungria, que, a rigor, falaram de coisas diferentes. Para o primeiro, "tal dispositivo importa na declaração de impunibilidade, por não incriminação, da realização de ato de ofício, determinado por promessa ou oferta de vantagem, mas que não se tenha verificado com infração de dever funcional"[20]. Hungria, de forma contundente, contesta essa crítica sustentando: "Há um flagrante equívoco em semelhante raciocínio. É de toda evidência que, se à oferta ou promessa aceita se segue a prática do visado ato não contrário ao dever funcional, o fato se enquadra no *caput* do art. 333 (pois se este incrimina o simples ato da oferta ou promessa para induzir ou aliciar o funcionário à prática do ato de ofício, ainda que não contrário ao dever funcional, é claro que incrimina a hipótese em que, aceita a oferta ou promessa pelo funcionário, vem a ser efetivamente praticado esse ato)".

Essa primeira parte da crítica de Drumond seria procedente, limitando-se à causa de aumento que somente se configura se o funcionário corrupto infringir dever funcional. No entanto, Drumond prossegue: "É crime a oferta ou promessa de vantagem visando influir para a prática de ato de ofício sem infração de dever funcional; não é crime a consecução de tal objetivo, isto é, a prática do ato de ofício — realizado em razão da vantagem ou promessa — desde que não importando em infração de dever funcional"[21].

É indiscutível o grande equívoco de Magalhães Drumond: para a tipificação do *caput* do art. 333 é irrelevante a infração de dever funcional, e a própria aceitação da vantagem ou promessa; para configurar a aplicação da causa de aumento, parado-

20. Magalhães Drumond, *Comentários ao Código Penal*, p. 352.

21. Drumond, *Comentários*, p. 352.

xalmente, somente se houver infringência de tal dever, justificando a perplexidade, na medida em que o exaurimento do crime somente fundamenta maior sanção penal se houver a infringência de dever funcional.

Por outro lado, a majorante se configura, desde que haja omissão ou retardamento de ato de ofício, em razão da vantagem ou promessa dela. Para essa hipótese "omissiva", não há exigência expressa de infringência de dever funcional, embora, em regra, o retardamento ou omissão de ato de ofício implique, em princípio, a violação do dever funcional, salvo se houver alguma justificativa razoável.

9. Questões especiais

Tratando-se de corrupção ativa, para efeitos de reabilitação, não é exigível a obrigação de reparar o dano, pois tal ônus incumbe diretamente ao funcionário corrupto causador do prejuízo à Administração Pública, e não ao agente corruptor.

10. Pena e ação penal

As penas cominadas, cumulativamente, são de reclusão, de dois a doze anos, e multa. O parágrafo único prevê a mesma pena, majorada em um terço.

A partir de 13 de novembro de 2003, a pena privativa de liberdade foi elevada para dois a doze anos de reclusão (Lei n. 10.763/2003), mantida, cumulativamente, a de multa. Essa pena, como sempre, é irretroativa, sendo aplicável somente aos fatos praticados após a sua vigência. Repete-se o equívoco político-legislativo contido na infração similar do art. 317, qual seja o exagerado distanciamento entre o mínimo e o máximo, deixando margem muito grande ao poder discricionário do julgador na dosagem de pena.

A ação penal é pública incondicionada.

CONTRABANDO OU DESCAMINHO — XXVI

Sumário: 1. Considerações preliminares. 2. Bem jurídico tutelado. 3. Sujeitos do crime. 4. Tipo objetivo: adequação típica. 4.1. Contrabando e descaminho: distinção fática e semelhança jurídica. 4.2. Distinção entre contrabando ou descaminho e crimes contra a ordem tributária. 5. Classificação doutrinária. 6. Crimes equiparados a descaminho. 6.1. Prática de navegação de cabotagem fora dos casos permitidos em lei. 6.2. Prática de fato assimilado, em lei especial, a descaminho. 6.3. Uso comercial ou industrial de mercadoria importada, clandestina ou fraudulentamente, ou que sabe ser produto de descaminho. 6.3.1. Elemento normativo: no exercício de atividade comercial ou industrial. 6.4. Receptação de produto de descaminho. 6.4.1. Elementares normativas: "que sabe ser produto de introdução clandestina" (inciso III) e "que sabe serem falsos" (inciso IV). 7. Crimes equiparados a contrabando. 7.1. Prática de fato assimilado, em lei especial, a contrabando. 7.2. Importa ou exporta clandestinamente mercadoria que dependa de registro, análise ou autorização de órgão público competente. 7.3. Reinsere no território nacional mercadoria brasileira destinada a exportação. 7.4. Uso comercial ou industrial de mercadoria proibida pela lei brasileira. 7.5. Receptação de mercadoria contrabandeada. 8. Classificação doutrinária. 9. Aplicação analógica do art. 34 da Lei n. 9.249/95 no crime de descaminho. 10. Aplicabilidade do princípio da insignificância nos crimes contra a ordem tributária e no crime de descaminho. 11. Tipo subjetivo: adequação típica. 11.1. Erro de tipo: escusável ou inescusável. 12. Consumação e tentativa. 13. Figura majorada: contrabando em transporte aéreo. 14. Descaminho: limite fiscal e princípio da insignificância. 15. Questões especiais. 16. Pena e ação penal.

Descaminho

Art. 334. Iludir, no todo ou em parte, o pagamento de direito ou imposto devido pela entrada, pela saída ou pelo consumo de mercadoria:

Pena — reclusão, de 1 (um) a 4 (quatro) anos.

- *Caput* com redação determinada pela Lei n. 13.008, de 26 de junho de 2014.

§ 1º Incorre na mesma pena quem:

I — pratica navegação de cabotagem, fora dos casos permitidos em lei;

II — pratica fato assimilado, em lei especial, a descaminho;

III — vende, expõe à venda, mantém em depósito ou, de qualquer forma, utiliza em proveito próprio ou alheio, no exercício de atividade comercial ou industrial, mercadoria de procedência estrangeira que introduziu clandestinamente no País ou importou fraudulentamente ou que sabe ser produto de introdução clandestina no território nacional ou de importação fraudulenta por parte de outrem;

IV — adquire, recebe ou oculta, em proveito próprio ou alheio, no exercício de atividade comercial ou industrial, mercadoria de procedência estrangeira, desacompanhada de documentação legal ou acompanhada de documentos que sabe serem falsos.

§ 2º Equipara-se às atividades comerciais, para os efeitos deste artigo, qualquer forma de comércio irregular ou clandestino de mercadorias estrangeiras, inclusive o exercido em residências.

§ 3º A pena aplica-se em dobro se o crime de descaminho é praticado em transporte aéreo, marítimo ou fluvial.

Contrabando

• §§ 1º a 3º com redação determinada pela Lei n. 13.008, de 26 de junho de 2014.

Art. 334-A. Importar ou exportar mercadoria proibida:

Pena — reclusão, de 2 (dois) a 5 (cinco) anos.

§ 1º Incorre na mesma pena quem:

I — pratica fato assimilado, em lei especial, a contrabando;

II — importa ou exporta clandestinamente mercadoria que dependa de registro, análise ou autorização de órgão público competente;

III — reinsere no território nacional mercadoria brasileira destinada à exportação;

IV — vende, expõe à venda, mantém em depósito ou, de qualquer forma, utiliza em proveito próprio ou alheio, no exercício de atividade comercial ou industrial, mercadoria proibida pela lei brasileira;

V — adquire, recebe ou oculta, em proveito próprio ou alheio, no exercício de atividade comercial ou industrial, mercadoria proibida pela lei brasileira.

§ 2º Equipara-se às atividades comerciais, para os efeitos deste artigo, qualquer forma de comércio irregular ou clandestino de mercadorias estrangeiras, inclusive o exercido em residências.

§ 3º A pena aplica-se em dobro se o crime de contrabando é praticado em transporte aéreo, marítimo ou fluvial.

• Artigo acrescentado pela Lei n. 13.008, de 26 de junho de 2014.

---

1. Considerações preliminares

A despeito de, finalmente, a Lei n. 13.008, de 26 de junho de 2014, ter separado os institutos de contrabando e descaminho, disciplinando-os em dispositivos legais distintos, decidimos, por razões didáticas, manter seu tratamento em um mesmo capítulo desta obra. No futuro, se nos parecer conveniente, poderemos abordá-los em capítulos próprios.

A incriminação do contrabando remonta à Antiguidade, coincidindo com o surgimento das alfândegas e o estabelecimento de privilégios e regalias para o comércio de determinados gêneros, no interesse do Estado[1]. O próprio direito romano não ignorou o crime de contrabando, impondo-lhe penas severíssimas, sendo, inclusive, fortalecidas na Idade Média, com a aplicação de confisco, mutilações, pena de morte etc., especialmente se o crime fosse cometido por quadrilha, à mão armada ou por reincidente, já naquela época. Portanto, não estamos falando de novidade.

Na legislação brasileira, o Código Criminal do Império (1830) tipificava o crime de contrabando (art. 177) como integrante "Dos crimes contra o tesouro público e a propriedade pública", inserto na segunda parte do seu Título VI. O Código Penal de 1890, por sua vez, prescrevia o crime de contrabando (art. 265) no Título VII que tratava "Dos crimes contra a Fazenda Pública". Por fim, o legislador de 1940, seguindo as codificações anteriores, manteve a criminalização de contrabando e descaminho no mesmo dispositivo legal (art. 334), tratando-os como se tivessem o mesmo significado, ignorando a realidade das coisas, inclusive o desvalor de ação, uma vez que uma coisa é importar ou exportar coisa proibida e outra, absolutamente distinta, é praticar a mesma conduta, somente tendo como objeto coisa lícita, permitida; aliás, essa distinção já era destacada por Carrara, que as definiu como contrabando próprio e impróprio[2].

Com a vigência da Lei n. 13.008/2014, que alterou o crime previsto no art. 334 do CP, o descaminho permanece no art. 334, e o crime de contrabando resultou em tipo penal autônomo, tipificado no art. 334-A. Constata-se que, nessa hipótese, adotou-se um procedimento inverso do que ocorreu com os crimes de estupro e atentado violento ao pudor. Havendo, portanto, um acúmulo de condutas (*v. g.*, importar mercadoria proibida e, ao mesmo tempo, iludir pagamento de impostos), o autor responderá por ambos os crimes.

Mas, como não poderia deixar de acontecer, houve uma falha do legislador: não procedeu a alteração no art. 318 do CP. Lá tipificou-se a facilitação que o funcionário público pode dar ao crime (contrabando ou descaminho), mas os tratava como crime único. E assim permaneceu, a despeito de esta lei ter separado os dois crimes, inclusive cominando-lhes penas diversas. Nesse sentido, dever-se-ia ter discriminada também a conduta do funcionário, até porque, agora com a nova lei, o crime de contrabando ganhou uma maior reprovação por parte do legislador, que aumentou sua pena para reclusão de dois a cinco anos. Deixando o descaminho como antes, com a pena de um a quatro anos de reclusão.

Aliás, a bem da verdade, o legislador não inovou em nada nos crimes de contrabando e descaminho, além de tipificá-los em artigos distintos; aproveitou, contudo, a oportunidade para elevar sobremodo a pena correspondente ao crime de contrabando, fixando seus limites entre dois e cinco anos de reclusão.

---

1. Heleno Cláudio Fragoso, *Lições de Direito Penal*, p. 473.
2. Francesco Carrara, *Programa de Derecho Criminal*; Parte Especial, 4. ed., Bogotá, Temis, 1978, v. 9 (v. VII), § 3911, p. 509.

2. Bem jurídico tutelado

Bem jurídico protegido, como em todas as infrações penais constantes do Título XI do Código Penal, Parte Especial, é a Administração Pública, no plano genérico. O bem jurídico tutelado específico, no entanto — a despeito de todos os fundamentos que se têm procurado atribuir à criminalização do contrabando e do descaminho —, é, acima de tudo, a salvaguarda dos interesses do erário público, diretamente atingido pela evasão de renda resultante dessas operações clandestinas ou fraudulentas. Num plano secundário, não se pode negar, visa-se também proteger a moralidade pública com a repressão de importação e exportação de mercadoria proibida, que podem, inclusive, produzir lesão à saúde pública, à higiene etc., e não deixa de proteger igualmente a indústria e a economia nacionais como um todo, com o fortalecimento de barreiras alfandegárias.

Não se discute que os crimes de contrabando e descaminho ofendem relevantes interesses públicos, não apenas da Administração Pública como também do erário público e da própria soberania nacional, e, considerando a tendência moderna de criminalizar cada vez mais a fraude fiscal, é absolutamente improvável que as legislações contemporâneas deixem de criminalizar o contrabando ou descaminho, como se chegou a defender ao longo dos séculos XIX e XX.

Contudo, no que diz respeito à localização sistemática dos crimes, o ideal seria, atendendo à boa técnica de tipificação, que a prática do descaminho figurasse entre o rol dos crimes contra a ordem tributária, permanecendo somente o contrabando como crime contra a administração pública. No entanto, esse aspecto sistemático não foi percebido pelo atual legislador.

3. Sujeitos do crime

Sujeito ativo pode ser qualquer pessoa, inclusive funcionário público, desde que não tenha a função fiscalizadora aduaneira, pois, nesse caso, infringiria seu dever funcional, e sua conduta tipificaria a conduta descrita no art. 318 do CP, de facilitar a prática de contrabando ou descaminho, porque, em decorrência da função, tem o especial dever funcional de impedi-lo. Em síntese, o funcionário público que concorre para o crime de contrabando ou descaminho, se infringir seu dever funcional específico, responde pelo crime do art. 318 (facilitação do crime); se não o infringir, responde como coautor ou partícipe do contrabando ou descaminho (art. 334).

Nada impede que possa ocorrer a figura do concurso eventual de pessoas, seja com outra pessoa qualquer, seja com o funcionário público, desde que, logicamente, não tenha o dever funcional fiscalizatório. O fato de, eventualmente, concorrerem mais de três pessoas, na prática desse crime (como de qualquer outro), ao contrário da atual "mania nacional", não configura, por si só, o crime de quadrilha ou bando, especialmente quando for praticado por representantes legais de pessoas jurídicas, que, normalmente, são administradas por pessoas em número superior a três.

Sujeito passivo é o Estado, representado pela União, Estados-membros, Distrito Federal ou Municípios, e especialmente o erário público e a Receita Federal, que são fraudados em sua integridade orçamentário-fiscal.

4. Tipo objetivo: adequação típica

O *caput* deste artigo, na redação original do Código Penal, apresentava duas figuras típicas distintas, quais sejam o contrabando e o descaminho, para as quais o legislador de então insistiu em dar tratamento penal idêntico. No entanto, a Lei n. 13.008/2014 atendeu, acanhadamente, aos reclamos de doutrina e jurisprudência, disciplinando cada figura típica em dispositivos legais distintos. Contudo, limitou-se a essa separação de ambas as figuras penais em elevar a pena do crime de contrabando, por considerá-lo causador de maior dano à Administração Pública.

Manteremos o exame das duas figuras em conjunto para facilitar sua compreensão e estabelecer suas dissemelhanças. Alterando apenas a ordem de exame, começaremos pelo crime de descaminho, seguindo o novo texto legal.

a) O descaminho é, fundamentalmente, um ilícito de natureza fiscal, lesando somente o erário público — particularmente a aduana nacional —, constituindo, numa linguagem não técnica, um "contrabando contra o fisco". A simples introdução no território nacional de mercadoria estrangeira sem pagamento dos direitos alfandegários, independentemente de qualquer prática ardilosa visando iludir a fiscalização, tipifica o crime de descaminho. Temos certa resistência interpretativa em admitir — em respeito ao princípio da tipicidade estrita — a expressão "fraude" ou "fraudulenta" na definição do crime de descaminho, porque o legislador brasileiro é claro, quando quer, usando literalmente a expressão fraude ou fraudulenta (artifício, ardil ou qualquer outro meio fraudulento), ao contrário do que faz na tipificação do descaminho, referindo-se somente a "iludir" o pagamento. Há, inegavelmente, grande diferença, pelo menos, em termos de gravidade do meio empregado, nessa hipótese, que se satisfaz, por exemplo, com a simples omissão, que, convenhamos, tecnicamente, não se confunde com "fraude" alguma.

b) Contrabando, por sua vez, consiste em importar (fazer entrar no País) ou exportar (dele fazer sair) mercadoria proibida, indo além, portanto, da simples introdução ilícita de mercadoria estrangeira no País, que é exatamente o que ocorre no descaminho. Com efeito, neste, evita-se, no todo ou em parte, o pagamento de direito ou imposto devido pela entrada, pela saída ou pelo consumo de mercadoria. Mas a mercadoria descaminhada não proibida, ao contrário da contrabandeada, significa trazer mercadoria de fora para dentro do País, ou levar para fora dele. No contrabando o objeto é mercadoria proibida, isto é, mercadoria que não tem autorização para entrar no País, e configura o contrabando próprio. No descaminho, por sua vez, que é a importação ou exportação de mercadoria permitida, o objeto da proibição legal é frustrar, total ou parcialmente, o pagamento de direito ou imposto, que caracteriza o contrabando impróprio.

O contrabando (além de poder lesar o erário público, caso de proibição relativa, *v. g.*) pode ofender a saúde, a moral, a higiene e até a indústria nacional.

A materialidade do crime de contrabando, em síntese, consiste na importação ou exportação de mercadoria proibida. A proibição da comercialização de determinada mercadoria, no caso, de importar ou exportar, pode ser absoluta ou relativa: a proibição absoluta, via de regra, leva em consideração a natureza da mercadoria ou sua finalidade específica, sendo absolutamente impedida sua importação ou exportação; a relativa, por sua vez, poderia ser mais bem definida como "condicionada", pois é submetida a determinados acontecimentos contingenciais ou à satisfação de certas condições e, normalmente, a proibição relativa é temporária, como ocorre, por exemplo, com a importação de veículos estrangeiros, para estimular a indústria nacional, com a restrição na importação de certos produtos de origem animal, em razão de contaminações químicas ou mesmo o contágio de certas doenças, como a febre da "vaca louca" europeia ou a "gripe asiática" de frangos etc.

Com efeito, segundo a doutrina, iludir traduz a ideia de enganar, mascarar a realidade, simular, dissimular, enfim, o agente se vale de expediente para dar impressão, na espécie, de não praticar conduta tributável. Há, pois, uma espécie *sui generis*, pode-se dizer — acrescentamos nós —, de meio fraudulento, forçando um pouco o sentido dessa expressão. Este, por sua vez, pode ocorrer tanto por ação como por omissão. Na primeira hipótese, exemplificando, o agente procura demonstrar que determinada mercadoria é outra e não aquela, ou que tem outras propriedades que não as verdadeiras para incidir carga tributária menor etc.; na segunda, omissiva, o agente indagado pelo agente alfandegário, se traz consigo objeto ou mercadoria tributável, finge que não entendeu, deixa de responder ou simplesmente não toma a iniciativa de expor sua mercadoria tributável. Tanto em um caso como no outro, a intenção de iludir é evidente. Há, pois, configuração nítida do propósito de não efetuar o pagamento do tributo alfandegário.

No descaminho — destaca o *caput* do art. 334 — a ilusão do pagamento de direito ou imposto pode ser "no todo ou em parte", isto é, a omissão do pagamento devido pode ser total ou parcial. Contudo, o não pagamento total (ausência absoluta do pagamento de qualquer valor) ou parcial (pagamento de valor inferior ao devido) configura igualmente o crime de descaminho, de sorte que a sua omissão total ou parcial deverá ser objeto de valoração tão somente quando da fixação da pena[3].

4.1 *Contrabando e descaminho: distinção fática e semelhança jurídica*

Contrabando e descaminho são coisas absolutamente distintas, embora o Código Penal os trate como se fossem idênticas. Com efeito, contrabando é a importação ou exportação de mercadoria proibida (relativa ou absolutamente). Descaminho, por sua vez, é a importação ou exportação de mercadorias permitidas que o agente omite (evita ou burla, na alfândega, o recolhimento dos direitos e impostos devidos — en-

3. Guilherme de Souza Nucci, *Código Penal comentado*, p. 1027.

trada, saída ou consumo). O contrabando atenta, teoricamente, contra a moral, saúde, higiene, segurança pública etc., enquanto o descaminho viola as obrigações aduaneiras (tributos aduaneiros). Constata-se, enfim, que o Código, que equiparou institutos que têm conteúdos distintos, tutela bens jurídicos diversos e que têm objetos materiais e significados igualmente diferentes, mas que, por opção político-criminal, produzem, em tese, as mesmas consequências jurídico-penais. Somente agora, com a Lei n. 13.008/2014, o legislador separou os dois crimes, repetindo, ampliando a pena do crime de contrabando para dois a cinco anos de reclusão.

Por isso, é dessa forma que se deve abordar contrabando (importação ou exportação de mercadoria proibida) e descaminho (importação ou exportação de mercadoria permitida, sem o pagamento dos tributos alfandegários). Fazendo coro às críticas históricas aos diplomas legais ao equipararem coisas absolutamente distintas — contrabando e descaminho —, Paulo José da Costa Jr. assevera: "Em verdade, consistindo o contrabando na exportação ou importação de mercadoria proibida, não é um ilícito fiscal. O descaminho, ao revés, representa uma fraude ao pagamento dos tributos aduaneiros. Configura um ilícito de natureza tributária, onde se apresenta uma relação fisco-contribuinte, que não se verifica no contrabando"[4]. Com efeito, enquanto o descaminho, na essência, constitui uma violação fiscal, típica da relação fisco-contribuinte, o contrabando, configurando entrada ou saída de mercadoria proibida, não contém qualquer natureza fiscal-tributária, ou, em outros termos, a importação ou exportação de mercadoria proibida constitui um fato ilícito, e não a violação de uma norma geradora de tributos.

Tais modalidades distinguem-se precisamente porque, enquanto no "descaminho" a omissão ao pagamento dos tributos aduaneiros é, na essência, crime de sonegação fiscal, *lato sensu*, um ilícito de natureza tributária, pois atenta diretamente contra o erário público, no "contrabando", propriamente dito, a exportação ou importação de determinada mercadoria proibida não se enquadra entre os delitos de natureza tributária. Ou seja, "proibida a exportação ou a importação de determinada mercadoria, o seu ingresso ou sua saída das fronteiras nacionais configuram um fato ilícito e não um ato gerador de tributos"[5].

4.2 *Distinção entre contrabando ou descaminho e crimes contra a ordem tributária*

A distinção entre descaminho e crime contra a ordem tributária pode ser explicada sob diversas perspectivas. Levando-se em consideração o bem jurídico tutelado, pode-se afirmar, de acordo com o magistério de Márcia Dometila de Carvalho[6], que, embora se reconheça a existência de interesse fiscal no crime de descaminho, este

4. Paulo José da Costa Jr., *Comentários ao Código Penal*, p. 521.

5. Márcia Dometila Lima de Carvalho, *Crimes de contrabando e descaminho*, São Paulo, Saraiva, 1983, p. 4.

6. Márcia Dometila Lima de Carvalho, *Crimes de contrabando e descaminho*, p. 4-5.

não se confunde com os demais crimes contra a ordem tributária, pois, "enquanto os outros delitos contra o fisco são tipificados à medida que os governantes preocupam-se mais em intervir no domínio econômico, seja para melhor distribuição e aplicação das rendas comunitárias, seja para um eficaz desempenho da economia, o descaminho é antecipadamente visto como ofensa à soberania estatal, como entrave à autodeterminação do Estado, como obstáculo à segurança nacional em seu mais amplo sentido".

Por sua vez, Luiz Regis Prado[7] destaca como bem jurídico tutelado, no que tange ao delito de descaminho, o interesse econômico-estatal no estabelecimento de política fiscal para proteger o produto nacional e a economia do país por meio da elevação, diminuição e isenção de impostos de importação e exportação.

Todos esses interesses podem ser inegavelmente acomodados dentro de uma concepção ampla de Administração Pública e restar afetados pela prática do descaminho. Essa fundamentação não é, contudo, suficiente para solucionar o eventual conflito de normas na resolução de um caso concreto, pois mesmo sendo compreensível a classificação do descaminho como crime contra a Administração Pública, por opção político-criminal do legislador, essa prática delitiva implica, direta e simultaneamente, "sonegação" automática de inúmeros impostos. Com efeito, com o crime de descaminho deixa-se de recolher todos os tributos que lhe são inerentes à entrada e saída de mercadorias do território nacional, tais como o imposto de importação e exportação (II e IE); o imposto de produtos industrializados (IPI) — substituto do antigo imposto de consumo —, pois, via de regra, o objeto material do descaminho é produto industrializado; e o imposto sobre a circulação de mercadorias e serviços (ICMS).

Constata-se que o descaminho, a despeito de implicar, direta e simultaneamente, "sonegação" automática de inúmeros impostos, é tipificado e classificado como crime contra a Administração Pública, por opção político-criminal do legislador, e não como crime contra a ordem tributária, que, tecnicamente, não constituiria nenhum disparate se houvesse opção legislativa em atribuir-lhe essa natureza. Em sentido semelhante, embora com argumentação um pouco distinta, reforça nosso entendimento o magistério de Luiz Regis Prado: "Os postos aduaneiros, conhecidos também por barreiras alfandegárias, fiscalizam o cumprimento das obrigações fiscais daqueles que exercem atividades econômicas entre dois ou mais países, de forma que a fraude do descaminho, visando ao não recolhimento do tributo, bem como a prática do contrabando, se fazem por rotas desviantes de tais barreiras, utilizando-se muitas vezes os criminosos de barcos, aviões e caminhões para passar com os produtos por rios, campos de pouso e estradas não fiscalizadas"[8].

---

7. Luiz Regis Prado, *Curso de direito penal brasileiro*; Parte Especial, 6. ed., São Paulo, Revista dos Tribunais, 2010, v. 3, p. 583.
8. Luiz Regis Prado, *Curso de direito penal*, p. 561-562.

No entanto, tratando-se de descaminho ou contrabando, emoldurado como está no art. 334, tal norma é especial em relação às outras existentes na seara de infrações contra a ordem tributária, pois o que define sua especialidade é a natureza do bem jurídico tutelado — contra a Administração Pública —, dispensando-lhe tratamento especial (diferente, peculiar, específico) em relação aos demais crimes fazendários, que são regulados por leis genéricas da Ordem Tributária. Realmente, o fato de serem leis extravagantes não se lhes acrescenta, por si só, a qualidade de "especial" em relação à norma codificada; pelo contrário, significa tão somente que se trata de normas complementares, a exemplo de milhares de outras, de todos conhecidas, que denunciam não mais que a incapacidade, no mundo globalizado, de o Código Penal abranger todas as condutas ilícitas, nas mais diversas áreas da atividade humana.

Havendo, contudo, lei específica disciplinando diferentemente a importação ou exportação de "mercadoria proibida", isto é, de contrabando *stricto sensu*, como ocorre, por exemplo, com o tráfico ilícito de entorpecentes, disciplinado pela Lei n. 11.343/2006, esta prevalecerá sobre a norma do art. 334 do CP. Na verdade, a própria lei penal, por vezes, proíbe a importação ou exportação de determinados objetos ou de certas "mercadorias", configurando, também nessas hipóteses, crime autônomo, distinto do contrabando ora *sub examine*, como ocorre, por exemplo, com a importação ou exportação de "escrito ou objeto obsceno" (art. 234) ou "moeda falsa" (art. 289, § 1º), ficando afastado o tradicional crime de contrabando, pela aplicação do princípio da especialidade.

5. Classificação doutrinária

Trata-se de crime comum (que não demanda qualquer qualidade ou condição especial do sujeito ativo, podendo ser praticado por qualquer pessoa); formal (que não exige resultado naturalístico para sua consumação, consistente na produção de dano efetivo à administração pública); de mera conduta, em relação ao contrabando (que não exige resultado naturalístico para sua consumação, consistente na produção de dano efetivo à administração pública); de resultado, em relação ao descaminho (é necessário demonstrar a ocorrência de resultado naturalístico que consiste no não pagamento, no todo ou em parte, do imposto devido pela entrada, saída ou pelo consumo de mercadoria); de forma livre (que pode ser praticado por qualquer meio ou forma pelo agente); instantâneo (não há demora entre a ação e o resultado, não se prolongando no tempo a fase executória); unissubjetivo (que pode ser praticado por um agente apenas, sendo desnecessário concurso de pessoas); plurissubsistente (que, em regra, pode ser praticado com mais de um ato, dependendo do caso concreto, admitindo, em consequência, fracionamento em sua execução).

6. Crimes equiparados a descaminho

Curiosamente, os dois artigos, 334 e 334-A, trazem os mesmos três parágrafos com os mesmos incisos e com os mesmos elementos especializantes, mudando apenas aqueles aspectos específicos relativos a descaminho ou a contrabando.

No § 1º do art. 334 e no § 1º do art. 334-A, com redação dada pela Lei n. 13.008/2014, determina-se a aplicação das mesmas penas previstas para o contrabando e descaminho: "I — pratica navegação de cabotagem, fora dos casos permitidos em lei; II — pratica fato assimilado, em lei especial, a descaminho; III — vende, expõe à venda, mantém em depósito ou, de qualquer forma, utiliza em proveito próprio ou alheio, no exercício de atividade comercial ou industrial, mercadoria de procedência estrangeira que introduziu clandestinamente no País ou importou fraudulentamente ou que sabe ser produto de introdução clandestina no território nacional ou de importação fraudulenta por parte de outrem; IV — adquire, recebe ou oculta, em proveito próprio ou alheio, no exercício de atividade comercial ou industrial, mercadoria de procedência estrangeira, desacompanhada de documentação legal ou acompanhada de documentos que sabe serem falsos".

Enfim, a única diferença que fazem refere-se a mercadoria proibida, para o contrabando, e mercadoria estrangeira, para o descaminho.

Faremos, a seguir, o exame sucinto de cada uma dessas hipóteses, para descaminho, e a seguir para contrabando.

6.1 *Prática de navegação de cabotagem fora dos casos permitidos em lei*

A navegação de cabotagem circunscreve-se ao território nacional e tem como objetivo a comunicação e o comércio entre os portos do País, abrangendo os rios que correm em seu território, sendo privativa dos navios nacionais. A Lei n. 9.432/97 encarregou-se de defini-la como a "navegação realizada entre portos ou pontos do território brasileiro, utilizando a via marítima ou esta e as vias navegáveis interiores" (art. 2º, IX), complementando a norma penal em branco contida no Código Penal.

A sua interpretação deve estar, contudo, relacionada ao *caput* do art. 334, como forma de restringir o âmbito de aplicação do presente dispositivo. Nesse sentido, devemos levar em consideração que a navegação de cabotagem é realizada para o transporte de cargas executado entre os portos ou cidades do território brasileiro, utilizando a via marítima ou vias navegáveis interiores. Sua indiscutível importância político-econômica assegura-lhe, inclusive, assento constitucional, estando disposto no parágrafo único do art. 178 da CF que "na ordenação do transporte aquático, a lei estabelecerá as condições em que o transporte de mercadorias na cabotagem e a navegação interior poderão ser feitos por empresas estrangeiras". As condições para o transporte de mercadorias na cabotagem estão reguladas nos arts. 7º, 9º e 10º da Lei n. 9.432/97.

Sua indiscutível importância político-econômica assegura-lhe, justificadamente, assento constitucional (art. 178 da CF), embora essa equiparação ocorra na legislação brasileira desde o Decreto n. 2.304, de 1896.

6.2 *Prática de fato assimilado, em lei especial, a descaminho*

A concepção de fato assimilado a "descaminho" não se confunde com seu sentido vernacular, simplesmente, mas se refere a fatos que juridicamente são tratados similarmente a descaminho. Regis Prado enfatiza esse aspecto, em outros termos, com irreparável precisão: "o alcance normativo refere-se a outros fatos que normas especiais equiparam a contrabando". Os exemplos sugeridos pela doutrina multiplicam-se: é a equiparação feita pelo Decreto-lei n. 288/67[9], "em relação às mercadorias saídas da Zona Franca" (Fragoso); ou pela Lei n. 4.907/65, que equipara a contrabandista "o transportador ou responsável pela violação dos elementos de segurança do cofre de carga"[10].

Merece ser destacado que nenhum dos diplomas legais mencionados (Decreto-lei n. 288/67 e Lei n. 4.907/65) comina a respectiva sanção penal, limitando-se a equipararem as ações incriminadas a contrabando ou descaminho, assumindo a condição de leis complementadoras da norma penal em branco; caso contrário, isto é, se cominassem as respectivas sanções penais, seria impossível adequarem-se ao dispositivo *sub examine*, e constituiriam leis especiais, que deveriam ser aplicadas autonomamente, como referimos em outra oportunidade (Lei n. 11.343/2006 e arts. 234 e 289, § 1º, do CP etc.).

No art. 334, em sua redação original, no seu § 1º, constava somente a previsão de (a) prática de navegação de cabotagem fora dos casos permitidos em lei, e (b) prática de fato assimilado, em lei especial, a contrabando ou descaminho. No entanto, a Lei n. 4.729, de 14 de julho de 1965, que definia "o crime de sonegação fiscal", no seu art. 5º alterou o art. 334 do CP, acrescentou outros crimes equiparados a contrabando ou descaminho (alíneas *c* e *d*) no seu § 1º, e, no § 2º, ampliou, em razão deles, o conceito de atividade comercial. Finalmente, a Lei n. 4.729/65 transformou o antigo § 2º em § 3º, no qual consta a majorante pelo contrabando operar via transporte aéreo.

6.3 *Uso comercial ou industrial de mercadoria importada, clandestina ou fraudulentamente, ou que sabe ser produto de descaminho*

O objeto material dessas condutas é a mercadoria estrangeira introduzida clandestina ou fraudulentamente no País. Introdução clandestina é o ingresso de mercadoria estrangeira sem passar pela alfândega; importação fraudulenta, por sua vez, refere-se ao descaminho praticado pelo agente via alfândega. Trata-se, nessa hipótese, de crime próprio, pois pressupõe que o sujeito ativo seja comerciante ou industrialista ao exigir que as condutas criminalizadas sejam praticadas "no exercício de atividade comercial ou industrial". "No exercício de atividade comercial ou industrial" exige habitualidade, visto que é impossível "exercer" qualquer atividade representada por ato único.

---

9. "Será considerada contrabando a saída de mercadorias da Zona Franca sem a autorização legal expedida pelas autoridades competentes" (art. 39).

10. "Além das sanções de natureza fiscal aplicáveis à espécie, responderá pelo crime de contrabando ou descaminho nos termos do art. 334, § 1º, letra *b*, do *Código Penal*, o transportador ou responsável pela violação dos elementos de segurança do cofre de carga".

O legislador não deixou dúvida quanto à natureza das atividades, "comercial e industrial", ao ampliar os seus conceitos no § 2º determinando que "equipara-se às atividades comerciais, para os efeitos deste artigo, qualquer forma de comércio irregular ou clandestino de mercadorias estrangeiras, inclusive o exercido em residências". Essa previsão legal tem endereço certo: nessa ampliação da "atividade comercial" contida no parágrafo referido, o legislador equiparou o vendedor ambulante, camelôs ou os popularmente conhecidos como "muambeiros do Paraguai" ao comerciante regularmente estabelecido. A consequência atinge em cheio os ambulantes: impede que estes, mesmo não sendo comerciantes regularmente estabelecidos, não podem beneficiar-se com interpretações benéficas e restritivas, por não serem comerciantes e tampouco exercerem a atividade comercial, nos termos da lei. Respondem, igualmente, bastando que o façam com a habitualidade requerida pelo verbo "exercer", como adverte Regis Prado: "abrangendo não só aqueles que exercem atividade comercial pública sem a devida autorização legal, como também aqueles que praticam tal atividade furtivamente, inclusive em residências, para não serem localizados pelos agentes do poder público"[11].

Nesse sentido, a despeito da abrangência do § 2º, não alcança qualquer pessoa que, eventualmente, adquire, em sua residência, mercadoria de procedência estrangeira irregular ou clandestina, nos termos previstos no inciso III do § 1º. Com efeito, pretende-se punir aquele que, com habitualidade, exerce o comércio, como diz a lei, mesmo clandestino ou irregular.

A primeira parte descrita no inciso III refere-se ao proveito conseguido pelo agente com o descaminho que praticou; nessa hipótese, o sujeito ativo responde unicamente pelo crime descrito do art. 334, § 1º, III, afastada a incidência cumulativa do *caput* pela aplicação também cumulativa dos princípios da especialidade e da consunção (o primeiro porque a previsão do parágrafo é especial em relação ao *caput*; o segundo, porque se trata efetivamente de progressão criminosa, começando com a importação igualmente criminosa, e prossegue com o aproveitamento do produto obtido. Na segunda parte do mesmo inciso III, o descaminho não é praticado pelo agente, que, no entanto, sabe que se trata de mercadoria estrangeira introduzida clandestinamente ou importada fraudulentamente. Essa previsão legal configura uma modalidade especial de receptação, tratada, no entanto, como descaminho; afasta, consequentemente, pelo mesmo princípio da especialidade, a previsão do art. 180 do CP.

6.3.1 *Elemento normativo: no exercício de atividade comercial ou industrial*

A Lei n. 4.729/65, que "define o crime de sonegação fiscal e dá outras providências", prevê nas alíneas *c* e *d* do § 1º outros crimes, e amplia no § 2º, em razão deles, o conceito de atividade comercial. De qualquer sorte, todas as condutas relacionadas nessas alíneas *c* e *d* somente tipificarão o "descaminho equiparado" se

11. Luiz Regis Prado, *Curso de Direito Penal*, p. 567.

visarem a "proveito próprio ou alheio", no exercício de atividade comercial ou industrial, seja regular, irregular ou clandestino.

A "fúria" cega as pessoas e embota o raciocínio, dificultando a avaliação adequada do sentido dos termos, expressões ou frases. O desejo de ser mais drástico e mais abrangente, por vezes, pode, ao mesmo tempo, tornar a previsão legal mais restritiva. Foi o que ocorreu, nesse caso, pois nada impede que o agente pratique qualquer das condutas elencadas nas duas alíneas, sem fazê-lo, no entanto, "no exercício de atividade comercial ou industrial", regular ou irregular. Tais condutas não se amoldariam, dessa forma, à figura de contrabando ou descaminho equiparado, tornando-se, por consequência, figura atípica. Na verdade, no § 2º do art. 334, o legislador traz uma figura de equiparação — qualquer forma de comércio irregular ou clandestino de mercadorias estrangeiras —, ampliando a abrangência dos crimes próprios contidos nas alíneas *c* e *d* do mencionado § 1º. Incorpora, assim, ao conceito de atividade comercial "qualquer forma de comércio irregular ou clandestino, inclusive o exercido em residência". A pretensão do legislador foi, inquestionavelmente, alargar a incidência do descaminho equiparado em relação às atividades comerciais de compra, venda, depósito ou ocultação de mercadorias de procedência estrangeira introduzida clandestina ou fraudulentamente no País ou com documentação irregular, realizadas não apenas em comércio regular, mas também em qualquer forma de comércio irregular ou clandestino de mercadorias estrangeiras, inclusive o exercido em residências. Com essa previsão, naqueles crimes próprios, que exigem a condição especial de ser comerciante ou industrial, alarga-se o tipo para admitir, como sujeito ativo, também aquele que pratica comércio irregular e até clandestino.

Contudo, constata-se, mais uma vez, um lapso do legislador, que, ao ampliar a abrangência desse crime próprio, esqueceu-se de incluir quem exerce atividade industrial irregular ou clandestina, como fizera em relação à atividade comercial (§ 2º). Assim, quem praticar qualquer das condutas descritas no § 1º, *c* ou *d*, mas no exercício de atividade industrial, em caráter irregular ou clandestino, não incorrerá nas sanções do descaminho equiparado ora *sub examine*; assim, se o agente praticar qualquer das condutas contidas nas duas alíneas referidas, no exercício de atividade industrial, em caráter irregular ou clandestino, sua atividade será atípica.

Mas a previsão legal das alíneas, tal como é, limita-se ao exercício de atividade comercial ou industrial (a atividade comercial, mesmo irregular ou clandestina, e a industrial, regular); fora dessa hipótese, ou seja, quando o agente não se encontrar no exercício dessas atividades, as mesmas condutas não se tipificarão.

6.4 *Receptação de produto de descaminho*

Essas ações, enfim, seriam normalmente puníveis como o crime de receptação, previsto lá no Título "Dos crimes contra o patrimônio", pois pressupõem a introdução ilegal de mercadoria estrangeira no País, quer com documentos falsos, quer sem documentação legal. Ademais, referidas ações devem ser praticadas no exercício de atividades comerciais ou industriais, em proveito próprio ou de outrem. Há, com efeito, um conflito aparente de normas com o disposto no art. 181, § 1º, do CP, que deve, naturalmente, ser afastado pelo princípio da especialidade.

6.4.1 *Elementares normativas: "que sabe ser produto de introdução clandestina" (inciso III) e "que sabe serem falsos" (inciso IV)*

Ao examinarmos as elementares "sabe" e "deve saber", de cunho normativo, no crime de receptação (art. 180)[12] — a exemplo do que ocorre nos dispositivos ora examinados —, sustentamos que ambas, ao contrário do superado entendimento da doutrina tradicional, não identificam o dolo, que, a partir da teoria normativa pura da culpabilidade, passou a ser um dolo psicológico, despido de qualquer elemento normativo. Por isso, aquelas expressões não podem ter qualquer relação com o elemento subjetivo que orienta a conduta do agente, especialmente porque o (des)conhecimento (saber ou não) representa apenas o elemento intelectual do dolo, que, para aperfeiçoar-se, necessita também do elemento volitivo, que não está abrangido por aquelas elementares.

Pode figurar nos tipos penais, ao lado do dolo, uma série de características subjetivas que os integram ou os fundamentam. O próprio Welzel esclareceu que, "ao lado do dolo, como momento geral e pessoal-subjetivo daquele, que produz e configura a ação como acontecimento dirigido a um fim, apresentam-se, frequentemente, no tipo especiais momentos subjetivos, que dão colorido num determinado sentido ao conteúdo ético-social da ação"[13]. Assim, o tomar uma coisa alheia é uma atividade dirigida a um fim por imperativo do dolo; no entanto, seu sentido ético-social será inteiramente distinto se aquela atividade tiver como fim o uso passageiro ou se tiver o desígnio de apropriação.

Contudo, a excessiva utilização pelo legislador de categorias subjetivadoras da descrição típica, além do dolo propriamente dito, é uma forma disfarçada de ultrapassar, com roupagem de legitimidade, os limites taxativos do princípio da reserva legal. Essa ideologia subjetivadora na elaboração do preceito primário da norma penal, além de inadequada, é extremamente perigosa, pois esses estados anímicos, como ser egoísta, cruel ou malvado, entre outros, podem existir independentemente da relevância da lesão objetiva de bens jurídicos tutelados. E, nessas circunstâncias, quando a conduta é penalmente relevante, a tipificação desses estados anímicos pode conduzir à punição do ânimo, que é inadmissível no direito penal da culpabilidade. Algo semelhante pode ocorrer com a utilização das locuções "sabe" e "deve saber", na medida em que nada têm que ver com o dolo, que não se limita ao aspecto puramente intelectivo "saber ou não saber", como a própria definição do Código Penal deixa muito claro (art. 18, I). Assim, a concepção normativa dessas locuções tem, entre outros, também o mérito de evitar a exagerada subjetivação na definição de crimes.

---

12. Quem desejar aprofundar o exame dessa tese, recomendamos que consulte o volume 3º de nosso *Tratado de Direito Penal*, que trata dos crimes contra o patrimônio, no capítulo que se ocupa do crime de receptação.
13. Welzel, *Derecho Penal*, trad. Fontan Balestra, p. 83.

Por isso, em síntese, às expressões "que sabe ser produto de introdução clandestina" (alínea *c*) e "que sabe serem falsos" (alínea *d*) não identificam, necessariamente, o dolo direto, com exclusão, por si sós, do dolo eventual, como entendia a velha doutrina brasileira, aspectos que somente análise contextual de todas as demais circunstâncias típicas é que poderão definir[14].

A intenção do legislador na incriminação de formas equiparadas ao contrabando e descaminho, por meio da alínea *c* do § 1º do art. 334, foi não somente a de punir aqueles que exercem atividade comercial ou industrial, estando diretamente envolvidos com a introdução clandestina ou importação fraudulenta de mercadorias de procedência estrangeira, mas também a de ampliar o âmbito da punibilidade para alcançar também aqueles que exercem referidas atividades com o conhecimento de que as mercadorias por eles utilizadas, na indústria ou no comércio, são oriundas da prática de contrabando ou descaminho realizado por outrem. Esse é o significado da elementar normativa "que sabe ser produto de introdução clandestina", sem que ela se confunda com as discussões teóricas acerca da natureza do dolo, por nós referida quando do estudo do crime de receptação[15].

De maneira similar, a intenção do legislador na incriminação de formas equiparadas a descaminho, por meio do inciso IV do § 1º do art. 334, foi a de punir também aqueles que exercem atividade comercial ou industrial com o conhecimento de que os documentos que acompanham a mercadoria de procedência estrangeira são falsos. Isso denota a ampliação da punibilidade para além dos que realizam propriamente o contrabando ou descaminho, mediante a contrafação direta de documentos falsos, punindo também os que se utilizam de ditos documentos falsos no exercício de atividade comercial ou industrial, adquirindo, recebendo ou ocultando mercadoria de procedência estrangeira que foi fruto de contrabando ou descaminho praticado por outrem.

7. Crimes equiparados a contrabando

Vejamos agora as equiparações relativas ao crime de contrabando, resultantes das alterações trazidas com a Lei n. 13.008/2014, que acrescentou o art. 334-A, e que são similares às previstas no artigo anterior relativas ao crime de descaminho.

7.1 *Prática de fato assimilado, em lei especial, a contrabando*

A concepção de fato assimilado a "contrabando" não se confunde com seu sentido vernacular, simplesmente, mas se refere a fatos que juridicamente são tratados similarmente a contrabando. Regis Prado enfatiza esse aspecto, em outros termos, com irreparável precisão: "...o alcance normativo refere-se a outros fatos que normas

14. Cezar Roberto Bitencourt, *Tratado de Direito Penal*, 15. ed., São Paulo, Saraiva, 2019, v. 3, p. 403-411.

15. Cezar Roberto Bitencourt, *Tratado de Direito Penal*; Parte Especial, 15. ed. São Paulo, Saraiva, 2019, v. 3.

especiais equiparam a contrabando". Os exemplos sugeridos pela doutrina multiplicam-se: é a equiparação feita pelo Decreto-Lei n. 288/67[16], "em relação às mercadorias saídas da Zona Franca" (Fragoso); ou pela Lei n. 4.907/65, que equipara a contrabandista "o transportador ou responsável pela violação dos elementos de segurança do cofre de carga"[17].

Merece ser destacado que nenhum dos diplomas legais mencionados (Decreto-Lei n. 288/67 e Lei n. 4.907/65) comina a respectiva sanção penal, limitando-se a equipararem as ações incriminadas a contrabando ou descaminho, assumindo a condição de leis complementadoras da norma penal em branco; caso contrário, isto é, se cominassem as respectivas sanções penais, seria impossível adequarem-se ao dispositivo *sub examine*, e constituiriam leis especiais, que deveriam ser aplicadas autonomamente, como referimos em outra oportunidade (Lei n. 11.343/2006 e arts. 234 e 289, § 1º, do CP etc.).

7.2 *Importa ou exporta clandestinamente mercadoria que dependa de registro, análise ou autorização de órgão público competente*

O objeto material dessas condutas no inciso II do art. 334-A é a mercadoria estrangeira, na hipótese de importação, introduzida clandestina ou fraudulentamente no País, e mercadoria brasileira exportada sem cumprir as formalidades legais. Relativamente a importação de mercadoria estrangeira, que não seja proibida, por si só, é uma violência essa equiparação, que confunde alhos com bugalhos, ou seja, essa previsão é absolutamente equivocada e completamente desnecessária. Não se pode equiparar uma conduta que claramente configuraria um descaminho, com um crime de contrabando, especialmente agora que há uma pena consideravelmente mais elevada para contrabando.

Com efeito, exportar mercadoria brasileira, clandestinamente, nunca poderá ser, técnica e juridicamente, equiparada ou assimilada com o crime de contrabando, pois este, por sua própria natureza, refere-se somente a importação de mercadoria proibida pelo nosso ordenamento jurídico. Portanto, deve-se, necessariamente, fazer-se uma interpretação restritiva, no sentido de admitir-se como razoável interpretação somente a exportação clandestina de mercadoria proibida, para, no mínimo, manter similitude com o instituto do crime de contrabando.

Assim, na nossa concepção, toda e qualquer exportação clandestina de "mercadoria que dependa de registro, análise ou autorização de órgão público competente" somente poderá ser equiparada ao crime de descaminho previsto no art. 334,

16. "Será considerada contrabando a saída de mercadorias da Zona Franca sem a autorização legal expedida pelas autoridades competentes" (art. 39).
17. "Além das sanções de natureza fiscal aplicáveis à espécie, responderá pelo crime de contrabando ou descaminho nos termos do art. 334, § 1º, letra *b*, do *Código Penal*, o transportador ou responsável pela violação dos elementos de segurança do cofre de carga."

e nunca se poderá admitir a equiparação ao crime de contrabando, nos moldes do novel art. 334-A, pois de "mercadoria proibida" não se trata. Dessa forma, não se tratando, pois, de "mercadoria proibida" não encontra correspondência ao descrito no *caput*, consequentemente com ele não se equipara. Na verdade, não se pode esquecer que o *caput* deste artigo criminaliza somente a importação e exportação de "mercadoria proibida"!

7.3 *Reinsere no território nacional mercadoria brasileira destinada a exportação*

De plano, quer nos parecer que, na hipótese do inciso III (incluído pela Lei n. 13.008/2014), se trata de mais uma desnecessária criminalização de conduta, cujo combate poderia ser efetuado, com eficácia, no âmbito administrativo. Em segundo lugar, poderemos ter grande dificuldade em identificar de que mercadoria se está pretendendo falar, pois, em tese, todo o produto nacional, que tenha qualidade e quantidade suficientes, também se destina à exportação, logo, toda mercadoria nacional poderia ser objeto desta criminalização. Contudo, uma coisa fica clara: não se trata de mercadoria exportada, ou seja, de mercadoria cuja exportação já foi concluída e, no caso, não se trataria mais de "mercadoria destinada à exportação", mas sim de mercadoria já exportada. Em outros termos, estamos afirmando que a eventual importação de mercadoria brasileira que foi exportada para qualquer país não tipificará esta conduta. Ademais, a descrição típica não se refere a "reimportar" mercadoria brasileira.

Fala-se, por exemplo, na reimportação de cigarros fabricados e exportados para o Paraguai com preços especiais e menos impostos, os quais não podem, por conseguinte, ser comercializados no País. No entanto, parece-nos que nessa hipótese estar-se-ia diante somente do crime de descaminho, não sendo abrangida por esta descrição típica.

7.4 *Uso comercial ou industrial de mercadoria proibida pela lei brasileira*

O texto legal do inciso IV do art. 334-A, com redação determinada pela Lei n. 13.008/2014, tem o seguinte enunciado: "vende, expõe à venda, mantém em depósito ou, de qualquer forma, utiliza em proveito próprio ou alheio, no exercício de atividade comercial ou industrial, mercadoria proibida pela lei brasileira".

De notar-se que não se trata de importar ou exportar "mercadoria proibida", mas somente de comercializá-la, tê-la em depósito ou, de qualquer forma, aproveitar-se dela, no exercício de atividade comercial ou industrial. Embora o texto não diga, e não seria necessário dizê-lo — que sabe tratar-se de mercadoria proibida —, logicamente o suposto sujeito ativo da conduta deve ter esse conhecimento da origem e natureza da mercadoria. Não se compreenderia que se pretendesse criminalizar alguém, nessas circunstâncias, que desconhece que se trata de mercadoria proibida. Logicamente, estamos diante de uma conduta essencialmente dolosa e que só pode ser praticada no exercício de atividade comercial ou industrial; fora desse âmbito, ainda que alguém faça uso de tal mercadoria, nessas circunstâncias, não cometerá este crime, se não o fizer no âmbito de atividade comercial ou industrial.

Ademais, deve-se destacar que, ao contrário do que ocorre no crime de descaminho (art. 334, § 1º, III, segunda parte), é irrelevante que tal mercadoria tenha sido introduzida ou importada clandestina ou fraudulentamente. Basta tratar-se de mercadoria proibida pela legislação brasileira.

Trata-se, nessa hipótese, de crime próprio, pois pressupõe que o sujeito ativo seja comerciante ou industrialista ao exigir que as condutas criminalizadas sejam praticadas "no exercício de atividade comercial ou industrial". "No exercício de atividade comercial ou industrial" exige habitualidade, visto que é impossível "exercer" qualquer atividade representada por ato único.

O legislador não deixou dúvida quanto à natureza das atividades, "comercial e industrial", ao ampliar os seus conceitos no § 2º determinando que "equipara-se às atividades comerciais, para os efeitos deste artigo, qualquer forma de comércio irregular ou clandestino de mercadorias estrangeiras, inclusive o exercido em residências". Essa previsão legal tem endereço certo: nessa ampliação da "atividade comercial" contida no parágrafo referido, o legislador equiparou o vendedor ambulante, camelôs ou os popularmente conhecidos como "muambeiros do Paraguai" ao comerciante regularmente estabelecido. A consequência atinge em cheio os ambulantes: impede que estes, mesmo não sendo comerciantes regularmente estabelecidos, não podem beneficiar-se com interpretações benéficas e restritivas, por não serem comerciantes e tampouco exercerem a atividade comercial, nos termos da lei. Respondem, igualmente, bastando que o façam com a habitualidade requerida pelo verbo "exercer".

A exemplo do que ocorre no crime de descaminho, todas as condutas relacionadas neste inciso IV somente tipificarão o "contrabando equiparado" se visarem "proveito próprio ou alheio" de mercadoria proibida, no exercício de atividade comercial ou industrial, seja regular, irregular ou clandestino. Em outros termos, ainda que o indivíduo pratique as condutas aqui descritas, se não o fizer no exercício de uma dessas duas atividades, o crime aqui descrito não se configura. Com efeito, nesses casos, as condutas não se amoldariam à descrição típica de contrabando equiparado, tornando-se, por consequência, figura atípica.

7.5 *Receptação de mercadoria contrabandeada*

O inciso V deste art. 334-A tem a seguinte redação: "adquire, recebe ou oculta, em proveito próprio ou alheio, no exercício de atividade comercial ou industrial, mercadoria proibida pela lei brasileira".

O texto deixa sérias dúvidas sobre sua legitimidade, na medida em que não se refere expressamente a produto de contrabando, mas tão somente a "mercadoria proibida", podendo causar sérias e graves injustiças; com efeito, embora se trate de mercadoria dessa natureza, pode tal circunstância ser desconhecida do indivíduo que, encontrando-a no mercado nacional, pode acreditar que tal mercadoria esteja regular. E não se desconhece que a falta de consciência ou conhecimento da natureza e origem da mercadoria afasta por completo o elemento subjetivo que, no caso, seria o dolo, não havendo previsão de modalidade culposa.

Enfim, a princípio, referidas ações seriam normalmente puníveis como crime de receptação, previsto lá no título "Dos crimes contra o patrimônio", pois pressupõem a introdução ilegal de mercadoria estrangeira no País, sendo, portanto, produto do crime. No entanto, o texto legal não se refere, repetindo, a "produto de crime". Haveria, em tese, um conflito aparente de normas com o disposto no art. 181, § 1º, do CP, que deve, naturalmente, ser afastado pelo princípio da especialidade.

Ademais, referidas ações devem ser praticadas no exercício de atividades comerciais ou industriais, em proveito próprio ou de outrem.

8. Classificação doutrinária

Trata-se de crime próprio (que demanda qualidade ou condição especial do sujeito ativo — no caso, comerciante ou industrialista —, não podendo ser praticado por qualquer pessoa, nas modalidades constantes das alíneas *c* e *d*); material (crime que produz resultado naturalístico, nas formas de "vender' e "utilizar", "adquirir", "receber" e "ocultar") e formal (que não exige resultado naturalístico para sua consumação, nas modalidades de "expor à venda", "manter em depósito"); de forma livre (que pode ser praticado por qualquer meio ou forma pelo agente); instantâneo (não há demora entre a ação e o resultado, não se prolongando no tempo a fase executória, nas modalidades de "vender", "utilizar", "adquirir" e "receber"), mas permanente (cuja consumação alonga-se no tempo, nas modalidades de "expor à venda", "manter em depósito" e "ocultar"); unissubjetivo (que pode ser praticado por um agente apenas, não sendo necessário concurso de pessoas); plurissubsistente (crime que, em regra, pode ser praticado com mais de um ato, dependendo do caso concreto, admitindo, em consequência, fracionamento em sua execução).

9. Aplicação analógica do art. 34 da Lei n. 9.249/95 no crime de descaminho

A Lei n. 4.729/65, em seu art. 2º, dispunha que: "Extingue-se a punibilidade dos crimes previstos nesta lei quando o agente promover o recolhimento do tributo devido, antes de ter início, na esfera administrativa, a ação fiscal própria". Sob essa ótica, a possibilidade de o pagamento do tributo extinguir a punibilidade dos crimes de sonegação fiscal exigia que o recolhimento teria de ser prévio à instauração da ação fiscal, o que, na prática, a inviabilizava, pois deveria, basicamente, coincidir com a descoberta formal da sonegação.

O conhecido Decreto-Lei n. 157, de 10 de fevereiro de 1967, em seu art. 18, passou a assegurar a "extinção da punibilidade pelo pagamento do tributo" dos crimes previstos na Lei n. 4.729/65 se, "mesmo iniciada a ação fiscal", o agente promover o recolhimento dos tributos e multas devidos, de acordo com o Decreto-lei n. 62/66, ou depositar os respectivos valores antes do julgamento do referido processo (art. 18)[18]. Em seu § 2º, foi mais longe, determinando a "extinção da punibilidade" quando se tratar de "imputação penal de natureza diversa da Lei n. 4.729/65", desde que o pagamento do tributo devido — nos termos do *caput* do art. 18 — ocorra antes de iniciada "a ação penal"[19]. Esse diploma legal, na verdade, como afirma Andrei Zenkner Schmidt, "ampliou a possibilidade de o pagamento ocorrer logo após o julgamento da autoridade administrativa de primeira instância. Tal regra propiciava que o contribuinte só efetuasse o pagamento após exercitar, pelo menos em primeiro grau administrativo, a sua defesa técnica, flexibilizando-se, assim, as possibilidades de exclusão da punibilidade"[20].

O Decreto-Lei n. 288, de 28 de fevereiro de 1967, por sua vez, equiparou ao descaminho — que definiu como "contrabando" — a saída de mercadorias da Zona Franca de Manaus, "sem autorização legal expedida pelas autoridades competentes", ou seja, sem o pagamento dos tributos quando o valor ultrapassar a cota que cada viajante pode trazer livremente[21], nos seguintes termos: "Será considerada contrabando a saída de mercadorias da Zona Franca sem a autorização legal expedida pelas autoridades competentes" (art. 39). Essa equiparação a "contrabando" de saída de mercadorias da Zona Franca, sem autorização legal, levou o Supremo Tribunal Federal, orientado pelos princípios da razoabilidade, proporcionalidade e isonomia, a estender a extinção da punibilidade pelo pagamento do tributo devido ao crime de contrabando ou descaminho, editando a Súmula 560, com o seguinte enunciado: "A extinção da punibilidade pelo pagamento do tributo devido estende-se ao crime de contrabando ou descaminho, por força do art. 18, § 2º, do Decreto-Lei n. 157/67".

O legislador brasileiro, no entanto, sempre ávido e diligente na busca de meios eficazes de "rechear as Arcas do Tesouro" — para usar uma expressão de Basileu Garcia —, não concebendo o "pagamento do tributo de descaminho" como fonte próspera de arrecadação, proibiu, através da Lei n. 6.910/81[22], que o pagamento do

18. "Nos casos de que trata a Lei n. 4.729, de 14 de julho de 1965, também se extinguirá a punibilidade dos crimes nela previstos se, mesmo iniciada a ação fiscal, o agente promover o recolhimento dos tributos e multa devidos, de acordo com as disposições do Decreto-lei n. 62, de 21 de novembro de 1966, ou deste Decreto-lei, ou, não estando julgado o respectivo processo, depositar, nos prazos fixados, na repartição competente, em dinheiro ou em Obrigações Reajustáveis do Tesouro, as importâncias neles consideradas devidas, para liquidação do débito após o julgamento da autoridade da primeira instância" (art. 18, *caput*).

19. "Extingue-se a punibilidade quando a imputação penal de natureza diversa da Lei n. 4.729, de 14 de julho de 1965, decorra de ter o agente elidido o pagamento de tributo, desde que ainda não tenha sido iniciada a ação penal, se o montante do tributo e multas for pago ou depositado na forma deste artigo" (§ 2º).

20. Andrei Schmidt, *Exclusão da punibilidade em crimes de sonegação fiscal*, Rio de Janeiro, Lumen Juris, 2003, p. 86.

21. Heleno Cláudio Fragoso, *Lições de Direito Penal*, p. 481.

22. "O disposto no art. 2º da Lei n. 4.729, de 14 de julho de 1965, e no art. 18, § 2º, do Decreto-Lei n. 157, de 10 de fevereiro de 1967, não se aplica aos crimes de contrabando ou descaminho, em suas modalidades próprias ou equiparadas nos termos dos §§ 1º e 2º do art. 334 do *Código Penal*" (art. 1º).

tributo extinga a punibilidade do crime de contrabando ou descaminho, nos termos previstos pela Lei n. 4.729 e Decreto-Lei n. 157/67, impedindo a aplicação da Súmula 560 do STF antes citada.

No entanto, posteriormente, o art. 14 da Lei n. 8.137/90, na sua redação original, ampliou a exclusão da punibilidade, possibilitando, pela primeira vez, o pagamento do tributo sonegado até o recebimento da denúncia na ação penal, nos seguintes termos: "Extingue-se a punibilidade dos crimes definidos nos arts. 1º a 3º quando o agente promover o pagamento do tributo ou contribuição social, inclusive acessórios, antes do recebimento da denúncia", que também acabou sendo revogada pela Lei n. 8.383/91 (art. 98). No ano de 1995, porém, a Lei n. 9.249 recriou a possibilidade de exclusão da punibilidade pelo pagamento do tributo, desde que promovido antes do recebimento da denúncia: "Extingue-se a punibilidade dos crimes definidos na Lei n. 8.137/90, de 27 de dezembro de 1990, e na Lei n. 4.729, de 14 de julho de 1965, quando o agente promover o pagamento do tributo ou contribuição social, inclusive acessórios, antes do recebimento da denúncia".

Analisando, com muita propriedade, todo esse aparato legislativo, além de outras leis (igualmente de natureza tributária), Andrei Schmidt conclui: "Conjugando-se todo este emaranhado legislativo chegamos a uma primeira conclusão — não definitiva, frise-se — a respeito do tratamento desta modalidade de exclusão da punibilidade para os delitos de sonegação fiscal. Considerando-se que diversas são as modalidades de tributos e contribuições sociais, bem como o fato de as contribuições previdenciárias terem recebido um tratamento diferenciado no Código Penal, pode-se afirmar o seguinte: a) o pagamento de qualquer tributo sonegado (menos a contribuição previdenciária) exclui a punibilidade se realizado antes do recebimento da denúncia, na forma do art. 34 da Lei n. 9.249/95; b) se o tributo sonegado for a contribuição previdenciária, na modalidade apropriação indébita (art. 168-A), a extinção da punibilidade só ocorre obrigatoriamente se o pagamento for prévio ao início da ação fiscal (art. 168-A, § 2º), sendo discricionária a extinção se precedente ao oferecimento da denúncia (art. 168-A, § 3º, inc. I); c) se o tributo sonegado for a contribuição previdenciária, na modalidade supressão ou redução (art. 337-A), a extinção da punibilidade ocorre obrigatoriamente se a ação fiscal é precedida de confissão e declarações necessárias pelo contribuinte, independentemente do pagamento da exação"[23].

De todo o exposto, impõe-se o seguinte questionamento: os crimes mencionados nos diplomas referidos serão os únicos que podem beneficiar-se com o disposto no art. 34 da Lei n. 9.249/95? Seria legítimo, a um Estado igualitário, social e democrático de direito privilegiar determinadas categorias de pessoas, determinadas camadas sociais, determinadas ideologias, assim como determinados bens jurídicos, e, particularmente, determinadas espécies de tributos, em detrimento de outros?

Nesse contexto, a unidade e harmonia do sistema jurídico como um todo recomendam a aplicação do mesmo tratamento a todas modalidades de sonegação fiscal

---

23. Andrei Schmidt, *Exclusão da punibilidade em crimes de sonegação fiscal*, p. 88.

lato sensu. E como afirmamos inicialmente, no descaminho, ao contrário do contrabando, há um ilícito fiscal, com a omissão ou supressão de tributo, sendo, portanto, perfeitamente possível estender-lhe o benefício insculpido no art. 34 da Lei n. 9.249, como chegou a entender no passado nossa Corte Suprema. Com efeito, a partir de 1970, o Supremo Tribunal Federal passou a entender que, em razão do disposto no art. 18, § 2º, do Decreto-Lei n. 157/67 e, principalmente, do Decreto-Lei n. 288/67, que a extinção da punibilidade pelo pagamento do tributo também se aplicaria ao crime de contrabando ou descaminho, como já destacamos, acabando por sumular esse entendimento de 1976 (Súmula 560), que acabou inviabilizada pela Lei n. 6.910/81.

Atualmente, o entendimento jurisprudencial tem sido francamente desfavorável à aplicação do art. 34 da Lei n. 9.249/95 ao crime de descaminho[24], ressalvado uma ou outra decisão isolada[25]. No entanto, como enfatiza Andrei Schmidt, "boa parte dos fundamentos utilizados para negar-se a aplicação analógica do art. 34 da Lei n. 9.249/95 ao art. 334 do CPB vale-se das mesmas hipóteses à época da edição da Lei n. 6.910/81. De nada vale argumentar, contudo, que esta lei prejudicou a aplicação da Súmula 560 do STF se, em 1995, foi editada a Lei n. 9.249, conferindo novo tratamento à matéria. Assim é que eventual argumentação acerca da aplicação desta lei ao art. 334 do CPB não pode levar em consideração a revogação de uma Súmula ocorrida há mais de 20 anos. A pergunta que se há de fazer, na verdade, é a seguinte: é possível a aplicação da analogia *in bonam partem* entre uma lei extravagante e o Código Penal?"[26]. A resposta é, evidentemente, afirmativa, posto não existir razão alguma, lógica, política ou jurídica, para afastar essa espécie de analogia pelo simples fato de tratar-se de diplomas legais codificados e não codificados, especialmente num país como o nosso, em que viceja, diariamente, quantidade insuportável de novas leis, disciplinando contraditoriamente as mesmas áreas de diversas matérias, ou diversas matérias das mesmas áreas e vice-versa. São equivocados, como observa Andrei Schmidt, os argumentos que partem da ideia de que a diversidade de bens impediria a analogia, pois esse aspecto, por si só, não poderia impedir a colmatação da lacuna legal, mesmo porque o sistema tributário encontra-se inserto nos crimes contra a administração, como ocorre com as previsões dos

---

24. STJ, HC 9773/RJ, 6ª Turma, Rel. Min. Fernando Gonçalves, j. 2-3-2000, *DJ*, 27 mar. 2000, p. 135.

25. "PENAL — DESCAMINHO — ART. 334 DO CP. I — Apesar de situado no capítulo dos crimes praticados por particular contra a administração em geral, o crime de descaminho tem como objeto jurídico o interesse da Fazenda Nacional. II — Os aspectos fáticos do caso em concreto revelam que já ocorreu punição suficiente. De fato, as mercadorias, que viriam para distribuição gratuita em feira, foram perdidas em favor da União e o embargante pagou o tributo antes do recebimento da denúncia. III — Recurso provido" (TRF da 2ª Região, EIRC-CR 564, Proc. n. 9802275506, 1ª Turma, Rel. Juíza Tânia Heine, j. 11-5-2000, *DJ*, 1º jun. 2000). No mesmo sentido, do mesmo Tribunal: HC 9102097605/RJ, 2ª Turma, Rel. Juiz Silvério Cabral, j. 13-12-1991, *DJ*, 25 jun. 1992, p. 18848.

26. Andrei Schmidt, *Exclusão da punibilidade em crimes de sonegação fiscal*, Rio de Janeiro, Lumen Juris, 2003, p. 122.

arts. 168-A, 337-A e do próprio art. 334, que disciplina o contrabando ou descaminho, que tratam, ainda que *lato sensu*, de crime de sonegação fiscal.

Enfim, o argumento da diferença de bens jurídicos protegidos é absolutamente inconsistente, pois, como demonstramos em tópicos anteriores deste capítulo — na essência —, a criminalização do descaminho objetiva tutelar, "acima de tudo, a salvaguarda dos interesses do erário público, diretamente atingido pela evasão de renda resultante dessas operações clandestinas ou fraudulentas". Com isso, fazemos coro com a conclusão de Andrei Schmidt: "trata-se, pois, de norma que regula a sonegação fiscal de tributos devidos na importação de mercadorias de acesso permitido em nosso País, ao contrário do contrabando, onde a mercadoria é proibida. Assim, trata-se de modalidade específica de sonegação fiscal, que afasta a incidência da Lei n. 8.137/90 pela simples razão de haver norma especial a respeito do assunto (art. 334 do CPB)"[27].

Concluindo, como o crime de descaminho viola, de modo geral, o sistema tributário nacional, não há razão alguma, voltamos a repetir, para impedir a aplicação analógica do art. 34 da Lei n. 9.249/95, como forma de restabelecer o princípio da isonomia (onde existe a mesma razão fundamental, prevalece a mesma regra de direito), assegurando-se a aplicação do disposto no art. 34 da Lei n. 9.249/95 a todos os crimes fiscais, inclusive ao descaminho[28].

Atualmente, podemos festejar o entendimento jurisprudencial que finalmente acolheu a possibilidade de aplicação do art. 34 da Lei n. 9.249/95 ao crime de descaminho. O STJ, no julgamento do HC 48.805/SP (2005/0169350-9), decidiu, com base no aforismo *ubi eadem ratio ibi idem ius*, que "não há razão lógica para se tratar o crime de descaminho de maneira distinta daquela dispensada aos crimes tributários em geral".

Também merece aplausos o entendimento do STJ no que diz respeito à aplicabilidade da Súmula 24 do STF ao crime de descaminho. O posicionamento foi fixado no julgamento do HC 139.998/RS (2009/0121507-4), no qual restou decidido que: "1. Tal como nos crimes contra a ordem tributária, o início da persecução penal no delito de descaminho pressupõe o esgotamento da via administrativa, com a constituição definitiva do crédito tributário. Doutrina. Precedentes. 2. Embora o delito de descaminho esteja descrito na parte destinada aos crimes contra a Administração Pública no Código Penal, motivo pelo qual alguns doutrinadores afirmam que o bem jurídico primário por ele tutelado seria, como em todos os demais ilícitos previstos no Título IX do Estatuto Repressivo, a Administração Pública, predomina o entendimento de que com a sua tipificação busca-se tutelar, em primeiro plano, o erário, diretamente atingido pela ilusão do pagamento de direito ou imposto devido pela entrada, pela saída ou pelo consumo de mercadoria. 3. O delito previsto na segunda parte do *caput* do artigo 334 do Código Penal configura crime material,

27. Andrei Schmidt, *Exclusão da punibilidade em crimes de sonegação fiscal*, p. 122-123.

28. Rui Stoco e outros, *Código Penal e sua interpretação jurisprudencial*; Parte Especial, São Paulo, Revista dos Tribunais, 1997, v. 1, t. 2, p. 2115.

que se consuma com a liberação da mercadoria pela alfândega, logrando o agente ludibriar as autoridades e ingressar no território nacional em posse das mercadorias sem o pagamento dos tributos devidos, não havendo, por conseguinte, qualquer razão jurídica para não se lhe aplicar o mesmo entendimento já pacificado no que se refere aos crimes materiais contra a ordem tributária, cuja caracterização só ocorre após o lançamento definitivo do crédito fiscal. 4. A confirmar a compreensão de que a persecução penal no crime de descaminho pressupõe a constituição definitiva do crédito tributário, tem-se, ainda, que a própria legislação sobre o tema reclama a existência de decisão final na esfera administrativa para que se possa investigar criminalmente a ilusão total ou parcial do pagamento de direito ou imposto devidos (art. 83 da Lei n. 9.430/96, art. 1º, inciso II, do Decreto n. 2.730/98 e arts. 1º e 3º, § 7º, da Portaria SRF n. 326/2005). 5. Na hipótese vertente, ainda não houve a conclusão do processo administrativo por meio do qual se apura a suposta ilusão do pagamento de tributos incidentes sobre operações de importação por parte dos pacientes, pelo que não se pode falar, ainda, em investigação criminal para examinar a ocorrência do crime de descaminho. 6. Ordem concedida para trancar o inquérito policial instaurado contra os pacientes".

O entendimento do STJ vem sendo mantido em seus mais recentes julgados, como é o caso da decisão proferida no RHC 31.368/PR (2011/0254155-2), no qual se reafirma que: "Não é possível a instauração de ação penal quanto ao crime de descaminho na hipótese em que o crédito tributário não está devidamente constituído no âmbito administrativo, pois, de acordo com os princípios constitucionais do contraditório e da ampla defesa, o contribuinte tem o direito de discutir a existência do tributo administrativamente, além do que, mesmo no caso de ser vencido no processo administrativo, o contribuinte será intimado para efetuar o pagamento do tributo, salvo disposição legal em contrário, no prazo de trinta dias. Não é possível a instauração de ação penal quanto ao crime de descaminho na hipótese em que o crédito tributário não está devidamente constituído no âmbito administrativo, pois, caso se admita a instauração da ação penal antes da conclusão final do procedimento administrativo, o processo penal, que possui a função de proteção dos direitos fundamentais, se transmudará em instrumento de cobrança, suprimindo o direito do contribuinte de ver a sua punibilidade extinta pelo pagamento ou, ainda, cerceando a possibilidade do suposto devedor do tributo de demonstrar que não ocorreu o fato gerador".

Em sentido semelhante, o STF também reafirmou o entendimento, em julgado paradigmático, de que é aplicável a extinção da punibilidade pelo pagamento nos crimes de descaminho, conforme ementa transcrita adiante:

"PENAL. *HABEAS CORPUS*. DESCAMINHO (ART. 334, § 1º, ALÍNEAS "C" E "D", DO CÓDIGO PENAL). PAGAMENTO DO TRIBUTO. CAUSA EXTINTIVA DA PUNIBILIDADE. ABRANGÊNCIA PELA LEI N. 9.249/95. NORMA PENAL FAVORÁVEL AO RÉU. APLICAÇÃO RETROATIVA. CRIME DE NATUREZA TRIBUTÁRIA. 1. Os tipos de descaminho previstos no art. 334, § 1º, alíneas "c" e "d", do Código Penal têm redação definida pela Lei n. 4.729/65. 2. A revogação do art. 2º da Lei n. 4.729/65 pela Lei n. 8.383/91 é irrelevante para o deslinde da controvérsia, porquanto, na parte em que definidas as figuras delitivas do art. 334, § 1º, do Código Penal, a Lei n. 4.729/65 continua em pleno vigor. 3. Deveras, a Lei n. 9.249/95, ao dispor que o pagamento dos tributos antes do recebimento da denúncia extingue a punibilidade dos crimes previstos na Lei n. 4.729/65, acabou por abranger os tipos penais descritos no art. 334, § 1º, do Código Penal, dentre eles aquelas figuras imputadas ao paciente – alíneas "c" e "d" do § 1º. 4. A Lei n. 9.249/95 se aplica aos crimes descritos na Lei n. 4.729/65 e, *a fortiori*, ao descaminho previsto no art. 334, § 1º, alíneas "c" e "d", do Código Penal, figura típica cuja redação é definida, justamente, pela Lei n. 4.729/65. 5. Com efeito, *in casu*, quando do pagamento efetuado a causa de extinção da punibilidade prevista no art. 2º da Lei n. 4.729/65 não estava em vigor, por ter sido revogada pela Lei n. 6.910/80, sendo certo que, com o advento da Lei n. 9.249/95, a hipótese extintiva da punibilidade foi novamente positivada. 6. A norma penal mais favorável aplica-se retroativamente, na forma do art. 5º, inciso XL, da Constituição Federal. 7. O crime de descaminho, mercê de tutelar o erário público e a atividade arrecadatória do Estado, tem nítida natureza tributária. 8. O caso *sub judice* enseja a mera aplicação da legislação em vigor e das regras de direito intertemporal, por isso que dispensável incursionar na seara da analogia *in bonam partem*. 9. Ordem CONCEDIDA (STF, HC 85942, Relator(a): Luiz Fux, Primeira Turma, julgado em 24-5-2011, publicado em 1º-8-2011).

10. Aplicabilidade do princípio da insignificância nos crimes contra a ordem tributária e no crime de descaminho

A tipicidade penal exige *uma ofensa de alguma gravidade* aos bens jurídicos protegidos, pois nem sempre qualquer *ofensa* a esses bens ou interesses é suficiente para configurar o *injusto típico*. Segundo esse princípio, que Klaus Tiedemann chamou de *princípio de bagatela*, é imperativa uma *efetiva proporcionalidade* entre a *gravidade* da conduta que se pretende punir e a *drasticidade da intervenção estatal*. Amiúde, condutas que se amoldam a determinado tipo penal, sob o ponto de vista formal, não apresentam nenhuma *relevância material*. Nessas circunstâncias, pode-se afastar liminarmente a tipicidade penal porque em verdade a *ofensa* ao bem jurídico não necessita da tutela penal, podendo o conflito gerado pela infração das normas ser resolvido em outro âmbito do ordenamento jurídico.

Deve-se ter presente que a *seleção dos bens jurídicos* tuteláveis pelo Direito Penal e os *critérios* a serem utilizados nessa seleção constituem *função* do Poder Legislativo, sendo vedada aos intérpretes e aplicadores do Direito essa função, privativa daquele Poder Institucional. Agir diferentemente constituirá violação dos sagrados *princípios constitucionais* da *reserva legal* e da *independência dos Poderes*. O fato de determinada conduta tipificar uma infração penal de *menor potencial ofensivo* (art. 98, I, da CF) não quer dizer que tal conduta configure, por si só, o *princípio da insignificância*. Os crimes de lesão corporal leve, de ameaça, injúria, por exemplo, já sofreram a *valoração* do legislador, que, atendendo às necessidades sociais e morais históricas dominantes, determinou as consequências jurídico-penais de sua violação. Os limites do desvalor da ação, do desvalor do resultado e as sanções correspondentes já foram valorados pelo legislador. As ações que lesarem tais bens, embora menos importantes se comparados a outros bens como a vida e a liberdade sexual, são *social e penalmente relevantes*.

Assim, a *irrelevância* ou *insignificância* de determinada conduta deve ser aferida não apenas em relação à importância do bem juridicamente atingido, mas especialmente em relação ao *grau de sua intensidade*, isto é, *pela extensão da lesão produzida*, como, por exemplo, nas palavras de Roxin, "maus-tratos não é qualquer tipo de lesão à integridade corporal, mas somente uma lesão relevante; uma forma delitiva de injúria é só a lesão grave a pretensão social de respeito. Como *força* deve ser considerada unicamente um obstáculo de certa importância, igualmente também a ameaça deve ser *sensível* para ultrapassar o umbral da criminalidade"[29].

Concluindo, a *insignificância da ofensa* afasta a *tipicidade*. Mas essa insignificância só pode ser valorada através da *consideração global* da ordem jurídica. Como afirma Zaffaroni, "a insignificância só pode surgir à luz da função geral que dá sentido à ordem normativa e, consequentemente, à norma em particular, e que nos indica que esses pressupostos estão excluídos de seu âmbito de proibição, o *que* resulta impossível de se estabelecer à simples luz de sua consideração isolada"[30].

Na primeira edição de nosso livro sobre "crimes contra a ordem tributária"[31], destacamos que a possibilidade de aplicação do *princípio da insignificância* para os *crimes contra a ordem tributária* decorria da interpretação das normas que disciplinavam, à época, a execução fiscal, concretamente, do art. 20 da Lei n. 10.522, de 19 de julho de 2002, na sua redação original, que estabelecia o seguinte: "*Serão arquivados, sem baixa na distribuição, mediante requerimento do Procurador da Fazenda Nacional, os autos das execuções fiscais de débitos inscritos como Dívida Ativa da União pela Procuradoria-Geral da Fazenda Nacional ou por ela cobrados, de valor consolidado igual ou inferior a R$ 10.000,00 (dez mil reais)*". Tratamento semelhante também estava presente no art. 1º da Portaria do Ministério da Fazenda n. 049, de 1º de abril de 2004, que estabelecia os limites de valor para a inscrição de débitos fiscais na Dívida Ativa da União, e para o ajuizamento das execuções fiscais pela Procuradoria-Geral da Fazenda Nacional. Sob esse ponto de partida, não eram propostas *Ações de Execuções Fiscais* cujas dívidas fossem iguais ou inferiores ao valor de R$ 10.000,00 (dez mil reais). Ademais, as ações de execuções já promovidas cujos valores também fossem iguais ou inferiores a R$ 10.000,00 (dez mil reais) eram arquivadas.

Com a edição da Portaria n. 130/2012, do Ministério da Fazenda, que alterou a Portaria n. 75/2012, fixou-se novo limite mínimo para o ajuizamento de execuções fiscais de débitos com a Fazenda Nacional, deixando-se, assim, de serem propostas,

29. Claus Roxin, *Política criminal* y *estructura del delito*, Barcelona, PPU, 1992, p. 53.
30. Eugenio Raúl Zaffaroni, *Manual de Derecho Penal*, 6. ed., Buenos Aires, Ediar, 1991, p. 475.
31. Cezar Roberto Bitencourt & Luciana Monteiro, *Crimes contra a ordem tributária*, São Paulo, Saraiva, 2013.

até a presente data, ações em face de débitos cujo valor consolidado seja igual ou inferior a R$ 20.000,00 (vinte mil reais). Assim, é o próprio Estado que declara que os débitos fiscais naqueles valores não são significativos nem mesmo para efeito de cobrança judicial. Muito menos o serão para efeito de persecução penal e aplicação de pena criminal. Se o Estado não possui interesse em ajuizar execuções fiscais contra devedores, cujo débito seja, na atualidade, igual ou inferior a R$ 20.000,00, muito menos o terá para a instauração de um processo penal, como instrumento de coerção para o pagamento. Com efeito, uma vez que o Direito Penal é concebido como *ultima ratio* do sistema, não se pode admitir uma hipotética inversão de prioridades, isto é, não cabe exercer o direito de punir quando o próprio Estado dispensa *a priori* o uso de outras formas menos gravosas para garantir a satisfação de seus interesses. A via punitiva somente deverá ser utilizada em último caso.

Esse entendimento vem sendo acatado pelo STF em relação ao *crime de descaminho*, que também afeta a arrecadação de tributos[32]. A Suprema Corte acompanha, inclusive, a alteração do limite mínimo para o ajuizamento de *execuções fiscais de débitos*, introduzido pela Portaria n. 130/2012, do Ministério da Fazenda, como se observa da evolução jurisprudencial:

"*HABEAS CORPUS*. DIREITO PENAL. DESCAMINHO. VALOR INFERIOR AO ESTIPULADO PELO ART. 20 DA LEI 10.522/2002. PORTARIAS 75 E 130/2012 DO MINISTÉRIO DA FAZENDA. PRINCÍPIO DA INSIGNIFICÂNCIA. APLICABILIDADE. 1. A pertinência do princípio da insignificância deve ser avaliada considerando-se todos os aspectos relevantes da conduta imputada. 2. Para crimes de descaminho, considera-se, na avaliação da insignificância, o patamar previsto no art. 20 da Lei 10.522/2002, com a atualização das Portarias 75 e 130/2012 do Ministério da Fazenda. Precedentes. 3. Descaminho envolvendo elisão de tributos federais no montante de R$ 19.892,68 (dezenove mil, oitocentos e noventa e dois reais e sessenta e oito centavos) enseja o reconhecimento da atipicidade material do delito pela aplicação do princípio da insignificância. 4. Ordem de *habeas corpus* concedida para reconhecer a atipicidade da conduta imputada ao paciente, com o restabelecimento do juízo de rejeição da denúncia exarado pelo magistrado de primeiro grau"[33].

Essa orientação também foi seguida pelo Superior Tribunal de Justiça, tanto em relação ao *crime de descaminho* como em relação a todos os débitos inscritos na Dívida Ativa da União. Destaque-se que a matéria foi apreciada pela Terceira Seção, sob a *sistemática dos recursos repetitivos*, e resultou na edição do Tema 157, o qual já se encontra atualizado, com a fixação da seguinte tese: "*Incide o princípio da*

---

32. STF, 1ª T., HC 100.177/PR, rel. Min. Ayres Britto, j. 22-6-2010, publ. 20-8-2010. Precedentes: HC 92.438, HC 94.058, HC 96.374, HC 96.796, RE 514.531, RE 536.486, RE 550.761.

33. STF, 1ª T., HC 136.984, rel. Min. Rosa Weber, j. 18-10-2016, publ. 15-03-2017. No mesmo sentido: STF, 2ª T., HC 136.958/RS, rel. Min. Ricardo Lewandowski, j. 4-4-2017, *DJe* 27-4-2017.

insignificância aos crimes tributários federais e de descaminho quando o débito tributário verificado não ultrapassar o limite de R$ 20.000,00 (vinte mil reais), a teor do disposto no art. 20 da Lei n. 10.522/2002, com as atualizações efetivadas pelas Portarias 75 e 130, ambas do Ministério da Fazenda".

11. Tipo subjetivo: adequação típica

O tipo subjetivo do contrabando ou descaminho é constituído pelo dolo, consistente na vontade livre e consciente de importar ou exportar mercadoria proibida, ou de iludir, total ou parcialmente, o pagamento de direito ou tributo devido. Nenhuma outra conduta é exigida na hipótese de descaminho, sendo suficiente para caracterizar a conduta descrita no tipo penal que não se declare, na alfândega, a mercadoria excedente à cota permitida, consciente de que ultrapassa o valor permitido. Contudo, o dolo não se presume, demonstra-se. Nesse sentido, em paradigmático acórdão do Ministro Felix Fischer, restou assentado: "O delito de descaminho, no tipo subjetivo, exige o dolo de iludir o pagamento do tributo devido, não podendo tal situação ser desprezada, confundindo-a com matéria de interesse extrapenal ou, o que seria pior, aceitando eventual responsabilidade objetiva (Precedentes). II — Ainda que, na maioria das vezes, conforme dicção da doutrina, o dolo venha a ser demonstrado com o auxílio do raciocínio, tal não se confunde com mera presunção que possa excepcionar o disposto no art. 156 do CPP"[34].

Tanto no contrabando quanto no descaminho é desnecessário qualquer elemento subjetivo especial do injusto, sendo irrelevante, para sua configuração, a presença ou ausência de alguma motivação especial. No entanto, as figuras equiparadas constantes das alíneas *c* e *d* do § 1º exigem a presença dos elementos subjetivos do tipo, "em proveito próprio ou alheio", bem como o conhecimento, pelo sujeito ativo, da introdução clandestina ou da falsidade documental.

11.1 *Erro de tipo: escusável ou inescusável*

No crime de contrabando, se o agente ignora que se trata de "mercadoria proibida", erra sobre um elemento constitutivo do tipo que, por isso mesmo, não é abrangido completamente pelo dolo; logo, incorre em erro de tipo, que exclui o dolo, e, como não há previsão de modalidade culposa para o crime de contrabando, o fato torna-se atípico. No entanto, se um indivíduo, vindo do exterior, "porta" (importa) determinada quantidade de haxixe, imaginando que não seja proibido, porque, por exemplo, é liberado em determinados países europeus, incorre em erro de proibição. Contudo, deve-se fazer um segundo julgamento, isto é, uma segunda avaliação sobre a evitabilidade ou inevitabilidade de dito erro, ou seja, se referido erro é escusável ou inescusável. Se, por exemplo, referido indivíduo for um holandês ou sueco, em cujos países o uso, consumo e transporte de haxixe ou maconha é permitido, o erro pode ser justificável, ou, no mínimo, sustentável; no entanto, se

34. REsp 259.504/RN (2000/0049066-0), Rel. Min. Felix Fischer.

tal indivíduo for um brasileiro, ou outro qualquer, em cujo país de origem não tenha a mesma liberalidade, o erro é injustificável e, portanto, não pode ser escusado, devendo responder pelo crime de tráfico de entorpecentes, normalmente.

12. Consumação e tentativa

Consuma-se o crime de contrabando quando a mercadoria proibida ingressa no País (importação), ou quando ultrapassa a zona alfandegária, deixando o território nacional (exportação). Nesse momento, está consumado o crime de contrabando. O descaminho, via aduana, consuma-se com a liberação da mercadoria, sem o pagamento do tributo devido; se, no entanto, a entrada ou saída da mercadoria ocorre em local distinto da aduana, o crime se consuma com a entrada da mercadoria no País, ou com sua saída do território nacional. Se o sujeito ativo usar de algum ardil para liberar a mercadoria, iludindo os fiscais, consuma-se o crime no momento em que retomar a posse da mercadoria sem o correspondente pagamento devido.

De qualquer sorte, tanto o contrabando quanto o descaminho, quando realizados regularmente através da alfândega, somente com a liberação da mercadoria e entrega ao destinatário poder-se-á ter como consumada a importação ou exportação.

A tentativa é teoricamente admissível, pois é perfeitamente possível fracionar o *iter criminis* tanto do contrabando quanto do descaminho. Em termos bem esquemáticos, é perfeitamente possível tentar importar ou exportar mercadoria proibida, ou tentar liberar mercadorias permitidas sem pagar as correspondentes obrigações alfandegárias, sendo inviabilizada por circunstâncias alheias à vontade do agente.

No entanto, não nos parece possível reconhecer a tentativa de contrabando ou descaminho quando a mercadoria é apreendida na aduana, mesmo antes de transpor as barreiras alfandegárias, sem que o agente tenha empregado meios efetivos para tentar "driblar" a fiscalização. Poder-se-á estar, inclusive, diante de um crime impossível, dependendo das circunstâncias, ou, ainda, de meros atos preparatórios. Acreditamos que confisco e multa, no plano administrativo, resolvem satisfatoriamente a infração fiscal.

13. Figura majorada: contrabando em transporte aéreo

Aplica-se a pena em dobro quando o contrabando ou descaminho é praticado em transporte aéreo (§ 3º).

Teoricamente, a justificativa para essa majorante é a maior dificuldade de controle do transporte aéreo de mercadorias feito por essa via. Evidentemente que o legislador quando editou essa majorante, por certo, a estava destinando à importação ou exportação clandestina, sem controle alfandegário. Em situações como essas, efetivamente o combate ao contrabando ou descaminho fica enormemente dificultado, sendo razoável que se procure cominar-lhe sanção penal mais rigorosa.

Contudo, a mesma racionalidade interpretativa leva à conclusão de que tal majorante é inaplicável quando o contrabando ou descaminho ocorre através dos chamados voos regulares ou de aviões de carreira, que são objetos de fiscalização alfandegária permanente. Nesse sentido, também é o entendimento de Guilherme de Souza Nucci, que sustenta: "... deve-se ponderar que os voos regulares de companhias aéreas estabelecidas, que passam por zona alfandegária, não podem incidir neste parágrafo, uma vez que a fiscalização pode ser rígida. Refere-se o aumento, pois, aos voos clandestinos"[35]. Esse entendimento é reforçado pelo de Luiz Regis Prado: "No entanto, a majorante só alcança os delitos perpetrados em aeronaves clandestinas, já que os voos regulares, de carreira, não são incluídos aqui, posto serem objeto de fiscalização alfandegária permanente"[36]. Estamos, pois, de pleno acordo.

14. Descaminho: limite fiscal e princípio da insignificância

O Superior Tribunal de Justiça já decidiu que "o ingresso irregular de mercadorias estrangeiras em quantidade ínfima por pessoas excluídas do mercado de trabalho que se dedicam ao 'comércio formiga' não tem repercussão na seara penal, à míngua de efetiva lesão do bem jurídico tutelado, enquadrando-se a hipótese no princípio da insignificância"[37]. Esse entendimento adotado pelo STJ, com absoluto acerto, diga-se de passagem, parte do velho adágio latino *minima non curat praetor*.

A tipicidade penal exige a ofensa de alguma gravidade aos bens jurídicos protegidos, pois nem sempre qualquer ofensa a esses bens ou interesses é suficiente para configurar o injusto típico. Segundo esse princípio, é imperativa a efetiva proporcionalidade entre a gravidade da conduta que se pretende punir e a drasticidade da intervenção estatal. Frequentemente, condutas que se amoldam a determinado tipo penal, sob o ponto de vista formal, não apresentam nenhuma relevância material. Nessas circunstâncias, pode-se afastar liminarmente a tipicidade penal porque em verdade o bem jurídico não chega a ser lesado.

O fato de determinada conduta tipificar uma infração penal de menor potencial ofensivo (art. 98, I, da CF) não quer dizer que tal conduta configure, por si só, o princípio da insignificância. Os delitos de lesão corporal leve, de ameaça, injúria, por exemplo, já sofreram a valoração do legislador, que, atendendo às necessidades sociais e morais históricas dominantes, determinou as consequências jurídico-penais de sua violação. Os limites do desvalor da ação, do desvalor do resultado e as sanções correspondentes já foram valorados pelo legislador. As ações que lesarem tais bens, embora menos importantes se comparados a outros bens como a vida e a liberdade sexual, são social e penalmente relevantes.

Assim, a irrelevância ou insignificância de determinada conduta deve ser aferida não apenas em relação à importância do bem juridicamente atingido, mas especialmente em relação ao grau de sua intensidade, isto é, pela extensão da lesão

35. Guilherme de Souza Nucci, *Código Penal comentado*, p. 1032.
36. Luiz Regis Prado, *Curso de Direito Penal*, p. 568.
37. STJ, REsp 234.623/PR, Rel. Vicente Leal, *DJ*, 3 abr. 2000.

produzida, como, por exemplo, nas palavras de Roxin, "mau-trato não é qualquer tipo de lesão à integridade corporal, mas somente uma lesão relevante; uma forma delitiva de injúria é só a lesão grave à pretensão social de respeito. Como força deve ser considerada unicamente um obstáculo de certa importância, igualmente também a ameaça deve ser sensível para ultrapassar o umbral da criminalidade"[38].

Concluindo, a insignificância da ofensa afasta a tipicidade. Mas essa insignificância só pode ser valorada através da consideração global da ordem jurídica, como afirma Zaffaroni: "A insignificância só pode surgir à luz da função geral que dá sentido à ordem normativa e, consequentemente, a norma em particular, é que nos indica que esses pressupostos estão excluídos de seu âmbito de proibição, o que resulta impossível de se estabelecer à simples luz de sua consideração isolada"[39].

Ante o exposto, não será, por certo, a introdução de qualquer quantidade de mercadoria, sem o correspondente pagamento dos tributos alfandegários, que tipificará uma infração penal, se não apresentar real "relevância material", pois não estará lesando o bem jurídico tutelado. Em matéria tributária, a própria Receita Federal oferece os parâmetros para o critério da insignificância, quando, por exemplo, fixa um valor mínimo como piso para justificar a execução fiscal ou a própria inscrição em dívida ativa. Sobre a figura típica do descaminho, ainda releva notar o tratamento tributário aplicado à bagagem, cujos bens abrangidos por este conceito não estão sujeitos à incidência de impostos (Imposto de Importação e Imposto sobre Produtos Industrializados). Portanto, é atípica a introdução de mercadorias estrangeiras em quantidade ou qualidade submetidas ao limite de isenção tributária fixado pelo regulamento fazendário específico. Assim, conforme determina a Instrução Normativa da Secretaria da Receita Federal n. 1.059, de 2 de agosto de 2010, nos seguintes termos:

"Art. 33. O viajante procedente do exterior poderá trazer em sua bagagem acompanhada, com a isenção dos tributos a que se refere o *caput* do art. 32:

I — livros, folhetos, periódicos;

II — bens de uso ou consumo pessoal; e

III — outros bens, observado o disposto nos §§ 1º a 5º deste artigo, e os limites de valor global estabelecidos nas alíneas *a* e *b* do inciso III do art. 7º da Portaria MF n. 440, de 30 de julho de 2010".

Ainda, o direito a que se refere o inciso III do artigo anterior, conforme prevê o § 5º do art. 33 da mesma Instrução Normativa, somente poderá ser exercido uma vez a cada trinta dias.

Para dirimir as dúvidas existentes acerca do limite do princípio da insignificância ante a prática do crime de descaminho, o STF firmou o entendimento no sentido de sua aplicação nos casos em que o valor sonegado não ultrapassar o montante de

38. Claus Roxin, *Política criminal y sistema del Derecho Penal*, Barcelona, Bosch, 1972, p. 53.
39. Zaffaroni, *Manual de Derecho Penal*, p. 475.

R$ 10.000,00 (dez mil reais), nos termos do disposto no art. 20 da Lei n. 10.522/2002, com a redação dada pela Lei n. 11.033/2004. Os precedentes dessa decisão podem ser encontrados nos seguintes julgados: HC 144.193 AgR, 1ª Turma, Rel. Min. Alexandre de Moraes, unânime, *DJe* 4-9-2020; HC 96.375/PR, 2ª Turma, Rel. Min. Joaquim Barbosa, unânime, *DJe*, 1º-10-2010; RHC 82.045/SP, 1ª Turma, Rel. Min. Sepúlveda Pertence, *DJ*, 25-10-2002; HC 95.570/SC, 1ª Turma, Rel. Min. Dias Toffoli, por maioria, *DJe*, 27-8-2010; e HC 96.850/PR, 1ª Turma, Rel. Min. Ricardo Lewandowski, por maioria, *DJe* 18-6-2010.

No entanto, nossa Corte Suprema, tendo sido flexível ao considerar a insignificância, pautando-se pela linha adotada pelo Ministério da Fazenda, nesse sentido, passou a considerar, para a configuração do crime de descaminho, na avaliação da insignificância, o patamar de R$ 20.000,00, previsto no art. 20 da Lei n. 10.522/2002, atualizado pelas Portarias n. 75 e n. 130/2012 do Ministério da Fazenda. Nesses casos, reconhece o Supremo Tribunal Federal a ausência de tipicidade material do crime de descaminho, considerando o desinteresse do próprio Estado em executar eventuais devedores em valores inferiores àquele patamar[40].

Esse limite não se aplica, contudo, ante a prática de contrabando, na medida em que o sentido da incriminação não seria o mesmo em face da potencialidade lesiva da comercialização de produtos proibidos.

15. Questões especiais

Se há facilitação do contrabando ou descaminho por funcionário alfandegário, que infringe dever funcional, responderá esse funcionário pelo delito do art. 318 do CP. "O delito do art. 70 da Lei n. 4.117/62 foi recepcionado pela CF/88. Delito tipificado em lei e não desmerecido pela alteração do DL n. 236/67, porque também este foi recepcionado tacitamente pela CF/88 — art. 25, ADCT"[41]. O *caput* e o § 1º admitem a suspensão condicional do processo em razão da pena mínima abstratamente cominada — igual a um ano. *Vide* o art. 39 do Decreto-lei n. 288/67 (Zona Franca de Manaus); art. 33 da Lei n. 11.343/2006 (entorpecentes); art. 1º, II, do Decreto n. 2.730/98 (crime de natureza tributária).

Tratando-se, entretanto, de mercadorias de valor de pouca expressão econômica, a infração não se caracteriza, ante o princípio da insignificância, que afasta a tipicidade, por ausência de lesão ao bem jurídico tutelado.

16. Pena e ação penal

A pena cominada, isoladamente, para o crime de descaminho, é a reclusão, de um a quatro anos. Para a forma majorada, que alguns doutrinadores falam em figura qualificada (embora não apresente novos limites mínimo e máximo da pena

---

40. HC 120.139/PR, 1ª Turma do STF, rel. Min. Dias Toffoli, j. 11-3-2014, unânime, *DJe*, 31-3-2014; idem, STF: HC 118.067.

41. TRF-1ª Reg., RHC 19980100057588-9/MT, Rel. Min. Eliana Calmon, *DJU*, 19 nov. 1998.

cominada), a pena aplica-se em dobro (§ 3º). Para o crime de contrabando, agora disciplinado no art. 334-A, a pena é reclusão de dois a cinco anos. Para a forma majorada, a exemplo do crime de descaminho, aplica-se a pena em dobro (§ 3º).

A ação penal, como em todos os crimes contra a administração pública, é de natureza pública incondicionada, e é da competência da Justiça Federal, porque o imposto a ser recolhido destina-se à União, afora o fato de que, na maioria das vezes, tais ocorrências acontecem em região alfandegária, com a fiscalização de agentes federais. Nesse sentido, ademais, consta da Súmula 151: "A competência para o processo e julgamento por crime de contrabando ou descaminho define-se pela prevenção do Juízo Federal do lugar da apreensão dos bens".

Por fim, o Superior Tribunal de Justiça tem entendido que, a exemplo dos crimes tributários, a persecução penal no crime de descaminho pressupõe o esgotamento da via administrativa com a constituição definitiva do crédito tributário (art. 83 da Lei n. 9.430/96, art. 1º, II, do Decreto n. 2.730/98)[42].

---

42. STJ, HC 139.998/RS, rel. Min. Jorge Mussi, 25-11-2010; STJ, HC 48.805/SP, *DJ* 19-11-2007.

IMPEDIMENTO, PERTURBAÇÃO OU FRAUDE DE CONCORRÊNCIA — XXVII

Sumário: 1. Considerações preliminares. 2. Bem jurídico tutelado. 3. Sujeitos do crime. 4. Tipo objetivo: adequação típica. 4.1. Concorrência ou venda em hasta pública: distinção. 5. Tipo subjetivo: adequação típica. 6. Consumação e tentativa. 7. Classificação doutrinária. 8. Pena e ação penal.

Impedimento, perturbação ou fraude de concorrência

Art. 335. Impedir, perturbar ou fraudar concorrência pública ou venda em hasta pública, promovida pela administração federal, estadual ou municipal, ou por entidade paraestatal; afastar ou procurar afastar concorrente ou licitante, por meio de violência, grave ameaça, fraude ou oferecimento de vantagem:

Pena — detenção, de 6 (seis) meses a 2 (dois) anos, ou multa, além da pena correspondente à violência.

Parágrafo único. Incorre na mesma pena quem se abstém de concorrer ou licitar, em razão da vantagem oferecida.

• Este artigo foi revogado pelos arts. 93 e 95 da Lei n. 8.666, de 21 de junho de 1993 (Lei de Licitações), segundo lição unânime da melhor doutrina.

1. Considerações preliminares

A Lei n. 8.666, de 21 de junho de 1993, disciplinou as licitações e os contratos da Administração Pública. Nos arts. 90, 93, 95, 96 e 98 da referida lei foi exaustivamente regulamentada toda a matéria que era objeto de proteção do art. 335 do Código Penal de 1940, encontrando-se, segundo a doutrina mais autorizada, revogado tacitamente, nos termos do art. 2º, § 1º, da LINDB.

A arrematação judicial, no entanto, que tem objeto jurídico distinto, continua sendo tutelada penalmente pela disposição contida no art. 358 do Código Penal, que será, oportunamente, objeto de nossas considerações.

Por essas razões mantemos, a título meramente informativo, as sintéticas considerações constantes de nosso Código Penal comentado.

2. Bem jurídico tutelado

Bem jurídico protegido é a Administração Pública, especialmente sua moralidade e probidade administrativa tutelando a regularidade e seriedade das licitações e concorrências públicas[1]. Protege-se, na verdade, a probidade de função pública, sua respeitabilidade, bem como a integridade de seus funcionários.

3. Sujeitos do crime

Sujeito ativo pode ser qualquer pessoa (licitante ou mesmo qualquer estranho à concorrência ou hasta pública). Não se afasta nem mesmo o funcionário público, diretamente envolvido ou não nos respectivos procedimentos, desde que não ocorra a hipótese descrita no art. 326 do CP.

Sujeito passivo é o Estado (União, Estados-membros, Distrito Federal e Municípios), e, secundariamente, também são sujeitos passivos os diretamente interessados na licitação.

4. Tipo objetivo: adequação típica

São duas as condutas típicas previstas: a) impedir (obstar), perturbar (embaraçar) ou fraudar (usar artifício, ardil ou qualquer meio enganoso a fim de induzir ou manter alguém em erro) concorrência ou venda em hasta pública, promovida pela Administração Federal, estadual ou municipal, ou entidade paraestatal; b) afastar ou procurar afastar concorrente ou licitante, por meio de violência (física), grave ameaça (prenúncio de causar mal sério), fraude (artifício ou ardil para induzir ou manter alguém em erro) ou oferecimento de vantagem (de natureza material ou moral).

Salienta-se que afastar o competidor não é apenas ocasionar o seu distanciamento ou ausência para não concorrer ou licitar, senão também a sua abstenção de formular proposta, ou a retirada desta, ou a desistência de fazer lanço, embora presente no local onde se realiza a competição.

4.1 *Concorrência ou venda em hasta pública: distinção*

Concorrência "é a modalidade de licitação própria para contratos de grande valor, em que se admite a participação de quaisquer interessados, cadastrados ou não, que satisfaçam as condições do edital, convocados com antecedência mínima de 30 dias, com ampla publicidade pelo órgão oficial e pela imprensa particular"[2]. A venda em hasta pública é o leilão.

5. Tipo subjetivo: adequação típica

Elemento subjetivo geral é o dolo consistente na vontade consciente de praticar qualquer das condutas descritas, especialmente na primeira parte do dispositivo. Relativamente à segunda parte, é exigido o elemento subjetivo especial de afastar concorrente ou licitante do certame, através de violência, grave ameaça, fraude ou oferecimento de vantagem.

---

1. Heleno Cláudio Fragoso, *Lições de Direito Penal*, p. 485.
2. Hely Lopes Meirelles, *Direito Administrativo*, p. 277.

6. Consumação e tentativa

Consuma-se o delito com o efetivo impedimento, perturbação ou fraude à concorrência ou à venda em hasta pública; não é necessário que haja o efetivo afastamento do interessado, pois o Código equipara ao afastamento a figura tentada: "afastar ou procurar afastar" o concorrente ou licitante.

A tentativa é admissível apenas na primeira modalidade, pois na segunda, como dissemos, a tentativa é equiparada à consumação. O parágrafo único trata da corrupção passiva (digamos, uma modalidade privilegiada) do concorrente ou licitante, que se consuma com a abstenção da proposta ao lanço, não se admitindo a figura da tentativa.

7. Classificação doutrinária

Trata-se de crime formal (que não exige resultado naturalístico para sua consumação), comum (que não exige qualidade ou condição especial do sujeito), sendo próprio na hipótese prevista no parágrafo único e omissivo puro; de forma livre (que pode ser praticado por qualquer meio ou forma pelo agente); instantâneo (não há demora entre a ação e o resultado); unissubjetivo (que pode ser praticado por um agente apenas).

8. Pena e ação penal

As penas cominadas, alternativamente, são de detenção, de seis meses a dois anos, ou multa, além da pena correspondente à violência (cúmulo material). A ação penal é pública incondicionada.

INUTILIZAÇÃO DE EDITAL OU DE SINAL — XXVIII

Sumário: 1. Considerações preliminares. 2. Bem jurídico tutelado. 3. Sujeitos do crime. 4. Tipo objetivo: adequação típica. 5. Tipo subjetivo: adequação típica. 6. Consumação e tentativa. 7. Classificação doutrinária. 8. Pena e ação penal.

Inutilização de edital ou de sinal

Art. 336. Rasgar ou, de qualquer forma, inutilizar ou conspurcar edital afixado por ordem de funcionário público; violar ou inutilizar selo ou sinal empregado, por determinação legal ou por ordem de funcionário público, para identificar ou cerrar qualquer objeto:

Pena — detenção, de 1 (um) mês a 1 (um) ano, ou multa.

1. Considerações preliminares

As legislações mais antigas (poucas) tipificavam a inutilização de edital como contravenção penal, que foi a linha seguida pelos códigos italianos — do século passado e deste —, inspiradores mais próximos da legislação brasileira, sendo destacado por Heleno Fragoso o seguinte: "O vigente código italiano (entenda-se o Código Rocco de 1930), elaborado sob o regime fascista e preocupado em reforçar o princípio de autoridade, contemplou-o apenas como contravenção (art. 664), seguindo, assim, ao anterior direito italiano (cód. Zanardelli, art. 446, e Regulamento Toscano de Polícia Punitiva, de 1853, art. 22)[1].

Os Códigos Penais brasileiros anteriores — de 1830 (Imperial) e de 1890 (primeiro republicano) — desconheciam a criminalização em epígrafe. A criminalização relativa à inutilização de sinal, inclusive, constante da segunda parte do art. 336, tem como precedente o Código Penal de Napoleão (1810), que também acabou influenciando vários outros códigos, como o toscano, sardo, e os italianos (Zanardelli e Rocco)[2].

1. Heleno Cláudio Fragoso, *Lições de Direito Penal*, p. 489.
2. Luiz Regis Prado, *Curso de Direito Penal*, p. 577.

2. Bem jurídico tutelado

Bem jurídico protegido é a Administração Pública, especialmente o desenvolvimento regular da atividade administrativa, resguardando-a de práticas impuras, desonestas e fraudulentas, desacreditando-a perante a coletividade. Protege-se, na verdade, a probidade da função pública, sua respeitabilidade, bem como a integridade de seus funcionários nos mais diversos setores, especialmente na seara fiscalizatória. Têm-se em consideração, de um lado, o edital, documento público necessário e indispensável à realização de vários atos administrativos, garantidor de publicidade; igualmente, de outro lado, considera-se selo e sinal, que também são garantias de identidade, inviolabilidade e intangibilidade de determinadas atividades, objetos, valores ou coisas de interesse da Administração Pública.

3. Sujeitos do crime

Sujeito ativo pode ser qualquer pessoa, independentemente de qualidade ou condição alguma; pode, inclusive, ser funcionário público, não se excluindo o próprio encarregado de fixar o edital, selo ou sinal, agindo, nesse caso, com infringência de seu dever funcional, prejudicando não só os interesses da administração pública, como também de eventual interessado diretamente atingido.

Sujeito passivo é o Estado (União, Estados-membros, Distrito Federal e Municípios); secundariamente, o eventual prejudicado diretamente com qualquer das condutas praticadas pelo sujeito ativo.

4. Tipo objetivo: adequação típica

O art. 336 descreve duas condutas típicas em relação ao edital: a) rasgar (cortar, dilacerar, destroçar) ou, de qualquer forma, inutilizar (tornar inútil, imprestável ao fim a que se destina); ou b) conspurcar (sujar, manchar, borrar) edital afixado por ordem de funcionário público. Ou seja, o edital — administrativo ou judicial — deve emanar de funcionário público competente, na forma da lei (o simples vício formal no objeto material é suficiente para afastar a tipicidade da conduta). Referidas condutas podem ser cometidas de qualquer forma e por qualquer meio (rasuras, pichações, cortes, dilacerações etc.), tratando-se, portanto, de crime de forma livre.

São descritas, igualmente, duas condutas em relação a selo ou sinal: a) violar (romper), ou b) inutilizar (tornar inútil, ou seja, o mesmo significado adotado em relação a edital, devassar) selo ou sinal empregado, por determinação legal ou por ordem de funcionário público, para identificar (individualizar) ou cerrar (lacrar, fechar) qualquer objeto. Selo ou sinal pode ser de qualquer natureza e assumir qualquer formato: lacre, chumbado, papel, arame etc. É indispensável, no caso de selo ou papel, que tais objetos sejam apostos por determinação legal ou por ordem de funcionário competente.

O objeto material de que se cogita, nesse tipo penal, é edital, selo ou sinal, que "consiste, comumente (pelo menos), a assinatura, carimbo ou sinete da autoridade competente, se fixa, por meio de cola, tachas, cosedura, lacre, arame etc., em fechaduras, gavetas, portas, janelas, bocas de vasos, frascos, sacos ou caixas, em suma, na abertura de algum continente, para garantia oficial de integridade do respectivo conteúdo"[3].

Embora a lei não se refira ao local onde possa estar afixado o edital (público ou acessível ao público), deve ser, diz a praxe, "no lugar de costume", porque, sendo afixado em outro local ou em lugar impróprio, não será alcançado pela tutela penal[4]. Não há crime se o edital, selo ou sinal não tiverem mais utilidade (edital com prazo vencido, objeto já descerrado etc.) ou se estiverem estragados, sem serventia. Poderá haver concurso material do presente delito com crimes de furto (art. 155 do CP), violação de domicílio (art. 150 do CP), entre outros. Admite-se — mais que isso — é direito do autor do fato, segundo o art. 98, I, da Constituição Federal, a transação penal, nos termos da Lei n. 9.099/95, em razão da pena abstratamente cominada — inferior a dois anos.

5. Tipo subjetivo: adequação típica

O elemento subjetivo é o dolo, representado pela vontade consciente de praticar qualquer das condutas nucleares, conhecendo todos os elementos constitutivos que integram a descrição típica, isto é, tendo consciência de que o edital foi fixado, ou que o selo ou sinal foram empregados, por ordem de funcionário público, ou ainda que os dois últimos foram utilizados por determinação legal. Essa consciência representa aquela necessidade de o dolo abranger todos os elementos constitutivos do tipo penal.

Não há, por outro lado, a necessidade de qualquer elemento subjetivo especial do injusto, e tampouco há previsão de modalidade culposa; assim, resultando de eventual imprudência ou negligência do agente a danificação ou inutilização de edital, selo ou sinal públicos, tais condutas serão atípicas.

6. Consumação e tentativa

Consuma-se o crime de inutilização de edital ou de sinal com a realização de qualquer das condutas incriminadoras, independentemente da produção de outro resultado. Havendo a destruição de mais de um edital, selo ou sinal, poderá configurar qualquer das modalidades de concurso de crimes — material, formal ou de continuidade delitiva, dependendo das demais elementares. No entanto, com a realização simultânea ou sequencial de todas as condutas descritas no tipo, em relação ao mesmo objeto (edital, selo ou sinal), o crime permanece único, por se tratar de crime de ação múltipla ou de conteúdo variado.

Na conduta de violar não é necessário que o sujeito ativo tome conhecimento do conteúdo do material que o selo ou o sinal protegem[5], sendo suficiente a ação

3. Nélson Hungria, *Comentários*, p. 442.
4. No mesmo sentido, Luiz Regis Prado, *Curso de Direito Penal*, p. 579.
5. Damásio de Jesus, *Direito Penal*, p. 252.

com essa finalidade; o eventual conhecimento representará apenas o exaurimento do crime sem qualquer consequência a mais.

A tentativa é, teoricamente, admissível, sempre que ocorrer fracionamento do seu *iter criminis*, por razões alheias à vontade do agente.

7. Classificação doutrinária

Trata-se de crime formal (que não exige resultado naturalístico para sua consumação, representando efetivo prejuízo à administração pública); comissivo (os verbos nucleares implicam ações ativas, com essa exceção de eventual participação do funcionário encarregado); comum (que não exige qualidade ou condição especial do sujeito), sendo próprio na hipótese prevista no parágrafo único e omissivo puro; de forma livre (que pode ser praticado por qualquer meio ou forma pelo agente); instantâneo (não há demora entre a ação e o resultado); unissubjetivo (que pode ser praticado por um agente apenas).

8. Pena e ação penal

As penas cominadas, alternativamente, são de detenção, de um mês a um ano, ou multa (resultando daí a imposição constitucional da transação penal, desde que satisfeitos os demais requisitos legais).

A ação penal, como em todos os crimes contra a Administração Pública, é pública incondicionada.

SUBTRAÇÃO OU INUTILIZAÇÃO DE LIVRO OU DOCUMENTO

XXIX

Sumário: 1. Considerações preliminares. 2. Bem jurídico tutelado. 3. Sujeitos do crime. 4. Tipo objetivo: adequação típica. 5. Tipo subjetivo: adequação típica. 6. Consumação e tentativa. 7. Classificação doutrinária. 8. Pena e ação penal.

Subtração ou inutilização de livro ou documento

Art. 337. Subtrair, ou inutilizar, total ou parcialmente, livro oficial, processo ou documento confiado à custódia de funcionário, em razão de ofício, ou de particular em serviço público:

Pena — reclusão, de 2 (dois) a 5 (cinco) anos, se o fato não constitui crime mais grave.

1. Considerações preliminares

O legislador brasileiro de 1940 inspirou-se no Código Penal italiano de 1930, que adotava, no entanto, uma tipificação mais abrangente (art. 351) que a nossa[1]. Os italianos já contam com a criminalização desse comportamento nos Códigos sardo (art. 298) e Zanardelli (art. 202). A própria natureza subsidiária dessa infração penal foi herdada dessa precedente legislação italiana, na medida em que a legislação brasileira anterior (Código Criminal de 1830 e Código Republicano de 1890) ignoraram a disciplina dessa infração penal.

O natimorto Código Penal brasileiro de 1969, que havia nascido para substituir o vetusto Código Penal de 1940, mantinha a tipificação dessa infração penal.

2. Bem jurídico tutelado

Bem jurídico protegido é a Administração Pública, especialmente o funcionamento regular da atividade administrativa, resguardando de forma particular a custódia oficial de livros, processos e documentos confiados a funcionário público ou particular em serviço público. Protege-se, na verdade, a probidade da função pública, sua respeitabilidade, bem como a integridade de seus funcionários nos mais diversos setores, especialmente na seara cartorial-documental, merecedora, por si só, de especial atenção do administrador público.

1. Magalhães Noronha, *Direito Penal*, p. 357.

3. Sujeitos do crime

Sujeito ativo pode ser qualquer pessoa, independentemente de qualidade ou condição alguma; pode, inclusive, ser funcionário público, não se excluindo, inclusive, o próprio funcionário encarregado da custódia do objeto material (livro oficial, processo ou documento), agindo, nesse caso, com infringência de seu dever funcional, prejudicando não só os interesses da administração pública, como também de eventual interessado diretamente atingido.

Sujeito passivo é o Estado (União, Estados-membros, Distrito Federal e Municípios), e, secundariamente, o eventual prejudicado diretamente com qualquer das condutas praticadas pelo sujeito ativo.

4. Tipo objetivo: adequação típica

Os núcleos do tipo são os verbos subtrair e inutilizar. Subtrair (é retirar, e tem, mais especificamente, todo o significado traduzido na consideração que fizemos a respeito desse verbo quando examinamos os crimes de furto e roubo no volume terceiro deste *Tratado de Direito Penal*, para onde remetemos o leitor); inutilizar, por sua vez, é tornar inútil, imprestável ao fim a que se destina, conforme descrevemos na análise do tipo anterior. Comungamos, quanto à subtração, com o magistério de Magalhães Noronha, quando afirma: "a ocultação e a substituição são subtrações. Em ambas há tirada da coisa de seu lugar próprio, numa se impedindo que ela apareça, e noutra substituindo-a, comportamentos posteriores à subtração e que visam antes à eficácia desta"[2]. Evidentemente que essa concepção de Noronha é inaplicável aos crimes contra o patrimônio, porque, nestes, como já sustentamos, "subtrair não é a simples retirada da coisa do lugar em que se encontrava; é necessário, *a posteriori*, sujeitá-la ao poder de disposição do agente. A finalidade deste é dispor da coisa, com *animus* definitivo, para si ou para outrem"[3]. Exatamente por não exigir esse fim especial de apoderar-se da coisa subtraída, para si ou para outrem, próprio dos crimes contra o patrimônio[4], é que está autorizada aquela interpretação mais abrangente sustentada por Magalhães Noronha a que nos referimos.

A subtração ou inutilização tem como objeto material livro oficial, processo ou documento (de natureza pública ou particular) confiado à custódia (guarda legal) de funcionário, em razão de ofício, ou de particular, em serviço público. A inutilização pode ser, segundo o texto legal, total (completa, abrangente) ou parcial (basta que parcela do todo seja inutilizada para satisfazer a vontade do legislador, pois será suficiente para neutralizar ou dificultar a finalidade do objeto material, ainda que parcialmente inutilizado). Neutralizar, total ou parcialmente, equivale, em outros

2. Magalhães Noronha, *Direito Penal*, p. 358.
3. Cezar Roberto Bitencourt, *Tratado de Direito Penal*, 15. ed., São Paulo, Saraiva, 2019, v. 3, p. 34 e 115.
4. Cezar Bitencourt, *Tratado*..., cit., v. 3, p. 46.

termos, a equiparar a consumação da ação com sua tentativa, pelo menos aquela conhecida como tentativa perfeita. Subtrair, parcialmente, porém, é uma questão mais complicada, considerando-se a natureza dos objetos materiais das condutas incriminadas: livro oficial, processo ou documento. No entanto, deixa claro o desvelo oficial na proteção de ditos objetos, e, admita-se, não será necessário muito esforço para entender que a subtração ou inutilização de parte — entenda-se de algumas folhas — será possível como subtração parcial, por exemplo, de livros e processo, sem qualquer afronta ao princípio da tipicidade estrita. Em relação a documento pode ser, eventualmente, um pouco mais complicado. Por exemplo, se dito documento constituir-se de folha única ou de instrumento unitário, ou se, por qualquer razão, for indivisível, não será possível sua subtração parcial; mas isso não chega a ser um problema especial, pois, como é comum na seara jurídica, a casuística merecerá análise e interpretação adequada.

Diferencia-se do crime do art. 305 do CP, porque neste o objeto material é o documento público ou particular destinado à prova de uma relação jurídica, atuando o sujeito ativo em benefício próprio ou de outrem, ou em prejuízo alheio. Distingue-se também do delito previsto no art. 314 do CP. Neste, o agente é funcionário público que tem guarda do objeto material em razão do cargo.

Configura-se o crime descrito no art. 356 do CP se o sujeito ativo é advogado ou procurador, atuando nessa qualidade, observadas as demais *essentialia deliti*.

5. Tipo subjetivo: adequação típica

Elemento subjetivo é o dolo, representado pela vontade consciente de praticar qualquer das condutas descritas no tipo penal, tendo consciência de que se trata de objeto material que se encontra sob a custódia de funcionário público, em razão de ofício, ou de particular, em serviço púbico.

No entanto, eventual erro sobre a existência da custódia, ou sobre encontrar-se o funcionário no exercício da função, ou o particular em serviço público constitui erro de tipo e, como tal, afasta a tipicidade da conduta, ante a ausência de previsão da modalidade culposa (que torna irrelevante a evitabilidade ou inevitabilidade do erro, bastando que de erro efetivamente se trate); não é demais recordar que o erro de tipo evitável exclui somente o dolo, remanescendo a responsabilidade penal pela modalidade culposa, quando há tal previsão.

Não há previsão ou necessidade de qualquer elemento subjetivo especial do tipo, sendo irrelevante, para configurar essa infração penal, a eventual motivação do agente, ressalvada a hipótese de poder configurar crime mais grave.

6. Consumação e tentativa

Consuma-se o crime com a subtração ou inutilização de livro oficial, processo ou documento confiado à custódia de funcionário, em razão de ofício, ou de particular em serviço público, sem a necessidade da superveniência de qualquer dano concreto ao interesse penalmente tutelado.

Admite-se a figura da tentativa, em qualquer das modalidades de condutas incriminadas; basta que o sujeito passivo, tendo iniciado qualquer das ações, quer de subtração, quer de inutilização, seja interrompido por causas estranhas ao seu querer.

7. Classificação doutrinária

Trata-se de crime formal (que não exige resultado naturalístico para sua consumação); comum (que não exige qualidade ou condição especial do sujeito), sendo próprio na hipótese prevista no parágrafo único e omissivo puro; de forma livre (que pode ser praticado por qualquer meio ou forma pelo agente); instantâneo (não há demora entre a ação e o resultado); unissubjetivo (que pode ser praticado por um agente apenas); e plurissubsistente (ambas as condutas, via de regra, são compostas de diversos atos, que podem, inclusive, ser interrompidos).

8. Pena e ação penal

A pena cominada é de reclusão, de dois a cinco anos, se o fato não constituir crime mais grave, tratando-se, por conseguinte, de crime expressamente subsidiário. Assim, sempre que a conduta reprovada apresentar algum elemento distinto que integre figura penal mais grave, encontrando melhor adequação típica, será esse o dispositivo que deverá prevalecer, como, por exemplo, pode ocorrer com a previsão do art. 305 do Código Penal, cuja sanção respectiva é consideravelmente superior.

A ação penal é pública incondicionada.

SONEGAÇÃO DE CONTRIBUIÇÃO PREVIDENCIÁRIA — XXX

Sonegação de contribuição previdenciária

Art. 337-A. Suprimir ou reduzir contribuição social previdenciária e qualquer acessório, mediante as seguintes condutas:

I — omitir de folha de pagamento da empresa ou de documento de informações previsto pela legislação previdenciária segurados empregado, empresário, trabalhador avulso ou trabalhador autônomo ou a este equiparado que lhe prestem serviços;

II — deixar de lançar mensalmente nos títulos próprios da contabilidade da empresa as quantias descontadas dos segurados ou as devidas pelo empregador ou pelo tomador de serviços;

III — omitir, total ou parcialmente, receitas ou lucros auferidos, remunerações pagas ou creditadas e demais fatos geradores de contribuições sociais previdenciárias:

Pena — reclusão, de 2 (dois) a 5 (cinco) anos, e multa.

§ 1º É extinta a punibilidade se o agente, espontaneamente, declara e confessa as contribuições, importâncias ou valores e presta as informações devidas à previdência social, na forma definida em lei ou regulamento, antes do início da ação fiscal.

§ 2º É facultado ao juiz deixar de aplicar a pena ou aplicar somente a de multa se o agente for primário e de bons antecedentes, desde que:

I — (Vetado.)

II — o valor das contribuições devidas, inclusive acessórios, seja igual ou inferior àquele estabelecido pela previdência social, administrativamente, como sendo o mínimo para o ajuizamento de suas execuções fiscais.

§ 3º Se o empregador não é pessoa jurídica e sua folha de pagamento mensal não ultrapassa R$ 1.510,00 (um mil, quinhentos e dez reais), o juiz poderá reduzir a pena de um terço até a metade ou aplicar apenas a de multa.

§ 4º O valor a que se refere o parágrafo anterior será reajustado nas mesmas datas e nos mesmos índices do reajuste dos benefícios da previdência social.

• Artigo acrescentado pela Lei n. 9.983, de 14 de julho de 2000.

---

1. Considerações preliminares

Trata-se de mais um dispositivo criado pela Lei n. 9.983, de 14 de julho de 2000, com o objetivo de fechar o cerco contra a sonegação de tributos no País, particularmente daqueles relacionados à previdência social, a exemplo do art. 168-A, que se refere à apropriação indébita previdenciária. A contribuição social previdenciária referida no art. 337-A encontra-se disciplinada nos arts. 22 e 23 da Lei n. 8.212/91. O "acessório" contido no mesmo dispositivo legal refere-se à multa, à atualização monetária e aos juros legalmente cominados.

2. Bem jurídico tutelado

Bem jurídico protegido são as fontes de custeio da seguridade social, particularmente os direitos relativos à saúde, à previdência e à assistência social (art. 194 da CF) ou, sinteticamente, a seguridade social. Objetiva-se, fundamentalmente, combater a criminalidade contra a tributação previdenciária como mais uma medida para fortalecer a Previdência Social e, por extensão, a assistência aos desamparados, que constitui verdadeiro direito social assegurado na Constituição Federal de 1988 (art. 6º); cumulativamente, essa norma penal protege também o patrimônio público da própria Previdência Social, que sofre diretamente o dano decorrente da sonegação fiscal da referida contribuição social previdenciária.

3. Sujeitos do crime

Sujeitos ativos são comerciante, industrial, titular de firma individual, sócios solidários, gerentes, diretores ou administradores que efetivamente hajam participado da administração da empresa, concorrendo efetivamente para a prática de qualquer das condutas criminalizadas. Não basta constar no contrato social como sócio ou diretor.

Sujeito passivo é o Estado, representado pelo INSS (Instituto Nacional do Seguro Social), que é o órgão encarregado da seguridade social.

4. Tipo objetivo: adequação típica

As contribuições previdenciárias, disciplinadas neste art. 337-A, abrangem as relativas ao custeio da seguridade social, nos termos do art. 195 da CF/88, ou seja, a contribuição do segurado empregado, empregado doméstico, trabalhador avulso e contribuinte individual e facultativo (arts. 20 e 21 da Lei n. 8.212/91), a contribuição previdenciária a cargo da empresa (art. 22 da Lei n. 8.212/91), a contribuição do empregador doméstico (art. 24 da Lei n. 8.212/91), a contribuição do produtor rural e pescador (art. 25 da Lei n. 8.212/91), a contribuição sobre a receita de concursos de prognósticos (art. 26 da Lei n. 8.212/91), além de todas as demais contribuições que tenham decorrido da previsão contida no § 4º do art. 195 da CF.

As condutas tipificadas são suprimir (excluir, eliminar, deixar de pagar) ou reduzir (diminuir, descontar ou recolher menos que o devido) contribuição previdenciária e qualquer acessório. Qualquer das duas condutas — suprimir ou reduzir — deve ser conjugada com aquelas descritas nos três incisos do artigo em exame. A impropriedade do legislador deve ser corrigida pela interpretação do aplicador da lei: suprimir deve ser entendido como deixar de pagar ou de recolher a contribuição devida, pois o contribuinte não suprime tributos, não tem essa atribuição, que é exclusiva do legislador.

Contribuição previdenciária são espécies de tributos, subordinando-se, consequentemente, aos mesmos princípios que regem o direito tributário. O legislador preferiu distinguir em três incisos distintos as modalidades de "supressão" e "redução" de contribuições sociais previdenciárias:

a) Omissão em folha de pagamento ou outro documento previdenciário

Omissão (não inclusão) de segurados (empregado, empresário, trabalhador avulso ou equiparado ou similar) da folha de pagamento de empresa ou em documento de informações previsto pela legislação previdenciária de todos os segurados ou seus serviços. Dessa omissão resulta a sonegação da contribuição previdenciária. O agente deixa de constar da folha de pagamento, da guia de recolhimento ou de documento de informações exigidas pela lei previdenciária (art. 225, IV, do Dec. n. 3.048/99). Essa conduta omissiva, como adverte Regis Prado[1], assemelha-se à falsidade ideológica descrita no art. 299 do Código Penal, dela distinguindo-se porque nessa infração penal a falsidade cometida constitui o meio utilizado para se obter o resultado pretendido, qual seja a supressão ou redução da contribuição previdenciária.

Os elementos normativos contidos no tipo penal, tais como empregado, segurado, empresa, trabalhador avulso etc., estão todos na legislação previdenciária (Leis n. 9.983/2000 e 8.212/91, e Dec. n. 3.048/99), os quais complementam o dispositivo penal, que constitui norma penal em branco, não havendo necessidade de emitirmos conceituações neste estudo.

O art. 95, *a*, da Lei n. 8.212/91 criminalizava a simples omissão na folha de pagamento; agora, exige-se, expressamente, a supressão ou redução da contribuição devida, causando prejuízo à Previdência Social. Em outros termos, a descrição típica exige a superveniência de um resultado, que é representado pela supressão ou redução da contribuição social previdenciária. Trata-se, em realidade, de substancial modificação do antigo art. 95, *a*, da Lei n. 8.212/91, que considerava crime a simples omissão na folha de pagamento, sendo exigível agora a efetiva supressão ou redução da contribuição, constituindo crime de resultado. Nesse sentido, destaca Regis Prado, "frise-se, contudo, que o tipo legal faz menção tão

1. Luiz Regis Prado, *Curso de Direito Penal brasileiro*, 3. ed., São Paulo, Revista dos Tribunais, 2004, v. 4, p. 759.

somente à omissão em lançar o número correto de segurados na folha de pagamento ou na guia, de forma que a falsidade por omissão, quando o agente insere declaração falsa, *v. g.*, de que o seu empregado recebe um salário menor do que o devido, encontrará tipicidade no inciso III, que reprime, dentre outras condutas, a omissão referente às remunerações pagas"[2].

b) Omissão de lançamentos de outros descontos previdenciários

A conduta descrita no inciso II do art. 337-A consiste na omissão de lançamento nos títulos próprios da contabilidade da empresa dos valores ou quantias descontadas dos segurados ou devidas pelo empregador ou pelo tomador dos serviços. O sujeito ativo deixa de lançar, mensalmente, na contabilidade da empresa os valores que descontou dos segurados ou devidos pelo empregador ou tomador de serviços. Dessa forma, sonega a contribuição devida; essa omissão equivale à figura descrita no art. 95, *b*, da Lei n. 8.212/91.

A contribuição devida pela empresa vem determinada pelos arts. 22 e 23 da Lei n. 8.212/91. Tomador de serviços é a empresa que recebe o serviço de outra, que recebe a denominação de cedente, que realiza a função conhecida como terceirização da atividade desempenhada.

c) Omissão de receitas, lucros ou remunerações pagas ou creditadas

A supressão ou sonegação, nessa hipótese, produz-se pela omissão de receitas ou lucros auferidos, remunerações pagas ou creditadas ou demais fatos geradores de contribuições sociais previdenciárias. A omissão pode ser total ou parcial. Essa figura equivale àquela anteriormente prevista no art. 95, *c*, da Lei n. 8.212/91.

A natureza tributária das contribuições previdenciárias, isto é, das contribuições devidas à seguridade social (art. 195 da CF), pacificou-se na jurisprudência do STF, a partir do voto do rel. Min. Moreira Alves, no julgamento do Recurso Extraordinário n. 146.733/SP[3], sendo regidas, portanto, pelas normas tributárias e dentro de seus próprios limites. Em outros termos, toda matéria relativa a contribuições previdenciárias — a exemplo de qualquer norma referente à matéria fiscal — deve adequar-se aos limites formais e substanciais estabelecidos pelo Sistema Tributário Nacional. Dessa forma, as contribuições previdenciárias devem ser consideradas como espécies de contribuições sociais, submetendo-se, consequentemente, aos princípios gerais do direito tributário e, por óbvio, respeitando as suas peculiaridades. Sua regulamentação e disciplina devem observar o Sistema Tributário Nacional, regido pela Constituição Federal (arts. 145/162), que vincula a legislação infraconstitucional aos limites estabelecidos relativamente à matéria. Significa, em outros termos, que a liberdade do legislador infraconstitucional em relação às contribuições

2. Luiz Régis Prado, *Curso de Direito Penal*, p. 761.

3. RE 146733/SP, Rel. Min. Moreira Alves, *DJ*, 6 nov. 1992, p. 20110, *RTJ*, 143(2):684, j. 29-6-1992, Tribunal Pleno.

previdenciárias (normas tributárias) e, por extensão, às penais-tributárias também está vinculada ao texto constitucional.

5. Tipo subjetivo: adequação típica

O elemento subjetivo geral é o dolo, representado pela vontade consciente de não pagar à Previdência Social as contribuições devidas, por qualquer das modalidades descritas no três incisos. Acreditamos ser indispensável o elemento subjetivo especial do injusto, representado pelo especial fim de fraudar a Previdência Social. Em sentido contrário, Guilherme de Souza Nucci adota respeitável entendimento, afirmando: "Cremos haver a exigência, como em todo delito de natureza fiscal, do elemento subjetivo específico, que é a vontade de fraudar a previdência, deixando de pagar a contribuição"[4]. Nesse sentido é o entendimento do STJ: "De acordo com a jurisprudência desta Corte, a comprovação do crime de apropriação indébita de contribuição previdenciária (art. 337-A do CP) prescinde de dolo específico, sendo suficiente, para a sua caracterização, a presença do dolo genérico" (STJ, AgRg no AREsp n. 2.137.812/RJ, relator Ministro Jesuíno Rissato (Desembargador Convocado do TJDFT), Sexta Turma, julgado em 20-6-2023, *DJe* de 23-6-2023).

Não há previsão de modalidade culposa.

6. Classificação doutrinária

Trata-se de crime formal (que não exige resultado naturalístico para sua consumação, embora com a exigência efetiva de redução ou supressão da contribuição não se possa negar que esse aspecto represente o resultado); comum (que não exige qualidade ou condição especial do sujeito, embora para alguns constitua crime próprio); de forma livre (que pode ser praticado por qualquer meio ou forma pelo agente); instantâneo (não há demora entre a ação e o resultado); unissubjetivo (que, em regra, pode ser praticado por um agente apenas).

7. Consumação e tentativa

Consuma-se o crime de sonegação de contribuição previdenciária, em qualquer de suas modalidades, com a "supressão" ou "redução" efetiva da sonegação, total ou parcial, da contribuição devida. Consuma-se, enfim, no momento em que a guia de informação exigida pelo Decreto n. 3.048/99 é apresentada ao órgão previdenciário com a omissão dos dados necessários apontados pelo legislador.

Embora seja de difícil configuração, passamos a admitir a possibilidade, em tese, de verificar-se a figura tentada.

8. Causas extintivas da punibilidade: com ou sem pagamento

A apropriação indébita e a sonegação de contribuição previdenciária apresentam regimes jurídicos distintos quanto aos efeitos dos respectivos pagamentos. Quanto

4. Guilherme de Souza Nucci, *Código Penal comentado*, p. 1037.

à primeira — apropriação indébita previdenciária —, o legislador a disciplinou expressamente (art. 168-A, § 2º), extinguindo a punibilidade; quanto à segunda — sonegação previdenciária —, omitiu-se. Ante essa omissão, deve-se examinar a aplicabilidade do disposto no art. 34 da Lei n. 9.249/95, conforme já vinha admitindo o próprio STF.

8.1 *Causa extintiva de punibilidade sem pagamento dos tributos devidos*

O § 1º prevê a extinção da punibilidade, desde que o agente declare, confesse a dívida e preste as informações devidas à Previdência. Por lacuna no texto legal, não há exigência do pagamento. É inadmissível interpretação extensiva ou analogia *in malam partem*, sendo inviável a invocação do disposto no § 2º do art. 168-A. Assim, segundo o texto legal, nessa infração, o sonegador livra-se da ação penal, sem pagar o débito, somente com a declaração, a confissão da dívida e a prestação das informações devidas, espontaneamente, antes do início da ação fiscal.

Com a edição da Lei n. 9.983/2000, o legislador não foi muito feliz ao estabelecer que, para o crime de "supressão ou redução" de contribuições previdenciárias, o agente deve "confessar" e "declarar", espontaneamente, os valores devidos a título de contribuição previdenciária, antes do início da ação fiscal (§ 1º). Contrariando todas as outras disposições semelhantes em matéria tributária, por esse texto legal, para a concessão desse "benefício legal", não é necessário o pagamento do tributo; basta que o agente confesse e declare os valores devidos. Assim, para a extinção da punibilidade penal, na hipótese dessa infração penal, basta que o agente confesse e declare os valores devidos, para que o Estado não possa sequer instaurar a persecução penal.

8.2 *Perdão judicial ou aplicação alternativa da pena de multa*

O § 2º, a exemplo do art. 168-A, § 3º, cria uma hipótese *sui generis*: perdão judicial ou multa. As hipóteses são alternativas (perdão judicial ou pena de multa), mas os requisitos são cumulativos. As operadoras do art. 59 deverão recomendar uma ou outra das alternativas.

São necessários os seguintes requisitos:

1) Primário (aquele que nunca sofreu qualquer condenação irrecorrível); réu não reincidente, na linguagem da Reforma Penal de 1984, é aquele que não é primário, mas já desapareceram os efeitos da reincidência (art. 64, I, do CP).

2) Bons antecedentes (quem não tem comprovadamente antecedentes negativos, isto é, não tem condenação irrecorrível, fora das hipóteses da reincidência).

3) Pequeno valor da dívida (o valor do débito previdenciário (contribuição e acessórios): não deve ser superior ao mínimo exigido pela própria previdência social para ajuizamento de execução fiscal.

A exigência do pagamento integral do débito, após o início da ação fiscal e antes do recebimento da denúncia, foi vetada (§ 2º, I). Assim, basta que se trate de débito de pouca monta para se justificar o perdão judicial ou a pena de multa, desde que o agente seja primário e detentor de bons antecedentes. O veto não afastou o perdão judicial, apenas lhe diminuiu as exigências, ao suprimir a necessidade de pagamento e o respectivo período em que deveria ocorrer.

Há necessidade de que o valor do débito previdenciário (contribuição e acessórios) não seja superior ao mínimo exigido pela própria previdência social para ajuizamento de execução fiscal. O perdão judicial, nos termos postos, é praticamente inócuo, pois se limita a valores ínfimos: desde que não sejam suficientes para justificar sua cobrança judicial. Se o fisco não tem interesse em cobrar judicialmente o crédito tributário, não há, igualmente, fundamento para a imposição de sanções criminais. Prevê a nova lei, assim, o cabimento do perdão judicial ou da pena de multa isoladamente. A nosso juízo, em termos tributário-fiscais, configura-se, em sede criminal, o princípio da insignificância, excluindo-se a própria tipicidade.

9. Aplicação do art. 34 da Lei n. 9.349/95: analogia *in bonam partem*

O § 2º criou uma espécie *sui generis* de perdão judicial, ou, se preferirem, uma *extinção de punibilidade discricionária*, desde que — segundo constava do projeto de lei — fossem satisfeitas, para agentes primários e bons antecedentes, duas condições:

I — tenha promovido, após o início da ação fiscal e antes de oferecida a denúncia, o pagamento da contribuição social previdenciária, mesmo que parcelada, inclusive acessórios; ou

II — o valor das contribuições devidas, inclusive acessórios, seja igual ou inferior àquele estabelecido pela previdência social administrativamente, como sendo o mínimo para o ajuizamento de suas execuções fiscais.

Previsão legal como essa não apresentaria problema algum, na medida em que se inseriria no sistema tradicional, a exemplo de outras previsões constantes nas leis tributárias, examinadas no capítulo do crime de contrabando ou descaminho. No entanto, o inciso I do parágrafo citado foi vetado pelo Presidente da República, sob o fundamento de que, basicamente, a redação permitiria o entendimento de que o simples parcelamento já levaria à extinção da punibilidade do crime. A supressão do texto pelo veto presidencial pode levar a duas interpretações, que sintetizamos no seguinte: a) o veto, a despeito da justificativa expressa, foi motivado pela previsão do § 1º, que permite a mesma extinção com a simples confissão e declaração do agente, tornando-se desnecessária e supérflua a condição estabelecida no inciso revogado; b) o pagamento da contribuição previdenciária suprimida ou reduzida — mesmo que integral e antes do recebimento da denúncia — não exclui mais a punibilidade dessa modalidade de crime, pois o agente ou já teria feito uso da faculdade contida no § 1º (confessado e declarado), ou, se não o fez, teria sido alcançado pela preclusão e, portanto, o pagamento posterior não teria efeito extintivo algum.

No entanto, não se pode evitar a contextualização sob a égide de um Estado Democrático de Direito, que assegura a isonomia, disciplina o tratamento uniforme do sistema tributário, além de proibir textualmente a instituição de tratamento desigual entre contribuintes que se encontrem em situação equivalente (art. 150, II, da CF/88), ressalvadas as hipóteses que a própria Constituição prescrever (*v.g.*, art. 195, § 9º, da CF/88). Uma vez aplicada essa limitação às alterações legislativas em matéria penal-tributária, chegaremos à conclusão de que os limites da exclusão da punibilidade, nos delitos de supressão ou redução de contribuição previdenciária enunciados no art. 337-A do Código Penal, sujeitaram-se a uma incoerência jurídica em face das demais modalidades de sonegação fiscal com a égide da Lei n. 9.983/2000. Ademais, como destaca Andrei Zenkner Schmidt, "a grande maioria dos incisos do art. 337-A descrevem condutas idênticas às narradas no art. 1º da Lei n. 8.137/90, caso em que a tipificação legal da conduta depende do tipo de tributo suprimido ou reduzido: se contribuição previdenciária, art. 337-A; demais casos de tributos (incluídas as demais hipóteses de contribuições sociais), art. 1º da Lei n. 8.137/90"[5]. E conclui Schmidt, com acerto, destacando a grande antinomia gerada pelo veto presidencial, dependendo da natureza do tributo: "havendo supressão ou redução de PIS ou COFINS, p. ex., o autor pode quitar a dívida até o recebimento da denúncia e ver-se livre da ação penal; se a supressão ou redução do tributo disser respeito, contudo, à contribuição previdenciária, este efeito não ocorrerá"[6].

Por todas essas razões, concluímos, fazendo coro com Andrei Schmidt, sustentando a aplicabilidade do art. 34 da Lei n. 9.249/95, justificando-se a aplicação da analogia *in bonam partem*[7]: "Nem se afirme, acerca disso, que o veto ao inc. I do § 1º do art. 337-A impossibilitaria esta solução, na medida em que a 'vontade do legislador' encontra seu limite na interpretação sistemática e constitucional do ordenamento jurídico, ou seja, pouco importa que as razões do veto tenham sido de expresso impedimento à exclusão da punibilidade com o pagamento da contribuição previdenciária suprimida ou reduzida, já que esta solução iria de encontro à unidade do Sistema Tributário Nacional"[8].

Em síntese, pode-se concluir, não há qualquer impedimento à admissibilidade do reconhecimento da extinção da punibilidade no crime de sonegação de contribuição previdenciária (art. 337-A), nos termos do art. 34 da Lei n. 9.249/95.

10. Causa de diminuição de pena

O texto legal prevê uma causa especial de diminuição de pena, desde que a sonegação de contribuição previdenciária não tenha sido praticada por intermédio de pessoa jurídica, isto é, quando se trata de contribuinte individual, pessoa física, e a sua folha de pagamento não ultrapasse R$ 1.510,00, pode ser reduzida a pena

5. Andrei Zenkner Schmidt, *Extinção de punibilidade*, p. 115.
6. Andrei Zenkner Schmidt, *Extinção de punibilidade*, p. 115.
7. Cezar Roberto Bitencourt, *Tratado de Direito Penal*, 29. ed., São Paulo, Saraiva, 2023, v. 1, p. 176.
8. Andrei Zenkner Schmidt, *Extinção da punibilidade*, p. 116.

de um terço até metade ou aplicar-se somente a pena de multa. Para essa hipótese, são irrelevantes a primariedade e os antecedentes do agente. Esse valor será sempre reajustado na mesma data e nos mesmos índices que os benefícios previdenciários receberem reajustes, consoante disposição expressa do § 4º do artigo em exame.

Estando satisfeitos os requisitos legais mencionados, a redução da pena aplicada é impositiva, tratando-se de um direito público subjetivo do acusado, que não pode ser sonegado pelo Judiciário.

11. Pena e ação penal

As penas cominadas, cumulativamente, são de reclusão, de dois a cinco anos, e multa, com a redução possível da figura privilegiada (§ 3º).

A ação penal é pública incondicionada.

CRIMES PRATICADOS POR PARTICULAR CONTRA A ADMINISTRAÇÃO PÚBLICA ESTRANGEIRA

TERCEIRA PARTE

CORRUPÇÃO ATIVA EM TRANSAÇÃO COMERCIAL INTERNACIONAL

XXXI

Sumário: 1. Considerações preliminares e fundamentos político-constitucionais. 2. Bem jurídico protegido. 3. Sujeitos do crime. 4. Tipo objetivo: adequação típica. 4.1. Ato de ofício relacionado à transação comercial internacional. 5. Tipo subjetivo: adequação típica. 6. Consumação e tentativa. 7. Causa de aumento de pena. 8. Pena e ação penal.

CAPÍTULO II-A

DOS CRIMES PRATICADOS POR PARTICULAR CONTRA A ADMINISTRAÇAO PÚBLICA ESTRANGEIRA

• Capítulo acrescentado pela Lei n. 10.467, de 11 de junho de 2002.

Corrupção ativa em transação comercial internacional

Art. 337-B. Prometer, oferecer ou dar, direta ou indiretamente, vantagem indevida a funcionário público estrangeiro, ou a terceira pessoa, para determiná-lo a praticar, omitir ou retardar ato de ofício relacionado à transação comercial internacional:

Pena — reclusão, de 1(um) a 8 (oito) anos, e multa.

Parágrafo único. A pena é aumentada de 1/3 (um terço), se, em razão da vantagem ou promessa, o funcionário público estrangeiro retarda ou omite o ato de ofício, ou o pratica infringindo dever funcional.

• Artigo acrescentado pela Lei n. 10.467, de 11 de junho de 2002.

1. Considerações preliminares e fundamentos político-constitucionais

A Constituição Federal do Brasil de 1988, em seu art. 4º, IX, contempla, dentre outros princípios de cooperação internacional, o da "cooperação entre os povos para o progresso da humanidade", admitindo como incluso o interesse da lisura e probidade administrativa nas transações comerciais internacionais.

Em 1994, a United States Information Agency e a United States Office of Government promoveram em Washington D.C. a Primeira Conferência Internacional de Ética Governamental, com representantes dos governos de todos os continentes. Tratou-se de reunião preparatória da Cúpula de Presidentes das Américas, realizada em dezembro do mesmo ano, em Miami. Os governantes presentes nessa Conferência Internacional, denominada “Cúpula de Miami”, assumiram o compromisso de combater a corrupção internacional. Após algumas reuniões preparatórias e muitas negociações, um projeto inicial foi transformado, em março de 1996, na Convenção Interamericana contra a Corrupção, firmada por 22 Estados americanos, cujo objetivo é promover e fortalecer os mecanismos de combate à corrupção, além de promover, facilitar e regular a cooperação entre os Estados na busca desse objetivo. Essa Convenção Interamericana foi fundamental para que, em 1997, fosse firmada em Paris a Convenção sobre o Combate à Corrupção de Funcionários Públicos Estrangeiros em Transações Comerciais.

A exemplo do que ocorre com o estudo de bens jurídico-penais, que deve partir da Constituição Federal, a partir da adesão do Brasil ao combate da corrupção internacional, deve-se seguir o mesmo caminho em matéria de estudo da corrupção de funcionários estrangeiros[1]. Na verdade, mais do que complementar nossa Carta Magna, a edição da Lei n. 10.467, de 11 de junho de 2002, objetivou dar efetividade ao Decreto n. 3.678, de 30 de novembro de 2000, que promulgou a Convenção sobre o Combate à Corrupção de Funcionários Públicos Estrangeiros em transações comerciais, concluída em Paris, em 17 de dezembro de 1997.

Com esse novo diploma legal, o legislador brasileiro consagrou mais uma exceção aos postulados da teoria monística adotada pelo Código Penal brasileiro, aliás, como já fazia em relação à corrupção ativa e passiva[2]. Assim, o corruptor, autor do fato, em território nacional — brasileiro ou estrangeiro — responde pelo crime descrito no art. 337-B, ao passo que o funcionário público estrangeiro responderá pela corrupção passiva, em seu país, isto é, onde praticou sua conduta delitiva.

2. Bem jurídico protegido

O bem jurídico tutelado, a despeito de o tipo penal encontrar-se topograficamente situado no título que disciplina os crimes contra a Administração Pública, é a boa-fé, a regularidade, a lealdade, a moralidade, a transparência e a equidade do comércio internacional. A infração penal não atinge a Administração Pública brasileira, considerando-se que o funcionário corrupto ou corrompido é estrangeiro, estranho, portanto, à nossa Administração. Por outro lado, o Brasil não tem legitimidade para pretender proteger penal ou civilmente a integridade, moralidade ou dignidade da Administração Pública de outros países. Nenhum país pode avocar o direito de proteger juridicamente a Administração Pública de outro[3]. Além disso, de

1. Gerardo Barbosa Castillo & Carlos Arturo Gómez Pavajeau, *Bien jurídico y derechos fundamentales*, Bogotá, Universidad Externado de Colómbia, 1998, p. 53.

2. Damásio de Jesus, *Breves notas sobre o crime de corrupção ativa nas transações comerciais inernacionais*, São Paulo, Complexo Jurídico Damásio de Jesus, nov. 2002, disponível em: <www.damasio.com.br>.

3. Carlos A. Manfroni, *Suborno transnacional*, Buenos Aires, Abeledo-Perrot, 1998, p. 39.

acordo com a tipificação sugerida pela *Convenção Interamericana contra a Corrupção*, o *suborno transnacional* limita-se aos casos de obtenção ou retenção de negócio no exterior. Em sentido semelhante também é o magistério de Regis Prado, ao concluir que "resta evidente que a boa-fé, a regularidade e a transparência nas relações comerciais internacionais é que se veem abaladas com a prática dessas condutas, e não a administração pública nacional ou estrangeira"[4].

Posto isso, enfim, pode-se concluir que esse novo capítulo (II-A), tratando "Dos Crimes Praticados por Particular contra a Administração Pública Estrangeira", não deveria ter sido incluído no Título XI da Parte Especial do Código Penal, que se ocupa dos "Crimes contra a Administração Pública"; deveria, a rigor, ter recebido um novo título, destinado a disciplinar a criminalidade internacional, no qual poderia ser inserto esse capítulo. Correta, nesse sentido, a advertência do saudoso Damásio de Jesus, ao afirmar que "não se cuida de uma infração que atenta contra a Administração Pública brasileira, uma vez que o funcionário público corrompido é o estrangeiro e não o brasileiro. Assim, se se tratasse de proteger a Administração Pública, esta seria, em tese, a estrangeira"[5], para a qual, repita-se, o Brasil não tem legitimidade para disciplinar, legislar ou "proteger" penal ou civilmente valores político-jurídicos internacionais.

Ademais, segundo a tipificação sugerida pela *Convenção Interamericana contra a Corrupção*, o *suborno transnacional* limita-se aos casos de obtenção ou retenção de negócio no exterior, ilicitamente. Trata-se, portanto, de evitar que um cidadão ou uma empresa obtenha vantagens ilícitas no *comércio transnacional* através de suborno de funcionários públicos estrangeiros, daí a indispensabilidade de se identificar e *individualizar quem são os ditos funcionários corrompidos* do referido país, bem como a demonstração de sua concreta participação na relação *criminosa internacional*, sob pena de não se configurar esse tipo penal de criminalidade transnacional. Não para responsabilizar penalmente tais funcionários (até porque isso não é atribuição de nosso direito interno), mas para se completar a bilateralidade da relação espúria praticada por cidadãos brasileiros no exterior.

3. Sujeitos do crime

Sujeito ativo pode ser qualquer pessoa, independentemente de qualidade ou condição especial. O próprio funcionário público nacional que, nessa hipótese, age como cidadão comum, em nome particular, buscando satisfazer seus interesses pessoais ou de terceiros, tratando-se, pois, de crime comum.

Sujeito passivo é a pessoa física ou jurídica lesada pela transação comercial realizada com violação da boa-fé, da moralidade e lealdade que devem orientar

4. Luiz Regis Prado, *Curso de Direito Penal brasileiro*, 3. ed., São Paulo, Revista dos Tribunais, 2004, p. 781.

5. Damásio de Jesus, *Breves notas sobre o crime de corrupção ativa nas transações comerciais internacionais*, São Paulo, Complexo Jurídico Damásio de Jesus, nov. 2002, disponível em: <www.damasio.com.br>.

essas operações; igualmente, a própria coletividade internacional, mediatamente, também sofre as consequências do apodrecimento moral das relações comerciais internacionais, particularmente da Administração Pública.

4. Tipo objetivo: adequação típica

A conduta típica, alternativamente prevista, consiste em prometer (obrigar-se a dar, comprometer-se a dar vantagem), oferecer (apresentar, colocar à disposição) ou dar (transferir a propriedade) vantagem indevida (de qualquer natureza: material ou moral) a funcionário público, para determiná-lo a praticar (realizar), omitir (deixar de praticar) ou retardar (atrasar) ato de ofício (incluído na esfera de competência do funcionário). A oferta ou promessa ou doação, ainda que feitas indiretamente, admitem vários meios de execução. Será indireta a prática de qualquer das condutas quando o agente valer-se de interposta pessoa ou de dissimulação para conseguir seu intento.

É necessário que o corrompido seja funcionário público estrangeiro, sob pena de não tipificar essa modalidade do crime de corrupção, independentemente de o corrompido encontrar-se ou não em território nacional. Não configura, contudo, corrupção o oferecimento a funcionário público estrangeiro de pequenos regalos, sem o propósito de corrompê-lo, faltando, além do elemento subjetivo orientador da conduta, idoneidade objetiva da "vantagem", a qual, nessas circunstâncias, não pode ser considerada indevida, que é o objeto material dessa infração penal.

Na legislação alienígena, com frequência, distingue-se suborno e corrupção. O crime cometido pelo funcionário público denomina-se "corrupção" — corrupção passiva, na legislação brasileira; o praticado pelo particular — corrupção ativa, em nossa legislação — denomina-se também "suborno" (nesse sentido, Damásio de Jesus). Nosso ordenamento jurídico distingue, como se constata, somente corrupção ativa e passiva, e ambas, indistintamente, podem ser concebidas como corrupção ou suborno, embora, tecnicamente, deva-se observar a previsão legal.

Para que se configure a corrupção ativa de funcionário público estrangeiro é indispensável que a oferta ou promessa sejam feitas espontaneamente pelo agente. Se forem motivadas por exigência do funcionário, haverá concussão (art. 316 do CP). No entanto, para se configurar a tipificação da conduta descrita neste dispositivo legal, é indispensável que a investigação das autoridades brasileiras consiga identificar, com precisão, a realização e conexão dos fatos aqui apontados, como tipificadores deste crime, com os respectivos funcionários do país de origem. A não identificação clara, precisa e individualizada desses supostos *funcionários corruptos*, do país de origem, os quais tenham efetivamente participado dessa "negociação espúria" possivelmente configuradora do crime de "corrupção internacional", impede a sua tipificação no Brasil. Em outros termos, é indispensável localizar, individualizar e identificar quem são ou foram os ditos funcionários estrangeiros "corrompidos ou corruptos" para que o suposto crime possa ser concebido como efetivamente configurado, consumado ou tentado. Sem tal identificação, não se poderá ter certeza da efetiva ocorrência ou consumação da referida infração penal, sendo inadmissível, nessa hipótese, a imputação a alguém da prática desse crime, considerando-se sua inquestionável bilateralidade.

E, mais que isso, além de identificar os *supostos funcionários estrangeiros* corrompidos na, digamos, "operação comercial internacional", é indispensável a comprovação efetiva da *realização bilateral* da "operação tida como criminosa", isto é, configuradora do *crime de corrupção internacional* (art. 337-B). Por tais razões, é absolutamente insuficiente a imputação da prática de tal crime baseada somente em levantamentos unilaterais, de alguns dados, de valores, pagos ou recebidos, na suposta relação comercial espúria em determinados empreendimentos. Em outros termos, é indispensável a identificação não apenas dos respectivos *funcionários estrangeiros* envolvidos diretamente na operação questionada, bem como identificar a efetiva *ocorrência de ilicitude penal* celebrada por referidos funcionários, seja comparando valores reais, fictícios ou paralelos, bem como a forma, meio, modo ou irregularidades de tais operações no âmbito interno daquele país. Enfim, sem a ocorrência de conduta criminal tipificada naquele país, não se poderá criminalizar alguém aqui no Brasil por esse mesmo crime, que, repetindo, é crime bilateral e, como tal, deve ser identificado, comprovado e só então punido observado o devido processo legal.

Sintetizando, sem identificar e individualizar quem é ou são os supostos *funcionários públicos estrangeiros*, corrompidos pelo sujeito ativo brasileiro, não se poderá falar em crime de *corrupção ativa em transação comercial internacional*. Na simples narrativa de determinado fato ou acontecimento, sem identificar, concretamente, quem é ou são os funcionários públicos internacionais não há que se falar em *corrupção internacional*. Ademais, é indispensável identificar, delimitar e descrever em que consiste determinado ato ou *transação comercial internacional realizada com a facilitação, intervenção, apoio ou auxílio de funcionário público internacional corrupto*. Por outro lado, é *igualmente indispensável descrever em que consiste o auxílio ou participação* da ação do funcionário público internacional caracterizador de sua prática, omissão ou retardo de *ato de ofício* relacionado à *transação comercial internacional*. A descrição pormenorizada da realização de qualquer das atividades descritas no tipo penal relacionado à *transação comercial internacional* em que consiste a dita operação ou transação, destacando, quando, onde, como e de que forma foi concretizada a atuação do funcionário público internacional, sem o que não há que se falar em "corrupção ativa em transação comercial internacional". Enfim, sem essa identificação do lado de lá, não há como imputar, do lado de cá, a prática ou participação desse crime internacional.

4.1 *Ato de ofício relacionado à transação comercial internacional*

Se o ato pretendido pelo sujeito passivo não se adequar ao rol daqueles que integram a atribuição do funcionário público estrangeiro corrompido, a conduta não se amolda ao descrito nesse tipo penal. Nada impede que referida conduta possa adequar-se a outro tipo penal, como, por exemplo, tráfico de influência. Não basta, portanto, que se trate de funcionário público estrangeiro: é indispensável que tenha atribuição para praticar ato relativo a transação comercial internacional, isto é, que se trate de funcionário competente para a prática do ato pretendido pelo corruptor.

Não tipifica essa infração penal se o sujeito ativo promete, oferece ou dá vantagem a funcionário público estrangeiro para livrar-se de ato ilegal por este praticado, já que, sendo ilegal, não satisfaz a exigência do elemento normativo ato de ofício, ou, então, que o funcionário público corrompido não seja competente para a prática do ato de ofício do qual o agente pretende beneficiar-se. Em outros termos, é indispensável que se trate de "ato de ofício", isto é, próprio da *atribuição do suposto funcionário público estrangeiro corrompido*, além de ser devidamente descrito na denúncia, com prova nos autos processuais, sendo, portanto, afastada a *mera* abstração, isto é, que não se identifique, com todas as suas elementares típicas a *prática efetiva de ato de ofício* pelo funcionário público estrangeiro.

Assim, a prática ou suposta prática, por funcionário público estrangeiro em seu país, de qualquer outro *ato* que não seja próprio e típico — ato de ofício — de sua *função pública estrangeira* não tipificará este crime no Brasil, exatamente por falta da *elementar constitutiva típica*, qual seja, prática de "ato de ofício", ainda que de funcionário público estrangeiro se trate. Em outros termos, a exigência da tipicidade estrita exigida para o direito interno vale, igualmente, para o *direito externo*, sob pena de se permitir que qualquer estória bem construída ou bem narrada por especialistas possa ser imputada, *indevidamente*, como se crime de corrupção estrangeira fosse.

5. Tipo subjetivo: adequação típica

Elemento subjetivo geral é o dolo, representado pela vontade consciente de prometer, oferecer ou dar vantagem indevida a funcionário público estrangeiro para praticar, omitir ou retardar ato de ofício relacionado à transação comercial estrangeira ou praticá-lo com infringência de dever funcional.

Faz parte desse tipo de injusto uma finalidade transcendente, isto é, exige-se também o elemento subjetivo especial do tipo, representado pelo especial fim de agir, ou seja, "para determiná-lo a praticar, omitir ou retardar ato de ofício". Mas esse fim especial, convém que se destaque, deve existir antes de o ato de ofício ser praticado, ou seja, no momento da ação do agente corruptor, contemporâneo à ação realizada, pois, por razões lógicas, e também cronológicas, não há como se exigir ou desejar a prática de um ato que já se tenha realizado. Enfim, sendo deficiente o dolo, quer pela falta de representação, quer pela falta de vontade, ou mesmo pela ausência do elemento subjetivo especial do tipo, a sua consequência natural é a atipicidade da conduta praticada.

6. Consumação e tentativa

Prometer e oferecer são crimes de mera atividade, consumando-se com a simples promessa ou oferta, desde que chegue ao efetivo conhecimento do funcionário público estrangeiro, do oferecimento ou promessa de vantagem indevida. A tentativa, nessas duas modalidades, somente é admissível na hipótese de promessa e oferta escrita.

Dar, a terceira modalidade de conduta tipificada, configura crime material, exigindo a efetiva concessão da vantagem material ou moral ao funcionário público estrangeiro. Nessa forma de conduta, a tentativa é perfeitamente possível, independentemente do meio utilizado pelo agente.

7. Causa de aumento de pena

Essa majorante não deixa de ser uma forma de punir mais severamente o exaurimento do crime: se, em razão da vantagem ou promessa, o funcionário retarda ou omite ato de ofício, ou o pratica infringindo dever funcional. O simples atraso ou retardamento da transação comercial estrangeira ou sua prática com infringência do dever funcional por si sós não caracterizam nem materializam a infração penal ou seu exaurimento. Na realidade, é indispensável uma relação causal entre a ação do agente corruptor e o retardamento ou omissão de ato de ofício ou a infringência do dever funcional, ou seja, é necessário que o suborno seja a causa da conduta do funcionário corrompido, sob pena de consagrar-se autêntica responsabilidade penal objetiva.

8. Pena e ação penal

As penas cominadas, cumulativamente, são de reclusão, de um a oito anos, e multa, exatamente os mesmos limites que eram cominados ao crime de corrupção ativa (art. 333). O parágrafo único prevê a mesma pena do *caput*, acrescida da majoração de um terço. Trata-se de infração de menor potencial ofensivo, admitindo, portanto, transação penal, nos termos previstos pelo art. 98, I, da Constituição Federal (Lei n. 9.099/95).

A ação penal é pública incondicionada.

TRÁFICO DE INFLUÊNCIA EM TRANSAÇÃO COMERCIAL INTERNACIONAL — XXXII

Sumário: 1. Considerações preliminares. 2. Bem jurídico tutelado. 3. Sujeitos do crime. 4. Tipo objetivo: adequação típica. 5. Tipo subjetivo: adequação típica. 6. Consumação e tentativa. 7. Causa de aumento de pena. 8. Pena e ação penal. 9. Conceituação penal de funcionário público (*caput*). 10. Equiparação e causa de aumento de pena.

Tráfico de influência em transação comercial internacional

Art. 337-C. Solicitar, exigir, cobrar ou obter, para si ou para outrem, direta ou indiretamente, vantagem ou promessa de vantagem a pretexto de influir em ato praticado por funcionário público estrangeiro no exercício de suas funções, relacionado a transação comercial internacional:

Pena — reclusão, de 2 (dois) a 5 (cinco) anos, e multa.

Parágrafo único. A pena é aumentada da metade, se o agente alega ou insinua que a vantagem é também destinada a funcionário estrangeiro.

Funcionário público estrangeiro

Art. 337-D. Considera-se funcionário público estrangeiro, para os efeitos penais, quem, ainda que transitoriamente ou sem remuneração, exerce cargo, emprego ou função pública em entidades estatais ou em representações diplomáticas de país estrangeiro.

Parágrafo único. Equipara-se a funcionário público estrangeiro quem exerce cargo, emprego ou função em empresas controladas, diretamente ou indiretamente, pelo Poder Público de país estrangeiro ou em organizações públicas internacionais.

• Artigos acrescentados pela Lei n. 10.467, de 11 de junho de 2002.

1. Considerações preliminares

Esse dispositivo segue a orientação adotada pelo legislador que motivou a inclusão do capítulo que criticamos no artigo anterior, pelo que merece que se lhe enderece as mesmas críticas. Não somos contra a tipificação; apenas destacamos a impropriedade de sua topografia legislativa. Como já destacamos, no capítulo anterior, os crimes de corrupção ativa e tráfico de influência em transação comercial internacional foram incluídos pela Lei n. 10.467/2002, de forma inadequada, no

Título XI da Parte Especial do Código Penal, que trata dos "Crimes contra a Administração Pública".

Pela terceira vez, neste mesmo Código, o legislador tipifica uma modalidade de "tráfico de influência": agora — internacional —, sinal dos tempos; antes — nacional —, praticado por particular contra a Administração Pública em geral (art. 332), e, por fim, contra a Administração da Justiça, na forma de "exploração de prestígio" (art. 357). Não havia, convenhamos, necessidade alguma de criminalizar "tráfico de influência internacional". Mas, enfim, está aí, mais para a literatura jurídica que propriamente para combater alguma espécie de criminalidade, organizada ou desorganizada.

2. Bem jurídico tutelado

O bem jurídico tutelado é a boa-fé, a regularidade, a lealdade, a moralidade, a transparência e a equidade do comércio internacional. A infração penal não atinge a Administração Pública brasileira, considerando-se que o funcionário corrupto ou corrompido é estrangeiro, estranho, portanto, à nossa Administração. Como destaca Damásio de Jesus, "estamos, na verdade, diante de um novo bem jurídico, a lealdade no comércio internacional, interesse que pertence a todos os países e cuja proteção penal, punindo seus nacionais, cabe a eles próprios, individualmente e por intermédio de suas legislações internas"[1].

3. Sujeitos do crime

Sujeito ativo pode ser qualquer pessoa, independente de qualidade ou condição especial. O próprio funcionário público nacional que, nessa hipótese, age como cidadão comum, em nome particular, buscando satisfazer seus interesses pessoais ou de terceiros; trata-se, pois, de crime comum.

Sujeito passivo é a pessoa física ou jurídica lesada pela transação comercial realizada com violação da boa-fé, da moralidade e da lealdade que devem orientar essas operações. A própria coletividade internacional, mediatamente, também sofre as consequências do apodrecimento moral das relações comerciais internacionais.

4. Tipo objetivo: adequação típica

As condutas típicas alternativamente incriminadas são representadas pelo verbo solicitar (pedir, rogar, procurar), exigir (ordenar que seja pago), cobrar (exigir pagamento) ou obter (angariar, conseguir, receber, adquirir), para si ou para outrem, vantagem ou promessa de vantagem, a pretexto de influir em ato praticado por funcionário público estrangeiro no exercício da função. Ou seja, a lei incrimina a bazófia, a gabolice ou jactância de influir em servidor público estrangeiro, quando

---

1. Damásio de Jesus, *Breves notas sobre o crime de corrupção ativa nas transações comerciais internacionais*, São Paulo, Complexo Jurídico Damásio de Jesus, nov. 2002, disponível em: <www.damasio.com.br>.

tal prestígio não existe. Esse é o sentido que se pode extrair da locução "a pretexto de influir". Não é necessário que se trate de pessoa determinada ou que dito funcionário seja devidamente identificado e individualizado para o beneficiário-iludido, podendo, inclusive, tratar-se de funcionário incompetente para a prática do ato visado; no entanto, se for identificado o funcionário público, é indispensável que seja estrangeiro, caso contrário não se configurará essa infração penal (poderá ser outra).

Objeto material é a vantagem ou promessa desta, que pode ser de qualquer natureza (material, moral, sexual), ainda que não patrimonial. A vantagem (qualquer proveito ou benefício, de natureza material, moral ou até imaterial) pode ser para o próprio agente ou para terceiro. Assim, pune-se o tráfico de influência, ou seja, o comércio ou o negócio de influência (poder, ascendência ou predomínio que alguém exerce sobre outrem), capaz de estender-se em cadeia internacional.

O sujeito ativo afirma ter influência sobre determinado funcionário público estrangeiro e promete usá-la para obter benefício em favor de terceiro, em troca de vantagem ou promessa de vantagem. É irrelevante que a vantagem seja devida ou indevida. Faz-se necessário que o agente pretexte o exercício de influência sobre ato praticado por funcionário público, como destaca o tipo penal, e não sobre o ânimo deste. Há um ato fraudulento, e, "a pretexto de influir em ato praticado por funcionário público estrangeiro, no exercício da função", vem a ser o artifício utilizado. É, porém, necessário que o agente se arrogue prestígio junto a funcionário público estrangeiro, pois, caso contrário, o fato não ofende a Administração Pública internacional, e poderá constituir apenas outra infração penal.

Se, no entanto, a pessoa realmente goza de influência, e, sem alardeá-la ou proclamá-la, desenvolver atividade junto àquele, não comete o crime em apreço, podendo, entretanto, dependendo das circunstâncias, praticar outro.

5. Tipo subjetivo: adequação típica

O elemento subjetivo é o dolo, consistente na vontade livre e consciente de solicitar, exigir, cobrar ou obter vantagem ou promessa de vantagem, a pretexto de influir em ato praticado por funcionário público estrangeiro no exercício da função.

É, ainda, indispensável a presença do elemento subjetivo especial do injusto, representado pela finalidade de obter, "para si ou para outrem", a vantagem ou promessa de vantagem, a pretexto de influir em ato praticado por funcionário estrangeiro. Não há previsão de modalidade culposa.

6. Consumação e tentativa

Consuma-se o crime com a mera solicitação, exigência ou cobrança (solicitar, exigir e cobrar) da vantagem ou promessa desta, para influir em funcionário público no exercício da função, independentemente de outro resultado, por se tratar de crime de mera atividade. Na modalidade de obter, no entanto, como se trata de crime de resultado, este somente se consuma com o recebimento efetivo da vantagem ou com a promessa concreta de recebê-la. Trata-se, como já referimos no início deste capítulo, de um tipo penal similar àquele descrito no art. 332 (tráfico de influência), dele distinguindo-se somente pelo princípio da especialidade.

A tentativa é admissível, embora de difícil configuração. Na modalidade obter, o crime é material, consumando-se somente com o efetivo recebimento da vantagem pretendida. A tentativa, nessa hipótese, é perfeitamente possível.

7. Causa de aumento de pena

Prevista no parágrafo único, ocorre se o agente alega ou insinua que a vantagem (de natureza moral ou material) também é destinada ao funcionário público. A razão da punição mais severa reside no maior desprestígio causado à Administração Pública, pela alegação de suborno de um funcionário, representando maior desvalor da ação e do próprio resultado.

Para a configuração dessa causa de aumento é irrelevante que a "pessoa enganada" acredite que a vantagem ou promessa dela destine-se efetivamente ao funcionário público, como alegado pelo sujeito ativo, bastando a alegação ou insinuação pelo autor dessa destinação. Alegar ou insinuar, com efeito, são os verbos utilizados na descrição dessa causa de aumento. Contudo, comprovando-se que a vantagem efetivamente destina-se ao funcionário público, produzir-se-á alteração na tipificação da conduta de todos os envolvidos: estar-se-á, por certo, diante do crime de corrupção, em suas formas ativa e passiva, e não mais do tráfico de influência.

8. Pena e ação penal

As penas cominadas, cumulativamente, são de reclusão, de dois a cinco anos, e multa. A causa de aumento de pena inserta no parágrafo único comina igual pena, aumentada da metade.

A ação penal é pública incondicionada.

9. Conceituação penal de funcionário público (*caput*)

Diversamente da conceituação conferida pelo direito administrativo, o direito penal considera funcionário público quem, embora transitoriamente ou sem remuneração, exerce cargo, emprego ou função pública em entidades estatais ou em representações diplomáticas de país estrangeiro. As definições de cargo, emprego e função pública são as mesmas que elencamos quando do exame do conceito de funcionário público à luz do disposto no art. 327 do CP. Entidades estatais, por sua vez, são pessoas jurídicas de direito público que integram a Administração Pública, com poderes políticos, jurídicos e administrativos. Representações diplomáticas integram o corpo diplomático de um país.

10. Equiparação e causa de aumento de pena

Preceitua o parágrafo único que se equipara a funcionário público estrangeiro quem exerce cargo, emprego ou função em empresas controladas, direta ou indiretamente, pelo Poder Público de país estrangeiro ou em organizações públicas internacionais (*v.g.*, ONU, OMS, FMI).

CRIMES CONTRA A ADMINISTRAÇÃO DA JUSTIÇA

QUARTA PARTE

REINGRESSO DE ESTRANGEIRO EXPULSO

XXXIII

Sumário: 1. Considerações preliminares. 2. Bem jurídico tutelado. 3. Sujeitos do crime. 4. Tipo objetivo: adequação típica. 4.1. Expulsão de estrangeiro: pressuposto do crime de reingresso. 5. Tipo subjetivo: adequação típica. 6. Consumação e tentativa. 7. Classificação doutrinária. 8. Pena e ação penal.

CAPÍTULO III

DOS CRIMES CONTRA A ADMINISTRAÇÃO DA JUSTIÇA

Reingresso de estrangeiro expulso

Art. 338. Reingressar no território nacional o estrangeiro que dele foi expulso:

Pena — reclusão, de 1 (um) a 4 (quatro) anos, sem prejuízo de nova expulsão após o cumprimento da pena.

---

1. Considerações preliminares

Nossos dois primeiros Códigos Penais — Criminal do Império de 1830 e o primeiro Penal Republicano de 1890 — desconheceram a figura típica — reingresso de estrangeiro expulso — que o legislador brasileiro, buscando inspiração no Código Penal suíço, criou com o Decreto n. 4.247, de 1921, ratificado pela Consolidação das Leis Penais (1932), sendo mantido pelo legislador de 1940.

2. Bem jurídico tutelado

Bem jurídico protegido é a Administração da Justiça, especialmente a moralidade e a probidade das decisões jurisdicionais. No entanto, à locução Administração da Justiça deve ser conferida uma abrangência maior para ser entendida em seu sentido teleológico, e não apenas como uma atividade jurisdicional do Estado, isto é, apenas pretendendo proteger a eficácia da decisão expulsória do estrangeiro, como, por exemplo, sustentava Fragoso: "A tutela penal exerce-se no sentido de garantir a autoridade e eficiência do ato oficial que determinou a expulsão do estrangeiro, bem como em relação à paz pública e outros interesses, eventualmente postos em perigo pelo indesejável. A rigor, não se trata de ofensa à Administração da Justiça"[1].

---

1. Heleno Cláudio Fragoso, *Lições de Direito Penal*, p. 497.

Com efeito, pretende-se proteger a justiça em seu sentido mais amplo, abrangendo tudo o que a ela se referir, visando a atingir os fins que lhes são inerentes, e não apenas à atividade jurisdicional. Como sustentava Noronha[2], os crimes aqui considerados são fatos que não atentam apenas contra a instituição da Justiça, mas também contra a função, atingindo-a no seu prestígio e eficácia, atributos que lhe são absolutamente indispensáveis. Tutelam-se, enfim, a atuação e o desenvolvimento regular da instituição, protegendo-se contra ações que atentem contra sua atividade, autoridade e moralidade que lhe são inerentes.

3. Sujeitos do crime

Sujeito ativo é somente o estrangeiro, regularmente expulso do País pela autoridade competente, tratando-se, por conseguinte, de crime de mão própria. Pode o nacional figurar como sujeito ativo por meio do instituto do concurso eventual de pessoas.

Sujeito passivo é o Estado, através de sua Administração Pública, sendo mais especificamente a Administração da Justiça, que é diretamente interessada em preservar o respeito e o cumprimento das decisões dos entes públicos e autoridades públicas.

4. Tipo objetivo: adequação típica

O núcleo do tipo é o verbo *reingressar*, que significa entrar novamente, reentrar, ingressar de novo, perfectibilizando-se a conduta típica no exato momento em que o expulso reingressa ao território nacional. Pressuposto para a configuração do crime em tela é que o estrangeiro tenha sido regularmente expulso do território nacional, entendido este em seu conceito jurídico. O conceito de território nacional, em sentido jurídico, deve ser entendido como âmbito espacial sujeito ao poder soberano do Estado[3]. “O território nacional — efetivo ou real — compreende: a superfície terrestre (solo e subsolo), as águas territoriais (fluviais, lacustres e marítimas) e o espaço aéreo correspondente. Entende-se, ainda, como sendo território nacional — por extensão ou flutuante — as embarcações e as aeronaves, por força de uma ficção jurídica”[4]. Em sentido estrito, território abrange solo (e subsolo) contínuo e com limites reconhecidos, águas interiores, mar territorial (plataforma continental) e respectivo espaço aéreo[5].

Para configurar o reingresso, contudo, não basta que tenha sido expulso, sendo necessário que tenha saído do território nacional, pois somente assim se poderá falar em reingresso: expulso o estrangeiro do País, ele reingressa ilicita-

2. Magalhães Noronha, *Direito Penal*, p. 361.

3. Jiménez de Asúa, *Tratado de Derecho Penal*, v. 2, p. 771; Heleno Cláudio Fragoso, *Lições de Direito Penal*; Parte Geral, Rio de Janeiro, Forense, 1985, p. 114.

4. Luiz Regis Prado e Cezar Roberto Bitencourt, *Elementos de Direito Penal*; Parte Especial, São Paulo, Revista dos Tribunais, 1995, v. 1, p. 59.

5. Cezar Roberto Bitencourt, *Tratado de Direito Penal*, 29. ed., São Paulo, Saraiva, 2023, p. 208-209.

mente em nosso território, consumando-se de imediato a ação de reingressar (entrar novamente), com a instantaneidade que o verbo nuclear sugere (os seus efeitos, estes sim, são permanentes). Assim, a simples permanência do estrangeiro no território nacional, após ter sido expedido o decreto de expulsão, não tipifica o crime *sub examine*.

Não caracteriza o presente delito a conduta do estrangeiro que, embora legalmente expulso, permanece no território nacional, independentemente da duração dessa permanência, pois não se configura o ato de reingressar. A autorização da autoridade consular competente exclui a tipificação desse crime[6]. Com efeito, não é atribuição do Judiciário examinar a conveniência e oportunidade da expulsão; basta constatar sua existência e sua regularidade formal.

4.1 *Expulsão de estrangeiro: pressuposto do crime de reingresso*

O Estado tem o direito e o poder de expulsar e manter a expulsão do estrangeiro que dela se faça merecedor, e, para assegurar tal poder, criminaliza e pune o reingresso no País de estrangeiro expulso. Diríamos até que se trata de um ato de soberania nacional.

A deportação e a expulsão, que têm significados distintos, são medidas administrativas de polícia com a finalidade comum de obrigar o estrangeiro a deixar o território nacional. A primeira consiste na saída compulsória do estrangeiro para o país de sua nacionalidade ou procedência ou para outro que consinta em recebê-lo (art. 50 da Lei n. 13.445/2017). Verifica-se a deportação nos casos de entrada ou estada irregular de estrangeiro (art. 20 da Lei n. 13.445/2017). Ocorre a expulsão quando há a condenação com sentença transitada em julgado relativa à prática de: "I – crime de genocídio, crime contra a humanidade, crime de guerra ou crime de agressão, nos termos definidos pelo Estatuto de Roma do Tribunal Penal Internacional, de 1998, promulgado pelo Decreto n. 4.388, de 25 de setembro de 2002; ou II – crime comum doloso passível de pena privativa de liberdade, consideradas a gravidade e as possibilidades de ressocialização em território nacional" (art. 54, §1º, I e II, da Lei n. 13.445/2017).

A expulsão não é pena, mas medida preventiva de polícia. Constitui medida administrativa, adotada pelo Estado, com suporte no poder político e fundamentada no legítimo direito de defesa da soberania nacional[7]. Cabia ao Presidente da República deliberar sobre a conveniência e a oportunidade da expulsão (art. 66 do EE), mas atualmente há cláusula mais genérica indicando que deve ser avaliado pela autoridade competente (art. 54, §2º, da Lei n. 13.445/2017). O art. 55 da Lei n. 13.445/2017 arrola as causas impeditivas da expulsão.

---

6. Nesse sentido, TFR, *DJU*, 18 set. 1980, p. 7145.

7. Antonio José Fabricio Leiria, *Teoria e aplicação da lei penal*, São Paulo, Saraiva, 1981, p. 135-136.

Por fim, o cumprimento da pena não pode servir de pretexto ou desculpa para evitar a expulsão do estrangeiro, devendo prevalecer o interesse nacional: se houver esse interesse, o estrangeiro pode ser autorizado.

5. Tipo subjetivo: adequação típica

Elemento subjetivo é o dolo, representado pela vontade de reingressar ao território brasileiro, ciente de que foi expulso e de que não pode a este retornar, isto é, o sujeito ativo deve ter conhecimento de todos os elementos constitutivos do tipo penal. O desconhecimento de algum desses elementos, como, por exemplo, ignorando a existência, formalidade ou expedição do decreto de expulsão, configura erro de tipo, que exclui o dolo.

Não se exige qualquer elemento subjetivo especial do tipo, sendo, inclusive, irrelevante o motivo, e não há previsão de modalidade culposa.

6. Consumação e tentativa

Consuma-se o crime no momento e no lugar em que o estrangeiro expulso reingressa ao território nacional, mesmo que nele permaneça por pouco tempo. No entanto, crime não há se o estrangeiro, apenas desobedecendo ao decreto expulsório, permanece no Brasil. Se o estrangeiro imagina que seu reingresso foi autorizado, quando, na verdade, continua proibido, incorrerá em erro de proibição, cuja evitabilidade determinará sua consequência normal (art. 21).

A tentativa é, teoricamente, admissível, quando, por exemplo, adota os procedimentos operacionais de ingresso junto às autoridades de fronteira e é surpreendido em situação irregular.

7. Classificação doutrinária

Trata-se de crime material (que exige resultado naturalístico para sua consumação), próprio (que exige qualidade ou condição especial do sujeito), de forma livre (que pode ser praticado por qualquer meio ou forma pelo agente), instantâneo (não há demora entre a ação e o resultado, consumando-se no exato momento em que o estrangeiro expulso reingressa ao território nacional; na realidade, trata-se de crime instantâneo de efeitos permanentes, pois são estes que perduram enquanto o expulso permanecer no território), unissubjetivo (que pode ser praticado por um agente apenas), plurissubsistente (que, em regra, pode ser praticado com mais de um ato, admitindo, em consequência, fracionamento em sua execução).

8. Pena e ação penal

A pena cominada, isoladamente, é de reclusão, de um mês a quatro anos, sem prejuízo de nova expulsão após o cumprimento da pena.

A ação penal é pública incondicionada, de competência da Justiça Federal (art. 109, X, da CF).

DENUNCIAÇÃO CALUNIOSA XXXIV

Sumário: 1. Considerações preliminares. 2. Bem jurídico tutelado. 3. Sujeitos do crime. 4. Direito de petição: exercício regular de direito. 5. Tipo objetivo: adequação típica. 5.1. Novidades da Lei n. 10.028/2000: investigação administrativa, inquérito civil ou ação de improbidade administrativa. Redefinição e acréscimo da Lei n. 14.110/2020. 6. Tipo subjetivo: adequação típica. 6.1. Admissibilidade de dolo eventual. 6.2. Espécies de dolo: direto e eventual. 6.2.1. Dolo direto e eventual — "sabe" que está contaminado. 6.2.2. Dolo eventual — "deve saber" que está contaminado. 6.3. Elemento normativo: de que o sabe inocente. 7. Consumação e tentativa. 8. Classificação doutrinária. 9. Figura majorada (§ 1º). 10. Forma privilegiada ou minorada (§ 2º). 11. Concurso de crimes e conflito aparente de normas. 12. Pena e ação penal.

Denunciação caluniosa

Art. 339. Dar causa à instauração de inquérito policial, de procedimento investigatório criminal, de processo judicial, de processo administrativo disciplinar, de inquérito civil ou de ação de improbidade administrativa contra alguém, imputando-lhe crime, infração ético-disciplinar ou ato ímprobo de que o sabe inocente:

Pena — reclusão, de 2 (dois) a 8 (oito) anos, e multa.

• *Caput* com redação determinada pela Lei n. 14.110, de 18 de dezembro de 2020.

§ 1º A pena é aumentada de sexta parte, se o agente se serve de anonimato ou de nome suposto.

§ 2º A pena é diminuída de metade, se a imputação é de prática de contravenção.

---

1. Considerações preliminares

A denunciação caluniosa tem suas origens no distante direito romano, o qual a denominava como crime de calúnia, aplicando-lhe, a partir da era de Constantino (319 a.C.), o princípio talonial, isto é, a mesma pena correspondente à ofensa que originou a denunciação. Com esse mesmo princípio punitivo, a denunciação caluniosa foi recepcionada nos tempos medievais. É irrelevante que ao longo de sua história essa infração penal não tenha uniformidade na sua denominação, importando realmente a objetividade jurídica que a orientou, sendo mantida, basicamente, nos tempos modernos, que pode ser resumido no interesse da Justiça na sua atuação regular. No direito moderno, é verdade, surge na França[1], com a denominação que ora tratamos — denunciação caluniosa —, embora tenha recebido outras denominações em outros países.

No direito brasileiro, o Código Criminal do Império de 1830 incluiu a "denunciação caluniosa" entre os crimes contra a honra (art. 235), e, a exemplo da legislação da época, impunha à denunciação caluniosa a mesma pena que era cominada ao crime objeto da acusação caluniosa, numa espécie de princípio da Lei de Talião. O Código Penal de 1890, embora adotando o mesmo princípio punitivo, incluiu a denunciação caluniosa entre os crimes contra a fé pública (art. 264). O Código Penal de 1940, finalmente, reformulou a concepção sobre a denunciação caluniosa, inserindo-a entre os crimes praticados contra a Administração da Justiça, e cominando-lhe pena autônoma sem qualquer vínculo com a acusação do ofensor. A redação original desse Código Penal mais precisa e objetiva, descrevendo: "Dar causa a instauração de investigação policial ou de processo judicial contra alguém, imputando-lhe crime de que o sabe inocente". A Lei n. 10.028/2000, ao dar nova redação ao art. 339 do Código Penal, incluiu as condutas "... dar causa à instauração de investigação administrativa, inquérito civil ou ação de improbidade administrativa", praticamente desnaturando a própria natureza dessa infração penal, que é criminalizar, em tese, quem imputa falsamente a prática de crime a alguém, originando possível responsabilidade penal. Nas hipóteses de "dar causa à instauração administrativa, inquérito civil ou ação de improbidade administrativa", geralmente não implica a imputação de crime algum, resultando contraditório. Ademais, o final do texto desse dispositivo legal continuou inalterado, "imputando-lhe crime de que o sabe inocente", ou seja, ficou incompleto e contraditório com esses acréscimos da lei anterior. Finalmente, a Lei n. 14.110/2020 resgata, de certa forma, a finalidade político-criminal desta infração penal, ao lado de corrigir suas hipóteses alternativas, adéqua a abrangência das imputações falsas, quais sejam, "imputando-lhe crime, infração ético-disciplinar ou ato ímprobo de que o sabe inocente". Nesse sentido, o novel diploma legal melhorou a redação do texto desse crime.

2. Bem jurídico tutelado

Bem jurídico protegido é a boa e regular Administração da Justiça, que, necessariamente, é atingida por eventuais falsas imputações que originem a instauração de qualquer das investigações mencionadas no tipo penal.

Tutela-se, igualmente[2], a honra objetiva da pessoa ofendida, embora não se confunda com o crime de calúnia (crime contra a honra), apresentando, inclusive, considerável superioridade do desvalor da conduta aqui incriminada, pois não atinge somente sua reputação pessoal, mas também e fundamentalmente a sua liberdade, pela ameaça do processo criminal que se instaura, cuja sanção é bastante grave.

---

1. Heleno Cláudio Fragoso, *Lições de Direito Penal*, p. 499.
2. Luiz Regis Prado, *Curso de Direito Penal*, p. 620; Guilherme de Souza Nucci, *Código Penal Comentado*, p. 1056.

3. Sujeitos do crime

Sujeito ativo é qualquer pessoa. Nada impede que qualquer autoridade pública também possa ser sujeito ativo desse tipo penal, especialmente aquelas que, de modo geral, integram a persecução criminal, tais como magistrados, membros do Ministério Público e delegados de polícia, que podem, como qualquer outra autoridade, também praticar o crime de denunciação criminosa.

Em se tratando, porém, de imputação da prática de crime de exclusiva iniciativa privada e de ação pública condicionada, sujeito ativo somente pode ser o titular do direito de queixa ou de representação, uma vez que, segundo o Código de Processo Penal (art. 5º, §§ 4º e 5º), a autoridade policial depende da autorização daquele para iniciar suas investigações. Fora dessa hipótese, o ofensor pode responder pelo crime de calúnia (crime contra a honra).

Sujeito passivo é, prioritariamente, a pessoa atingida em sua honra pela denunciação caluniosa, independentemente da ordem de preferência. Não esquecendo, voltamos a repetir que o Estado, no sistema brasileiro, é sempre sujeito passivo, por isso, quando o particular é atingido, quer-nos parecer que assume a primazia na condição de sujeito passivo, ficando, no plano secundário, o Estado.

4. Direito de petição: exercício regular de direito

O direito de petição, como garantia constitucional, surgiu na Carta Magna inglesa de 1689 (*Bill of Rights*). Couture afirmava que o direito de petição foi, originariamente, um direito privado, logo adquirindo caráter público de garantias, inserto nas Constituições.

Quem delata (apresenta *notitia criminis*) e pede abertura de inquérito policial ou sindicância exerce um direito (art. 5º, II e §§ 1º e 5º, do CPP), e se exerce direito não pode praticar crime; pode, eventualmente, até cometer erro de avaliação ou equívoco, mas a ocorrência de qualquer destes, se demonstrada, afasta o elemento subjetivo, configurando a chamada verdade subjetiva, ou a conhecida boa-fé. Em sentido semelhante decidiu o 6º Grupo de Câmaras Criminais do extinto TACrim de São Paulo, cujo acórdão tem a seguinte ementa, *in verbis*: "*Inexiste animus diffamandi* na conduta de quem dá notícia de conduta que reputa delituosa, bem como indica os autores, à autoridade competente para investigar os possíveis delitos e instaurar a persecução penal". Com efeito, quem ousaria representar à autoridade competente ou noticiar simplesmente a prática de crimes se, quando a investigação redundasse em nada, o denunciante ou ofendido corresse o risco de responder por algum crime, quer contra a honra, quer contra a Administração da Justiça (art. 339)? Seria a desmoralização completa da Administração Pública e a consagração absoluta da impunidade.

Com efeito, a existência de verdade subjetiva é suficiente para afastar o dolo no crime de denunciação caluniosa; quando o agente, por exemplo, acredita sinceramente na verdade dos fatos, na licitude dos fins, há uma oposição ao dolo. Em outros termos: a verdade subjetiva do agente elimina o dolo da imputação. Consequentemente, se houver erro escusável ou invencível de parte do agente, não existirá denunciação caluniosa. Na verdade, o elemento subjetivo que compõe a estrutura do tipo penal assume importância transcendental na definição da conduta típica. É por meio do *animus agendi* que se consegue identificar e qualificar a atividade comportamental do agente. Somente conhecendo e identificando a intenção — vontade — do agente se poderá classificar um comportamento como típico.

Sintetizando, quando, por exemplo, o denunciante "relata os fatos" perante a autoridade competente e somente perante esta configura circunstância que, por si só, afasta o *animus offendendi*. O exercício do direito de petição, é óbvio, não constitui infração penal. Efetivamente, o crime de denunciação caluniosa não se confunde com a conduta de quem solicita à polícia que apure e investigue determinado delito, fornecendo-lhe os elementos de que dispõe. Por outro lado, não se pode perder de vista que o direito tem como uma de suas garantias o tecnicismo, ou seja, os termos jurídicos têm sentido técnico preciso e muito bem delimitado, sendo vedado dar-se-lhes sentido diverso, especialmente para criminalizar alguma conduta. Assim, por exemplo, quando se afirma que determinada autoridade pública cometeu abuso de autoridade não significa, necessariamente, que se lhe esteja imputando a prática do crime de abuso de autoridade ou de abuso de poder.

Antonio Cezar Lima da Fonseca destaca a imprecisão da locução "abuso de autoridade", nos seguintes termos: "Na verdade, a expressão abuso de autoridade, utilizada pela Lei, no plano penal, não tem muita precisão técnica. Ocorre que a lei penal comum, quando se refere ao abuso praticado por aquele que desempenha atividades na área pública (como está na lei especial), chama-o de abuso de poder. Então, a lei penal comum denomina abuso de poder (art. 61, inc. II, letra *g*; art. 150, § 2º; art. 350, *caput*, todos do Código Penal) o que a lei chama de abuso de autoridade. Há certa imprecisão nisso"[3]. Nesse sentido, Damásio de Jesus, analisando o art. 61, III, *f*, afirma que "a expressão 'abuso de autoridade' indica o exercício ilegítimo de autoridade no campo privado, como relações de tutela, curatela, de ofício, de hierarquia eclesiástica etc."[4]. Examinando o disposto na letra *g* do mesmo inciso III, tivemos a oportunidade de afirmar que: "A acepção de abuso de poder aqui, ao contrário da alínea anterior, refere-se ao exercício abusivo de autoridade pública. Abuso é o uso do poder além dos limites legais, e violação de dever é o desrespeito às normas que norteiam cargo, ofício, ministério ou profissão".

Pelas razões acima expostas consideramos que houve um grave erro do legislador ao revogar expressamente o disposto no § 2º do art. 150 do Código Penal. Ocorre que, como se constata, em momento algum o referido dispositivo refere-se a crime de abuso de autoridade, mas somente a "abuso de poder", ou "com inobservância das formalidades estabelecidas em lei". Constata-se que são coisas diferentes, podendo, inclusive, nem tipificar conduta criminosa, mas apenas "inobservâncias legais" que agravam o crime de violação de domicílio.

---

3. Ver *Tratado*, n. 4 (1. ed.), p. 519.
4. Ver *Tratado*, n. 4 (1. ed.), p. 519.

Efetivamente, usam-se, em geral, as expressões "abuso de poder" e "abuso de autoridade" com o sentido ambivalente de descumprimento de normas administrativas, disciplinares, penais e civis. Autoridades e poderes constituídos, com frequência, incorrem nesses abusos, tanto que os Tribunais Superiores encontram-se abarrotados de ações judiciais contra o Poder Público. Não significa, contudo, que na maioria desses casos tenha havido crime de abuso de autoridade, ainda que o abuso de poder ou de autoridade, *lato sensu*, tenha existido. Não se pode esquecer o princípio da tipicidade, pois só é crime aquele fato que a lei define como tal. Assim, somente aquele fato ou aquela conduta adequada a alguma moldura descrita na lei apresentará a indispensável adequação típica. Não é, logicamente, o caso de "ameaçar requisitar instauração de inquérito policial" ou delatar à autoridade competente fato que, na avaliação do agente, ainda que tecnicamente equivocada, constitua crime.

Por isso, quem, em sua verdade subjetiva, acredita que está sendo objeto, indevidamente, de constrangimento ilegal e, achando-se injustiçado ou ameaçado, procura, sob sua ótica, o respaldo legal, encaminhando à autoridade competente — polícia, Ministério Público ou Poder Judiciário — *notitia criminis*, à evidência, não comete crime de denunciação caluniosa; não divulga, não comenta e não afirma nada a ninguém, limitando-se a buscar aquilo que julga ser seu direito de cidadão ofendido; falta-lhe o *animus offendendi*, logo, não comete crime.

5. Tipo objetivo: adequação típica

A Lei n. 14.110/2020 redefiniu a concepção legal do crime de denunciação caluniosa, nos seguintes termos: "Dar causa à instauração de inquérito policial, de procedimento investigatório criminal, de processo judicial, de processo administrativo disciplinar, de inquérito civil ou de ação de improbidade administrativa contra alguém, imputando-lhe crime, infração ético-disciplinar ou ato ímprobo de que o sabe inocente". Constata-se que o legislador refez o texto do *caput* do art. 339, dando-lhe uma redação sóbria e coerente e, ao mesmo tempo, excluiu do tipo penal simples investigações criminais ou administrativas, ao suprimir as hipóteses de "dar causa à instauração de investigação policial" e "instauração de investigação administrativa", as quais pecam pela informalidade e descontrole oficial, pois podem, em tese, ser iniciadas sem o devido fundamento legal, não raro, apenas com o objetivo de tipificar o crime de denunciação caluniosa. Ademais, corrigiu o grave equívoco do final do referido dispositivo legal, acrescentando-lhe, como objeto da imputação falsa, além de crime, "infração ético-disciplinar ou ato ímprobo de que o sabe inocente", preenchendo grave lacuna da redação anterior. Supriu, assim, essa absurda deficiência na tipificação penal dantes nunca reclamada por ninguém, pois constava somente "a imputação falsa de crime". Enfim, o legislador refez e completou esse tipo penal, dando-lhe sentido e coerência, fazendo ligação entre ação e objeto, correlacionando as hipóteses que descreve com imputações que o autor da infração penal faz ao ofendido, falsamente, sabendo da inocência do imputado de todas as hipóteses que descreve, e não apenas de crime, como constava na redação anterior.

Com a nova redação, as condutas tipificadas consistem em dar causa (motivar, originar, fazer nascer) à (1) instauração de inquérito policial, (2) de procedimento investigatório criminal, (3) de processo judicial, (4) de processo administrativo disciplinar, (5) de inquérito civil ou (6) de ação de improbidade administrativa contra alguém, imputando-lhe crime, infração ético-disciplinar ou ato ímprobo de que o sabe inocente. Foram suprimidas, repetindo, "dar causa a instauração de investigação policial" e "instauração de investigação administrativa", ambas substituídas, com vantagem, por "instauração de inquérito policial" e "processo administrativo disciplinar", que oferecem muito mais segurança jurídica, exatamente porque estes — inquérito policial e processo administrativo disciplinar — são, regra geral, formalizados e controlados, até porque, e a práxis tem demonstrado, meras investigações, policiais ou administrativas, não se revestem de maiores formalidades e, principalmente, de controle oficial, podendo gerar muitas dúvidas e inseguranças ao cidadão infrator (infrator não perde a cidadania).

São três, portanto, os requisitos básicos necessários para a caracterização deste crime: a) sujeito passivo determinado; b) imputação de crime, infração ético-disciplinar ou ato de improbidade administrativa; c) conhecimento da inocência do acusado (dolo direto). Portanto, para a ocorrência do crime de denunciação caluniosa não basta a imputação da prática de crime, de infração ético-disciplinar ou de ato de improbidade administrativa, sendo indispensável que em decorrência de tal imputação, falsamente, seja instaurado, como consequência, (1) inquérito policial, (2) procedimento investigatório criminal (Ministério Público), (3) processo judicial, (4) processo administrativo disciplinar, (5) inquérito civil ou (6) ação de improbidade. Por isso, para constituir crime, não basta simples sindicância administrativa, investigação policial, judicial, cível ou administrativa. Assim, ainda que qualquer desses "expedientes" decorra de "denúncia ilícita" ou "falsa", o princípio da reserva legal impedirá a extensão analógica a essas hipóteses.

Para se configurar o crime de denunciação caluniosa cumpre, no entanto, destacar a indispensabilidade de que a imputação falsa refira-se a prática de crime, infração ético-disciplinar ou ato ímprobo, como destaca, expressamente, a nova redação do art. 339. É penalmente irrelevante a imputação de ilícito de qualquer outra natureza, civil, administrativo, constitucional. Mas para o início da ação penal pelo crime de denunciação caluniosa torna-se imprescindível, pelo menos, o arquivamento do inquérito policial, procedimento investigatório criminal, processo judicial, processo administrativo disciplinar ou inquérito civil, respectivos. Portanto, a instauração de inquérito policial, procedimento investigatório criminal (Ministério Público), processo judicial, processo administrativo disciplinar, inquérito civil ou ação de improbidade constitui apenas um elemento objetivo do crime de denunciação caluniosa, importante, necessário, mas insuficiente para consumá-lo. Essa infração penal exige também, e ao mesmo tempo, a presença de um elemento normativo típico, representado pela expressão "de que o sabe inocente". É, em outros termos, a consciência atual da inocência do imputado, quer por não ter sido o autor do fato, quer porque o crime não existiu.

É necessário que o sujeito passivo — vítima da imputação — seja realmente inocente, resultando efetivamente prejudicado, isto é, acabe sendo investigado ou processado, sem justa causa, restando, afinal, arquivado o procedimento ou absolvido, com fundamento nos incisos I (estar provada a inexistência do fato) ou IV (não existir prova de ter o réu concorrido para a infração penal) e, excepcionalmente, no inciso V (existir circunstância que exclua o crime ou isente o réu de pena — como, por exemplo, naquelas hipóteses dos arts. 142 do CP e 7º, § 2º, da Lei n. 8.906/94), todos do art. 386 do Código de Processo Penal. A hipótese do inciso II do mesmo dispositivo, embora não exclua por completo, demanda maior exame de prova, enquanto pressuposto daquele crime. Somente a partir desses pressupostos se poderá começar a pensar na possibilidade da tipificação do crime de denunciação caluniosa, devendo reunir seus demais requisitos legais. Porém, se houver sido extinta a punibilidade, por qualquer de suas causas, se a absolvição tiver decorrido de alguma excludente de criminalidade ou dirimente de culpabilidade, não se poderá falar em denunciação caluniosa. É indispensável que o arquivamento ou absolvição tenha como fundamento a falsidade da imputação com o conhecimento do imputante.

Mas para iniciar a ação ou investigação pelo crime de denunciação criminosa é indispensável a conclusão definitiva da investigação ou absolvição trânsita em julgado, como um mínimo de garantia da Administração da Justiça.

A denunciação caluniosa, feita de forma direta ou indireta, tem como caráter essencial a espontaneidade, isto é, deve ser da exclusiva iniciativa do denunciante. Não haverá crime, quando, exemplificava Nélson Hungria, "a falsa acusação é feita por um réu, em sua defesa, no curso do interrogatório (apresentando-se no caso apenas o crime e calúnia, em atenção, alias, até certo limite, ao *ignoscendum ei qui qualiter sanguinem suum redimere voluit*), ou por alguma testemunha, ao depor na polícia ou em juízo (nesta última hipótese, o crime a reconhecer poderá ser o de testemunho falso)"[5]. Cumpre destacar que o sujeito ativo pode causar a instauração de qualquer dos procedimentos referidos diretamente ou por interposta pessoa, além de poder utilizar qualquer meio, sem qualquer formalidade, podendo fazê-lo por escrito ou oralmente.

5.1 *Novidades da Lei n. 10.028/2000: investigação administrativa, inquérito civil ou ação de improbidade administrativa. Redefinição e acréscimo da Lei n. 14.110/2020*

Essa lei, de 19 de outubro de 2000, acrescentou ao *caput* as elementares de dar causa à "instauração de investigação administrativa, inquérito civil ou ação de improbidade administrativa". Antes dessa lei, somente dar causa à instauração de investigação policial ou de processo judicial tipificava esse crime. Assim, ficou extremamente abrangente a nova tipificação da denunciação caluniosa.

5. Nélson Hungria, *Comentários*, p. 463.

É bem verdade que, quando da edição do atual Código Penal (1940), as duas formas tradicionais de *persecutio criminis* eram as constantes da redação original do *caput* do dispositivo em exame. Também é verdade que, se desejasse, o legislador poderia ter incluído nesse tipo as condutas que dessem causa à instauração de inquérito judicial e investigação administrativa. Assim, a rigor, produto da modernidade jurídica são somente o inquérito civil e a ação de improbidade administrativa, pois a inclusão da investigação administrativa faz parte da política criminalizadora exacerbada que dominou a última década do século XX. A nova Lei n. 14.110/2020, por sua vez, repetindo, melhorou o texto anterior, aprimorando sua definição, complementando, inclusive, a natureza dos ilícitos imputados pelo denunciante, tornando, de certa forma, um pouco mais abrangente esse tipo penal, como já afirmamos. Aprimorou o texto anterior, ao explicitar as imputações do denunciante, quais sejam, a prática de "crime, infração ético-disciplinar ou ato ímprobo de que o sabe inocente".

A Lei de Improbidade Administrativa (Lei n. 8.429/92) já criminalizava o ato de representar, por improbidade administrativa, contra agente público ou terceiro beneficiário sabidamente inocente (art. 19). Agora, com a nova redação do art. 339, incluindo "dar causa à instauração de ação de improbidade administrativa", pode-se questionar se, afinal, teria sido revogada aquela previsão do art. 19 da Lei n. 8.429/92.

A nosso juízo, no entanto, diversos aspectos distinguem profundamente as duas previsões legais, que têm finalidades e abrangências diferenciadas. Inicialmente, convém registrar que a previsão, muito mais restrita, do art. 19 da Lei de Improbidade Administrativa tipifica tão somente representar "por ato de improbidade administrativa", que nem sequer tem natureza criminal (nem a representação, nem o ato de improbidade administrativa); apenas esse ato de representar, nas circunstâncias, é criminalizado.

Por outro lado, a conduta criminalizada no art. 339 é muito mais abrangente, na medida em que "dar causa à" instauração de ação de improbidade administrativa tem um alcance impossível de ser atingido pelo ato de "representar"; poder-se-ia dizer que "representar" não deixa de ser uma espécie do gênero "dar causa à instauração", que pode assumir as mais diversas formas de manifestar-se, tais como comunicação oral da ocorrência do fato, telefonema, fonograma, telegrama, fax ou bilhete comunicando à autoridade competente a existência de crime etc.

A segunda grande diferença, e a mais importante, refere-se à natureza da finalidade da comunicação ou representação: a Lei de Improbidade Administrativa objetiva somente representar contra ato de natureza puramente administrativa, enquanto na nova previsão do Código Penal o fato objeto da investigação deverá, necessariamente, ter natureza criminal (crime ou contravenção penal). O art. 19 daquela lei não fazia essa exigência de que a imputação fosse de crime, como exige o Código Penal.

Com efeito, nem todo ato de improbidade administrativa constitui crime, em razão do caráter fragmentário do direito penal, que exige tipicidade estrita. Assim, nada impede que alguém atribua, falsamente, a algum agente público a prática de ato de improbidade administrativa que, no entanto, não seja tipificado como crime. Nesse caso, esse alguém incorre na previsão do art. 19 da Lei n. 8.429/92; contudo, quando a representação, de qualquer forma, imputar, falsamente, a prática de ato de improbidade administrativa que, ao mesmo tempo, seja definido como crime incorrerá na previsão do art. 339 do Código Penal, com a redação determinada pela Lei n. 10.028/2000. E agora, com mais razão, foi reforçada, expressamente pela nova redação atribuída pela Lei n. 14.110/2020 quando afirma, *in fine*, "imputando-lhe crime, infração ético-disciplinar ou ato ímprobo de que o sabe inocente". Em sentido semelhante era a orientação do saudoso amigo Prof. Damásio de Jesus, ao manifestar-se contra a revogação do art. 19, *in verbis*: "Cremos que não, pois as duas disposições podem coexistir pacificamente de acordo com duas regras: 1ª) quando o denunciante atribui falsamente à vítima ato de improbidade que configura infração administrativa, porém não configura crime, aplica-se o art. 19 da Lei n. 8.429/92. Ex.: negar publicidade aos atos oficiais (art. 11, IV, da Lei n. 8.429/92); 2ª) quando a denunciação incide sobre ato que, além de atentar contra a probidade administrativa, constitui também delito, aplica-se o art. 319 do CP. Ex.: art. 10, VIII, da Lei n. 8.429/92, em que a fraude em arrematação judicial, além de configurar ato de improbidade, encontra-se definida como crime (art. 358, CP). De observar-se que a denunciação é atípica quando seu objeto configura ato meramente infracional, não possuindo natureza ímproba nem criminosa"[6].

Por fim, dar causa à instauração de Comissão Parlamentar de Inquérito (CPI), mesmo imputando falsamente a prática de crime, não tipifica a denunciação caluniosa, por falta de previsão legal.

6. Tipo subjetivo: adequação típica

O elemento subjetivo geral é o dolo, representado pela vontade consciente de "Dar causa à instauração de inquérito policial, de procedimento investigatório criminal, de processo judicial, de processo administrativo disciplinar, de inquérito civil ou de ação de improbidade administrativa contra alguém". Segundo a doutrina majoritária, esse tipo penal somente admite dolo direto, em razão de exigir que o sujeito ativo tenha conhecimento de que a vítima é inocente.

Se a falsidade da imputação, isto é, a inocência do imputado, é elemento integrante ou condição essencial da denunciação caluniosa, impõe-se que o dolo, no caso, abranja, necessariamente, a consciência dessa falsidade, ou seja, a consciência efetiva da inocência do imputado. É, inclusive, insuficiente a dúvida sobre a veracidade ou inveracidade do fato imputado, e quem agir nessa circunstância, ainda que pratique uma conduta temerária, não recomendável, moralmente censurável, não configura o crime de denunciação caluniosa (que exige consciência atual da inocência do acusado) pela falta de dolo direto. Estará igualmente afastado o dolo quando

6. Ver *Tratado*, n. 4 (1. ed.), p. 524.

o agente incorrer em erro invencível sobre a correspondência entre o conteúdo da imputação e a realidade fática. A verdade subjetiva (putativa) do fato imputado afasta o dolo, sem o qual não se pode falar em ação tipificada como crime[7].

6.1 *Admissibilidade de dolo eventual*

É necessário que a imputação seja objetiva e subjetivamente falsa (de que o sabe inocente). Em outros termos, é indispensável que a imputação do sujeito ativo não encontre nenhum respaldo na verdade dos fatos e que, ademais, o sujeito ativo tenha certeza da inocência do imputado, isto é, daquele a quem atribui a prática de crime.

A simples dúvida (a falta de certeza) sobre a inocência do imputado, ao contrário do que afirmava a doutrina nacional[8], não exclui a culpabilidade, mas impede a própria configuração da denunciação caluniosa, ou seja, afasta a própria tipicidade da imputação. A natureza imperativa do verbo "imputar" afasta a possibilidade de dolo eventual.

Contudo, a despeito de o agente "saber que o imputado é inocente", mesmo sem querer efetivamente, pode assumir o risco de dar causa à instauração de qualquer dos procedimentos referidos do tipo penal em exame. A eventualidade do dolo não está na ciência da inocência do imputado, que existe, mas no "dar causa à instauração do procedimento" contido na lei. Assim, por exemplo, agiria com dolo eventual quem, sabendo que o sujeito passivo é inocente, não comunica a autoridade competente, mas segreda a terceiros, divulga, propaga na coletividade que o indigitado praticou determinado crime de ação pública; tomando ciência dessa divulgação, a autoridade competente instaura o procedimento devido, comprovando ao final que o imputado é inocente. Não se pode negar que, nessa hipótese, sabendo da inocência de outrem, e mesmo sem desejar a efetiva instauração da investigação oficial, com sua ação deu causa à instauração da investigação referida no tipo do art. 339. Não se trata, convenhamos, de dolo direto; contudo, não se pode afirmar que dolo não houve e que a conduta é atípica, ou restaria apenas, residualmente, o crime contra a honra. Na realidade, esse comportamento, nas circunstâncias imaginadas, configura dolo eventual, e tipificada está a infração do art. 339 contra a Administração da Justiça.

No entanto, em razão de nosso entendimento isolado e para facilitar a compreensão de nossa posição, pedimos vênia para transcrever parte do que sustentamos em nosso *Tratado de Direito Penal*; Parte Especial (v. 2, 19. ed.), a respeito do tema crime de perigo de contágio venéreo, nos seguintes termos:

"5.1.2 Sentido e função das elementares 'sabe' e 'deve saber', na definição do crime de perigo de contágio venéreo

Dolo é o conhecimento e a vontade da realização do tipo penal. Todo dolo tem um aspecto intelectivo e um aspecto volitivo. O aspecto intelectivo abrange o conhecimento atual de todas as circunstâncias objetivas que constituem o tipo penal.

7. Ver *Tratado*, n. 4 (1. ed.), p. 524.

8. Ver *Tratado*, n. 4 (1. ed.), p. 524.

Para a configuração do dolo exige-se a consciência daquilo que se pretende praticar. Essa consciência, no entanto, deve ser atual, isto é, deve estar presente no momento da ação, quando ela está sendo realizada. É insuficiente, segundo Welzel, a potencial consciência das circunstâncias objetivas do tipo, uma vez que prescindir da consciência atual equivale a destruir a linha divisória entre dolo e culpa, convertendo aquele em mera ficção.

Na verdade, a previsão, isto é, a representação ou consciência deve abranger correta e completamente todos os elementos essenciais do tipo, sejam eles descritivos ou normativos. Mas essa previsão constitui somente a consciência dos elementos integradores do tipo penal, ficando fora dela a consciência da ilicitude que, como já afirmamos, está deslocada para o interior da culpabilidade. É desnecessário o conhecimento da proibição da conduta, sendo suficiente o conhecimento das circunstâncias de fato necessárias à composição do tipo.

A velha doutrina, ao analisar as expressões 'sabe' e 'deve saber', via em ambas a identificação do elemento subjetivo da conduta punível: o dolo direto era identificado pela elementar 'sabe' e o dolo eventual pela elementar 'deve saber' (alguns autores identificavam, neste caso, a culpa). Aliás, foi provavelmente com esse sentido que se voltou a utilizar essas expressões, já superadas, na Lei n. 9.426/96, ao dar nova tipificação ao crime de receptação.

Na hipótese do 'sabe' — afirmavam os doutrinadores — há plena certeza do agente de que está contaminado. Neste caso, não se trata de mera suspeita, que pode oscilar entre a dúvida e a certeza, mas há, na realidade, a plena convicção de encontrar-se contaminado. Assim, a suspeita e a dúvida não servem para caracterizar o sentido da elementar 'sabe'. Logo — concluíam — trata-se de dolo direto.

Na hipótese do 'deve saber' estar contaminado — afirmavam —, significa somente a possibilidade de tal conhecimento, isto é, a potencial consciência de uma elementar típica. Nas circunstâncias, o agente deve saber que é portador de moléstia venérea, sendo desnecessária a ciência efetiva: basta a possibilidade de tal conhecimento. Dessa forma, na mesma linha de raciocínio, concluíam, trata-se de dolo eventual.

No entanto, essa interpretação indicadora do dolo, através do 'sabe' ou 'deve saber', justificava-se quando vigia, incontestavelmente, a teoria psicológico-normativa da culpabilidade, que mantinha o dolo como elemento da culpabilidade, situando a consciência da ilicitude no próprio dolo. Contudo, a sistemática hoje é outra: a elementar 'sabe' que está contaminado significa ter consciência de que é um agente transmissor, isto é, ter consciência de um elemento do tipo, e a elementar 'deve saber', por sua vez, significa a possibilidade de ter essa consciência.

A consciência do dolo, seu elemento intelectual, além de não se limitar a determinadas elementares do tipo, como 'sabe' ou 'deve saber', não se refere à ilicitude do fato, mas à sua configuração típica, devendo abranger todos os elementos objetivos, descritivos e normativos da figura típica, e não simplesmente um elemento normativo, 'está contaminado'. Ademais, o conhecimento dos elementos objetivos do tipo, ao contrário da consciência da ilicitude, tem de ser sempre atual, sendo insuficiente que seja potencial — deve saber —, sob pena de destruir a linha divisória entre dolo e culpa, como referia Welzel. Em sentido semelhante manifesta-se Muñoz Conde, afirmando que: 'O conhecimento que exige o dolo é o conhecimento atual, não bastando um meramente potencial. Quer dizer, o sujeito deve saber o que faz, e não, haver devido ou podido saber'.

Na verdade, a admissão da elementar 'deve saber' como identificadora de dolo eventual impede que se demonstre *in concreto* a impossibilidade de o agente ter ou adquirir o conhecimento do seu estado de contagiado, na medida em que tal conhecimento é presumido. E essa presunção legal não é outra coisa que autêntica responsabilidade objetiva: presumir o dolo onde este não existe!

A expressão 'deve saber', como elementar típica, é pura presunção, incompatível com o Direito Penal da culpabilidade. Precisa-se, enfim, ter sempre presente que não se admitem mais presunções irracionais, iníquas e absurdas, pois, a despeito de exigir-se uma consciência profana do injusto, constituída dos conhecimentos hauridos em sociedade, provindos das normas de cultura, dos princípios morais e éticos, não se pode ignorar a hipótese, sempre possível, de não se ter ou não se poder adquirir essa consciência. Com efeito, nem sempre o dever jurídico coincide com a lei moral. Não poucas vezes o direito protege situações amorais e até imorais, contrastando com a lei moral, por razões de política criminal, de segurança social etc. Assim, nem sempre é possível estabelecer, *a priori*, que seja o crime uma ação imoral. A ação criminosa pode ser, eventualmente, até moralmente louvável. A norma penal, pela sua particular força e eficácia, induz os detentores do poder político a avassalar a tutela de certos interesses e finalidades, ainda que contrastantes com os interesses gerais do grupo social.

Por derradeiro, constar de texto legal a atualidade ou potencialidade da consciência de elementares, normalmente representadas pelas expressões 'sabe' ou 'deve saber', é uma erronia intolerável, já que a Ciência Penal encarregou-se de sua elaboração interpretativo-dogmática. A mera possibilidade de conhecimento de qualquer elemento do tipo é insuficiente para configurar o dolo, direto ou eventual.

Concluindo, a previsão, isto é, o conhecimento, deve abranger todos os elementos objetivos e normativos da descrição típica. E esse conhecimento deve ser atual, real, concreto e não meramente presumido. Agora, a consciência do ilícito, esta sim pode ser potencial, mas será objeto de análise somente no exame da culpabilidade, que também é predicado do crime.

Enfim, ignoramos completamente a existência das elementares 'sabe' e 'deve saber', para efeitos de classificação das espécies de dolo, possíveis no crime de perigo de contágio venéreo, até porque o dolo eventual não se compõe da simples possibilidade de consciência (deve saber), como sustentava a teoria da probabilidade."

6.2 *Espécies de dolo: direto e eventual*

Este tipo penal, segundo a doutrina tradicional, contém três figuras distintas: a) o agente sabe que está contaminado; b) não sabe, mas devia saber que está contaminado; c) sabe que está contaminado e tem a intenção de transmitir a moléstia (§ 1º). Dessa distinção origina-se a diversidade de elementos subjetivos: 1ª) (de que sabe) dolo de perigo, direto ou eventual; 2ª) (deve saber) dolo eventual de perigo (alguns sustentam até a existência de culpa, que é inconcebível); 3ª) (se é intenção... transmitir) dolo de dano direto, na figura do § 1º, mais o elemento subjetivo especial do tipo, representado pelo fim especial de transmitir a moléstia. Enfim, dolo de perigo, nas hipóteses do *caput*, e de dano, na hipótese do § 1º. Vamos examinar essas questões à luz da nossa interpretação.

Não vemos nenhuma possibilidade de punir-se a modalidade do crime culposo, em razão do princípio de sua excepcionalidade, e, por isso mesmo, seria paradoxal admitir sua equiparação com o dolo. Relativamente à previsão do *caput* do art. 130, sustentamos a viabilidade de dolo direto e dolo eventual, pois, como o próprio Hungria reconhecia, "o elemento subjetivo limita-se à consciência ou possibilidade de consciência de que com o voluntário contato sexual, se cria o perigo de contágio", embora, na época, Hungria desse outro sentido dogmático às expressões "consciência" e "possibilidade de consciência". É compreensível, pois, em seu tempo, vigia a teoria psicológico-normativa da culpabilidade, e a "consciência da ilicitude integrava o próprio dolo", que, por sua vez, era um dos elementos da culpabilidade.

E em relação ao § 1º, onde um elemento subjetivo especial do injusto exerce uma função *sui generis* — qualificadora —, o dolo de dano só pode ser direto.

6.2.1 *Dolo direto e eventual — "sabe" que está contaminado*

Quando o agente "sabe" que está contaminado, isto é, quando tem plena consciência de seu estado, de que é portador de moléstia venérea, podem ocorrer as duas espécies de dolo — direto e eventual. O dolo será sempre de perigo e consistirá na vontade livre e consciente de criar a situação de perigo de contágio venéreo (dolo direto) ou na aceitação do risco de criá-la (dolo eventual).

Na primeira hipótese — dolo direto — o agente "sabe" que está contaminado, tem consciência de seu estado e de que cria, com a sua ação, uma situação de risco para a vítima, mas não deixa de praticar o ato libidinoso, seja conjunção carnal, seja qualquer outro ato de libidinagem. Não quer transmitir a moléstia venérea, mas tem plena consciência e vontade de expor a vítima a perigo de contagiar-se. Em outros termos, consciente e voluntariamente expõe a vítima a perigo de contágio venéreo.

Age, nessa hipótese, com dolo direto, pois a vontade do agente é dirigida à realização do fato típico. O objeto do dolo direto é o fim proposto (satisfação da libido), os meios escolhidos (práticas libidinosas) e os efeitos colaterais ou secundários (exposição a contágio de moléstia venérea) representados como necessários à realização do fim pretendido. Em relação ao fim proposto e aos meios escolhidos, o dolo direto é de primeiro grau, e, em relação aos efeitos colaterais, representados como necessários, o dolo direto é de segundo grau. Esse efeito colateral ou secundário — exposição a perigo de contágio — é abrangido mediatamente pela vontade consciente do agente — que sabe do risco —, mas é a sua produção ou existência necessária que o situa, também, como objeto do dolo direto: não é a sua relação de imediatidade, mas a relação de necessidade, que o inclui no dolo direto.

Mas, mesmo na hipótese em que "sabe" que está contaminado, o agente pode agir com dolo eventual e não somente com dolo direto. Quando, por exemplo, o agente "sabe" que é portador de moléstia venérea, prevê a possibilidade de dar-se o contágio, mas não tem certeza de que a moléstia que tem é contagiosa. Na dúvida sobre a natureza contagiosa, em vez de abster-se, mantém contato sexual com a vítima e a expõe a perigo. Quando o agente não tem certeza de alguns dos elementos da configuração típica não deve agir; se, no entanto, apesar da dúvida, age, assume o risco, não da produção do resultado como tal, mas da aceitação da possibilidade de sua verificação. Não se pode esquecer que a elementar "sabe" não se confunde com dolo, pois este se compõe de dois elementos — intelectivo (consciência ou previsão) e volitivo (vontade) —, e a ausência de qualquer deles é suficiente para impedir a configuração dolosa, tanto na forma direta quanto na eventual.

Não há, em nenhuma das hipóteses, qualquer intenção de transmitir a moléstia, tampouco a assunção do risco de transmiti-la, pois o dolo é de perigo. Mas o agente tem consciência do perigo de contágio, da possibilidade de que este ocorra, mas, a despeito disso, não desiste, mantém o contato libidinoso com a vítima, expondo-a a perigo.

6.2.2 *Dolo eventual — "deve saber" que está contaminado*

O agente percebe alguns sinais de doença venérea, mas não tem certeza de sua infecção e, quiçá, contaminação; no entanto, mantém relação sexual sem tomar qualquer precaução, expondo alguém a perigo. Na verdade, "devia saber", havia a possibilidade de ter essa consciência de seu estado, esse elemento normativo está presente, mas assume o risco de criar uma situação de perigo para terceiro, de criar uma situação de ameaça concreta de transmissão da moléstia. Nesse caso, na dúvida sobre a possibilidade de estar contaminado não podia agir, expondo alguém a perigo concreto. Como destaca Wessels, haverá dolo eventual quando o autor não se deixar dissuadir da realização do fato pela possibilidade próxima da ocorrência do resultado (na hipótese, da exposição a perigo) e sua conduta justificar a assertiva de que, em razão do fim pretendido, ele se tenha conformado com o risco da exposição ou até concordado com a sua ocorrência, em vez de renunciar à prática da ação.

Convém destacar que a dúvida do agente pode ser em relação à circunstância de estar contaminado (deve saber) ou, então, quanto a se tratar de moléstia contagiosa ou não (sabe que está contaminado). Na primeira hipótese, o dolo eventual que orienta a conduta do agente refere-se à elementar "deve saber", e a segunda refere-se à elementar "sabe".

Enfim, pode-se concluir, o dolo eventual pode configurar-se diante de qualquer das duas elementares — "sabe" e "deve saber"; o dolo direto é que não é admissível na hipótese do "deve saber".

Por tudo isso, sustentamos a admissibilidade de dolo eventual no crime de denunciação caluniosa, ainda que infrequente.

6.3 *Elemento normativo: de que o sabe inocente*

A mera possibilidade de conhecimento de qualquer elemento do tipo é insuficiente para configurar o dolo, direto ou eventual. Na realidade, a previsão, isto é, o conhecimento, deve abranger todos os elementos objetivos e normativos da descrição típica. E esse conhecimento deve ser atual, real, concreto e não meramente presumido. Agora, a consciência do ilícito, essa sim, pode ser potencial, mas já será objeto de análise somente da culpabilidade, que também é predicado do crime. Constar do texto legal a atualidade ou potencialidade do conhecimento de elementares, normalmente representadas pelas expressões "sabe" ou "deve saber", ou, como neste caso, "de que o sabe inocente", é uma erronia intolerável, visto que a ciência penal encarregou-se de sua elaboração interpretativo-dogmática.

Na verdade, o conteúdo da culpabilidade finalista exibe substanciais diferenças em relação ao modelo normativo neokantiano, que manteve dolo e culpa como seus elementos. Diga-se, mais uma vez, que, enquanto na concepção causalista o dolo e a culpa eram partes integrantes da culpabilidade, na finalista passam a ser elementos não desta, mas do injusto. Também, na corrente finalista, inclui-se o conhecimento da proibição na culpabilidade, de modo que o dolo é entendido somente como dolo natural (puramente psicológico), e não como no causalismo, que era considerado o *dolus malus* dos romanos, constituído de vontade, previsão e conhecimento da realização de uma conduta proibida.

Enfim, concluindo, a expressão "de que o sabe inocente" não é indicativa de dolo e tampouco de culpa, mas constitui tão somente uma elementar normativa que, a nosso juízo, ante o atual estágio dogmático de dolo e da culpabilidade, é absolutamente desnecessária. Com efeito, a elementar "de que o sabe inocente" representa somente a exigência de que o sujeito ativo tenha consciência atual, efetiva, real do estado de inocência do imputado, não satisfazendo esse tipo penal a mera potencial consciência dessa condição do sujeito passivo.

7. Consumação e tentativa

Consuma-se o crime de denunciação caluniosa com a instauração da investigação policial, administrativa, civil, pública, de improbidade administrativa ou com a propositura da competente ação penal. A tentativa é, teoricamente, admissível. Aliás, o próprio Supremo Tribunal Federal já se manifestou afirmando que "o delito de denunciação caluniosa não se consuma enquanto não tenha sido, pelo menos, formalizado o inquérito policial"[9]. Consuma-se, enfim, no lugar e no momento em que qualquer dos procedimentos referidos no tipo penal for instaurado.

A tentativa, embora de difícil configuração, é teoricamente possível. Assim, por exemplo, quando o sujeito ativo denuncia o fato à autoridade competente, que, em razão da pronta comprovação da inocência do acusado, não toma qualquer iniciativa, não realiza nenhuma diligência, enfim, não instaura o procedimento devido;

---

9. STF, HC, *DJU*, 26 mar. 1982, p. 2562.

ou seja, o sujeito ativo fez tudo o que lhe competia para concretizar uma denunciação caluniosa, a qual, no entanto, por circunstâncias alheias a sua vontade, não se consuma.

8. Classificação doutrinária

Trata-se de crime comum (pode ser praticado por qualquer pessoa); comissivo (somente pode ser praticado por ação); material (produz resultado naturalístico, consistente na efetiva investigação ou processo judicial, embora seja considerado por muitos como crime formal por não exigir efetivo prejuízo à Justiça); instantâneo (que se esgota com a ocorrência do resultado, que se completa em um instante determinado); unissubjetivo (pode ser praticado por um sujeito apenas) e plurissubsistente (crime cuja ação permite seu fracionamento em mais de um ato).

9. Figura majorada (§ 1º)

Quando, para a realização da conduta típica, o agente serve-se de anonimato ou de nome suposto, a pena é majorada de um sexto. Essa majoração se justifica pela maior dificuldade que tal circunstância cria para a identificação do autor da imputação falsa. Destacamos a distinção que fazemos entre majorantes e qualificadoras quando examinamos as figuras majoradas do crime de aborto[10].

10. Forma privilegiada ou minorada (§ 2º)

Verifica-se quando ao sujeito passivo é imputada a prática de contravenção. A rigor, a nosso juízo, a imputação de simples prática de contravenção deveria ser descriminalizada para, pelo menos, manter a simetria com o crime de calúnia, que só criminaliza a imputação falsa de crime, sendo atípica a mera imputação de contravenção penal.

Em todo o caso, pelo menos se determina a redução obrigatória de metade da pena aplicada.

11. Concurso de crimes e conflito aparente de normas

O saudoso desembargador paranaense Luiz Viel estabeleceu com precisão e cientificidade a distinção entre calúnia, denunciação caluniosa e falso testemunho, nos seguintes termos:

"O tipo da calúnia exige uma rica composição subjetiva: a ciência direta, certa, de que a imputação (da realização de crime) seja falsa. O agente sabe que é mentira, e assim dolosamente calunia.

Mas se alguém representa para que a autoridade policial instaure inquérito policial contra certa pessoa, imputando-lhe a autoria de crime de que o sabe inocente, o crime cometido é o de denunciação caluniosa (CP, art. 339). E se alguém,

---

10. Cezar Roberto Bitencourt, *Tratado de Direito Penal*; Parte Especial, 19. ed., v. 2, 2019, p. 240.

inquirido em inquérito policial, depõe atribuindo a certa pessoa, falsamente, a prática de crime, comete falso testemunho (CP, art. 342).

O bem jurídico tutelado, nos dois casos, é a correta administração da Justiça, cujos órgãos são dolosamente mal informados, com o propósito de induzi-los a processar (condenar) alguém por crime não cometido. É o uso dos órgãos estatais (investigação, judiciários) não simplesmente para ofender a honra, mas para privar da liberdade: *grosso modo*, uma espécie de cárcere privado qualificado com autoria mediata.

Não fica, por conseguinte, a ofensa à honra como expressão delitiva autônoma ou autonomizável. Ou há a *delatio criminis* falsa, ou depoimento falso, ou nada"[11].

A denunciação caluniosa absorve a calúnia, pelo princípio da consunção, e dela se distingue, porque naquela a imputação falsa de fato definido como crime é levada ao conhecimento da autoridade, motivando a instauração de investigação policial ou de processo judicial. Aliás, essa distinção foi muito bem destacada pelo Ministro Francisco de Assis Toledo, nos seguintes termos: "Expressões contidas em requerimento para instauração de inquérito policial reputadas caluniosas. Não se pode pretender que, ao noticiar fato criminoso, a vítima cometa crime contra a honra, se não extravasa da narrativa (art. 5º, § 1º, 'a', do CPP). Havendo imputação falsa, o crime será, em tese, o de denunciação caluniosa, de ação penal pública, não o de calúnia, de ação penal privada"[12].

A diferença fundamental, enfim, está na natureza do bem jurídico tutelado: nos crimes contra a honra o bem jurídico é a honra do indivíduo, e na denunciação caluniosa é a boa administração da justiça! A denunciação caluniosa diferencia-se, igualmente, "da comunicação falsa de crime ou contravenção", precisamente porque nesta "não há acusação contra pessoa alguma", e também no delito de autoacusação falsa, "porque em tal crime o denunciado não é pessoa diversa do denunciante, mas este próprio".

12. Pena e ação penal

As penas cominadas, cumulativamente, são de reclusão, de dois a oito anos, e multa. Na forma majorada, a pena é aumentada de sexta parte, e, na privilegiada, diminuída de metade.

A natureza da ação penal é pública incondicionada.

11. Ver *Tratado*, n. 4 (1. ed.), p. 533.
12. Ver *Tratado*, n. 4 (1. ed.), p. 533.

COMUNICAÇÃO FALSA DE CRIME OU DE CONTRAVENÇÃO

XXXV

Sumário: 1. Considerações preliminares. 2. Bem jurídico tutelado. 3. Sujeitos do crime. 4. Tipo objetivo: adequação típica. 5. Tipo subjetivo: adequação típica. 6. Consumação e tentativa. 7. Classificação doutrinária. 8. Pena e ação penal.

Comunicação falsa de crime ou de contravenção

Art. 340. Provocar a ação de autoridade, comunicando-lhe a ocorrência de crime ou de contravenção que sabe não se ter verificado:

Pena — detenção, de 1 (um) a 6 (seis) meses, ou multa.

1. Considerações preliminares

Os antecedentes da comunicação falsa de crime ou contravenção não são muito distantes, na medida em que foi desconhecida do direito antigo, inclusive do direito medieval. Chegou, inicialmente, a ser confundida com a denunciação caluniosa, recebendo, posteriormente, a distinção necessária no Código Penal toscano (1853). Os Códigos Penais italianos (Zanardelli, 1889, e Rocco, 1930) também criminalizaram essa figura típica, exemplo seguido pelo Código Penal suíço (art. 304).

Os Códigos Penais brasileiros anteriores — 1830 e 1890 —, no entanto, não recepcionaram a comunicação falsa de crime ou contravenção, reservando essa iniciativa ao nosso Código Penal de 1940, que o disciplinou entre os crimes praticados contra a Administração da Justiça. Rogério Sanches destaca, com muita propriedade, a clara distinção entre este crime e o de denunciação caluniosa, nos seguintes termos: "Facilmente verificável é a diferença entre os tipos de comunicação falsa de infração penal e denunciação caluniosa. Neste (art. 339), o agente imputa a infração penal imaginária à pessoa certa e determinada. Naquela (art. 340), apenas comunica a fantasiosa infração, não a imputando a ninguém ou, imputando, aponta personagem fictício"[1].

1. Rogério Sanches Cunha, *Manual de Direito Penal* — Parte Especial, Salvador, JusPodivm, 2020, p. 997.

2. Bem jurídico tutelado

Bem jurídico protegido é a Administração Pública, especialmente sua moralidade e probidade administrativa perante a coletividade; tutela-se, segundo Maggiore[2], o interesse público no sentido de que a justiça não seja desviada em razão de denúncias falsas e aberrantes, procurando evitar o desvio de rota do Poder Público, com gastos desnecessários, insegurança social e perturbação de pessoas inocentes. Protege-se, em verdade, a probidade de função pública, sua respeitabilidade, bem como a integridade de seus funcionários.

3. Sujeitos do crime

Sujeito ativo pode ser qualquer pessoa, não lhe sendo exigida nenhuma qualidade ou condição pessoal ou funcional.

Sujeito passivo é o Estado, que é o titular do bem jurídico ofendido, a Administração Pública *lato sensu*, especificado na Administração da Justiça.

4. Tipo objetivo: adequação típica

Pune-se a conduta de quem provoca (motiva, dá causa, deflagra ou possibilita) a ação de autoridade (policial, ministerial ou judiciária), comunicando a ocorrência de infração penal (crime ou contravenção) que sabe não ter acontecido. Essa comunicação poderá ser feita de várias maneiras — podendo o agente valer-se de meios escritos, orais, inclusive do anonimato —, desde que idôneas a provocar a ação investigatória da autoridade pública.

O tipo penal deixa claro a necessidade de que o sujeito ativo saiba que o fato comunicado à autoridade competente não aconteceu. A elementar típica "sabe" que não se verificou não se confunde com um indicativo de dolo ou culpa como pensava a antiga doutrina nacional[3], como demonstramos no capítulo anterior; pelo contrário, está apenas exigindo, nesse tipo de infração penal, a consciência atual, real e efetiva da inocorrência do fato comunicado. Aliás, a ação de quem comunica à autoridade competente uma infração penal, encontrando-se em dúvida sobre sua efetiva ocorrência, não se reveste sequer da elementar normativa "falsa", podendo, quando muito, ser temerária, imprudente ou afoita, mas não falsa. Na verdade, cabe à autoridade policial, ao iniciar as investigações, tomar as cautelas que o comunicante não teve, e que talvez nem lhe fossem exigidas, deixando-se levar pelo afã de contribuir para com a Justiça. Nem sempre as autoridades investigam fatos verdadeiros, reais e concretos, caso contrário, se assim fosse, havendo a confissão de um suposto autor, seria desnecessário proceder-se

2. Maggiore, *Diritto Penale*, Bologna, 1958, v. 2, t. 1, p. 258.

3. A quem interessar possa, recomendamos a consulta ao desenvolvimento que fizemos quando examinamos o crime de "perigo de contágio venéreo" (art. 130), no volume 2º desta obra, onde procuramos fundamentar longamente esse entendimento (*Tratado de Direito Penal*, 19. ed., São Paulo, 2019, v. 2, p. 317-334).

às investigações. Por vezes, com efeito, investiga-se exatamente para constatar a veracidade ou não da própria existência do crime, inclusive, não raro, torcendo para que não tenha ocorrido, em razão dos danos que pode produzir. O que o legislador pretendeu com o dispositivo em exame é evitar exatamente a má-fé do cidadão, a deliberada ação de levar a máquina pública a desvirtuar-se de seus fins específicos com as consequências que produz e, até por isso, nem sequer previu a modalidade culposa, no que, diga-se de passagem, andou bem o legislador de então. Nesse sentido, Fragoso registrava a consequência provável da comunicação falsa de crime ou contravenção: "em vista das falsas indicações dadas, pode vir a ser movido processo contra inocente, que afinal pode vir a ser condenada. O silêncio do agente não muda a natureza do delito, devendo tais gravíssimas consequências serem consideradas na medida da pena"[4].

Os motivos determinantes da conduta do agente são, *a priori*, irrelevantes para a configuração do crime de denunciação falsa. Contudo, dependendo da finalidade que motivou a denunciação, pode tipificar outra infração penal, como, por exemplo, alegar, falsamente, que foi vítima de furto, para justificar o recebimento do seguro, configurando, nessa hipótese, uma modalidade de estelionato (art. 171, § 2º, V).

Convém destacar que a comunicação falsa de infração penal não se confunde com a infração anteriormente analisada "denunciação caluniosa": nesta, o sujeito ativo indica determinada pessoa (suposta) como autora da infração penal; naquela, o sujeito ativo não indica ninguém como autor da infração que afirma ter ocorrido[5]. Na comunicação falsa de infração penal, o agente sabe que infração não houve; na denunciação caluniosa, sabe que o imputado não praticou o crime que denuncia. Distintas, pois, são as infrações penais, como diferentes são os bens jurídicos ofendidos.

Por outro lado, não se pode ignorar que qualquer cidadão que tiver conhecimento da ocorrência de determinado crime não apenas pode, como deve, comunicar à autoridade policial ou a qualquer outra competente para apurar sua autoria e materialidade. Mais que isso, qualquer cidadão que conhecer algum fato delituoso tem o direito de comunicá-lo às autoridades competentes, embora não tenha o dever de fazê-lo, pois o Estado não tem o direito de exigir que o cidadão seja "dedo-duro", trata-se de uma questão ético-moral que concede ao cidadão a liberdade e o direito de escolha. Tanto que o art. 301 do Código de Processo Penal, percucientemente, determina que "qualquer do povo poderá e as autoridades policiais e seus agentes deverão prender quem quer que seja encontrado em flagrante delito". O fundamento é basicamente o mesmo, ou seja, faculta ao cidadão, em seu livre-arbítrio, exercer um direito, se quiser, e determina às autoridades policiais, porque a elas compete, agir no exercício de sua função.

---

4. Heleno Cláudio Fragoso, *Lições de Direito Penal*, p. 507.
5. Damásio de Jesus, *Direito Penal*, p. 275.

5. Tipo subjetivo: adequação típica

Elemento subjetivo geral do crime é o dolo, representado pela vontade de comunicar a ocorrência sobre a qual tem consciência de que não se verificou. É insuficiente a dúvida do agente sobre a efetiva ocorrência da infração que denuncia, pois o tipo penal é incisivo na exigência de que o agente saiba que o fato que comunica não ocorreu. Como não há previsão da modalidade culposa, faltando o conhecimento pleno de que a comunicação é falsa, a conduta praticada pelo agente é atípica, constituindo, nessas circunstâncias, um indiferente penal.

Não se pode esquecer que a elementar "sabe" não se ter verificado (e, quando for o caso, "deve saber") não se confunde com dolo, pois este se compõe de dois elementos — intelectivo (consciência ou previsão) e volitivo (vontade) —, e a ausência de qualquer deles — volitivo ou intelectivo — é suficiente para impedir a configuração dolosa, tanto na forma direta quanto na eventual. Com efeito, a presença, *in concreto*, da elementar "sabe" significa somente que esse tipo penal, excepcionalmente, exige a atualidade da consciência da ilicitude, sem qualquer relevância na definição ou constituição da espécie de dolo (direto ou indireto)[6].

Exige-se também a presença do elemento subjetivo especial do tipo, consistente no especial fim de provocar a ação da autoridade, sem causa. Pelos mesmos fundamentos expostos no tópico anterior, passamos a admitir, pelo menos em tese, a possibilidade de dolo eventual.

6. Consumação e tentativa

Para consumar-se o crime de "comunicação falsa de crime ou contravenção" não basta a simples desídia ou má-fé do agente comunicando a ocorrência, que saiba ser falsa, de que qualquer crime ou contravenção, sendo indispensável que a autoridade policial determine a instauração de inquérito policial ou investigação criminal, promovendo qualquer diligência para apurar a sua ocorrência, ou mesmo a autoria de referido fato. Em outros termos, somente se consuma referido crime de "comunicação falsa de crime ou contravenção" com a ação da autoridade, motivada pela comunicação de crime ou contravenção, isto é, consuma-se quando e onde a autoridade promove qualquer diligência para apurar a falsa infração penal. Por vezes, no entanto, essa consumação da ocorrência de crimes, falsamente, "denunciados" pode consumar-se, praticamente, de forma instantânea, como exemplifica o prof. Fabio Roque[7]: "o crime ocorre, por exemplo, naquelas situações em que o agente efetua ligação telefônica para o serviço de atendimento da polícia para 'passar um trote', informando a prática de crime que sabe não ter ocorrido". Aliás, em

---

6. Desenvolvemos longamente essa tese quando examinamos os crimes de receptação (volume 3º) e perigo de contágio venéreo (volume 2º) desta obra, respectivamente, para onde remetemos o leitor.

7. Fabio Roque Araújo, *Manual de Direito Penal didático* — Parte Especial, Salvador, JusPodivm, 2020, p. 1141.

razão dessa odiosa conduta, frequente nas zonas urbanas, mudamos a sua classificação para crime formal, bastando a própria comunicação para que o crime se consume. Nessa hipótese, além de em si mesma criminosa, congestiona-se o serviço de segurança e de socorro ocupando, indevidamente, o tempo dos agentes e do próprio meio de comunicação e agravando ainda mais a deficiência do serviço.

Admite-se, teoricamente, a tentativa, embora, *in concreto*, seja de difícil configuração, representando, na verdade, raridade a ocorrência da tentativa. A rigor, na prática dificilmente ocorrerá a tentativa, pois quando a autoridade desconfiar de sua inautenticidade e não abrir efetivamente as investigações, em regra, não se poderá afirmar que houve tentativa punível, não passando de atos preparatórios impuníveis.

Contudo, nessa modalidade de infração penal, cuja danosidade, convenhamos, é ínfima, admitimos, em tese, a possibilidade de arrependimento eficaz, quando, por exemplo, antes de a autoridade tomar qualquer providência ou diligência, o agente se arrepende e comunica que foi apenas um trote, uma brincadeira ou uma atividade irrefletida, impedindo que autoridade policial inicie sua investigação.

7. Classificação doutrinária

Trata-se de crime formal (que se consuma com a própria ação, independentemente de produzir qualquer transformação no mundo exterior); comum (que não exige qualidade ou condição especial do sujeito); de forma livre (que pode ser praticado por qualquer meio ou forma pelo agente); instantâneo (não há demora entre a ação e o resultado); unissubjetivo (que pode ser praticado por um agente apenas).

Se a comunicação falsa diz respeito a pessoa determinada, tem-se configurado o art. 339 do CP. Visando o agente ao recebimento de indenização ou valor de seguro, responderá pelo crime do art. 171, § 2º, V, do CP. Admite-se a transação penal em razão de a pena máxima abstratamente cominada não ser superior a dois anos. *Vide* os arts. 5º, § 3º, e 27 do CPP; art. 41 do Decreto-Lei n. 3.688/41 (Lei das Contravenções Penais); arts. 60, 61 e 81 da Lei n. 9.099/95.

8. Pena e ação penal

As penas cominadas, alternativamente, são de detenção, de um a seis meses, ou multa. Corretamente, ao contrário de alguns códigos penais alienígenas (*v.g.*, português e italiano), não comina pena distinta quando a falsidade da comunicação refira-se a crime ou a contravenção, pois o bem jurídico protegido não se altera.

A ação penal é pública incondicionada.

AUTOACUSAÇÃO FALSA XXXVI

Sumário: 1. Considerações preliminares. 2. Bem jurídico tutelado. 3. Sujeitos do crime. 4. Tipo objetivo: adequação típica. 5. Tipo subjetivo: adequação típica. 6. Consumação e tentativa. 7. Classificação doutrinária. 8. Pena e ação penal.

Autoacusação falsa

Art. 341. Acusar-se, perante a autoridade, de crime inexistente ou praticado por outrem:

Pena — detenção, de 3 (três) meses a 2 (dois) anos, ou multa.

1. Considerações preliminares

A criminalização da conduta de autoacusar-se falsamente surge no Código Penal italiano de 1889 (Zanardelli), como simulação subjetiva, em oposição à simulação objetiva, tendo sido ignorada na legislação anterior à unificação italiana[1]. O Código Zanardelli previa a isenção de pena se a autoacusação falsa fosse feita por parente próximo para proteger o verdadeiro autor do crime. O Código Penal Rocco (1930) manteve a previsão desse crime em seu art. 369.

Na legislação brasileira, o Código Criminal de 1830 e o Código Penal de 1890 ignoraram o crime de autoacusar-se falsamente, embora tenha constado do Projeto Alcântara Machado (art. 180).

2. Bem jurídico tutelado

Bem jurídico protegido é a Administração Pública, particularmente seu prestígio e probidade administrativa perante a coletividade; tutela-se, a exemplo do crime de comunicação falsa de crime, o interesse público no sentido de que a justiça não seja obstada ou desvirtuada em decorrência de denúncias falsas e aberrantes, procurando evitar o desvio de rota do Poder Público, com gastos desnecessários, insegurança social e a perturbação de pessoas inocentes. Protege-se, igualmente, a probidade de função pública, sua respeitabilidade, bem como a integridade de seus funcionários.

1. Magalhães Noronha, *Direito Penal*, p. 374.

3. Sujeitos do crime

Sujeito ativo pode ser qualquer pessoa, não lhe sendo exigida nenhuma qualidade ou condição pessoal ou funcional, desde que não tenha sido autor, coautor ou partícipe do crime objeto da autoacusação falsa, devendo ficar, enfim, afastada qualquer possibilidade de participação no fato delituoso. Destaca, contudo, acertadamente, Rogério Sanches quando afirma que "Não o pratica, porém, quem chama a si a responsabilidade total de delito em que participou como coautor ou partícipe porque, perante nosso direito positivo, não se configura o crime de falsa autoacusação quando o réu chama para si a exclusiva responsabilidade de ilícito penal de que deve ser considerado concorrente"[2].

Sujeito passivo é o Estado, que é o titular do bem jurídico ofendido, a Administração Pública *lato sensu*, especificado na Administração da Justiça.

4. Tipo objetivo: adequação típica

A conduta punível consiste em acusar-se, isto é, imputar-se crime inexistente ou praticado por outrem. E "acusar-se — professava Fragoso — é imputar alguém a si próprio fato que o prejudica. Acusar-se de crime é confessar a prática de fato que a lei penal vigente define como crime"[3]. A falsidade da autoacusação reside na inexistência do fato delituoso ou assertiva de não tê-lo cometido. Em termos bem esquemáticos, o crime de que o agente se autoacusa deve ser inexistente, isto é, que não aconteceu, ou, mais precisamente, que o sujeito ativo não o praticou, pois o fato em si mesmo até pode ter sido cometido, mas por outrem, segundo menciona o próprio *caput*. Nessa hipótese, é indispensável que o sujeito ativo não tenha, de qualquer forma, concorrido para o crime, caso contrário, em vez de praticar autoacusação falsa, estaria, na verdade, confessando a prática efetiva de um crime mediante concurso de pessoas.

É imprescindível que o agente o faça perante a autoridade policial ou judicial, e que o escopo da autoacusação seja crime, e não mera contravenção, que não consta do texto legal, pois, quando o legislador deseja a ela se referir, o faz expressamente. Não é necessário que o agente quando se autoacusa esteja *tête-à-tête* com a autoridade, podendo fazê-lo por carta, telegrama, fax ou qualquer outro meio de comunicação, desde que tenha idoneidade para transmitir a acusação. Autoridade só pode ser a competente, isto é, aquela que tem atribuição para investigar, para apurar a existência de crime e respectiva autoria ou, pelo menos, determinar que se proceda a tal investigação. Em síntese, essa autoridade a que se refere o texto legal é a autoridade policial, judicial ou órgão do Ministério Público.

É possível que o agente, ao autoacusar-se falsamente, possa, ao mesmo tempo, acusar terceiro inocente; nessa hipótese, responderá em concurso formal com o crime contra a honra. O sistema de aplicação de pena — cúmulo material ou exasperação — dependerá dos desígnios do agente, único ou autônomos, respectivamente.

---

2. Rogerio Sanches Cunha, *Manual de Direito penal*, p. 1.000.
3. Heleno Cláudio Fragoso, *Lições de Direito Penal*, p. 509.

Por outro lado, não se pode ignorar que qualquer cidadão que tiver conhecimento da ocorrência de determinado crime não apenas pode, como deve, comunicar à autoridade policial ou qualquer outra competente para apurar sua autoria e materialidade. Mais que isso, qualquer cidadão que conhecer algum fato delituoso tem o direito de comunicá-lo às autoridades competentes, embora não tenha o dever de fazê-lo, pois o Estado não tem o direito de exigir que o cidadão seja "dedo-duro", trata-se de uma questão ético-moral que concede ao cidadão a liberdade e o direito de escolha. Tanto que o art. 301 do Código de Processo Penal, percucientemente, determina que "qualquer do povo poderá e as autoridades policiais e seus agentes deverão prender quem quer que seja encontrado em flagrante delito". O fundamento é basicamente o mesmo, ou seja, faculta ao cidadão, em seu livre-arbítrio, exercer um direito, se quiser, e determina às autoridades policiais, porque a elas compete agir no exercício de sua função.

5. Tipo subjetivo: adequação típica

Elemento subjetivo é o dolo, representado pela vontade de autoacusar-se falsamente, tendo consciência de não haver praticado o crime, ou de que foi outro que o praticou. Desnecessário registrar que a autoacusação deve ser voluntária (embora não seja necessária a espontaneidade), visto que se for forçada, motivada ou extorquida pela autoridade fica afastado o dolo, indispensável para a configuração típica.

A nosso juízo, não há exigência de elemento subjetivo especial do tipo. Em sentido contrário, é o entendimento de Guilherme de Souza Nucci, que afirma: "entendemos que há, ainda, o elemento subjetivo do tipo específico, consistente na vontade de prejudicar a administração da justiça"[4].

A motivação determinante da conduta do agente é irrelevante para a configuração do crime de autoacusação falsa. É indistintamente criminoso atribuir-se o crime praticado por outrem, por piedade, compaixão, ódio ou amor, como também o é autoacusar-se de determinado crime para livrar-se de outro mais grave, como, por exemplo, assumir a autoria de um crime menor, como álibi, quando, na mesma hora, cometeu outro mais grave, em lugar distinto. Mesmo que pratique o crime para beneficiar cônjuge, ascendente, descendente ou irmão, por pura falta de previsão legal, não terá qualquer causa de diminuição de pena, embora possa e deva ser considerado na dosimetria da pena. Em outros termos, a motivação altruística do agente, ou mesmo seu grau de parentesco para com o verdadeiro autor do crime objeto de autoacusação falsa, não altera sua tipificação. "Se, além de acusar a si próprio, o agente acusa, também falsamente, a terceiros como copartícipes, responderá pelo crime sob exame e o de denunciação caluniosa, em concurso material"[5].

4. Guilherme de Souza Nucci, *Código Penal comentado*, 5. ed., São Paulo, Revista dos Tribunais, 2005, p. 1064.
5. Nélson Hungria, *Comentários ao Código Penal*, p. 469.

6. Consumação e tentativa

Consuma-se o crime com o conhecimento, pela autoridade, da autoacusação falsa, no lugar e no momento em que tal conhecimento ocorrer. Realmente, o crime somente se completa com a ciência da autoridade, pois, como reconhecia Noronha, alguém somente pode acusar-se se o fizer perante outrem.

A tentativa é admissível, caso a conduta seja realizada por escrito, pois se trata de crime plurissubsistente, podendo ser fracionada. A retratação do agente não extingue a punibilidade do delito, funcionando tão somente como uma circunstância atenuante genérica. Nesse sentido, divergindo de Hungria, que não a admitia, Magalhães Noronha destacava: "Cremos impossível a forma tentada na autoacusação falsa oral, na que se perfaz com único ato, na que é delito unissubsistente. Mas se a confissão feita, ao conhecimento da autoridade, medeia certo espaço de tempo, que pode ser fracionado, por que não haverá, então tentativa? Suponha-se, e mais de uma vez temos dito, que a forma escrita seja a empregada: por carta dirigida à autoridade policial, alguém confessa delito cometido por outrem, acontecendo que a missiva não chegue às mãos da autoridade, porque, depois de expedida, foi interceptada por interessado ou extraviou-se, indo parar em mãos de terceiro. Parece-nos haver delito tentado"[6].

7. Classificação doutrinária

Trata-se de crime formal (que não exige resultado naturalístico para sua consumação); comum (que não exige qualidade ou condição especial do sujeito); de forma livre (que pode ser praticado por qualquer meio ou forma pelo agente); instantâneo (não há demora entre a ação e o resultado); unissubjetivo (que pode ser praticado por um agente apenas); plurissubsistente (que, em regra, pode ser praticado com mais de um ato, admitindo, em consequência, fracionamento em sua execução).

8. Pena e ação penal

As penas cominadas, alternativamente, são de detenção, de três meses a dois anos, ou multa. É um dos crimes que apresenta a maior elasticidade da pena cominada, permitindo uma dosagem adequada nas situações as mais diversas possíveis, como recomenda uma boa política criminal progressista.

A ação penal é pública incondicionada.

6. E. Magalhães Noronha, *Direito Penal*, 10. ed, São Paulo, Saraiva, 1978, v. 4, p. 376.

FALSO TESTEMUNHO OU FALSA PERÍCIA — XXXVII

Sumário: 1. Considerações preliminares. 2. Bem jurídico tutelado. 3. Sujeitos do crime. 4. Tipo objetivo: adequação típica. 4.1. Falsidade sobre a qualificação pessoal: atipicidade da conduta. 4.2. O paradoxo de a condição de imputado ser travestida na de "testemunha". 5. Compromisso legal de dizer a verdade: testemunha não compromissada. 6. Tipo subjetivo: adequação típica. 7. Consumação e tentativa. 8. Classificação doutrinária. 9. Substituição de qualificadora por majorantes. 10. Retratação do falso testemunho ou falsa perícia. 11. Pena e ação penal.

Falso testemunho ou falsa perícia

Art. 342. Fazer afirmação falsa, ou negar ou calar a verdade, como testemunha, perito, contador, tradutor ou intérprete em processo judicial, ou administrativo, inquérito policial, ou em juízo arbitral:

• *Caput* com redação determinada pela Lei n. 10.268, de 28 de agosto de 2001.

Pena — reclusão, de 2 (dois) a 4 (quatro) anos, e multa.

• Pena determinada pela Lei n. 12.850, de 2 de agosto de 2013.

§ 1º As penas aumentam-se de um sexto a um terço, se o crime é praticado mediante suborno ou se cometido com o fim de obter prova destinada a produzir efeito em processo penal, ou em processo civil em que for parte entidade da administração pública direta ou indireta.

§ 2º O fato deixa de ser punível se, antes da sentença no processo em que ocorreu o ilícito, o agente se retrata ou declara a verdade.

• §§ 1º e 2º com redação determinada pela Lei n. 10.268, de 28 de agosto de 2001. O mesmo diploma legal suprimiu o § 3º.

---

1. Considerações preliminares

A Lei n. 10.268, de 28 de agosto de 2001, alterou a versão original do crime de falso testemunho ou falsa perícia, bem como da corrupção ativa de testemunha e perito. Tratando-se de lei nova incriminadora, aplica-se exclusivamente a fatos ocorridos a partir de 29 de agosto de 2001, data de sua publicação. Referido diploma legal acrescentou o "contador" entre os sujeitos ativos desses crimes. A previsão original do Código Penal continua sendo aplicada a todos os fatos praticados sob sua vigência, sem as novidades trazidas pela Lei n. 10.268/2001, ressalvada a qualificadora que era prevista no antigo § 1º, duplicando a pena. Nesse caso, aplica-se a nova previsão (majorante), retroativamente, por ser mais benéfica, conjugando-se duas leis distintas sobre o mesmo fato, extraindo-se-lhes os dispositivos mais benéficos.

Aproveitou-se, referido diploma legal, para precisar a linguagem que utilizava "processo policial" para inquérito policial. Contudo, olvidou-se de incluir inquérito parlamentar, administrativo e judicial, que, evidentemente, não se confundem com o inquérito policial.

2. Bem jurídico tutelado

Bem jurídico protegido é a Administração Pública em sentido lato, a exemplo dos crimes previstos no Título XI da Parte Especial do Código Penal, especialmente, na hipótese, a moralidade, respeitabilidade e probidade de sua função específica de administrar a justiça. O falso testemunho ou falsa perícia fragiliza a segurança, idoneidade e eficácia da relevante função estatal de distribuição de justiça, atingindo a pureza, limpidez, imparcialidade e probidade da instrução probatória, cuja finalidade é propiciar uma decisão final justa.

3. Sujeitos do crime

Sujeito ativo pode ser qualquer pessoa que, como testemunha, perito, tradutor ou intérprete realize a ação descrita no tipo penal, desde que não esteja legalmente impedido ou dispensado de fazê-lo. Em termos esquemáticos, sujeito ativo é quem, chamado a depor, na forma legal, presta testemunho falso, seja fazendo afirmação falsa, seja negando ou calando a verdade.

São igualmente sujeitos ativos perito, contador, tradutor e intérprete, considerando que o Código Penal de 1940 englobou, em um mesmo dispositivo legal, o falso testemunho e a falsa perícia, com a única diferença de que a infração cometida por estes é a falsa perícia[1]. Justifica-se a equiparação quanto ao resultado da conduta típica destes ao testemunho, na medida em que a falsidade por eles cometida ofende os interesses da administração da justiça tanto quanto (talvez até mais) o falso testemunho. A diferença de função que exercem no processo penal em relação à testemunha não impediu que o legislador equiparasse o desvalor da ação de uns e de outra, ainda que, eventualmente, o resultado desvalioso da conduta daqueles possa, *in concreto*, acabar sendo mais relevante; mas esse aspecto, que seria, digamos, acidental, pode ser corrigido no momento da aplicação da pena.

Perito é gênero do qual são espécies tradutor e intérprete, que o legislador, contudo, preferiu individualizar. Perito é um técnico que emite, em forma de laudo, um

---

1. O atual *Código Penal* espanhol (Ley Orgánica n. 10/95), ao contrário do *Código Penal brasileiro*, tipifica o falso testemunho no art. 458, e a falsa perícia no art. 459 (in Gonzalo Quintero Olivares, *Comentarios a la parte especial del Derecho Penal*, p. 355 e 361).

"parecer" sobre tema relativo a sua área de conhecimento ou especialidade, resultando na denominada "perícia", que é meio de prova, a exemplo do testemunho; tradutor tem a função de verter para o idioma nacional texto em língua estrangeira; e intérprete é quem faz a intermediação na comunicação de duas pessoas de idiomas distintos, ou seja, é a pessoa por meio da qual outras duas entendem-se e comunicam-se. Em síntese, tradutor e intérprete não realizam ou produzem a prova como o perito, mas são instrumentos pelos quais se obtém ou se produz determinada prova; incluem-se, no entanto, no gênero, como dissemos, perito *lato sensu*.

Finalmente, foi incluído pela Lei n. 10.268/2001, como novo sujeito ativo do crime de falso testemunho ou falsa perícia, o contador, que é especialista em cálculos e operações contábeis, podendo figurar como autor tanto de falso testemunho como de falsa perícia; aliás, para a condição de perito não havia necessidade desse acréscimo, pois bastava ser nomeado para exercer tal função, e como testemunha bastava ser arrolado por qualquer das partes.

Estão excluídos, evidentemente, deste, como de qualquer outro crime, os doentes ou pessoas com deficiência mental e os menores de dezoito anos (arts. 26 e 27 do CP). Os inimputáveis não respondem, penalmente, pela prática de crimes de natureza alguma.

Sujeito passivo do crime de falso testemunho ou de falsa perícia é a Administração Pública (Administração da Justiça), representada pelo Estado, no seu legítimo interesse em desenvolver regularmente a atividade judiciária, na busca infatigável de distribuir, adequadamente, justiça, e, se ocorrer, o eventual ofendido, lesado ou prejudicado pelo crime de falso testemunho ou falsa perícia.

4. Tipo objetivo: adequação típica

São três as modalidades de conduta previstas no crime de falso testemunho ou falsa perícia: afirmar falsamente, negar ou calar a verdade. Em outros termos, o crime de falso testemunho pode ser praticado de três formas, quais sejam afirmando-se uma falsidade, negando-se a verdade ou calando-se o que se sabe[2]. Vejamos: a) fazer afirmação falsa, ou seja, dizer uma coisa positivamente distinta da verdade — o sujeito ativo assegura, garante ou afirma uma inverdade; diz que é certo o que não é. Em outras palavras, na afirmação falsa o agente faz declaração diversa da que corresponderia, *in concreto*, a sua percepção dos fatos, havendo, no dizer de Manzini[3], "uma disformidade positiva entre a declaração e a ciência da testemunha, que finge uma impressão sensorial que não sentiu ou altera a que sentiu". Há, nessa modalidade, uma ação afirmativa, isto é, positiva; b) negar a verdade: negar um fato que sabe ou conhece, ou seja, negar um fato verdadeiro, dizer que é errado o que sabe que é certo — o sujeito ativo nega o que sabe, nega a percepção de fatos que teve conhecimento direto; ou, nas palavras de Guilherme Nucci, negar a verdade é "não reconhecer a existência de algo verdadeiro ou recusar-se a admitir a

2. Nélson Hungria, *Comentários ao Código Penal*, p. 475.
3. Vincenzo Manzini, *Tratado de Derecho Penal*, v. 5, p. 772.

realidade"[4]. Afirmar o falso e negar o verdadeiro representam duas formas distintas — positivas, comissivas — de faltar com a verdade; c) calar a verdade: silenciar ou ocultar o que sabe. Calar significa ficar em silêncio ou não querer responder, constituindo uma forma de omissão de falsidade negativa. Nessa modalidade, não há afirmação nem negação: o sujeito silencia sobre o fato, ou recusa-se a responder, violando, segundo a doutrina[5], igualmente o dever da verdade, havendo o que os autores têm denominado de reticência. Com efeito, calando-se, isto é, deixando de declarar o que sabe, a testemunha afronta um duplo dever, quais sejam de falar a verdade e de colaborar com a Administração da Justiça.

Negar a verdade e calar a verdade são fórmulas que apresentam um grau de similitude muito grande tanto em seus significados quanto no *modus operandi*, resultando, por vezes, difícil de precisar essas distinções, podendo-se, inadvertidamente, tomar-se uma por outra. Na verdade, as duas locuções — negar a verdade ou calá-la — não passam de fórmulas distintas para dizer basicamente a mesma coisa, qual seja a não admissão da realidade dos fatos pelo sujeito ativo, até porque "calar a verdade" não é, convenhamos, das expressões mais felizes, para se dizer que alguém contrariou a verdade. Com efeito, afora uma linguagem figurada — que não é recomendada para definir condutas típicas —, não se compreende como alguém pode "calar a verdade" (fazer a verdade ficar calada, quieta, sem fala), na medida em que verdade, propriamente, se reconhece, admite-se, confessa-se, nega-se, omite-se ou oculta-se, mas não se a "cala", *venia concessa*. Enfim, quem nega não cala, e quem cala não nega, ou, simplificando, a diferença básica entre ambas, que não se confundem, reside em que negar é uma conduta comissiva, ao passo que calar é uma figura omissiva de falsidade negativa, embora Regis Prado, eloquentemente, faça parecer simples: "A diferença entre negar a verdade e calá-la está em que aquela é uma falsidade positiva e esta, uma falsidade negativa. A testemunha que nega a veracidade de um fato afirma não verdadeiro aquilo que o é, ao passo que a testemunha que se limita a dizer nada sobre o fato nada afirma, mas oculta ou cala a verdade"[6]. Há falsidade, por exemplo, quando a testemunha afirma que não sabe uma coisa que verdadeiramente sabe; isso não é calar-se, mas negar a verdade.

Precisa-se, porém, atentar que se recusar a responder (perguntas do magistrado) não se confunde com recusar-se a prestar depoimento. Na primeira hipótese — recusar a responder — pode (não significa que seja automático) configurar falso testemunho, na modalidade de calar, se efetivamente tiver conhecimento e com o silêncio ocultar o que sabe, ou seja, como sempre ocorre em direito penal, é necessário que haja uma relação de causa e efeito; na segunda — recusar-se a depor — não pode configurar falso testemunho, não passando de absurda presunção, proscrita pelo direito penal da culpabilidade; caracteriza, ao contrário, simples rebeldia, mera

4. Guilherme de Souza Nucci, *Código Penal comentado*, p. 1065.
5. Por todos, Heleno Cláudio Fragoso, *Lições de Direito Penal*, p. 516.
6. Luiz Regis Prado, *Curso de Direito Penal brasileiro*, p. 865.

desobediência, que não configura, sequer, crime, pela ausência das elementares típicas, e tem como consequência a condução sob vara, nos termos do Código de Processo Penal (art. 218)[7]. Por isso, não constitui falso testemunho a negação ou recusa em prestar depoimento. Recusar-se a depor, enfim, não é o mesmo que cometer falso testemunho, que exige, como pressuposto, um depoimento, como assevera Regis Prado[8], pois somente por meio deste se pode cometer aquele. Visto assim, realmente fica fácil e as diferenças aparecem com clareza.

O legislador, na definição do falso testemunho, equiparou as três modalidades, positiva, negativa e omissiva, atribuindo o mesmo significado a afirmar algo falso, negar fato verdadeiro ou ocultar fato de que se tem conhecimento. A falsidade coibida pelo tipo penal, no entanto, não é a contradição entre o depoimento da testemunha e a realidade fática, mas entre o depoimento e o conhecimento que a testemunha tem dos fatos, ou seja, é o contraste entre o depoimento e a verdade subjetiva da testemunha em relação aos fatos. Falso é o depoimento que não corresponde qualitativa ou quantitativamente ao que a testemunha viu, sabe, conhece, percebeu ou ouviu. O critério da falsidade do testemunho não depende da relação entre o dito e a realidade, mas da relação entre o dito e o conhecimento que a testemunha tem dessa realidade.

O tipo penal não perdeu de vista que a testemunha somente depõe sobre fatos, sendo-lhe vedada a exteriorização de opiniões ou apreciações pessoais sobre aqueles (art. 213 do CPP), tendo-lhe o legislador atribuído exclusivamente a função de narrar ou transmitir à autoridade processante fatos pretéritos que viu, sabe ou conhece. Falsas avaliações ou apreciações equivocadas sobre as qualidades pessoais do acusado ou da vítima, ainda que dolosas, não caracterizam falso testemunho, pois seu compromisso e sua função são relatar fatos, como fatos, enquanto fatos, sem adjetivação. Na verdade, eventuais perguntas dirigidas à testemunha relativamente a sua impressão pessoal sobre os fatos ou sobre o acusado podem ser altamente lesivas à ampla defesa, podendo ser objeto de impugnação, impedindo que sejam consideradas pelo julgador.

Quem incorre em falso testemunho transgride a obrigação de dizer a verdade, e essa obrigação da testemunha situa-se em pontos ou aspectos essenciais e não meramente acidentais, acessórios ou secundários, que, por isso mesmo, não têm maior influência no julgamento final, deixando, consequentemente, de apresentar a potencialidade lesiva exigida para configurar o crime. A falsidade do testemunho, no entanto, não é a que recai sobre qualquer fato, mas somente a que incide sobre fato juridicamente relevante e, evidentemente, desde que tenha pertinência com o objeto do processo de que cuida. Por isso, como adverte Paulo José da Costa Jr., "se a falsidade consistir em circunstâncias inócuas, se versar *super accidentalibus* ou

7. Essa é a sanção jurídico-penal para a testemunha que não comparece a juízo, que se recusa a depor.

8. Luiz Regis Prado, *Curso de Direito Penal brasileiro*, p. 865.

fatos estranhos à matéria probante, não se apresenta o delito"[9]. Com efeito, desaparece a *ratio* da incriminação se a falsidade incidir sobre fatos acidentais, secundários, sem potencialidade para influir sobre o futuro julgamento, ou alheios ao *thema probandum*. Sem potencialidade lesiva[10], o falso testemunho será um ato imoral[11], antiético, mas não antijurídico. No mesmo sentido, concluía Fragoso[12], que é indispensável que a falsidade praticada tenha potencialidade lesiva, ou seja, que possa influir sobre o julgamento. A falsidade que incide sobre circunstância ou fato juridicamente irrelevante não afeta a prova[13] nem atinge o interesse tutelado pela lei. É indispensável, em outros termos, que o fato falso (afirmado, negado ou silenciado) seja juridicamente relevante, isto é, seja considerado na apreciação final do julgador, apresentando, por isso mesmo, potencialidade lesiva, para poder adequar-se à descrição típica do dispositivo em exame.

Duas teorias antagônicas pretendem definir o conteúdo e a essência da falsidade. Para a teoria objetiva há falso testemunho quando o relatado pela testemunha não corresponde à realidade; para a teoria subjetiva, no entanto, a falsidade reside na contradição entre o que a testemunha sabe, viu ou conhece e aquilo que declara. A primeira hipótese refere-se ao que ocorreu efetivamente; a segunda, ao que a testemunha sabe ou pensa que sabe. Naquela, o dito pela testemunha não foi o que aconteceu; nesta, contraria ao que a testemunha conhece. A teoria subjetiva é a predominante, desde o magistério de Carrara, que ensinava: "o critério da falsidade do testemunho não depende da relação entre o dito e a realidade das coisas, mas sim, da relação entre o dito e a ciência da testemunha"[14]. Em síntese, para a orientação dominante, que adota a teoria subjetiva, falso testemunho é a divergência entre o depoimento da testemunha e o conhecimento que esta tem dos fatos. Dessa forma, configura-se o falso testemunho, por exemplo, quando a testemunha declara falsamente que viu um fato, que efetivamente aconteceu, mas que esta não viu. O fato é verdadeiro, mas a declaração de tê-lo visto é falsa, ou seja, há divergência entre o que afirma a testemunha e o que ela realmente viu. Em outras palavras, a falsidade não reside na contradição entre a realidade fática (verdade objetiva) e a afirmação da testemunha, mas entre o seu depoimento e o conhecimento que tem dos fatos (verdade subjetiva). Por isso, é atípica a conduta da testemunha que declara o que sabe (verdade subjetiva), embora seja divergente do que efetivamente ocorreu.

---

9. Paulo José da Costa Jr., *Comentários ao Código Penal*, p. 554.

10. STF, HC 69.047/RJ, 1ª Turma, Rel. Min. Sepúlveda Pertence, j. 10-3-1992, v. u., *DJ*, 24-4-1992, p. 5377.

11. Nélson Hungria, *Comentários ao Código Penal*, p. 478.

12. Heleno Cláudio Fragoso, *Lições de Direito Penal*, p. 516. No mesmo sentido era o magistério de Magalhães Noronha, *Direito Penal*, p. 380: "...Se a circunstância em nada influi, se não há possibilidade de prejuízo, apesar da inverdade, não haverá falso testemunho; trata-se de falsidade inócua, pois não prejudica a prova".

13. Guilherme Souza Nucci, *Código Penal comentado*, p. 1067.

14. Carrara, *Programa de Derecho Criminal*, § 2.698, p. 267.

A prática repetida ou sucessiva, pelo agente, em um mesmo processo, de afirmação falsa (não correspondente à sua verdade subjetiva), não configura concurso de crimes, em qualquer de suas modalidades (material, formal ou continuado), pois há um único crime[15] — falso testemunho.

4.1 *Falsidade sobre a qualificação pessoal: atipicidade da conduta*

Outra questão controvertida refere-se à falsidade que recai sobre qualificação pessoal da testemunha, que, por exemplo, omite ser ascendente ou descendente de alguma das partes do processo, alterando dados tais como nome, idade, estado civil, relação de parentesco etc. Para alguns, a qualificação é uma formalidade essencial, que pode influir no valor probante do depoimento, e ao ofender diversos interesses em litígio atenta contra a administração da justiça. Para outros, essas questões pessoais não se vinculam aos fatos objeto da causa, não integrando, portanto, o objeto da proteção penal. Finalmente, para uma terceira orientação, não há crime porque na qualificação da testemunha não há propriamente depoimento em sentido estrito. Seguindo o primeiro entendimento, Nélson Hungria sustentava que "semelhante falsidade pode influir, talvez decisivamente, sobre o julgamento, dado o prestígio de insuspeição que assumirá a testemunha"[16]. Na mesma linha de Hungria, Noronha acrescenta que "sua falsidade ofende, do mesmo modo, os diversos interesses em litígio e atenta contra a administração da justiça, ferindo-a em sua atuação normal e na eficácia da realização". Heleno Fragoso, a despeito de reconhecer a possibilidade de a omissão de parentesco poder influir na credibilidade do testemunho, sustenta, contrariamente a Hungria, que "não se trata, porém, de fatos da causa, e, sim, de condição pessoal da testemunha, motivo pelo qual Manzini não admite que possa haver em tal caso o crime de falso testemunho"[17]. Por fim, para Regis Prado[18], acertadamente, a qualificação da testemunha não integra o depoimento: "Não há dúvida alguma de que a verdade nas respostas às perguntas de ordem pessoal (qualificação) é importante, mas isto não quer dizer que estas declarações preliminares façam parte do depoimento — são informações úteis, mas estranhas a ele". No mesmo sentido, Damásio de Jesus sustenta: "...entendemos que não comete falso a testemunha (*sic*) que mente a respeito de sua qualificação, como, por exemplo, ocultando parentesco com uma das partes (podendo subsistir o crime do art. 307 do CP, conforme o caso)"[19].

---

15. Nélson Hungria, *Comentários ao Código Penal*, p. 485; Damásio de Jesus, *Direito Penal*, p. 292.
16. Nélson Hungria, *Comentários ao Código Penal*, p. 478.
17. Heleno Cláudio Fragoso, *Lições de Direito Penal*, p. 515; no mesmo sentido, Paulo José da Costa Jr., *Comentários ao Código Penal*, p. 554: "A ocultação de determinada qualidade pessoal (filho, pai ou irmão do réu ou da vítima) poderá influir sobre a credibilidade do testemunho. Entretanto, como não se trata de fato da causa e sim de condição pessoal da testemunha, tampouco se configura o crime".
18. Luiz Regis Prado, *Curso de Direito Penal brasileiro*, p. 868.
19. Damásio de Jesus, *Direito Penal*, p. 290.

Ora, a despeito da importância indiscutível da qualificação pessoal da testemunha, embora constituam informações úteis e até necessárias, tais declarações não integram o depoimento propriamente dito sobre a integridade na qual recai a tutela penal. O falso testemunho tem relação com o objeto da prova, que é sua finalidade, e não com o questionário preliminar destinado a identificar a testemunha. Nesse sentido, concluímos com o magistério de Regis Prado[20], "a afirmação, a negação ou ocultação das verdades puníveis devem ocorrer no depoimento (declaração cognitiva dos fatos da causa), do qual não faz parte a qualificação da testemunha (ato formal)", a não ser que a falsidade proferida na qualificação — ressalva Regis Prado — "tenha relação direta com os fatos investigados". Aliás, essa assertiva fica tão evidente no quotidiano forense, quando os magistrados, primeiro determinam, através do funcionário encarregado, que se proceda à qualificação da testemunha (com todos seus dados pessoais), por "termo em separado", da qual nem sequer o magistrado toma parte; após, em ato independente, separado, procede-se à "assentada" ou tomada das declarações da testemunha, que só então presta o compromisso de falar a verdade sobre os fatos da causa, e não sobre sua qualificação pessoal.

Concluindo, a falsidade de um depoimento somente pode referir-se a fatos, e não à qualidade ou condição pessoal da testemunha, que, ademais, não é objeto da investigação processual/procedimental.

4.2 *O paradoxo de a condição de imputado ser travestida na de "testemunha"*

O acusado não apenas tem direito ao silêncio, como, inclusive, o de faltar com a verdade, em sua própria defesa. A condição de acusado exclui, *ipso facto*, a de testemunha. Nesse sentido, é incensurável o magistério de Regis Prado, quando afirma: "...a condição de imputado exclui a de testemunha. Além de ser parte no processo penal, não tem a obrigação de dizer a verdade — limite da punibilidade de uma declaração falsa. No delito em foco a condição de testemunha — em sentido material — é elemento do tipo penal. E tal condição não possui o imputado, ainda que declare como testemunha"[21].

Quem é investigado tem assegurado pela Constituição não apenas o direito ao silêncio, mas fundamentalmente o direito de não produzir prova contra si mesmo. Por isso, quem é investigado, ainda que dissimuladamente pela autoridade investigante/processante, como sói acontecer nas Comissões Parlamentares de Inquérito (e, por vezes, nas Investigações procedidas pelo Ministério Público), que fraudam a relação processual, procurando impor ao investigado o compromisso de dizer a verdade a quem é potencialmente investigado, pretendendo "extorquir" declarações sob a ameaça do crime de falso testemunho, eventual declaração que

20. Luiz Regis Prado, *Curso de Direito Penal brasileiro*, p. 869.
21. Luiz Regis Prado, *Curso de Direito Penal brasileiro*, p. 861.

não corresponda à realidade (fazendo afirmação falsa, negando ou calando a verdade) não tipifica o crime de falso testemunho, pois o compromisso prestado é materialmente inválido por contrapor-se ao texto constitucional. O investigado, além de ser parte no processo, não tem a obrigação de dizer a verdade, pois poderá estar produzindo prova contra si mesmo. No crime de falso testemunho a condição de testemunha — no seu aspecto material — é elementar do tipo, e o investigado/processado, certamente, não possui essa condição. Consequentemente, se o "investigado/testemunha" falsear a verdade em suas declarações, sua conduta será absolutamente atípica.

Falso na verdade, nessas condições, não são as declarações do investigado por não corresponder à realidade dos fatos, mas é a conduta da autoridade processante, que além de antiética e imoral é também antijurídica, tendo sido objeto, invariavelmente, de concessões de ordem de *habeas corpus* por nossa Corte Suprema, para assegurar direito que nossos parlamentares deveriam não apenas conhecer e respeitar, mas, principalmente, defender. A única forma de coibir essa odiosa praxe que se instalou no parlamento nacional é criminalizar essa conduta fraudulenta de autoridades que forçam os investigados a prestar compromisso, quando sabidamente, ou dissimuladamente, são objeto da investigação.

O falso testemunho deve ser praticado em processo judicial (civil, trabalhista ou criminal), em inquérito policial (mero procedimento inquisitório, pré-processual, em boa hora corrigido o texto original [processo policial] pela Lei n. 10.268/2001), em processo administrativo (instrumento para apurar e punir infrações funcionais, perante a autoridade administrativa), em juízo arbitral (instituição cuja função é solucionar conflitos que lhe são confiados, fora do âmbito do Poder Judiciário, ainda pouco utilizado no direito brasileiro) ou em inquérito parlamentar (procedido por Comissão Parlamentar — Lei n. 1.579/52).

A previsão do Código Penal de 1940 é mais abrangente que aquela prevista no Código Penal de 1890, que se limitava a criminalizar o falso praticado em juízo. Por último, a Lei n. 1.579/52 estendeu a tipificação da prática dessa infração penal na Comissão Parlamentar de Inquérito (art. 4º, II).

5. Compromisso legal de dizer a verdade: testemunha não compromissada

Toda pessoa pode ser testemunha, de acordo com o art. 202 do CPP; contudo, nem toda pessoa tem o dever jurídico de depor (art. 206 do CPP). Ademais, o art. 207 do mesmo diploma legal proíbe de depor, quando não desobrigadas pelo interessado, "as pessoas que em razão de função, ministério, ofício ou profissão devem guardar segredo".

Tem-se questionado a possibilidade de testemunha não compromissada (arts. 206 e 208 do CPP) poder cometer o crime de falso testemunho. A corrente majoritária tem sustentado que como o juramento ou compromisso não é pressuposto do crime, resulta indiferente tratar-se de testemunha numerária ou testemunha informante[22]. A corrente minoritária, no entanto, a qual nos filiamos, sustenta a impossibilidade de as testemunhas não compromissadas (meros informantes) praticarem falso testemunho, ante a inexistência do dever da verdade, em razão do vínculo que as prende a uma das partes e que as torna desmerecedoras da mesma credibilidade das demais, isto é, das testemunhas numerárias[23].

Em síntese, para a primeira orientação, é desnecessário o compromisso para a caracterização do crime de falso testemunho ou falsa perícia, considerando-se que todos têm o dever de dizer a verdade em juízo, além de que o compromisso não mais integra esse crime de falso, como ocorria no Código Penal de 1890; para a segunda, é indispensável o compromisso, pois sua ausência transforma quem seria testemunha em mero informante, devendo o juiz valorar adequadamente suas "declarações" (informante não presta depoimento, mas declarações ou informações), usando seu livre convencimento na apreciação de todo o contexto probatório.

A doutrina majoritária, com efeito, tem procurado demonstrar, ao longo do tempo, que, como o legislador de 1940 eliminou o juramento ou o compromisso de dizer a verdade por parte da testemunha, como pressuposto do crime de falso testemunho — não distinguindo testemunha compromissada e não compromissada —, também esta comete o crime de "perjúrio", isto é, aquela que, por alguma razão, é dispensada do compromisso de dizer a verdade — ascendente, descendente, afim em linha reta, irmão ou cônjuge do acusado (art. 206 do CPP) —, pois, segundo Hungria, não pode "prestar impunemente testemunho falso". Em sentido semelhante, manifestava-se Noronha, argumentando que "não estão dispensadas de dizer a verdade, já que por seus depoimentos pode o juiz firmar a convicção, o que lhe é perfeitamente lícito, em face do princípio inconcusso, consagrado pelo Código de Processo, do livre convencimento... Observe-se também que a lei penal não distingue ao se referir à testemunha. Por outro lado... seria inútil permitir-lhes o depoimento"[24]. Na mesma linha, adverte Paulo José da Costa Jr.: "Tais testemunhas, ditas informantes, se resolverem depor, deverão dizer a verdade, ficando igualmente sujeitas às penas do falso testemunho. Poder-se-á, entretanto, sustentar, com mais propriedade, que, estando elas desobrigadas de prestar compromisso (CPP), podem falsear

22. Bento de Faria, *Código Penal brasileiro* comentado, v. 7, p. 117; Nélson Hungria, *Comentários ao Código Penal*, p. 485; Magalhães Noronha, *Direito Penal*, p. 379; Paulo José da Costa Jr., *Comentários ao Código Penal*, p. 553; Luiz Regis Prado, *Curso de Direito Penal brasileiro*, p. 862, e Falso testemunho e falsa perícia, p. 94, além dos italianos comentadores do Código Penal Rocco.

23. Magalhães Drumond, *Comentários ao Código Penal*, v. 9, p. 375-376; Fontán Balestra, *Tratado de Derecho Penal*; Parte Especial, 3. ed., Buenos Aires, Abeledo Perrot (s. d.), t. 7, p. 353; Garraud, *Traité théorique et pratique du Droit Pénal francais*, v. 6, p. 297; Heleno Cláudio Fragoso, *Lições de Direito Penal*, p. 513; Guilherme de Souza Nucci, *Código Penal comentado*, p. 1069-1070.

24. Magalhães Noronha, *Direito Penal*, p. 379.

a verdade"[25]. Segue a mesma trilha Regis Prado, afirmando: "Assim sendo, independentemente de terem prestado compromisso legal, tanto podem praticar o crime a testemunha numerária como a informante. Aliás, convém salientar, dado o princípio do livre convencimento do juiz, que rege nosso Direito Processual Penal (arts. 157 e 182, CPP; arts. 131 e 436, CPC), pode o juiz fundamentar sua sentença no depoimento de testemunha compromissada ou não compromissada"[26].

Em sentido contrário, no entanto, a nosso juízo acertadamente, Heleno Fragoso, com a perspicácia de sempre, pontificava: "Em relação à testemunha é indispensável que tenha prestado o compromisso legal (art. 203 do CPP), pois somente neste caso surge o dever da verdade. Não pratica crime a testemunha que é mero informante (*RT* 492/287; 508/354)"[27]. No mesmo sentido, Guilherme de Souza Nucci, jovem e talentoso magistrado brasileiro, destaca: "Entretanto, se, ao contrário, a ela expressamente não deferir o compromisso, deixando claro tratar-se de meras declarações, não há como punir o sujeito que mentiu. Sem o compromisso, não se pode exigir que o depoente fale a verdade, mesmo porque as pessoas que estão imunes à promessa de dizer a verdade são justamente as que não têm condições emocionais de fazê-lo ou, por conta de deficiência mental ou falta de maturidade, terminam não narrando a verdade. Como se pode exigir do pai do réu — eximido da obrigação de depor (art. 206, CPP) — que conte a verdade do que aconteceu, mesmo sabendo que o filho pode ir, graças ao seu depoimento, para a cadeia?"[28].

Sem sombra de dúvidas, a melhor orientação é essa defendida por Heleno Cláudio Fragoso e muito bem sustentada por Guilherme de Souza Nucci, com argumentos sólidos, lógicos e jurídicos, que enfraquecem qualquer argumento em sentido contrário. Excepcionalmente — diz o art. 206, *in fine* — quando por outra forma não for possível obter ou integrar a prova do fato e de suas circunstâncias, pode o magistrado determinar a inquirição dessas pessoas, embora sem lhes deferir o compromisso (art. 208). Qual a razão, afinal, da dispensa do compromisso? Qual é o fundamento ético e jurídico do dever de declarar a verdade? Será o livre convencimento do juiz, como fundamentam os doutrinadores citados anteriormente? Ou o dever da verdade será um dever público, isto é, um dever genérico, ou será um dever especial, a ponto de a testemunha assumir o compromisso, declarando-o formalmente, de fazê-lo? Por fim, porque as testemunhas que, como tal, comparecem aos autos devem prestar compromisso da verdade, e as pessoas desobrigadas de depor, quando, por indispensável necessidade, recolhe-se suas declarações, não prestam tal compromisso? Seguramente, deve haver uma razão para aquelas serem obrigadas a se comprometerem com a verdade, e estas, as informantes, não, caso contrário todas deveriam assumir o mesmo compromisso. Se as consequências fossem as mesmas de quem presta compromisso e de quem não o presta, não haveria razão alguma

25. Paulo José da Costa Jr., *Comentários ao Código Penal*, p. 553.
26. Luiz Regis Prado, *Curso de Direito Penal brasileiro*, p. 862.
27. Heleno Cláudio Fragoso, *Lições de Direito Penal*, p. 513.
28. Guilherme de Souza Nucci, *Código Penal comentado*, p. 1069.

para que dele fosse dispensado; valendo lembrar, ademais, a velha e pertinente lição de que a lei não tem palavras inúteis e, acrescentaríamos, muito menos comandos ou sanções inúteis ou sem sentido.

Ora, toda a construção legislativa está muito clara no sentido de que o legislador diferenciou testemunha do mero declarante ou informante. O valor probante da testemunha é um, e o resultado das declarações obtidas pelo juiz de meros informantes ou declarantes é recebido e avaliado sempre com muita reserva pelo julgador, ou seja, não tem o mesmo valor probatório da testemunha, porque não são testemunhas, porque não têm a obrigação e o compromisso com a verdade, não estão sujeitas às consequências do falso testemunho, porque estão emocionalmente vinculados a uma das partes, porque, por própria natureza humana e pelos laços familiares, não podem ser imparciais e racionalmente neutras no desenrolar do processo, como é dever da testemunha. Nesse sentido, merece ser transcrita a lúcida lição de Guilherme Nucci, *in verbis*: "A testemunha tem o dever de dizer a verdade, porque compromissada, logo, sujeita às penas do crime de falso, que é a consequência jurídica do descumprimento do dever que assumiu. O declarante não possui o dever de narrar a verdade e está sendo ouvido por pura necessidade do juízo na busca da verdade real, embora não preste compromisso, como a lei lhe assegura"[29]. Com efeito, o dever da verdade não é genérico, mas especial, e não decorre automaticamente da lei que obrigaria a todos, mas decorre do compromisso individual daquelas pessoas que podem e são obrigadas a deporem como testemunhas. Fosse o dever da verdade uma obrigação universal decorrente da lei seria desnecessário o compromisso obrigatório da testemunha. E a obrigação de uns prestarem compromisso e outros não comprova diversidade de função e de responsabilidades. A dispensa do compromisso significa exatamente que o legislador reconheceu a impossibilidade de delas exigir a fidelidade à verdade, admitindo a dificuldade que os vínculos familiares naturalmente acarretam ao ser humano. Tanto que a advertência prevista no art. 210, parte final, do CPP destina-se somente às testemunhas compromissadas: "devendo o juiz adverti-las das penas cominadas ao falso testemunho".

Convém registrar que a vítima também não presta compromisso de dizer a verdade, pois não pode ser obrigada a prestar declarações (a vítima não presta depoimento) em juízo contra os seus interesses, violentando suas próprias convicções, ou mesmo seu legítimo direito de sentir-se injustiçada pelo acusado, seu ofensor. Ora, a vítima é tão informante (não é testemunha) quanto aquelas pessoas desobrigadas a que nos referimos anteriormente; ademais, a vítima nem integra o capítulo relativo à testemunha.

Naturalmente, o magistrado, no processo de valoração e avaliação do contexto probatório, fará a apreciação das declarações dos informantes com redobrada cautela, e as confrontará com o acervo probatório constante dos autos, e, por certo,

29. Guilherme de Souza Nucci, *Comentários ao Código Penal*, p. 1069.

não perderá de vista que ditas declarações têm natureza subsidiária em relação à prova propriamente dita.

No entanto, incompreensivelmente, o mesmo Hungria adotava entendimento diverso em relação às pessoas proibidas de depor (art. 207 do CP), que resolvessem fazê-lo, nos termos seguintes: "Assim, se qualquer dessas pessoas, embora não desobrigadas, deixar-se inquirir, mas deturpando ou negando a verdade, ou deixando de revelar tudo quanto sabe, não cometerá o crime em exame, senão, se for o caso, o de violação de segredo profissional (art. 154)"[30]. As primeiras — familiares do acusado (art. 206) — têm a faculdade de não depor, e as últimas são proibidas de fazê-lo (sigilo profissional) — que são, digamos, graus diversos de vedações. No entanto, não vemos razão alguma para aquelas, falseando a verdade, incorrerem em crime de falso testemunho, ao passo que estas não: nenhum fundamento lógico ou jurídico autorizaria essa interpretação distinta. Embora, na nossa concepção, ao contrário do que sustentava Hungria, é de que nem aquelas nem estas respondem por crime de falso testemunho, exatamente porque são dispensadas do compromisso de dizer a verdade, e quando se decidir ou precisar ouvi-las o juiz receberá suas declarações com as cautelas devidas, isto é, valorando-as como informações e não como testemunhos legais, como ocorre também na hipótese, por exemplo, de testemunha contraditada, e que tenha sido admitida a contradita.

Logicamente, também não podem ser acusados do crime de falso testemunho, quando admitidos a depor, os doentes mentais ou com desenvolvimento mental incompleto e os menores (arts. 26 e 27 do CP), em razão da natural inimputabilidade.

6. Tipo subjetivo: adequação típica

Elemento subjetivo é o dolo, representado pela vontade de fazer afirmação falsa, de negar ou calar a verdade. Além da consciência da ação que pratica e de suas consequências, é necessário que o sujeito ativo tenha ciência de que está praticando uma falsidade, seja em relação ao testemunho, seja em relação à perícia. Tanto o falso testemunho quanto a falsa perícia admitem o dolo eventual, segundo entendimento majoritário da doutrina nacional[31], com o que não estamos de acordo.

A nosso juízo, é necessário um elemento subjetivo especial do tipo, qual seja o especial fim de causar prejuízo a alguém ou à simples administração da justiça. O fim especial de obter prova em processo criminal, que seria um elemento subjetivo especial do injusto, qualifica o crime, tornando-o mais desvalioso e, consequentemente, mais penalizado. No mesmo sentido, admitindo a necessidade de elemento subjetivo, manifesta-se Guilherme Nucci, afirmando que consiste "na vontade de prejudicar a correta distribuição da justiça"[32].

---

30. Nélson Hungria, *Comentários*, p. 484-485.

31. Fernando Capez, *Direito Penal*, 3. ed., São Paulo, Saraiva, 2005, v. 3, p. 598; Luiz Regis Prado, *Curso de Direito Penal*, p. 869.

32. Guilherme de Souza Nucci, *Código Penal comentado*, p. 1065.

7. Consumação e tentativa

Consuma-se o crime de falso testemunho com o encerramento do ato processual do depoimento e a respectiva assinatura da testemunha, do tradutor ou intérprete; a falsa perícia, com a entrega do laudo que traz em seu bojo a falsidade pericial. Para sua tipificação é irrelevante que a falsidade tenha ou não influído na decisão proferida no processo.

A tentativa, embora de difícil configuração, é teoricamente admissível na falsa perícia, mas impossível no falso testemunho, salvo quando o testemunho for prestado por escrito (art. 221, § 1º, do CPP — crime plurissubsistente).

8. Classificação doutrinária

Trata-se de crime formal (que não exige resultado naturalístico para sua consumação); próprio (que exige qualidade ou condição especial do sujeito); de forma livre (que pode ser praticado por qualquer meio ou forma pelo agente); instantâneo (não há demora entre a ação e o resultado); unissubjetivo (que pode ser praticado por um agente apenas).

9. Substituição de qualificadora por majorantes

O § 1º anterior previa uma pena de dois a seis anos quando a finalidade da ação fosse obter prova destinada a processo penal, ou seja, cominava o dobro daquela prevista para o *caput*. Pela nova lei aquela qualificadora passa a constituir majorante obrigatória, que autoriza a elevação da pena aplicada entre um sexto e um terço. Essa majorante verifica-se quando o crime é cometido com o fim de obter prova destinada a produzir efeito em processo penal, que, no sentido do texto legal, abrange tanto a ação quanto o inquérito penal. A razão de ser dessa qualificadora é a "importância dos bens jurídicos tutelados pela lei penal, que pairam acima de todos os demais"[33].

A majorante do emprego de suborno (constante do anterior § 2º) também foi incluída no § 1º, que, assim, passou a contemplar duas figuras: praticado mediante suborno ou com o fim de obter prova destinada a processo penal. A segunda majorante, que alguns doutrinadores denominam "qualificadora", ocorre quando o crime é praticado mediante suborno, entendido este como recompensa, oferta ou qualquer outra vantagem de cunho patrimonial.

10. Retratação do falso testemunho ou falsa perícia

Há hipóteses legais em que a retratação exime o réu de pena. Esses casos são os de calúnia, difamação, falso testemunho e falsa perícia. Pela retratação o agente reconsidera a afirmação anterior e, assim, procura impedir o dano que poderia resultar da sua falsidade. Retratação é o ato de desdizer, de retirar o que se disse, de admitir a inverdade e corrigi-la. Retratação não se confunde com negação do fato ou negativa de autoria, pois pressupõe o reconhecimento de uma afirmação confes-

---

33. Luiz Regis Prado, *Falso testemunho e falsa perícia*, p. 137.

sadamente errada, inverídica. Negar o fato — calúnia, difamação ou falso testemunho — não é retratar-se. É indispensável que o agente se desdiga, isto é, retire expressamente o que afirmara. Pela retratação o agente reconsidera a afirmação anterior, e, assim, procura impedir o dano que poderia resultar da sua falsidade.

A retratação ou declaração da verdade exclui a punibilidade na falsa perícia ou no falso testemunho. A declaração da verdade é o meio de corrigir o silêncio com o qual o agente a ocultou ou a mentira com a qual a falseou (art. 342, § 3º). Nessa hipótese, a retratação deve ser completa e ocorrer antes da publicação da sentença no processo em que ocorreu a falsidade. A retratação, nos crimes contra a honra, por sua vez, somente é admitida na calúnia e difamação, sendo inadmitida na injúria.

Os efeitos decorrentes da retratação são limitados à área criminal, não havendo nenhum reflexo no plano indenizatório, por exemplo. O próprio Código Penal encarrega-se de definir a natureza jurídica da retratação ao relacioná-la como causa extintiva da punibilidade (art. 107, VI). Damásio de Jesus, não muito conformado com essa opção do Código, sustenta que "A retratação deveria constituir causa de diminuição da pena e não de extinção da punibilidade... Por mais cabal que seja a retratação, nunca poderá alcançar todas as pessoas que tomaram conhecimento da imputação ofensiva. Não havendo reparação total do dano à honra da vítima, não deveria a retratação extinguir a punibilidade, mas permitir a atenuação da pena"[34]. Sem discordar dos judiciosos argumentos citados, admitimos que foram razões puramente de política criminal que levaram o legislador de 1940 a optar por atribuir o efeito extintivo da punibilidade à retratação cabal e definitiva levada a efeito antes da sentença. Nesse sentido, admitimos o entendimento de Hungria, segundo o qual "a retratação é uma espécie de arrependimento eficaz (art. 13) que se opera após o *eventus sceleris*"[35].

A punição, efetivamente, é a consequência natural da realização da ação típica, antijurídica e culpável. No entanto, após a prática do fato delituoso podem ocorrer causas que impeçam a aplicação ou execução da sanção respectiva; não é a ação, porém, que se extingue, mas o *ius puniendi* do Estado, ou, em outros termos, como dizia o Min. Francisco Campos[36]: "O que se extingue, antes de tudo, nos casos enumerados, no art. 108 do projeto, é o próprio direito de punir por parte do Estado. Dá-se, como diz Maggiore, uma renúncia, uma abdicação, uma derrelição do direito de punir do Estado. Deve-se dizer, portanto, com acerto, que o que cessa é a punibilidade do fato, em razão de contingências ou por motivos vários de conveniência ou oportunidade". De observar, porém, que o crime, como fato, isto é, como ilícito penal, permanece gerando todos os demais efeitos civis, pois uma causa posterior não pode apagar o que já se realizou no tempo e no espaço; não impede, por exemplo, a propositura de ação reparatória cível (art. 67, II, do CPP).

---

34. Damásio de Jesus, *Direito Penal*, p. 231.
35. Nélson Hungria, *Comentários*, p. 26.
36. *Exposição de Motivos do Código Penal* de 1940.

Não há exigência de qualquer formalidade para a validade da retratação. É suficiente que seja por escrito, nos autos; deve ser completa, cabal, isto é, abrangendo tudo o que o ofensor disse contra o ofendido, e incondicional. Sua incondicionalidade justifica-se por ser ato unilateral e produzir efeitos independentemente da aceitação da vítima. Pode ser feita pelo próprio ofensor ou por seu procurador com poderes especiais para esse fim.

A retratação é uma circunstância subjetiva, de caráter pessoal, que não se comunica aos demais participantes, na hipótese de concurso de pessoas. Em se tratando de concurso de crimes, falso testemunho e calúnia, por exemplo, a retratação produz seus efeitos somente em relação ao crime (ou fato) a que se refere; isso significa que, havendo dois crimes, o agente pode retratar-se em relação a um e manter a imputação em relação a outro, sem que isso sirva para invalidar a retratação, e essa individualização tampouco pode ser entendida como retratação parcial, condicional ou incompleta, pois esses atributos são exigíveis em relação a cada fato em particular, capazes de configurar uma unidade delitiva.

A previsão legal, enfatizando, permite que a retratação possa ser feita somente até antes da publicação da sentença, embora haja decisão admitindo sua realização até antes do julgamento do recurso. Na verdade, retratação proferida após a publicação da sentença, mesmo recorrível, é absolutamente ineficaz para fins de extinção da punibilidade. Deverá, no máximo, ser considerada na dosimetria penal.

11. Pena e ação penal

As penas cominadas, cumulativamente, são de dois a quatro anos de reclusão, a partir da vigência da Lei n. 12.850/2013, e multa. Os fatos anteriores continuam submetidos à pena de reclusão de um a três anos, e multa. O § 1º comina pena de reclusão, de dois a seis anos, e multa; o § 2º prevê aumento de um terço das penas elencadas no *caput* do artigo.

A partir de 29 de agosto de 2001, a qualificadora do § 1º foi substituída por uma majorante, que eleva a pena aplicada de um sexto a um terço, sendo, nesse particular, retroativa (Lei n. 10.268/2001), por representar menor gravidade que a previsão anterior.

A ação penal é pública incondicionada, sendo desnecessária qualquer providência ou manifestação da parte interessada, nem mesmo a polêmica representação da Receita Federal.

CORRUPÇÃO ATIVA DE TESTEMUNHA OU SERVIDORES JUDICIAIS — XXXVIII

Sumário: 1. Considerações preliminares. 2. Bem jurídico tutelado. 3. Sujeitos do crime. 4. Tipo objetivo: adequação típica. 5. Tipo subjetivo: adequação típica. 6. Consumação e tentativa. 7. Classificação doutrinária. 8. Figura majorada: qualificadora *versus* majorante. 9. Lei n. 10.268/2001: irretroatividade, ultratividade e inconstitucionalidade. 10. Pena e ação penal.

Art. 343. Dar, oferecer, ou prometer dinheiro ou qualquer outra vantagem a testemunha, perito, contador, tradutor ou intérprete, para fazer afirmação falsa, negar ou calar a verdade em depoimento, perícia, cálculos, tradução ou interpretação:

Pena — reclusão, de 3 (três) a 4 (quatro) anos, e multa.

Parágrafo único. As penas aumentam-se de um sexto a um terço, se o crime é cometido com o fim de obter prova destinada a produzir efeito em processo penal ou em processo civil em que for parte entidade da administração pública direta ou indireta.

• *Caput* e parágrafo único com redação determinada pela Lei n. 10.268, de 28 de agosto de 2001.

1. Considerações preliminares

A corrupção ativa de testemunhas e peritos tradicionalmente recebeu a mesma pena do crime de falso testemunho ou falsa perícia[1]. No Brasil, o Código Criminal do Império (1830) criminalizava o falso testemunho ou a falsa perícia, mas absteve-se de prever, como crime autônomo, a corrupção ativa de testemunha ou perito. O Código Penal de 1890 incluiu o falso testemunho entre os crimes contra a fé pública (art. 261) e, em separado, equiparava à testemunha o perito, intérprete ou arbitrador, aplicando-lhe as mesmas sanções do falso testemunho (art. 262).

O Código Penal de 1940 deu o mesmo tratamento ao falso testemunho e à falsa perícia, reunindo-os em um mesmo dispositivo legal (art. 342). Distinguiu, contudo, a corrupção ativa de testemunhas e peritos, atribuindo-lhe a condição de crime autônomo, diverso tanto do falso testemunho ou falsa perícia como também da corrupção ativa e passiva.

1. Luiz Regis Prado, *Falso testemunho e falsa perícia*, p. 43 e s.

2. Bem jurídico tutelado

Bem jurídico protegido é a Administração da Justiça, especialmente a idoneidade e probidade de uma das funções mais relevantes do Estado; o falso testemunho ou falsa perícia, mediante suborno, macula idoneidade e eficácia dessa relevante função estatal de distribuição de justiça, atingindo a pureza, limpidez, imparcialidade e probidade da instrução probatória, cuja finalidade é propiciar uma decisão final justa e imparcial.

3. Sujeitos do crime

Sujeito ativo pode ser qualquer pessoa, independentemente da presença de qualquer qualidade ou condição especial, tratando-se, portanto, de crime comum. O destinatário do suborno ou propina deverá, esse sim, ostentar a qualidade ou condição de testemunha, perito, contador, tradutor ou intérprete, para que possa atender o desejo do sujeito ativo, qual seja, fazer afirmação falsa, negar ou calar a verdade em depoimento, perícia, cálculos, tradução ou interpretação.

O Código Penal de 1940 englobou, em um mesmo dispositivo legal, o falso testemunho e a falsa perícia (perito, contador, tradutor e intérprete), inclusive essa modalidade praticada mediante suborno, com a única diferença de que a infração cometida por estes é a falsa perícia. Justifica-se a equiparação quanto ao resultado da conduta típica da falsa perícia ao testemunho, na medida em que a falsidade por eles cometida ofende os interesses da Administração da Justiça tanto quanto (talvez até mais) o falso testemunho. A diferença de função que exercem os peritos (*lato sensu*) no processo penal em relação à testemunha não impediu que o legislador equiparasse o desvalor da ação de uns e de outra, ainda que, eventualmente, o resultado desvalioso da conduta daqueles possa, *in concreto*, acabar sendo mais relevante; mas esse aspecto, que seria, digamos, acidental, pode ser corrigido no momento da aplicação da pena.

Sujeitos passivos do crime de falso testemunho ou de falsa perícia, mediante suborno, são a Administração Pública (Administração da Justiça), representada pelo Estado, no seu legítimo interesse de desenvolver regularmente a atividade judiciária, na busca infatigável de distribuir, adequadamente, justiça; e, se ocorrer, o eventual ofendido, lesado ou prejudicado pelo crime de falso testemunho ou falsa perícia.

4. Tipo objetivo: adequação típica

A conduta típica alternativamente prevista consiste em dar (entregar, conceder, presentear), oferecer (apresentar, colocar à disposição) ou prometer (obrigar-se a dar) dinheiro ou qualquer outra utilidade (vantagem indevida de qualquer natureza: material ou moral) a testemunha, perito, contador, tradutor ou intérprete para fazer afirmação falsa, negar ou calar a verdade em depoimento, perícia, cálculos, tradução ou interpretação. A oferta ou promessa, ainda que feitas indiretamente, admitem vários meios de execução.

Trata-se de um tipo especial, que se compõe de elementos objetivos, subjetivos e normativos, o qual exige, além de dolo, um elemento subjetivo especial do injusto. Para que se configure o tipo penal, todos esses elementos devem constar do fato concretizado pelo agente. A ausência de qualquer deles afasta a tipicidade da conduta. Para sua melhor compreensão, faremos a decomposição analítica deste tipo penal, destacando suas elementares:

O objeto material do delito é o dinheiro ou qualquer outra vantagem oferecida a testemunha, perito, contador, tradutor ou intérprete, que constitui o conteúdo da oferta, que é, digamos, o preço da testemunha venal ou do servidor corrupto. É fundamental que a ação seja idônea, inequívoca, demonstrando o real propósito do agente. Essa inequivocidade deve, necessariamente, estar presente no caso concreto, uma vez que a dação, oferta ou promessa do sujeito ativo não pode ter outro propósito que não o de "comprar" a falsidade do testemunho ou da perícia. No entanto, convém destacar que nem toda dádiva ou presente importa corrupção. Assim, como não se compreende que alguém presenteie um magistrado com um automóvel ou uma casa de alguns milhares de reais, não se pode pensar em corrupção com uma garrafa de vinho ou uma cesta de frutas ou de chocolates, especialmente não acompanhados do propósito de corromper.

Poderá o agente valer-se de diversos meios de execução (palavras, escritos, gestos etc.) destinados a obter falsidade de testemunha ou perito sobre fato ou circunstância relevante na decisão da causa.

Se a testemunha, perito, tradutor ou intérprete aceita efetivamente a oferta ou promessa, pratica o delito do art. 342, § 1º, do CP. No entanto, se o corrompido for funcionário público, crime tipificado é o previsto no art. 333 do CP.

5. Tipo subjetivo: adequação típica

Elemento subjetivo geral é o dolo, representado pela vontade consciente de dar, oferecer ou prometer dinheiro ou qualquer outra vantagem a testemunha, perito, contador, tradutor ou intérprete. É necessário o elemento subjetivo especial do tipo, consistente na finalidade de obter da testemunha, perito, contador, tradutor ou intérprete afirmação falsa, negação ou omissão da verdade. Nesse sentido, destaca Regis Prado, "cuida-se de um especial fim de agir, ou seja, deve o agente buscar um resultado compreendido no tipo, mas que não precisa necessariamente alcançar"[2].

6. Consumação e tentativa

Consuma-se o crime de corrupção ativa de testemunha ou perito com a dação, oferta ou promessa de dinheiro ou qualquer outra vantagem, material ou moral (crime de mera atividade). É irrelevante que a oferta ou promessa seja aceita pela testemunha, perito, contador, tradutor ou intérprete. É igualmente desnecessário que qualquer deles faça afirmação falsa, negue ou cale a verdade em depoimento,

2. Luiz Regis Prado, *Curso de Direito Penal brasileiro*, p. 889.

perícia, cálculo, tradução ou interpretação. Como reconhecia Hungria, "se o crime não deixa de existir ainda quando seja repelido o suborno, com maioria de razão se apresentará no caso em que, aceito o suborno, o aceitante abstém-se de prestar o testemunho falso ou falsear a perícia, tradução ou interpretação"[3].

A tentativa é admissível apenas na hipótese de o agente utilizar-se de meio escrito para a prática do delito. No mesmo sentido é o magistério de Regis Prado, que sentencia: "a tentativa é inadmissível, salvo se a proposta for feita por escrito e ocorrer sua interceptação ou apreensão pela autoridade antes que a testemunha ou perito dela tenha ciência"[4].

7. Classificação doutrinária

Trata-se de crime formal (que não exige resultado naturalístico para sua consumação); comum (que não exige qualidade ou condição especial do sujeito); de forma livre (que pode ser praticado por qualquer meio ou forma pelo agente); instantâneo (não há demora entre a ação e o resultado); unissubjetivo (que pode ser praticado por um agente apenas); plurissubsistente (crime que, em regra, pode ser praticado com mais de um ato, admitindo, em consequência, fracionamento em sua execução).

8. Figura majorada: qualificadora *versus* majorante

A redação original do dispositivo em exame apresentava uma figura qualificada, que foi substituída, a partir de 2001, por uma causa de aumento. A redação anterior duplicava a pena, mínima e máxima, tratando-se, portanto, de verdadeira qualificadora. A partir da Lei n. 10.268/2001, essa qualificadora passa a constituir majorante, prevendo a elevação da pena aplicada entre um sexto e um terço; mas, agora, quando se destinar a produzir prova em processo penal ou processo civil, nessa hipótese, em que for parte entidade da administração pública direta ou indireta. Essa majorante aplica-se somente em parte retroativamente: aplica-se o percentual de majoração; não se aplica, retroativamente, a majorante relativa ao processo civil, porque constitui *novatio legis in pejus*.

Tem-se como indiferente que o fim visado pelo agente seja a absolvição do acusado (que pode ser ele próprio ou terceiro) ou sua condenação. Deve-se entender por processo penal o que está afeto à autoridade judicial (ou policial com função judicial), versando sobre crime ou contravenção.

9. Lei n. 10.268/2001: irretroatividade, ultratividade e inconstitucionalidade

Os acréscimos trazidos pela Lei n. 10.268/2001 — "contador" e "cálculos" — aplicam-se somente a fatos praticados a partir de 29 de agosto de 2001, sendo alcançados pela irretroatividade. A previsão original continua sendo aplicada a todos os

3. Nélson Hungria, *Comentários ao Código Penal*, p. 490.
4. Luiz Regis Prado, *Curso de Direito Penal brasileiro*, p. 890.

fatos praticados sob sua vigência, ressalvada a qualificadora, que era prevista no antigo parágrafo único, cuja pena era duplicada. Nesse caso, aplica-se a nova previsão (majorante), retroativamente, por ser mais benéfica, conjugando-se duas leis distintas sobre o mesmo fato, extraindo-se-lhes os dispositivos mais benéficos.

A sanção cominada de um a três anos de reclusão (além da multa) no Código Penal foi elevada para: de três a quatro anos, sem qualquer fundamento político-jurídico, violando os princípios da proporcionalidade e da individualização da pena.

A cominação de pena, nos limites mínimo e máximo, de três a quatro anos, viola o princípio da individualização da pena, caracterizando verdadeira tarifação penal (taxatividade absoluta das penas), eliminada pelo Código Napoleônico de 1810. Esses parâmetros — três a quatro anos — impedem a individualização judicial da pena, consagrada no texto constitucional. Ademais, é desproporcional a elevação do mínimo de um para três anos, e no próprio art. 342, que é similar, foram mantidos os limites de um a três anos. No caso concreto, deve-se declarar essa inconstitucionalidade e aplicar o limite mínimo da cominação anterior.

10. Pena e ação penal

As penas cominadas, cumulativamente, eram de reclusão, de um mês a três anos, e multa. A figura majorada previa a aplicação da pena em dobro. Essa sanção, contudo, passou a ser de três a quatro anos de reclusão, a partir de 29 de agosto de 2001 (Lei n. 10.268), e a majorante foi reduzida, passando a ser de um sexto a um terço.

A ação penal é pública incondicionada.

COAÇÃO NO CURSO DO PROCESSO — XXXIX

Sumário: 1. Considerações preliminares. 2. Bem jurídico tutelado. 3. Sujeitos do crime. 4. Tipo objetivo: adequação típica. 4.1. Violência: força física. 4.2. Grave ameaça ou *vis compulsiva*. 4.3. Desnecessidade de resistência efetiva. 4.4. Coação objetivando pretensão legítima. 5. Tipo subjetivo: adequação típica. 5.1. Elemento subjetivo especial: interesse próprio ou alheio. 6. Consumação e tentativa. 7. Concurso com crimes praticados com violência. 7.1. Sistema de aplicação de penas: cúmulo material. 7.2. Dupla criminalização da violência. 8. Pena e ação penal.

Coação no curso do processo

Art. 344. Usar de violência ou grave ameaça, com o fim de favorecer interesse próprio ou alheio, contra autoridade, parte, ou qualquer outra pessoa que funciona ou é chamada a intervir em processo judicial, policial ou administrativo, ou em juízo arbitral:

Pena — reclusão, de 1 (um) a 4 (quatro) anos, e multa, além da pena correspondente à violência.

Parágrafo único. A pena aumenta-se de 1/3 (um terço) até a metade se o processo envolver crime contra a dignidade sexual.

• Acrescido pela Lei n. 14.245, de 22 de novembro de 2021.

1. Considerações introdutórias

O Código Criminal de 1830 desconhecia completamente esta infração penal e o Código Penal de 1890 limitava-se a punir o uso de violência ou ameaça contra juiz ou jurado (art. 113). O Projeto Alcântara Machado já previa referida infração penal (art. 192). Finalmente, o Código Penal de 1940 ampliou a prescrição do projeto referido, para abranger, como sujeito passivo, qualquer pessoa que funcione ou for chamada a intervir em processo judicial, policial ou administrativo, ou em juízo arbitral.

2. Bem jurídico tutelado

Bem jurídico protegido é a Administração Pública, ou, mais especificamente, protege-se a probidade da função judicial, sua respeitabilidade, bem como a integridade de seus funcionários, a exemplo dos artigos anteriores. Tutela-se o interesse de que a justiça não seja obstada ou desvirtuada por qualquer fator estranho ao seu desenvolvimento válido e regular, assegurando acima de tudo a imparcialidade de suas decisões. Protege-se, igualmente, a respeitabilidade e a integridade de seus funcionários.

3. Sujeitos do crime

Sujeito ativo pode ser qualquer pessoa, tenha ou não interesse pessoal na demanda que se encontra em andamento, não sendo exigida nenhuma outra qualidade ou condição especial. Tratando-se de crime comum, não apresenta restrição alguma ao concurso eventual de pessoas.

Sujeito passivo é, prioritariamente, qualquer pessoa que *intervenha ou seja chamada a intervir* em processo judicial, policial ou administrativo, ou em juízo arbitral, como autoridade, parte, perito, jurado, escrivão ou testemunha, ou, ainda, a qualquer outro título, que sofra a violência ou grave ameaça praticada pelo sujeito ativo; secundariamente, o Estado, sempre titular do bem jurídico ofendido — a Administração Pública *lato sensu*, e, mais especificamente, a Administração da Justiça.

4. Tipo objetivo: adequação típica

A conduta típica consiste em *usar de violência* (física) ou *grave ameaça* (promessa de mal sério, justo ou injusto, com potencialidade intimidatória), com o *fim de favorecer interesse próprio ou alheio* (de natureza material ou moral), contra autoridade (juiz, promotor de justiça, delegado de polícia), parte (autor, réu etc.) ou qualquer outra pessoa que funciona ou é chamada a intervir (testemunha, perito, intérprete etc.) em processo judicial, policial ou administrativo, ou em *juízo arbitral*.

4.1 *Violência: força física*

O termo *violência* empregado no texto legal significa a força física, material, a *vis corporalis*, com a finalidade de vencer, de intimidar o coagido. A violência poderá ser *imediata*, quando usada diretamente contra o próprio coagido, e *mediata*, quando utilizada contra terceiro ou coisa a que este tenha relação ou afeição especial ou esteja diretamente vinculado. Não é necessário que a violência usada seja *irresistível*, bastando que seja idônea para constranger o *coato* com a finalidade de privilegiar interesse próprio ou alheio. No entanto, se *for resistível* e o resultado da ação do *coato* constituir crime, este também responderá por ele, nos termos do art. 22 do CP, embora com pena atenuada (art. 65, III, *c*). Enfim, essa interpretação assegura que não seja invocada, levianamente, a *coação* no curso do processo para justificar, impropriamente, infrações que atinjam a gravidade de crime.

4.2 *Grave ameaça ou* vis compulsiva

Grave ameaça, por sua vez, constitui forma típica da "violência moral"; é a *vis compulsiva*, que exerce uma força intimidativa, inibitória, anulando ou minando a vontade e o querer do *coato*, procurando, assim, intimidá-lo com o objetivo de favorecer interesse próprio ou alheio. Na verdade, a ameaça grave, a exemplo da violência física, também pode perturbar, escravizar ou violentar a vontade da pessoa, tornando-a viciada. A *violência moral* pode materializar-se em gestos, palavras, atos, escritos ou qualquer outro meio simbólico, mas somente a *ameaça grave*, isto é, aquela ameaça que efetivamente imponha medo, receio, temor ao coato, e que lhe seja de capital importância, opondo-se à sua liberdade de agir e de querer.

4.3 *Desnecessidade de resistência efetiva*

Não é necessário que o *coato* oponha resistência efetiva contra a *coação* ou procure superá-la por outros meios; é suficiente que, usando violência ou grave ameaça, tenha sido violentada a sua liberdade interna com o fim de satisfazer interesse do coator ou de terceiro. É indispensável, no entanto, a *relação de causalidade* entre o uso da violência ou grave ameaça e a possível submissão do coato à vontade do coator, que, na verdade, não precisa ocorrer, pois a ação deste, isto é, o favorecimento de interesse do coator ou de terceiro, é somente o elemento subjetivo do injusto que, por isso mesmo, não precisa realizar-se, sendo suficiente que seja o móvel da ação típica.

4.4 *Coação objetivando pretensão legítima*

Se a *coação* visar *pretensão* legítima do sujeito ativo, poderá caracterizar o crime do art. 345. Na verdade, se a finalidade pretendida pelo sujeito ativo pode ser obtida em juízo, regularmente, se preferiu consegui-la coativamente, a tipificação de sua conduta desloca-se para o crime de "exercício arbitrário das próprias razões" (art. 345).

5. Tipo subjetivo: adequação típica

O *elemento subjetivo* geral é o dolo, que é representado pela vontade e a consciência de constranger a vítima, através de violência ou grave ameaça, a fazer o que a lei não determina ou não fazer o que ela manda. A consciência abrange a ilegitimidade da ação, dos meios escolhidos (violência ou grave ameaça) e a relação de causalidade entre a coação e o fim pretendido pelo sujeito ativo (favorecer interesse próprio ou alheio), sendo irrelevantes os motivos determinantes, com exceção daqueles que excluem a antijuridicidade da conduta.

5.1 *Elemento subjetivo especial: interesse próprio ou alheio*

O *elemento subjetivo especial* do tipo é constituído pelo *especial fim de agir*, qual seja o *fim* de favorecer interesse próprio ou alheio. Não havendo esse fim especial, a violência ou grave ameaça, o crime não será o de coação no curso do processo, mas outro qualquer, ou, pelo menos, aquele que resultar da violência ou grave ameaça (vias de fato, ameaça, lesões corporais etc.).

Embora não haja especificação legal sobre em que deve consistir o *interesse próprio ou alheio* a ser favorecido, entendemos que deve, necessariamente, estar vinculado ao processo, qualquer dos relacionados no texto legal, como exemplificava Hungria (*Comentários ao Código Penal*, cit., v. 7, p. 492): "Pode consistir, por exemplo, em impedir a decisão da autoridade ou força a emiti-la em tal ou qual sentido; em obrigar testemunha ou perito a depor ou opinar falsamente; em coagir representante do Ministério Público a não oferecer denúncia; em obstar que o escrivão da causa providencie para a publicação de um edital".

Se a coação for praticada para satisfazer pretensão legítima, ou se a violência for praticada no exercício da função ou em razão dela, poderá configurar *exercício arbitrário das próprias razões* (art. 345) ou *violência arbitrária* (art. 322), de acordo com as demais circunstâncias.

6. Consumação e tentativa

Consuma-se o crime de coação no curso do processo no momento em que é empregada ou usada da violência ou grave ameaça, independentemente de conseguir o sujeito ativo o resultado pretendido ou de a vítima resultar amedrontada. Basta que a ameaça seja suficientemente grave para intimidar, ainda que, *in concreto*, a vítima não se intimide. Se a finalidade pretendida pelo sujeito passivo for atingida, representará somente o exaurimento do crime, cuja circunstância poderá ser considerada na dosagem da pena. Admite-se, teoricamente, a tentativa, pois, a despeito de tratar-se de *crime formal*, sua execução admite fracionamento, constituindo crime plurissubsistente.

7. Concurso com crimes praticados com violência

Determina o preceito secundário a cominação da respectiva sanção, "além da pena correspondente à violência". Assim, eventuais lesões corporais são punidas, como crime autônomo, conforme expressa disposição do tipo em exame. A *ameaça*, contudo, é absorvida pelo crime tipificado neste dispositivo. A reiteração da ameaça, com a mesma finalidade, constitui crime único.

7.1 *Sistema de aplicação de penas: cúmulo material*

Concluindo, a disposição do preceito secundário do art. 344 não criou uma espécie *sui generis* de concurso material, mas adotou tão somente o *sistema do cúmulo material* de aplicação de penas, a exemplo do que fez em relação ao *concurso formal impróprio* (art. 70, 2ª parte). Assim, quando a violência usada na prática do crime de coação no curso do processo constituir em si mesma outro crime, *havendo unidade de ação* e pluralidade de crimes, estar-se-á diante de *concurso formal* (impróprio) de crimes. Aplica-se, nesse caso, por expressa determinação legal, o sistema de aplicação de pena do cúmulo material, independentemente da existência ou não de "desígnios autônomos". Na verdade, a aplicação cumulativa de penas, mesmo sem a presença de "desígnios autônomos", constitui uma *exceção* à aplicação de penas prevista para o concurso formal impróprio.

No entanto, a despeito de tudo o que acabamos de expor, nada impede que, concretamente, possa ocorrer *concurso material*, como acontece com quaisquer outras infrações penais, do crime de *coação no curso do processo* com outros crimes violentos, desde que, é claro, haja "*pluralidade* de condutas e *pluralidade* de crimes", mas aí, observe-se, já não será mais o caso de unidade de ação ou omissão, caracterizadora do concurso formal.

7.2 *Dupla criminalização da violência*

Concluindo, nessas hipóteses, isto é, quando a violência constituir em si mesma crime, aplica-se, *cumulativamente*, a pena correspondente a essa violência, independentemente de o *concurso de crimes* ser material ou formal, como procuramos demonstrar. Por fim, tem inteira aplicação aqui as considerações críticas que fizemos ao examinarmos o art. 352 (evasão mediante violência contra a pessoa), a respeito da *dupla criminalização da violência*, que é *elementar típica do crime*, na linha desenvolvida por Salo de Carvalho.

8. Pena e ação penal

As penas cominadas, *cumulativamente*, são de reclusão, de um a quatro anos, e multa, além da pena correspondente à violência; no entanto, como temos demonstrado reiteradamente, não significa que haja, necessariamente, concurso material de crimes, mas sim que haverá a aplicação do *sistema do cúmulo material de penas*, independentemente da existência de desígnios autônomos. Circunstâncias particulares que ocorrerem na realização da coação estão fora do tipo, mas poderão influir na dosimetria da pena, ou até mesmo excluir a sua tipicidade. Finalmente, no apagar das luzes de 2021, através da Lei n. 14.245, de 22 de novembro, foi acrescida a *majorante* que autoriza o aumento de um terço (1/3) até metade da pena aplicada, "se o processo envolver crime contra a dignidade sexual".

A ação penal é pública incondicionada.

EXERCÍCIO ARBITRÁRIO DAS PRÓPRIAS RAZÕES

XL

Sumário: 1. Considerações preliminares. 2. Bem jurídico tutelado. 3. Sujeitos do crime. 4. Tipo objetivo: adequação típica. 5. Tipo subjetivo: adequação típica. 6. Consumação e tentativa. 7. Classificação doutrinária. 8. Concurso com crime resultante de violência: sistema do cúmulo material. 9. Pena e ação penal.

Exercício arbitrário das próprias razões

Art. 345. Fazer justiça pelas próprias mãos, para satisfazer pretensão, embora legítima, salvo quando a lei o permite:

Pena — detenção, de 15 (quinze) dias a 1 (um) mês, ou multa, além da pena correspondente à violência.

Parágrafo único. Se não há emprego de violência, somente se procede mediante queixa.

---

1. Considerações preliminares

No direito romano e no direito medieval podem-se encontrar resquícios do exercício arbitrário das próprias razões, embora, com conteúdo distinto, não deixavam de ter a mesma finalidade de impedir que o cidadão pudesse fazer justiça pelas próprias mãos. Os códigos italianos também recepcionaram a proteção legal dessa objetividade jurídica.

Na legislação brasileira, essa infração penal foi desconhecida do Código Criminal de 1830 e do Código Penal de 1890, embora tenha sido lembrada pelo Projeto Alcântara Machado, que não chegou a transformar-se em lei. Portanto, o Código Penal de 1940 inaugurou no Brasil a criminalizacão do ato de "fazer justiça pelas próprias mãos", com a previsão contida no art. 245.

2. Bem jurídico tutelado

Bem jurídico protegido é a Administração da Justiça na sua função essencial, qual seja a incumbência de exercitar o monopólio assumido pelo Estado de resolver os conflitos sociais distribuindo justiça. Protege-se, em verdade, a probidade da função judicial, sua respeitabilidade, bem como a integridade de seus funcionários.

Quando o particular arvora-se em julgador dos seus próprios interesses, coloca-se acima da lei e despreza o poder jurisdicional ao qual é atribuída a missão de dar a cada um o que é seu.

3. Sujeitos do crime

Sujeito ativo é qualquer pessoa, independentemente de qualidade ou condição especial; contudo, tratando-se de funcionário público, que também pode ser sujeito ativo, deve-se analisar com mais cuidado, porque, encontrando-se no exercício de suas funções, ou, agindo em razão delas, pode configurar outro crime, principalmente se houver violação de dever funcional.

Sujeito passivo, prioritariamente, é o indivíduo que sofre a ação ou seus efeitos e, secundariamente, como sujeito passivo formal, o Estado que sofre o descrédito no exercício de um de seus poderes institucionais, aquele cujo mister é a solução de conflitos e distribuir justiça.

4. Tipo objetivo: adequação típica

A conduta incriminada consiste em fazer justiça pelas próprias mãos, ou seja, valer-se de qualquer meio de execução (violência física, ameaça, fraude, recursos não violentos, subterfúgios etc.) tendente à satisfação de uma pretensão (legítima ou ilegítima), suscetível de apreciação pela autoridade judiciária. A despeito da referência à violência contida no parágrafo único, ao definir a natureza da ação penal, não é elemento constitutivo do crime, que pode ser praticado por qualquer meio, inclusive por fraude, tratando-se, portanto, de crime de forma livre.

A existência de uma pretensão constitui pressuposto indispensável da ação incriminada, sendo irrelevante que a ela corresponda efetivamente um direito, sendo suficiente que o sujeito ativo acredite, de boa-fé, que realmente o possui. Esse aspecto deflui da elementar contida na descrição típica — embora legítima —, que exige interpretação contextualizada: em primeiro lugar, pode-se sustentar que essa forma alternativa de referir-se à legitimidade da pretensão está sugerindo a admissibilidade inclusive de pretensão ilegítima; em segundo lugar, a elementar, "embora legítima", estaria admitindo alternativamente tanto pretensão legítima quanto ilegítima, indistintamente; e, por fim, em terceiro lugar, essa locução exige, na verdade, que a pretensão seja subjetivamente legítima, ainda que, objetivamente, isso não se confirme. Em outros termos, é necessário que o agente esteja convencido de que sua pretensão tem respaldo legal, estando, por conseguinte, legitimado a defendê-la. Evidentemente, essa terceira orientação é a correta, embora permaneça a divergência interpretativa sobre o grau ou nível da (i)legitimidade. Ficamos, no particular, com a orientação que sustentava Fragoso: "o essencial é que o agente pratique a ação de boa-fé, não se podendo excluí-la *a priori* mesmo nos casos em que haveria lide temerária"[1]. Nessa análise, não se pode ignorar as

1. Heleno Cláudio Fragoso, *Lições de Direito Penal*, p. 523.

condições pessoais do sujeito ativo, devendo-se considerar seu nível cultural, formação pessoal, educação, ambiente em que foi criado e sua capacidade intelectual para que se possa valorar adequadamente sua capacidade de avaliar a legitimidade ou não de sua pretensão.

É irrelevante a natureza do direito objeto da pretensão, podendo ser de direito real (propriedade, servidão, usufruto), direito obrigacional (posse, mútuo, contratos diversos) ou de família (pátrio poder, coabitação, tutela), desde que o agente acredite ser seu legítimo titular. O objeto da ação arbitrária — coisa, direito ou gênero — deve encontrar-se na posse ou gozo de outrem, isto é, de pessoa diversa do agente, pois somente assim se pode reivindicar. Ademais, pode ser direito próprio ou de terceiro, nesse caso, desde que o faça como representante legal ou procurador.

A expressão "salvo quando a lei o permite" constitui elemento normativo do tipo, referente à ausência de uma causa de justificação *lato sensu*, que, se presente, exclui a tipicidade da conduta. Parece-nos exagerada a expressão de Fragoso de que se exclui a antijuridicidade nos casos em que a lei "permite a violência privada"[2], pois seria extremamente reduzida essa possibilidade, como o desforço imediato para a retomada da posse ou propriedade, a legítima defesa, a retorsão imediata nos crimes contra a honra etc. Por isso, apresenta-se mais adequada a expressão adotada por Hungria, que se refere à "justiça privada", a qual pode ocorrer em todas aquelas hipóteses nas quais o indivíduo tem o direito de retorquir, como uma reação defensiva imediata, que se configuraria, além das hipóteses já mencionadas, também em todas as excludentes criminais (art. 23 do CP), igualmente os direitos de retenção, de apanhar os frutos das árvores limítrofes, de poda das mesmas árvores etc.

5. Tipo subjetivo: adequação típica

O elemento subjetivo da ação é o dolo constituído pela vontade consciente de fazer justiça pelas próprias mãos, com a convicção de que sua pretensão é legítima, isto é, subjetivamente lícita. Se o agente agir consciente de que sua pretensão não é legítima, não se pode falar de exercício arbitrário das próprias razões, porque, antecipadamente, o próprio agente reconhece que razão não tem. Nesse caso, o crime será outro e não este.

Exige o elemento subjetivo especial do tipo, representado pelo especial fim de agir, qual seja "para satisfazer pretensão" sua. Ao contrário do que afirmam alguns autores, essa finalidade especial do tipo não é integrada pelo fim de afrontar a justiça, que, aliás, pode até nem ter feito parte da avaliação do agente quando optou pela conduta arbitrária.

---

2. Heleno Cláudio Fragoso, *Lições de Direito Penal*, p. 524.

6. Consumação e tentativa

Existem duas posições sobre a consumação: a) consuma-se com a satisfação da pretensão pelo agente[3]; b) consuma-se com o emprego dos meios de execução, ainda que a pretensão não seja satisfeita[4].

Acompanhamos a segunda orientação, sustentando que o crime se consuma com a simples conduta do agente empregando o meio arbitrário com o fim de satisfazer sua pretensão, independentemente do êxito de sua diligência. Criticando essa concepção, Heleno Fragoso advertia: "não nos parece este o melhor entendimento, já que o crime é fazer justiça pelas próprias mãos e não se pode dizer que faz justiça quem apenas tenta fazê-la"[5]. Não lhe assiste razão, contudo, pois Fragoso estava ignorando que o resultado da ação não era objeto do dolo, e apenas representava o fim pretendido pelo agente, isto é, o elemento subjetivo especial do injusto — para satisfazer pretensão — e, como tal, não precisa realizar-se para que o crime se consume, sendo suficiente que tenha sido o móvel da ação. Equivocada, portanto, também, a posição sustentada por Hungria, que era semelhante a de Fragoso.

A tentativa é admissível, pois se trata de crime plurissubsistente, que comporta fracionamento de sua fase executória.

7. Classificação doutrinária

Trata-se de crime comum (que não exige qualidade ou condição especial do sujeito); formal (que não exige resultado naturalístico para sua consumação); de forma livre (que pode ser praticado por qualquer meio ou forma pelo agente); instantâneo (não há demora entre a ação e o resultado, não se protraindo no tempo sua fase executória); unissubjetivo (que pode ser praticado por um agente apenas); plurissubsistente (que, em regra, pode ser praticado com mais de um ato, admitindo, em consequência, fracionamento em sua execução).

8. Concurso com crime resultante de violência: sistema do cúmulo material

Determina o preceito secundário a cominação da respectiva sanção, "além da pena correspondente à violência". Assim, eventuais lesões corporais são punidas, como crime autônomo, conforme expressa disposição do tipo em exame. A ameaça, contudo, é absorvida pelo crime tipificado nesse dispositivo. A reiteração da ameaça, com a mesma finalidade, constitui crime único.

Discordamos, como já demonstramos, da afirmação de que há sempre concurso material do presente crime com a violência física a que vier dar causa (lesão

---

3. Nélson Hungria, *Comentários*, p. 498; Heleno Cláudio Fragoso, *Lições de Direito Penal*, p. 524; Paulo José da Costa Jr., *Comentários*, p. 564.
4. Magalhães Noronha, *Direito Penal*, p. 392; Damásio de Jesus, *Direito Penal*, p. 307; Regis Prado, *Curso de Direito Penal*, p. 693.
5. Heleno Cláudio Fragoso, *Lições*, p. 524.

corporal ou homicídio). Na verdade, há sempre o cúmulo material das penas aplicáveis (sistema de aplicação de pena), mas a espécie de concurso dependerá da unidade ou diversidade de ações praticadas. Tudo o que sustentamos no capítulo anterior a respeito da aplicação cumulativa da pena tem inteira aplicação neste artigo, deixando, por isso, de repeti-lo neste espaço.

9. Pena e ação penal

As penas cominadas, alternativamente, são de detenção, de quinze dias a um mês, ou multa, além da pena correspondente à violência, adotando-se o sistema de aplicação de penas do cúmulo material, a exemplo do que ocorre com o concurso formal impróprio e com o concurso material de crimes.

A ação penal será pública incondicionada, na hipótese de emprego de violência física contra a pessoa. Se não houver emprego de violência física à pessoa, a ação será de iniciativa privada, somente se procedendo mediante queixa (que deve observar o prazo decadencial).

MODALIDADE ESPECIAL DE EXERCÍCIO ARBITRÁRIO DAS PRÓPRIAS RAZÕES

XLI

Sumário: 1. Considerações preliminares. 2. Bem jurídico tutelado. 3. Sujeitos do crime. 4. Tipo objetivo: adequação típica. 4.1. Furto de coisa própria ou modalidade especial de exercício arbitrário das próprias razões: desinteligência histórica a ser superada dogmaticamente. 5. Tipo subjetivo: adequação típica. 6. Consumação e tentativa. 7. Classificação doutrinária. 8. Pena e ação penal.

Art. 346. Tirar, suprimir, destruir ou danificar coisa própria, que se acha em poder de terceiro por determinação judicial ou convenção:

Pena — detenção, de 6 (seis) meses a 2 (dois) anos, e multa.

1. Considerações preliminares

No direito estrangeiro, não havia a criminalizacão de conduta semelhante à descrita no dispositivo em exame, destacando Heleno Cláudio Fragoso, que se aproximava desta figura de delito, os arts. 147 e 169 do Código suíço[1]. O Código Criminal de 1830 e o Código Penal de 1890 não previram a incriminação do fato objeto do art. 346, que foi introduzido pelo Código Penal de 1940, com defeituosa redação, como advertia Magalhães Drumond, que, acertadamente, sugeria o seguinte texto: "Tirar, suprimir, destruir, ou danificar coisa própria, de cuja detenção se achar privado por determinação judicial ou convenção". E acrescentava Drumond: "Desnecessárias, sempre, as palavras, — 'que se acha em poder de terceiro', bradantemente excessivas, enquanto à hipótese da tirada, de vez que somente a outrem se pode tirar qualquer coisa"[2].

2. Bem jurídico tutelado

Bem jurídico protegido, a exemplo do artigo anterior, é a Administração da Justiça na sua função essencial, qual seja a incumbência de exercitar o monopólio assumido pelo Estado de resolver os conflitos sociais, distribuindo justiça. Quando o particular arvora-se em "justiceiro" dos seus próprios interesses, coloca-se acima

1. Heleno Cláudio Fragoso, *Lições de Direito Penal*, p. 526.

2. Magalhães Drumond, *Comentários ao Código Penal*, Rio de Janeiro, Forense, 1944, v. 9, p. 384.

da lei e despreza o poder jurisdicional ao qual é atribuída a missão de solucionar os conflitos sociais e dar a cada um o que é seu.

3. Sujeitos do crime

Sujeito ativo pode ser qualquer pessoa, desde que, *in concreto*, detenha a condição especial de ser o proprietário, dono ou possuidor da "coisa" objeto material das condutas tipificadas, a qual, como diz o texto legal, deve ser sua; contudo, tratando-se de funcionário público, que também pode ser sujeito ativo, deve-se analisar com mais cuidado, porque, encontrando-se no exercício de suas funções, ou agindo em razão delas, pode configurar outro crime, principalmente se houver violação de dever funcional.

Sujeito passivo direto e imediato é a pessoa com quem se encontra a coisa objeto material das ações incriminadas, pois é quem sofre diretamente o dano ou lesão consequente à ação realizada, indevidamente; e, secundariamente, também é sujeito passivo o Estado, via Administração da Justiça, que sofre o descrédito no exercício desse poder institucional, ao ser descumprida sua decisão e sendo violado seu monopólio de solucionar conflitos e distribuir justiça.

4. Tipo objetivo: adequação típica

O proprietário da coisa pode ser privado de sua detenção, por determinação judicial, ou, voluntariamente, dela abrir mão. Desejando retomá-la, isto é, investir-se novamente em sua posse material, deverá procurar obter nova determinação judicial, revocatória da anterior, ou, por meios legais, procurar converter a convenção em outra, que lhe devolva a detenção.

São os seguintes núcleos alternativamente previstos: a) tirar (fazer sair do lugar, retirar; sacar, arrancar, extrair, extirpar, despir, descalçar, colher, privar de, arrecadar)[3]; b) suprimir (fazer desaparecer, eliminar); c) destruir (inutilizar, aniquilar); d) danificar (estragar, causar dano). O objeto material é a coisa própria, isto é, pertencente ao próprio sujeito ativo, de natureza móvel ou imóvel, que se acha em poder de terceiro por determinação judicial (depósito de coisa penhorada ou arrestada) ou convenção (locação, comodato etc.). Trata-se — temos termos bem esque-

---

3. Fizemos questão de transcrever todos os significados que a palavra "tirar" pode assumir no vernáculo, aparecendo o sentido de "subtrair" somente em 14º lugar, e, ainda assim, com o sentido de "diminuir", isto é, o contrário de somar, e não com o significado que é empregado nos crimes de furto e de roubo. Vejamos o significado atribuído a "tirar" (1. fazer sair do lugar, retirar; 2. puxar; 3. sacar, arrancar; 4. extrair, extirpar; 5. despir, descalçar; 6. alcançar, receber, colher; 7. espoliar, privar de, usurpar; 8. cobrar, arrecadar; 9. arremessar, atirar, despedir; 10. livrar de, aliviar; 11. excluir, excetuar; 12. abolir, extinguir, apagar; 13. fazer desaparecer, matar; 14. subtrair, diminuir, fazer subtração; 15. imprimir, fazer a tiragem; 16. suprimir, deixar de fazer ou de dizer; 17. julgar, avaliar; 18. deduzir; 19. Fig. Desviar, afastar, apartar) (*Grande dicionário Larousse cultural — da língua portuguesa*, São Paulo, Nova Cultural, 1999, p. 873).

máticos — de uma modalidade especial de exercício arbitrário das próprias razões (art. 345), razão pela qual rejeitamos o *nomen juris* adotado por Nélson Hungria[4], seguido pela doutrina tradicional.

Ao contrário dos crimes de furto e de roubo (além daqueles descritos nos arts. 163, 164, 168 e 169, todos do CP), que têm como objeto material a coisa alheia, nesta infração penal é indispensável que se trate de coisa própria, ou seja, que a "coisa" pertença ao sujeito ativo, e que, circunstancialmente ou não, se encontre em poder de terceiro, seja "por determinação judicial" (liminar, penhora, guarda, fiel depositário etc.), seja "por convenção", isto é, por acordo, contrato, convênio, enfim, por deliberação bilateral entre as partes.

A condição "coisa própria" é elemento normativo indispensável à tipificação dessa modalidade especial de "exercício arbitrário das próprias razões", ao contrário do crime de furto cujo elemento normativo exigido é a "coisa alheia". É absolutamente necessário que se comprove que a "coisa" objeto material da ação incriminada pertence ao sujeito ativo, ou seja, que a coisa é sua, sendo irrelevante que se identifique a natureza do direito vinculativo deste — se real ou obrigacional; é suficiente que se comprove, nos autos, que não se trata de coisa alheia e tampouco de *res nullius*, *res derelicta* ou *res desperdita*; caso contrário, o crime não será este, podendo, dependendo as demais elementares, caracterizar crime contra o patrimônio, desobediência à decisão judicial (art. 359, na modalidade de "exercer direito"), ou qualquer outra infração que o casuísmo poderá demonstrar.

4.1 *Furto de coisa própria ou modalidade especial de exercício arbitrário das próprias razões: desinteligência histórica a ser superada dogmaticamente*

Afinal, será furto subtrair coisa própria, de cuja detenção encontra-se privado por determinação judicial ou convenção? E a tipicidade estrita, que exige a presença da elementar normativa "alheia", para a configuração típica desse crime, segundo nosso Código Penal (art. 155), como fica?

Nélson Hungria, sustentando tratar-se de crime contra o patrimônio, e não modalidade do exercício arbitrário das próprias razões, afirmava: "Não se trata, como já foi equivocadamente entendido, de uma variante do crime de exercício arbitrário das próprias razões, previsto no artigo anterior. Já aqui, não há pretensão alguma, legítima ou supostamente tal, a fazer valer por parte do agente". E — prosseguia Hungria — "quanto à primeira modalidade do crime — subtração de coisa própria na legítima posse de terceiro — o que se apresenta é o *furtum possessionis*, que o Código de 90 (art. 332) incluía na 'família' do furto". Logo adiante, completava Hungria: "nos demais casos, o que se identifica é o dano em coisa própria, de que terceiro está na posse legítima, podendo ser objeto material, nessa modalidade

4. Nélson Hungria, *Comentários ao Código Penal*, p. 498.

até mesmo coisa móvel"[5]. Invocou Hungria dois argumentos para justificar sua equivocada interpretação: a) houve omissão do *nomen juris* desse dispositivo; b) se constituísse modalidade do art. 345, seria de rigor o parágrafo e não um artigo distinto[6].

Magalhães Noronha, com sua perspicácia de sempre, contestava Hungria com os seguintes argumentos: "a omissão não pode ser aceita facilmente, sob pena de se dizer não ter tido o Código revisor. Com efeito, apenas dois artigos antes — no 343 — vemos definida modalidade de falso testemunho ou falsa perícia sem *nomen juris*. Omissão também? Omitiu-se, igualmente, o título nos crimes capitulados nos arts. 247, 295, 308, 310 e 343?". E, logo adiante, acrescentava Noronha: "Depois, por que iria a lei equiparar o dano e o furto da coisa própria? Não seria de elementar técnica a consideração em disposições distintas?"[7].

A pobreza dogmática dessa construção "mitológica" de Hungria torna difícil aceitar que tenha sido produto de sua reconhecida genialidade científica, reunindo, em um mesmo tipo penal, os crimes de furto e de dano, entidades absolutamente distintas, agredindo todo o tecnicismo metodológico do Código Penal de 1940, cantado e decantado como exemplo de técnica e harmonia por especialistas nacionais e estrangeiros. O legislador de 1940 foi extremamente cauteloso na distribuição — por títulos, capítulos e secções — das objetividades jurídicas merecedoras da tutela penal. Admitir-se que no art. 346 o legislador quis proteger o crime de furto de coisa própria, que se encontra legitimamente em poder de outrem, no Título XI da Parte Especial, que se ocupa "Dos crimes contra a Administração Pública", desprezando o Título II, especificamente destinado aos crimes contra o patrimônio, seria uma heresia técnica sem similar em todo esse festejado Código Penal. Desarrazoada, portanto, a insistência de Hungria em defender o indefensável, a despeito da autoridade que ostenta, por todos o méritos, sempre reconhecida; deslocar crimes contra o patrimônio (furto e dano) para o Título dos "Crimes contra a Administração Pública", somente a necessidade que sentia de defender, a qualquer custo, o Código Penal de 1940 pode justificar tamanho equívoco do insuperável Hungria.

Como já deixamos claro no tópico anterior, nosso Código Penal não admite furto de coisa própria, assim como considera atípico dano em bens próprios (ressalvada a hipótese do art. 171, § 2º, V), como evidencia a elementar normativa — coisa alheia — constante dos arts. 155 e 163, conforme destacamos no volume 3º desta obra[8]. Quando examinamos o crime de furto, ressaltamos a impossibilidade de o proprietário "ser sujeito ativo do crime de furto de coisa própria, por faltar a característica de alheia na coisa cujo domínio lhe pertence".

5. Nélson Hungria, *Comentários ao Código Penal*, p. 499.
6. Nélson Hungria, *Comentários ao Código Penal*, p. 498.
7. Magalhães Noronha, *Direito Penal*, p. 394.
8. Cezar Roberto Bitencourt, *Tratado de Direito Penal*; Parte Especial, v. 3, 15. ed., p. 40-42 e 226, respectivamente.

Temos grandes dificuldades dogmáticas em aceitar a orientação de Hungria — ler no texto legal o que o legislador não escreveu —, no marco de um direito penal garantista, em um Estado Democrático de Direito. Afinal, de plano, deve-se reiterar que o direito penal somente se legitima quando objetiva proteger bens ou interesses jurídicos definidos, e, a partir daí, exatamente, começa nossa grande dificuldade. A figura do crime de furto, desde o direito romano, tem como objetividade jurídica a proteção do patrimônio (posse, propriedade, detenção etc.); de igual sorte, o verbo nuclear representativo desse crime tem sido, sistematicamente, "subtrair". Por fim, dentro da harmonia adotada pelo Código Penal de 1940, todos os crimes contra o patrimônio têm sede própria, qual seja o Título II de sua Parte Especial. Da mesma forma, o crime de dano, cujo objeto material é, igualmente, "coisa alheia", sendo igualmente atípico causar dano em coisa própria.

A infração penal descrita no art. 346 do Código Penal, com efeito, está inserta no Título XI, que disciplina os "Crimes contra a Administração Pública", mais especificamente aqueles que forem praticados contra a Administração da Justiça. Ora, nenhum desses crimes tem como objetividade jurídica principal o patrimônio alheio e, especialmente, o próprio. Já por esse aspecto, eventual furto de coisa própria, por si só, deve ser afastado da moldura descrita no art. 346, que tem outra finalidade protetiva. Por outro lado, nos crimes de furto (inclusive de coisa comum) e de roubo o verbo nuclear, "subtrair", tem forma livre, não estabelecendo meio, forma ou modo de ser executado, adquirindo sentido específico, qual seja de apossamento da *res* furtiva. Assim, os verbos "tirar", "suprimir", "destruir" ou "danificar" são inadequados ou impróprios para significar subtração de coisa móvel, própria ou alheia. Ademais, o especial fim de agir, típico do crime de furto, tampouco se faz presente na figura descrita no art. 346, que, como afirma Noronha, constitui modalidade de exercício arbitrário das próprias razões. O fato de não existir a rubrica lateral com o *nomen juris* do tipo penal não causa nenhuma estranheza, na medida em que existem inúmeros dispositivos com essa técnica, sem que a omissão permita atribuir a proteção de bens jurídicos estranhos ao próprio capítulo ou título a que pertençam.

Por fim, os estudiosos do Código Penal são unânimes em reconhecer que se trata de um diploma legal metódico, harmonioso e coerente. Pelo menos não se lhe tem atribuído, ao longo de sua existência, nenhum paradoxo, como seria deslocar um tipo penal protegendo um bem jurídico fora daquele Título que lhe foi cientificamente reservado. Que seria de nosso diploma legal se nos onze Títulos de sua Parte Especial pudessem ser encontrados aqui e acolá tipos penais disciplinando e protegendo bens jurídicos distintos de suas rubricas? Certamente não teria recebido o reconhecimento internacional como um dos melhores Códigos Penais da primeira metade do século XX.

Essa revisão, conceitual e interpretativa, impõe-se nos tempos atuais, quando se sustenta a necessidade absoluta da tipicidade estrita, como garantia máxima de proteção das liberdades individuais. A imensa maioria da doutrina, inclusive a estrangeira[9], não admite o furto de coisa própria, por faltar-lhe a elementar alheia: o dono não pode ser sujeito ativo do crime de furto de coisa que lhe pertence! Alheio, seja no sentido comum, seja em sentido jurídico-penal, significa "o que não é nosso, o que não nos pertence". Esse é o sentido empregado pelo Código Penal brasileiro na elementar "coisa alheia" nos crimes de furto, roubo, dano, apropriação indébita etc., todos contra o patrimônio.

O fato de o direito do detentor da coisa subtraída pelo dono necessitar de proteção legal não autoriza interpretação extensiva e, principalmente, analógica, para admitir a tipificação de condutas que não encontram correspondência típica em nenhum dispositivo penal. O reconhecimento da existência de eventual dano patrimonial tampouco é fundamento suficiente para burlar toda a estrutura dogmática da teoria do delito, construída ao longo de séculos de sua evolução científica.

Com efeito, se dano patrimonial existir, indevidamente, necessita da proteção legal, que, por certo, se não houver tipificação específica, não poderá, simplesmente, ser agasalhada no âmbito dos crimes patrimoniais. Certamente, com a previsão legal especial contida no art. 346, será aí a sua sede jurídica, dentro da geografia abrangida pelo atual estatuto penal brasileiro. É incensurável, no particular, a seguinte conclusão de Magalhães Noronha, afastando o crime de furto: "Não. O delito aqui é modalidade do exercício arbitrário das próprias razões. A suavidade penal só pode ser explicada pela pretensão legítima ou putativamente legítima. Não há o *animus furandi*. É nisto que reside a benevolência da lei"[10]. É exatamente essa a questão: o elemento subjetivo orientador das condutas incriminadas e as elementares "coisa alheia", para o furto, e "coisa própria" para o crime descrito no art. 346 — afora o sentido e o significado que os verbos nucleares respectivos encerram — não permitem que se interprete uma coisa por outra, isto é, que se leia furto ou dano onde o legislador afirmou "tirar coisa própria" que se encontra legitimamente em poder de outrem. Ainda são atípicos, no direito brasileiro, o furto de uso, furto de coisa própria e o furto de posse ou *furtum possessionis*, como imaginava Hungria.

Quanto ao elemento subjetivo, verificamos que as condutas descritas no art. 346 não exigem elemento subjetivo especial, satisfazendo-se com o dolo constituído pela vontade de praticar qualquer delas, consciente de que o objeto material está na posse legítima da vítima, por determinação judicial ou convenção. Ao passo que, no crime de furto, o elemento subjetivo é constituído pelo dolo e pelo especial fim de agir, que

---

9. O novo Código Penal espanhol, Lei n. 10/95, inova criando uma figura de furto de coisa própria, mas, coerentemente, convém que se destaque, a inclui no título que se ocupa dos "Crimes contra o patrimônio e contra a ordem socioeconômica". O texto legal é o seguinte: "Será castigado con multa de tres a doce meses el que, siendo dueño de una cosa mueble o actuando con el consentimiento de éste, sustrajere de quien la tenga legítimamente en su poder, con perjuicio del mismo o de un tercero, siempre que el valor de aquélla excediere de cincuenta mil pesetas" (art. 236). E complementa o legislador espanhol, punindo a mesma conduta como contravenção penal, quando a subtração for de coisa móvel com valor inferior ao mencionado no art. 236 (art. 623.2, CPE).

10. Magalhães Noronha, *Direito Penal*, p. 395.

é seu elemento subjetivo especial. O dolo é representado pela vontade consciente de subtrair coisa alheia, isto é, que pertença a outrem (elementar essa indispensável). O elemento subjetivo especial do tipo, por sua vez, é representado pelo fim especial de apoderar-se da coisa subtraída, para si ou para outrem. A ausência desse *animus apropriativo* (finalidade de apossamento) desnatura a figura do crime de furto.

Na verdade, o entendimento sustentado por Hungria, obedientemente encampado por seus seguidores, tem outra razão de ser, um fundamento linguístico, aliás, um argumento não declinado por Hungria, mas repousa em sua interpretação equivocada, *venia concessa*, ao atribuir sentido ao verbo "tirar", que não encontra respaldo na linguagem vernacular: subtrair. Com efeito, procurando demonstrar que o verbo "tirar" constante do art. 346 não tem o sentido e o significado do verbo subtrair usado na definição dos crimes de furto e de roubo, consultamos o dicionário Larousse Cultural, que apresenta dezenove alternativas do sentido que pode ser emprestado a esse verbo, e constatamos que subtrair surge somente em 14º lugar, e, ainda assim, não no sentido de "subtrair para si ou para outrem", como no crime de furto, mas com sentido aritmético, isto é, de diminuir, de fazer subtração, ou, se preferirem, o contrário de somar. Afora esse sentido, apesar do exaustivo rol, não se atribui nenhum significado que permita confundi-lo com emprego de subtrair adotado no crime de furto. Fizemos questão de transcrever todos os significados que a palavra "tirar" pode assumir no vernáculo, a despeito de cansativo: "tirar" — "1. fazer sair do lugar, retirar; 2. puxar; 3. sacar, arrancar; 4. extrair, extirpar; 5. despir, descalçar; 6. alcançar, receber, colher; 7. espoliar, privar de, usurpar; 8. cobrar, arrecadar; 9. arremessar, atirar, despedir; 10. livrar de, aliviar; 11. excluir, excetuar; 12. abolir, extinguir, apagar; 13. fazer desaparecer, matar; 14. subtrair, diminuir, fazer subtração; 15. imprimir, fazer a tiragem; 16. suprimir, deixar de fazer ou de dizer; 17. julgar, avaliar; 18. deduzir; 19. Fig. Desviar, afastar, apartar"[11].

Ante todo o exposto, em conclusão, reiteramos nosso entendimento sustentado quando examinamos quem pode ser sujeito ativo do crime de furto, *in verbis*: "sujeito ativo pode ser qualquer pessoa, menos o proprietário, na medida em que o tipo exige que a coisa seja 'alheia'. Assim, a subtração de coisa própria constitui conduta atípica. Quem subtrai coisa de um devedor objetivando ressarcir-se do crédito não pratica crime de furto, mas exercício arbitrário das próprias razões (art. 345); quem subtrai do credor objeto que havia deixado como penhor também não comete crime de furto, pois o contrato de penhor não transfere a propriedade, configurando-se o crime descrito no art. 346 do CP"[12].

Por fim, o ordenamento jurídico como um todo tem condições de estender seu manto protetor para assegurar eventual reparação de quem se sentir lesado, ainda que não encontre uma definição típica; institutos, tais como busca e apreensão, sequestro,

---

11. *Grande dicionário Larousse cultural — da língua portuguesa*, São Paulo, Nova Cultural, 1999, p. 873.
12. Cezar Roberto Bitencourt, *Código Penal comentado*, 10. ed., São Paulo, Saraiva, 2019, p. 678; no mesmo sentido, *Tratado de Direito Penal*; Parte Especial, 15. ed., v. 3, 2019, p. 37.

ações possessórias, indenizatórias etc., enfim, um arsenal de medidas estará à disposição de eventual lesado, sem necessidade de destruir o direito penal para suprir uma possível (mas não provável) lacuna desconhecida pelo então legislador.

5. Tipo subjetivo: adequação típica

Elemento subjetivo dessa modalidade de infração penal é o dolo, representado pela vontade consciente de praticar qualquer das condutas descritas no tipo penal. São irrelevantes os motivos ou os fins que levam à prática do crime, sendo necessário (e suficiente) que o sujeito ativo tenha consciência de que o objeto material — coisa própria — encontra-se na posse legítima da vítima, por determinação judicial ou convenção. O desconhecimento da existência de determinação judicial ou mesmo de convenção configura erro de tipo que exclui o dolo, e, como não há previsão de modalidade culposa, a ação não configura essa infração penal, por carência de tipicidade.

Não há exigência de qualquer elemento subjetivo especial do tipo penal, que, se existir, poderá inclusive desnaturar essa infração penal, dependendo das circunstâncias, que podem acrescer-lhe particularidades de outras infrações penais.

6. Consumação e tentativa

Ocorre a consumação dessa modalidade especial de exercício arbitrário das próprias razões com a ação de tirar, suprimir, destruir ou danificar o objeto material, isto é, de coisa própria, cuja detenção encontra-se em poder de terceiro, por determinação judicial ou convenção.

A tentativa é, teoricamente, admissível, considerando-se que se trata de crime plurissubsistente, admitindo fracionamento em seu *iter*.

7. Classificação doutrinária

Trata-se de crime próprio (que exige qualidade ou condição especial do sujeito, no caso, somente que, por decisão judicial, encontra-se com o objeto material das ações incriminadas); material (que exige resultado naturalístico para sua consumação); de forma livre (que pode ser praticado por qualquer meio ou forma pelo agente); instantâneo (não há demora entre a ação e o resultado, cuja execução não se alonga no tempo); unissubjetivo (que pode ser praticado por um agente apenas, sendo desnecessário concurso de pessoas, embora não o repila); plurissubsistente (que, em regra, pode ser praticado com mais de um ato, admitindo, em consequência, fracionamento em sua fase executória).

8. Pena e ação penal

As penas cominadas, cumulativamente, são de detenção, de seis meses a dois anos, e multa, ao contrário da pena cominada ao crime de furto, que é de um a quatro anos de reclusão e multa. O crime do art. 346, repetindo, é uma modalidade especial de exercício arbitrário das próprias razões, porém, apenado mais severamente que aquele.

A ação penal é pública incondicionada.

FRAUDE PROCESSUAL XLII

Sumário: 1. Considerações preliminares. 2. Bem jurídico tutelado. 3. Sujeitos do crime. 4. Tipo objetivo: adequação típica. 4.1. Elementar normativa: na pendência de processo civil ou administrativo. 4.2. Induzimento do juiz ou perito em erro. 5. Tipo subjetivo: adequação típica. 6. Consumação e tentativa. 7. Classificação doutrinária. 8. Figura majorada. 9. Questões especiais. 10. Pena e ação penal.

Fraude processual

Art. 347. Inovar artificiosamente, na pendência de processo civil ou administrativo, o estado de lugar, de coisa ou de pessoa, com o fim de induzir a erro o juiz ou o perito:

Pena — detenção, de 3 (três) meses a 2 (dois) anos, e multa.

Parágrafo único. Se a inovação se destina a produzir efeito em processo penal, ainda que não iniciado, as penas aplicam-se em dobro.

1. Considerações preliminares

Nossos diplomas legais anteriores — Código Criminal de 1830 e Código Penal de 1890 — não conheceram a figura penal — fraude processual — que teria surgido, posteriormente, com o Código Penal italiano de 1930 (art. 347), o qual, como um todo, foi o grande inspirador do legislador brasileiro de 1940. O natimorto Código Penal de 1969, a exemplo do anterior, também recepcionou essa figura típica, sem lhe imprimir nova roupagem.

2. Bem jurídico tutelado

Bem jurídico protegido é, mais uma vez, a Administração da Justiça. Protege-se, mais especificamente, a probidade da função judicial, sua respeitabilidade, bem como a integridade de seus funcionários, a exemplo dos artigos anteriores. Tutela-se o interesse de que a justiça não seja desvirtuada, por qualquer fator estranho ao seu desenvolvimento válido e regular, assegurando a lisura de suas decisões. Nesse sentido era o magistério de Heleno Fragoso, que professava: "o objeto da tutela jurídica é, porém, a Administração da Justiça, enquanto se procura assegurar a autenticidade dos meios de convicção oferecidos ao julgador, e, pois, a correção do pronunciamento jurisdicional"[1].

1. Heleno Cláudio Fragoso, *Lições de Direito Penal*, p. 528.

3. Sujeitos do crime

Sujeito ativo do crime de fraude processual pode ser qualquer pessoa, tendo ou não interesse pessoal no processo, não sendo exigida nenhuma qualidade ou condição especial. Qualquer pessoa que inove artificiosamente, alterando o estado de lugar, coisa ou pessoa, com o objetivo de favorecer qualquer dos litigantes. Por isso, a inovação pode ser feita pela parte (réu, órgão do Ministério Público), por qualquer terceiro, interessado ou não no processo, por funcionário público e pelo próprio advogado, se efetivamente concorrer para a fraude. Nesse sentido, estamos de acordo com Fragoso, quando afirma que "não praticará o crime o advogado que não participar da fraude praticada pelo cliente, pois a simples conivência somente o exporá a medidas disciplinares"[2].

Sujeito passivo é, prioritariamente, qualquer pessoa que seja prejudicada pela conduta artificiosa do sujeito ativo inovando no processo; secundariamente, o Estado, sempre titular do bem jurídico ofendido — a Administração Pública *lato sensu*, e, mais especificamente, a Administração da Justiça.

4. Tipo objetivo: adequação típica

A conduta típica consiste em inovar (mudar, alterar), artificiosamente (mediante artifício ou ardil), o estado de lugar, de coisa ou de pessoa (enunciação taxativa), com o fim de induzir a erro o juiz ou perito. Inovar artificiosamente o estado de lugar, de coisa ou de pessoa quer dizer promover, ardilosamente, mudanças, modificações ou transformações materiais, extrínsecas ou intrínsecas, capaz de transformar a importância probatória que lugar, coisa ou pessoa anteriormente tinham, isto é, modificar o estado desses objetos materiais, que são *numerus clausus*, sem a concorrência de causas naturais. Inova-se, por exemplo, o estado de lugar quando se abre um caminho para simular uma servidão de passagem; o estado de coisa quando se eliminam vestígios de sangue numa peça indiciária da autoria de um homicídio, para fazer crer que se trata de suicídio; o estado de pessoa quando se alteram, mediante operação plástica, determinados sinais característicos de um indivíduo procurado pela justiça[3]. Em outros termos, é indispensável que a ação de inovar seja capaz de mudar o sentido probatório de lugar, coisa ou pessoa, e que não seja somente uma modificação grosseira, sem potencialidade, isto é, sem idoneidade suficiente para induzir o juiz ou o perito em erro. Ocorre inovação artificiosa — exemplificava Fragoso — "quando se eleva um muro ou abre uma janela; quando se elimina marca de sangue num objeto ou se altera uma substância sujeita a exame"[4].

Inovar artificiosamente com o fim de induzir juiz ou perito em erro significa fazê-lo por meio de artifício, pois, indubitavelmente, tem o objetivo de enganar alguém, no caso, juiz ou perito. Artifício é toda simulação ou dissimulação idônea

---

2. Heleno Cláudio Fragoso, *Lições de Direito Penal*, p. 528.
3. Nélson Hungria, *Comentários ao Código Penal*, p. 501.
4. Heleno Cláudio Fragoso, *Lições de Direito Penal*, p. 529.

para induzir uma pessoa em erro, levando-a à percepção de uma falsa aparência da realidade. O texto legal, ao contrário do que faz em outras oportunidades, não incluiu alternativas a "artificiosamente", tais como fraude, ardil ou qualquer outro meio fraudulento. Por essa razão, apresenta-se-nos inadequado falar em conduta fraudulenta ou ardilosa, pois exigiria maior rigor técnico na apuração da adequação típica do comportamento realizado, pois ardil é a trama, a astúcia, uma forma de esperteza, um estratagema para o agente conseguir iludir, usando de certa dissimulação para passar despercebido e conseguir seu objetivo de inovar; fraude, por sua vez, é gênero, posto que mais abrange qualquer meio capaz de enganar o destinatário de ação realizada, aspecto esse que o legislador deixa muito claro ao equiparar artifício e ardil a "qualquer outro meio fraudulento", quando tipifica o crime de estelionato (art. 171, *caput*, do CP)[5].

Neste dispositivo, porém, o legislador não quis dar à conduta de inovar toda essa amplitude, restringindo-a à forma ardilosa, que não significa, como é sabido, "qualquer outro meio fraudulento", considerando-se, como gostavam de dizer nossos clássicos, que a lei penal não tem palavras inúteis. Aliás, o próprio Hungria já dava interpretação semelhante, embora não o dissesse expressamente, como se pode observar da seguinte passagem: "a fraude opera-se com a artificiosa inovação (alteração, modificação, substituição, deformação ou subversão) relativamente ao 'estado de lugar, de coisa ou de pessoa' (enumeração taxativa)"[6]. Artificiosamente, aqui, sem equipará-la a ardil ou "a qualquer outro meio fraudulento", se satisfez o legislador com uma conduta do agente irregular, anormal, desproposital, inadequada e imprópria no curso do processo, isto é, não condizente com a ética processual, com a finalidade de induzir em erro o juiz ou o perito, que nem exigiu que atingisse o nível de ardil ou qualquer outro meio fraudulento. Em outras palavras, na ótica do legislador a inovação artificiosa, isto é, não natural, na pendência de processo, para induzir em erro juiz ou perito, é tão grave que não necessita revestir das características de meio fraudulento. Aliás, fraude ou ardil, não exigíveis, representariam uma simples progressão negativa da conduta artificiosamente inovadora no processo. Por tudo isso, concluindo, embora não exigíveis, fraude ou ardil na inovação do processo também tem o condão de tipificar a conduta incriminada de inovar.

Nessa nossa concepção, não olvidamos que a interpretação em matéria penal-repressiva deve ser sempre restritiva, e somente nesse sentido negativo é que se pode admitir o arbítrio judicial, sem ser violada a taxatividade do princípio da reserva legal. A seguinte expressão de Hungria ilustra bem esse raciocínio: "não pode ser temido o *arbitrium judicis* quando destinado a evitar, *pro libertate*, a excessiva amplitude prática de uma norma penal"[7]. No entanto, no caso do dispositivo em exame, não está sendo ampliado o sentido de uma norma penal repressiva, mas,

5. Cezar Roberto Bitencourt, *Tratado de Direito Penal*, 15. ed., São Paulo, Saraiva, 2019, v. 3, p. 299-300.
6. Hungria, *Comentários*, p. 501.
7. Nélson Hungria, *Comentários ao Código Penal*, v. 7, p. 179.

pelo contrário, é a exigência legal que se satisfaz com conduta menos grave para a tipificação criminosa; logo, se com o menos já se configura a fraude processual, com o mais representará somente maior desvalor na conduta realizada. No entanto, em qualquer caso, é indispensável que o Ministério Público, na denúncia, identifique claramente em que consiste a dita fraude processual, sob pena de inépcia da inicial, que dificulta a ampla defesa.

Por fim, é indispensável que o meio artificioso utilizado pelo agente seja suficientemente idôneo para enganar o juiz ou o perito, para induzi-los em erro. A inidoneidade do ato praticado, no entanto, pode ser relativa ou absoluta: sendo relativamente inidôneo o meio artificioso para enganar ou juiz ou perito, pode configurar-se a tentativa de fraude processual; no entanto, se a inidoneidade for absoluta, tratar-se-á de crime impossível, por absoluta ineficácia do meio empregado (art. 17).

4.1 *Elementar normativa: na pendência de processo civil ou administrativo*

É pressuposto do crime de fraude processual a pendência de processo civil, administrativo, ou seja, é condição *sine qua non* que esteja em curso um processo dessa natureza, não importando a fase em que se encontre, de conhecimento, execução ou mesmo recursal. Em termos bem esquemáticos, para que se possa inovar na pendência de processo — civil ou administrativo —, é indispensável que haja processo em curso, ou seja, já instaurado, e, tão importante quanto, ainda não se tenha encerrado. E, embora não conste do *caput* do artigo, também é criminalizada a inovação em processo penal, "ainda que não iniciado", segundo determina o parágrafo único, cominando as sanções em dobro. "Processo penal não iniciado" soa meio estranho, para os iniciados, demonstrando, mais uma vez, uma elementar falta de técnica, pois não é dado ao legislador ignorar que o "procedimento investigatório-criminal" somente recebe a denominação "processo penal" após ter sido iniciada a ação penal propriamente dita; antes disso não existe "processo", mas simples procedimento investigatório, inquisitorial. Assiste razão, nesse sentido, à proverbial crítica de Magalhães Drumond, sugerindo que no parágrafo único "se pusesse em vez de 'processo penal' 'processo criminal' ou 'processo-crime', de vez que na terminologia de direito judiciário se distingue perfeitamente, sem possibilidade de virem a confundir-se, de novo, as expressões 'processo criminal' ou, mais usualmente, 'processo-crime' (ação, feito, demanda, visando a aplicação de Direito Penal) e 'processo penal' (conjunto de normas para os processos-crime). É 'processo-crime' qualquer feito relativo a crime em concreto"[8]. Seguindo nessa linha crítica, também não é das mais felizes a denominação processo civil, visto que, usualmente, se prefere, para o caso, processo cível, que significa ação, feito, demanda que se ocupa de dissídio de direito privado, para distingui-lo de processo civil, que tem o

8. Magalhães Drumond, *Comentários ao Código Penal*, p. 386-387.

sentido de complexo de normas para a realização dos processos cíveis, ou, numa linguagem mais técnica, um conjunto de atos coordenados para a obtenção de uma decisão sobre uma controvérsia no âmbito civil ou administrativo[9], mas isso é apenas certa preciosidade técnica de nossa parte.

Por fim, com a ressalva de ser possível a prática de inovação, mesmo antes de iniciado o "processo penal", o tipo penal está admitindo que ela possa ocorrer ainda na fase de investigação policial (inquérito policial). No entanto, como se destina a produzir efeito em futuro processo penal, faz-se necessário que se aguarde a conclusão do inquérito, pois, se seu destino for o arquivamento, não chegou a existir processo penal e, como tal, não se poderá falar de fraude processual se processo não houve.

4.2 *Induzimento do juiz ou perito em erro*

Induzir tem o significado de o agente incutir ou persuadir alguém com sua ação. Quando examinamos o significado desse verbo, na tipificação do crime de induzimento ao suicídio, fizemos as seguintes considerações: "Induzir significa suscitar o surgimento de uma ideia, tomar a iniciativa intelectual, fazer surgir no pensamento de alguém uma ideia até então inexistente. Por meio da indução o indutor anula a vontade de alguém"[10]. *Mutatis mutandis*, aplicam-se os mesmos conceitos para o caso de fraude processual.

Erro é a falsa representação ou avaliação equivocada da realidade. A vítima supõe, por erro, tratar-se de uma realidade, quando na verdade está diante de outra; faz, em razão do erro, um juízo equivocado da relação proposta pelo agente. A conduta artificiosa do sujeito leva o juiz ou perito a incorrer em erro. O agente coloca o juiz ou perito numa situação enganosa, fazendo parecer realidade o que efetivamente não é, ou seja, em razão do artifício utilizado pelo agente, é levado ao erro. No entanto, nesta figura, se por alguma razão, para a qual o agente não tenha concorrido, o juiz ou perito já se encontrar em erro, o seu silêncio ou simples omissão em não alterar os fatos não tipifica a fraude processual, que é crime comissivo e, por conseguinte, exige o cometimento de uma conduta ativa, pois ninguém "induz" ninguém a nada sem agir. Na verdade, o sujeito ativo do crime de fraude processual não é garantidor com dever de impedir que o juiz incorra em erro, desde que, para ele, não tenha concorrido.

5. Tipo subjetivo: adequação típica

Elemento subjetivo geral é o dolo, representado pela vontade de praticar inovação, artificiosamente, na pendência de processo civil, administrativo ou penal, com a consciência de que altera o estado de lugar, de coisa ou de pessoa.

---

9. Hely Lopes Meirelles, *Direito Administrativo brasileiro*, p. 559.

10. Cezar Roberto Bitencourt, *Tratado de Direito Penal*; Parte Especial, 19. ed., São Paulo, Saraiva, v. 2, 2019, p. 203.

Exige-se a presença do elemento subjetivo especial do tipo, representado pela vontade consciente de inovar artificiosamente em processo civil, administrativo ou penal, com o especial fim de induzir em erro o juiz ou o perito. Fragoso sustentava, a propósito da idoneidade da ação ardilosa, que "por esse motivo se afirma que o fim de agir tem aqui, igualmente, um sentido objetivo"[11]. Sendo o fim especial do tipo induzir em erro o juiz ou o perito, é irrelevante que atinja essa finalidade, bastando que ela seja o móvel da conduta do agente.

Não há previsão de modalidade culposa.

6. Consumação e tentativa

Consuma-se o crime de fraude processual, no lugar e no momento em que se completa, com idoneidade, a ação de inovar artificiosa, mesmo que o juiz ou perito não seja induzido em erro. É necessário que a ação tenha idoneidade suficiente para induzir em erro, isto é, para enganar, para ludibriar, sob pena de não se aperfeiçoar a fraude processual, podendo configurar crime impossível por impropriedade do meio.

A tentativa é, teoricamente, admissível, pois, apesar de ser crime formal, também é plurissubsistente, possibilitando o fracionamento de sua fase executória.

7. Classificação doutrinária

Trata-se de crime comum (que não exige qualidade ou condição especial do sujeito, podendo ser praticado por qualquer pessoa); formal (que não exige resultado naturalístico para sua consumação); de forma livre (que pode ser praticado por qualquer meio ou forma pelo agente); instantâneo (não há demora entre a ação e o resultado); unissubjetivo (que pode ser praticado por um agente apenas); plurissubsistente (que, em regra, pode ser praticado com mais de um ato, admitindo, em consequência, fracionamento em sua execução).

8. Figura majorada

Verifica-se quando a inovação se destina a produzir efeito em processo penal, ainda que não iniciado (parágrafo único). Contudo, destinando-se a produzir efeito em futuro processo penal, deve-se aguardar o resultado final das investigações preliminares (inquérito policial), visto que, se, por alguma razão, não redundar em processo penal, não se consumará o crime.

No entanto, se o processo penal, no qual a inovação artificiosa pretende induzir em erro, já advertia Hungria, for condicionado "ao oferecimento de queixa, representação ou requisição, é bem de ver que o crime só existirá se realizada tal condição de procedibilidade"[12]. Diríamos que é mais que isso, porque, como a inovação descrita no parágrafo único destina-se a produzir efeito em futuro processo penal,

---

11. Heleno Fragoso, *Lições de Direito Penal*, p. 529.
12. Nélson Hungria, *Comentários ao Código Penal*, p. 501.

é indispensável que se aguarde a conclusão do inquérito, pois, se seu destino for o arquivamento, não chega a existir processo penal e, dessa forma, não se poderá falar de fraude processual se processo não houve.

9. Questões especiais

O crime em apreço distingue-se do estelionato precisamente porque a fraude destina-se a induzir em erro o juiz ou o perito, mesmo que o agente não consiga o fim colimado. A conduta prevista no *caput* admite a transação penal, em razão de a pena, abstratamente cominada, não ser superior a dois anos de prisão. *Vide* o art. 2º, parágrafo único, da Lei n. 10.259/2001, combinado com o art. 61 da Lei n. 9.099/95 (Juizados Especiais).

10. Pena e ação penal

As penas cominadas, cumulativamente, são de detenção, de três meses a dois anos, e multa. Na forma majorada, as penas aplicam-se em dobro, porque na hora de punir, e só nessa hora, tanto o legislador como a grande maioria dos operadores do direito consideram o processo criminal mais relevante.

A ação penal é pública incondicionada.

FAVORECIMENTO PESSOAL — XLIII

Sumário: 1. Considerações preliminares. 2. Bem jurídico tutelado. 3. Sujeitos do crime. 4. Pressupostos do favorecimento e punibilidade do crime precedente. 5. Tipo objetivo: adequação típica. 5.1. Favorecimento pessoal mediante omissão imprópria. 6. Tipo subjetivo: adequação típica. 7. Consumação e tentativa. 8. Classificação doutrinária. 9. Escusa absolutória: sua extensão (§ 2º). 10. Autor de crime: a culpabilidade não é mero pressuposto da pena. 11. Pena e ação penal.

Favorecimento pessoal

Art. 348. Auxiliar a subtrair-se à ação de autoridade pública autor de crime a que é cominada pena de reclusão:

Pena — detenção, de 1 (um) a 6 (seis) meses, e multa.

§ 1º Se ao crime não é cominada pena de reclusão:

Pena — detenção, de 15 (quinze) dias a 3 (três) meses, e multa.

§ 2º Se quem presta o auxílio é ascendente, descendente, cônjuge ou irmão do criminoso, fica isento de pena.

1. Considerações preliminares

O favorecimento pessoal era previsto no direito romano como uma espécie de crime de receptação. Durante a Idade Média era considerado, de modo geral, como participação no crime anterior, numa espécie de "cumplicidade posterior", apesar de que, em algumas leis, fosse tratado como crime autônomo, sendo considerado por alguns pós-glosadores (Bártolo) como crime independente, não representando auxílio para a prática do crime, mas para a evasão do réu. No entanto, o Código Penal francês de 1810 (arts. 62 e 63) adotou a orientação que considera o favorecimento uma espécie de cumplicidade. Com melhor técnica, no entanto, o Código Rocco, mantendo a tradição italiana, sufragou a autonomia e considerou crime autônomo, conservando a terminologia favorecimento, que teve origem no Código toscano de 1853 (art. 60)[1].

1. Heleno Cláudio Fragoso, *Lições de Direito Penal*, p. 530.

Nosso Código Criminal imperial (1830) considerava cúmplice quem desse asilo ou prestasse sua casa para reunião de assassinos ou roubadores, tendo conhecimento de que cometem ou pretendem cometer tais crimes (art. 6º, § 2º). O Código Penal de 1890 limitou-se a reproduzir a disposição do diploma legal anterior (art. 21, § 40).

Por fim, observando rigorosa e coerente técnica, o Código de 1940 distinguiu os crimes de receptação e favorecimento, tratando-os como crimes autônomos, ignorando definitivamente o anacronismo do passado, confundindo, em uma mesma figura típica, crimes praticados em momentos distintos.

O Código Penal espanhol de 1995, finalmente, atendeu a uma velha reivindicação da doutrina penal daquele país, disciplinando como crime autônomo "o encobrimento" (art. 451), deixando, finalmente, de configurar uma espécie de participação no crime de outrem[2].

2. Bem jurídico tutelado

Bem jurídico protegido é, mais uma vez, a Administração da Justiça, especialmente o seu papel de guardião da estabilidade da ordem social e da solução dos conflitos da coletividade. Tutela-se o interesse de que a justiça não seja frustrada em seus fins de prestar jurisdição, particularmente na esfera criminal, visando assegurar o cumprimento de suas decisões. Nesse sentido, destaca Regis Prado, "a prestação de auxílio a criminoso contrasta, portanto, com o desenvolvimento satisfatório da atividade da potestade judicial pública e com a execução das providências de seus órgãos, além de dificultar a subordinação dos particulares a suas funções"[3].

3. Sujeitos do crime

Sujeito ativo do crime de favorecimento pessoal pode ser qualquer pessoa, tendo ou não interesse pessoal no processo, não sendo exigida nenhuma qualidade ou condição especial, desde que não tenha contribuído, de alguma forma (coautor ou partícipe), no crime anterior, pois, nessa hipótese, teria concorrido para o crime nos moldes do art. 29 e seus parágrafos. Aliás, nada impede que a própria vítima do crime anterior possa auxiliar seu algoz a furtar-se à ação da autoridade pública, isto é, ser sujeito ativo desse crime.

Sujeito passivo é o Estado, sempre titular do bem jurídico ofendido — a Administração Pública *lato sensu*, e, mais especificamente, a Administração da Justiça.

4. Pressupostos do favorecimento e punibilidade do crime precedente

É pressuposto do delito que o sujeito ativo do favorecimento não seja partícipe do crime principal — ao qual é cominada a pena de reclusão — e que o auxílio tenha

2. Gonzalo Quintero Olivares (director), *Comentarios a la parte especial del Derecho Penal*, 2. ed., Pamplona, Aranzadi, 1999, p. 1334.

3. Luiz Regis Prado, *Curso de Direito Penal brasileiro*, p. 714.

sido prestado após o seu momento consumativo, mesmo que se trate de crime permanente ou progressivo. Deve-se tratar, destaca o texto legal, de crime (ação típica, antijurídica e culpável)[4] e não de simples contravenção, com cominação de pena privativa de liberdade e não, simplesmente, "aplicada"; destaca-se que embora ainda não haja, no direito brasileiro, crime com cominação exclusiva de pena alternativa, sua aplicação passou a ser possível com a previsão constitucional (art. 98, I) e a Lei dos Juizados Especiais (Lei n. 9.099/95). A despeito da afirmação de Magalhães Noronha, de que a gravidade do crime antecedente "não conta", e somente tem importância quando da dosagem da pena, sendo irrelevante para a sua tipificação[5], convém realçar que a espécie de pena prisional — reclusão ou detenção — determina maior ou menor cominação penal, o que, convenhamos, não pode ser considerado irrelevante.

A punibilidade do crime precedente é outro pressuposto do crime de favorecimento pessoal, sendo indispensável que seja punível à época do favorecimento, embora não seja necessário que já tenha sido reconhecido por sentença criminal, e tampouco que o próprio criminoso já esteja sendo perseguido[6]. Na realidade, o favorecimento tanto pode ocorrer antes como depois do julgamento do crime precedente, concepção apropriada para a época em que o Código Penal de 1940 foi editado, em plena ditadura militar. No entanto, na nossa ótica, no atual estágio de um Estado Democrático de Direito, é impossível pretender julgar esse crime (bem como o similar "favorecimento real"), antes do julgamento do crime precedente, uma vez que não se pode falar em favorecimento pessoal sem a confirmação da punibilidade daquele. Nesse sentido, conclui Guilherme Nucci[7], com acerto: "não existindo o crime anterior, impossível falar em favorecimento pessoal, tendo em vista não estar ferida a administração da justiça. Assim, qualquer causa que sirva para elidir a configuração do crime anterior... arreda também o delito do art. 348". Logo, se para o crime anterior (precedente) houve extinção de punibilidade, exclusão de ilicitude, irresponsabilidade, inimputabilidade penal, imunidade penal absoluta, não se configura o favorecimento. No caso de excludente não se pode falar em crime; havendo extinção de punibilidade, não há por que o indivíduo subtrair-se à autoridade pública; nos demais casos, há isenção de pena. "Se o fato constitutivo do pretenso delito anterior — advertia Noronha — é declarado insubsistente, não se pode imputar a alguém haver cometido atos de favorecimento sucessivos à perpetração de um crime que não subsiste em sua materialidade"[8].

Autoridade pública, para efeitos desse tipo penal, deve-se entender autoridade competente com atribuição específica vinculada à persecução penal, tais como policial, judicial, oficial de justiça (função delegada), ou qualquer outra que tenha

4. Nesse sentido, Guilherme de Souza Nucci, *Código Penal comentado*, p. 1083.
5. Magalhães Noronha, *Direito Penal*, p. 403.
6. Heleno Cláudio Fragoso, *Lições de Direito Penal*, p. 532.
7. Guilherme de Souza Nucci, *Código Penal*, p. 1083.
8. Magalhães Noronha, *Direito Penal*, p. 403.

legitimidade para buscar o autor do crime. Não nos parece, contudo, que o órgão do Ministério Público possa ser incluído nesse rol, por falecer-lhe tal atribuição, salvo melhor juízo.

5. Tipo objetivo: adequação típica

Pune-se a conduta de quem auxilia (favorece) autor de crime (doloso ou culposo; consumado ou tentado) a subtrair-se (escapar, esquivar-se) à ação de autoridade pública (policial, judiciária ou administrativa). Auxiliar significa dar asilo ou fuga, isto é, impedir ou dificultar que a autoridade pública prenda ou mantenha preso "autor de crime", como diz o texto legal, tentado ou consumado, doloso ou culposo. Qualquer ajuda do sujeito ativo para evitar ou dificultar a captura do autor do crime precedente materializa o crime de favorecimento pessoal (ocultação, facilitação de fuga, oferecimento de abrigo, empréstimo de veículo etc.). De várias formas ou por vários meios pode-se verificar a ação, segundo exemplificava Noronha[9]: desviando a atenção da autoridade para outro fato (provocando desordem, sarilho etc.), ocultando o criminoso, fornecendo-lhe condução, ajudando-o a disfarçar-se etc., seja a subtração definitiva ou temporária.

A doutrina nacional preocupou-se em destacar que incriminação do favorecimento pessoal no Código Penal brasileiro é menos abrangente que a previsão similar contida no Código Penal Rocco (abrange a conduta destinada a iludir as investigações da autoridade). Essa constatação constitui mais uma razão para as cautelas necessárias quando se pretende traçar considerações comparativas entre institutos semelhantes das legislações estrangeiras, e, principalmente, as considerações doutrinárias dos autores respectivos, devendo-se atentar sempre a todas as particularidades que identificam e também diferenciam os tratamentos dados em países diferentes e com culturas igualmente diversas.

O verbo nuclear do tipo penal descrito no art. 348 — auxiliar a subtrair-se — assume conotação completamente distinta daquela que tem quando se refere à participação em sentido estrito (art. 29 do CP). Não se trata de participação — no sentido de atividade acessória, secundária, como ocorre no instituto da participação *stricto sensu* —, mas de atividade principal, nuclear típica, representando a conduta proibida lesiva direta do bem jurídico Administração da Justiça. Por isso, quem realizar a conduta contida nesse verbo, qual seja a de auxiliar o sujeito ativo de outro crime, precedente, a subtrair-se à ação de autoridade pública, não será partícipe, mas autor do crime de favorecimento pessoal, visto que sua ação, concretizada na dicção do verbo nuclear, não será acessória, mas principal, única, executória, e essencialmente típica. E essa tipicidade não decorre de sua natureza acessória, própria da adequação típica mediata, mas de sua definição legal caracterizadora de conduta proibida, ao contrário do que ocorre com quem "auxilia" a prática de qualquer crime, que por ele responde como mero partícipe.

---

9. Magalhães Noronha, *Direito Penal*, p. 405.

Auxiliar é ajudar, favorecer ou facilitar a alguém, no caso, autor de um crime anterior, punido com prisão. Auxiliar, nesse caso, tem a mesma função típica que a da definição do crime de suicídio, com a diferença de que, nessa hipótese, realiza-se a conduta de dar a morte a quem voluntariamente a deseja. Assim, auxilia, por exemplo, quem dá ao suicida o revólver ou o veneno; quem ensina ou mostra o modo de usar a arma; quem impede a intervenção de pessoa, que poderia frustrar o ato de desespero etc. No entanto, o "auxílio" no crime de "favorecimento", ao contrário, somente pode ocorrer após a consumação do crime anterior, sem que tenha havido antes promessa ou acordo de auxílio, sob pena de não se configurar este crime, pois o sujeito ativo transformar-se-ia em partícipe daquele crime precedente, praticado pelo dito "autor".

Por derradeiro, qualquer que seja o meio ou forma utilizado pelo sujeito ativo do crime de favorecimento pessoal, é indispensável a presença de dois requisitos: eficácia causal e consciência de "auxiliar" na subtração de autor de crime à ação de autoridade competente. É insuficiente a exteriorização da vontade de "auxiliar"; não basta realizar a atividade descrita no tipo penal se esta não contribuir efetivamente para a fuga do "autor de crime". Por outro lado, é indispensável saber que "auxilia" na subtração à autoridade pública de autor de crime punível com prisão (reclusão ou detenção), mesmo que este desconheça ou até recuse o "auxílio". O sujeito ativo precisa, em outros termos, ter consciência e vontade de que com sua ação favorece a subtração do autor do crime à ação da autoridade pública.

Enfim, auxiliar, que, teoricamente, representaria mera atividade de partícipe no crime de favorecimento pessoal, constitui o núcleo do tipo penal. Assim, quem, de qualquer modo, "auxiliar" o "autor de crime" punível com prisão (reclusão ou detenção) a subtrair-se (fugir) da autoridade competente não será partícipe, mas autor do crime de "favorecimento pessoal". Nada impede, no entanto, que alguém desempenhe a atividade de partícipe, instigando, induzindo ou auxiliando o sujeito ativo a realizar a conduta descrita no tipo, isto é, a prestar auxílio ao autor do crime nas condições descritas no tipo penal. Mas, nessa hipótese, não estará desenvolvendo sua ação diretamente relacionada ao beneficiário do auxílio, mas sim em relação ao autor material do favorecimento pessoal, que o executará. Não se pode esquecer, ademais, que "o partícipe não pratica a conduta descrita pelo preceito primário da norma penal, mas realiza uma atividade secundária que contribui, estimula ou favorece a execução da conduta proibida. Não realiza atividade propriamente executiva"[10].

5.1 *Favorecimento pessoal mediante omissão imprópria*

A questão sobre a possibilidade da prática deste crime — favorecimento pessoal — auxiliar a subtrair-se — sob a forma omissiva parece-nos resolvida com o sentido

10. Cezar Roberto Bitencourt, *Tratado de Direito Penal*; Parte Geral, 29. ed., São Paulo, Saraiva, 2023, v. 1, p. 555.

do próprio verbo nuclear, que exige um fazer, uma atividade positiva, um realizar algo, embora o nosso Código Penal, mesmo com a reforma da Parte Geral em 1984, continue adotando a teoria da equivalência das condições, que não distingue causa e condição.

Com efeito, para que se admita a ação de "auxiliar" mediante omissão, é indispensável a existência do dever jurídico de evitar que alguém "se subtraia à ação da autoridade pública", mas aí, já estaríamos no âmbito do crime comissivo por omissão (art. 13, § 2º, do CP), pois deixar de impedir um evento que se tem o dever jurídico de evitar é, sem sombra de dúvida, uma forma de auxiliar (contribuir, concorrer etc.) para a ocorrência de tal evento. Diante do art. 13 do CP, que não distingue causa e condição, não há como negar essa possibilidade. Deve-se analisar esse tema à luz da doutrina relativa aos crimes omissivos impróprios, em que a figura do agente garantidor ocupa especial relevo. Nesses crimes, o garante não tem simplesmente o dever de agir, mas a obrigação de fazê-lo para evitar que determinado resultado ocorra.

6. Tipo subjetivo: adequação típica

O elemento subjetivo do crime de favorecimento pessoal é o dolo, representado pela vontade consciente de auxiliar o infrator a subtrair-se da ação da autoridade pública. É indispensável que o sujeito ativo tenha consciência da situação em que se encontra o favorecido, embora não lhe seja exigido saber de que crime é acusado. Se o sujeito ativo desconhece a situação do favorecido ou ignora que é responsável por crime anterior ou que é buscado pela autoridade pública, incorre em erro de tipo, cuja evitabilidade ou inevitabilidade deve ser examinada casuisticamente.

Não se exige, segundo entendimento majoritário, qualquer elemento subjetivo especial do injusto, embora acompanhemos o entendimento de Guilherme Nucci[11], no sentido de "existir, ínsito no tipo, o elemento subjetivo específico, consistente na vontade de ludibriar a autoridade pública".

Não há previsão de modalidade culposa, por isso, eventual erro de tipo, mesmo evitável, impede a punição do sujeito ativo a qualquer título.

7. Consumação e tentativa

Consuma-se o favorecimento pessoal no lugar e no momento em que o sujeito ativo auxilia efetivamente o favorecido, ou, em outras palavras, ocorre a consumação com a simples ação de prestar auxílio, independentemente da produção do resultado pretendido, qual seja a efetiva subtração à ação da autoridade pública; aliás, não vemos como necessária à consumação do crime que o resultado do auxílio se concretize em "favor do favorecido", tratando-se, por conseguinte, de crime formal.

---

11. Guilherme de Souza Nucci, *Código Penal comentado*.

A tentativa é, teoricamente, admissível ante a possibilidade de fracionamento de sua fase executória, principalmente a tentativa imperfeita, isto é, quando o agente é interrompido durante a realização do auxílio que estava se materializando.

8. Classificação doutrinária

Trata-se de crime formal (que não exige resultado naturalístico para sua consumação); comum (que não exige qualidade ou condição especial do sujeito); de forma livre (que pode ser praticado por qualquer meio ou forma pelo agente); instantâneo (não há demora entre a ação e o resultado); unissubjetivo (que pode ser praticado por um agente apenas); plurissubsistente (que, em regra, pode ser praticado com mais de um ato, admitindo, em consequência, fracionamento em sua execução).

9. Escusa absolutória: sua extensão (§ 2º)

Trata-se de escusa absolutória, considerada espécie do gênero causas especiais de isenção de pena, contida no § 2º, que, embora se aproximem conceitualmente das condições objetivas de punibilidade, com estas não se confundem, como destaca Regis Prado: "as escusas absolutórias antecipam-se ao momento consumativo do delito, isto é, excluem a imposição de pena *ab initio*; as condições objetivas de punibilidade, ao contrário, são acontecimentos futuros e incertos. Enquanto as condições objetivas de punibilidade são estruturadas de forma positiva (ou seja, seu advento fundamenta a punibilidade do delito), as escusas absolutórias são formuladas de modo negativo, são condições negativas de punibilidade do crime (sua presença afasta a punibilidade do crime)"[12]. Embora, nas duas hipóteses, o crime encontre-se perfeito e acabado apenas por razões de política criminal, sua punibilidade fica afastada.

Com efeito, é isento de pena o sujeito ativo que é ascendente, descendente, cônjuge ou irmão do autor do crime precedente (enumeração taxativa). Ao contrário do que preconizava Hungria[13], a seu tempo, é irrelevante que se trate de filho ou pai adotivo, ou mesmo de irmão nas mesmas circunstâncias, ante a nova realidade constitucional, que impede qualquer discriminação dessa natureza. Mais do que isso: acreditamos que, a partir do reconhecimento da união estável como forma de união legítima, também, para fins de escusas absolutórias, devem-se estender os efeitos penais ao "companheiro", como tal legalmente reconhecido, sob pena de infringir-se preconceituosamente direito assegurado pela atual Constituição Federal.

A isenção de pena justifica-se em razão dos laços de especial afeto que ligam os membros de uma mesma família. Merecia aplausos o Código suíço da época (art. 305), que autorizava o perdão judicial quando as relações entre o agente e o favorecido fossem muito estreitas, a ponto de tornar escusável a conduta daquele. Por isso, concordamos com a sugestão de Paulo José da Costa Jr., quando sugere,

---

12. Regis Prado, *Curso de Direito Penal*, p. 719, nota 23.
13. Nélson Hungria, *Comentários ao Código Penal*, p. 509.

de *lege ferenda*, a validade de contemplar a mesma extensão escusante contida naquele diploma legal suíço, pois "os parentes nos são impostos *pelo jus sanguinis*; os amigos, a vida nos dá. E não raro os irmãos-amigos são muito mais amigos que os irmãos"[14].

10. Autor de crime: a culpabilidade não é mero pressuposto da pena

A tipicidade, a antijuridicidade e a culpabilidade são predicados de um substantivo, que é a conduta humana definida como crime. Não nos convence o entendimento dominante na doutrina brasileira, segundo o qual a culpabilidade devia ser tratada como mero pressuposto da pena, e não mais como integrante da teoria do delito. Assumindo essa orientação, Damásio de Jesus, pioneiramente, passou a definir o crime como a ação típica e antijurídica, admitindo a culpabilidade somente como mero pressuposto da pena[15], tendo sido seguido, acriticamente, até o início dos anos noventa, pela doutrina nacional[16].

Seguindo a reflexão que desenvolvemos, quando tratamos do crime de receptação, perguntamos: a) Seria possível a imposição de sanção a uma ação típica que não fosse antijurídica?; b) Poder-se-ia sancionar uma ação antijurídica que não se adequasse a uma descrição típica?; c) A sanção penal (penas e medidas) não é uma consequência jurídica do crime? A tipicidade e a antijuridicidade não seriam também pressupostos da pena? Ora, na medida em que a sanção penal é consequência jurídica do crime, este, com todos os seus elementos, é pressuposto daquela. Assim, não somente a culpabilidade, mas igualmente a tipicidade e a antijuridicidade são pressupostos da pena, que é sua consequência. Aliás, nesse sentido, o saudoso Heleno Fragoso, depois de afirmar que "crime é o conjunto dos pressupostos da pena", esclarecia: "Crime é, assim, o conjunto de todos os requisitos gerais indispensáveis para que possa ser aplicável a sanção penal. A análise revela que tais requisitos são a conduta típica, antijurídica e culpável..."[17].

Welzel, a seu tempo, preocupado com questões semânticas, pela forma variada com que penalistas se referiam à culpabilidade normativa, frisou que "a essência da culpabilidade é a reprovabilidade". Destacou ainda que, muitas vezes, também se denomina "a reprovabilidade reprovação da culpabilidade e a culpabilidade juízo de culpabilidade". "Isto não é nocivo — prosseguia Welzel — se sempre se tiver presente o caráter metafórico destas expressões e se lembrar que a culpabilidade é uma qualidade negativa da própria ação do autor e não está localizada nas cabeças

---

14. Paulo José da Costa Jr., *Comentários ao Código Penal*, p. 575.
15. Damásio, *Direito Penal*, p. 133 e 396.
16. Podem-se destacar, em sentido contrário, Nilo Batista, João Mestieri, Juarez Tavares, Heitor Costa Junior, Francisco de Assis Toledo, Juarez Cirino dos Santos, Luiz Regis Prado, Alberto Silva Franco, Paulo José da Costa Jr., entre outros.
17. Fragoso, *Lições de Direito Penal*, p. 216.

das outras pessoas que julgam a ação"[18]. Essa lição de Welzel, o precursor do finalismo, é lapidar e desautoriza inexoravelmente entendimentos contrários quanto à definição de crime e à própria localização da culpabilidade.

Por derradeiro, para não deixar dúvida sobre a natureza e a localização da culpabilidade, defendida por Welzel, invocamos as próprias palavras deste sobre sua concepção de delito: "O conceito da culpabilidade acrescenta ao da ação antijurídica — tanto de uma ação dolosa quanto de uma não dolosa — um novo elemento, que é o que a converte em delito"[19]. Em sentido semelhante é a lição de Muñoz Conde, que, definindo o crime, afirma: "Esta definição tem caráter sequencial, isto é, o peso da imputação vai aumentando à medida que passa de uma categoria a outra (da tipicidade à antijuridicidade, da antijuridicidade à culpabilidade etc.), tendo, portanto, de se tratar em cada categoria os problemas que lhes são próprios". Essa construção deixa claro que, por exemplo, se do exame dos fatos se constatar que a ação não é típica, será desnecessário verificar se é antijurídica, muito menos se é culpável. Cada uma dessas características contém critérios valorativos próprios, com importância e efeitos teóricos e práticos igualmente próprios[20].

Ora, é de uma clareza meridiana que uma ação típica e antijurídica somente se converte em crime com o acréscimo da culpabilidade. Não impressiona o argumento de que o Código Penal brasileiro admite a punibilidade da receptação mesmo quando "desconhecido ou isento de pena o autor do crime de que proveio a coisa", e de que, como a receptação pressupõe que o objeto receptado seja produto de crime, o legislador de 1940 estaria admitindo crime sem culpabilidade. Convém registrar que em 1942, quando nosso Código entrou em vigor, ainda não se haviam propagado as ideias do finalismo welzeliano, que apenas se iniciava.

Ao contrário do que se imagina, essa política criminal adotada pelo Código de 1940 tem outros fundamentos: 1º) de um lado, representa a adoção dos postulados da teoria da acessoriedade limitada, que também foi adotada pelo direito penal alemão em 1943, segundo a qual, para punir o partícipe, é suficiente que a ação praticada pelo autor principal seja típica e antijurídica, sendo indiferente sua culpabilidade; 2º) de outro lado, representa a consagração da prevenção, na medida em que pior que o ladrão é o receptador, pois a ausência deste enfraquece o estímulo daquele; 3º) finalmente, o fato de o nosso Código prever a possibilidade de punição do receptador, mesmo que o autor do crime anterior seja isento de pena, não quer dizer que esteja se referindo, *ipso facto*, ao inimputável. O agente imputável, por inúmeras razões, por exemplo, coação moral irresistível, erro de proibição, erro provocado por terceiro, pode ser isento de pena.

Concluímos com a afirmação irrefutável de Cerezo Mir: "Os diferentes elementos do crime estão numa relação lógica necessária. Somente uma ação ou omissão

18. Welzel, *El nuevo sistema del Derecho Penal*, p. 80.
19. Welzel, *El nuevo sistema*, p. 79.
20. Muñoz Conde e García Arán, *Derecho Penal*; Parte General, p. 215.

pode ser típica, só uma ação ou omissão típica pode ser antijurídica e só uma ação ou omissão antijurídica pode ser culpável"[21]. Portanto, crime, no sentido empregado no *caput* do art. 348, é a ação típica, antijurídica e culpável (injusto culpável); afasta-se, dessa forma, a possibilidade, por exemplo, de se considerar típica a conduta de quem auxilia menor infrator e louco, incapazes que não cometem crimes (ademais, tampouco estão sujeitos a penas de reclusão ou de detenção). Fica igualmente afastada a mesma possibilidade quando o auxílio destinar-se a autor de contravenção, que não se inclui na definição de crime.

11. Pena e ação penal

As penas são cominadas de acordo com a gravidade do crime praticado pelo favorecido (crime precedente), dependendo da espécie de pena privativa de liberdade, reclusão ou detenção. São cominadas, cumulativamente, detenção, de um a seis meses, e multa, quando o crime precedente era punido com reclusão; para a figura privilegiada (no caso de detenção) são cominadas detenção, de quinze dias a três meses, e multa.

A ação penal é pública incondicionada, podendo ser intentada, desde que satisfeitos os seus pressupostos. É possível a transação penal, considerando que se trata de infração de menor potencial ofensivo.

21. José Cerezo Mir, *Curso de Derecho Penal*, p. 267.

FAVORECIMENTO REAL XLIV

Sumário: 1. Considerações preliminares. 2. Bem jurídico tutelado. 3. Sujeitos do crime. 4. Tipo objetivo: adequação típica. 4.1. Elementar negativa do tipo: fora dos casos de coautoria ou de receptação. 5. Tipo subjetivo: adequação típica. 6. Consumação e tentativa. 7. Classificação doutrinária. 8. Pena e ação penal.

Favorecimento real

Art. 349. Prestar a criminoso, fora dos casos de coautoria ou de receptação, auxílio destinado a tornar seguro o proveito do crime:

Pena — detenção, de 1 (um) a 6 (seis) meses, e multa.

1. Considerações preliminares

O crime de favorecimento real era considerado *sui generis* nos primórdios do direito romano, a exemplo do que ocorria com o favorecimento pessoal. Posteriormente, o favorecimento real, uma espécie de receptação, passou a ser considerado como uma espécie de cumplicidade, embora subsequente (*auxilium post delictum*), orientação que se manteve durante grande parte da Idade Média, com reflexos, inclusive, no Código Penal de Napoleão (1810).

No Código Criminal do Império (1830) o favorecimento real foi disciplinado como cumplicidade (art. 6º, § 1º), sem maiores inovações ao entendimento forjado antes da Idade Média. O Código Penal de 1890 não foi mais feliz que seu antecessor, pois manteve a orientação pretérita, considerando-o cumplicidade (art. 21, § 3º), além de equipará-lo à receptação.

A consideração como crime autônomo e a distinção do crime de receptação veio somente com o Código Penal de 1940, sob a inspiração do Código Penal Rocco de 1930, que o situou entre os crimes contra a Administração da Justiça. Teve seu alcance ampliado para abranger não apenas o produto do crime, como a receptação, mas todo e qualquer proveito deste, independentemente da sua natureza patrimonial ou não.

2. Bem jurídico tutelado

Bem jurídico protegido é exatamente o mesmo do artigo anterior, ou seja, mais uma vez a Administração da Justiça, especialmente o seu papel de guardiã da estabilidade da ordem social e da solução dos conflitos da coletividade. Tutela-se o interesse de que a justiça não seja frustrada em seus fins de prestar jurisdição, particularmente na esfera criminal, visando assegurar o cumprimento de suas decisões. Nesse sentido, destaca Regis Prado, "a prestação de auxílio a criminoso contrasta, portanto, com o desenvolvimento satisfatório da atividade da potestade judicial pública e com a execução das providências de seus órgãos, além de dificultar a subordinação dos particulares a suas funções"[1].

Concretamente, no favorecimento real o interesse tutelado é que não seja prestada ao criminoso uma colaboração que venha a tornar definitiva a vantagem ou proveito conquistado com o crime. Por outro lado, no favorecimento real não é lesado necessariamente qualquer interesse processual, ao contrário do que pode ocorrer com o favorecimento pessoal.

O objeto material do crime de favorecimento real, a exemplo da receptação, deve de ser produto ou proveito de crime, isto é, há de ser o resultado, mediato ou imediato, de um fato definido como crime. É irrelevante que tal produto tenha sido substituído por outro. Embora se reconheça certa controvérsia na doutrina, a verdade é que, perante nosso Código Penal, que se refere apenas a "proveito do crime", inegavelmente a coisa sub-rogada, representando proveito do crime, também pode ser objeto tanto de favorecimento real quanto de receptação, visto que a ilicitude do produto do crime precedente não desaparece, evidentemente, com a substituição por qualquer outra coisa diretamente obtida com aquele. Objeto material do favorecimento real, ao contrário do que ocorre com o crime de receptação, não se limita à coisa móvel, podendo o "proveito do crime", por conseguinte, recair sobre imóvel. Os direitos, reais ou pessoais, igualmente, tampouco podem ser objeto de receptação, pois direitos não se confundem com "coisa" (afora os títulos ou documentos que os constituem ou representam), no entanto, também podem ser objeto de favorecimento (proveito do crime), como simples "proveito" do crime.

Por fim, não constituem "proveito" do crime os *instrumenta sceleris*, por uma razão singela: instrumentos não são produtos do crime; eventual aquisição, ocultação ou recebimento destes poderá configurar o crime de favorecimento pessoal (art. 348), se houver a intenção de auxiliar o autor do crime a subtrair-se à ação da autoridade pública.

3. Sujeitos do crime

Sujeito ativo do crime de favorecimento real, a exemplo do favorecimento pessoal, também pode ser qualquer pessoa, tendo ou não interesse pessoal no processo, não sendo exigida nenhuma qualidade ou condição especial, desde que não tenha contribuído, de alguma forma (coautor ou partícipe), no crime anterior, pois, nessa hipótese, teria concorrido para o crime nos moldes do art. 29 e seus parágrafos.

1. Luiz Regis Prado, *Curso de Direito Penal*, p. 714.

Aliás, nada impede que a própria vítima do crime anterior possa auxiliar seu algoz a furtar-se à ação da autoridade pública, isto é, ser sujeito ativo desse crime.

Sujeito passivo será sempre o do crime do qual advém o proveito do favorecimento real, ou, em outros termos, o sujeito passivo do crime de favorecimento real é o mesmo sujeito passivo do crime anterior; secundariamente, é, também, o Estado, sempre titular do bem jurídico ofendido, a Administração Pública *lato sensu*, mais especificamente, a Administração da Justiça.

4. Tipo objetivo: adequação típica

A conduta incriminada consiste em prestar a criminoso, fora dos casos de coautoria (art. 29 do CP) ou de receptação (art. 180 do CP), auxílio (direto ou indireto, material ou moral) destinado a "tornar seguro o proveito do crime". Caracteriza-se o favorecimento real, em outros termos, pelo auxílio prestado a criminoso, após a prática do crime (está excluída a contravenção), com o fim de tornar seguro o seu proveito.

A conduta do sujeito ativo — prestar auxílio —, fora dos casos de coautoria e de receptação, direciona-se para um objeto determinado pelo próprio tipo penal; não para um objeto qualquer, mas um objeto que deve apresentar uma peculiaridade muito particular, que é o fato de tratar-se de proveito do crime precedente. Essa procedência criminosa do objeto do favorecimento real define sua natureza acessória, dependente, parasitária de outro crime, aquele que o antecede, que é seu pressuposto: sem este não se pode falar em crime de favorecimento real. Aliás, em sua tipificação legal consta a elementar "auxílio destinado a 'tornar seguro o proveito do crime'": isso significa que, necessariamente, o favorecimento real deve ser precedido de outro crime. Na verdade, embora seja irrelevante a identidade ou responsabilidade penal do autor do fato criminoso anterior, é indispensável que se comprove a existência material do crime de que adveio o proveito que deve ser tornado seguro.

É irrelevante a inexistência de condenação do crime precedente, ao contrário do que se chegou a afirmar no passado, sendo suficiente a comprovação de sua existência, algo que pode ser feito no próprio processo que investiga o favorecimento real. Nesse sentido, pode-se afirmar que o favorecimento real goza de relativa autonomia, isto é, ele não existe por si só, sendo fruto de uma infração penal, à qual está ontologicamente vinculado. Assim, a mencionada independência do favorecimento real repousa tão só em sua punibilidade, que, realmente, não depende da punibilidade do crime precedente.

Não é necessário que o crime precedente seja contra o patrimônio; no entanto, é indispensável que o pressuposto dele (crime anterior) proporcione ao seu sujeito ativo proveito, que o favorecimento encarrega-se de assegurar. Favorecimento real é — a exemplo da receptação — o crime que produz a manutenção ou consolidação do proveito obtido com a prática criminosa anterior realizada por outrem. A elementar proveito do crime é mais ampla que "produto do crime", abrangendo, além deste, vantagem de qualquer natureza, assim como o "preço do crime", isto é, a recompensa, patrimonial ou não, dada ou prometida para o cometimento do crime precedente. No entanto, a exemplo do que ocorre no crime de receptação, o auxílio não pode ser prestado ou prometido antes ou durante o crime anterior — pressuposto do favorecimento real —, porque, nessa hipótese, estar-se-ia diante de concurso de pessoas (coautoria ou participação), desnaturando, consequentemente, a característica mais elementar do favorecimento real, que é exatamente a assistência ao criminoso após a prática do crime, visando tornar seguro o seu proveito.

Os instrumentos do crime (*instrumenta sceleris*) não se confundem com o "produto do crime". A ocultação daqueles, contudo, com a finalidade de desviar ou despistar a perseguição do autor do crime, poderá configurar o favorecimento pessoal (art. 348).

Não se confunde o favorecimento pessoal com o real, visto que o primeiro favorece a fuga, esconderijo ou dissimulação do autor do crime, e o segundo assegura o proveito deste, por amizade ou consideração ao autor do crime anterior. É irrelevante, por fim, para a configuração do favorecimento real a extinção da punibilidade em relação ao crime principal e a inimputabilidade penal do autor deste.

4.1 *Elementar negativa do tipo: fora dos casos de coautoria ou de receptação*

1. A elementar "fora dos casos de coautoria ou de receptação" faz parte da estrutura típica do crime de favorecimento real, como uma característica negativa do tipo. Consequentemente, a eventual caracterização, de uma ou de outra, afasta a tipicidade do favorecimento real, que, para configurar-se, exige que não se trate de coautoria e tampouco de receptação.

Faz-se necessária, no entanto, uma consideração mais detalhada do sentido e alcance da locução "coautoria", que pode ser decisiva para delinear a própria tipicidade da conduta descrita no art. 349. Com efeito, o Código Penal de 1940 utilizava a terminologia "coautoria" (art. 25) para definir o concurso eventual de delinquentes. Mas, na verdade, coautoria é apenas uma espécie do gênero "codelinquência", que também pode apresentar-se sob a forma de participação. Consciente desse equívoco, o Código Penal de 1969 utilizou a expressão "concurso de agentes", que abrangeria as duas espécies referidas de concurso de pessoas. A reforma de 1984 considerou, porém, que "concurso de agentes" — como sustentamos ao examinar, na Parte Geral, o concurso de pessoas[2] — não era a terminologia mais adequada por ser extremamente abrangente e poder compreender inclusive fenômenos naturais, pois agentes físicos também podem produzir transformações no mundo exterior. Na visão da reforma, "concurso de pessoas" é a melhor forma para definir a reunião de pessoas para o cometimento de um crime, adequando-se melhor à natureza das coisas.

Enfim, a expressão "coautoria" no art. 349 deve ser interpretada como "concurso de pessoas, para abranger também a participação em sentido estrito, que,

---

2. Cezar Roberto Bitencourt, *Tratado de Direito Penal*; Parte Geral, 29. ed., São Paulo, Saraiva, v. 1, 2023, p. 540.

como afirmamos, é espécie do gênero, e a interpretação não contraria o princípio da tipicidade estrita, pois representa apenas a atualização do sentido técnico-dogmático que foi emprestado à referida expressão, como demonstramos quando tratamos do concurso eventual de pessoas.

2. A receptação, pode-se dizer, numa linguagem figurada, é uma espécie de irmã siamesa do favorecimento real; se ocorrer, afasta a configuração deste, por expressa determinação legal (elementar negativa do tipo).

Com efeito, tanto a receptação quanto o favorecimento real, que em muito se aproximam, são posteriores ao crime praticado pelo favorecido, sendo recomendável, por isso mesmo, redobrada atenção no estabelecimento da linha divisória entre ambos; como nas duas infrações penais há o conhecimento, por parte do sujeito ativo, da prática do crime precedente, a essência da diferença reside na *causa sceleris*: enquanto na receptação o sujeito ativo é levado ao cometimento da infração penal para satisfazer interesse econômico próprio ou de terceiro (*lucri faciendi causa*), e não do autor do crime antecedente, no favorecimento real, a motivação da conduta típica resume-se ao "proveito exclusivo do autor" do crime precedente (*amoris vel pietati causa*)[3], que pode ou não ser econômico. Na receptação, ademais, a conduta do agente é dirigida à coisa, produto do crime, enquanto no favorecimento real — embora a ação também possa recair sobre coisa — não é esta que se objetiva, visto que se destina a auxiliar a pessoa autora do crime precedente, mesmo que o faça indiretamente; naquela, por outro lado, objetiva-se exclusivamente vantagem de natureza econômica; neste, o proveito assegurado pode ser de qualquer natureza, patrimonial ou não.

Em síntese, a hipótese de receptação apresenta-se como excludente da possibilidade do crime de favorecimento real, cuja distinção reside, basicamente, no elemento subjetivo especial do injusto de uma e de outro, como procuramos demonstrar.

5. Tipo subjetivo: adequação típica

Elemento subjetivo geral é o dolo, representado pela vontade de prestar auxílio a criminoso, fora dos casos de receptação e de concurso de pessoas (coautoria ou participação).

Exige-se igualmente o elemento subjetivo especial do injusto, representado pela finalidade de beneficiar ou socorrer o autor do crime precedente, isto é, de "tornar seguro o proveito do crime", em benefício exclusivo deste. No entanto, se o fim especial do sujeito ativo for a obtenção de lucro ou vantagem econômica, em proveito próprio ou alheio (excluído o autor do crime), configura-se a receptação. Exatamente nessa finalidade especial diversa reside a essência da delimitação conceitual-dogmática entre receptação e favorecimento real. Com efeito, o elemento subjetivo especial do injusto, exigido pela receptação, é constituído pelo fim específico de obter vantagem, em proveito próprio ou alheio.

---

3. Paulo José da Costa Jr., *Comentários ao Código Penal*, p. 575.

Convém destacar, repetindo, que o fim especial, configurador do elemento subjetivo do injusto — tanto num quanto noutra —, não precisa concretizar-se, sendo suficiente que exista na mente do sujeito ativo e que tenha sido a mola propulsora de sua ação delitiva. Esse especial fim de agir, embora amplie o aspecto subjetivo do tipo penal, não integra o dolo nem com ele se confunde, uma vez que este esgota-se com a consciência e a vontade de realizar a ação com a finalidade de infringir a norma proibitiva. A finalidade especial do agir que integra determinadas definições delituosas, como são os casos do favorecimento real e da receptação, condiciona ou fundamenta a ilicitude do fato, constituindo, assim, elemento subjetivo especial do crime, de forma autônoma e independente do dolo, permitindo, com absoluta clareza, a distinção de dois crimes muito parecidos, mas com finalidades especiais muito distintas.

Assim, a ausência do elemento subjetivo especial, quando exigível, descaracteriza o tipo penal, independentemente da presença do dolo. No entanto, enquanto o dolo deve materializar-se no fato típico, o elemento subjetivo especial do tipo especifica o dolo, sem necessidade de se concretizar, sendo suficiente que exista no psiquismo do autor.

Por fim, não há previsão de modalidade culposa do crime de favorecimento real, ao contrário da receptação; por essa razão, se o sujeito ativo, por exemplo, desconhece a origem criminosa, isto é, que se trata de proveito de crime, mesmo que por desatenção, falta de cautela ou pura negligência em face de indícios em sentido contrário, não comete crime algum; repetindo, desde que a sua conduta seja orientada tão somente pelo fim especial de favorecer ou auxiliar o autor do crime (que o agente ignora), sem visar proveito próprio ou alheio.

6. Consumação e tentativa

Consuma-se o crime de favorecimento real com a prestação do auxílio destinado a tornar seguro o proveito do crime, não sendo necessário, ao contrário do que ocorre no favorecimento pessoal, que tal objetivo seja efetivamente alcançado. É suficiente que o fim especial seja tornar seguro o proveito delituoso. Na síntese de Fragoso, "consuma-se o crime no momento e no lugar em que o auxílio idôneo for prestado pelo agente, ainda que a pessoa beneficiada não tenha conseguido o objetivo visado"[4].

A tentativa é, teoricamente, admissível, tratando-se de crime plurissubsistente, que possibilita o fracionamento de sua fase executória.

7. Classificação doutrinária

Trata-se de crime formal (que não exige resultado naturalístico para sua consumação); comum (que não exige qualidade ou condição especial do sujeito); de forma livre (que pode ser praticado por qualquer meio ou forma pelo agente); instantâneo

4. Heleno Cláudio Fragoso, *Lições de Direito Penal*, p. 535.

(não há demora entre a ação e o resultado, embora, por vezes, possa apresentar-se como instantâneo de efeitos permanentes); unissubjetivo (que pode ser praticado por um agente apenas); plurissubsistente (que, em regra, pode ser praticado com mais de um ato, admitindo, em consequência, fracionamento em sua execução).

8. Pena e ação penal

As penas cominadas, cumulativamente, são de detenção, de um a seis meses, e multa. Contrariamente ao critério adotado no favorecimento pessoal, não levou em consideração a gravidade do crime praticado pelo favorecido, para cominar a pena aplicável ao favorecimento real.

A ação penal é pública incondicionada, podendo ser intentada, desde que satisfeitos os seus pressupostos. Tratando-se de infração de menor potencial ofensivo, é recomendável a transação penal (art. 61 da Lei n. 9.099/95, c/c o art. 2º, parágrafo único, da Lei n. 10.259/2001).

ENTRADA NA PRISÃO DE APARELHO TELEFÔNICO MÓVEL OU SIMILAR

XLV

Sumário: 1. Considerações preliminares. 2. Bem jurídico tutelado. 3. Sujeitos ativo e passivo do crime. 4. Tipo objetivo: adequação típica. 4.1. Elementar normativa: sem autorização legal. 5. Tipo subjetivo: adequação típica. 6. Consumação e tentativa. 7. Classificação doutrinária. 8. Pena e ação penal.

Art. 349-A. Ingressar, promover, intermediar, auxiliar ou facilitar a entrada de aparelho telefônico de comunicação móvel, de rádio ou similar, sem autorização legal, em estabelecimento prisional:

Pena — detenção, de 3 (três) meses a 1 (um) ano.

• Artigo acrescentado pela Lei n. 12.012, de 6 de agosto de 2009.

1. Considerações preliminares

Constata-se, novamente, a repetição da equivocada política de "fabricação" de leis *ad hoc*, como solução mágica de históricas políticas equivocadas em relação ao sistema penitenciário nacional. Não se pode ignorar a existência de outra norma penal, basicamente, com o mesmo objetivo, qual seja o de vedar o acesso do detento aos aparelhos celulares (art. 319-A), que até o momento não tem dado o menor resultado. Pode-se vislumbar, desde logo, que o almejado êxito do novo diploma legal pode não ser diferente, quer por sua estrutura tipológica, quer por sua topografia inadequada, ou mesmo por sua finalidade questionável. Ademais, o uso indevido (ou sem autorização legal) de celular ou similar nas prisões constitui falta grave (art. 50, VII, da Lei n. 7.210/84)[1], com todas as repercussões que lhe são inerentes (perda do tempo remido pelo trabalho, regressão de regime prisional etc.), demonstrando a desnecessidade de uma nova tipificação dessa natureza. Nessa linha, é legítimo questionar-se, afinal, quantos novos diplomas legais poderão vir com objetivos semelhantes?

1. A Lei n. 11.466/2007, que entrou em vigor no dia 29 de março de 2007, acrescentou o inciso VII ao art. 50 da Lei de Execução Penal (Lei n. 7.210/84), estabelecendo que constitui falta grave, no cumprimento de pena privativa de liberdade, ter o preso em sua posse, utilizar ou fornecer aparelho telefônico, de rádio ou similar, que permita a comunicação com outros presos ou com o ambiente externo.

A Lei n. 11.466, de 28 de março de 2007, introduziu o art. 319-A ao Código Penal Brasileiro, prevendo a punição, com detenção, de 3 (três) meses a 1 (um) ano, ao Diretor de Penitenciária e/ou agente público que deixar de cumprir seu dever de vedar ao preso o acesso a aparelho telefônico, de rádio ou similar, que permita a comunicação com outros presos ou com o ambiente externo. Por essa razão, parece-nos, *venia concessa*, desnecessária ou injustificada a edição de mais essa norma legal, para tratar do mesmo tema, especialmente com a cominação de pena de até um ano, incapaz de gerar a menor "coação psicológica", para utilizar a linguagem de Feuerbach.

2. Bem jurídico tutelado

Poder-se-ia afirmar, com Israel Domingos Jorio, que o art. 349-A "tem por aparente escopo disciplinar (mais uma vez?) a política de controle de aparelhos celulares em estabelecimentos prisionais"[2]. Mas uma questão se impõe, afinal — política de controle de aparelhos celulares nas prisões — seria essa finalidade suficientemente idônea para assumir a condição de bem jurídico tutelado pela norma penal.

Ao examinarmos o tipo descrito no art. 319-A — prevaricação imprópria — que disciplina a proibição de ingresso de celulares nos estabelecimentos prisionais, criminalizando a omissão do Diretor da Penitenciária, tivemos grande dificuldade em definir ou encontrar o bem jurídico tutelado por esse dispositivo legal. A situação aqui, neste art. 349-A, não é muito diferente, embora se possa admitir que a finalidade de assegurar o cumprimento regular da execução penal, sem comunicação com o mundo exterior, e, principalmente, sem comandar ou participar da prática de crimes, possa ser identificado com o bem jurídico aqui tutelado.

3. Sujeitos ativo e passivo do crime

Sujeito ativo pode ser qualquer pessoa, não se exigindo nenhuma qualidade ou condição especial. Nada impede que servidores do próprio sistema penitenciário, bem como agentes policiais também possam ser sujeito ativo dessa infração penal, não sendo excluído ninguém.

Como as condutas de usar ou portar os aparelhos telefônicos celulares ou similares, no interior de estabelecimento prisional, não foram criminalizadas, resulta claro que os detentos não são os destinatários da proibição constante do dispositivo *sub examine*. Nesse sentido, Domingos Jorio, acertadamente, refere que as proibições constantes do novo dispositivo legal "Não se destinam primariamente, então, aos detentos que deles possam fazer uso para aplicar golpes, cometer extorsões ou comandar todo tipo de crime do interior de suas celas (seriam essas as razões alegadas para a criminalização do porte e do uso). Os destinatários imediatos da norma

2. Israel Domingos Jorio, Lei n. 12.012/09: foi de propósito? — Sobre a política de controle de aparelhos celulares em estabelecimentos prisionais, disponível em http://jus2.uol.com.br/doutrina/texto.asp?id=13333, acesso em 10-10-2009.

parecem ser os visitantes, os advogados e os agentes públicos que possam inserir o aparelho nos estabelecimentos prisionais"[3].

À evidência que usar ou portar referidos aparelhos no interior das prisões não constituem condutas típicas, embora qualquer detento possa incorrer nas mesmas proibições se praticarem as condutas contidas no art. 349-A ora *sub examine*. Por outro lado, não está afastada a possibilidade de participação em sentido estrito, desde que seja na modalidade de instigação ou induzimento, posto que auxiliar, nesta hipótese, poderá caracterizar a própria autoria, no caso, coautoria e não simples participação em sentido estrito (art. 29 do CP).

Causa perplexidade o conteúdo desse novo texto legal relativamente ao tratamento dado ao detento, isto é, a sua exclusão, basicamente, como sujeito ativo dessa infração penal, com a não inclusão das condutas de usar ou portar entre as condutas proibidas. Afinal, o que teria havido com o legislador, se a finalidade da nova lei, segundo o apregoado pelos precedentes legislativos, é exatamente coibir o uso de telefone celular no interior das prisões? Em sentido semelhante, merece registrar a procedente crítica de Domingos Jorio, *in verbis*: "Mas não podemos concordar, também, com tamanha incoerência cometida pelo legislador. Pois criar essa lei para punir os atos relacionados com o ingresso do aparelho nos presídios, sem punir as condutas do uso e do porte, é como proibir atos preparatórios e deixar de lado os atos de execução. Pois o que é de fato lesivo: a entrada do celular no presídio ou a sua utilização com propósitos delituosos? Concernir-se com a entrada do aparelho, deixando de fora o seu efetivo emprego (que constitui o cerne da preocupação com a própria entrada) é o mesmo que punir crimes de perigo e deixar impunes os crimes de dano que se apresentem como seus desdobramentos mais graves! É essa incoerência que não pode passar despercebida"[4].

Sujeito passivo é o Estado-Administração (União, Estado, Distrito Federal e, excepcionalmente, Município), que é o responsável direto pela administração penitenciária nacional. O Estado é sempre sujeito passivo secundário de todos os crimes, naquela linha de que a lei penal tutela, em primeiro lugar, o interesse da ordem jurídica geral, da qual aquele é o titular. Em alguns crimes, como este, no entanto, o próprio Estado surge como sujeito passivo particular, individual, representando a coletividade.

4. Tipo objetivo: adequação típica

Punem-se as condutas de ingressar, promover, intermediar, auxiliar ou facilitar a entrada de aparelho telefônico de comunicação móvel, de rádio ou similar em estabelecimento prisional, sem autorização legal. A despeito de tratar-se de descrição

---

3. Israel Domingos Jorio, Lei n. 12.012/09: foi de propósito? — Sobre a política de controle de aparelhos celulares em estabelecimentos prisionais, disponível em http://jus2.uol.com.br/doutrina/texto.asp?id=13333, acesso em 10-10-2009.

4. Israel Domingos Jorio, Lei n. 12.012/09: foi de propósito? — Sobre a política de controle de aparelhos celulares em estabelecimentos prisionais, disponível em http://jus2.uol.com.br/doutrina/texto.asp?id=13333, acesso em 10-10-2009.

de ação múltipla, com cinco nucleares, não há significativa amplitude na incriminação pretendida, considerando-se que referidos verbos têm, basicamente, o mesmo significado, qual seja o de introduzir aparelhos celulares ou similares no interior das casas prisionais. Em outros termos, os núcleos do tipo — ingressar, promover, intermediar, auxiliar ou facilitar — objetivam coibir a introdução de aparelho telefônico móvel ou similar no estabelecimento prisional. Nesse particular, portanto, não há qualquer dificuldade, não exigindo, por consequência, maior esforço interpretativo quanto ao significado de cada conduta tipificada, com exceção da representada pelo vocábulo auxiliar, por seu histórico significado de acessoriedade, conforme veremos adiante. Vale indicar que a jurisprudência do STJ possui o entendimento de que: "A conduta de ingressar em estabelecimento prisional com chip de celular não se subsume ao tipo penal previsto no art. 349-A do Código Penal, em estrita observância ao princípio da Legalidade, pois o legislador limitou-se em punir o ingresso ou o auxílio na introdução de aparelho telefônico móvel ou similar em estabelecimento prisional, não fazendo qualquer referência a outro componente ou acessório utilizados no funcionamento desses equipamentos" (STJ, HC n. 619.776/DF, relator Ministro Ribeiro Dantas, Quinta Turma, julgado em 20-4-2021, *DJe* de 26-4-2021).

Com efeito, auxiliar significa ajudar, colaborar, favorecer, contribuir ou facilitar, de qualquer modo, o ingresso de aparelho telefônico ou similar em estabelecimento prisional. Aliás, auxiliar e facilitar são verbos que têm basicamente o mesmo significado, podendo ser empregado um pelo outro, sem qualquer prejuízo de abrangência semântica. Qualquer ajuda do sujeito ativo para o ingresso de aparelho de comunicação móvel configura a conduta de auxiliar ou facilitar contida no tipo penal *sub examine*.

O verbo auxiliar contido, neste tipo penal, tem conotação completamente distinta daquela contida no instituto da participação em sentido estrito (art. 29 do CP), que representa mera atividade secundária, acessória, própria de partícipe. Não se trata, com efeito, de participação — no sentido de conduta acessória, como ocorre no instituto da participação *stricto sensu* —, mas de atividade principal, nuclear típica, representando uma das formas de conduta proibida lesiva direta do bem jurídico tutelado no art. 349-A. Por isso, quem realizar a conduta contida nesse verbo, qual seja de auxiliar a introduzir o objeto material da ação proibida, não será mero partícipe, mas autor do crime aqui tipificado, considerando-se que sua ação não será acessória, mas principal, executória e, essencialmente, típica. E essa tipicidade não decorre de sua natureza acessória, própria da adequação típica mediata, mas de sua definição legal caracterizadora de conduta proibida, ao contrário do que ocorre com quem "auxilia" a prática de qualquer crime, que por ele responde como mero partícipe.

Por derradeiro, qualquer que seja o meio ou forma utilizado pelo sujeito ativo do crime, é indispensável a presença de dois requisitos: eficácia causal e consciência de "auxiliar" na introdução do aparato móvel de comunicação no estabelecimento prisional, sendo insuficiente, por conseguinte, a simples exteriorização da vontade de "auxiliar". O sujeito ativo precisa, em outros termos, ter consciência e vontade de que com sua ação favoreça a introdução do objeto material no estabelecimento prisional.

Enfim, auxiliar, que, teoricamente, representaria mera atividade de partícipe no crime de introdução, sem autorização legal, de aparelho de telefonia celular, constitui o núcleo do tipo penal. Assim, quem, de qualquer modo, "auxiliar" na introdução do referido material não será mero partícipe, mas coautor do crime que ora comentamos. Nada impede, no entanto, que alguém desempenhe a atividade de partícipe, instigando, induzindo (menos auxiliando) o sujeito ativo a realizar qualquer das condutas descritas no tipo, responderá como partícipe. Não se pode esquecer, ademais, que o partícipe não pratica a conduta descrita pelo preceito primário da norma penal, mas realiza uma atividade secundária, acessória, que estimula ou incentiva a execução da conduta proibida. Não realiza atividade propriamente executiva.

Incrivelmente, no entanto, para um diploma legal que pretende coibir o uso de celulares pelos detentos, no interior do sistema prisional, como já destacamos, é incompreensível que tenha sido omitida a criminalização do uso e do porte de tais aparelhos (não que defendamos tal criminalização; pelo contrário, achamos desnecessário todo esse tipo penal). Questionando a inexplicável omissão dessas condutas — usar ou portar os aparelhos referidos no interior das prisões —, Israel Domingos Jorio afirma: "e o legislador quis prever e punir as condutas do porte e do uso não autorizado do celular no interior dos estabelecimentos prisionais, mas se esqueceu, dando-nos uma prova de que as leis vêm sendo elaboradas sem qualquer nível de compromisso ou atenção, como se não versassem sobre os mais importantes aspectos da vida social. Pois, de outro modo, como passaria despercebida a omissão quanto ao ponto nevrálgico da própria lei? Quanto à sua própria razão de ser?"[5]. No entanto, mesmo preso, circunscrito nos limites geográficos da penitenciária, pode qualquer recluso, provisório ou não, participar da promoção, intermediação, ou auxílio da entrada de aparelho telefônico móvel ou similar, sem autorização legal, em estabelecimento prisional, não necessariamente naquele em que se encontra, respondendo por esse crime.

Em síntese, o tipo penal decorrente da Lei n. 12.012/2009 (art. 349-A do CP) não pune a posse, o porte ou a utilização de aparelho de telefonia celular, pelos reclusos, no interior de estabelecimento prisional. No entanto, a prática de qualquer dessas condutas, no interior de estabelecimento prisional, configura falta grave no cumprimento de pena privativa de liberdade (art. 50, VII, da LEP).

4.1 *Elementar normativa: sem autorização legal*

A elementar normativa constante do tipo penal — sem autorização legal — é elemento *sui generis* do fato típico, de dupla valoração dogmática, na medida em que é, ao mesmo tempo, caracterizador da ilicitude, fazendo que tipicidade e antijuridicidade se confundam. Cumpre destacar, desde logo, que os elementos normativos do tipo não se confundem com os elementos jurídicos normativos da ilicitude.

5. Israel Domingos Jorio, Lei n. 12.012/09: foi de propósito? — Sobre a política de controle de aparelhos celulares em estabelecimentos prisionais, disponível em http://jus2.uol.com.br/doutrina/texto.asp?id=13333, acesso em 10-10-2009.

Enquanto aqueles são elementos constitutivos do tipo penal, estes, embora integrem a descrição do crime, referem-se à ilicitude, e, assim sendo, constituem elementos *sui generis* do fato típico, na medida em que são, ao mesmo tempo, caracterizadores da ilicitude. Esses "elementos normativos especiais da ilicitude" normalmente são representados por expressões como "indevidamente", "injustamente", "sem justa causa", "sem licença da autoridade", "sem permissão legal", "em desacordo com a legislação" etc.

Se autorização legal significa, em outros termos, que havendo autorização legal a conduta não se amolda à proibição constante no tipo em exame. Por essa razão é que, por exemplo, estão autorizados a ingressar no estabelecimento portando seus celulares, funcionários do sistema prisional, autoridades judiciais, advogados, sem que suas condutas se adéquem à proibição constante no tipo penal. No entanto, a locução sem autorização legal tem sentido próprio e específico, referindo-se especificamente a diplomas legais em sentido estrito, qual seja, aqueles que são produtos do poder legislativo, não o abrangendo, por conseguinte, resoluções, portarias, circulares etc.

5. Tipo subjetivo: adequação típica

Elemento subjetivo do crime de inserção de aparelho telefônico móvel ou similar na prisão é o dolo, constituído pela vontade consciente de, por qualquer meio, promover a entrada desses aparelhos, para uso dos detentos, no interior do sistema prisional. É indispensável que o agente tenha vontade e consciência de descumprir a proibição constante do artigo *sub examine*. É necessário, como temos repetido, que o dolo abranja todos os elementos constitutivos do tipo penal, sob pena de configurar-se o erro de tipo, que, por ausência de dolo (ou por dolo defeituoso), afasta a tipicidade, salvo se se tratar de simulacro de erro.

Curiosamente, no entanto, a despeito da pretensão do legislador de equiparar a nova figura penal ao crime de favorecimento real, não há uma exigência expressa do elemento subjetivo especial do tipo, representado pelo especial fim de agir, constante desse tipo penal. No entanto, essa necessidade está implícita, a exemplo do que ocorre com o crime de injúria; aliás, é a única forma de distinguir da conduta daqueles que ingressam licitamente no sistema prisional com seu aparelho celular, para uso próprio (*v.g.*, funcionários, autoridades, advogados, determinados visitantes etc.).

No entanto, mesmo que o legislador não o tenha dito expressamente, somente haverá a incidência deste tipo penal quando a finalidade da conduta for fazer chegar o objeto material (telefone celular ou similar) às mãos daqueles que cumprem pena ou encontram-se custodiados em estabelecimento prisional. Exatamente esse fim especial, implícito no art. 349-A, impede que aquele que simplesmente ingressa ou tenta ingressar no estabelecimento penal — como advogados, autoridades, funcionários ou qualquer outro visitante — trazendo consigo aparelho telefônico celular, para seu uso, incorram nas sanções desse tipo penal. Em outros termos, essa norma proibitiva não atinge os funcionários da administração penitenciária, os advogados ou quem quer que trabalhe ou se encontre nas dependências do estabelecimento penal que porte ou traga consigo aparelho celular para uso pessoal, por faltar-lhe o elemento subjetivo especial de destiná-lo aos detentos.

Por fim, não há previsão de modalidade culposa do crime de favorecimento real, ao contrário da receptação; por essa razão, se o sujeito ativo, por exemplo, desconhece a origem criminosa, isto é, que se trata de proveito de crime, mesmo que por desatenção, falta de cautela ou pura negligência em face de indícios em sentido contrário, não comete crime algum; repetindo, desde que a sua conduta seja orientada tão somente pelo fim especial de favorecer ou auxiliar o autor do crime (que o agente ignora), sem visar proveito próprio ou alheio.

6. Consumação e tentativa

Consuma-se qualquer das condutas contidas no tipo penal em exame com sua efetiva entrada de aparelho telefônico de comunicação móvel, de rádio ou similar em estabelecimento prisional, sem autorização legal. Tratando-se de figuras que, teoricamente, podem ser interrompidas, é admissível, em princípio, a modalidade tentada, embora de difícil comprovação.

7. Classificação doutrinária

A inserção de aparelho celular móvel ou similar em estabelecimento do sistema prisional classifica-se como crime comum (que não exige nenhuma qualidade ou condição especial do sujeito, qual seja a de diretor de penitenciária); formal (que não exige resultado naturalístico para sua consumação, bastando a simples abstenção da conduta devida); de forma livre (que pode ser praticado por qualquer forma escolhida pelo agente); comissivo (todas as condutas elencadas no tipo exigem a prática de uma ação positiva, não havendo espaço para a forma omissiva); instantâneo (cuja execução não se alonga no tempo, não havendo demora entre a ação e o resultado); unissubjetivo (que pode ser praticado por um agente apenas, o que não impede a possibilidade da figura do concurso eventual de pessoas); unissubsistente (praticado com um único ato, não admitindo fracionamento).

8. Pena e ação penal

A pena cominada, isoladamente, é a pena privativa de liberdade, na modalidade de detenção, de três meses a um ano, sem qualquer modalidade de majorante ou qualificadora. A ação penal, por sua vez, é pública incondicionada, podendo ser intentada, desde que satisfeitos os seus pressupostos, pelo representante do *Parquet*.

Por se tratar de infração penal de menor potencial ofensivo, submete-se ao procedimento dos Juizados Especiais Criminais, nos termos do disposto no art. 61 da Lei n. 9.099, de 26 de setembro de 1995 (com redação determinada pelo art. 1º da Lei n. 11.313, de 28-6-2006), e no art. 394, § 1º, III, do CPP (com a redação da Lei n. 11.719, de 20-6-2008), pois a pena máxima cominada não é superior a 2 (dois) anos.

FUGA DE PESSOA PRESA OU SUBMETIDA A MEDIDA DE SEGURANÇA — XLVI

Sumário: 1. Considerações preliminares. 2. Bem jurídico tutelado. 3. Sujeitos do crime. 4. Tipo objetivo: adequação típica. 5. Tipo subjetivo: adequação típica. 6. Consumação e tentativa. 7. Classificação doutrinária. 8. Formas qualificadas: à mão armada, pluralidade de pessoas ou mediante arrombamento. 8.1. Com violação de dever funcional: encarregado de custódia ou guarda de preso ou interno. 9. Forma culposa: negligência no exercício de dever funcional. 10. Pena e ação penal.

Fuga de pessoa presa ou submetida a medida de segurança

Art. 351. Promover ou facilitar a fuga de pessoa legalmente presa ou submetida a medida de segurança detentiva:

Pena — detenção, de 6 (seis) meses a 2 (dois) anos.

§ 1º Se o crime é praticado a mão armada, ou por mais de uma pessoa, ou mediante arrombamento, a pena é de reclusão, de 2 (dois) a 6 (seis) anos.

§ 2º Se há emprego de violência contra pessoa, aplica-se também a pena correspondente à violência.

§ 3º A pena é de reclusão, de 1 (um) a 4 (quatro) anos, se o crime é praticado por pessoa sob cuja custódia ou guarda está o preso ou o internado.

§ 4º No caso de culpa do funcionário incumbido da custódia ou guarda, aplica-se a pena de detenção, de 3 (três) meses a 1 (um) ano, ou multa.

1. Considerações preliminares

O direito romano, embora desconhecesse a prisão como pena, que é, como temos dito reiteradamente, uma resposta penal moderna[1], punia a evasão do cárcere, a exemplo do que ocorreu com o direito medieval. A prisão — nesse período — tinha o caráter de instrumentalidade, isto é, era utilizada somente como prisão-custódia, servindo apenas como garantia para assegurar uma futura execução da pena propriamente dita, não raro a pena capital. Em outros termos, a prisão não passava da antessala da verdadeira pena, do suplício definitivo, como se fora uma espécie,

1. Para aprofundar, nesse sentido, ver nossa monografia *Falência da pena de prisão*, 3. ed., São Paulo, Saraiva, 2004.

mutatis mutandis, de nossa "moderna" prisão preventiva, pois somente a partir do século XVI começou a transformação da prisão-custódia em prisão-pena, cujas causas e fundamentos procuramos demonstrar longamente em nosso *Falência da pena de prisão*[2].

Os Códigos Penais francês e italiano — napoleônico (1810) e de Zanardelli (1889) —, respectivamente, já sob os influxos do iluminismo, seguiram caminhos distintos da concepção medieval e romana, limitando-se a punir a evasão do cárcere somente quando acompanhada de violência à pessoa ou à coisa, reconhecendo, em outros termos, "que o anseio à liberdade é insopitável e irrepreensível do homem; tem em vista que o amor à liberdade é mesmo instintivo em todo indivíduo"[3] e, consequentemente, não sufragaram a ideia de pretender contê-lo com a ameaça de pena.

Na legislação brasileira, o Código Criminal de 1830 cominava somente sanções disciplinares que, para a fuga, não empregasse violência (art. 126), e, coerentemente, criminalizava a conduta de quem auxiliasse na fuga (arts. 123 e 124). Essa orientação foi seguida pelo Código Penal de 1890, que criminalizava a "facilitação à fuga", por meios astuciosos ou violentos (arts. 129 e 130); a conduta do criminoso que buscasse a evasão somente era criminalizada se fosse levada a efeito mediante violência contra o guarda ou carcereiro (art. 132, § 2º), aplicando somente sanções disciplinares à simples fuga (§ 1º), como uma espécie de falta grave.

O Código Penal de 1940, a final, segue, filosoficamente, a orientação assumida pelo Código Penal anterior, distanciando-se, no particular, do Código Penal Rocco, o seu grande inspirador na imensa maioria de todos os seus fundamentos, identificando-se mais com o anterior código italiano, o Zanardelli (1889). Assim, o Código Penal de 1940 disciplina a promoção ou facilitação de fuga (art. 351) e a evasão mediante violência à pessoa (art. 352), com apurada técnica legislativo-científica, como procurara fazer em toda a sua extensão codificadora, a despeito de um ou outro equívoco, compreensível ante a grandiosidade da obra.

2. Bem jurídico tutelado

Bem jurídico protegido é, mais uma vez, a Administração da Justiça, especialmente o seu papel de guardiã da segurança pública, da ordem e da solução dos conflitos sociais. Tutela-se o interesse de que a justiça não seja frustrada em seus fins de prestar jurisdição, particularmente na esfera criminal, visando assegurar o cumprimento de suas decisões. Embora — destacava Magalhães Noronha — condescendendo com a simples fuga, a lei não permite que outros, não impelidos pelo incoercível impulso da liberdade, contribuam para que sejam frustradas as decisões

2. Apresentamos uma síntese desses fundamentos em *Tratado de Direito Penal*; Parte Geral, 29. ed., São Paulo, Saraiva, v. 1, 2023, Capítulo XXVIII — História e Evolução da Pena de Prisão, p. 569-600.
3. Magalhães Noronha, *Direito Penal*, p. 418.

judiciárias e as imposições legais, com inegável menosprezo e desprestígio da ordem constituída[4]. No mesmo sentido, Fragoso reconhecia que "a fuga de pessoa legalmente detida lesa a autoridade de decisão judicial ou administrativa, ou, mesmo, o interesse de repressão à criminalidade".

3. Sujeitos do crime

Sujeito ativo pode ser qualquer pessoa, inclusive funcionário público, com exceção do preso ou daquele submetido à medida de segurança detentiva. Neste crime, a eventual instigação ou induzimento do indivíduo preso ou detido[5] para que outrem lhe facilite ou promova sua fuga não o torna partícipe de dita infração penal, porque é impunível o anseio natural de reconquista da liberdade perdida. Por outro lado, se o funcionário encarregado da guarda ou custódia do preso concorrer para a fuga do preso ou detento, o crime será qualificado, em razão da violação de dever funcional (§ 3º). Por fim, é perfeitamente possível o concurso de pessoas, inclusive na forma omissiva[6], especialmente com a participação dos funcionários encarregados da guarda ou custódia de presos e detentos.

Sujeito passivo é o Estado, sempre titular do bem jurídico ofendido, a Administração Pública *lato sensu*, mais especificamente a Administração da Justiça, e, eventualmente, quando for o caso, a pessoa contra a qual a violência for praticada.

4. Tipo objetivo: adequação típica

Os núcleos do tipo, alternativamente indicados, são os seguintes: a) promover (provocar, dar causa); b) facilitar (favorecer, colaborar). Pune-se a conduta de quem promove ou facilita a fuga de pessoa legalmente presa (em flagrante delito ou por ordem judicial) ou submetida a medida de segurança detentiva (art. 96, I, do CP). Invocamos, por sua preciosa concisão, a síntese de Heleno Fragoso: "Promover a fuga é tomar a iniciativa de proporcionar diretamente ao preso a ocasião para seu escape. Facilitar a fuga é prestar auxílio para que o próprio preso ou internado se liberte, fornecendo-lhe os meios para o rompimento da prisão ou para iludir o carcereiro"[7]. Enfim, promove a fuga quem, com ou sem conhecimento do beneficiário, toma as medidas necessárias que oportunizam a evasão de pessoa que se encontra privada de sua liberdade (pena ou medida de segurança detentiva); ou a facilita quem lhe fornece os meios (instrumentos adequados ao empreendimento) para que aquele, por si mesmo, liberte-se, podendo, inclusive, facilitá-la com orientações, conselhos

---

4. Magalhães Noronha, *Direito Penal*, p. 419.

5. Adotamos, neste capítulo, a terminologia utilizada por Magalhães Noronha, endereçando a expressão detento ou detido para aquele que cumpre medida de segurança detentiva, apenas para facilitar a comunicação.

6. Conforme sustentamos, ao examinarmos a Parte Geral do Código Penal, é possível concurso de pessoas no crime omissivo próprio e impróprio. Em sentido contrário, Regis Prado, *Curso de Direito Penal*, p. 745.

7. Heleno Cláudio Fragoso, *Lições de Direito Penal*, p. 542.

ou informações úteis e, até mesmo, quando, no exercício funcional, omite-se na vigilância que lhe cabe como guarda, carcereiro ou policial.

Não se confunde, evidentemente, a promoção ou facilitação da fuga de pessoa privada da liberdade (art. 351) com o auxílio a criminoso em liberdade (favorecimento pessoal) para eximir-se à ação da autoridade pública (art. 348), visto que são situações absolutamente distintas. Por outro lado, o popular que, efetuando a prisão em flagrante delito, conforme lhe faculta o art. 301 do CPP, logo depois, por qualquer razão ou sem razão alguma, solta o infrator, não comete crime, pois, além de não ser legalmente obrigado a mantê-lo preso (não tem o dever funcional), tampouco tinha o dever legal de prendê-lo; ao contrário da autoridade pública competente, exerceu apenas direito que o ordenamento jurídico assegura a "qualquer do povo", ao passo que a autoridade policial (e seus agentes) tem o dever de "prender quem quer que seja encontrado em flagrante delito" (art. 301 do CPP).

É necessário que a ação de promover ou facilitar a fuga seja praticada contra pessoa legalmente presa ou submetida à medida de segurança detentiva[8]. A legalidade da prisão ou da medida de segurança é elemento normativo do tipo, constituindo pressuposto desse tipo penal. Por outro lado, tal legalidade funciona também como indicativo da ausência de uma causa de justificação que, se presente, exclui a tipicidade da conduta aqui descrita. É irrelevante que a prisão decorra de crime (flagrante, preventiva ou decorrente de decisão condenatória), prisão civil ou administrativa, e tampouco ganha importância o fato de a ilegalidade existir desde o início da privação de liberdade ou sobrevir no curso desta. É igualmente indiferente o local onde se encontra o indivíduo preso ou detido, dentro ou fora de estabelecimentos penitenciários, cadeia pública ou hospital de custódia e tratamento psiquiátrico, sendo impositivo e definitivo que a restrição de liberdade tenha fundamento legal e haja sido determinada por autoridade competente. Contudo, não se pode confundir legalidade da prisão com a justiça desta, visto que, nesse tipo penal, o legislador refere-se à legalidade formal, a qual, por óbvio, não se confunde com justiça substancial, que pode e deve ser questionada pelos meios jurídicos próprios.

Enfim, a ilegalidade da prisão ou internação afasta a adequação típica de qualquer das condutas insertas no dispositivo ora em exame, por faltar-lhe a elementar constitutiva do tipo penal, "legalmente presa ou submetida a medida de segurança". No entanto, é indiferente, como advertia Hungria[9], que o preso ou detido já se encontre recolhido no estabelecimento adequado ou ainda esteja a ele sendo conduzido ou, então, transferido de um para outro estabelecimento, ou até para alguma solenidade, formal ou informal (audiência, identificação, reconhecimento, vistoria, inspeção ou outra finalidade qualquer, mas sempre custodiado por funcionário próprio).

De modo geral, são indiferentes os meios, formas ou modos pelos quais as condutas incriminadas podem ser cometidas, ressalvadas as hipóteses que constituem qualificadoras, conforme veremos adiante. Com efeito, trata-se de crime de forma

---

8. Paulo José da Costa Jr., *Comentários ao Código Penal*, p. 588.
9. Nélson Hungria, *Comentários ao Código Penal*, p. 517.

livre, podendo ser cometido por qualquer meio, inclusive de informações, que possibilitem, por exemplo, a superação de eventual obstáculo que possa existir, permitindo chegar à fuga ou evasão do criminoso.

Finalmente, se a promoção ou facilitação da fuga é realizada por funcionário público, mediante corrupção, responderá pelo crime do art. 351 do CP, e não pelo crime de corrupção passiva (art. 317 do CP), em razão do princípio da especialidade.

5. Tipo subjetivo: adequação típica

Elemento subjetivo é o dolo, representado pela vontade consciente de promover ou facilitar a fuga de pessoa submetida a prisão ou a medida de segurança detentiva, consciente da legalidade de uma ou outra. Os motivos e os fins que orientam a conduta do agente são irrelevantes para a tipificação desta infração penal. Não há exigência de qualquer elemento subjetivo especial do tipo.

O desconhecimento, por parte do sujeito ativo, da legalidade da prisão constitui erro de tipo, impedindo a formação regular do dolo, que, assim, não abrange por completo todas as elementares da descrição típica. A evitabilidade do erro, *in concreto*, pode levar o sujeito ativo a responder pela modalidade culposa, quando se tratar de funcionário público, nos termos do § 3º; no entanto, se quem incorrer na mesma modalidade de erro for particular ou outro funcionário, não vinculado à função de guarda ou custódia de preso, a evitabilidade do erro será irrelevante, pela ausência de previsão da modalidade culposa, não respondendo por crime algum. A inevitabilidade do erro de tipo, como ocorre em qualquer infração penal, que vicia irreparavelmente o dolo, afasta a punibilidade do crime, a qualquer título, doloso ou culposo.

Por fim, pune-se a modalidade culposa, nos termos do § 4º deste artigo, somente para a hipótese de funcionário incumbido da custódia ou guarda do preso ou detento.

6. Consumação e tentativa

Consuma-se o crime de promoção ou facilitação da fuga de pessoa presa ou submetida a medida de segurança no lugar e no momento em que a evasão se efetiva, reconquistando o preso a sua liberdade[10], ainda que seja apenas temporariamente. Discordamos, por óbvio, do entendimento de Fragoso, quando afirma que, "se a ação for praticada em relação a mais de uma pessoa, haverá concurso material, pois haverá tantos crimes quantas sejam as pessoas que empreendam a fuga"[11]. Embora não seja normal na história de Fragoso, um dos maiores dogmáticos brasileiros, há um erro crasso em sua construção, pois o que caracteriza o concurso material de crimes não é a pluralidade de resultados (fuga de várias pessoas), mas a de ações praticadas pelo sujeito ativo, que o ilustre penalista coloca no singular.

A tentativa é, teoricamente, admissível.

---

10. Heleno Cláudio Fragoso, *Lições de Direito Penal*, p. 543.
11. Heleno Cláudio Fragoso, *Lições de Direito Penal*, p. 543.

7. Classificação doutrinária

Trata-se de *crime material* (que exige resultado naturalístico para sua consumação); *comum* (que não exige qualidade ou condição especial do sujeito); *instantâneo* (não há demora entre a ação e o resultado); *unissubjetivo* (que pode ser praticado por um agente apenas); *plurissubsistente* (que, em regra, pode ser praticado com mais de um ato, admitindo, em consequência, fracionamento em sua execução).

8. Formas qualificadas: à mão armada, pluralidade de pessoas ou mediante arrombamento

O *modus operandi,* no crime de promoção ou facilitação de fuga, pode apresentar particularidades que representam maior gravidade na violação do bem jurídico tutelado, produzindo alarma social de grande vulto, tornando a conduta mais censurável e, por isso mesmo, merecedora de elevada reprovabilidade, quer pelo maior desvalor da ação (à mão armada, pluralidade de pessoas, violação de dever funcional), quer pelo maior desvalor do resultado (mediante arrombamento, rompimento de obstáculo). Indiscutivelmente é superior a gravidade do injusto, pois não só o desvalor da ação, como também os efeitos naturais da infração são maiores do que a hipótese descrita no *caput.* Essas particularidades podem assumir diversos graus de intensidade, recebendo, de acordo com sua gravidade, a qualificação de agravantes, majorantes ou qualificadoras. Observando o princípio da reserva legal, optamos por estabelecer taxativamente aquelas circunstâncias que, por sua gravidade, tornam o crime qualificado, que, a rigor, constituem novos tipos penais, derivados, mas autônomos, com novos parâmetros sancionatórios, bem mais graves, distintos da figura fundamental — contida no *caput.*

A graduação do injusto penal observa sua maior ou menor danosidade, que ora é representada, como dissemos, pelo desvalor da ação, ora pelo desvalor do resultado. Inegavelmente, a reprovabilidade é mais grave para quem utiliza meios excepcionais para superar obstáculos defensivos (arrombamento), ou se organiza para essa finalidade (duas ou mais pessoas), ou, ainda, trai a confiança que o Estado lhe depositara, ou, por fim, utiliza-se de armas cujos efeitos lesivos podem até ser fatais. A presença de apenas uma delas é suficiente para qualificar o crime, mudando sua capitulação e, substancialmente, sua punição; eventual concurso de duas ou mais qualificadoras não modifica a pena abstratamente cominada; contudo, deve ser considerada na medida da pena concretizada, ou seja, uma delas, a nosso juízo a mais grave ou a mais bem comprovada nos autos, servirá para estabelecer a pena-base, fixando o marco do tipo penal derivado, enquanto as demais devem ser trabalhadas na operação dosimétrica da pena, visando encontrar seu resultado definitivo. Vejamos cada uma delas, individualmente.

a) *Se o crime é praticado à mão armada*

Segundo a dicção do texto legal — se o crime é praticado à mão armada —, é necessário o emprego efetivo de arma, sendo insuficiente o simples portar. A tipificação legal — se o crime é praticado à mão armada — significa o "emprego de arma", e "empregá-la" traduz uso efetivo, concreto, real, isto é, a utilização da arma no cometimento da violência; em outros termos, isso quer dizer que não basta que o infrator apenas tenha arma.

A inidoneidade lesiva da arma (de brinquedo[12], descarregada ou simplesmente à mostra), que pode ser suficiente para caracterizar a ameaça tipificadora do roubo, por exemplo, não tem o mesmo efeito nem para qualificar o roubo, a despeito do que pretendia a revogada Súmula 174 do STJ, nem para qualificar a promoção ou facilitação de fuga de quem está legalmente preso ou detido. O fundamento dessa qualificadora reside exatamente na maior probabilidade de dano que o emprego de arma (revólver, faca, punhal etc.) pode representar, e não no temor maior sentido por supostos agentes públicos. Por isso, é necessário que a arma apresente idoneidade ofensiva, qualidade inexistente em arma descarregada, defeituosa ou mesmo de brinquedo. Enfim, a potencialidade lesiva e o perigo que uma arma verdadeira apresenta não existem nos instrumentos antes referidos. Pelas mesmas razões, não admitimos a caracterização dessa qualificadora com o uso de arma inapta a produzir disparos, isto é, inidônea para o fim a que se destina.

Em síntese, a maior probabilidade de dano propiciada pelo emprego de arma amplia o desvalor da ação, tornando-a mais grave; ao mesmo tempo, a probabilidade de maior êxito no empreendimento delituoso aumenta o desvalor do resultado, justificando-se a majoração de sua punibilidade.

b) *Se o crime é praticado por mais de uma pessoa*

A outra qualificadora — se o crime é praticado por mais de uma pessoa — trata da concorrência de duas ou mais pessoas na prática do crime, ainda que qualquer delas seja inimputável. É indispensável, a nosso juízo, a participação efetiva na execução material do crime. Há a necessidade, com efeito, da presença *in loco* dos concorrentes — se o crime é "praticado" por mais de uma pessoa, diz o texto legal —, ou seja, é indispensável a concreta participação na fase executória do crime. É irrelevante que algum dos participantes seja inimputável ou isento de pena; pela mesma razão, é indiferente que apenas um seja identificado.

O art. 29, *caput*, do CP afirma que "quem, de qualquer modo, concorre para o crime" incide nas penas a ele cominadas. *A contrario sensu*, está afirmando, implicitamente, que não o comete quem, de qualquer modo, concorre para o crime. Nesse sentido, é precisa a crítica de Weber Martins Batista, que merece ser transcrita, *in verbis*: "O Código Penal não comete a heresia de consagrar, expressa ou implicitamente, que comete o crime quem de qualquer forma concorre para ele. O que está na lei, corretamente, é que incide nas penas cominadas ao crime — expressão com que, implicitamente, se afirma que não o comete — quem, de qualquer modo, concorre para ele. Comete o crime — ninguém afirma de outro modo — quem

12. Ver nossas considerações críticas sobre o conteúdo da revogada Súmula 174 do STJ, relativamente à arma de brinquedo, no item 9.1.1 (O emprego de arma de brinquedo e a Súmula 174 do STJ) do capítulo que trata do crime de roubo, no volume 3º desta obra.

participa materialmente de sua execução. Não fora isso, e seria desnecessária a norma de extensão do art. 29 do Código Penal".

Enfim, todos os que concorrem, moral ou materialmente, para o crime são punidos pelo Código Penal (art. 29, *caput*), mas a qualificadora somente se configurará quando o crime for cometido por duas ou mais pessoas, que, necessariamente, devem encontrar-se no local do crime, pois só será cometido "por mais de uma pessoa" se participarem da fase executória do crime. Somente assim se pode fazer presente a maior temibilidade e eficiência da delinquência coletiva, que seria o fundamento da maior punibilidade. Com efeito, se o legislador visa, no caso, punir mais gravemente a soma de esforços na prática do crime, parece-nos evidente que o preceito deva ser interpretado, teleologicamente, como endereçado à hipótese de cooperação de agentes na fase de execução do crime.

c) ***Se o crime é praticado mediante arrombamento***

O arrombamento, por sua vez, consiste no rompimento, deslocamento ou supressão de obstáculo, visando facilitar a fuga do preso ou detento. Arrombar é romper, arrebentar, cortar, serrar, perfurar, deslocar ou forçar, de qualquer modo, o obstáculo, com ou sem dano à substância da coisa. Há destruição quando ocorre a demolição, o aniquilamento ou o desaparecimento de eventual obstáculo que, de alguma forma, sirva de proteção ao objeto da subtração. A ausência de previsão legal dos meios, modos ou formas de produzir o arrombamento ou rompimento autoriza a utilização de quaisquer deles — manuais ou mecânicos —, desde que idôneos para o fim proposto.

A violência à coisa, na verdade, é o meio empregado para garantir a fuga, que, aliás, pode ser anterior ou contemporânea a ela, indiferentemente, desde que, logicamente, se realize com essa finalidade. Assim, o arrombamento praticado para assegurar a fuga também qualifica o crime; mesmo que o evadido já se encontre fora do estabelecimento, não constituirá crime autônomo.

8.1 *Com violação de dever funcional: encarregado de custódia ou guarda de preso ou interno*

O § 3º traz um crime próprio, qualificado em razão da condição especial do agente (pessoa sob cuja custódia ou guarda está o preso ou internado). Há nesta última qualificadora (§ 3º) uma hipótese de violação de dever inerente à função exercida — pessoa que tem a guarda ou custódia de preso ou internado —, cuja transgressão aumenta o desvalor da ação não apenas pela maior facilidade ou pelo menor risco para a prática do crime, mas fundamentalmente por frustrar a expectativa e a confiança que a Administração Pública confiou a seu representante legal, que supõe um sentimento interior de credibilidade, representando um vínculo subjetivo de respeito e responsabilidade decorrente de especial relação funcional, exatamente a razão pela qual assume a função que exerce, justificando-se, assim, o aumento da reprovabilidade pessoal do injusto.

Por fim, não basta a existência de uma relação funcional entre o sujeito ativo e a função de guarda ou custódia, mas é necessário que aquele se tenha valido desse vínculo com a função para praticar o crime, ou dele abusado para a execução criminosa, ou seja, deve caracterizar, em outras palavras, a velha relação de causa e efeito. Realmente, se o funcionário, no seu período de folga, fora do exercício de sua atividade funcional (guarda ou custódia de presos), incorpora-se a outros para a prática do crime (ou o realiza sozinho), sem qualquer aproveitamento de sua função, não se configura, a nosso juízo, dita qualificadora.

Esta última qualificadora é de "caráter pessoal" e, como tal, em princípio, é incomunicável aos demais participantes de uma mesma infração penal (art. 30); contudo, na hipótese, ela constitui "elementar do crime" qualificado, incidindo na ressalva do mesmo art. 30, que determina, nesses casos, a comunicabilidade das elementares típicas, independentemente de sua natureza objetiva ou subjetiva.

Convém destacar, no entanto, que a comunicabilidade não apenas de elementares subjetivas, mas de qualquer natureza, somente existe se o participante conhecer essa circunstância antes da prática delituosa; caso contrário, ela não terá sido abrangida por dolo, resultando incomunicável, não por sua natureza subjetiva, mas pelo desconhecimento do agente, que, em relação à elementar, não agiu com dolo.

9. Forma culposa: negligência no exercício de dever funcional

Trata-se de crime próprio, que somente pode ser praticado pelo funcionário público incumbido da custódia ou guarda do preso ou internado (§ 4º). Quando resultar da desatenção do sujeito ativo relativamente às normas de cuidado objetivo, exigíveis no exercício da função de custódia ou guarda, configurará crime culposo. Com efeito, a observância do dever objetivo de cuidado, isto é, a diligência devida no atendimento, atenção, procedimentos, e todas as demais cautelas que a perigosa atividade desenvolvida exige de quem guarda ou custodia presos ou internos constituem o elemento fundamental do tipo de injusto culposo, cuja análise preliminar, mais que requisito, representa um pressuposto no exame da culpa. Na dúvida, sobre a necessidade de adotar determinadas cautelas, impõe-se a sua adoção ou a abstenção da realização da conduta, pois quem se arrisca, nessas hipóteses, age com imprudência, e, sobrevindo um resultado típico, torna-se autor de um crime culposo, no caso, de concorrer para a evasão de preso ou internado, conforme o caso.

No entanto, é indispensável que se investigue o que teria sido, *in concreto*, para o agente, o dever de objetivo cuidado. E, como segunda indagação, deve-se questionar se a ação do agente correspondeu a esse comportamento "adequado". Somente nessa segunda hipótese, quando negativa, surge a reprovabilidade da conduta, numa espécie, pode-se dizer, de relação de causa e efeito entre a ação descuidada do agente e a ocorrência, *in concreto*, do fato, qual seja a fuga dos custodiados por aquele.

10. Pena e ação penal

A pena cominada, isoladamente, é de detenção, de seis meses a dois anos. As formas qualificadas (§§ 1º e 3º) preveem pena de reclusão, de dois a seis anos, e reclusão, de um a quatro anos, respectivamente. Para a forma culposa, aplica-se, alternativamente, a pena de detenção de três meses a um ano, ou multa.

O *caput* e o § 4º constituem infração penal de menor potencial ofensivo, sendo possível a transação penal; igualmente o *caput* e os §§ 3º e 4º admitem a suspensão condicional do processo em razão da pena mínima abstratamente cominada — igual ou inferior a um ano. *Vide* os arts. 19 do Decreto-Lei n. 3.688/41 (Lei das Contravenções Penais) e 60, 61 e 89 da Lei n. 9.099/95 (Juizados Especiais).

A ação penal é pública incondicionada.

EVASÃO MEDIANTE VIOLÊNCIA CONTRA A PESSOA

XLVII

Sumário: 1. Considerações preliminares. 2. Bem jurídico tutelado. 3. Sujeitos do crime. 4. Tipo objetivo: adequação típica. 4.1. Punição cumulativa da elementar típica "violência": *bis in idem*. 5. Tipo subjetivo: adequação típica. 6. Consumação e tentativa. 7. Classificação doutrinária. 8. Pena e ação penal.

Evasão mediante violência contra a pessoa

Art. 352. Evadir-se ou tentar evadir-se o preso ou o indivíduo submetido a medida de segurança detentiva, usando de violência contra a pessoa:

Pena — detenção, de 3 (três) meses a 1 (um) ano, além da pena correspondente à violência.

1. Considerações preliminares

Na Idade Média, o preso que se evadisse era submetido a uma nova sanção penal ou recebia a agravação da pena anterior, embora alguns estatutos condicionassem a punibilidade ao emprego de violência, sistema que acabou prevalecendo na legislação posterior. Como registramos no capítulo anterior, o Código Penal francês de 1810 e o Código Penal italiano de 1889 (Zanardelli) limitaram-se a criminalizar somente a evasão do cárcere quando acompanhada de violência à pessoa ou à coisa, reconhecendo, em outros termos, que o anseio à liberdade é mesmo instintivo em todo indivíduo, e, consequentemente, renunciaram à ideia de contê-la com a ameaça de pena. Contrariando, no entanto, a orientação adotada pelo Código Zanardelli, o Código Penal Rocco (1930) optou por criminalizar inclusive a fuga simples (art. 385), considerando que mesmo esta constitui uma afronta à Administração da Justiça.

Na legislação brasileira, o Código Criminal de 1830 punia somente a evasão que fosse praticada com violência contra o carcereiro ou guarda (art. 126). O Código Penal de 1890 basicamente reproduziu as mesmas disposições do anterior (art. 132). Finalmente, nosso Código Penal de 1940, embora tenha tido como seu grande inspirador o Código Penal Rocco (1930), não seguiu, nesse aspecto, sua orientação, limitando-se a criminalizar a evasão somente quando praticada com violência à pessoa.

2. Bem jurídico tutelado

Bem jurídico protegido é, novamente, a Administração da Justiça. Tutela-se o interesse de que a justiça não seja frustrada em seus fins de prestar jurisdição, particularmente na esfera criminal, visando assegurar o cumprimento de suas decisões. A lei que não admite oposição ou insubordinação contra as decisões judiciais redobra sua insatisfação quando o indivíduo, ao desobedecê-la, ainda usa de violência contra a pessoa. Protege-se, enfim, a Administração da Justiça objetivando impedir qualquer forma de rebelião contra a disciplina coercitiva imposta pelo Estado, visando a prevenção e repressão pública.

3. Sujeitos do crime

Sujeito ativo somente pode ser a pessoa presa ou submetida a medida de segurança detentiva, sendo possível o concurso eventual de pessoas, inclusive com a participação de funcionário público, encarregado ou não da custódia de presos.

Sujeitos passivos são o Estado, sempre titular do bem jurídico ofendido, a Administração Pública *lato sensu*, mais especificamente, no caso, a Administração da Justiça, e, evidentemente, a pessoa contra a qual a violência for praticada pelo sujeito ativo.

4. Tipo objetivo: adequação típica

A conduta incriminada consiste em evadir-se ou tentar evadir-se (fugir, escapar) o preso (qualquer que seja a natureza da prisão: penal, civil ou administrativa) ou o indivíduo submetido a medida de segurança detentiva (art. 96 do CP), usando de violência (física, não bastando a grave ameaça ou a violência contra a coisa) contra a pessoa, como, por exemplo, o preso que para fugir serra as grades da cela. Contrariamente à previsão do Código Penal brasileiro, o atual Código Penal espanhol (Ley Orgânica n. 10/95) tipifica a conduta de evasão mediante violência, admitindo também a "ameaça" (*intimidación*), isto é, a violência moral, e a "violência à coisa" (*fuerza en las cosas*)[1], nos seguintes termos: "Los sentenciados o presos que se fugaren del lugar en que estén recluídos, haciendo uso de violencia o intimidación en las personas o fuerza en las cosas o tomando parte en motín" (art. 469). A transcrição literal do texto espanhol tem a finalidade de deixar clara a impossibilidade de simplesmente transportar os argumentos de lá para cá, pois nosso diploma legal não admite a violência moral (ameaça) como meio de execução típica, tampouco a violência contra a coisa, sendo expresso ao exigir que a violência seja contra a pessoa; e, ainda, o Código Penal espanhol prevê o fato de os presos ou condenados "fugirem" ou se evadirem do "lugar onde se encontrem recolhidos", ao contrário do nosso diploma legal, que, por isso mesmo, admite a evasão de presos ou internos, mesmo "extramuros", como demonstraremos adiante.

---

1. Alfonso Serrano Gómez, *Derecho Penal*; Parte Especial, 2. ed., Madri, Dykinson, 1997, p. 777-778.

Para Nélson Hungria, "se a fuga ocorre extramuros, eximindo-se violentamente o agente ao poder de quem o conduz ou transporta, o crime será o de resistência (art. 329), sem prejuízo, igualmente, das penas correspondentes à violência"[2]. Não lhe assiste razão, pois a restrição à liberdade do indivíduo não se limita ao interior dos estabelecimentos destinados à privação de liberdade, como, à primeira vista pode parecer, pois, mesmo extramuros pode o indivíduo, por razões as mais variadas, continuar custodiado por agentes públicos responsáveis por sua guarda, sendo possível, portanto, evadir-se ou tentar evadir-se, usando de violência contra a pessoa. A tese de Hungria apresenta algumas falhas técnicas, como se pode notar: em primeiro lugar, quem foge não oferece resistência, aproximando-se mais da desobediência; em segundo lugar, o exemplo citado adéqua-se perfeitamente à descrição contida no art. 352, e não no dispositivo referido por Hungria, pois o indivíduo, nesse exemplo, não opõe resistência à sua prisão, já se encontra preso ou submetido a medida de segurança detentiva, portanto, usando de violência para eximir-se da custódia de quem o conduz, evade-se ou tenta evadir-se, como diz o art. 352. Na verdade, evadir-se significa, etimologicamente, fugir de um lugar fechado; mas, juridicamente, equivale a subtrair-se à restrição de sua liberdade. Em síntese, se o indivíduo opõe-se à sua prisão mediante violência, há resistência; no entanto, se faz uso da violência contra a pessoa depois de preso ou submetido à internação, tipifica-se o crime de evasão (art. 352). Portanto, a evasão, a nosso juízo, pode dar-se intra ou extramuros, sendo indispensável, contudo, a legalidade da prisão ou internação para que se tipifique a conduta, como adverte Salo de Carvalho: "para a caracterização da figura típica, a conduta deve ser direcionada contra prisão legal — sua ilegalidade constitui circunstância discriminante (*sic*) do fato —, não podendo ser confundida com o tipo penal 'resistência' regulado no art. 329 do CP"[3]. Por fim, uma coisa, no entanto, é absolutamente certa: é impossível evadir-se para dentro dos estabelecimentos, ao contrário do que alguém, menos avisado, chegou a sustentar no STJ, referindo-se a evasão de divisas.

A legalidade da prisão ou da medida de segurança, pode-se dizer, é elemento prejudicial, constituindo pressuposto do crime. A eventual ilegalidade, seja da prisão, seja da internação, afasta não apenas a ilicitude, como sustentava Maggiore, mas a própria tipicidade da conduta. No entanto, o sujeito ativo (preso ou internado), mesmo assim, responderá pela violência empregada, no que exceder dos meios necessários à repulsa da "ilegalidade" sofrida. Por outro lado, é irrelevante que a prisão decorra de crime (flagrante, preventiva ou decorrente de decisão condenatória), de prisão civil ou administrativa, e tampouco ganha importância o fato de a ilegalidade existir desde o início da privação de liberdade ou sobrevir no curso desta, como adverte Salo de Carvalho: "a prisão inicialmente legítima pode tornar-se ilegal com o transcurso do prazo de sua duração, caracterizando, assim, a atipia

2. Nélson Hungria, *Comentários ao Código Penal*, p. 520.

3. Salo de Carvalho, *Pena e garantias*, 2. ed., Rio de Janeiro, Lumen Juris, 2003, p. 230.

da evasão"[4]. É igualmente indiferente o local onde se encontra o indivíduo preso ou internado, dentro ou fora de estabelecimentos penitenciários (como já destacamos), cadeia pública ou hospital de custódia e tratamento psiquiátrico, sendo impositivo e definitivo que a restrição de liberdade tenha fundamento legal e haja sido determinada por autoridade competente.

4.1 *Punição cumulativa da elementar típica "violência":* bis in idem

Constata-se de plano que, a exemplo do crime de roubo e de tantos outros, a violência constitui elementar típica do crime de evasão violenta de estabelecimento prisional; mas, neste tipo penal, ao contrário do que ocorre com o roubo, aqui tomado como paradigma apenas para exemplificar, o legislador ignora toda a estrutura do próprio Código Penal e menospreza toda uma longa evolução político-dogmática do direito penal, infringindo princípios elementares como *ne bis in idem*, proporcionalidade, razoabilidade, dentre tantos outros, e determina a punição cumulativa (aplicação do sistema do cúmulo material de penas) do crime de evasão mediante violência contra a pessoa e da configuração, necessária e indispensável, de sua elementar típica — violência — na medida em que, sem esta, esse crime não se configura. Por sua rigorosa cientificidade, nada havendo a acrescentar ou suprimir, pedimos vênia para transcrever o pensamento de Salo de Carvalho, que sintetiza todo o absurdo que referido tipo penal encerra: "O vínculo do tipo em análise à regra do concurso material leva à conclusão de que o legislador acabou penalizando, de maneira indireta e sutil, a fuga propriamente dita. Se violência é circunstância elementar do tipo do art. 352 do CP, e se o concurso material é a infração, mediante unidade ou pluralidade de ações, de tipos penais diversos, parece claro que a aplicação da pena em cúmulo configura *bis in idem*, com penalização subsidiária do mero ato evasivo. A opção pela incriminação da evasão mediante violência acaba justificando reprovação penal indireta da fuga. Se a grande ofensa que justifica a criminalização do ato é a violência em si mesma, despicienda seria a tipificação da evasão, decorrente do fato de que as diversas formas possíveis de violência contra a pessoa já constituem crime em si e, mais importante, a fuga já recebe reprovabilidade como 'falta grave' na esfera administrativa".

"Não se recebe, portanto, desde o processo de interpretação constitucional do direito penal, vínculo substancial do tipo com os rigores dos princípios inerentes ao texto da Lei Maior, desde a proporcionalidade à individualização. Veja-se, a título de exemplificação, o que ocorre com o outro delito análogo. Na construção incriminadora do motim existe penalização, em concurso material, do ato em si (motim de presos) com a violência praticada. Contudo, o preceito não prevê elementar do tipo idêntica ao delito a ser cumulado. Incriminado o motim, é ressalvada a aplicação cumulativa da pena. Há reprovação penal do ato em si, sendo a violência (decor-

4. Salo de Carvalho, *Pena e garantias*, p. 230.

rente ou precedente) acrescida na penalização. A análise sistemática dos tipos leva a reafirmar a punibilidade oculta e subsidiária da fuga"[5].

Após essa longa, mas oportuna e percuciente citação de Salo de Carvalho, que subscrevemos integralmente, nada mais precisa ser dito sobre o tema, o qual, aliás, aplica-se também às previsões contidas nos arts. 344, 358, embora sejam crimes de outra natureza.

5. Tipo subjetivo: adequação típica

O elemento subjetivo do crime de evasão mediante violência contra a pessoa é o dolo, representado pela vontade consciente de evadir-se, praticando violência contra a pessoa. A doutrina, de modo geral[6], tem sustentado a desnecessidade de algum elemento subjetivo especial do injusto, discordando, a nosso juízo com razão, Heleno Fragoso, que exigia o antigo "dolo específico"[7]. Assim, não nos parece desarrazoada a sugestão de Guilherme Nucci[8], quando ventila a possibilidade de admitir-se, ainda que implicitamente, o especial fim de "escapar da prisão legal, valendo-se de violência". Com efeito, motivações diversas podem levar o preso ou interno a evadir-se do estabelecimento, mesmo usando de violência, sem que a finalidade da ação realmente seja a evasão, podendo, por exemplo, desejar somente comparecer ao enterro de sua mãe. Por isso, estamos de acordo com a necessidade do especial fim de evadir da segregação em que se encontra o sujeito ativo.

Não há previsão de modalidade culposa.

6. Consumação e tentativa

Consuma-se o crime com o emprego da violência física contra a pessoa e a realização de atividade tendente à evasão do preso ou internado. A tentativa, em termos de direito positivo, é inadmissível, visto que a forma tentada é equiparada ao crime consumado, embora devam ser distinguidas no momento da dosimetria da pena. Pertinente transcrever aqui parte da contundente e procedente crítica de Salo de Carvalho à equiparação punitiva de crime tentado e crime consumado, nos seguintes termos: "embora pacífico o entendimento doutrinário das correntes humanistas acerca do *minus* da tentativa em relação ao delito consumado, o legislador equiparou, no caso de evasão mediante violência, as duas condutas, seguindo rumos da tradição legislativa autoritária (*v.g.*, os crimes contra a segurança nacional, Lei n. 7.170/83). Assim, de duvidosa constitucionalidade a equiparação das penas, em decorrência da lesão ao princípio da razoabilidade"[9].

---

5. Salo de Carvalho, *Pena e garantias*, p. 235-236.
6. Por todos, Magalhães Noronha, *Direito Penal*, p. 424; Damásio de Jesus, *Direito Penal*, p. 348; Regis Prado, *Curso de Direito Penal*, p. 757.
7. Heleno Fragoso, *Lições de Direito Penal*, p. 547.
8. Guilherme de Souza Nucci, *Código Penal comentado*, p. 1091; Salo de Carvalho, *Pena e garantias*, p. 230.
9. Salo de Carvalho, *Pena e garantias*, p. 234.

7. Classificação doutrinária

Trata-se de crime próprio (que exige qualidade ou condição especial do sujeito; somente o preso ou internado podem praticar ação nuclear), assumindo, na modalidade, ainda a característica de crime de mão própria (pois ninguém pode evadir-se em nome do preso ou internado); material (que exige resultado naturalístico para sua consumação, representado pela violência à pessoa, mesmo que a evasão não se concretize); de forma livre (que pode ser praticado por qualquer meio ou forma pelo agente); instantâneo (não há demora entre a ação e o resultado); unissubjetivo (que pode ser praticado por um agente apenas); plurissubsistente (que, em regra, pode ser praticado com mais de um ato, admitindo, em consequência, fracionamento em sua execução).

8. Pena e ação penal

As penas cominadas são de detenção, de três meses a um ano, além da pena correspondente à violência. Como o tipo penal equipara evadir e tentar evadir-se, punindo ambas com os mesmos limites abstratos, mínimo e máximo, ao dosar a pena devem-se observar as diferenças do desvalor do resultado entre uma e outra figura, em observância ao indeclinável princípio da proporcionalidade.

A ação penal é pública incondicionada.

ARREBATAMENTO DE PRESO XLVIII

Sumário: 1. Considerações preliminares. 2. Bem jurídico tutelado. 3. Sujeitos do crime. 4. Tipo objetivo: adequação típica. 5. Tipo subjetivo: adequação típica. 6. Consumação e tentativa. 7. Classificação doutrinária. 8. Pena e ação penal.

Arrebatamento de preso

Art. 353. Arrebatar preso, a fim de maltratá-lo, do poder de quem o tenha sob custódia ou guarda:

Pena — reclusão, de 1 (um) a 4 (quatro) anos, além da pena correspondente à violência.

1. Considerações preliminares

O Código Criminal do Império (1830) prescrevia o crime de arrebatamento de presos, nos seguintes termos: “fazer arrombamento, ou acometer qualquer prisão, com força, para maltratar os presos” (art. 127). Essa orientação foi acolhida pelo Código Penal de 1890, que se limitou a reproduzir a previsão do estatuto penal anterior (art. 133), que incriminava somente o arrebatamento realizado mediante arrombamento ou acometimento de prisão. O Código Penal em vigor (1940), no entanto, ampliou a proibição dessa conduta, admitindo sua tipificação não apenas quando o sujeito passivo encontra-se recolhido a algum estabelecimento prisional, mas em qualquer local, desde que seja arrebatado de quem o tenha sob guarda ou custódia.

2. Bem jurídico tutelado

Bem jurídico protegido é também aqui a Administração da Justiça. Tutela-se o interesse de que a justiça não seja frustrada em seus fins de prestar jurisdição, particularmente na esfera criminal, visando assegurar o cumprimento de suas decisões, e o arrebatamento de presos constitui um atentado contra a dignidade da Administração da Justiça. Tutela-se igualmente a integridade física de quem se encontra sob proteção oficial da instituição “justiça”, como destacava Magalhães Drumond: “se se arrebata o preso à autoridade que o custodia ou guarda, prescinde-se dessa autoridade, nega-se-lhe a investidura, investe-se contra o Estado, desconhece-se a ordem jurídica. É a proclividade para o caos político, senão a sua verificação imediata”[1].

1. Magalhães Drumond, *Comentários ao Código Penal*, p. 401-402.

3. Sujeitos do crime

Sujeito ativo do crime de arrebatamento de preso pode ser qualquer pessoa, tendo ou não interesse pessoal em algum processo, não sendo exigida nenhuma qualidade ou condição especial. Aliás, nada impede que a própria vítima do crime pelo qual o indivíduo encontra-se preso possa ser sujeito ativo do arrebatamento, ou, pelo menos, que possa concorrer na forma do art. 29 do CP.

Sujeito passivo, prioritariamente, na nossa avaliação, será sempre a vítima da violência praticada pelo sujeito ativo, ou seja, sujeito passivo é o preso arrebatado para ser "maltratado", tanto que a violência é punida como crime autônomo. Não nos parece adequado o entendimento majoritário, nesse caso, de que a vítima efetiva da violência (que pode até chegar à morte) não seja considerada como sujeito passivo imediato do crime; secundariamente, é o Estado sempre titular do bem jurídico ofendido Administração Pública *lato sensu*, mais especificamente, na hipótese, a Administração da Justiça. O Estado, na concepção clássica, é sempre sujeito passivo de qualquer crime. No entanto, não vemos razão, *venia concessa*, para que, nesses crimes, sendo identificado e lesado um ou mais indivíduos, se pretenda continuar reconhecendo o Estado como sujeito passivo imediato.

4. Tipo objetivo: adequação típica

A conduta típica consiste em arrebatar (arrancar, retirar com violência) preso do poder de quem o tenha sob custódia ou guarda (oficial de justiça, carcereiro etc.) a fim de maltratá-lo ("os maus-tratos têm variada casuística, indo desde as vias de fato vexatórias até o extremo do linchamento, que ultimamente tem ocorrido com certa e alarmante frequência"[2]). Em outros termos, arrebatar significa retirar com violência, tomar de assalto, isto é, violentamente, pessoa que se encontra presa, punindo-se, também, o crime que a violência configurar, não em concurso material, mas aplicando-se o "sistema do cúmulo material de penas"[3], por expressa determinação legal.

É irrelevante a legalidade ou não da prisão para caracterizar o crime em tela (que é mais uma razão de se defender que a vítima do "linchamento" é o sujeito passivo imediato, e não o Estado), contrariamente ao que ocorre com os crimes descritos nos dois dispositivos anteriores (promoção ou facilitação de fuga — art. 351 e evasão mediante violência à pessoa — art. 352), cuja legalidade da prisão constitui pressuposto das ações tipificadas; nada justifica, portanto, a violência vingativa ou simplesmente irracional do agressor a alguém, que já se encontra privado de sua liberdade, por determinação do próprio Estado. A irrelevância da legalidade da prisão, para a tipificação do crime de arrebatamento de preso, deve-se ao fato de que o fim especial do sujeito ativo é "maltratar" o preso, e não "salvá-lo"

---

2. Nélson Hungria, *Comentários ao Código Penal*, p. 521.

3. Cezar Roberto Bitencourt, *Tratado de Direito Penal*; Parte Geral, 29. ed., São Paulo, Saraiva, 2023, v. 1, p. 849.

de uma prisão ilegal ou injusta. Por isso, a ilegalidade da prisão não afasta a tipicidade, tampouco a antijuridicidade da conduta.

É indiferente que a prisão decorra de crime, flagrante, temporária, preventiva, decorrente de pronúncia ou de decisão condenatória, de prisão civil ou administrativa. É igualmente indiferente o local onde se encontra o indivíduo preso, dentro ou fora de estabelecimento penitenciário, cadeia pública etc., ou mesmo sendo conduzido em via pública; contudo, é indispensável que ele encontre-se sob custódia ou guarda, ficando em segundo plano a legalidade formal de dita custódia ou guarda, que posteriormente apurada não legitima a violência do arrebatamento, isto é, não lhe afasta a tipicidade.

O crime do art. 353 pune o arrebatamento de preso, consequentemente, ao contrário da previsão contida no artigo anterior, não abrange a pessoa submetida a medida de segurança detentiva, ou seja, o arrebatamento de pessoa internada para tratamento não tipifica o crime descrito neste artigo, que, por isso mesmo, caracteriza uma lacuna da tipificação em exame, que não pode ser suprida por analogia *in malam partem*.

5. Tipo subjetivo: adequação típica

Elemento subjetivo geral é o dolo, representado pela vontade de arrebatar pessoa presa, consciente de que o retira do poder de quem o tenha sob guarda ou custódia. Exige-se, no entanto, o elemento subjetivo especial do tipo, representado pelo especial fim de agir, qual seja o de maltratar o preso, independentemente de atingir tal pretensão.

Trata-se de um daqueles tipos penais em que, ao lado do dolo, pode figurar uma série de características subjetivas que o integram ou o fundamentam. Como o próprio Welzel esclarecia, "ao lado do dolo, como momento geral e pessoal-subjetivo daquele, que produz e configura a ação como acontecimento dirigido a um fim, apresentam-se, frequentemente, no tipo especiais momentos subjetivos, que dão colorido num determinado sentido ao conteúdo ético-social da ação"[4]. Assim, por exemplo, o tomar uma coisa alheia é uma atividade dirigida a um fim por imperativo do dolo; no entanto, seu sentido ético-social será inteiramente distinto se aquela atividade tiver como fim o uso passageiro ou se tiver o desígnio de apropriação.

É bem verdade que a excessiva utilização pelo legislador de categorias subjetivadoras da descrição típica, além do dolo propriamente dito, é uma forma disfarçada de ultrapassar, com roupagem de legitimidade, os limites taxativos do princípio da reserva legal. Essa ideologia subjetivadora na elaboração do preceito primário da norma penal, além de inadequada, é extremamente perigosa, pois esses estados anímicos, como ser egoísta, cruel ou malvado, dentre outros, podem existir independentemente da relevância da lesão objetiva de bens jurídicos tutelados. E, nessas circunstâncias, quando a conduta é penalmente relevante, a tipificação desses esta-

---

4. Hans Welzel, *Derecho Penal alemán*, p. 83.

dos anímicos pode conduzir à punição do ânimo, que é inadmissível no direito penal da culpabilidade. No entanto, no tipo penal em exame — arrebatamento de preso —, o fim especial da ação assume importância transcendental para a reprovabilidade pessoal do injusto, sem violar o sagrado princípio da reserva legal estrita, porque revela sobremodo a gravidade do desvalor da ação do sujeito ativo — maltratar o preso —, que não torna menos grave e, quiçá, irrelevante penalmente, se dito arrebatamento tiver outra motivação ou outro fundamento sociopolítico — que não o de maltratar o preso —, afora o fato da desumanidade que a conduta tipificada traz em seu bojo.

6. Consumação e tentativa

Consuma-se o crime com o efetivo arrebatamento do preso, isto é, com a sua retirada violenta do poder de quem o tenha sob custódia ou guarda, mesmo que os maus-tratos acabem não sendo impostos. Se, no entanto, ocorrerem os maus-tratos, haverá o exaurimento do crime, não alterando a tipificação da conduta, e sua influência circunscrever-se-á ao cálculo da pena.

A tentativa é, teoricamente, admissível, tratando-se como se trata de crime plurissubsistente, cujos atos executórios podem ser fracionados.

7. Classificação doutrinária

Trata-se de crime comum (que não exige qualidade ou condição especial do sujeito); formal (que não exige resultado naturalístico para sua consumação); de forma livre (que pode ser praticado por qualquer meio ou forma pelo agente); instantâneo (não há demora entre a ação e o resultado, que se produz de imediato); unissubjetivo (que pode ser praticado por um agente apenas); plurissubsistente (que, em regra, pode ser praticado com mais de um ato, admitindo, em consequência, fracionamento em sua execução).

8. Pena e ação penal

As penas cominadas são, cumulativamente, de reclusão, de um a quatro anos. Há aplicação cumulativa (sistema do cúmulo material de penas) entre a pena do presente crime e a correspondente à violência (homicídio ou lesão corporal) contra a pessoa. Admite-se a suspensão condicional do processo em razão da pena mínima abstratamente cominada — igual a um ano.

A ação penal é pública incondicionada.

MOTIM DE PRESOS XLIX

Sumário: 1. Considerações preliminares. 2. Aspectos político-criminais da conflitividade carcerária. 2.1. O comportamento violento não é exclusivo da prisão. 2.2. Aspectos subjetivos que estimulam a conflitividade carcerária. 2.2.1. A clássica prisão de segurança máxima. 2.2.2. Influência de ideologias políticas radicais. 2.2.3. As graves deficiências do regime penitenciário. 3. Bem jurídico tutelado. 4. Sujeitos do crime. 5. Tipo objetivo: adequação típica. 6. Tipo subjetivo: adequação típica. 7. Consumação e tentativa. 8. Classificação doutrinária. 9. Pena e ação penal.

Motim de presos

Art. 354. Amotinarem-se presos, perturbando a ordem ou disciplina da prisão:

Pena — detenção, de 6 (seis) meses a 2 (dois) anos, além da pena correspondente à violência.

1. Considerações preliminares

O disposto no art. 311 do Código Penal suíço teria sido a fonte inspiradora do Código Penal brasileiro de 1940, que tipificou a conduta de amotinarem-se os presos, perturbando a ordem e a disciplina da prisão, excluindo os internados (pacientes de medidas de segurança), por não possuírem a plena capacidade de ser culpáveis. Por conseguinte, a legislação brasileira anterior (Código Criminal de 1830 e Código Penal de 1890) não tipificou o crime de motim de presos, como reconhece expressamente a Exposição de Motivos (inciso 84) do diploma legal de 1940, embora o Projeto de Virgílio de Sá Pereira e o Projeto Alcântara Machado previssem a criminalização do amotinamento de presos.

2. Aspectos político-criminais da conflitividade carcerária

Os motins carcerários são os fatos que mais dramaticamente evidenciam as deficiências da pena privativa de liberdade. É o acontecimento que causa maior impacto e o que permite à sociedade tomar consciência, infelizmente por pouco tempo, das condições desumanas em que a vida carcerária se desenvolve. O motim, uma erupção de violência e agressividade, que comove os cidadãos, serve para lembrar à comunidade que o encarceramento do delinquente apenas posterga o problema. Ele rompe o muro de silêncio que a sociedade levanta ao redor do cárcere. Infelizmente, pouco depois de desaparecido o conflito carcerário, a sociedade volta a construir o muro de silêncio e de indiferença, que se manterá até que outro acontecimento dramático comova, transitoriamente, a consciência social. Esse ciclo fatal, cuja interrupção é muito difícil, é um dos fatores que mais influem para que a problemática carcerária não encontre solução satisfatória na maior parte das sociedades. O exemplo mais eloquente da conflitividade carcerária foi o "massacre do Carandiru", ocorrido na Casa de Detenção, em São Paulo, no ano de 1992, quando a Polícia Militar executou cento e onze reclusos, totalmente desarmados.

A grande conflitividade existente no meio carcerário, cuja expressão mais genuína é o motim, tem origem em uma multiplicidade de fatores. Provavelmente as deficientes condições materiais em que se desenvolve a vida carcerária sejam o fator mais importante. Contudo, para entender melhor o problema, devem-se analisar outros fatores[1].

2.1 *O comportamento violento não é exclusivo da prisão*

Uma discussão racional sobre a violência produzida na prisão deve ser acompanhada da clara compreensão de que essa violência tem causas que se originam no sistema e na sociedade, como totalidade. A vida em sociedade sofre forte influência de tendências destrutivas. A violência cotidiana ultrapassa os limites toleráveis. A agressividade humana, muitas vezes necessária para a sobrevivência, encontra na sociedade contemporânea perigosa orientação destrutiva. O panorama é tão sombrio que o psiquiatra Anthony Storr, que se interessou pelo tema da agressividade humana, mostra-se pouco otimista quando afirma que: "Estamos ameaçados como espécie pela nossa própria inclinação à destruição e nunca aprenderemos a dominá-la, a menos que nos compreendamos melhor a nós mesmos"[2].

Aquele que ingressa na prisão também traz consigo a deformação que a sociedade produz na agressividade do homem. Não se ignora que as frustrações originadas pela prisão são um fator que influi nas situações violentas que surgem no cárcere; porém, também não se pode ignorar que esses internos se encontram contaminados por outros fatores anteriores, como a violência que experimentaram em sua vida familiar ou na sociedade. Em uma prisão da Califórnia, por exemplo, constatou-se que 71% dos internos apresentam antecedentes por atos violentos antes de seu encarceramento. Não se pode esquecer que todo ato de violência tem um componente social, mesmo o que se produz na prisão[3].

2.2 *Aspectos subjetivos que estimulam a conflitividade carcerária*

Os internos tendem a manter o mesmo nível de frustração, apesar de as condições penitenciárias irem melhorando. As inevitáveis limitações que a reclusão impõe faz

1. Antony Store, *La agresividad humana,* Madrid, Alianza Editorial, 1979, p. 212.
2. James Park, *The organization of prison violence, in Prison violence*, USA, University of Connecticut, 1976, p. 89.
3. James Park, *The organization of prison violence, in Prison violence*, p. 94.

com que os remédios institucionais tenham efeito muito reduzido. À medida que melhoram as condições do sistema carcerário, os internos vão aumentando suas esperanças e expectativas, de sorte que, apesar de em termos absolutos ter havido melhora, sob o ponto de vista relativo, isto é, subjetivamente, continuam experimentando a mesma frustração. Esse sentimento é um dos fatores que mais favorecem o ambiente de conflitividade, especialmente em relação às autoridades penitenciárias[4].

Por outro lado, o protesto e a agressividade demonstrados às autoridades penitenciárias permitem que um importante setor da população carcerária, o mais agressivo, possa satisfazer certas necessidades psicológicas, tais como: 1) permite-lhe desafogar o ressentimento geral que a reclusão produz; 2) permite-lhe fortalecer a autoimagem, como vítima de uma força superior; 3) pode eliminar qualquer sentimento de culpa ou responsabilidade pelos fatos praticados, enfatizando os prejuízos que a sociedade lhe impõe por meio da reclusão.

Essas atitudes dos internos devem ser consideradas quando se pretende determinar as causas que originam o ambiente conflitivo que se vive no interior da prisão.

2.2.1 *A clássica prisão de segurança máxima*

Em geral os reclusos vivem em condições de “amontoamento”, havendo poucas condições de as autoridades penitenciárias realizarem adequada supervisão e vigilância interna. São frequentes as rivalidades étnicas ou entre grupos distintos. Todas essas condições favorecem um elevado índice de conflitividade, razão pela qual a maior parte dos motins carcerários se produz nas prisões fechadas. O problema se agrava consideravelmente quando se trata de macroprisões, onde a tensão aumenta e explode, geralmente, em violência e frustração. Por isso não se pode ignorar a extraordinária importância que tem o desenho arquitetônico de uma prisão.

2.2.2 *Influência de ideologias políticas radicais*

A politização de um setor da população carcerária pode ser causa importante da violência carcerária. Orienta-se ela pela adoção de posições ideológicas radicais (anarquismo, marxismo de extrema esquerda), que consideram que a prisão é um instrumento opressivo que se aplica injustamente aos reclusos. Podem chegar a conscientizar-se de que foi a injustiça do sistema social que os converteu em delinquentes, passando a se autoconsiderar tipos *sui generis* de perseguidos políticos. Evidentemente essas ideias tornarão o ambiente carcerário mais conflitivo, aumentando a probabilidade da ocorrência de rebelião na prisão. A esta altura não interessam mais as reformas, o melhoramento das condições penitenciárias ou as simples reivindicações: o objetivo passa a ser a destruição total do sistema carcerário e da sociedade que o criou[5].

---

4. Lloyd McCorkle e Richard Korn, Resocialization within walls, in *Readings in criminology and penology*, USA, David Pessler, Columbia University Press, 1964, p. 531.
5. Cezar Roberto Bitencourt, *Falência da pena de prisão*, 3. ed., São Paulo, Saraiva, 2004, p. 230.

Uma reforma carcerária, embora possa parecer paradoxal, pode provocar conflitos e motins. A reforma penitenciária tende a debilitar a estrutura de poder dos internos, provocando a perda de privilégios, especialmente daqueles que ocupam os estratos mais elevados. A perda de privilégios e de poder faz com que os líderes da prisão provoquem motins visando a obstaculizar o desenvolvimento da reforma. Esse exemplo demonstra que nem todos os motins carcerários explicam-se em função das dificuldades estruturais e das deficientes condições penitenciárias.

2.2.3 *As graves deficiências do regime penitenciário*

A imensa maioria dos protestos reivindicatórios massivos produzidos na prisão tem sua origem nas deficiências efetivas do regime penitenciário. As deficiências são tão graves que qualquer pessoa que conheça certos detalhes da vida carcerária fica profundamente comovida.

Na maior parte dos sistemas penitenciários podem ser encontradas as seguintes deficiências: 1ª) Falta de orçamento. Infelizmente, nos orçamentos públicos, o financiamento do sistema penitenciário não é considerado necessidade prioritária, salvo quando acabam de ocorrer graves motins carcerários. 2ª) Pessoal técnico despreparado. Em muitos países a situação se agrava porque o pessoal não tem garantia de emprego ou uma carreira organizada, predominando a improvisação e o empirismo. Nessas condições é impossível desenvolver um bom relacionamento com os internos[6]. 3ª) Nas prisões predomina a ociosidade e não há um programa de tratamento que permita pensar na possibilidade de o interno ser efetivamente ressocializado.

A superpopulação das prisões, a alimentação deficiente, o mau estado das instalações, o pessoal técnico despreparado, a falta de orçamento, todos esses fatores convertem a prisão em um castigo desumano. A maior parte das rebeliões que nelas ocorrem é causada pelas deploráveis condições materiais em que a vida carcerária se desenvolve. Essa foi a causa principal que desencadeou os motins carcerários na França (1972-1974), na Itália (1972), e o "massacre do Carandiru", em São Paulo (1992).

Sempre que ocorrem esses conflitos graves, os internos fazem reivindicações que refletem as condições desumanas em que se desenvolve a pena privativa de liberdade. Por exemplo, na violenta greve que ocorreu em 3 de novembro de 1970 na prisão de Folson, nos Estados Unidos, foram feitas, entre outras, as seguintes reivindicações: "...9º Exigimos que não soltem gás lacrimogêneo contra os presos fechados em suas celas... 14º Exigimos que os empregados e funcionários dos correcionais sejam submetidos a processo legal quando atirarem contra os presos, ou próximo a eles, ou os exponham a qualquer castigo cruel ou excepcional quando não for caso de vida ou morte..."[7]. Essas reivindicações adaptar-se-iam per-

6. Carlos Garcia Valdez, *La nueva penología*, p. 42.
7. Cezar Roberto Bitencourt, *Falência da pena de prisão*, p. 231-232.

feitamente ao "massacre do Carandiru", numa amostra de que o desrespeito à dignidade do preso e a violência desmesurada se repetem ainda hoje, em qualquer parte do mundo.

Em 1977 e 1978 ocorreram na Espanha graves motins, nas prisões de Carabanchel, Puerto de Santa María, Málaga, Valência, Valladolid, Zaragoza, Almería e Oviedo, demonstrando as deficiências do sistema penitenciário daquele país. Esses graves problemas serviram de incentivo para a realização de uma profunda reforma no sistema penitenciário espanhol, em 1979, que introduziu mudanças importantíssimas. Contudo, deu apenas o primeiro passo, porque ainda restam muitos problemas a serem resolvidos. Os motins penitenciários são a prova mais evidente da crise que a pena privativa de liberdade enfrenta.

3. Bem jurídico tutelado

Bem jurídico protegido é, outra vez, a Administração da Justiça, protegendo, como advertia Heleno Fragoso, "a ordem e a disciplina como elementos de regularidade administrativa da prisão"[8]. Tutela-se o interesse de que a justiça seja respeitada em seus fins de prestar jurisdição, especialmente na seara criminal, que precisa garantir o cumprimento de suas decisões. O ordenamento jurídico, que não admite insubordinação contra as decisões judiciais, redobra sua insatisfação quando o indivíduo, além de desobedecê-la, ainda usa de violência contra a pessoa. Protege-se, enfim, a Administração da Justiça objetivando impedir qualquer forma de rebelião e principalmente o amotinamento de presos.

4. Sujeitos do crime

Sujeito ativo somente podem ser as pessoas presas (crime próprio), sendo indispensável a pluralidade de sujeitos ativos, configurando crime de concurso necessário. Em respeito ao princípio da tipicidade estrita, está excluído do presente tipo penal o internado submetido a medida de segurança, visto que o texto legal, a exemplo do artigo anterior, somente tem em vista o preso[9].

Sujeitos passivos são o Estado, via Administração da Justiça, e, quando houver, a pessoa lesada pela violência física praticada pelo sujeito ativo. Nessa hipótese, o Estado passa a ser sujeito passivo mediato.

5. Tipo objetivo: adequação típica

O verbo amotinar-se significa levantar-se de forma rebelde e violenta contra a administração da casa prisional, dando origem ao movimento conhecido por motim de presos. Motim é revolta coletiva de considerável número de encarcerados, alterando gravemente a ordem ou disciplina do estabelecimento prisional, através de

8. Heleno Fragoso, *Lições de Direito Penal*, p. 549.

9. Magalhães Noronha, *Direito Penal*, p. 427. No mesmo sentido, Heleno Fragoso, *Lições de Direito Penal*, p. 549.

violência contra seus funcionários e instalações. Nesse sentido, Fragoso emitia o seguinte conceito: "O motim, no sentido legal, é a reunião de várias pessoas, no mesmo lugar, para uma ação pessoal, conjunta e violenta, em relação a um fim comum"[10]. Embora o texto legal não decline o número mínimo dos sujeitos ativos, ao contrário do que faz em alguns tipos penais, como, na quadrilha ou bando, a doutrina tem entendido que se trata de crime coletivo ou multitudinário, sendo necessário, para o seu aperfeiçoamento, um número significativo de presos, como requer o verbo nuclear "amotinarem-se" presos, segundo denuncia sua forma verbal. Por essa razão, a reunião, mesmo movida por revolta violenta, de dois ou três presos, é insuficiente para caracterizar ao amotinamento, que é um ajuntamento tumultuário de presos perturbando a ordem e a disciplina prisional, segundo a legislação brasileira. Trata-se — como reconhecia Hungria — "de um movimento coletivo de rebeldia dos presos, seja para o fim de justas ou injustas reivindicações, seja para coagir os funcionários a tal ou qual medida, ou para tentativa de evasão, ou para objetivos de pura vingança"[11].

Com efeito, a ação de amotinar-se deve ter, necessariamente, a natureza militante de violência indiscriminada contra os funcionários e agentes públicos, ou mesmo de violência contra a coisa, isto é, contra as instalações, as edificações ou o mobiliário do estabelecimento prisional, perturbando a ordem, disciplina e, por extensão, a segurança da prisão. Eventuais atitudes coletivas de desrespeito, desobediência ou simples irreverência, sem o caráter de violência militante, não tipificam o crime de amotinar-se descrito no artigo ora em exame. Os agentes ativos do motim, convém repetir, somente podem ser os presos que atuam de maneira a perturbar a ordem ou disciplina da prisão. Por isso, a eventual adesão de um ou outro preso a um movimento de rebeldia ou greve dos funcionários prisionais não configura o crime de motim; tampouco tipificaria o crime de motim de presos a reunião de um ou dois destes com pessoas estranhas aos encarcerados, tais como familiares-visitantes, funcionários ou guardas, embora possa concorrer para a prática de amotinamento, na forma do concurso eventual de pessoas (art. 29 do CP). Condutas como essas, que não reúnam as elementares tipificadoras do crime de motim de presos, podem, no entanto, caracterizar rebelião prisional, que seria a desordem, indisciplina e impedimento ou inviabilização parcial das atividades normais do estabelecimento prisional, que, dependendo das circunstâncias, poderá evoluir para o motim, que seria uma espécie de estágio mais avançado desses movimentos coletivos de rebeldia prisional.

6. Tipo subjetivo: adequação típica

Elemento subjetivo é o dolo, representado pela vontade de amotinarem-se os presos, com a consciência de perturbar a ordem e a disciplina e de que se trata de movimento coletivo violento. Não há exigência de elemento subjetivo especial do tipo.

10. Heleno Cláudio Fragoso, *Lições de Direito Penal*, p. 549.
11. Nélson Hungria, *Comentários ao Código Penal*, p. 522.

É irrelevante que o fundamento do motim seja a reivindicação de pretensões justas ou injustas ou que objetive a evasão dos presos, a vingança contra funcionários e técnicos ou apenas chamar a atenção para o estado deplorável do sistema prisional. Os motivos determinantes do motim, contudo, devem ser, evidentemente, valorados no momento do cálculo da pena concretizada na sentença. Nessa valoração, no entanto, não se pode olvidar, como destaca, com propriedade, Salo de Carvalho, que "o fenômeno da conflitividade carcerária (fugas, rebeliões e motins) tem como principal fato gerador a violação, por parte das agências formais de controle, da legalidade estatal"[12]. A sede do exame desse aspecto sociojurídico situa-se na culpabilidade, mais precisamente no seu elemento — exigibilidade de conduta diversa —, pois, como destaca Salo de Carvalho, "mesmo assim, ciente das consequências do ato sedicioso, a massa carcerária acaba por encontrar em condutas ilícitas (fugas, rebeliões e motins) a única maneira eficaz de romper com o silêncio totalitário dos muros prisionais"[13]. Logo, embora todos esses aspectos referidos não afastem aquela exigibilidade de conduta diversa, por certo a tornará menos grave, militando, por conseguinte, em favor dos infratores, possibilitando que se lhe atribua menor grau de censura.

Não há previsão da modalidade culposa.

7. Consumação e tentativa

Consuma-se o crime de motim de presos com a perturbação efetiva da ordem ou disciplina do estabelecimento prisional, isto é, desde que se manifestem os primeiros atos do motim, sendo irrelevante a permanência da perturbação, desde que referidos atos caracterizem violência "organizadamente" indiscriminada. O não acatamento de uma ordem, a vaia, mesmo coletiva, podem configurar transgressões disciplinares, mas, certamente, não caracterizam o crime de motim de presos.

A tentativa é, teoricamente, admissível, pois, além de crime material, trata-se de infração penal plurissubsistente cuja fase executória admite fracionamento.

8. Classificação doutrinária

Trata-se de crime material (que exige resultado naturalístico para sua consumação); próprio (que exige qualidade ou condição especial do sujeito — somente podem ser "presos"); de forma livre (que pode ser praticado por qualquer meio ou forma pelo agente); instantâneo (não há demora entre a ação e o resultado); plurissubjetivo (de concurso necessário, isto é, que exige a participação de mais de um agente com a condição especial exigida pelo tipo — preso); plurissubsistente (crime que, em regra, pode ser praticado com mais de um ato, admitindo, em consequência, fracionamento em sua execução).

---

12. Salo de Carvalho, *Pena e garantias*, 2. ed., Rio de Janeiro, Lumen Juris, 2003, p. 225.
13. Salo de Carvalho, *Pena e garantias*, 2. ed., Rio de Janeiro, Lumen Juris, 2003, p. 223-224.

9. Pena e ação penal

As penas cominadas são de detenção, de seis meses a dois anos, além da pena correspondente à violência, quando constituir, em si mesma, crime autônomo; aplica-se, nesse caso, o sistema do cúmulo material entre a pena cominada ao crime de amotinar-se e a correspondente à violência (homicídio ou lesões corporais) contra a pessoa, não configurando, necessariamente, concurso material de crimes, ao contrário do que afirmava Magalhães Noronha[14]. Contudo, se houver evasão, decorrente do próprio amotinamento, haverá concurso formal com o crime do art. 352, somente para quem se evadir. Tratando-se de infração de menor potencial ofensivo — pena cominada não superior a dois anos —, admite-se a transação penal.

A ação penal é pública incondicionada.

---

14. Magalhães Noronha, *Direito Penal*, p. 428.

PATROCÍNIO INFIEL, SIMULTÂNEO OU TERGIVERSAÇÃO

L

Sumário: 1. Considerações preliminares. 2. Bem jurídico tutelado. 3. Sujeitos do crime. 4. Tipo objetivo: adequação típica. 5. Tipo subjetivo: adequação típica. 6. Consumação e tentativa. 7. Classificação doutrinária. 8. Pena e ação penal.

Patrocínio infiel

Art. 355. Trair, na qualidade de advogado ou procurador, o dever profissional, prejudicando interesse, cujo patrocínio, em juízo, lhe é confiado:

Pena — detenção, de 6 (seis) meses a 3 (três) anos, e multa.

Patrocínio simultâneo ou tergiversação

Parágrafo único. Incorre na pena deste artigo o advogado ou procurador judicial que defende na mesma causa, simultânea ou sucessivamente, partes contrárias.

1. Considerações preliminares

O patrocínio infiel era concebido no direito romano como modalidade de prevaricação, incriminando a traição dos advogados à confiança que recebera de seus clientes na defesa de uma causa. Na Idade Média, prevaleceram os critérios das fontes romanas, generalizando-se, no entanto, com o correr dos tempos, para englobar uma noção mais ampla de falso, tendo sido mantido por vários diplomas legais já na era das codificações. O Código Penal francês de 1810, por sua vez, ampliou essa concepção para abranger qualquer ato de funcionário público que implicasse violação de deveres inerentes ao cargo ocupado ou fizesse uso de dito cargo para fins ilícitos.

Nosso Código Criminal do Império (1830) não tratou dessa infração penal. Já o Código Penal de 1890 disciplinou-a como uma modalidade de prevaricação nos §§ 3º e 4º de seu art. 209, ambas figuras recepcionadas, respectivamente, pelos arts. 355 e 356, com ligeiras modificações.

2. Bem jurídico tutelado

Bem jurídico protegido é o interesse no funcionamento regular da Administração da Justiça. Magalhães Noronha elucidava a objetividade jurídica deste dispositivo legal, destacando que “a tutela do interesse privado realiza-se sobretudo como reflexo da tutela do interesse público; tanto que nem sempre o consentimento da parte ao fato do advogado ou consultor técnico pode excluir o caráter de ilegitimidade"[1].

3. Sujeitos do crime

Sujeitos ativos são o advogado, isto é, o bacharel em direito regularmente inscrito na Ordem dos Advogados do Brasil (art. 3º da Lei n. 8.906/94), e o procurador judicial — que pode ser interpretado como o advogado público —, compreendendo-se como tais os advogados dos membros da Advocacia-Geral da União, da Procuradoria da Fazenda Nacional, das Defensorias Públicas, Procuradorias e Consultorias Jurídicas dos Estados, Municípios, Distrito Federal, Autarquias e demais entidades da administração indireta e fundacional (art. 3º, § 1º). É perfeitamente admissível a participação de terceiros, incluindo-se os estagiários, nos termos definidos pelo concurso de pessoas (art. 29). A figura do solicitador não foi recepcionada pela Lei n. 8.906/94.

Sujeitos passivos são, em primeiro plano, como sustentamos, a parte prejudicada (o cliente) pelo patrocínio infiel, simultâneo ou pela tergiversação; secundariamente, o Estado, que é o titular da Administração da Justiça.

4. Tipo objetivo: adequação típica

O *caput* do art. 355 tipifica o patrocínio infiel, que consiste em trair (ser infiel aos deveres profissionais), na qualidade de advogado ou procurador, o dever profissional, prejudicando interesse (o prejuízo deve ser efetivo, de natureza material ou moral, desde que se refira a interesse legítimo) cujo patrocínio, em juízo, lhe é confiado. Já era essa a noção que Carrara, tratando como uma modalidade de prevaricação, atribuía ao patrocínio infiel, ao defini-lo como "a atitude daquele que, no exercício da profissão de advogado de uma das partes, faz acordo com o adversário, com o objetivo de lucro e em prejuízo do próprio cliente"[2]. Com efeito, patrocínio infiel consiste na ação de enganar o cliente, no patrocínio de causa, fraudando-lhe a expectativa de defender seu interesse em juízo. É infiel no patrocínio de causa judicial o advogado que, no exercício profissional, não se conduz como deveria fazê-lo na defesa do interesse legítimo que lhe é confiado pelo cliente, causando-lhe prejuízo. O dever de fidelidade encontra-se delineado no Estatuto da Ordem dos Advogados do Brasil, nos seguintes termos: "Art. 33. O advogado obriga-se a cumprir rigorosamente os deveres consignados no Código de Ética e Disciplina. Parágrafo único. O Código de Ética e Disciplina regula os deveres do advogado para com a comunidade, o cliente, o outro profissional e, ainda, a publicidade, a recusa do patrocínio, o dever de assistência jurídica, o dever geral de urbanidade e os respectivos procedimentos disciplinares".

---

1. Magalhães Noronha, *Direito Penal*, p. 431.
2. Francesco Carrara, *Programa de Derecho Criminal*, 4. ed., Bogotá, Temis, 1980, v. 5, § 2.594, p. 141.

No parágrafo único, a conduta incriminada é a defesa de interesses, na mesma causa (entendida em sentido amplo), de partes contrárias (titulares de interesses antagônicos), de forma simultânea (patrocínio simultâneo) ou sucessiva (tergiversação). Na primeira, o agente toma para si a defesa, ao mesmo tempo, de interesses contrários de partes litigantes; e, na segunda, após ter abandonado, ou ter sido dispensado por uma das partes, assume o patrocínio da parte contrária. São, portanto, duas figuras distintas: patrocínio simultâneo e patrocínio sucessivo de partes contrárias, sendo pressuposto, portanto, em qualquer das duas modalidades, que a ação ocorra em relação à mesma causa. No patrocínio simultâneo o agente defende interesses opostos, por si ou por interposta pessoa, configurando a hipótese de concurso de pessoas; no patrocínio sucessivo (tergiversação) o sujeito ativo "troca de lado", passando a patrocinar a causa da parte contrária, sendo insuficiente, porém, o simples recebimento de mandato: é necessário que efetivamente atue na defesa de interesse da parte adversa. A infidelidade profissional, na ótica do Código Penal, faz-se presente em qualquer dessas modalidades de condutas. Partes contrárias, enfim, devem ser entendidas, no âmbito do art. 355, pessoas com interesses divergentes, antagônicos, opostos, na mesma relação jurídico-processual, mesmo que não figurem concretamente, como partes, no processo judicial. Assim, por exemplo, o denunciado e o lesado são partes contrárias num processo criminal, mesmo que este não se tenha habilitado como assistente do Ministério Público. Nesse sentido, esclarece a jurisprudência do STJ: "A tipificação dos crimes de patrocínio simultâneo e de tergiversação pressupõe a realização de atos concretos de defesa de ambas as partes contrárias em uma mesma causa" (STJ, RHC n. 136.998/PI, relatora Ministra Laurita Vaz, Sexta Turma, julgado em 14-10-2021, *DJe* de 19-10-2021).

No entanto, convém registrar, o patrocínio infiel somente pode ocorrer em relação ao interesse legítimo, porque contrariar pretensão ilegal não tem a proteção do ordenamento jurídico, e muito menos na esfera penal, não se podendo falar, sequer, de infração ético-administrativa. Na verdade, a ilegitimidade do interesse pretendido é incompatível com o prejuízo requerido pelo tipo penal, pois o que se protege, em primeiro plano, é o cumprimento do dever profissional e não a pretensão da parte ao outorgar o mandato, e não é defensável sustentar dever ético de honrar mandato que objetive interesse ilegítimo. Ademais, é elemento constitutivo do tipo o prejuízo do cliente vítima da infidelidade profissional do advogado. Em decorrência dessa infidelidade deve produzir-se um dano, um prejuízo ou lesão efetiva aos interesses confiados ao profissional. A ausência de prejuízo, patrimonial ou moral, que é uma exigência típica, impede a configuração do crime, sendo insuficiente a simples possibilidade de sua ocorrência. Nessa hipótese, a conduta do agente, que nem por isso deixa de ser infiel, somente poderá ser reprovada no plano ético, ficando afastada a censura criminal, por falta de adequação típica. No entanto, é insuficiente a ocorrência de prejuízo, sendo indispensável que decorra de infringência de dever profissional.

É indispensável que as condutas incriminadas refiram-se a causa judicial, independentemente de sua natureza, civil, criminal, trabalhista etc., e mesmo que sejam praticadas fora do processo, desde que à causa judicial se refira, como, por exemplo, fazendo acordo, transigindo, negociando etc. em prejuízo de seu cliente. A atuação extrajudicial, com efeito, não vinculada a causa judicial, não basta para a configuração do presente delito, uma vez que a elementar típica, como já destacamos, exige que a infidelidade esteja vinculada a patrocínio confiado em juízo. O abandono, pelo advogado, de processo criminal não caracteriza o crime do art. 355 do CP, sujeitando-o, tão somente, à multa prevista no art. 265 do CPP, além da responsabilidade ética perante seu órgão de classe (OAB). *Vide* a Lei n. 8.906/94 (Estatuto da Ordem dos Advogados do Brasil) e o art. 133 da CF. Mas haverá patrocínio infiel, por exemplo, na conduta de quem não recorre de decisão contrária, quando deveria fazê-lo, não evita a decadência ou prescrição, podendo fazê-lo em benefício do constituinte, perde o prazo recursal por negligência ou incompetência profissional etc.

Por fim, o consentimento do interessado, em tese, exclui não apenas a antijuridicidade do fato, mas também a própria tipicidade, quando se tratar, evidentemente, de interesse disponível. É desnecessária a existência de mandato formal, sendo suficiente que o profissional habilitado postule em juízo, em nome do cliente, presumindo-se que patrocínio lhe tenha sido confiado pelo cliente e aceito por este. É igualmente irrelevante que o patrocínio seja remunerado ou gratuito, contratado pela parte ou nomeado pelo juiz, ou mesmo que se trate de defensor público.

5. Tipo subjetivo: adequação típica

O elemento subjetivo é o dolo, representado pela vontade consciente de agir de forma infiel no patrocínio da causa judicial, ou de patrocinar defesas antagônicas no mesmo processo judicial. Todos os elementos constitutivos do tipo devem, necessariamente, ser abrangidos pelo dolo do sujeito ativo, inclusive com a consciência de causar prejuízo ao cliente.

A proveniência de dano decorrente de culpa do profissional, por negligência, imperícia ou imprudência, desde que não constitua erro ou omissão grosseiros, não tipifica o crime, ante a ausência de previsão de modalidade culposa. Não afasta, contudo, a possibilidade de caracterizar infração ético-disciplinar.

6. Consumação e tentativa

Consuma-se o crime de patrocínio infiel, com o prejuízo oriundo da traição, mesmo que não seja definitivo. É necessária uma relação de causa e efeito entre a conduta do sujeito ativo e o prejuízo causado ao cliente, sujeito passivo da infração penal; o crime de patrocínio simultâneo ou tergiversação, por sua vez, consuma-se com a realização de ato processual destinado a beneficiar a parte contrária.

A tentativa é admissível na modalidade comissiva do patrocínio infiel e no patrocínio simultâneo, mas é praticamente incabível na tergiversação.

7. Classificação doutrinária

Trata-se de crime próprio (que exige qualidade ou condição especial do sujeito ativo, advogado ou procurador); material (que exige resultado naturalístico para sua consumação); formal (nas modalidades do parágrafo único, aperfeiçoa-se com a prática de qualquer ato processual relativo ao patrocínio simultâneo ou sucessivo); de forma livre (que pode ser praticado por qualquer meio ou forma pelo agente); instantâneo (não há demora entre a ação e o resultado); unissubjetivo (que pode ser praticado por um agente apenas); plurissubsistente (que, em regra, pode ser praticado com mais de um ato, admitindo, em consequência, fracionamento em sua execução).

8. Pena e ação penal

As penas cominadas, cumulativamente, são de detenção, de seis meses a três anos, e multa. Admite-se a suspensão do processo em razão de a pena mínima — abstratamente cominada — não ser superior a um ano (art. 89 da Lei n. 9.099/95).

A ação penal é pública incondicionada.

SONEGAÇÃO DE PAPEL OU OBJETO DE VALOR PROBATÓRIO

LI

Sumário: 1. Considerações preliminares. 2. Bem jurídico tutelado. 3. Sujeitos do crime. 4. Tipo objetivo: adequação típica. 5. Tipo subjetivo: adequação típica. 6. Consumação e tentativa. 7. Classificação doutrinária. 8. Pena e ação penal.

Sonegação de papel ou objeto de valor probatório

Art. 356. Inutilizar, total ou parcialmente, ou deixar de restituir autos, documento ou objeto de valor probatório, que recebeu na qualidade de advogado ou procurador:

Pena — detenção, de 6 (seis) meses a 3 (três) anos, e multa.

1. Considerações preliminares

O nosso primeiro Código Penal republicano, de 1890, já se preocupava em criminalizar advogado ou procurador que extraviasse ou subtraísse documentos que lhe fossem confiados e não devidamente restituídos. A Consolidação das Leis Penais criminalizava a conduta de advogado ou procurador judicial que subtraísse ou extraviasse, dolosamente, documentos de qualquer espécie, que lhe tivessem sido confiados, e deixasse de restituir autos que houvesse recebido com vista ou em confiança (art. 209, n. 4º). O Projeto Alcântara Machado, por sua vez, previa que: "danificar ou não restituir autos, documentos ou objetos de valor probatório que lhe tenha vindo ao poder, em razão do ofício" (art. 186, III). O atual Código Penal, cuja parte especial remonta aos idos de 1940, seguiu, em linhas gerais, a previsão legal anterior, como veremos a seguir.

2. Bem jurídico tutelado

Bem jurídico protegido continua sendo a Administração da Justiça, e especialmente, segundo Magalhães Noronha, "a sua atuação normal e regular, que não pode coexistir com a ação molesta e nociva do advogado que incide sobre elementos probatórios"[1]. Esse objeto jurídico encontra-se reforçado a partir da vigência da atual Constituição Federal (1988), que passou a considerar o advogado "indispensável à administração da justiça" (art. 133). Incrimina-se outra modalidade de infração ao dever profissional de advogado ou procurador judicial.

1. Magalhães Noronha, *Direito Penal*, p. 434.

3. Sujeitos do crime

Sujeito ativo é, a exemplo do artigo anterior, o advogado ou procurador judicial que, nessa condição, recebe o objeto material da infração penal (autos, documento ou objeto de valor probatório), tratando-se, por conseguinte, de crime próprio.

Sujeitos passivos são o Estado e a pessoa eventualmente prejudicada pela inutilização ou sonegação do objeto material descrito no tipo penal.

4. Tipo objetivo: adequação típica

As condutas tipificadas, alternativamente, são inutilizar e deixar de restituir autos, documento ou objeto de valor probatório: a) inutilizar, total ou parcialmente, é tornar inútil ou imprestável o objeto material ao fim a que se destina. A inutilização pode ser, segundo o texto legal, total (completa, abrangente) ou parcial (basta que parcela do todo seja inutilizada para satisfazer a vontade do legislador, pois será suficiente para neutralizar ou dificultar a finalidade do objeto material, ainda que seja parcialmente inutilizado). Inutilizar, ademais, total ou parcialmente, equivale a equiparar a consumação da ação com sua tentativa, pelo menos aquela conhecida como tentativa perfeita; b) deixar de restituir, por sua vez, é não devolver, sonegar ou reter os mesmos objetos, na hipótese do presente artigo, recebidos na condição ou qualidade de advogado ou procurador. Subtração, inutilização ou mesmo sonegação de documentos são figuras usadas diversas vezes pelo legislador brasileiro na Parte Especial do Código. Os dois verbos nucleares deste dispositivo — inutilizar e deixar de restituir — indicam mais uma vez o mau uso de tais objetos, apenas, no caso em exame, realizado pelos profissionais mencionados, lesando interesse da Administração da Justiça. Nesse sentido, Hungria já advertia que "o fato de sonegar, subtrair ou inutilizar documentos é incriminado em vários setores da parte especial do Código, segundo a diversidade ou hierarquia do interesse jurídico lesado, figurando, por último, entre os crimes contra a administração da justiça quando praticado por advogado ou procurador, com abuso de sua profissão"[2].

O objeto material é representado pelos autos, documento ou objeto de valor probatório, que devem ser entregues ao advogado ou procurador, exatamente em razão dessa qualidade. Segundo a doutrina, por "autos se diz conjunto de peças (petições, instrumentos de mandato, articulados, termos, elementos instrutivos, arrazoados, sentença etc.) que integram um processo, seja cível, seja penal. Documento é o papel escrito especial ou eventualmente destinado à prova de fato juridicamente relevante. Objeto de valor probatório é todo aquele que serve ou se pretende que possa servir de elemento de convicção acerca dos fatos em que qualquer das partes, no processo, funda sua pretensão"[3]. No entanto, em se tratando de autos processuais retirados em carga por advogado (art. 7º, XVI, da Lei n. 8.906/94) devidamente habilitado, devem ser observadas as disposições do Estatuto da OAB. Deve-se, preli-

---

2. Nélson Hungria, *Comentários ao Código Penal*, p. 527-528.
3. Nélson Hungria, *Comentários ao Código Penal*, p. 528.

minarmente, notificar o profissional para que devolva referidos autos no prazo fixado. Não sendo observada ou atendida essa notificação, a partir daí estará configurada a infração penal. Aliás, nesse sentido, Heleno Cláudio Fragoso há mais de trinta anos já destacava que "os tribunais têm entendido que, no caso de não devolução de autos de processo por advogados, é indispensável a intimação prévia pelo juiz, para que se configure a falta de restituição"[4]. Antes dessa providência, a não devolução dos autos constitui a infração disciplinar prevista no art. 34, XXII, do diploma legal referido, cuja competência para conhecê-la e julgá-la é da entidade de classe.

Distingue-se do delito previsto no art. 314 do CP (extravio, sonegação ou inutilização de livro ou documento), porque, neste, o agente é funcionário público que tem guarda do objeto material (livro oficial ou documento) em razão do cargo. Nesta figura do art. 356, no entanto, o sujeito ativo é advogado ou procurador, que age nessa condição e com essa qualidade, observadas as demais *essentialia deliti*, e, ainda, nesta infração do art. 356, o objeto material do crime tem uma finalidade especial, que no art. 314 não há, qual seja a "finalidade probatória", a exemplo da exigência do art. 255 do Código Penal argentino[5]. Esse dispositivo do Código Penal argentino é sempre citado pela doutrina nacional como similar ao art. 314 do nosso Código Penal; no entanto, referido dispositivo também guarda muita semelhança com o disposto no art. 356, especialmente se observarmos a finalidade probatória exigida pelo Código Penal argentino, bem como os possíveis sujeitos ativos (dessa infração penal), destoando da previsão do art. 314 do diploma legal pátrio.

A sonegação de papel ou objeto de valor probatório (art. 356) diferencia-se também da sonegação de papel ou objeto de valor probatório do crime do art. 305 do CP (supressão de documento), porque neste o objeto material é o documento público ou particular destinado à prova de uma relação jurídica, atuando o sujeito ativo em benefício próprio ou de outrem, ou em prejuízo alheio.

Há, enfim, uma relação de especialidade entre os crimes descritos nos arts. 356, 305 e 314, todos do CP: se a inutilização ou não restituição for de autos, documento ou objeto de valor probatório realizada por advogado, que recebe nessa condição, a infração será a do art. 356.

5. Tipo subjetivo: adequação típica

Elemento subjetivo é o dolo, representado pela vontade consciente de inutilizar, total ou parcialmente, ou deixar de restituir autos, documento ou objeto de valor probatório, praticar qualquer das condutas descritas no tipo penal. Tratando-se de um tipo especial, cuja consumação tem um marco antecipado (24 horas após a intimação para devolver os autos a cartório, no caso de advogado ou procurador — art.

4. Heleno Cláudio Fragoso, *Lições de Direito Penal*, p. 556.

5. "Será reprimido com prisão de seis meses a seis anos o que subtrair, ocultar, destruir ou inutilizar objetos destinados a servir de prova perante a autoridade competente, registros ou documentos confiados à custódia de um funcionário ou de outra pessoa no interesse do serviço público. Se o culpado for o mesmo depositário, sofrerá ainda inabilitação especial pelo dobro do tempo".

196 do CPC), caracteriza-se o dolo; quando esgotado o prazo judicialmente concedido via mandado de intimação, deixa o sujeito ativo, deliberadamente, de devolver o processo ou documento no prazo determinado.

São irrelevantes os eventuais motivos que levam à prática do crime, não sendo exigido qualquer elemento subjetivo especial do tipo penal. Não há tampouco previsão de modalidade culposa. Eventual culpa, se ocorrer, poderá, no máximo, configurar a falta administrativa inserta no art. 34, XXII, da Lei n. 8.906/94 (EOAB).

6. Consumação e tentativa

Consuma-se o delito com a efetiva inutilização do objeto material, e consequente perda de seu valor probatório, ou, na modalidade de sonegação, com a recusa do agente em restituir os autos na forma da legislação processual vigente ou com a não devolução do documento ou objeto de valor probatório após o decurso de período juridicamente relevante, no caso, em 24 horas, consoante determinação do Código de Processo Civil (art. 196). Aliás, nesse sentido já se manifestaram nossos dois Tribunais Superiores, nos termos seguintes: "Em tese, a infração do art. 356 do CP de 1940 considera-se configurada, na modalidade de retenção dos autos, a partir do decurso do prazo de 24 horas após a intimação do retentor, consoante dispõe o art. 196 do CPC" (STF, *RT*, 605:409-10); "O delito previsto no art. 356 do CP somente se consuma pelo não atendimento da intimação do juiz para restituir os autos" (STJ, *RT*, 616:402). Em julgado mais recente do STJ: "Consuma-se o crime tipificado no art. 356 do CP no momento em que o causídico, embora tenha sido intimado, ignore o dever de restituir os autos no prazo legal, como ocorrido no presente caso (STJ, AgRg no REsp n. 1.538.296/SC, relator Ministro Reynaldo Soares da Fonseca, Quinta Turma, julgado em 27-9-2016, *DJe* de 5-10-2016)".

Apenas a inutilização admite a ocorrência de tentativa. A não restituição constitui conduta omissiva própria e, como tal, não se pode afirmar, *a priori*, a possibilidade de configurar-se a figura tentada.

7. Classificação doutrinária

Trata-se de crime próprio (que exige qualidade ou condição especial do sujeito); formal (que não exige resultado naturalístico para sua consumação); de forma livre (que pode ser praticado por qualquer meio ou forma pelo agente); instantâneo (não há demora entre a ação e o resultado); unissubjetivo (que pode ser praticado por um agente apenas); plurissubsistente (que, em regra, pode ser praticado com mais de um ato, admitindo, em consequência, fracionamento em sua execução).

8. Pena e ação penal

As penas cominadas, cumulativamente, são de detenção, de seis meses a três anos, e multa. Admite-se a suspensão condicional do processo em razão da pena mínima abstratamente cominada — não superior a um ano (*vide* art. 89 da Lei n. 9.099/95 — Lei dos Juizados Especiais).

A ação penal é pública incondicionada.

EXPLORAÇÃO DE PRESTÍGIO — LII

Sumário: 1. Considerações preliminares. 2. Bem jurídico tutelado. 3. Sujeitos do crime. 4. Tipo objetivo: adequação típica. 5. Tipo subjetivo: adequação típica. 6. Consumação e tentativa. 7. Classificação doutrinária. 8. Figura majorada. 9. Questões especiais. 10. Pena e ação penal.

Exploração de prestígio

Art. 357. Solicitar ou receber dinheiro ou qualquer outra utilidade, a pretexto de influir em juiz, jurado, órgão do Ministério Público, funcionário de justiça, perito, tradutor, intérprete ou testemunha:

Pena — reclusão, de 1 (um) a 5 (cinco) anos, e multa.

Parágrafo único. As penas aumentam-se de um terço, se o agente alega ou insinua que o dinheiro ou utilidade também se destina a qualquer das pessoas referidas neste artigo.

1. Considerações preliminares

Nosso Código Penal de 1940 disciplinou a exploração de prestígio em duas oportunidades: na primeira, entre os crimes contra a administração pública em geral — quando é praticado contra qualquer funcionário público (art. 332); na outra, entre os crimes contra a Administração da Justiça, quando se relacionar a funcionários a ela vinculados (art. 357). Com essa postura, mais uma vez, o legislador brasileiro seguiu a legislação italiana, como destaca Nilo Batista afirmando: "Decidiu o legislador italiano criar, entre os delitos contra a Administração Pública (que ocupam o título II da Parte Especial de seu código), mais precisamente entre os crimes dos particulares contra a Administração Pública (que constitui o capítulo II desse título II), uma figura geral do crime que, na rubrica, batizou de *Millantato credito* (que caberia traduzir por prestígio ostentado). Ao mesmo tempo, decidiu também criar, entre os delitos contra a Administração da Justiça que ocupam o título III da Parte Especial de seu código, uma figura especial, voltada para o ambiente judiciário, que na rubrica ostentaria o nome *Millantato credito del patrocinatore* (prestígio ostentado pelo patrono). Daí provieram os arts. 346 e 382 do Código Rocco..."[1].

1. Nilo Batista, Parecer sobre equivocada capitulação de "exploração de prestígio" (inédito).

2. Bem jurídico tutelado

Bem jurídico protegido é a Administração Pública, como em todos os demais crimes que integram o Título XI do Código Penal, mas neste dispositivo tutela-se diretamente a Administração da Justiça, no particular aspecto de prestígio, confiança e respeito perante a coletividade, que é exposta ao descrédito pela ação fraudadora do sujeito ativo. Gabando-se de gozar de prestígio, vangloriando-se de desfrutar de influência perante a Administração da Justiça (juiz, órgão do Ministério Público, jurado, perito etc.), lesa o bom nome, o conceito e o prestígio que esta deve ter junto à comunidade, difundindo a ideia de que tudo se resolve segundo a importância de quem desfruta de influência perante o poder. O bem jurídico tutelado — reconhecia Magalhães Noronha[2] — "é o interesse da administração da justiça, prejudicada em sua dignidade e prestígio, pela corrupção de seus servidores, inculcada pelo delinquente, seja invocando ascendência criminosa junto a eles, seja proclamando sua venalidade. Comportamento desse estofo não pode deixar de ofender o conceito e a confiança que deve a justiça gozar, maculados, entretanto, pela fraude do agente".

3. Sujeitos do crime

Sujeito ativo pode ser qualquer pessoa, inclusive funcionário público, desde que não esteja no exercício de suas funções normais, não o configurando, por exemplo, a influência exercida por superior hierárquico, afora o fato de que sua influência sobre o subalterno não é "pretextada", é real, ela existe.

No polo ativo, contudo, não pode deixar de ser considerada a participação decisiva de uma terceira pessoa, qual seja a beneficiária da "venda do prestígio", que é parte diretamente interessada no resultado da ação, e, no mínimo, "concorre de qualquer modo para a sua prática" (art. 29 do CP), a exemplo do que sustentamos quando examinamos o art. 332 (tráfico de influência): há, inegavelmente, também neste crime, uma relação triangular envolvendo sujeito ativo, beneficiário e, supostamente, o funcionário público, este, pelo menos, em tese. Para não sermos repetitivos, remetemos o leitor para o capítulo do crime de tráfico de influência, onde desenvolvemos longamente essa matéria, cujo entendimento pode ser normalmente aqui aplicado.

Sujeito passivo é o Estado, mais especificamente a Administração da Justiça. O próprio funcionário público iludido ou ludibriado que arcará, no mínimo, com o dano moral decorrente de sua propalada infidelidade funcional, também é, secundariamente, sujeito passivo dessa infração penal.

4. Tipo objetivo: adequação típica

As condutas típicas, alternativamente incriminadas, são representadas pelos verbos nucleares solicitar (pedir, rogar, procurar), ou receber (aceitar em pagamen-

---

2. Magalhães Noronha, *Direito Penal*, p. 436.

to, obter, conseguir) dinheiro ou qualquer outra utilidade (de cunho moral ou material), a pretexto de influir em juiz, jurado, órgão do Ministério Público, funcionário da justiça, perito, tradutor, intérprete ou testemunha (enumeração taxativa). Solicitar indica a iniciativa do agente; este propõe a "traficância", sendo desnecessária a sua aceitação por parte do "beneficiário" ou presumível comprador; receber é um estágio mais avançado do "processo", já pressupondo acordo de vontade entre comprador e vendedor do "prestígio"[3], pois há um pagamento. Trata-se, na realidade, de uma fraude, de um engodo; aqui, a exemplo do que ocorre com a previsão do art. 332, a lei incrimina a gabolice, a jactância de influir nas pessoas que servem à justiça (juiz, jurado, Ministério Público etc.), quando tal prestígio não existe. Age o vendedor de ilusões, como "corretor de pseudocorrupção", fraudando, de um lado, o adquirente-beneficiário, pelo menos teoricamente, que nada recebe em troca do pagamento, e, de outro, deprecia a Administração da Justiça, que é exposta ao descrédito e, ainda, desmoraliza o suposto funcionário venal.

Ao contrário do que ocorre com o crime de tráfico de influência (art. 332), o tipo penal de exploração de prestígio (art. 357) não criminaliza a conduta de obter, para si ou para outrem, vantagem ou promessa de vantagem, mas tão somente solicitar ou receber dinheiro ou qualquer outra utilidade, embora com finalidade semelhante, qual seja "a pretexto de influir" — lá, "em ato de funcionário público...", qualquer funcionário — enquanto aqui (especialização), "em juiz, jurado, órgão do Ministério Público, funcionário da justiça..." etc., e é exatamente essa finalidade distinta que assegura igualmente a diferença de bem jurídico; naquele é a Administração Pública *lato sensu*, e neste, a Administração da Justiça. Ademais, o *nomen juris* "tráfico de influência" é, sem dúvida, mais abrangente que "exploração de prestígio", pois o prestígio consiste na superioridade pessoal baseada no bom êxito ou no valor individual apregoado pelo falsário. Nesse caso, faz-se necessário, com efeito, que o agente exerça (pretensamente) sua influência sobre juiz, jurado ou funcionário da justiça, e não apenas sobre o *animus* destes, como sugere a redação do texto legal. A exploração de prestígio, como também o tráfico de influência (art. 332), que são, para usar uma linguagem figurada, irmãos siameses, em qualquer de suas modalidades, absorve o crime de estelionato. Não é outra a concepção de Nilo Batista, que enfatiza: "Nenhum penalista italiano duvidou de que o crime do art. 382 constituísse modalidade típica especial daquele previsto no art. 346. Assim, Sabatini dizia que o delito do art. 382 'contempla una ipotesi speciale di *millantato credito* preveduto dall'art. 346, di cui racchiude le note fondamentali'"[4].

O crime deste art. 357 (exploração de prestígio) não deixa de ser, ao menos em tese, uma modalidade *sui generis* de estelionato, pois o sujeito ativo ilude e frauda o "pretendente' à influência perante as autoridades mencionadas no dispositivo legal, alegando um prestígio que não possui e assegurando-lhe um êxito que não está ao seu alcance. Com efeito, estão presentes a fraude, a vantagem pessoal e o

3. Magalhães Noronha, *Direito Penal*, p. 437.

4. Nilo Batista, Parecer sobre equivocada capitulação de "exploração de prestígio" (inédito).

correspondente prejuízo alheio. Nesse sentido, adverte Damásio de Jesus: "a solicitação ou o recebimento de dinheiro ou qualquer outra utilidade deve ter por fundamento a desculpa fantasiosa de que o sujeito vai influenciar as pessoas mencionadas na figura típica. Trata-se, na verdade, de uma fraude, mentira. Se, efetivamente, a utilidade ou o dinheiro se destina às pessoas enumeradas, há crime de corrupção ativa ou passiva (CP, arts. 317 e 333)"[5]. Com efeito, há um ato fraudulento, sendo que, "a pretexto de influir" nas autoridades que o texto legal menciona, vem a ser o artifício utilizado para a obtenção do "dinheiro ou qualquer outra utilidade". É, no entanto, imprescindível que o agente arrogue-se prestígio junto a tais funcionários, pois, caso contrário, o fato não ofende a Administração da Justiça, e poderá constituir apenas estelionato, ou, dependendo das circunstâncias, outro crime. Nesse sentido era também a conclusão de Magalhães Noronha[6]: "na verdade, o delito é fraude ou estelionato, porque o comprador é iludido; entretanto, justificadamente a lei deu prevalência aos interesses da justiça, relegando a plano secundário os daquele, cujo comportamento pouco recomenda".

O "dinheiro ou qualquer outra utilidade" é solicitado ou recebido "a pretexto de influir" em juiz, jurado etc. Realmente, o crime de "exploração de prestígio" pressupõe que o dinheiro ou utilidade de que se cogita seja postulado a pretexto de influir; esse — pode-se afirmar — é o móvel do crime. De um modo geral, haverá, como no estelionato, o emprego de ardis ou artifícios, embora seja suficiente a simples mentira, a afirmação do sujeito ativo de que pode influir. Na verdade, o objeto material do crime é o dinheiro ou qualquer outra utilidade (de cunho material ou moral, isto é, ainda que não patrimonial). Assim, pune-se a exploração de prestígio, ou seja, o comércio de influência (poder, ascendência ou predomínio que alguém exerce sobre autoridade, ou, mais precisamente, no caso, alardeia que exerce), capaz de estender-se em cadeia. É indiferente, por outro lado, que o objeto da mediação seja justo ou injusto, legal ou ilegal. A forma de sua obtenção, o meio utilizado, é fraudulento, e nisso — no pretexto de influir — reside a sua essência caracterizadora da ilicitude comportamental. Ademais, a majorante (parágrafo único), com a locução se o agente "alega ou insinua", deixa claro que o fato não é do conhecimento do funcionário.

Na hipótese de existir ou ocorrer acordo entre o sujeito ativo e o funcionário da justiça (juiz, jurado, órgão do Ministério Público etc.), verifica-se o crime de corrupção (arts. 333 e 317 do CP). Com efeito, se eventualmente faltarem algumas das elementares do crime especial ora em exame, subsiste o estelionato. No entanto, se resultar, ao final, configurado o crime de corrupção, este absorverá o tráfico de influência. Nessa hipótese, dependendo das demais elementares, o funcionário responderá por corrupção passiva.

5. Tipo subjetivo: adequação típica

5. Damásio, *Direito Penal*, p. 364.
6. Magalhães Noronha, *Direito Penal*, p. 437.

O elemento subjetivo é o dolo, representado pela vontade consciente de solicitar ou receber dinheiro ou qualquer outra utilidade, pretextando ter influência perante servidor da justiça (juiz, jurado, órgão do Ministério Público, funcionário da justiça, perito, tradutor, intérprete ou testemunha).

É indispensável, a nosso juízo, o elemento subjetivo especial do tipo, representado pela finalidade especial de influir nos funcionários mencionados na descrição típica[7]. Magalhães Noronha, embora com uma linguagem dúbia afirme que o elemento subjetivo é constituído pelo "dolo genérico", conclui que "o fim ou escopo do agente não é o de desacreditar a justiça, que é ínsito em seu ato, mas de obter vantagem, representada pelo dinheiro ou qualquer utilidade", que é exatamente o que constitui o elemento subjetivo especial exigido pelo tipo penal. Regis Prado, no entanto, seguindo a corrente tradicional, sustenta que o "tipo subjetivo é integrado somente pelo dolo"[8].

6. Consumação e tentativa

Consuma-se o delito com a solicitação ou recebimento: na modalidade de solicitar, o crime consuma-se no momento e no lugar em que é efetuado o pedido do dinheiro ou de qualquer outra utilidade pelo sujeito ativo, independentemente de a vítima aceitar tal pedido; na modalidade de receber, como crime material, consuma-se o crime somente com o efetivo recebimento do dinheiro ou qualquer outra utilidade, mencionada no texto legal.

A tentativa depende do meio de execução selecionado pelo agente: na modalidade de solicitar é impossível a tentativa, ressalvada a hipótese de solicitação feita por escrito; na de receber, tratando-se de crime plurissubsistente, admite-se o fracionamento em sua fase executória.

7. Classificação doutrinária

Trata-se de crime formal (que não exige resultado naturalístico para sua consumação), na modalidade solicitar, e material, na modalidade receber; próprio (que exige qualidade ou condição especial do sujeito); de forma livre (que pode ser praticado por qualquer meio ou forma pelo agente); instantâneo (não há demora entre a ação e o resultado); unissubjetivo (que pode ser praticado por um agente apenas); plurissubsistente (que, em regra, pode ser praticado com mais de um ato, admitindo, em consequência, fracionamento em sua execução).

8. Figura majorada

Configura-se causa de aumento, nos termos do parágrafo único, se o sujeito ativo alega ou insinua que o dinheiro ou utilidade também se destina a qualquer das pessoas referidas no *caput*. A razão da incidência da majorante reside no maior

---

7. No mesmo sentido, Guilherme de Souza Nucci, *Código Penal comentado*, p. 1097.

8. Luiz Regis Prado, *Curso de Direito Penal*, p. 1037. No mesmo sentido: Damásio de Jesus, *Direito Penal*, p. 364.

desvalor da ação do agente, que alega ou insinua ser corrupto um funcionário da justiça. Qualquer das duas condutas também amplia o desvalor do resultado, ante a grave consequência com a depreciação e o desprestígio de funcionários da justiça, agravando a reprovabilidade social do injusto, justificando-se a considerável elevação da sanção penal. É desnecessário que o interessado acredite na alegação ou insinuação feita pelo sujeito ativo.

9. Questões especiais

Se o pretexto é influir em funcionário público no exercício da função, tem-se caracterizado o delito acostado no art. 332 do CP. Na hipótese de o dinheiro ou utilidade destinar-se de fato às pessoas referidas, verifica-se corrupção passiva e ativa (arts. 333 e 317 do CP). O *caput* admite a suspensão condicional do processo em razão da pena mínima abstratamente cominada — inferior a um ano.

10. Pena e ação penal

As penas cominadas, cumulativamente, são de reclusão, de um a cinco anos, e multa. Considerando-se que a pena cominada, em seu mínimo legal, não é superior a um ano, é admissível a suspensão condicional do processo (art. 89 da Lei n. 9.099/95).

A ação penal é pública incondicionada.

VIOLÊNCIA OU FRAUDE EM ARREMATAÇÃO JUDICIAL — LIII

Sumário: 1. Considerações preliminares. 2. Bem jurídico tutelado. 3. Sujeitos do crime. 4. Tipo objetivo: adequação típica. 5. Tipo subjetivo: adequação típica. 6. Consumação e tentativa. 7. Classificação doutrinária. 8. Pena e ação penal.

Violência ou fraude em arrematação judicial

Art. 358. Impedir, perturbar ou fraudar arrematação judicial; afastar ou procurar afastar concorrente ou licitante, por meio de violência, grave ameaça, fraude ou oferecimento de vantagem:

Pena — detenção, de 2 (dois) meses a 1 (um) ano, ou multa, além da pena correspondente à violência.

1. Considerações preliminares

As condutas incriminadas no art. 358 assemelham-se àquelas contidas no art. 335, ambos os artigos do Código Penal (impedimento, perturbação ou fraude de concorrência), com a diferença de que neste se tutela o patrimônio da Administração Pública (federal, estadual ou municipal), ao passo que naquele protege-se o interesse da Administração da Justiça, em arrematação judicial promovida pelo particular. O art. 335, no entanto, foi parcialmente revogado pelos arts. 93 e 95 da Lei n. 8.666/93, permanecendo em vigor somente a conduta relativa à hasta pública.

2. Bem jurídico tutelado

Bem jurídico protegido é, mais uma vez, a Administração da Justiça; protege-se, mais especificamente, a probidade da função judicial, sua respeitabilidade. Tutela-se o interesse de que a justiça não seja desvirtuada, por qualquer fator estranho ao seu desenvolvimento válido e regular, assegurando a lisura de suas decisões, especialmente em sua fase terminal, executória, como é a arrematação judicial. Esta figura penal assemelha-se àquela descrita no art. 335, com a diferença de que neste dispositivo tutela-se o patrimônio da Administração Pública, ao passo que no art. 358 protege-se a Administração da Justiça e o patrimônio do particular que se encontra sujeito à arrematação judicial.

3. Sujeitos do crime

Sujeito ativo do crime de violência ou fraude em arrematação judicial pode ser qualquer pessoa, tendo ou não interesse pessoal no processo ou na arrematação, não sendo exigida qualidade ou condição especial; pode ser qualquer pessoa, seja ou não arrematante, isto é, qualquer terceiro, interessado ou não no processo; pode, inclusive, ser funcionário público e o próprio procurador da parte, se efetivamente concorrer para a violência ou fraude. No entanto, não praticará o crime o advogado que não participar da fraude ou violência cometida pelo cliente, e eventual simples conivência somente o exporá a medidas disciplinares.

Sujeito passivo é, prioritariamente, qualquer pessoa que seja prejudicada pela conduta violenta ou fraudulenta do sujeito ativo em relação à arrematação judicial; secundariamente, o Estado, sempre titular do bem jurídico ofendido Administração Pública *lato sensu*, mais especificamente, na hipótese, a Administração da Justiça.

4. Tipo objetivo: adequação típica

As condutas descritas neste artigo são semelhantes às do crime previsto no art. 335 do CP (impedimento, perturbação ou fraude de concorrência); protege-se aqui, no entanto, a arrematação judicial — hasta pública — determinada pelo juiz mas promovida por particular, e não a concorrência ou venda em hasta pública, que se refere ao patrimônio público.

O tipo penal divide-se em duas partes distintas: na primeira, enumera as condutas e os meios que buscam inviabilizar arrematação judicial ou, pelo menos, perturbar a sua realização; na segunda, o objetivo é afastar os pretendentes à própria arrematação judicial. As condutas descritas na primeira parte são: a) impedir (obstar, obstruir ou impossibilitar), perturbar (embaraçar, confundir, atrapalhar) ou fraudar (usar de artifício, ardil ou qualquer meio enganoso idôneo para induzir ou manter alguém em erro) arrematação judicial, que é o objeto material visado tutelado. Essas condutas, ao contrário daquelas previstas no art. 335, limitam-se à arrematação judicial, por isso o tipo penal está inserto no capítulo que trata dos crimes contra a Administração da Justiça.

As condutas criminalizadas, na segunda parte do dispositivo, objetivam, por sua vez, afastar os concorrentes à arrematação judicial, mediante as condutas que enumera: afastar ou procurar afastar concorrente ou licitante, por meio de violência (física), grave ameaça (prenúncio de causar mal sério), fraude (artifício ou ardil para induzir ou manter alguém em erro) ou oferecimento de vantagem (de natureza material ou moral). Saliente-se que afastar o concorrente ou licitante (arrematante) não é apenas ocasionar o seu distanciamento ou ausência para não concorrer ou licitar, mas também conseguir sua abstenção de formular proposta, ou a retirada desta, ou a desistência de fazer lanço, embora presente no local onde se realiza a competição. Em outros termos, afastar, aqui, não significa deslocar o pretendente no espaço, mas sim alijá-lo da arrematação judicial, levando-o a abster-se ou desistir de participar do pleito.

5. Tipo subjetivo: adequação típica

Elemento subjetivo é o dolo, representado pela vontade consciente de praticar qualquer das condutas descritas no dispositivo em exame, ou seja, de impedir, perturbar ou fraudar arrematação judicial, ou de afastar ou procurar afastar concorrente ou licitante, por meio de violência, grave ameaça, fraude ou oferecimento de vantagem.

Não se exige qualquer elemento subjetivo especial do tipo e não é prevista a modalidade culposa. É admissível, no entanto, o dolo eventual.

6. Consumação e tentativa

Consuma-se o crime de violência ou fraude em arrematação judicial, na primeira modalidade, com o efetivo impedimento, perturbação ou fraude. Na segunda modalidade, a consumação ocorre com o emprego do meio executório (violência, grave ameaça, fraude ou oferecimento de vantagem, mesmo não aceita) tendente a afastar concorrente ou licitante. A violência exigida pelo tipo penal é aquela dirigida ao arrematante ou seu familiar, estando excluída, por conseguinte, a violência à coisa.

A tentativa é admissível, a nosso juízo, em qualquer de suas modalidades, ao menos teoricamente.

7. Classificação doutrinária

Trata-se de crime comum (que não exige qualidade ou condição especial do sujeito ativo, podendo ser praticado por qualquer pessoa); formal (que não exige resultado naturalístico para sua consumação); de forma livre (que pode ser praticado por qualquer meio ou forma pelo agente); instantâneo (não há demora entre a ação e o resultado); unissubjetivo (que pode ser praticado por um agente apenas); plurissubsistente (que, em regra, pode ser praticado com mais de um ato, admitindo, em consequência, fracionamento em sua execução).

8. Pena e ação penal

As penas cominadas, cumulativamente, são de detenção, de dois meses a um ano, ou multa, além da pena correspondente à violência, quando constituir, em si mesma, crime. Aplica-se aqui a mesma crítica endereçada à punição cumulativa da elementar violência, desenvolvida ao examinar o crime contido no art. 352 (evasão mediante violência contra a pessoa).

Admite-se a transação penal em razão de a pena máxima abstratamente cominada não ser superior a dois anos, sendo, portanto, da competência dos Juizados Especiais Criminais (art. 98, I, da CF).

A ação penal é pública incondicionada.

DESOBEDIÊNCIA À DECISÃO JUDICIAL SOBRE PERDA OU SUSPENSÃO DE DIREITO

LIV

Sumário: 1. Considerações preliminares. 2. Bem jurídico tutelado. 3. Sujeitos do crime. 4. Objeto da proteção legal: penas acessórias ou efeitos da condenação. 4.1. Inaplicabilidade nas penas restritivas de direitos. 4.2. Discutível aplicabilidade nos efeitos específicos da condenação penal. 5. Tipo objetivo: adequação típica. 6. Tipo subjetivo: adequação típica. 7. Consumação e tentativa. 8. Classificação doutrinária. 9. Pena e ação penal.

Desobediência a decisão judicial sobre perda ou suspensão de direito

Art. 359. Exercer função, atividade, direito, autoridade ou múnus, de que foi suspenso ou privado por decisão judicial:

Pena — detenção, de 3 (três) meses a 2 (dois) anos, ou multa.

1. Considerações preliminares

No passado, os diplomas legais italianos — Código Zanardelli (1889) e Código Penal Rocco (1930) — disciplinavam nos arts. 234 e 389, respectivamente, o crime previsto no art. 359 do nosso Código Penal de 1940.

A legislação brasileira pretérita — Código Criminal do Império (1830) e Código Penal de 1890 — não recepcionou essa figura típica, que tampouco constou da Consolidação das Leis Penais. O Projeto Alcântara Machado, no entanto, apresentou o seguinte texto: "Exercer direito, função, cargo, profissão ou atividade econômica, de que tiver sido suspenso, durante o tempo em que vigorar a suspensão, ou de que tiver sido privado, em consequência de decisão judicial".

2. Bem jurídico tutelado

Bem jurídico protegido, a exemplo dos dispositivos anteriores, é a Administração da Justiça, objetivando assegurar o efetivo cumprimento das decisões jurisdicionais, particularmente aquelas proferidas na seara criminal. Convém destacar, no entanto, que a tipificação constante do dispositivo em exame objetivava, originariamente, coibir a desobediência de decisão judicial que impunha as denominadas penas acessórias, as quais foram excluídas pela Reforma Penal de 1984 (Lei n. 7.209/84).

3. Sujeitos do crime

Sujeito ativo somente pode ser aquele que foi suspenso ou privado, por decisão judicial, de exercer função, atividade, direito, autoridade ou múnus (público ou privado), ressalvada, evidentemente, a hipótese da participação, que é alcançada mediante a ampliação da adequação típica, na forma do concurso eventual de pessoas.

Sujeito passivo é o Estado, sempre titular do bem jurídico ofendido Administração Pública *lato sensu*, mais especificamente, na hipótese, a Administração da Justiça. O Estado, na concepção clássica, é sempre sujeito passivo de qualquer crime, como temos reiteradamente insistido.

4. Objeto da proteção legal: penas acessórias ou efeitos da condenação

A velha doutrina clássica professava que o art. 359, com a redação que é mantida até hoje, incriminava o descumprimento das penas acessórias, que nosso Código Penal de 1940, em sua versão original, consagrava em sua Parte Geral (art. 67, I e II). Era exatamente esse o magistério de Nélson Hungria, o qual pedimos vênia para transcrever na íntegra: "Vê-se, para logo, que se trata de assegurar penalmente o cumprimento das penas acessórias previstas no art. 67, incs. I e II, quer quando aplicadas definitivamente (art. 70), quer quando provisoriamente (art. 71). Sôbre (*sic*) quais sejam a função, a atividade (*genus* de que são *species* a profissão, o ofício e o ministério), o direito, a autoridade ou múnus a que se refere o dispositivo em exame, consultem-se os arts. 67, I e 69, incs. I a V. Conforme expressamente declara o texto legal, é preciso que a privação ou suspensão de que se cuida decorra de decisão judicial"[1]. Não era outro o magistério de Magalhães Noronha, que sentenciava: "Cogita-se aqui especificamente da observância de decisão judicial, referente a pena acessória, como ocorre no Código da Itália, dizendo Manzini que se tem em vista que os particulares se sujeitem às limitações da capacidade jurídica, que são inerentes às penas acessórias de interdição de função pública e da interdição ou suspensão do exercício de uma profissão ou de uma arte, ou que são próprias da suspensão provisória do exercício de funções públicas ou de uma profissão ou arte"[2]. Na mesma linha de seus contemporâneos, Paulo José da Costa Jr. também reconhece que a finalidade do dispositivo era assegurar o cumprimento das penas acessórias, sustentando, no entanto, que, como tais penas não foram acolhidas pela Reforma Penal de 1984, poderia ter aplicação para garantir o cumprimento dos efeitos extrapenais (art. 92) da condenação, com os seguintes argumentos: "O legislador de 84 não formulou, nesse caso, nenhum tipo especial de sanção punitiva para o exercício de função, atividade ou direito de que o agente ficou permanentemente privado, como consequência da condenação que lhe foi imposta. Nessa hipótese, não há

1. Nélson Hungria, *Comentários ao Código Penal*, p. 531.
2. Magalhães Noronha, *Direito Penal*, p. 439.

dúvida de que a conduta do condenado se ajusta perfeitamente ao modelo do art. 359 que, sob este prisma, não foi derrogado pela Lei n. 7.209/84"[3].

Postas essas considerações, é inevitável a seguinte interrogação: afinal, o art. 359 continua em vigor, ou foi tacitamente revogado pela Reforma Penal de 1984, que não recepcionou as penas acessórias?

Ora, acabamos de constatar que a Reforma Penal de 1984 excluiu do cenário jurídico nacional as então denominadas penas acessórias; comprovamos igualmente que era unânime o entendimento da doutrina clássica de que ditas penas constituíam o objeto da proteção da norma proibitiva insculpida no referido art. 359; é natural, portanto, que a perda de seu objeto material, suprimido por diploma legal posterior (Lei n. 7.209/84), produza sua revogação tácita. Nessa linha argumentativa, temos dificuldade em aceitar que, via interpretação, se possa determinar a substituição do objeto material da tutela penal, especialmente se tivermos em conta que as penas acessórias não se confundem com as modernas penas restritivas de direito ou mesmo com os efeitos extrapenais, que são reflexos, mediatos e não automáticos da condenação penal. Vejamos sucintamente cada uma dessas duas hipóteses.

4.1 *Inaplicabilidade nas penas restritivas de direitos*

O descumprimento das penas restritivas de direito, previstas no art. 47 do CP, não configura o delito em tese, visto que a rebeldia injustificada acarreta a conversão da interdição temporária de direitos em pena privativa de liberdade, ou seja, essa "desobediência" à decisão judicial tem expressamente prevista a sua própria consequência direta e imediata. Nesse sentido, a previsão legal é de uma clareza meridiana: "A pena restritiva de direitos converte-se em privativa de liberdade quando ocorrer o descumprimento injustificado da restrição imposta" (art. 44, § 4º, 1ª parte, com redação determinada pela Lei n. 9.714, de 25-11-1998).

Admitir, portanto, o descumprimento de pena criminal (consequência direta e imediata de condenação penal) como configurador de conduta descrita no art. 359 do CP significa admitir a possibilidade de dupla punição para uma mesma infringência legal. Assim, o disposto neste artigo é afastado pelo princípio da especialidade, em prol da conversão prevista no art. 44, § 4º, ora mencionado, que, ademais, é consequência muito mais grave do que a submissão ao aqui prescrito, que pode ser resolvido via transação penal.

4.2 *Discutível aplicabilidade nos efeitos específicos da condenação penal*

A situação, segundo entendimento majoritário da doutrina atual[4], é completamente distinta quando se está diante do descumprimento dos efeitos "extrapenais",

3. Paulo José da Costa Jr., *Comentários ao Código Penal*, p. 613.

4. Luiz Regis Prado, *Curso de Direito Penal brasileiro*, p. 801; Damásio de Jesus, *Direito Penal*, p. 370; Guilherme Souza Nucci, *Código Penal comentado*, p. 1100.

contidos no art. 92 do CP, para os quais não há cominação específica de sanção — penal ou administrativa — que, ademais, são secundários e reflexos da decisão condenatória. Nesses casos, a conduta de condenado que venha a exercer, sem autorização, qualquer dos direitos referidos no art. 92 do Código Penal, dos quais foi "suspenso ou privado", amolda-se à descrição contida no art. 359[5]. Essa interpretação não nos parece a mais sustentável na medida em que viola os princípios da reserva legal e da tipicidade estrita.

Os efeitos específicos (ou extrapenais) da condenação (art. 92 do CP) não se confundem com as penas de interdição temporária de direitos, subespécies das restritivas de direitos (art. 47). A diferença substancial consiste em que estas são sanções penais, consequências diretas do crime, e substituem a pena privativa de liberdade, pelo mesmo tempo de sua duração (art. 55); aqueles são consequências reflexas, de natureza extrapenal, e são permanentes. Esses efeitos da condenação, dependentes de motivação na sentença, em síntese, são os seguintes:

a) *Perda de cargo, função pública ou mandato eletivo*

Essa previsão não se destina exclusivamente aos chamados crimes funcionais (arts. 312 a 347 do CP), mas a qualquer crime que um funcionário público cometer com violação de deveres que a sua condição de funcionário impõe, cuja pena de prisão aplicada seja igual ou superior a um ano, ou, então, a qualquer crime praticado por funcionário público, cuja pena aplicada seja superior a quatro anos de prisão.

A perda de mandato eletivo também poderá constituir efeito específico da condenação, e não se confunde com a proibição do exercício de mandato, que constitui pena restritiva de direitos (art. 47, I). Reabilitado, o condenado poderá vir a exercer novo mandato, porém, não aquele que perdeu. A reabilitação, no entanto, não permite a reintegração na situação anterior. Poderá, na verdade, habilitar-se novamente a exercer atividade pública, mas outra, não a anterior, da qual foi eliminado definitivamente.

b) *Incapacidade para o exercício de pátrio poder, tutela ou curatela*

Qualquer crime doloso praticado contra filho, tutelado ou curatelado, sujeito à reclusão, poderá acarretar a incapacidade, uma vez que a lei não a condiciona "ao abuso do exercício" ou "à incompatibilidade" do condenado com o exercício desse múnus. Basta que o crime doloso praticado tenha cominada pena de reclusão, ainda que, afinal, a pena aplicada venha a ser de outra natureza.

Na verdade, o Código Penal presume, *iuris et iure*, manifesta incompatibilidade quando o agente é condenado por crime doloso ao qual seja cominada pena de reclusão. Exige os seguintes requisitos: (a) prática de crime doloso sujeito à reclusão, contra filho, tutelado ou curatelado; e (b) incapacidade devidamente motivada na

---

5. Luiz Regis Prado, *Curso de Direito Penal*, p. 801; Paulo José da Costa Jr., *Comentários ao Código Penal*, p. 613.

sentença. A incapacidade ora examinada não exige como requisito o abuso do pátrio poder, tutela ou curatela, presumindo, simplesmente, a incompatibilidade para o seu exercício. No entanto, a exigência da prática de crimes dolosos puníveis com reclusão torna a referida incapacidade inaplicável aos crimes contra a assistência familiar (arts. 244 a 247), puníveis com detenção, com exceção dos previstos no art. 245, §§ 1º e 2º, do CP.

Essa incapacidade, que é permanente, pode ser eliminada pela reabilitação (art. 93, parágrafo único). No entanto, o mesmo dispositivo proíbe a reintegração na situação anterior, privando o filho, tutelado ou curatelado de submeter-se à autoridade de antigo desafeto que se revelou inidôneo para exercer aquele múnus. Assim, a reabilitação apenas afasta o impedimento de o reabilitado, no futuro, exercer o mesmo múnus em relação a outros tutelados ou curatelados, bem como em relação a outros filhos, mas nunca em relação às suas vítimas anteriores.

c) ***Inabilitação para dirigir veículo, utilizado em crime doloso***

A inabilitação para dirigir veículos não se confunde com a proibição temporária — pena restritiva — aplicável aos autores de crimes culposos no trânsito (art. 47, III, do CP). Nos crimes culposos, o veículo é usado como meio para fins lícitos — deslocar-se de um lugar para outro —, sobrevindo o crime, não desejado. Nos crimes dolosos, ao contrário, é usado para fins ilícitos, isto é, como meio para realizar o crime, justificando-se a sua inabilitação, como efeito, que é permanente.

Os efeitos específicos da condenação, finalmente, objetivam afastar o condenado da situação criminógena, impedindo que se oportunizem as condições que, provavelmente, poderiam levá-lo à reincidência: reforça a proteção dos bens jurídicos violados e previne a reiteração da conduta delituosa. No entanto, como já destacamos, não se confundem com penas — principais ou acessórias — e, como reconhecia a velha doutrina, o Código Penal não cominou qualquer sanção para seu eventual descumprimento. Em consequência, não será por meio de interpretação extensiva que se poderá suprir eventual lacuna readequando um tipo penal, que tinha outro objeto material, para cominar pena a condutas que não foram criminalizadas pelo legislador.

5. Tipo objetivo: adequação típica

A conduta tipificada é exercer, que significa desempenhar, executar, praticar qualquer das atividades contidas no tipo penal. Exercer tem o significado tradicional de habitualidade. No entanto, a habitualidade é, na hipótese do dispositivo em exame, afastada pelo fato de que a prática de um único ato já caracteriza a violação da proibição imposta. A materialidade do fato — destacava Heleno Fragoso — "consiste em violar a proibição imposta a exercer a atividade, função etc. de que foi suspenso ou privado"[6].

---

6. Heleno Cláudio Fragoso, *Lições de Direito Penal*, p. 559.

É pressuposto do crime que o agente exerça função, atividade, direito, autoridade ou múnus de que já foi suspenso ou privado por decisão judicial, entendida esta como exclusivamente a de natureza penal; isto é, o sujeito ativo volta a desempenhar função, atividade, direito, autoridade ou múnus de que estava "suspenso ou privado", tais como, segundo a doutrina majoritária, as hipóteses expressamente elencadas no art. 92 do CP. Evidentemente que a decisão judicial referida no tipo penal em exame é somente a sentença de natureza criminal[7], e não a civil, que tem outros efeitos, outra natureza, e seu descumprimento produz outras consequências, reparáveis no mesmo âmbito do direito privado.

Por fim, a nosso juízo, para que se admita a tipificação do crime de desobediência à decisão judicial, é indispensável que se trate de decisão transitada em julgado, ao contrário do que entendia a doutrina, antes da vigência da atual Constituição Federal, que consagra o princípio da presunção de inocência. Deixamos registrados esses comentários apenas a título informativo, pois, repetindo, na nossa concepção, o art. 359 foi tacitamente revogado pela Reforma Penal de 1984.

6. Tipo subjetivo: adequação típica

O tipo subjetivo é constituído pelo dolo, que é representado pela vontade consciente de desobedecer ordem judicial. Desnecessário enfatizar que o sujeito ativo deve ter pleno conhecimento de todos os elementos constitutivos do tipo, especialmente da existência de decisão judicial a que, com sua conduta, contraria.

Não é necessário que o sujeito ativo seja movido pela finalidade específica de descumprir a decisão judicial, isto é, dispensa a presença do especial fim de agir, que configuraria elemento subjetivo especial do tipo penal.

7. Consumação e tentativa

Consuma-se o crime no lugar e no momento em que o sujeito ativo desobedecer a proibição imposta com o exercício de função, atividade, direito, autoridade ou múnus de que foi suspenso por decisão judicial, isto é, praticando qualquer ação que constitua efetivo exercício da atividade a que está obrigado a abster-se.

A tentativa é, teoricamente, admissível.

8. Classificação doutrinária

Trata-se de crime próprio (que exige qualidade ou condição especial do sujeito ativo); formal (que não exige resultado naturalístico para sua consumação); de forma livre (que pode ser praticado por qualquer meio ou forma pelo agente); instantâneo (não há demora entre a ação e o resultado); unissubjetivo (que pode ser praticado por um agente apenas); plurissubsistente (que, em regra, pode ser praticado com mais de um ato, admitindo, em consequência, fracionamento em sua execução).

---

7. *RTJ*, 79:401.

9. Pena e ação penal

As penas cominadas, cumulativamente, são de detenção, de três meses a dois anos, ou multa. É perfeitamente possível, e até recomendável, a transação penal, considerando-se que se trata de infração penal de menor potencial ofensivo, com pena não superior a dois anos.

A ação penal é pública incondicionada.

BIBLIOGRAFIA

AMARAL, Sylvio do. *Falsidade documental*. 2. ed. São Paulo, Revista dos Tribunais, 1978.

ANTOLISEI, Francesco. *Manuale di Diritto Penale; Parte Speciale*. Milano, 1954 e 1977.

ARAÚJO, Fabio Roque. *Direito Penal* — Parte Especial. Salvador, JusPodivm, 2020.

ATALIBA, Geraldo. *Empréstimos públicos e seu regime jurídico*. São Paulo, Revista dos Tribunais, 1973.

BACIGALUPO, Silvina. *La responsabilidad penal de las personas jurídicas*. Barcelona, Bosch, 1998.

BAJO FERNANDEZ, M. *Manual de Derecho Penal; Parte Especial*. 2. ed. Madrid, Civitas, 1991.

BALESTRA, Fontán. *Tratado de Derecho Penal*. Buenos Aires, 1969. t. 5.

BARBOSA, Marcelo Fortes. *Latrocínio*. 1. ed. 2. tir. São Paulo, Malheiros Ed., 1997.

BATISTA, Nilo. *Decisões criminais comentadas*. Rio de Janeiro, Liber Juris, 1976.

———. *Introdução crítica ao Direito Penal brasileiro*. Rio de Janeiro, Renovar, 1990.

———. *Temas de Direito Penal*. Rio de Janeiro, Liber Juris, 1984.

———. *O elemento subjetivo da denunciação caluniosa*. Rio de Janeiro, 1975.

BATISTA, Weber Martins. *O furto e o roubo no Direito e no processo penal*. 2. ed. Rio de Janeiro, Forense, 1997.

BELING, Ernest von. *Esquema de Derecho Penal. La doctrina del delito tipo*. Trad. Sebastian Soler. Buenos Aires, Depalma, 1944.

BENTO DE FARIA, Antônio. *Código Penal brasileiro (comentado)*; Parte Especial. Rio de Janeiro, Record Ed., 1961. v. 4.

———. *Código Penal brasileiro comentado*. Rio de Janeiro, Record Ed., 1961. v. 6.

———. *Código Penal brasileiro comentado*. 3. ed. Rio de Janeiro, Record Ed., 1961, v. 7.

BETTIOL, Giuseppe. *Diritto Penale*. Padova, s. n., 1945.

———. *Direito Penal*. Trad. Paulo José da Costa Jr. e Alberto Silva Franco. São Paulo, Revista dos Tribunais, 1977. v. 1.

BEVILÁQUA, Clóvis. *Código Civil*. 1934. v. 4.

BIANCHINI, Alice. Verdade real e verossimilhança fática. *Boletim IBCCrim*, ano 6, n. 67, jun. 1998, p. 10-11.

BIANCHINI, Alice & GOMES, Luiz Flávio. *Crimes de responsabilidade fiscal*. São Paulo, Revista dos Tribunais, 2001.

BIERRENBACH, Sheila de Albuquerque. *Crimes omissivos impróprios*. Belo Horizonte, Del Rey, 1996.

BITENCOURT, Cezar Roberto. *Código Penal comentado*. 10. ed. São Paulo, Saraiva, 2019.

———. *Erro de tipo e erro de proibição*. 3. ed. São Paulo, Saraiva, 2003.

———. *Juizados Especiais e alternativas à pena privativa de liberdade*. 3. ed. Porto Alegre, Livr. do Advogado, 1997.

———. *Juizados Especiais Criminais Federais*. São Paulo, Saraiva, 2003.

———. *Lições de Direito Penal*. 2. ed. Porto Alegre, Livraria Editora Acadêmica/EDIPUCRS, 1993.

———. *Lições de Direito Penal*. 3. ed. Porto Alegre, Livr. do Advogado, 1995.

———. *Tratado de Direito Penal*; Parte Geral. 29. ed. São Paulo, Saraiva, 2023. v. 1.

———. *Tratado de Direito Penal*; Parte Especial. 19. ed. São Paulo, Saraiva, 2019. v. 2.

———. *Tratado de Direito Penal*; Parte Especial. 15. ed. São Paulo, Saraiva, 2019. v. 3.

———. *Tratado de Direito Penal*; Parte Especial. 13. ed. São Paulo, Saraiva, 2019. v. 4.

BITENCOURT, Cezar Roberto & MUÑOZ CONDE, Francisco. *Teoria geral do delito*. São Paulo, Saraiva, 2000.

BITENCOURT, Cezar Roberto & PRADO, Luiz Regis. *Código Penal anotado*. 2. ed. São Paulo, Revista dos Tribunais, 1999.

BITTENCOURT, Sidney (Org.). *A nova Lei de Responsabilidade Fiscal e legislação correlata atualizada*. Rio de Janeiro, Temas & Ideias, 2000.

BOSCHI, José Antonio Paganella. *Ação penal*. Rio de Janeiro, Aide, 1993.

BRANDÃO, Paulo de Tarso. *Ação civil pública*. Florianópolis, Obra Jurídica, 1996.

BRAZ, Petrônio. *Direito municipal na Constituição*. 3. ed. LED, 1996.

BROSSARD, Paulo. *O "impeachment"*. 3. ed. São Paulo, Saraiva, 1992.

BRUNO, Aníbal. *Direito penal*. 3. ed. Rio de Janeiro, Forense, 1967. v. 1 e 2.

CARRARA, Francesco. *Programa de Derecho Criminal*. Bogotá, Temis, 1973. v. 4 e 5.

CARRAZZA, Roque Antonio. *Curso de Direito Constitucional Tributário*. 14. ed. São Paulo, Malheiros Ed., 2000.

CARVALHO, Márcia Dometila Lima de. *Crimes de contrabando e descaminho*. São Paulo, Saraiva, 1983.

CEREZO MIR, José. *Curso de Derecho Penal español; Parte General*. 4. ed. Madrid, Civitas, 1995.

————. *Curso de Derecho Penal español*. Madrid, Tecnos, 1985.

————. O tratamento do erro de proibição no Código Penal. *RT*, n. 643/400, 1989.

CERNICCHIARO, Luiz Vicente. *Questões penais*. Belo Horizonte, Del Rey, 1998.

CERVINI, Raúl. Macrocriminalidad económica — apuntes para una aproximación metodológica. *RBCCrim*, n. 11, 1995.

CÓRDOBA RODA, Juan. *El conocimiento de la antijuricidad en la teoría del delito*. Barcelona, 1962.

COSTA, Álvaro Mayrink da. *Direito Penal — doutrina e jurisprudência*; Parte Especial. 3. ed. Rio de Janeiro, Forense, 1993. v. 2. t. 1.

COSTA, Antonio Tito. *Responsabilidade de prefeitos e vereadores*. 3. ed. São Paulo, Revista dos Tribunais, 1998.

COSTA JR., Paulo José da. *Comentários ao Código Penal*; Parte Especial. São Paulo, Saraiva, 1988. v. 2.

————. *Comentários ao Código Penal*. 6. ed. São Paulo, Saraiva, 2000.

————. *Direito Penal objetivo*. 2. ed. Rio de Janeiro, Forense Universitária, 1991.

————. *Direito Penal das licitações:* comentários aos arts. 89 a 99 da Lei n. 8.666, de 21-6-1993. São Paulo, Saraiva, 1994.

CRIVELLARI, Giulio. *Dei reati contro la proprietà*. Itália, 1887.

CUELLO CALÓN, Eugenio. *Derecho Penal; Parte Especial*. Madrid, 1936 e 1955.

CUNHA, Rogério Sanches. *Manual de Direito Penal* — Parte Geral. 12. ed. Salvador, JusPodivm, 2020.

D'AVILA, Fabio Roberto. Lineamentos estruturais do crime culposo. In: *Crime e sociedade* (obra coletiva). Curitiba, Juruá, 1999.

DELMANTO, Celso. *Código Penal comentado*. 3. ed. Rio de Janeiro, Renovar, 1991.

DIAS, Jorge de Figueiredo. *O problema da consciência da ilicitude em Direito Penal*. 3. ed. Coimbra, Coimbra Ed., 1987.

DOHNA, Alexandre Graf Zu. *La estructura de la teoría del delito*. Trad. Carlos F. Balestra e Eduardo Friker. Buenos Aires, Abeledo-Perrot, 1958.

DOTTI, René Ariel. A incapacidade criminal da pessoa jurídica. *RBCCrim*, n. 11, jul./set. 1995.

————. *O incesto*. Curitiba, Dist. Ghignone, 1976.

ELUF, Luiza Nagib. *Crimes contra os costumes e assédio sexual*. São Paulo: Jurídica Brasileira, 1999.

ESPÍNOLA FILHO, Eduardo. *Código de Processo Penal brasileiro anotado*. Edição histórica. Rio de Janeiro, Ed. Rio, 1990. v. 1.

FAZZIO JUNIOR, Waldo. *Improbidade administrativa e crimes de prefeitos*. São Paulo, Atlas, 2000.

FERNANDES, Antonio Scarance. *O papel da vítima no processo criminal*. São Paulo, Malheiros Ed., 1995.

FERRI, Enrico. *Princípios de Direito Criminal*. Trad. Lemos d'Oliveira. São Paulo, 1931.

FIGUEIREDO, Ariosvaldo Alves de. *Comentários ao Código Penal*. São Paulo, 1986. v. 2.

———. *Compêndio de Direito Penal*; Parte Especial. Rio de Janeiro, Forense, 1990. v. 2.

FIGUEIREDO, Carlos M. C., FERREIRA, Cláudio S. O., TORRES FERNANDO, R. G., BRAGA, Henrique A. S. & NÓBREGA, Marcos A. R. da. *Comentários à Lei de Responsabilidade Fiscal*. Recife, Nossa Livraria, 2001.

FLORIAN, Eugenio. *Delitti contro la libertà individuale*. Milano, 1936.

———. *Trattato di Diritto Penale*. Milano, 1910. v. 1.

———. *Trattato di Diritto Penale*. Milano, 1936.

———. *Ingiuria e diffamazione*. Milano, 1939.

FONSECA, Antonio Cezar Lima da. *Abuso de autoridade*. Porto Alegre, Livr. do Advogado Ed., 1997.

FONSECA, João Eduardo Grimaldi da. O "furto" de sinal de televisão a cabo. *Boletim IBCCrim*, n. 103, jun. 2001.

FRAGOSO, Christiano Falk; BÉZE, Patrícia Mothé Glioche. *Cargo em comissão e função de direção ou assessoramento*: notas ao art. 327, § 2º, do Código Penal. Rio de Janeiro, Processo, 2022.

FRAGOSO, Heleno Cláudio. *Lições de Direito Penal*; Parte Geral. 2. ed. São Paulo, Bushatsky, 1962. v. 1.

———. *Lições de Direito Penal*; Parte Especial. 10. ed. Rio de Janeiro, 1988. v. 1.

———. *Lições de Direito Penal*; Parte Especial. 11. ed. Rio de Janeiro, Forense, 1995. v. 1.

———. *Lições de Direito Penal*. Rio de Janeiro, Forense, 1981. v. 2.

FRANCO, Alberto Silva et alii. *Código Penal e sua interpretação jurisprudencial*. 7. ed. São Paulo, Revista dos Tribunais, 2001.

FREITAS, Gilberto Passos de. *Decreto-lei 201/67 anotado*. São Paulo, Fundação Prefeito Faria Lima/CEPAM.

FREITAS, Gilberto Passos de & FREITAS, Wladimir Passos de. *Abuso de autoridade*. São Paulo, Revista dos Tribunais, 1993.

GALLAS, Wilhelm. La struttura del concetto di illecito penale. Trad. Francesco Angioni. *Rivista di Diritto e Procedura Penale*, ano 25, 1982.

GALVÃO, Fernando. *Imputação objetiva*. Belo Horizonte, Mandamentos, 2000.

———. *Concurso de pessoas*. Belo Horizonte, Mandamentos, 2000.

GARCIA, Basileu. *Instituições de Direito Penal*. São Paulo, Max Limonad, 1982. v. 1 e 2.

GARCÍA ARÁN, Mercedes & MUÑOZ CONDE, Francisco. *Derecho Penal*; Parte General. Valencia, Tirant lo Blanch, 1999.

GIMBERNAT ORDEIG, Enrique. *Delitos cualificados por el resultado y causalidad*. Madrid, Ed. Reus, 1966; ECERA, 1990.

GOMES, Luiz Flávio. *Erro de tipo e erro de proibição*. 3. ed. São Paulo, Revista dos Tribunais, 1998.

———. Teoria constitucional do delito no limiar do 3º milênio. *Boletim IBCCrim*, ano 8, n. 93, ago. 2000.

GOMES, Luiz Flávio & BIANCHINI, Alice. *Crimes de responsabilidade fiscal*. São Paulo, Revista dos Tribunais, 2001.

GOMEZ, Eusebio. *Tratado de Derecho Penal*. 1939. v. 2.

GOMEZ BENITEZ, José Manuel. *Teoría jurídica del delito* — Derecho Penal; Parte General. Madrid, Civitas, 1988.

GONÇALVES, Victor Eduardo Rios. *Dos crimes contra a pessoa*. São Paulo, Saraiva, 1998 (Col. Sinopses Jurídicas, v. 8).

HASSEMER, Winfried. *Três temas de Direito Penal*. Porto Alegre, Escola Superior do Ministério Público, 1993.

———. *Fundamentos del Derecho Penal*. Trad. Arroyo Zapatero e Francisco Muñoz Conde. Barcelona, Bosch, 1984.

HUNGRIA, Nélson. *Comentários ao Código Penal*. Rio de Janeiro, Forense, 1942. v. 2.

———. *Comentários ao Código Penal*. Rio de Janeiro, Forense, 1958. v. 5; 5. ed. 1979, v. 5.

———. *Comentários ao Código Penal*. 5. ed. Rio de Janeiro, Forense, 1980. v. 6.

———. *Comentários ao Código Penal*. 5. ed. Rio de Janeiro, Forense, 1980. v. 7.

———. *Comentários ao Código Penal*. 5. ed. Rio de Janeiro, Forense, 1981. v. 8.

———. *Comentários ao Código Penal*. 2. ed. Rio de Janeiro, Forense, 1959. v. 9.

———. O arbítrio judicial na medida da pena. *RF*, n. 90, jan. 1943.

JACQUES LECLERC, Abbé. *Leçons de Droit naturel*. 1937. v. 4.

JAKOBS, Günther. *Derecho Penal — fundamentos y teoría de la imputación*; Parte General. Madrid, Marcial Pons, 1995.

———. *Suicidio, eutanasia y Derecho Penal*. Madrid, Marcial Pons, 1999.

JESCHECK, H. H. *Tratado de Derecho Penal*. Trad. Santiago Mir Puig e Francisco Muñoz Conde. Barcelona, Bosch, 1981.

———. *Tratado de Derecho Penal*. Trad. da 4. ed. al. de 1988 por José Luis Manzanares Samaniago. Granada, Comares, 1993.

JESUS, Damásio E. de. *Direito Penal*; Parte Especial. 22. ed. São Paulo, Saraiva, 1999. v. 2.

———. *Direito Penal*. São Paulo, Saraiva, 1979. v. 2.

———. *Direito Penal*; Parte Especial. 15. ed. São Paulo, Saraiva, 2002. v. 3.

———. *Direito Penal*; Parte Especial. São Paulo, Saraiva, 1988. v. 4.

———. *Bol. IBCCrim*, n. 52, mar. 1997.

———. *Novíssimas questões criminais*. São Paulo, Saraiva, 1998.

———. *Direito Criminal*. São Paulo, Saraiva, 1998.

———. Dois temas da Parte Penal do Código de Trânsito Brasileiro. *Boletim IBCCrim*, n. 61, dez. 1997.

———. *Código Penal anotado*. 11. ed. São Paulo, Saraiva, 2001.

JIMÉNEZ DE ASÚA, Luis. *Principios de Derecho Penal* — la ley y el delito. Buenos Aires, Abeledo-Perrot, 1990.

KHAIR, Amir Antônio. *Lei de Responsabilidade Fiscal*: guia de orientação para prefeituras. Brasília, Ministério do Planejamento e Orçamento, Orçamento e Gestão/BNDES, 2000.

KOSOVISKI, Éster. *O "crime" de adultério*. Rio de Janeiro, Ed. Mauad, 1997.

LOGOZ, Paul. *Commentaire du Code Pénal suisse*; Partie Spéciale. Paris, Neuchâtel, 1955. v. 1.

———. *Commentaire du Code Pénal suisse*. 2. ed. Paris, Delachaux & Nestlé, 1976.

LOPES, Jair Leonardo. *Curso de Direito Penal*. 3. ed. São Paulo, Revista dos Tribunais, 1997.

LUISI, Luiz. *Os princípios constitucionais penais*. Porto Alegre, Sergio A. Fabris, Editor, 1991.

LUNA, Everardo Cunha. O crime de omissão de socorro e a responsabilidade penal por omissão. *Revista Brasileira de Direito Penal e Criminologia*, n. 33, 1982.

LYRA, Roberto. *Noções de Direito Criminal*; Parte Especial. 1944. v. 1.

———. Estelionato. In: *Repertório enciclopédico do Direito brasileiro*. Rio de Janeiro, Borsoi, s. d. v. 21.

MAGGIORE, Giuseppe. *Diritto Penale*; Parte Speciale. Bologna, 1953 e 1958. v. 1. t. 2.

———. *Derecho Penal*. Trad. José J. Ortega Torres. Bogotá, Ed. Temis, 1956. v. 5.

MANFRONI, Carlos A. *Suborno transnacional*. Buenos Aires, Abeledo-Perrot, 1988.

MANZINI, Vincenzo. *Trattato di Diritto Penale italiano*. Padova, 1947. v. 3.

———. *Istituzioni di Diritto Penale italiano*; Parte Speciale. 3. ed. Padova, CEDAM, 1955. v. 2.

———. *Trattato di Diritto Penale italiano*. Padova, 1947. v. 8.

———. *Trattato di Diritto Penale italiano*. Padova, UTET, 1952. v. 9.

———.*Trattato di Diritto Penale italiano*. Torino, 1951. v. 7.

MARQUES, José Frederico. *Tratado de Direito Penal*; Parte Especial. São Paulo, Saraiva, 1961. v. 3.

———. *Tratado de Direito Penal*. São Paulo, Saraiva, 1961. v. 4.

———. Estelionato, ilicitude civil e ilicitude penal. *RT*, São Paulo, v. 560, jun. 1982.

MAURACH, Reinhart & ZIPF, Heins. *Derecho Penal*; Parte General. Buenos Aires, Ed. Astrea, 1997. v. 1.

MAZZUOLI, Valerio de Oliveira. *O controle jurisdicional da constitucionalidade das leis*. 2. ed. São Paulo, Revista dos Tribunais, 2011.

MEIRELLES, Hely Lopes. *Estudos e pareceres de Direito Público*. São Paulo, Revista dos Tribunais, 1984. v. 8.

———. *Direito municipal brasileiro*. 10. ed. São Paulo, Malheiros Ed., 1998.

———. *Finanças municipais*. São Paulo, Revista dos Tribunais, 1979.

———. *Direito administrativo brasileiro*. 16. ed. São Paulo, Revista dos Tribunais, 1991.

MELO, João Ozorio de. *Suprema Corte dos EUA decide que receber presentes não é suborno*. Disponível em: http://www.conjur.com.br/2016-jul-07/suprema-corte-eua-decide-receber-presentes-nao-suborno. Acesso em: 30-8-2016.

MEZGER Edmund. *Derecho Penal*; Parte General. México, Cardenas Editor y Distribuidor, 1985.

———. *Tratado de Derecho Penal*. Trad. José Arturo Rodriguez Muñoz. Madrid, Revista de Derecho Privado, 1935. t. 1 e 2.

MIRABETE, Julio Fabbrini. *Manual de Direito Penal*. São Paulo, Atlas, 1995. v. 2.

MIR PUIG, Santiago. *Derecho Penal*; Parte General. 5. ed. Barcelona, Ed. PPU, 1998.

MONTEIRO, Washington de Barros. *Curso de Direito Civil*. São Paulo, Saraiva, 1984. v. 2.

———.*Curso de Direito Civil*. São Paulo, Saraiva, 1994. v. 5.

MOTTA, Carlos Pinto Coelho; SANTANA, Jair Eduardo; FERNANDES, Jorge Ulisses Jacob & ALVES, Léo da Silva. *Responsabilidade fiscal*: Lei Complementar 101 de 04/05/2000. Belo Horizonte, Del Rey, 2000.

MUÑOZ CONDE, Francisco. *Derecho Penal*; Parte Especial. 12. ed. Valencia, Tirant lo Blanch, 1999.

———. *El error en Derecho Penal*. Valencia, Tirant lo Blanch, 1989.

———. Principios políticos criminales que inspiran el tratamiento de los delitos contra el orden socioeconómico en el proyecto de Código Penal español de 1994. *RBCCrim*, n. 11, 1995.

MUÑOZ CONDE, Francisco & BITENCOURT, Cezar Roberto. *Teoria geral do delito*. São Paulo, Saraiva, 2000.

MUÑOZ CONDE, Francisco & GARCÍA ARÁN, Mercedes. *Derecho Penal; Parte General*. 3. ed. Valencia, Tirant lo Blanch, 1996.

NASCIMENTO, José Flávio Braga. *Direito Penal*; Parte Especial. São Paulo, Atlas, 2000.

NORONHA, Edgard Magalhães. *Curso de Direito Processual Penal*. 21. ed. São Paulo, Saraiva, 1992.

———. *Direito Penal*; Parte Geral. São Paulo, Saraiva, 1985. v. 1.

———. *Direito Penal*; Parte Especial. 15. ed. São Paulo, Saraiva, 1979. v. 2.

———. *Direito Penal*; Parte Especial. 11. ed. São Paulo, Saraiva, 1978. v. 3.

———. *Direito Penal*; Parte Especial. São Paulo, Saraiva, 1986. v. 4.

NUCCI, Guilherme de Souza. *Código Penal comentado*. 2. ed. São Paulo, Revista dos Tribunais, 2002.

———. *Tribunal do Júri*. São Paulo, Revista dos Tribunais, 2008.

NUNES JR., Flavio Martins Alves. *O furto de uso*. Disponível em: <www.direito-criminal.com.br>.

OLIVEIRA, Regis Fernandes de. *Responsabilidade fiscal*. São Paulo, Revista dos Tribunais, 2001.

OLIVEIRA, William Terra de. CBT — controvertido natimorto tumultuado. *Boletim do IBCCrim*, n. 61, dez. 1997.

PAGLIARO, Antonio & COSTA JR., Paulo José da. *Dos crimes contra a administração pública*. São Paulo, Malheiros Ed., 1999.

PANTUZZO, Giovanni Mansur Solha. *Crimes funcionais de prefeitos*. Belo Horizonte, Del Rey, 2000.

PEDROSO, Fernando de Almeida. Apropriação indébita, estelionato e furto qualificado pelo emprego de fraude: distinção típica entre as espécies. *RT*, n. 697, nov. 1993.

PIERANGELI, José Henrique. *Códigos Penais do Brasil* — evolução histórica. São Paulo, Ed. Jalovi, 1980.

PIERANGELI, José Henrique & ZAFARONI, Eugenio Raúl. *Da tentativa — doutrina e jurisprudência*. 4. ed. São Paulo, Revista dos Tribunais, 1995.

PIMENTEL, Manoel Pedro. *Contravenções penais*. 2. ed. São Paulo, Revista dos Tribunais, 1978.

PITOMBO, Cleunice A. Valentim Bastos. *Da busca e da apreensão no processo penal*. São Paulo, Revista dos Tribunais, 1999.

PRADO, Luiz Regis. *Curso de Direito Penal brasileiro*; Parte Especial. São Paulo, Revista dos Tribunais, 2000. v. 2.

———. *Curso de Direito Penal brasileiro*; Parte Especial. São Paulo, Revista dos Tribunais, 2001. v. 3.

———. *Curso de Direito Penal brasileiro*; Parte Especial. 6. ed. São Paulo, Revista dos Tribunais, 2010. v. 3.

———. *Curso de Direito Penal brasileiro*; Parte Especial. São Paulo, Revista dos Tribunais, 2001. v. 4.

———. *Crimes contra o ambiente*. São Paulo, Revista dos Tribunais, 1998.

———. *Falso testemunho e falsa perícia*. 2. ed. São Paulo, Revista dos Tribunais, 1994.

PRADO, Luiz Regis & BITENCOURT, Cezar Roberto. *Código Penal anotado*. 2. ed. São Paulo, Revista dos Tribunais, 1999.

———. *Elementos de Direito Penal*. São Paulo, Revista dos Tribunais, 1995. v. 1.

QUINTANO RIPOLLÉS, Antonio. *Compêndio de Derecho Penal*. Madrid, Revista de Derecho Privado, 1958.

———. *Curso de Derecho Penal*. Madrid, Revista de Derecho Privado, 1963. t. 1.

QUITERO OLIVARES, Gonzalo; MORALES PRATS, Fermín & PRATS ANUT, Miguel. *Curso de Derecho Penal*; Parte General. Barcelona, Cedecs Editorial, 1996.

RANIERI, Silvio. *Manuale di Diritto Penale*; Parte Especial. Milano, 1952. v. 3.

ROCCO, Arturo. *L'oggeto del reato*. Roma, 1932.

ROCHA, Luiz Otavio de Oliveira. Código de Trânsito Brasileiro. *Boletim IBCCrim*, n. 61, dez. 1997.

RODRIGUEZ DEVESA, José Maria. *Derecho Penal español*; Parte Especial. 9. ed. Madrid, Artes Gráficas Carasa, 1983.

RODRIGUEZ MOURULLO, Gonzalo. *Derecho Penal*. Madrid, Civitas, 1978.

ROSA, Antonio José Miguel Feu. *Direito Penal*; Parte Especial. São Paulo, Revista dos Tribunais, 1995.

ROXIN, Claus. *Derecho Penal*; Parte General. Fundamentos. La estructura de la teoría del delito. Madrid, Civitas, 1997. t. 1.

———. *Autoría y dominio del hecho en Derecho Penal*. Madrid, Marcial Pons, 1998.

———. *Política criminal y sistema del Derecho Penal*. Trad. Francisco Muñoz Conde. Barcelona, Bosch, 1999.

———. *Política criminal e sistema de Direito Penal*. Trad. Luis Grecco. Rio de Janeiro, Renovar, 2000.

———. *Teoría del tipo penal*. Buenos Aires, Depalma, 1979.

SALES, Sheila Jorge Selim de. *Dos tipos plurissubjetivos*. Belo Horizonte, Del Rey, 1997.

SALLES JR., Romeu de Almeida. *Código Penal interpretado*. São Paulo, Saraiva, 1996.

SANTOS, Juarez Cirino dos. *Direito Penal*; Parte Geral. Rio de Janeiro, Forense, 1985.

SANTOS, Maria Celeste Cordeiro Leite dos. *Do furto de uso*. Rio de Janeiro, Forense, 1986.

SCHMIDT, Andrei Zenckner. *O princípio da legalidade penal no Estado Democrático de Direito*. Porto Alegre, Livr. do Advogado Ed., 2001.

SERRANO GOMEZ, Alfonso. *Derecho Penal; Parte Especial*. Madrid, Ed. Dykinson, 1997.

SHECAIRA, Sérgio Salomão. A mídia e o Direito Penal. *Boletim IBCCrim*, edição especial, n. 45, ago. 1996.

———. Primeiras perplexidades sobre a nova Lei de Trânsito. *Boletim IBCCrim*, n. 61, dez. 1997.

SILVA, José Afonso da. *Curso de Direito Constitucional Positivo*. 5. ed. São Paulo, Revista dos Tribunais, 1989.

SILVEIRA, Euclides Custódio da. *Crimes contra a honra*. São Paulo, Max Limonad, 1959.

SIQUEIRA, Galdino. *Tratado de Direito Penal*; Parte Especial. Rio de Janeiro, Konfino, 1947. t. 4.

SOLER, Sebastian. *Derecho Penal argentino*. Buenos Aires, Tipográfica Editora Argentina, 1970. v. 3.

———. *Derecho Penal argentino*. 3. ed. Buenos Aires, TEA, 1970. v. 4.

———. *Derecho Penal argentino*. Buenos Aires, TEA, 1951. v. 4.

STEVENSON, Oscar. Concurso aparente de normas penais. In: *Estudos de Direito Penal e processo penal em homenagem a Nélson Hungria*. Rio de Janeiro, Forense, 1962.

STOCO, Rui. Código de Trânsito Brasileiro: disposições penais e suas incongruências. *Boletim IBCCrim*, n. 61, dez. 1997.

———. *Leis penais especiais e sua interpretação jurisprudencial*. São Paulo, Revista dos Tribunais, 1997.

———. Improbidade administrativa e os crimes de responsabilidade fiscal. *Boletim IBCCrim*, n. 99, fev. 2001.

———. *Código Penal e sua interpretação jurisprudencial*. São Paulo, Revista dos Tribunais, 1995. t. 2.

STOCO, Rui & STOCO, Tatiana de O. In: Alberto Silva Franco et al. *Código Penal comentado*. 8. ed. São Paulo, Revista dos Tribunais, 2007.

STRECK, Lenio Luiz. *As interceptações telefônicas e os direitos fundamentais: Constituição — cidadania — violência*. Porto Alegre, Livr. do Advogado Ed., 1997.

———. O "crime de porte de arma" à luz da principiologia constitucional e do controle de constitucionalidade: três soluções à luz da hermenêutica. *Revista de Estudos Criminais do ITEC*, n. 1, 2001.

TAVARES, Juarez. Espécies de dolo e outros elementos subjetivos do tipo. *Revista de Direito Penal*, Rio de Janeiro, Borsoi, n. 6, 1972.

———. *Direito Penal da negligência*. São Paulo, Revista dos Tribunais, 1985.

———. *As controvérsias em torno dos crimes omissivos*. Rio de Janeiro, ILACP, 1996.

TIEDEMANN, Klaus. Responsabilidad penal de personas jurídicas y empresas en Derecho Comparado. *RBCCrim*, n. 11, 1995.

TOLEDO, Francisco de Assis. Teorias do dolo e teorias da culpabilidade. *RT*, v. 566, 1982.

———. *Princípios básicos de Direito Penal*. 4. ed. São Paulo, Saraiva, 1991.

———. *Teorias do delito*. São Paulo, Revista dos Tribunais, 1980.

TORNAGHI, Hélio. *Curso de processo penal*. 4. ed. São Paulo, Saraiva, 1987. v. 1.

TORRES, Antonio Magarinos. *Autoria incerta*. Rio de Janeiro, 1936.

TOURINHO FILHO, Fernando da Costa. *Código de Processo Penal comentado*. São Paulo, Saraiva, 1996. v. 2.

———. *Código de Processo Penal comentado*. São Paulo, Saraiva, 1996. v. 1.

———. *O processo penal*. 2. ed. São Paulo, Ed. Jalovi, 1977. v. 3.

———. *Manual de processo penal*. São Paulo, Saraiva, 2001.

VALAMAÑA OCHAITA, Silvia. *El tipo objetivo de robo con fuerza en las cosas*. Madrid, Centro de Publicaciones del Ministerio de Justicia, 1993.

VARGAS, José Cirilo. *Introdução ao estudo dos crimes em espécie*. Belo Horizonte, Del Rey, 1993.

VERGARA, Pedro. *Os motivos determinantes no direito penal*. Rio de Janeiro, 1980.

VIANNA, Segadas. *Direito coletivo do trabalho*. São Paulo, LTr, 1972.

VICENTE MARTINEZ, Rosario de. *El delito de robo con fuerza en las cosas*. Valencia, Tirant lo Blanch, 1999.

VIDAURRI ARÉCHIGA, Manuel. *La culpabilidad en la doctrina jurídico penal española*. Tese de doutorado — inédita. Sevilla, 1989.

VIEL, Luiz. *Temas polêmicos — estudos e acórdãos em matéria criminal*. Curitiba, JM Editora, 1999.

XAVIER, Carlos. *Tratado de Direito Penal brasileiro*. 1942. v. 7.

WELZEL, Hans. *Derecho Penal alemán*. 3. ed. cast. Trad. da 12. ed. al. por Juan Bustos Ramírez e Sérgio Yáñez Pérez. Santiago, Ed. Jurídica de Chile, 1987.

———. *El nuevo sistema del Derecho Penal — una introducción a la doctrina de la acción finalista*. Trad. José Cerezo Mir. Barcelona, Ed. Ariel, 1964.

WESSELS, Johannes. *Direito Penal*; Parte Geral. Trad. Juarez Tavares. Porto Alegre, Sergio A. Fabris, Editor, 1976.

ZAFFARONI, Eugenio Raúl & PIERANGELI, José Henrique. Da tentativa — doutrina e jurisprudência. 4. ed. São Paulo, *Revista dos Tribunais*, 1995.

———. *Manual de Derecho Penal*. 6. ed. Buenos Aires, Ediar, 1991.

